아함경 [7]

연기법의 세계관과 실천관

학담평석 **아함경**[7]

법보장 5 연기법에서 존재·인식·실천
법보장 6 세 가지 배움과 해탈의 실천

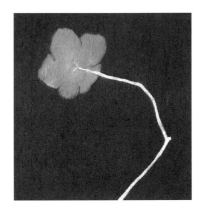

한길사

Āgama-Sūtra

by. Hakdam

Published by Hangilsa Publising. Co., Ltd., Korea, 2014

학담 아함경의 구성

법보장法寶章 5

연기법에서 존재·인식·실천

법보장 法寶章 6

세 가지 배움과 해탈의 실천

일러두기

1. 번역 대본 및 참고한 주요 불전과 문헌은 다음과 같다.
   - 북전 산스크리트어의 한역(漢譯) 네 아함을 번역 대본으로 삼고, 필요한 경우 그에 해당하는 남전 팔리어 니카야를 번역해 함께 수록했다. 그 가운데 상윳타니카야(Saṃyutta-nikāya, 상응부경전)와 마즈히마니카야(Majjhima-nikāya, 중부경전)는 보디(Bodhi) 비구의 영역본을 기본으로 해서 일어역 『남전장경』(南傳藏經)을 참조했다. 또한 동국역경원 한글 번역본을 초역에 참고했다.
   - 비나야(vinaya, 律)로는 동아시아 불교 율종(律宗)의 토대가 된 『사분율』(四分律)의 주요 내용을 뽑아 실었다.
   - 천태지의선사(天台智顗禪師)의 교관(敎觀)을 경전 해석의 기본 틀로 삼아 천태선사의 저술 『마하지관』(摩訶止觀) · 『법계차제초문』(法界次第初門) 가운데 많은 법문을 번역해 실었다.
   - 그밖에 참고한 다양한 불전 및 문헌들은 제12책(아함경 독해의 길잡이) 끝에 자세히 실었다.
2. 네 아함의 한문 경전은 직역을 원칙으로 했으며 자연스러운 우리말을 풍부히 살렸다. 특히, 게송은 뜻을 살리면서 운율의 맛이 느껴지게 했다.
3. 기존 한역 네 아함과 남전 다섯 니카야의 불전 체계를 귀명장 · 불보장 · 법보장 · 승보장 삼보(三寶)의 새로운 틀로 재구성했다. 전12책 20권의 편제다.
4. 해제, 이끄는 글, 해설에서 모든 경을 대승 교설과 회통하여 깊고 명쾌하게 평석했다. 부 · 장 · 절 그리고 각 경에 제목을 붙여 내용의 이해를 도왔다.
5. 지명 · 인명 · 용어 등은 산스크리트어 표기를 원칙으로 하되 이미 익숙해

진 발음은 아래처럼 예외를 두었다.

- 붓다는 산스크리트어 Buddha의 어원을 나타내기 위해 '붇다'로 표기한다. 싣단타(siddhānta)와 데바닫타(Devadatta)의 경우도 마찬가지이다.

- 산스크리트어 표기는 묵음화된 현대 발음을 쓰지 않고 고대 한자어로 음사한 음을 따라 쓴다. 예를 들어 Veda는 웨다로 쓰지 않고 베다로 쓴다. 산스크리트어 비파스야나(vipaśyanā)는 위파사나로 하는 이들이 있지만, 우리말에 익숙해진 비파사나로 쓴다.

- 〈ś〉의 발음은 〈śari〉처럼 뒤에 모음이 오면 '사리(스)', 〈Śrāvastī〉처럼 뒤에 자음이 오면 '슈라바스티(슈)', 〈Aśvajit〉처럼 단어 중간에 모음 없이 오면 '아쓰바짓(쓰)'으로 표기한다.

- 팔리어 인·지명만 남아 있을 경우 '巴'로 팔리어임을 표시했다.

- 산스크리트어의 원래 발음을 찾지 못한 한자 음사어는 우리말 한자음과 현대 중국어 발음을 참고해서 원어에 가깝게 표기하고 한자어를 병기한다.

- 산스크리트어 빅슈(bhikṣu)·빅슈니(bhikṣuṇī)는 팔리어 비구(bhikkhu)·비구니(bhikkhunī)로 쓴다. 산스크리트어 슈라마네라(śrāmaṇera)·슈라마네리카(śrāmaṇerikā)도 사미·사미니로 쓴다. 산스크리트어로 슈라마나(śramaṇa), 팔리어로 사마나(samaṇa)는 사문(沙門)으로 쓴다.

- 용수(龍樹)-나가르주나(Nāgārjuna), 마명(馬鳴)-아쓰바고샤(Aśvaghoṣa), 세친(世親)-바수반두(Vasubandhu) 등 일부 인명은 익숙한 한자음 표기를 혼용한다.

6. 경전명·저술명은 가급적 한자어로 표기한다.『중론』·『성유식론』·『기신론』·『대지도론』·『열반경』·『화엄경』등.

7. 불(佛)·법(法)·승(僧)은 어원에 따라 붇다·다르마·상가로 쓴다.

8. " " – 직접인용 및 대화   ' ' – " " 속의 인용과 대화 및 어구 강조
   〈 〉 – ' ' 속의 인용과 대화   「 」 – 경전(품)·논문·단편
   『 』 – 경전·불전·책(빈번히 언급되는 남·북전 아함경은 생략)
   [ ] – 병기 한자어 및 원어 독음이 다를 때

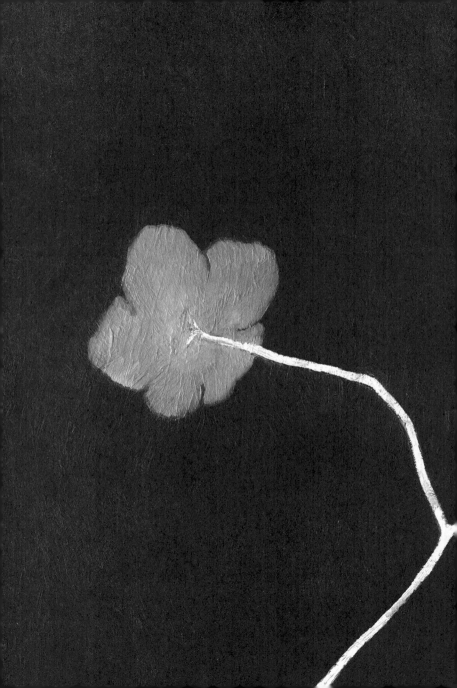

법보장 法寶章 5

연기법에서 존재 · 인식 · 실천

제7부
존재·인식·실천의 법

불교가 보이는 갖가지 법의 이름과 수
그리고 실천법은 고타마 붇다의 세간 출현과
보디 나무 아래서의 위없는 깨달음을 통해
세워진 것이다.
붇다의 깨달음으로 진리는 인간화되고
언어를 통해 역사화되었다. 붇다가 스스로의
깨달음을 통해 갖가지 수의 법을 열어 중생에게
해탈의 길을 열어 보이므로 붇다를 따르는
사부대중이 생겨나고 삼보의 이름이
세간에 나타나게 된 것이다.

수의 철학 불교, 법의 수로 본 존재와 실천의 모습

1. 해탈을 위해 세운 법의 수

우주의 온갖 존재가 실로 있는 '오직 하나인 자'[Tad Ekam]에서 나오거나, 수로 셀 수 있는 '실체적 원자'가 쌓여 이루어졌다면, 우리는 존재의 근거를 '하나'라는 수나 셀 수 있는 '여럿의 수'로 명확히 표현할 수 있을 것이다.

그러나 하나가 실로 하나라면 실로 있는 하나에서 어떻게 한량없는 수의 세계가 일어날 수 있는가. 또 더 이상 나눌 수 없는 원자가 몇 개 있다면, 더 이상 나눌 수 없으므로 서로 같을 수 없는 몇 개의 원자가 모여 어떻게 다시 온갖 수의 세계를 이룰 수 있겠는가.

연기법(緣起法)은 온갖 존재가 원인[因]과 조건[緣]에 의해 일어남[生起]을 말하여 실로 있는 '오직 하나인 자'의 실재를 부정한다. 그리고 연기법에서는 새로운 존재의 결과[果]를 내는 원인과 조건도 다른 원인과 조건의 결과이므로 원인도 공(空)하고 조건도 공한 것이니, 실체적 수로 표현할 수 있는 원자적 요소도 부정된다.

연기법의 하나에는 하나가 없다. 그러나 온갖 모습에 모습이 없어 하나의 수도 세울 수 없는 곳에서 하나이되 하나 아닌 하나, 둘이되 둘 아닌 둘, 셋이되 셋 아닌 셋, 나아가 셀 수 없는 수[無量數]가 분별된다.

다섯 여섯의 수에서 다섯 여섯의 수를 거두어 얻을 수 없음[六不收]이 수의 법신(法身)이라면, 다섯이 다섯이 되고 여섯이 여섯이 됨은 수의 보신(報身)이며, 수 아닌 수가 어우러져 한량없는 수가 되는 것은 수의 화신(化身)이 된다.

그러나 한량없는 수가 공해 비록 수를 헤아리되 '이루 세고 셀 것이 없음'[無有能數可數]이 다시 수의 법신이 된다.

이처럼 수의 법신·보신·화신은 하나의 고리를 이루어 셋이 하나도 아니고 다름도 아니며 가로도 아니고 세로도 아니다.

연기법은 위에서 아래로 온갖 수를 내려주는 하나인 하나를 부정하지만, 한량없는 수로 표시된 온갖 법이 있어 공하여, 온갖 법에 나 없음[一切法無我]을 한 모습[一相]이라 말한다.

연기법의 한 모습은 온갖 법의 모습에 모습 없음[無相]을 말하니, 그 모습 없음도 취해서는 안 된다. 그러므로 연기법은 하나에서 하나의 실체성을 깨뜨려 '모습 없는 한 모습'[無相一相]을 세우고, 온갖 수가 공한 곳에서 수 아닌 수의 세계를 거짓 이름[假名]으로 세운다.

붓다의 수 세움은 세움 없는 세움이다. 붓다는 한 수도 셀 수 없는 청정한 본바탕[淸淨本源]에서, 경험의 구체적인 장을 반성하고 경험의 연기적 흐름과 중생의 망집을 고찰하여 중생의 해탈을 위해 두 법, 세 법 나아가 한량없는 수의 법을 세운다.

수로 속제(俗諦)의 연기의 진리를 보이되 세운바 수의 법에도 실로 취할 것이 없음을 보이시니, 속제 밖에 진제(眞諦)가 따로 없다.

연기이므로 온갖 존재가 공한 곳에서 보면 실로 한 법도 세울 수 없고 한 수도 말할 수 없다.

그러나 수가 공하므로 셀 수 있는 거짓 이름의 법이 세워지는 것이니, 붓다는 때로는 세상의 풍조에 따라 때로는 중생의 병통과 알아듣는 수준에 따라 갖가지 수로 법을 보이고 법을 말하여 중생을 해탈의 길에 이끈다.

붇다의 설법이 법 세울 것 없는 곳에서 법의 수[法數] 세우는 까닭은 다음 '네 가지 실단'[四悉檀]으로 정리된다.

실단은 범어 싣단타(siddhānta)의 소리 옮김으로 '성취'라는 뜻이다. 또 실단을 한자의 실(悉)과 범어 다나(dāna)가 결합된 것으로 보아 '널리 보시한다'는 뜻으로 보기도 한다. 보시의 뜻으로 보면 네 실단이란 네 가지로 해탈의 법을 널리 베풀어 중생을 보디로 성취한다는 뜻이 된다.

네 실단 가운데 첫째는 세계실단(世界悉檀)이니, 세간 중생의 일반적인 사고와 관념, 풍조에 따라 세계의 법을 설하는 것이다. 곧 있는 것을 있다고 하고 없는 것을 없다고 하는 사고에 따라 있음과 없음의 두 법으로 세간법을 설하는 것과 같다. 불성(佛性)에 대해서도 세간의 관념에 따라 '온갖 중생에게 다 불성이 있다'고 말하나, 이것은 세계실단에 따르는 말일 뿐 불성이 '실로 있다'는 뜻은 아니다.

둘째는 위인실단(爲人悉檀)이니, 사람을 위하는 싣단타로 중생이 바른 길에 나아가도록 듣는 사람의 근기와 수준에 맞추어 법을 설하는 것이다. 법이 연기이므로 공한 줄 모르는 사람에게는 처음 알기 쉽도록 분석적으로 공[析空]을 설하기도 하고, 차츰 듣는 지혜가 무르익으면 바로 온갖 법이 스스로 있되 공함[本空, 卽空]을 바로 설해 주는 것과 같다.

셋째는 대치실단(對治悉檀)이니, 병통을 상대해 다스리는 싣단타로 탐욕이 많은 중생에게는 '몸이 깨끗하지 않다는 살핌'[不淨觀]으로 다스리고, 성냄이 많은 중생에게는 '자비의 살핌'[慈悲觀]으로 다스리며, 어리석음이 많은 중생에게는 '인연의 살핌'[因緣觀]으로 다스리는 것과 같다.

넷째는 제일의실단(第一義悉檀)이니, 으뜸가는 진리의 뜻으로써 방편을 세우지 않고 바로 법의 실상을 열어 보이는 것을 말한다. 『법화경』에서 '바로 곧장 방편을 버리고 다만 위없는 도를 말한다'[正直捨方便 但說無上道]라고 하는 것이 으뜸가는 진리의 신단타이다.

네 가지 실단이 있지만 앞의 세계실단·위인실단·대치실단으로 보인 갖가지 수의 법은 모두 넷째 제일의실단에 돌아가는 것이며, 제일의실단에는 설사 법의 이름을 세워도 실로 말함과 말하는 바가 모두 얻을 것이 없다.

천태선사(天台禪師)의 『법계차제초문』(法界次第初門)의 첫머리는 한 수도 셀 수 없는 청정한 본바탕[一相無相]에서 모습 없는 한 모습[無相一相]을 말하고, 한 모습에 취할 모습이 없으므로 온갖 수의 법이 연기됨을 말한다. 그리고 모습 없는 한 법 가운데 온갖 법을 아는 마음[名]과 알려지는 것[色] 두 법으로 분류하여 세움을 다음과 같이 말한다.

모든 법의 본원이 청정하여 이름이 끊어지고 모습 떠남을 논하게 되면, 오히려 하나도 아니니 어찌 일찍이 둘이 있겠는가. 그런데 둘도 아닌 곳에서 둘을 밝히는 것은 수행자가 처음 한 생의 허망한 과보(果報)인 '칼라라'(kalala)를 받을 때, 다만 마음[心, nāma]과 물질[色, rūpa] 두 법이 있기 때문이다.

반드시 알아야 한다. 마음과 물질이 온갖 세간법과 출세간법의 근본이 되어 온갖 법을 내고 온갖 법을 널리 거둬들일 수 있어, 마음과 물질이 바로 온갖 법이다.

만약 모든 크신 성인께서 온갖 법문을 분별하여 말씀하여도 모두 마음과 물질을 잡아서 분별하니, 한 법도 마음과 물질을 벗어나는 것이 없다.

그러므로 『대지도론』(大智度論)의 게송은 다음과 같이 설한다.

온갖 모든 법 가운데에는
다만 마음과 물질이 있다.
만약 진실하게 살피려 하면
마음과 물질을 살펴야 한다.
비록 어리석은 마음이 생각 많아
이 밖의 다른 일들 분별하지만
마음과 물질 벗어난 법은
다시 한 법도 있지 않도다.

一切諸法中 但有名與色
若欲如實觀 但當觀名色
雖癡心多想 分別於異事
更無有一法 出於名色者

2. 아함불교의 기본 법수

1) 한 붇다[一佛] 한 법[一法]과 삼보의 구성

불교경전에는 붇다의 많은 이름이 등장하고 가르침 속에도 많은 교설의 이름과 법의 이름이 등장한다. 초기 불교에서 과거의 일곱 붇다나 사카무니 붇다의 인행시(因行時)에 가르침을 주었던 붇다의 이름들은 대승경전에 이르면 과거천불 · 현재천불 · 미래천불 그밖에 다른 세계의 많은 붇다의 이름 등 한량없는 붇다들로 확장된다.

여래의 교설 또한 중생의 요구와 성향, 병통에 따라 여러 가지 법의 이름이 세워지고, '티끌 수 경계의 변화에 따르지 못하는 중생의 미혹'[塵沙惑]에 맞추어 진리의 이름 또한 '한량없는 진리의 이름'[無量四諦]을 얻게 된다.

이처럼 붇다와 법의 이름에 많은 수와 이름이 분별되지만, 그 뿌리는 사카무니 붇다의 세간 출현과 '위없는 보디'[anuttara-bodhi]의 성취에 모아진다.

과거·현재·미래에 걸쳐 셀 수 없는 붇다의 이름 또한 지금 눈앞에 계신 붇다의 모습에 취할 모습이 없는 곳에서, 삼세에 걸쳐 끊어짐 없는 붇다의 이름이 분별되는 것이다.

왜 그런가. 세간법의 모습[世間性]이 여래의 모습[如來性]이고 세간법의 공한 진실[世間實相]이 붇다의 공한 진실이기 때문이다.

경전에 나오는 한량없는 붇다의 이름은 무엇을 나타내는가. 그것은 곧 하나에 하나가 없고 여럿에 여럿이 없으며, 지금 있는 것과 다음 있을 것 사이에 끊어짐도 없고 이어짐도 없는 삶의 진실을, 붇다와 붇다의 서로 이어감과 시방(十方)의 셀 수 없는 붇다의 이름을 통해 나타냄인 것이다.

다함없는 법의 이름과 수 또한 실로 이루 말함과 말할 것이 없는 곳[無有能說可說處]에서 인연 따라 말함과 말할 것이 세워짐을 보이는 것이니, 법의 이름이 많아도 실로 있는 이름을 얻을 수 없는 것이다.

곧 갖가지 법의 이름이 모습에 모습 없는 실상에서 세워지고, 한량없는 붇다의 이름이 지금 세간에 오신 붇다의 모습 없는 진실에서 분별된 것이니, 한 붇다 한 법의 진실밖에 한량없는 법의 모습이 없다.

연기의 진리는 여래가 세간에 오시거나 오시지 않거나 늘 머물러 있는 법이지만 위없는 보디의 완성자 고타마 붇다로 인해 그 진리는 인간의 삶 속에 온전히 실현되었고, 세간의 언어로 표현되었다. 그러므로 세존이 법의 근본[法根] 법의 의지[法依]가 되시는 것이다.

불교가 보이는 갖가지 법의 이름과 수 그리고 실천법은, 고타마 붇다의 세간 출현과 보디 나무 아래서의 위없는 깨달음을 통해 세워진 것이다.

붇다의 깨달음으로 진리는 인간화되고 언어를 통해 역사화되었다. 붇다가 스스로의 깨달음을 통해 갖가지 수의 법을 열어 중생에게 해탈의 길을 열어보이므로 붇다를 따르는 사부대중(四部大衆)이 생겨나고 삼보의 이름[三寶名]이 세간에 나타나게 된 것이다.

붇다의 깨달음에서 깨침[能覺]과 깨친 진리[所覺]와 깨달음의 언어가 다름이 없듯, 삼보 속에 세 이름이 있으나 셋은 하나인 셋이다. 삼보 속에 세 이름이 있으나 붇다의 깨달아 가르침과 중생의 듣고서 법에 나아감 모두가 붇다가 보인 '하나인 보디의 법'이기 때문이다.

하나인 보디[一覺]와 하나인 실천의 수레[一乘]에서 갖가지 법 갖가지 실천의 수레가 분별되나, 하나인 보디에 보디의 모습이 없으니 셋[三]인 삼보에도 셋의 이름이 공한 것이다.

2) 삼보와 삼보의 내용

사카족 고타마의 위없는 보디의 성취와, 사슴동산에서 행한 설법, 붇다의 가르침을 듣고 새롭게 아라한의 도를 얻은 사문들로 인해 삼보의 이름이 세간에 나타나게 되었다.

붇다의 깨달음은 비록 새로 성취되었지만[始覺] 그것은 본래 갖춘 삶의 진실이 발현된 것이므로, 붇다의 한 깨달음[一菩提]에서 본래 갖춘 진리의 몸인 법신(法身)과 과보로 성취된 몸인 보신(報身)과 변화의 몸인 화신(化身), 이 세 몸[三身]이 분별된다.

또한 연기법에서는 행위 없는 자아가 없으므로 붇다의 보디의 행을 진리의 몸인 법신과 동일시해서 계(戒)·정(定)·혜(慧)·해탈(解脫)·해탈지견(解脫知見)의 행을 다섯 가름의 법의 몸[五分法身]이라 한다.

하나에 하나가 없는 보디의 법은 세계실단·대치실단·위인실단에 의해 사제(四諦)·십이인연(十二因緣)의 법으로 설해지고, 다섯 쌓임[五蘊]·열두 들임[十二入]·열여덟 법의 영역[十八界]·여섯 법의 영역[六界]의 교설로 표현되며, 서른일곱 실천법[三十七道品]으로 제시된다.

가르침을 받아들이는 대중은 상가 공동체의 구성원으로서 비구·비구니·우파사카·우파시카로 분류된다. 그리고 따라 들어가는 문에 의해서 감성적 직관을 따르는 이들을 성문승(聲聞乘, śrāvaka-yāna)이라 이름하고, 이성적 사유를 좇아 들어가는 이들은 연각승(緣覺乘, pratyekabuddha-yāna)이라 이름하고, 삶 전체 속에서 연기의 실상대로의 깊은 실천을 일으키는 이들을 보살승(菩薩乘, bodhisattva-yāna)이라 이름한다.

그러나 그 모든 법은 실로 보디라고도 이름할 정해진 법 없는 곳에서 중생의 집착과 병통에 따라 짐짓 세워진 이름이며, 실로 중생 아닌 중생을 니르바나의 땅에 이끄는 허깨비 같은 실천행[如幻行]에 붙인 이름이므로, 이름과 수에 꼭 그렇다 할 이름과 수가 없는 것이다.

3) 수로 본 붇다의 기본 교설

① 인연으로 일어나는 존재의 모습[依他起相]

한 법[一法] 세계의 연기적 실상을 깨친 붇다의 지혜는 차별된 두 모습이 없으므로 한 지혜[一智] 한 마음[一心]이라 한다. 또한 차별된 만 가지 법에 차별된 모습이 공해 없으므로 공한 평등한 모습을 하나의 진실한 모습[一實相]이라 한다.

그러나 한 지혜라 말하지만 하나인 지혜가 있는 것이 아니라 만 가지 생각에 생각 없음[無念]을 한 지혜 한 마음이라 하고, 만 가지 차별된 모습에 모습 없음[無相]을 하나인 모습[一相]이라 하니, 한 모습과 모습 없음은 둘이 아닌 것이다.

『비말라키르티수트라』(Vimalakīrti-Sūtra, 淨明經)의「둘 아닌 법문을 보인 품」(不二法門品)에서는 다음과 같이 말한다.

'좋은 눈 보디사트바'[善眼菩薩]가 말했다.

"한 모습[一相]과 모습 없음[無相]이 둘이 되나, 만약 한 모습이 곧 모습 없음인 줄 알고 또한 모습 없음을 취하지 않으면 평등에 들어갈 것이니, 이것이 둘이 아닌 법문에 들어감이오."

두 법[二法] 하나에 하나의 모습도 없는 진실한 모습에서 여래는 세계실단과 대치실단에 따라 중생을 위해 두 가지 법을 세워 보인다.

두 가지 법을 때로 붇다는 마음과 물질[名色]로 세워 보이기도 하고, 있음과 없음[有無], 안과 밖[內外], 의보와 정보[依正], 세간법과 출세간법[世出世間法], 샘이 있는 법과 샘이 없는 법[有漏無漏法], 진제와 속제[眞俗二諦] 등 갖가지로 세워 보인다.

세 법[三法] 안과 밖으로 분류된 세간법은 다시 안과 밖이 어울려 나는 앎[識]을 포함해 안과 밖 가운데 세 가지 법[內外中三法]으로 표시된다.

다시 느낌[受]은 주체의 뜻에 맞는가 안 맞는가에 따라 괴로운 느낌[苦受]·즐거운 느낌[樂受]·괴롭지도 않고 즐겁지도 않은 느낌[不苦不樂受]의 세 가지 느낌[三受]으로 분류되며, 지어감[行] 또한 괴로움·즐거움·괴롭지도 않고 즐겁지도 않음의 세 가지 지어감[三行]으로 표시된다.

느낌을 일으키는 닿음[觸]을 말할 때는 세 가지 일[三事: 根·境·識]이 어울려[三事和合] 닿음이 난다고 말한다.

뜻에 알려지는 법은 착함·악함·착하지도 않고 악하지도 않은 세법[三法]으로 분류되고, 때는 과거·현재·미래 세 때[三時]로 분별된다. 연기된 존재에 대해서는 나고 머물고 사라지는 세 모습[三相]을 말한다.

중생의 미혹의 세간을 욕계·색계·무색계의 세 가지 존재[三有] 세 가지 세계[三界]로 표시한다.

네 법[四法] 물질세계에서는 모습 있는 온갖 법의 꼴과 빛깔을 이루는 땅·물·불·바람을 물질의 네 가지 큰 요소[四大]라 하고, 중생은 태와 알, 습기와 변화의 네 가지 태어남[四生]으로 분류한다.

세간법에는 나고[生] 머물고[住] 달라지고[異] 사라지는[滅] 네 가지 함이 있음[四有爲]이 있다고 말하며, 중생의 먹음에는 덩이로 먹음[搏], 닿아 먹음[觸], 뜻의 지어감으로 먹음[思], 앎의 먹음[識] 네 가지 먹음[四食]이 있다고 한다.

다섯 법[五法] 인간을 중심으로 존재를 살피면 존재는 물질[色]·느낌[受]·모습 취함[想]·지어감[行]·앎[識]의 다섯 쌓임[五蘊]으로 이루어진 것이며, 물질세계[色法]는 네 가지 큰 요소에 허공을 더해 다섯 가지 큰 요인[五大]으로 이루어졌다고 말한다.

또 사대의 원인이 물질의 결과를 내는 데는 다섯 가지 원인되는 뜻[五因]이 있으니, 내는 원인[生因]·의지하는 원인[依因]·세우는 원인[立因]·지니는 원인[持因]·기르는 원인[養因]이다.

물질경계는 감각을 잡아 감각의 대상인 빛깔·소리·냄새·맛·감촉의 다섯 티끌경계[五塵]로 분류하고, 감각을 중심으로 주체의 아는 뿌리는 눈·귀·코·혀·몸 다섯[五根]으로 분류하며, 감성적 인식활동은 눈·귀·코·혀·몸의 다섯 앎[五識]으로 분류한다.

여섯 법[六法] 열여덟 법의 영역에서 주체인 안의 법[內法]은 눈·귀·코·혀·몸·뜻의 여섯 아는 뿌리[六根], 여섯 안의 들임[六內入]으로 표시된다.

객체인 밖의 법[外法]은 빛깔·소리·냄새·맛·닿음·법의 여섯 경계[六境], 여섯 밖의 들임[六外入]으로 표시된다.

안과 밖이 어울려 일어난 앎활동인 가운데 법[中]은 눈·귀·코·혀·몸·뜻의 여섯 앎[六識]으로 표시된다.

물질의 구성요인인 땅·물·불·바람·허공의 다섯 큰 요인에 주체의 앎을 더해 여섯 법의 영역[六界]을 말한다.

앎을 따라 일어나거나 앎과 더불어 일어나는 느낌과 모습 취함·지어감·닿음은 여섯 앎과 맞물려 여섯 느낌[六受]·여섯 모습 취함[六想]·여섯 지어감[六思]·여섯 닿음[六觸]으로 표시된다.

일곱 법[七法] 주체의 앎에 대해서 눈·귀·코·혀·몸·뜻의 여섯 앎에 뜻뿌리[意根]을 더해 일곱 마음의 영역[七心界]을 말하고, 객관경계 또한 빛깔·소리·냄새·맛·닿음·법의 여섯 경계에 법 없음[無法]을 더해 일곱 티끌경계[七塵]를 말한다.

여덟 법[八法] 나고 사라지며 오르고 내림이 있는 중생의 세간법은 얻음과 얻지 못함, 헐음과 기림, 일컬음과 나무람, 괴로움과 즐거움의 여덟 법[世八法]으로 분류된다.

또 사람의 마음을 흔드는 여덟 가지 뜻의 경계가 여덟 가지 바람[八風]으로 표시되니, 이로움과 시듦, 헐뜯음과 기림, 일컬음과 나무람, 괴로움과 즐거움의 여덟 법이다.

아홉 법[九法] 삼계중생이 태어남 받는 모습의 차별은 아홉 가지 남[九類生]으로 분류된다. 태와 알, 습기와 변화로 나는 네 가지 남[四生]과 빛깔 있음[有色]과 빛깔 없음[無色], 생각 있음[有想]과 생각 없음[無想], 생각 있음도 아니고 생각 없음도 아님[非有想非無想]의 다섯 가지 존재[五有]를 합해 아홉 가지 남[九生]이라 한다.

중생의 먹음이 아홉 가지 먹음[九食]으로 분류되니, 덩이·닿음·지어감·앎의 네 가지 먹음에 선정의 기쁨을 먹음[禪悅食], 법의 기쁨을 먹음[法喜食], 원의 먹음[願食], 바른 생각의 먹음[念食], 해탈의 먹음[解脫食] 등 다섯 가지 법의 먹음을 합한 것이다.

열 법[十法] 공간은 위아래[上下], 네 모서리[四維], 네 방위[四方]를 합해 시방(十方)이라 말하고, 시간은 과거·현재·미래에 각기 과거 · 현재 · 미래를 곱해 구세(九世)라 하고 구세에 과거 · 현재 · 미래가 융통한 한 생각[一念]의 마음을 더해 십세(十世)라 한다.

또 다섯 아는 뿌리[五根]와 빛깔 · 소리 · 냄새 · 맛 · 닿음의 다섯 경계[五境]를 합해 열 가지 법의 영역[十界, daśadhātacaḥ]이라 한다.

열 가지 일[十事]로 비유하여 온갖 존재가 인연으로 일어나 실체 없음을 밝히니, 허깨비 · 아지랑이 · 꿈 · 그림자 · 간다르바성 · 메아리 · 물의 달 · 거품 · 허공꽃 · 불바퀴이다.

열한 법[十一法] 물질세계는 내적 물질로 눈 · 귀 · 코 · 혀 · 몸[五根]이 있고, 외적 물질로 빛깔 · 소리 · 냄새 · 맛 · 닿음[五境]과 뜻으로만 사유할 수 있는 물질[法處所攝色]이 있어 열한 가지 물질[十一色]로 분류된다.

또 몸의 감촉은 굳음 · 젖음 · 따뜻함 · 움직임 · 무거움 · 가벼움 · 메마름 · 껄끄러움 · 배고픔 · 목마름 · 차가움의 열한 가지 감촉[十一觸]이 말해진다.

열두 법[十二法] 안의 여섯 아는 뿌리와 바깥 여섯 경계는 앎을 내는 열두 곳[十二處]이라고 이름하고, 다시 열두 곳은 앎을 거두어 쉬게 하는 곳이라는 뜻으로 열두 들임[十二入]이라 한다.

무명으로 인해 애착과 취함이 있고 애착과 취함으로 인해 실로 나고 죽음이 없는 곳에서 나고 죽음이 있게 되고, 무명이 사라짐으로 인해 나고 죽음이 사라지는 삶의 연기는 열두 가지 인연[十二因緣]으로 표시된다.

열여덟 법[十八法] 안의 여섯 아는 뿌리, 바깥 여섯 경계, 가운데 여섯 앎활동을 더해 열여덟 법의 영역[十八界]으로 표시된다.

법의 수는 위에 열거해 보인 수뿐이 아니다. 중생의 삶의 방식과 지은 업과 망집이 한량없으므로 그것을 나타내는 법의 수도 한량없어서 경전 가운데 천과 만, 삼천대천, 아승지와 같은 한량없는 수로 전개된다.

② **두루 헤아려 집착하는 모습[遍計所執相]**

한 법[一法] 인연으로 일어난 온갖 법은 있되 공하여 실로 그렇다 할 것이 없는데, 실로 그렇다 할 것이 없는 데서 있음을 있음으로 집착하는 한 생각 무명[一念無明]이 일어나고, 다시 그 한 생각 무명이 두루 헤아리는 한량없는 번뇌를 일으킨다.

그러나 한 생각 무명도 나되 실로 남이 없어서, 두루 헤아려 집착하는 모습에도 자기성품[自性]이 없는 것이니, 한 생각 무명과 두렷이 이루어진 진실의 모습[圓成實相]이 끝내 둘이 없다.

『비말라키르티수트라』는 말한다.

'사자같이 용맹스런 뜻의 보디사트바'가 말했다.

"번뇌 있음[有漏]과 번뇌 없음[無漏]이 둘이지만, 만약 모든 법이 평등함을 얻으면 곧 번뇌와 번뇌 없는 생각을 일으키지 않고, 모습[相]을 집착 않고 또한 모습 없음[無相]도 집착하지 않으니, 이것이 둘이 아닌 법문[不二法門]에 들어감이오."

두 법[二法] 있음을 있음으로 집착하기 때문에 없음을 없음으로 집착하는 것이니, 무명의 한 법에서 있음과 없음의 두 견해[有無二見]가 나고 존재와 존재를 이루는 법에 대한 두 집착[我法二執]이 생긴다.

앎 가운데서 취함[能取]과 취하는 바[所取]가 서로 의지해 자기성품이 없는데, 이 두 가지를 실체화하는 것을 두 가지 취함[二取]이라 한다.

애착에 두 가지[二愛]를 말하니, 물질에 대한 애착을 탐욕의 애착[欲愛]이라 하고 지혜로 아는바 법을 애착하는 것을 법의 애착[法愛]이라 한다.

이성적 인식의 번뇌인 견해의 미혹[見惑]과 감성적 인식의 번뇌인 지어감의 번뇌[思惑]를 두 가지 익힘[二習]이라 한다.

세 법[三法] 탐냄·성냄·어리석음을 세 가지 독[三毒]이라 하고, 견해의 묶음[見結]·그릇된 계에 집착하는 묶음[戒禁取結]·의심의 묶음[疑結]을 세 가지 묶음[三結]이라 한다.

탐욕의 흐름[欲漏]·존재의 흐름[有漏]·무명의 흐름[無明漏]을 세 가지 번뇌의 흐름[三漏]이라 하고, 탐욕의 생각[欲想]·성냄의 생각[瞋想]·해침의 생각[害想]을 세 가지 물든 생각[三想]이라 하며, 욕계의 애착[欲愛]·색계의 애착[色愛]·무색계의 애착[無色愛]을 세 가지 애착[三愛]이라 한다.

물든 몸의 업·입의 업·뜻의 업을 세 가지 업[三業]이라 하고, 번뇌의 장애[煩惱障]·업의 장애[業障]·과보의 장애[報障]를 세 가지 장애[三障]라 한다.

네 법[四法] 탐욕이 있는 중생의 먹음은 덩이로 먹음·닿아 먹음·지어감의 먹음·앎의 먹음이라는 네 가지 먹음[四食]으로 분류된다. 중생의 번뇌는 온갖 것을 있음으로 보는 번뇌의 머묾[見一切住地]·탐욕으로 애착하는 번뇌의 머묾[欲愛住地]·물질을 애착하는 번뇌의 머묾[色愛住地]·무명의 머묾[無明住地]이라는 네 가지 번뇌의 머묾[四住地]으로 분류된다.

네 가지 몸에 얽매임[四身繫]은 탐냄으로 몸에 얽매임[貪身繫]·성냄으로 몸에 얽매임[瞋身繫]·집착해 취함으로 몸에 얽매임[執取身繫]·그릇된 계로 몸에 얽매임[戒禁取身繫]이다.

네 가지 취함[四取]은 다섯 감각의 경계를 탐내 취함[欲取]·그릇된 견해를 취함[見取]·그릇된 계를 취함[戒取]·앞의 그릇된 견해를 옳다고 하는 자기말을 취함[我語取]이다.

다섯 법[五法] 지혜를 어둡게 하는 다섯 가지 덮음[五蓋]은 탐냄[貪]·성냄[瞋]·잠과 졸음[睡眠]·들뜸[掉擧]·의심[疑]이다.

본래 밝은 지혜[明]를 무명이 되게 하는 다섯 가지 나쁜 견해[五惡見]는 몸이 있다는 견해[有身見]·치우침을 집착하는 견해[邊執見]·연기의 진리를 믿지 않는 삿된 견해[邪見]·자기망상의 견해를 옳다고 취하는 견해[見取見]·그릇된 계를 취하는 견해[戒禁取見]이다. 이 다섯 견해[五見]를 다섯 가지 날카로운 번뇌[五利使]라 하고, 이에 비해 그 세력이 날카롭지 않되 본질적인 번뇌를 다섯 가지 무딘 번뇌[五純使]라 하니, 탐냄·성냄·무명·교만·의심이다.

다섯 가지 욕망[五欲]은 빛깔·소리·냄새·맛·감촉에 대한 탐욕을 뜻하기도 하고, 재물[財]·먹을 것[食]·육체적 욕망[色]·명예

[名]·잠[睡]에 대한 욕망을 뜻하기도 한다.

다섯 가지 낮은 곳의 묶음[五下分結]은 탐욕의 세계[欲界] 가운데 있는 탐냄·성냄·몸이 있다는 견해와 그릇된 계의 집착과 의심이 다섯 가지 번뇌를 말한다. 다섯 가지 높은 곳의 묶음[五上分結]은 물질의 장애가 있는 세계 가운데 있는 탐욕, 물질 없는 세계[無色界]의 탐욕·들뜸·교만·무명을 말한다.

여섯 법[六法] 여섯 가지 큰 번뇌[六大煩惱, 六隨眼]는 탐냄[貪]·성냄[瞋]·어리석음[痴]·교만[慢]·의심[疑]·나쁜 견해[惡見]를 말하고, 여섯 가지 지혜를 가리는 마음[六蔽]은 탐냄[慳貪]·계 깨뜨림[破戒]·성냄[瞋]·게으름[懈怠]·어지러움[散亂]·어리석음[痴]을 말한다.

일곱 법[七法] 일곱 가지 근본 번뇌는 번뇌의 잠을 따르는 일곱 가지 법[七隨眠]이니, 욕정의 탐냄[欲貪]·성냄·존재에 대한 탐냄[有貪]·교만·무명·그릇된 견해·의심을 말한다.

일곱 가지 중생의 기운[七氣]은 기쁨[喜]·성냄[怒]·근심[憂]·하고자 함[思]·슬픔[悲]·놀람[警]·두려움[恐]을 말한다.

여덟 법[八法] 여덟 가지 삿됨[八邪]은 삿된 견해[邪見]·삿된 사유[邪思惟]·삿된 말[邪語]·삿된 행위[邪業]·삿된 직업[邪命]·삿된 방편[邪方便]·삿된 생각[邪念]·삿된 선정[邪定]이다.

여덟 가지 괴로움[八苦]은 나고 늙고 병들어 죽는 괴로움[生老病死], 사랑하는 자와 헤어지는 괴로움[愛別離苦], 미운 자와 만나는 괴로움[怨憎會苦], 구하나 얻지 못하는 괴로움[求不得苦], 다섯 쌓임이 치성한 괴로움[五陰盛苦]이다.

아홉 법[九法] 아홉 가지 묶음[九結]은 애욕의 묶음[愛結]·성냄[恚結]·교만[慢結]·무명[無明結]·견해[見結]·취함[取結]·의심[疑結]·미워함[嫉結]·아낌의 묶음[慳結]이다.

아홉 가지 번뇌[九種煩惱]는 탐냄의 번뇌[貪使煩惱], 성냄·어리석음의 번뇌, 탐냄·성냄·어리석음을 더욱 늘리는 번뇌[增上貪瞋痴結使煩惱], 무명의 머묾에 거두어지는 번뇌[無明住地一切所攝結使], 도를 보는 지위에서 끊어지는 번뇌[見道所斷結使], 도 닦음의 지위에서 끊어지는 번뇌[修道所斷結使], 온전히 깨끗하지 못한 지위의 번뇌[不淨地結使], 깨끗한 지위의 번뇌[淨地結使]를 말한다.

열 법[十法] 열 가지 미혹[十惑]은 다섯 가지 날카로운 번뇌[五利使 : 有身見·邊執見·邪見·見取見·戒禁取見]와 다섯 가지 무딘 번뇌[五鈍使 : 貪·瞋·癡·慢·疑]를 합한 것을 말하고, 이를 또한 열 가지 견해[十見]라 한다.

열 가지 깨끗하지 못함[十種不淨]은 몸의 깨끗하지 못함[身不淨], 입과 뜻[口意]의 깨끗하지 못함, 감과 머묾[行住]·앉음과 누움[坐臥]·스스로 행함과 남을 교화함[自行化他]이 깨끗하지 못함, 미래를 기약하는 것이 깨끗하지 못함[所期不淨]이다.

열한 법 이상[十一法以上] 열한 가지 두루 행하는 미혹[十一遍行惑]은 고제(苦諦)의 진리를 미혹한 열 가지 미혹 가운데, 몸이 있다고 보는 견해·치우친 견해·삿된 견해·견해를 취하는 견해·그른 계를 취하는 견해·의심·무명의 일곱 가지 미혹에 집제(集諦)의 진리를 미혹한 일곱 가지 미혹 가운데 삿된 견해·그릇된 견해를 취하는 견해·의심·무명의 네 가지 미혹을 합한 것이다.

열두 가지 번뇌[十二隨眠]는 욕정의 탐냄[欲貪], 성냄[瞋], 물질의 장애 있는 세계의 탐냄, 물질 없는 세계의 탐냄, 이 네 가지 번뇌에 무명을 더하고 몸이 있다고 보는 견해·치우친 견해·삿된 견해·그릇된 견해를 취하는 견해·그른 계를 취하는 견해·교만·의심의 일곱 가지 미혹을 더한 것이다.

열여섯 지견[十六知見]은 다섯 쌓임 등 여러 법[諸法]의 어울림으로 일어난 존재[我] 가운데서, 법 그대로이거나[卽法] 여러 법을 떠나[離法] 나[我, ātman]와 내 것[我所, ātmīya]이 있다고 하는 견해[我見, ātma-dṛṣṭi], 중생[sattva]이 있다는 견해[衆生見], 목숨[壽者, jīva]·목숨의 틀[命, ajīva]·나는 자[生者]·길러줌[養育]·법의 수[法數]가 있다는 견해, 사람[人, pudgala]·짓는 자[作者]·짓게 하는 자[使作者]·일으키는 자[起者]·일으키게 하는 자[使起者]·받는 자[受者]·받게 하는 자[使受者]·아는 자[知者]·보는 자[見者]가 있다고 하는 견해이다.

③ 해탈의 법

한 법[一法] 중생의 집착에 따라 여러 수의 법을 보이지만 방편의 수가 다하면 법의 진실은 다름이 없다. 『대품반야경』(「만행품」)은 말한다.

처음 바른 마음 냄으로부터 붇다의 도 이룰 때까지 한 몸[一身], 한 붇다[一佛], 한 지혜[一智]이지만, 만행의 이름이 차별되어 달라진 것이다.

여기서 한 몸·한 붇다·한 지혜는 번뇌를 돌이켜 해탈을 이루는 실천법이자 실상이며 해탈의 과덕을 포함한다.

이 법은 때로 하나인 실천의 수레[一乘道, ekayāna-mārga], 하나인 행[一行], 하나인 진실[一實], 하나인 지혜[一智]라 한다.

비록 한 지혜라 하나 끊을바 중생의 무명이 공한 줄 알면 얻을 지혜의 밝음도 없는 것이니, 『비말라키르티수트라』는 말한다.

'번개하늘 보디사트바'[電天菩薩]는 말한다.

"밝음[明]과 무명(無明)이 둘이 되지만, 무명의 진실한 성품이 곧 바로 밝음이라 밝음 또한 취할 수 없으니, 온갖 수를 떠나되 그 가운데 평등하여 둘이 없으면 이것이 둘이 아닌 법문에 들어감이오."

두 법[二法] 존재[我]와 존재를 이루는 여러 법(法)이 공함을 두 가지 공함[二空]이라 한다.

법신의 지혜생명[法身慧命]을 기르는 두 가지 먹음[二食]이 있으니, 선정의 기쁨을 먹음[禪悅食]과 법의 기쁨을 먹음[法喜食]이다.

모든 법의 평등한 바탕을 살피는 지혜[根本智, 實智]와 차별을 살피는 방편의 지혜[差別智, 權智]를 두 가지 지혜라 하고, 모든 법의 공함을 알아 벗어나는 마음의 해탈[心解脫, citta-vimukti]과 공에 머물지 않는 지혜의 해탈[慧解脫, prajñā-vimukti]을 두 가지 해탈[二解脫]이라 한다.

자비의 덕[悲德]과 지혜의 덕[智德]을 두 가지 덕이라 하고, 복으로 장엄함과 지혜로 장엄함을 두 가지 장엄[二莊嚴]이라 한다. 또한 지혜가 드러나는 보디의 덕[智德]과 번뇌가 끊어져 없어진 니르바나의 덕[斷德]을 두 가지 덕이라 한다.

세 법[三法] 모든 법에 실체 없음[諸法無我]·모든 행이 덧없음[諸行無常]·니르바나의 고요함[涅槃寂靜]을 '세 가지 법의 도장'[三法印]이라 하고, 보디를 이룬 붇다[佛]·붇다의 법[法]·법을 따라 행하는 상가[僧]를 세간의 세 가지 보배[三寶]라 한다.

듣고[聞] 사유하고[思] 실천하는[修] 것을 세 가지 지혜[三慧]라 하고, 계(戒)·선정[定]·지혜[慧]를 니르바나에 나아가는 세 가지 배움[三學]이라 한다.

재물보시[財施]·법보시[法施]·두려움 없는 마음의 보시[無畏施]를 세 가지 보시[三施]라 하고, 공한 사마디[空三昧]·바람 없는 사마디[無願三昧]·모습 없는 사마디[無相三昧]를 세 가지 사마디[三三昧]라 한다.

하늘눈의 밝음[天眼明]·오랜 목숨 살피는 지혜의 밝음[宿命明]·번뇌 다한 밝음[漏盡明]을 세 가지 밝음[三明]이라 하고, 공함의 해탈·바람 없음의 해탈·모습 없음의 해탈을 세 가지 해탈[三解脫]이라 한다.

네 법[四法] 고통에서 해탈에 이르는 네 가지 진리는 괴로움의 진리[苦諦]·괴로움 모아냄의 진리[集諦]·괴로움 사라짐의 진리[滅諦]·괴로움 없애는 길의 진리[道諦]이다.

사제법(四諦法) 가운데 도제의 갖가지 실천법이 네 가지 수로 표현되니, 다음과 같다.

네 가지 바른 끊음[四正斷]은 네 가지 바른 정진[四精勤]과 같으니, 끊을 것을 끊음[斷斷]·몸가짐으로 끊음[律儀斷]·보살펴 끊음[隨護斷]·닦아 끊음[修斷]이다.

네 곳 살핌[四念處]은 몸[身]·느낌[受]·마음[心]·법(法)의 진실한 모습을 살피는 지혜를 말한다.

네 가지 한량없는 마음[四無量心]은 크나큰 사랑·슬피 여김·기뻐함·평등함[慈悲喜捨]의 네 가지 큰 마음을 말하며, 네 가지 자재한 선정[四如意足]은 하고자 함의 선정[欲如意足]·정진의 선정[勤如意足]·마음의 선정[心如意足]·살핌의 선정[觀如意足]이다.

네 가지 과덕[四果]과 네 가지 향함[四向]은 스로타판나(srotāpanna, 人流)·사크리다가민(sakrdāgāmin, 一來)·아나가민(anāgāmin, 不來)·아라한의 네 과덕과 네 과덕에 향함이니, 지혜의 흐름에 들어[入流] 도를 보고[見道] 도를 닦아[修道] 배울 것 없는 지위[無學, 아라한]에 이르는 모든 현성의 지위를 포함한다.

네 가지 걸림 없는 지혜[四無碍智]는 법에 걸림 없는 지혜[法無碍]·뜻에 걸림 없는 지혜[義無碍]·언어에 걸림 없는 지혜[辭無碍]·즐겁게 말함에 걸림 없는 지혜[樂說無碍]이다.

네 가지 두려움 없음[四無所畏]은 여래의 네 가지 두려움 없음과 보디사트바의 두려움 없음이 있다. 여래의 네 가지 두려움 없음이란 지혜의 두려움 없음[智無所畏]·번뇌 다해 두려움 없음[漏盡無所畏]

·도를 장애하는 업장을 말함에 두려움이 없음[說障道業障無所畏]·
괴로움 다하는 도를 설함에 두려움 없음[說盡苦道無所畏]이다. 보디
사트바의 네 가지 두려움 없음이란 들은 가르침을 지니어 두려움 없
음[能持無所畏]·중생의 근기를 알아 두려움 없음[知根無所畏]·의
심을 끊어주는 데 두려움 없음[決疑無所畏]·잘 답해줌에 두려움 없
음[答報無所畏]이다.

다섯 법[五法] 다섯 가지 진리의 몸[五分法身]은 계의 몸[戒身]·선
정의 몸[定身]·지혜의 몸[慧身]·해탈의 몸[解脫身]·해탈지견의
몸[解脫知見身]이고, 다섯 가지 진리의 먹음[五食]은 바른 생각의 먹
음[念食]·법의 기쁨을 먹음[法喜食]·선정의 기쁨을 먹음[禪悅食]
·좋은 바람의 먹음[願食]·해탈의 먹음[解脫食]이다.

여섯 법[六法] 바른 법을 향한 여섯 가지 생각[六念]은 붇다를 생각
함[念佛]·법을 생각함[念法]·상가를 생각함[念僧]·계와 보시와
하늘을 생각함[念戒·念施·念天]이다.
　초기 불교의 갖가지 실천법도 대승 보디사트바의 여섯 파라미타
행[ṣaḍ-pāramitā, 六波羅密]으로 정리될 수 있으니, 보시·지계·인욕
·정진·선정·지혜의 파라미타이다.
　여섯 가지 신통[六神通]은 하늘눈의 신통[天眼通]·하늘귀의 신통
[天耳通]·날아다니는 발의 신통[神足通]·남의 마음 아는 신통[他
心通]·오랜 목숨 아는 신통[宿命通]·번뇌 다한 신통[漏盡通]이다.
　보디를 성취한 뒤 여섯 가지 줄어듦이 없는 공덕[六無滅]은 하고
자 함이 줄어듦 없음[欲無滅]·정진(精進)이 줄어듦 없음·바른 생

각[念]이 줄어듦 없음·지혜[慧]가 줄어듦 없음·해탈(解脫)과 해탈
지견(解脫知見)이 줄어듦 없음이다.

　일곱 법[七法]　선정의 일곱 가지 이름은 사마히타(samāhita, 等引)
·사마디(samādhi, 等持)·사마파티(samāpatti, 等至)·디야나(dhyāna,
靜慮)·치타이카그라타(cittaikāgratā, 心一境性)·사마타(śamatha, 止)
·드리스타다르마 수카비하라(dṛṣṭa-dharma-sukha-vihāra, 現法樂住)
이다.
　일곱 갈래 깨달음 법[七覺支]은 법 가림의 깨달음 법[擇法覺]·정
진의 깨달음 법[精進覺]·기쁨의 깨달음 법[喜覺]·가벼움의 깨달음
법[輕安覺]·선정의 깨달음 법[定覺]·생각의 깨달음 법[念覺]·버
림의 깨달음 법[捨覺]이다.
　일곱 가지 먹음[七食]은 잠이 눈의 먹음이 되고, 소리가 귀의 먹음
이 되며, 냄새가 코의 먹음이 되고, 맛이 혀의 먹음이 되고, 부드러움
이 몸의 먹음이 되고, 법이 뜻의 먹음이 되고, 방일하지 않음[不放逸]
이 니르바나의 먹음이 됨을 말한다.

　여덟 법[八法]　바른 견해[正見]·바른 뜻[正思惟]·바른 말[正語]·
바른 행위[正業]·바른 생활[正命]·바른 방편[正精進]·바른 생각
[正念]·바른 선정[正定]을 여덟 가지 바른 길[八正道]이라 하고, 여
덟 가지 바른 생각[八念]은 붇다와 법과 상가, 계와 보시와 하늘, 들
고 나는 숨 생각함을 말한다.
　여덟 가지 해탈[八解脫]이란 부정관(不淨觀)을 닦아 앞에 얻은 선
정의 경계를 버리고 앞으로 나아가는 여덟 가지 선정의 모습[八背

捨]을 말한다.

아홉 법[九法]　몸의 깨끗하지 않음을 살피는 생각[觀身不淨想]은 몸이 퉁퉁 붓는다는 생각·퍼렇게 멍든다는 생각·문드러진다는 생각·피가 흐른다는 생각·새가 쪼아 먹는다는 생각·흩어진다는 생각·뼈만 남아 흩어진다는 생각·타버린다는 생각의 아홉 가지 생각[九想]으로 정리된다.

색계의 네 가지 선정[四色定]과 무색계의 네 가지 선정[四無色定]에 '느낌과 모습 취함이 사라진 선정'[滅受想定]을 합해 아홉 가지 차제의 선정[九次第定]이라 한다.

중생의 네 가지 먹음[四食]인 덩이로 먹음·닿아 먹음·지어감의 먹음·앎의 먹음에 선정의 기쁨[禪悅]·법의 기쁨[法喜]·좋은 바람[願]·바른 생각[念]·해탈(解脫)의 다섯 가지 법의 먹음[法食]을 더해 아홉 가지 먹음[九食]을 말한다.

열 법[十法]　진리를 살펴 생각하는 선정법은 다음 열 가지 생각[十念]이니, 붇다를 생각함[念佛]·법을 생각함[念法]·상가를 생각함[念僧]·계와 보시와 하늘을 생각함[念戒 念施 念天]·사마타의 휴식을 생각함[念休息]·들고 나는 숨을 생각함[念安般]·몸의 덧없음을 생각함[念身非常]·죽음을 생각함[念死]이다.

해탈의 지혜는 열 가지[十智]로 분류되니, 세속의 지혜[世俗智]·욕계 사제의 지혜[法智]·색계 무색계의 사제의 지혜[類智]·괴로움의 지혜[苦智]·괴로움 모아냄의 지혜[集智]·괴로움 사라짐의 지혜[滅智]·괴로움 없애는 길의 지혜[道智]·남의 마음 아는 지혜[他心

智]·배움 다한 지혜[盡智]·남이 없는 지혜[無生智]이다.

보디와 니르바나를 온전히 성취한 붇다의 힘은 열 가지 힘[十力]으로 표현하고, 온갖 공덕을 갖춘 여래는 열 가지 이름[十號]으로 부른다.

열한 법 이상[十一法以上] 수행자가 성취해야 할 법이 열한 가지 법으로 정리되니, 계·정·혜·해탈·해탈지견·아는 뿌리의 고요함[根寂]·만족을 앎[知足]·닦음의 법을 갖춤[修法]·방편을 앎[知方便]·뜻을 분별함[分別義]·이익에 집착하지 않음[不著利]이다.

열두 가지 지혜[十二智]는 위의 열한 가지 지혜에 진실 그대로의 지혜[如實智]를 더한 것이다.

무명으로 괴로움이 일어나고 무명이 사라짐으로 해탈이 구현되는 연기는 십이인연(十二因緣)으로 표현되며, 여래의 경은 십이부경(十二部經)으로 그 형식이 분류된다.

중생과 함께하지 않는 여래의 빼어난 공덕을 '열여덟 가지 함께하지 않는 법'[十八不共法]이라 하고, 여래의 거룩한 상호는 서른두 가지 모습[三十二相], 여든 가지 좋은 특징[八十種好]으로 표현된다.

3. 대승교설의 주요 법수

대승(大乘, mahāyāna)의 뜻은 역사적으로 형성된 개념이다. 위없는 보디의 완성자 붇다가 설한 연기법의 기본 교설은 부파불교 시대를 거치면서 많은 부분 실체론적 왜곡이 이루어진다.

세계관과 실천론의 기본 방향에서 연기론의 왜곡이 깊어졌을 때 보디사트바를 실천의 전형으로 표방하는 수행자 집단[菩薩乘]이 출현하여 부파불교의 그릇된 교리 이해와 잘못된 실천적 지향을 깨뜨리며 연기법의 진실과 연기법의 실천성을 새롭게 천명한다.

보디사트바의 크나큰 실천의 수레[菩薩乘, bodhisttva-yāna]로 시대불교의 병폐와 치우침을 비판해서 불교 본래의 연기론적 실천성을 회복하는 사상운동 실천운동이 대승이다.

대승, 즉 마하야나라는 보살승의 사상적 기치에는, 기존 부파불교 수행자들의 불교관이 붇다의 뜻과 다른 작은 실천의 수레[小乘, hīna-yāna]이며, 반야중관(般若中觀)이 진정한 붇다의 길이라는 자기주장이 깔려 있다.

대승은 이처럼 역사적으로 형성된 개념이지만, 붇다 스스로 '여래의 실천과 연기법의 세계관은 오직 하나인 실천의 수레[一乘道, eka-yāna-mārga]'라고 표방하고 있으므로, 대승은 붇다가 표방한 '하나인 진실한 도'[一實道]의 시대적 구현으로 보아야 할 것이다.

이런 뜻에서 대승은 붇다의 길과 다른 새로운 길이 아니다. 마하야나의 크나큰 수레는 본래 크고 곧고 드넓은 여래의 진리의 길을 비좁고 외진 길로 만든 이들의 치우침을 비판하는 뜻이다. 그리고 그것은 그윽함마저 그윽해 안이 없고[無內] 넓고 넓어 밖이 없는[無外] 여래의 진리의 집[法性舍]을 비좁은 내면의 집으로 만든 실재론자 · 영혼주의자들에 대한 꾸짖음과 일깨움의 뜻을 담고 있다.

1) 반야중관

반야불교는 역사적으로 법집(法執)에 떨어진 부파불교의 실체론[有論]을 깨기 위해 반야부 경전의 편집과 『중론』(中論) · 『십이문론』(十二門論) 등 논서의 발간을 중심으로 진행된 실천운동이다.

그러므로 나가르주나(Nāgārjuna, 龍樹) 존자 등 반야불교를 주도한 '대승 보디사트바들'은 주로 존재의 실체성이 공할[我空]뿐 아니라 존재를 이루는 여러 법들도 공함[法空]을 밝히는 데 사상의 주안점을 둔다.

원래 아비다르마(abhidharma)는 '법을 향함'이라는 뜻을 지니고 있으며, 초기 불교에서 자주 쓰이는 아비다르마와 비나야(vinaya)는 법(法)과 율(律)에 의거한다는 뜻이 된다. 연기론에서 법을 향함은 법이 있되 공함에 나아가야 법을 향함이 된다.

부파불교의 논사들은 이 뜻을 왜곡하여 존재[我]를 이루는 여러 법[諸法]을 실체화하여 법의 모습[法相]을 밝히는 데 사상적 역량을 집중했다. 이에 대승불교의 아비다르마 논사들은 부파불교 논사들의 아비다르마가 법집(法執)에 떨어져 있음을 보여, 법도 공한[法空] 중도실상을 밝히는 것이 아비다르마임을 말하고 있다.

중국불교에서도 남북조시기 여러 경론들이 번역되면서 법수(法數)의 혼란이 있을 때 천태선문(天台禪門)의 혜문선사(慧聞禪師)가 『중론』을 읽다 크게 깨친 뒤,『대지도론』(大智度論)에서 '한 마음의 세 살핌'[一心三觀]으로 관행의 기본을 세웠으며, 그 뒤 천태선사가 『중론』의 삼제게를 통해 일대경론의 교상을 연기중도의 관점으로 판석하였다.

그러므로 대승불교 반야중관(般若中觀)의 법수와 천태지의선사가 세운 천태선문의 법수는 기본 틀을 같이한다.

반야불교의 기본 법수를 살펴보자.

세 반야[三般若] 지혜로 깨친바 진리를 실상밖에 반야가 없다는 뜻으로 실상반야(實相般若)라 말하고, 진리를 비추는 진리인 지혜를 관조반야(觀照般若)라 하며, 지혜의 언어적 표현을 문자반야(文字般若)라 한다.

다시 세 반야는 실상반야·관조반야·방편반야(方便般若)로도 표현되니, 방편은 바로 앎에 앎이 없는 관조의 지혜가 앎 없음에 머묾 없이 중생을 위한 방편의 지혜[方便智]와 분별의 지혜[分別智]로 나타남을 말한다.

지혜밖에 진리가 없고 진리는 오직 지혜로 드러나므로 천태선사는 『금광명경현의』(金光明經玄義)에서, 진리를 지혜에 거두어 세 반야를 이렇게 말한다.

어떤 것이 세 반야인가. 반야를 지혜라 하니 실상반야는 고요함도 아니고 비춤도 아니니[非寂非照] 곧 일체종지(一切種智)이다. 관조반야는 비추지 않되 비춤[非照而照]이니 곧 일체지(一切智)이다. 방편반야는 고요하지 않되 고요함[非寂而寂]이니 곧 도종지(道種智)이다.

위 『금강명경현의』에서 실상반야는 지혜인 진리가 있음도 아니고 공함도 아니라[非有非空], 진리인 지혜가 비춤이 없되 비추지 않음도 없으므로 고요함도 아니고 비춤도 아니라 한 것이며, 관조반야는 지혜인 진리가 있되 공함[有而空]이라 비춤 없이 비춘다 한 것이고, 방편반야는 지혜인 진리가 공하되 있음[空而有]이라 진리인 지혜가 고요하지 않되 고요하다 한 것이다.

이제(二諦)와 삼제(三諦) 온갖 존재의 실상은 있음도 아니고 공함도 아니다[非有非空]. 그 실상을, 연기되어 있는 것이므로 공하되 있음을 보이는 속제(俗諦)와 연기된 것이므로 있되 공함을 보이는 승의제(勝義諦)로 나누어 보인 것이 이제설(二諦說)이다.

다시 삼제는 존재의 실상을, 연기된 것이므로 있되 공함을 보이는 공제(空諦)와 공도 공해 연기가 없지 않음을 보이는 가제(假諦)와 공제와 가제가 둘이 아닌 중도제(中道諦)로 나누어 보임이다.

이렇게 두 가지 진리, 세 가지 진리로 나누어 보임은 실상에 그 구분이 있음을 뜻하는 것이 아니라[非理境二諦] 중생의 집착을 깨기 위해 집착에 따라 진리의 뜻을 세워 보임[立言教二諦]이다.

여섯 파라미타와 열 파라미타[六波羅密, 十波羅密] 붇다의 초기 교설에서 보인 기본 실천법들은 보시·지계·인욕·정진·선정·지혜의 여섯 파라미타[ṣaḍ-pāramitā, 六波羅密]로 정리되고, 여섯 파라미타에 방편(方便)·보디사트바의 서원[願]·구체적인 실천의 힘[力]·분별의 지혜[智]의 네 가지 파라미타를 더해 열 파라미타라 한다.

한 마음의 세 지혜[一心三智] 공(空)·가(假)·중(中) 삼제(三諦)가 원융한 진리[圓融三諦之理]를 체현하여 고요함과 비춤이 한때[寂照同時]인 지혜를 일체종지(一切種智)라고 하고, 비추는바 경계가 있되 공하므로 고요하되 비추는[寂而照] 지혜를 일체지(一切智)라 한다. 공하되 있는 차별의 진리를 비추어 비추되 고요한[照而寂] 지혜를 도종지(道種智)라 한다.

이 세 가지 지혜는 곧 한 마음의 세 지혜[一心三智]라 따로 떨어진 지혜가 아니다.

  붓다의 세 몸[佛三身] 『중론』의 「여래의 진실을 살피는 품」[觀如來品]은 인연으로 세상에 오신 붓다의 몸이 연기이므로 공해 실로 옴이 없고 감이 없는 진실이 바로 법신임을 보인다. 『중론』의 이 뜻에 의해, 붓다의 몸을 법신(法身)·보신(報身)·응신(應身)의 세 가지 몸으로 보는 불신관(佛身觀)이 형성되었다.

  상가의 세 실천의 수레[僧三乘] 부파불교의 치우친 교리이해와 출가중심주의적 실천관을 비판하는 과정에서 붓다 당시 소리를 듣고 해탈에 나아가는 수행자를 성문승이라 이름하고, 붓다께서 니르바나에 드신 뒤 연기법을 사유해 깨친 수행자를 연각승이라 이름하였다. 그에 비해 대승의 실천가들은 스스로를 파라미타의 행으로 여래의 보디의 길을 온몸으로 실천하는 수행자라는 뜻으로, '보살승'(菩薩乘)이라 정의하였다.
  역사적으로 이렇게 세 가지 실천의 수레[三乘]가 차별되었으나, 이는 모두 '하나인 붓다의 수레'[一佛乘]에서 차별된 것이라, 끝내 '하나인 붓다의 수레'[唯一佛乘]에 돌아가는 것이다.

  2) 유식불교
  반야중관의 공(空)은 존재[我]와 존재를 이루는 여러 법[諸法]에 대한 실체적 집착을 깨뜨려 연기중도의 뜻을 시대 속에 새롭게 밝히기 위해 세워졌다. 깨뜨리기 위한 법약(法藥)으로서의 공이 새롭게 신비화되고 관념적 집착의 대상이 될 때 유식불교(唯識佛敎)는 이들의 치우침을 바로잡기 위해 앎활동[識]을 중심으로 온갖 법이 공하기 때문에 법의 모습[法相]이 연기함을 밝힌다.

유식에서 법의 모습은 실체적인 법의 있음[法有]을 보이는 것이 아니라, 존재가 공하므로 연기하고 연기한 것이므로 공함을 보인 것이다. 그러므로 유식불교는 법의 모습이 없지 않음[非無]을 들어보임으로써 실은 법의 모습과 온갖 존재가 실로 있지 않음[非有]을 밝히고 있는 것이다.

다섯 방향 백 가지 법[五位百法] 공이 실로 있는 공으로 집착되는 시대불교의 병폐를 건지기 위해 유식불교는 다시 아비다르마 불교가 말하는 법의 모습을 확장해 법의 모습이 공하므로 연기함을 말한다.

아비다르마 불교의 오위칠십오법(五位七十五法)은 유식불교에서 오위백법으로 넓혀지나, 오위법은 모두 앎활동 자체인 오위법으로 표시된다.

다섯 방향의 법[五位法]이란 앎이 변한 법[所變唯識]·앎에 따라 나는 법[相應唯識]·앎과 함께 나는 법[分位唯識]·앎 자체[自體唯識]·앎의 진실한 성품[實性唯識]이다.

초기 불교의 다섯 쌓임[五蘊]에서 물질[色]은 앎의 토대이자 앎 자체로 드러난다. 그러므로 유식불교는 물질은 앎의 대상이자 앎 자체이므로 앎이 변한 것[所變]이라고 하고, 앎밖에 물질이 없으므로 오직 앎활동[唯識]이라고 말한다.

느낌[受]과 모습 취함[想] 등 심소법(心所法)들은 앎 자체에 응하여 따라 나기 때문에 앎에 따라 나는 법[相應唯識]이라 한다.

언어·시간·공간같이 앎에 따라 나지 않는 법[不相應行法]은 앎 자체에 종속해서 나지 않으나 앎을 떠나지 않으며, 주관도 아니고 객관도 아니나 주·객을 떠나지 않으니, 이를 앎과 함께 나는 법[分位唯識]이라 한다.

유식불교에서 앎 자체는 어떻게 기술되는가.

초기 불교의 앎은 여섯 앎[六識]으로 표시되나, 앎을 내는 뜻뿌리[意根]가 유식불교에서 '마나스식'(manas-vijñāna)으로 표시된다. 또 아는 자와 알려지는 경계가 어울려 구체적 경험의식[前六識]이 일어나므로 앎의 뿌리인 아는 자와 경계의 둘이 아닌 모습을 '아라야식'(ālaya-vijñāna)이라 이름하여, 여덟 가지 식[八識]이라 한다.

유식은 마나스식을 제7식이라 하고 아라야식을 제8식이라 하니, 여섯째 뜻의 앎[第六意識]과는 어떤 관계인가.

여섯째 뜻의 앎은 뜻뿌리의 앎[意之識]이라는 의미로 '마노 비즈냐나'(mano-vijñāna)라 하고, 제7 마나스식은 뜻이 곧 앎[意卽識]이라는 의미로 '마나스 비즈냐나'(manas-vijñāna)라 한다. 앎이 경계를 의지해 일어나는 측면을 들어 여섯째 앎이라 하고, 뜻뿌리가 경계를 자기화해 앎을 내는 측면을 일곱째 앎[第七識]이라 한 것이다. 앎이 항상하지 않음[不常]을 들어 여섯째 앎이라 하고, 앎이 항상하지 않되 끊어지지 않고[不斷] 앞의 앎이 뒤의 앎으로 이어지는 면을 들어 일곱째 앎이라 한다.

일곱째 앎이 공한데 아는 뜻뿌리를 실체화하여 뜻뿌리가 모든 자기 집착의 뿌리가 되므로 호법(護法) 등 유식논사들은 '앎을 내는 뜻뿌리'[意根]의 집착된 모습[遍計所執相]으로 일곱째 앎을 삼는다. 이에 비해 우리 불교의 원효성사(元曉聖師)는 뜻뿌리의 인연으로 있는 모습[依他起相] 곧 대승의 뜻뿌리[大乘意根]로 제7식을 삼는다.

제7식은 제8식의 아는 자[第八識見分]를 이루고 물질경계 등은 제8식의 아는 바[第八識相分]를 이룬다. 이는 십이처설(十二處說)에서 안의 아는 뿌리[內根]와 밖의 경계[外境]가 앎활동 자체로 드러나는 모습을 아는 뜻뿌리[意根]와 몸의 아는 뿌리[五根, 身]·바깥 경계[六境, 器界]가 여섯 앎[六識]을 일으키는 뿌리가 되고 토대가 됨으로 보아, 안의 아는 뿌리·밖의 경계 이 열두 곳[十二處]을 제8식이라 이름 지은 것이다.

그러므로 유식의 팔식설은 십팔계설(十八界說)에서 안의 아는 뿌리[內意根]와 안의 몸[五根, 身]·밖의 여섯 경계[外六境, 器界]가 어울려 여섯 앎[六識] 일으키는 것을 일어난바 앎활동을 잡아 팔식설로 다시 보인 것이라 할 수 있다.

이 여덟 가지 앎은 앎 자체이므로 이를 자체 유식(自體唯識)이라 한다.

함이 없는 법[無爲法]은 앎활동과 앎 자체로 드러나는 법의 모습들이 있되 공한 진실한 성품을 뜻한다. 함이 없는 법 또한 앎밖에 따로 없는 것이니, 함이 없는 법을 '진실한 성품의 유식'[實性唯識]이라 한다.

앎의 세 성품[識三性]과 세 성품에 취할 자기성품이 없음[三無自性] 앎이 다른 것을 의지해 일어나는 연기의 모습을 유식불교는 앎의 '의타기성'(依他起性)이라 하고, 연기한 것이라 취할 바 없는 곳에서 두루 헤아려 물든 모습을 앎의 '변계소집성'(遍計所執性)이라 하며, 앎의 의타기성의 있되 공한 진실한 모습을 앎의 '원성실성'(圓成實性)이라 한다.

이 세 가지 성품은 연기되어 공한 진실한 모습에서 분별된 이름이므로 서로 동떨어진 것이 아니라 하나인 것의 다른 이름이니, '세 성품이 서로 바라보아 중도'[三性待望中道]인 것이다.

의타기성은 연기이므로 있되 공하고, 변계소집성은 취할 것 없는 데서 헛된 분별을 일으킴이라 그 분별 자체가 원래 없는 것이다. 원성실성은 의타기성의 있되 공하고 공도 공한 진실한 모습이므로 연기된 모습밖에 따로 취할 모습이 없는 것이다. 그러므로 세 성품은 '낱낱 자기모습이 바로 중도'[一性中道]이니, 비록 이름이 달리 세워졌지만 세 가지 성품에 취할 자기성품이 없는 것이다.

유식의 모습[唯識相]·유식의 성품[唯識性]·유식의 행[唯識行]　유식 논사 바수반두(Vasubandhu, 世親) 존자의 『유식삼십송』(唯識三十頌)은 전체 게송이 모습과 성품과 행[相性行]의 세 단으로 이루어졌다.

앎활동에서 보면 온갖 법의 모습은 앎으로 드러난다. 앎 자체와 '오직 앎인 법의 모습'[唯識相]은 다른 것을 의지해 나는 모습[依他起相]이다. 곧 온갖 법의 모습이 앎인 온갖 법이므로 온갖 법이 공하지만, 앎도 온갖 법인 앎이므로 공하다.

'인연으로 나는 앎의 모습'[唯識相]이 바로 앎 자체로 주어지는 온갖 존재의 모습[法相]이라면, 인연으로 나기 때문에 앎이 있되 공함은 '앎의 성품'[唯識性]이다. 앎이 공하되 그 공함도 공하므로 원성실성인 진여 또한 공하여 앎의 진실한 성품에서 '앎인 온갖 법의 모습'[法相]이 연기한다.

그러므로 바른 앎의 행[唯識行]이란 앎인 온갖 법의 모습에서 모습을 떠나고, 앎이 공한 성품에서 공함을 떠나, 앎에 앎 없고 앎 없음에 앎 없음을 떠나는 행이다.

곧 의타기상인 앎에서 앎이 연기이므로 공한 줄 알아, 모든 앎에서 앎을 떠나는 것[不住諸識]이 앎을 진여인 앎이 되게 하는 것이며, 원성실성인 진여 또한 공하므로 진여에 머묾 없이[不住眞如] 앎 아닌 앎을 현전시키는 것이 유식의 실천행[唯識行]이 된다.

이런 뜻에서 유식불교는 유식의 실천행을 앎을 돌이켜 지혜를 구현하는 행[轉依, 轉識得智]으로 표현한다.

유식행에서 실천의 과정과 실천의 과덕은 과정 아닌 과정이자 얻음 없는 얻음으로서 다섯 지위로 분별된다.

다섯 지위는 의타기상인 앎이 공한 줄 이해하여 진리의 식량 얻는 지위[資糧位]에서 실천에 힘을 더하는 지위[加行位], 도를 보아 존재와 법이 공함을 통달한 지위[通達位], 닦음 없이 닦아 익히는 지위[修習位], 끝내 마쳐 다한 지위[究竟位]이다.

비록 다섯 지위의 실천의 차제가 분별되지만 중생의 집착된 앎[遍計所執相]이 본래 공하므로 끝내 마쳐 다함에 실로 마쳐 다함이 없으니, 유식행의 다섯 지위는 '함이 없는 진여'[無爲眞如]에서 분별된 지위 아닌 지위인 것이다.

3) 기신론

대승 보디사트바 아쓰바고샤(Aśvaghoṣa, 馬鳴) 존자의 『대승기신론』(大乘起信論)은 여래장(如來藏) 불교의 대표적인 논서이다. 『대승기신론』은 유식불교의 심식설(心識說)이 심리주의화하고, 주체의 아는 뿌리[根]와 알려지는 경계[境]가 둘이 아닌 앎의 장으로서 제8 아라야식이 주관의식화되는 치우침을 깨뜨려, 앎이 곧 진여인 앎임을 다시 표방하고 있다.

『대승기신론』의 주요 법수는 다음과 같다.

한 마음[一心] 유식불교의 여덟 가지 앎[八識]이 모두 공하여 진여인 앎활동임을 나타내는 법의 뜻이다. 『능가경』(楞伽經)은 이 뜻을 '고요함이 한 마음이고 한 마음이 여래장이다'[寂滅一心 一心如來藏]라고 표현한다.

두 문[二門] '오직 앎인·온갖 법'은 있되 공하므로 '한 마음의 진여문'[心眞如門]이라 하고, 오직 앎인 온갖 법은 공하기 때문에 연기하는 것이니, '한 마음의 나고 사라지는 문'[心生滅門]이라 한다.

세 가지 큼[三大] 한 마음은 공하여 모습이 없으므로 그 바탕이 크고[體大], 공도 공해 온갖 모습의 원천이 되므로 갖춘 공덕이 크며[相大], 있되 공하고 공도 공하여 짓되 지음 없는 작용이 끝없으므로 그 쏨이 큰 것[用大]이니, 이를 세 가지 큼[三大]이라 말한다.
바탕이 큼은 진여문이고 모습이 큼과 쏨이 큼은 생멸문이다.

세 가지 가는 미혹[三細]과 여섯 가지 거친 미혹[六麤] 온갖 법이 연기이므로 공한 줄 모르는 한 생각 근원적 미혹이 움직이는 것을 '업의 모습'[業相]이라 한다. 업이 움직여 굴러 아는 자[根]를 실체화하는 것을 구르는 모습[轉相]이라 하니, 이를 '보는 모습'[見相]이라 한다. 다시 아는 자가 실체화되어 알려지는 것이 실체화됨을 '드러나는 모습'[現相]이라 한다.

업의 모습이 움직여 굴러 '보는 모습·드러나는 모습'을 일으키고 움직여 굴러 '보는 모습·드러나는 모습'이 서로 규정해 다시 업을 움직이니, 이는 제8아라야식의 미혹을 말한다.

여섯 가지 거친 미혹은 아는 자와 알려지는 것이 서로 어울려 구체적인 경험의 앎이 날 때, 앎 자체[識自體] 가운데 앎[見分]과 알려짐[相分]이 대립되고 물들어 앎 자체가 다시 물드는 활동을 말한다.

유식불교에서 '제8식의 아는 자'는 '대승의 뜻의 아는 뿌리'[大乘意根]이니 이를 제7마나스식이라 한다. 제7식은 대승의근(大乘意根)의 물든 모습이다. 여섯 가지 거친 미혹의 뿌리는 바로 아는 자가 실체화된 제7마나스식이니, 이를 '아는 모습'[智相]이라 한다.

아는 모습에 떨어진 제7식이 알려지는바 대상을 취해, 일상의 앎[六識] 가운데서 알려지는바 대상[六識相分]의 실체를 취하는 물든 모습이 서로 이어감을 '서로 잇는 모습'[相續相]이라 한다. 서로 잇는 물든 모습의 내용이 곧 집착해 취하는 모습[執取相]·이름을 헤아리는 모습[計名字相]·업 일으키는 모습[起業相]이다.

업 일으킴의 과보가 바로 괴로움에 얽매인 모습[業繫苦相]이다.

맨 끝 과보인 괴로움에 얽매인 모습은 무명업상으로 일어났으나 그 괴로움의 결과가 다시 괴로움 일으키는 원인을 떠나지 않아[果不離因] 괴로움의 원인을 원인이 되게 한다. 그러므로 번뇌의 원인도 공하고 결과도 공하여 못 깨친 모습[不覺相]인 세 가지 가는 미혹과 여섯 가지 거친 미혹이 진여를 떠나지 않는 것이다.

네 믿음[四信] 못 깨친 모습을 돌이켜 새로이 진여에 복귀하는 해탈의 출발은 네 가지 믿음이니, 첫째 진여를 믿음이고 다음으로 진여의 현실적 구현인 붇다·다르마·상가의 삼보를 믿음이다.

다섯 행[五行] 보디사트바는 중생의 못 깨친 모습이 진여에서 연기한 줄 알아 중생의 물든 앎을 앎 없는 앎, 진여인 앎으로 돌이켜 진여에서 지음 없이 다섯 행을 일으켜 보디를 이룬다.

다섯 행은 곧 보시의 문[施門]·계의 문[戒門]·인욕의 문[忍門]·정진의 문[進門]·지관문(止觀門)이다.

지관문의 사마타(śamatha, 止)와 비파사나(vipaśyanā, 觀)는 각각 선정(禪定, dhyāna)과 지혜(智慧, prajñā)를 다른 이름으로 보인 것이니, 『대승기신론』의 다섯 행이 바로 여섯 파라미타행인 것이다.

4) 밀교

『대승기신론』의 여래장설이 앎을 중심으로 앎이 곧 여래장임을 밝히고 있다면, 밀교(密敎)는 언어[言]와 업(業)을 중심으로 여래장을 밝히고 있다. 밀교는 실천법으로 진언수행(眞言修行)을 강조하고 의궤(儀軌)를 중시한다. 밀교의 주요 법수는 다음과 같다.

하나인 법신[一法身] 바이로차나 『대승기신론』의 한 마음[一心]이 바이로차나 붇다(Vairocana-Buddha, 光明遍照佛)로 표현된다.

금강계와 태장계의 두 법계[二界] 바이로차나 붇다는 진리와 지혜의 두 가지 덕을 갖추고 있는데, 지혜인 진여의 진리를 태장계(胎藏界)라 하니 비치되 고요함[照而寂]이고, 진리인 지혜를 금강계(金剛界)라 하니 고요하되 비침[寂而照]이다.

『대승기신론』의 법수로 보면 한 마음의 진여문[心眞如]이 태장계이고, 한 마음의 생멸문[心生滅]이 금강계이다.

세 가지 큼[三大] 바이로차나 법신에 갖추어진 바탕과 모습과 작용이 큼을 말하니, 육대로 바탕이 큼[六大體大]을 말하고, 네 만다라로 모습이 큼[四曼相大]을 말하며, 세 가지 비밀함으로 작용이 큼[三密用大]을 말한다.

땅·물·불·바람·허공·앎[地水火風空識]의 여섯 큰 요소[六大]는 있되 공하여 곧 진여인 여섯 요소이다. 이 진여인 여섯 큰 요소의 걸림 없는 연기[六大無礙緣起, 六大體大]를 '바탕이 큼'[體大]이라 한다.

네 만다라[四種曼茶羅]는 육대의 법계[六大法界] 위에 갖춰진 차별상과 공덕이 큰 것이니, 이를 '모습이 큼'[相大]이라 한다.

네 만다라의 첫째는 마하만다라(mahāmaṇḍala, 大曼茶羅)이니, 온갖 사물 온갖 상호 온갖 법이 곧 법계이고 '진여의 넓고 큼'이라 만물이 곧 크나큰 만다라임을 말한다.

둘째는 사마야만다라(samayamaṇḍala, 三昧耶曼茶羅)이니, 사마야(samaya)는 평등서원의 뜻으로 온갖 법이 곧 법신불의 서원임을 나타낸다.

셋째는 다르마만다라(dharmamaṇḍala, 法曼茶羅)이니, 온갖 중생 세계의 소리가 곧 바이로차나 법신 붇다의 진언이며 법신의 법임을 나타낸다.

넷째는 카르마만다라(karmamaṇḍala, 羯摩曼茶羅)이니, 온갖 중생의 몸가짐과 업이 법신의 업이며 활동임을 나타낸다.

이 네 가지 만다라의 서로 걸림 없이 융통하는 모습이 바로 바이로차나 법신 붇다의 공덕의 모습이 큼[四曼相大]이다.

작용이 큼[用大]은 세 가지 비밀함[三密]이니, 몸의 비밀함[身密]·입의 비밀함[口密]·뜻의 비밀함[意密]이다.

밀교 수행의 요점은 진언행을 통해 중생의 물든 세 가지 업[三業]을 여래의 법계인 세 가지 비밀한 행으로 전환시키는 데 있다. 중생의 세 가지 업이 공한 줄 알고 그 공함도 공한 줄 알면 그때가 중생의 삼업이 곧 여래의 삼밀인 줄 아는 때이고, 바이로차나 법신의 삼밀의 힘이 중생의 삼업을 진리의 업으로 돌이켜주는 때[三密加持]이다.

여래의 삼밀은 중생의 업이 본래 니르바나되어 있는 업의 진실을 말하니, 중생의 물든 세 가지 업이 여래의 세 가지 비밀한 행으로 전환된다는 것은 중생의 업이 업의 공한 진실의 뜻 실현함을 말한다.

이 세 가지 업의 비밀함이 바이로차나 법신 붇다의 작용이 큼[三密用大]이다.

5) 천태종교

천태는 지관구행(止觀俱行)·교관겸수(敎觀兼修)의 선풍을 표방하므로 천태종교(天台宗敎)는 지관(止觀)을 중심으로 선·교·율(禪敎律)을 회통한 종지이다.

비록 당조에 들어 형계담연선사(荊溪湛然禪師)가 선(禪) 화엄(華嚴) 법상(法相)의 유심불교(唯心佛敎)의 종파화에 대응하여 천태선문을 하나의 종(宗)으로 선언했지만, 천태의 종(宗)과 교(敎) 자체는 중국불교·종파불교의 규정으로 제약할 수 없는 회통적 종풍을 표방하고 있다.

천태의 종지는 수(隋)의 중국통일과 맞물려 남북조시대 분파적 불교를 법화일승(法華一乘)과 원돈지관(圓頓止觀)의 최상승선으로 회통한 종지이므로, 당조에 발흥한 모든 종파불교의 사상적·실천적[敎觀] 연원이 된다. 천태의 종지는 종파 아닌 종파이니, 우리불교 원효의 불교관이 천태의 회통적 종풍과 그 궤를 같이한다.

천태선문은 초조 혜문선사(慧聞禪師)가 『중론』 삼제게(三諦偈)에서 크게 깨쳐 『대지도론』에 의거해 세 가지 살핌이 곧 한 마음[一心三觀]인 선관을 세웠으므로 반야중관과 그 법의 기본 축을 같이한다.

세 가지 진리[三諦] 온갖 법이 인연으로 일어나 있되 있음 아닌 곳에서 실로 있음의 집착을 내므로 공한 진리[空諦]를 세워 실로 있음을 깨뜨리고, 거짓 있음의 진리[假諦]를 세워 공을 공으로 보는 집착을 깨뜨린다.

다시 공함과 거짓 있음이 평등한 중도제[中諦]를 세워 공제와 가제의 자취를 뛰어넘게 하니, 공·가·중의 세 가지 진리는 서로 원융하여 하나인 실상일 뿐이다[圓融一實].

세 가지 미혹[三惑] 있되 공한 법에서 있음을 집착하는 이성적 미혹과 감성적 미혹을 '견사혹'(見思惑)이라 하고, 공을 공으로 보아 티끌 수 변화에 대응하지 못하는 미혹을 '진사혹'(塵沙惑)이라 한다. 하나인 법계의 진실을 알지 못하는[不了一法界] '무명혹'(無明惑)으로 말미암아 견사혹과 진사혹이 있으니, 세 가지 미혹도 한 생각에 있는 것이다.

세 가지 살핌[三觀] 있되 공하다는 살핌[空觀]을 세워 견사혹을 깨뜨리고, 공하되 거짓 있다는 살핌[假觀]을 세워 진사혹을 깨뜨리며, 중도관을 세워 무명혹을 깨뜨린다.

미혹이 본래 미혹 아닌 곳에서 보면 세 가지 살핌의 이름도 공한 것이라, 공관을 말해도 가관·중도관이 함께하고, 가관을 말해도 공관·중도관이 함께하는 것이며, 중도관을 말해도 공관·가관이 함께해 세 가지 살핌이 원융한 것[圓融三觀]이다.

세 가지 그침[三止] 살핌이 살피는 지혜[能觀智]를 들어서 디야나(dhyāna, 禪)를 말하고 있다면, 그침[止]은 휴식을 들어서 디야나를 말한다. 존재가 공한 줄 아는 것이 '진제를 체달하여 있음의 집착을 쉬는 것'[體眞止]이고, 공도 공해 거짓 있음인 줄 아는 것이 '방편으로 연을 따라 공에 빠진 집착을 쉬는 것'[方便隨緣止]이다.

다시 공함과 거짓 있음이 중도인 줄 알면 '있음과 공함의 두 치우침의 분별을 쉬는 것'[息二邊分別止]이니, 세 가지 그침이 원융해[圓融三止] 한 마음인 것이다.

세 가지 법의 차별 없음[三法無差] 마음[心]과 중생과 붇다의 이 세 가지 법은 비록 이름이 다르지만 그 바탕은 다르지 않다. 마음은 유식에서 앎이 인연으로 나는 모습[依他起相]이고, 중생은 앎이 물든 모습[遍計所執相]이며, 붇다는 앎의 두렷이 성취된 모습[圓成實相]이다. 곧 마음의 실상을 깨친 분이 붇다이고, 마음의 연기상을 미혹한 이가 중생이니, 중생의 미혹이 공한 줄 알면 세 가지 법이 차별 없는 것이다.

세 가지 불성[三因佛性] 존재의 진실이 곧 보디의 원인이 되는 불성[正因佛性]이고, 불성의 진실을 살펴 드러냄이 지혜의 불성[了因佛性]이며, 지혜의 조건이 되어 보디 이룸을 돕는 갖가지 실천이 깨달음의 조건이 되는 불성[緣因佛性]이니, 이를 세 가지 불성이라 한다.

깨달음의 세 가지 요인[三因]이 모든 진여의 성품에서 연기한 것이므로 이 셋을 모두 불성이라 한 것이다.

니르바나의 세 가지 덕[涅槃三德] 법신·반야·해탈을 세 가지 덕이라 하니, 법신은 법계의 진리이자 중생의 불성을 말하며, 반야는 법계인 지혜를 말하고, 해탈은 지혜의 막힘없는 작용을 말한다.

법신에서 지혜가 나고, 지혜가 법신을 비춤 없이 비추어, 법신인 지혜가 막힘없는 해탈의 활동으로 드러나지만, 지혜의 작용이 다시 고요하여 해탈이 다시 법신이 된다.

법신·반야·해탈은 원인과 결과가 서로 통하여 가로도 아니고 세로도 아니고 같음도 아니고 다름도 아니라 하나인 실상이 세 가지 이름이 되는 것이다.

6) 화엄종교

천태종교의 오시팔교(五時八敎)는 법화를 중심으로 기성 교판사상을 통합하고, 법화·열반 등 경전의 비유에 의거해 온갖 경전의 가르침이 한맛[一味]인 진실상에 돌아감을 보이는 회통의 교판사상이다. 그에 비해 화엄종교(華嚴宗敎)의 십종판(十宗判)은 불교 교리 발전사를 반영해 화엄교를 온갖 교설 가운데 최상으로 세우는 교판사상이다.

그러나 화엄종교를 세운 현수(賢首)와 청량(淸凉) 두 성사가 모두 관행에 있어서는 천태종교의 지관법문(止觀法門)을 쓰고 있으므로 실천문에서는 천태지관을 계승하고 있다. 화엄종교의 기본 법수를 살펴보자.

네 법계[四種法界] 사법의 법계[事法界] · 진리의 법계[理法界] · 진리와 사법이 걸림 없는 법계[理事無碍法界] · 사법과 사법이 걸림 없는 법계[事事無碍法界]가 네 가지 법계이다.

사법계는 천태종교의 인연으로 일어난 속제(俗諦)를 말하고, 이법계는 천태종교의 공제(空諦)를 말하며, 이사무애법계는 천태종교의 가제(假諦)를 말하며, 사사무애법계는 천태종교의 중도제(中道諦)를 우주론적으로 전개한 것이다.

이처럼 화엄의 네 가지 법계는 천태종교의 원융삼제(圓融三諦)를 법계라는 원리적 표현을 써서 재구성한 것이다.

여섯 모습의 원융함[六相圓融] 법계연기의 실상을 여섯 모습[六相]의 원융함으로 나타낸다. 여섯 모습은 모으는 모습[總相]과 가르는 모습[別相], 같은 모습[同相]과 다른 모습[異相], 이루는 모습[成相]과 무너뜨리는 모습[壞相]이다.

모으는 모습이란 하나인 총체성이 부분의 다양성을 머금은 것을 말하고, 가르는 모습은 부분의 다양성이 서로 차별되어 같지 않음을 나타낸다.

같은 모습이란 여럿의 뜻[多義]이 서로 어긋남이 없이 하나인 뜻[一義]을 이루는 것이고, 다른 모습이란 여럿의 뜻이 서로 바라보아 같지 않음을 나타낸다.

이루는 모습이란 부분의 차별된 모습이 자기를 부정하고 서로 어울려 같은 모습을 이루는 것이고, 무너뜨리는 모습이란 부분의 차별된 모습이 각기 자기모습에 머물러 자기법을 지키는 것을 말한다.

그러나 가르는 모습은 모으는 모습을 이루는 가르는 모습이고, 모으는 모습은 가르는 모습의 차별성이 있으므로 모으는 모습이 된다. 이처럼 같은 모습과 다른 모습, 이루는 모습과 무너뜨리는 모습도 서로 모순된 두 법이 각기 공해 서로가 서로를 이루어주므로 이를 여섯 모습의 원융함[六相圓融]이라 한다.

열 가지 현묘한 문[十玄門] 사법이 진리인 사법이라 사법과 사법이 서로 하나되고[相卽] 서로 들어가[相入] 겹치고 겹쳐 다함없는 법계연기를 열 가지 문으로 나타냄이니, 다음과 같다.

첫째, '때를 같이해 모두 갖추어 서로 응하는 문'[同時具足相應門]이니, 열 가지 문의 총론으로서 열 가지 문이 한때 서로 응함을 나타낸다.

둘째, 하나와 여럿이 서로 받아들이면서도 같지 않은 문[一多相容不同門]이다.

셋째, 온갖 법이 서로 하나되어 자재한 문[諸法相卽自在門]이다.

넷째, 인드라그물같이 서로 비치는 경계의 문[因陀羅網境界門]이다.

다섯째, 미세한 것들이 서로 받아들여 자기모습을 무너뜨리지 않고 그대로 서 있는 문[微細相容安立門]이다.

여섯째, 비밀스럽게 숨음과 밝게 나타남이 함께 이루어지는 문[秘密隱現俱成門]이다.

일곱째, 온갖 가르침의 곳간이 순일함과 잡다함의 덕 갖추고 있는 문[諸藏純雜具德門]이다.

여덟째, 십세가 하나되지만 법을 따로 하여 달리 이루어져 있는 문[十世隔法異成門]이다.

아홉째, 오직 마음이 잘 돌아 굴러 잘 이루고 있는 문[唯心廻轉善成門]이다.

열째, 사법에 의탁해서 법을 드러내고 앎을 내게 하는 문[託事顯法生解門]이다.

위의 열 가지 문은 『오교장』(五敎章)의 십현문이고, 『탐현기』(探玄記) 이후의 새로운 십현문은 제장순잡구덕문(諸藏純雜具德門) 대신 '넓음과 좁음이 자재하여 걸림 없는 문'[廣狹自在無碍門]이 들어와 있고, 유심회전선성문(唯心廻轉善成門) 대신 '주인과 손님이 두렷이 밝아 덕 갖춘 문'[主伴圓明具德門]이 들어와 있다.

4. 존재의 본원이 청정함과
실천에서 지음 없는 행을 다시 살피며

지금까지 우리는 붇다 초기 교설의 기본 법수와 대승불교 교설의 주요 법수에 대해 그 큰 줄기를 간략히 살펴보았다.

법수의 큰 줄기는 유식불교에서 정리한 마음의 세 가지 모습[三相]을 따라 '연기되어 일어난 존재의 모습'[依他起相]·'중생의 갖가지 번뇌와 고통의 모습'[遍計所執相]·'존재의 실상과 해탈에 나아가는 실천의 모습'[圓成實相], 이 세 가지 기본 뼈대로 서술하였다.

이미 유식불교의 법수를 풀이하는 가운데 말한 바 있듯, 인연으로 일어난 현실의 모습은 인연으로 일어났으므로 그 자기성품이 공하고[依他起無性], 두루 집착한 번뇌의 모습은 취할 것이 없는 곳에서 헛되이 취한 모습이므로 그 허망한 모습 자체가 없는 것[遍計所執無性]이다. 존재의 원만하고 진실한 모습은 연기된 모습의 있되 공한 진실이므로 연기된 모습밖에 따로 취할 모습이 없으므로 그 모습도 자기성품이 공한 것[圓成實無性]이다.

세 모습에 자기성품 없음을 '본원이 청정함'[本源淸淨]이라 말하고, 이를 『대승기신론』의 법수로 보면 마음의 진여문[心眞如門]이 되니, 청정한 본원에는 실로 세울 법의 이름과 법의 수가 없는 것이다. 다만 중생의 집착과 병통의 방향에 따라서 그것을 치유하기 위해 갖가지 법약(法藥)의 이름을 세우고 법의 수를 세운 것이다.

이처럼 이름할 것 없는 데서 이름을 세운 것은 이름과 수를 통해 이름과 수가 있되 공한 니르바나의 땅에 이르기 위함인 것이다.

그러므로 지금 여래가 법을 말씀하실 때[說法時] 말로써 내보일 법이 있다고 하면 여래의 법을 잘 듣고 잘 말할 수 있는 법사(法師)가 되지 못한다. 법을 말씀할 때 비록 말하되 실로 말함과 말하는 법이 없음을 아는 자가, 잘 법을 듣는 자[善聞者]이고 다시 법을 잘 말할 수 있는 자[善說者]이다. 그 뜻을 아함경은 잘 설하는 법사[善說法師]란 바로 '다섯 쌓임이 공함을 아는 자'이며, 많이 들은 제자[多聞弟子]란 바로 '법이 고요함을 아는 자'라고 한 것이다.

중관불교의 법수로 살핀 바처럼 세간의 연기된 법[俗諦]이 공하여 세속법이 곧 진제(眞諦)가 되므로, 지금 말하고 사유하는 경험의 법이 비록 말하되 실로 말과 사유로 붙잡을 수 있는 법이 아니다. 또한 세간법이 공해 취할 모습이 없으므로 세간 모습의 집착을 벗어나게 하는 갖가지 해탈의 법도 말과 사유로 규정해 붙잡을 수 있는 법이 아니다.

　이 뜻을 천태선사의 『사념처관』(四念處觀)은 다섯 쌓임, 열두 들임 등 연기된 속제가 이루 말할 수 없으므로 진제인 해탈의 실천에도 자기성품 없어서 이루 말할 수 없다 말한다.

　다시 존재의 중도실상을 현실에서 구현하신 여래의 열 가지 힘과 갖가지 상호의 공덕에도 취할 모습이 없으므로 중도제도 말할 수 없다고 한다.

　천태선사는 이렇게 보인다.

　온갖 모든 법은 다 이루 생각할 수 없고 말할 수 없으니, 생각으로 헤아려 알 수 없고 말로 헤아려 보일 수 없다. 왜 그런가. 말길이 끊어졌으므로[言語道斷故] 말할 수 없고, 마음가는 곳이 사라졌으므로[心行處滅故] 생각할 수 없다.

　『대열반경』은 말한다.

　"내고 남[生生, 緣起]도 이루 말할 수 없고, 나되 나지 않음[生不生, 空]도 이루 말할 수 없으며, 나지 않되 남[不生生, 假]도 이루 말할 수 없고, 남도 아니고 나지 않음도 아님[不生不生, 中]도 이루 말할 수 없다."

　이미 말할 수 없으면 또한 생각할 수 없는 것이다.

　『대품반야경』은 말한다.

　"물질[色]은 이루 말할 수 없고 나아가 앎[識]은 이루 말할 수 없다. 눈[眼]이 이루 말할 수 없고 나아가 뜻[意]이 이루 말할 수 없으며, 빛깔[色]이 이루 말할 수 없고 나아가 법(法)이 이루 말할 수 없다. 눈의 영역[眼界]이 이루 말할 수 없고 나아가 법의 영역

[法界]이 이루 말할 수 없다. 반드시 다섯 쌓임[五陰]·열두 들임[十二入]·열여덟 법의 영역[十八界]이 모두 말할 수 없음을 알아야 한다."

이것은 연기되는 속제(俗諦)가 말할 수 없음을 가리킨 것이다.

네 곳 살핌[四念處]이 이루 말할 수 없고 나아가 다섯 가지 진리의 뿌리[五根]·다섯 가지 진리의 힘[五力]·일곱 갈래 깨달음 법[七覺支]·여덟 가지 바른 길[八正道]이 이루 말할 수 없으며, 스로타판나가 말할 수 없고 나아가 아라한이 또한 말할 수 없으니, 이것은 해탈의 법인 진제(眞諦)가 이루 말할 수 없음을 가리킨 것이다.

붇다의 열 가지 힘[十力]이 말할 수 없고, '네 가지 두려움 없음'·'열여덟 함께하지 않은 법'·'서른두 가지 모습'·'여든 가지 좋은 상호' 등을 다 말할 수 없으니 이것은 중도제일의제(中道第一義諦)가 이루 말할 수 없음이다.

『대론』은 말한다.

진실한 법은 뒤바뀌지 않으니
생각과 살핌이 이미 없어져
언어의 법이 모두 없어지면
한량없는 뭇 죄가 다 없어져서
깨끗한 마음이 늘 한결같으리.
이와 같이 높고 묘한 사람이
곧 반야 지혜를 볼 수 있으리라.

實法不顚倒 念想觀已除

言語法皆滅 無量衆罪除

淸淨心常一 如是尊妙人

則能見般若

『법화경』은 말한다.

"이 모든 법의 고요한 모습[諸法寂滅相]은 말로써 보일 수 없다."

또 경은 '이 법은 사량(思量)하고 분별해서 알 수 있는 바가 아니다'라고 말한다. 그러므로 마음으로 생각하고 입으로 말할 수 없으며, 마음과 입이 없이 생각하고 말할 수 없으며, 있기도 하고 없기도 함으로써 생각하고 말할 수 없으며, 있음도 아니고 없음도 아님으로 생각하고 말할 수 없으며, 방위[方]도 아니고 숫자[數]도 아니며, 법(法)도 아니고 비유[喩]도 아니라 고요하여 함이 없다.

뭇 경의 지극한 말씀과 뭇 성인의 성실한 말씀은 깊고 깊음이 이와 같고 밝고 밝음이 저와 같아서 '경계와 지혜 둘이 그윽이 하나되고'[境智雙冥] '함과 하여지는 바가 같이 고요하다'[能所俱寂].

『비말라키르티수트라』에서 경의 모든 보디사트바들은 말로써 말 없음을 말하고, 만주쓰리[文殊]는 말 없음으로 말 없음을 말하고, 비말라키르티는 말로써도 아니고[不以言] 말 없음으로써도 아니고[不以無言], 고요히 말이 없었다.

그러므로 만주쓰리가 찬탄해서 '참으로 둘이 아닌 법문에 들어갔다'[眞入不二法門]고 말했으니, 그윽이 묘함마저 그윽이 묘하고[玄妙玄妙] 이루 생각하고 말할 수 없음도 다시 이루 생각 없고 말할 수 없음은, 가만히 깨달을 수[冥悟]만 있고, 드러내어 말할 수 없음을 알아야 한다.

유식불교가 세 가지 모습에 자기성품이 없음을 밝힌 뜻과 같이 천태선사의 『사념처관』 또한 연기되는 속제와 진제의 해탈의 법과 중도제인 깨달음의 성취에 모두 취할 법이 없고 이루 말할 것이 없음을 말한다.

그렇다면 경전에서 연기적인 있음으로 법을 말하는 교설[有敎]과 공을 말하는 교설[空敎]과 거짓 있음을 보인 교설[假敎]과 중도를 보인 교설[中敎]은 어떻게 해서 일어난 것인가.

이는 이미 첫 장에서 언급한 바처럼 붇다는 실로 말함과 말할 바가 없는 곳에서 네 가지 실단의 인연으로 갖가지 법을 말하고, 수와 이름이 공한 곳에서 법의 수와 이름을 세워 해탈의 문을 열어 보이므로 차별된 교설이 있게 된 것이다.

곧 연기로 일어난 법에서 중생이 '실로 있다'[實有]는 집착을 내거나 '늘 머물러 있다'[常住]는 생각을 일으키면 여래는 '있다'는 중생의 사고를 따라 그 있음이 '인연에 의해 내고 난다는 가르침'[生生法]을 보이고, '모든 행이 덧없이 나고 사라진다'[諸行無常]고 가르친다.

다시 실로 '나고 사라진다'[生滅]는 견해를 내면 '나되 남이 없다는 교설'[生不生法]을 세워 법을 보이고, 있음이 공해 실로 있지 않음[非有]을 가르친다. 다시 공을 집착하거나 남이 없음[無生]을 실체화하면, '나지 않되 남이 없이 난다는 가르침'[不生生法]을 보이고, 공도 공해 공하므로 연기의 뜻이 이루어짐을 가르친다.

그리하여 끝내 있음과 공함, 끝내 나고 나지 않음의 자취를 없애기 위해 '남도 아니고 나지 않음도 아닌 중도의 교설'[不生不生法]을 세워보이는 것이다.

그러므로 존재가 '인연으로 내고 나는 바'라는 교설을 듣고서 존재가 늘 머문다는 생각을 떠나면 집착의 병이 없어지므로 '내고 난다는 교설'[生生法]도 지양되는 것이다.

말할 것 없는 곳에서 말 없는 말을 일으켜 중생의 번뇌를 없애주는 가르침의 뜻을 천태선사의 『사념처관』의 말로 다시 살펴보자.

묻는다 만약 이루 말할 수 없고 말할 수 없다면 왜 말씀이 용궁(龍宮)을 가득 채우고, 이루 생각할 수 없고 생각할 수 없다면 왜 설산(雪山)에서 이 뜻을 깊이 생각했습니까.

답한다 붇다는 늘 고요함을 즐기지만 어리석음을 슬피 여기고, 말에는 더듬거리지만 행에는 재빠르다. 하지만 자비의 방편으로 허공을 가리켜 그림을 그리고 방위를 가리켜 달을 보이며 갖가지로 설하신다.

그리하여 때로 '내고 난다는 설'[生生說]을 짓고, 때로 '나되 나지 않는다는 설'[生不生說]을 지으며, 때로 '나지 않되 난다는 설'[不生生說]을 짓고, 때로 '남도 아니고 남 아님도 아니라는 설'[不生不生說]을 짓는다.

또 '내고 난다는 설'을 지을 때도 한 가지가 아니니, 때로 '있음의 설'[有說]을 짓고 때로 '없음의 설'[無說]을 지으며, 때로 '있기도 하고 없기도 함의 설'[亦有亦無說]을 짓고, 때로 '있음도 아니고 없음도 아님의 설'[非有非無說]을 짓는다.

그리하여 여러 근기를 이끌어 사방의 문을 따라 '시원한 해탈의 못'[清凉池]에 들게 하고, 착함이 생기고 악이 사라지며 진리가 드러나 네 가지 이익 얻음을 들어 기뻐한다.

나머지 세 구절 또한 이와 같다.

법의 진실은 이루 말로 말할 수 없되 중생의 집착 따라 때로 여래께서는 인연으로 나되 남이 없다[生而無生]고 가르치신다. 그러므로 듣는 이가 나되 남이 없다는 교설을 듣고 인연으로 실로 나서 사라진다는 사고를 떠나면 나되 남이 없다는 교설도 지양되는 것이다.

천태선사의 이야기처럼 여래의 갖가지 교설은 이루 말할 것 없는 곳에서 말을 일으켜 중생을 해탈에 이끄는 뜻의 말[義說]인 것이니, 이것이 바로 아함경에서 뗏목의 비유로 보인 교설의 뜻이다.

교설은 저 언덕에 건네주는 뗏목과 같다. 그러므로 가르침의 뗏목을 타고 번뇌와 견해의 바다를 건너면 교설의 뗏목까지 버려야 한다. 병과 약이 함께 사라져 말에서 말을 떠나고 사유에서 사유를 떠나면, 바로 지금 사유[思]와 말[議]과 모습[相]이 필연으로 주어지는 세간의 이 언덕을 떠나지 않고 온갖 모습이 고요한 니르바나와 해탈의 저 언덕에 이를 수 있는 것이다.

경전에서 서른일곱 실천법으로 표현된 갖가지 해탈의 법 또한 마찬가지다. 이미 끊을 번뇌가 공하여 자기성품이 없다면 번뇌를 돌이켜 해탈에 나아가는 실천행 또한 짓되 지음 없는 행이 되는 것이다.

중생의 고통과 번뇌가 본래 공하여 이미 니르바나되어 있는 것이라면, 지금 일으키는 온갖 해탈의 법이 실은 실상의 땅에 이미 발을 대고 실상을 새롭게 구현하는 행이 되는 것이다.

그러므로 해탈의 행에 실로 지음이 있고 보디에 얻음이 있다고 하면 최상승(最上乘)의 실천이 되지 못하고, 본래 깨쳐 있음에 이미 앉아 지금 현전의 한 생각[現前一念]에서 바로 진리를 구현하는 일승의 실천[一乘行]이 되지 못한다.

천태선사의 『마하지관』(摩訶止觀)은 그 뜻을 원돈지관(圓頓止觀)

의 뜻으로 이렇게 보이고 있다.

두렷이 단박에 이루는 지관[圓頓止觀]은 처음부터 실상을 살펴 생각하여 경계에 나아가면 곧 중도라 진실 아님이 없다. 생각함[緣]을 법계에 멈추고 생각을 법계에 하나되게 하니, 한 빛깔 한 냄새도 중도 아님이 없다.

나의 세계와 붇다의 세계와 중생계가 또한 그러하여 다섯 쌓임과 열두 들임이 모두 한결같음[如]이라 버릴 괴로움이 없고, 무명의 티끌번뇌가 곧 보디라 끊을 번뇌가 없으며, 치우쳐 삿됨이 모두 중도라 닦을 도가 없고, 나고 죽음이 곧 니르바나라 깨쳐 얻을 니르바나가 없다.

괴로움이 없고 괴로움의 원인인 번뇌가 없으므로 세간법이 없는 것이고, 도가 없고 니르바나가 없으므로 출세간법이 없어서 순전히 하나의 실상이라 실상밖에 다시 다른 법이 없다.

법의 성품이 고요함을 그침[止, śamatha]이라 하고 고요하되 늘 비침을 살핌[觀, vipaśyanā]이라 하니, 비록 처음과 뒤를 말하지만 둘이 없고 다름이 없으므로 이것을 두렷이 단박에 이루는 지관[圓頓止觀]이라 한다.

천태의 원돈지관의 뜻과 다름없이 『사십이장경』(四十二章經) 또한 끊되 끊음 없고 닦되 닦음 없으며 얻되 얻음이 없이 스스로 높고 거룩한 보디의 땅에 나아가는 실천의 길을 다음과 같이 말한다.

붇다께서 말씀하셨다.

"집을 나온 사문은 욕심을 끊고 애착을 버리어 자신의 마음 근원을 알고 붇다의 깊은 이치를 통달하여[達佛深理] 함이 없는 법을 깨닫는다[悟無爲法].

안으로 얻는 바 없고[內無所得] 밖으로 구하는 바 없어서[外無所求] 마음이 도에도 묶이지 않고, 업도 맺지 않아서 생각 없고 지음 없으며[無念無作], 닦아 가지도 않고 깨달아 얻지도 않아서[非修非證] 모든 지위를 거치지 않고[不歷諸位] 스스로 높고 거룩하나니 이것을 도라고 한다."

제1장

불교의 세계관과 실천관을
확인하는 법의 도장
[三法印, 四法印]

"세간 사람은 뒤바뀌어 두 치우친 가에 의지하니
있음이거나 없음이다. 세간 사람이 여러 경계를 취하므로
마음이 곧 헤아려 집착한다.
카타야나여, 만약 받지 않고 취하지 않고 머물지 않고
나를 헤아리지 않으면, 괴로움은 생길 때 생기고, 사라질 때 사라질 것이다.
카타야나여, 이것에 대해 의심하지 않고, 미혹하지 않으며,
다른 사람을 말미암지 않고 스스로 알게 되면,
이것을 여래가 말한 바른 견해라 한다."

연기법에서는 세계를 떠난 주체의 앎과 행위가 없고 주체의 앎과 행위를 떠난 세계가 없다. 연기법에서 존재·인식·실천은 따로 떨어진 고립된 영역이 아니다. 연기법에서 '세계를 어떻게 보느냐'의 문제와 '어떻게 사느냐'의 문제는 하나의 고리로 주어진다.

세 가지 법인은 연기법의 세계관과 실천관을 검증하는 이른바 '법의 도장'[法印, dharma-mudrā]이다. 법의 도장은 어떤 실체로부터 존재가 출발했다는 세계관과 연기론을 구분하는 지표이며 눈이다.

첫째 '모든 법에 나 없다'[諸法無我]는 것은 초월신의 존재를 말하는 브라마나와 다원적 요소를 말하는 사문들의 실체적 세계관[有我論]과 존재가 연기이므로 나에 나 없음을 말하는 붇다의 세계관을 구분하는 법의 도장이다.

둘째 '모든 행이 덧없다'[諸行無常]는 것은 존재에 나 없으므로 새롭게 연기함을 보여 항상 머물러 있는 존재의 뿌리가 있다는 세계관과 붇다의 가르침을 구분하는 법의 도장이다.

셋째 '니르바나가 고요하다'[涅槃寂靜]는 것은 모든 법이 있되 공한 실상이므로 그 실상의 현실적 구현만이 바른 실천행이 됨을 보이는 법의 도장이다.

법의 도장은 치우침과 바름을 가려내고 그릇됨과 옳음을 구분하되 그릇됨과 치우침을 돌이켜 바른 삶의 길에 이끌고 니르바나의 해탈의 길에 이끄는 것이다. 곧 법의 도장 그 서릿발 같은 가려냄은 가려내어 배척하는 것이 아니라 진리의 엄격한 지표를 통해, 그름이 그름 아닌 그름인 줄 알게 해 삿된 견해의 병을 치유해주며, 그릇됨을 돌이켜 살려내는 것이다.

이처럼 세 가지 법의 도장으로 교설의 진실을 검증케 하는 것은 존재가 있되 공하므로 나에 나 없고, 공하되 있으므로 모든 행이 덧없는 중도의 실상을, 중생이 온전히 실천해 니르바나의 해탈의 땅에 이끌기 위함이다.

그러므로 『화엄경』(「입법계품」入法界品)은 세 가지 법의 도장대로 사는 보디사트바의 행을 이렇게 말한다.

보디사트바는 걸림 없는 지혜 닦아 행해
모든 국토에 들어가되 집착하는 바 없이
둘이 없는 지혜로 널리 비춰 밝히니
이것이 나 없는 이의 머무는 곳이네.

菩薩修行無礙慧　入諸國土無所著
以無二智普照明　此無我者之住處

모든 법 의지함 없음을 밝게 깨치니
법의 본 성품은 고요하여 허공과 같네
이와 같은 경계 가운데 늘 행하니
이것이 때 떠난 사람이 머무는 곳이네.

了知諸法無依止　本性寂滅同虛空
常行如是境界中　此離垢人之住處

1 삼법인설을 모아 말함

모든 법의 나 없음[無我]과 온갖 행의 덧없음[無常]과 니르바나의 고요함[寂靜]을 함께 모아 읽으면, 이는 반야중관에서 온갖 법이 연기이므로 공함[空諦]과 연기이므로 거짓 있음[假諦]과 연기이므로 중도임[中道諦]을 말하는 것과 같다.

곧 모든 법의 나 없음은 법이 연기이므로 공함을 보임이고, 모든 행이 덧없음은 법이 공하므로 연기함을 보임이며, 니르바나의 고요함은 나 없음과 덧없음이 둘이 아닌 중도의 진실이자 중도 그대로의 해탈의 행을 말하기 때문이다.

세 가지 법의 도장[三法印]에서 모든 법[諸法]이 존재[我]와 존재를 이루는 법을 모아 말하고 있다면, 온갖 행[一切行]은 존재를 과정인 존재로 보는 관점이며 온갖 존재를 주체의 행위로 거두어 보는 뜻이다. 온갖 행은 나 없으므로 덧없고 덧없으므로 나 없는데, 그 가운데 취함을 일으키면 그 온갖 행은 괴로움이 된다.

주체가 세계를 경험할 때 일어나는 느낌인 괴로움[苦]과 즐거움[樂]과 괴롭지도 않고 즐겁지도 않음[不苦不樂]에 대해, 중생은 즐거운 느낌은 취하고 괴로운 느낌은 버리려 한다.

괴로운 느낌은 감각적 고통으로 쓰라린 느낌의 고통[苦苦]이라 누구나 그 괴로움을 버리고 피하려 한다.

그에 비해 즐거운 느낌은 비록 일시적 즐거움을 주지만 그 느낌 또한 연기이므로 지금 있다 무너지는 괴로움[壞苦]이고, 괴롭지도 않고 즐겁지도 않은 느낌 또한 머물러 있지 않고 덧없이 변화하는 괴로움[行苦]이다.

붇다는 때로 법의 도장을 가르치면서 '온갖 행이 괴롭다'[一切行苦]는 말을 더해 세 가지 느낌에 취할 것이 없음을 가르치니, 세 가지 느낌을 모두 취하지 않으면 '온갖 행의 덧없고 나 없는 니르바나의 실상'이 삶 속에 실현된다.

그러므로 '모든 법이 나 없고' '온갖 행이 덧없으며' '니르바나는 고요하다'는 세 가지 법의 도장에 '온갖 행이 괴롭다'는 법의 도장을 더하면, 괴로움을 떠나 니르바나에 나아가는 실천적인 뜻이 더해지는 것이다.

법의 도장 가운데 '법의 나 없음'[法無我]과 '행의 덧없음'[行無常]은 서로 이루어주는 뜻으로 보아야 하니, 법은 덧없으므로 나[我]에 나 없고, 나에 실로 있는 나가 없으므로 덧없기 때문이다.

세 가지 법의 도장은 곧 존재가 연기이므로 공하고[緣起卽空] 공하므로 연기하여[空卽緣起] 존재가 실로 있음도 아니고[非有] 실로 없음도 아니어서[非無] 중도(中道)가 되는 뜻을 열어주고, 연기중도로 교설의 진실을 검증해주고 있는 것이다.

이러한 뜻으로 보면 니르바나의 고요함이란 끊어져 없어진 고요함이 아니라, 중도의 진실한 모습과 중도 그대로 해탈의 삶을 말하는 것이 된다.

『화엄경』(「이세간품」離世間品) 또한 온갖 법의 영역 열두 곳[十二處]이 모두 공하여 인연으로 구름을 알아 모든 법이 고요한 뜻을 알면 니르바나의 삶이 됨을 다음과 같이 말한다.

모든 곳이 다 비어 고요하여서
마치 허수아비 움직여 구름과 같네.
모든 법의 영역은 자기성품 길이 떠나
세간에 허망하게 나타난 것이네.

諸處悉空寂　如機關動轉
諸界性永離　妄現於世間

보디사트바는 진실하고 고요한
으뜸가는 진리의 뜻에 머물러
갖가지 법 널리 펴서 연설하지만
그 마음이 의지하는 바가 없어라.

菩薩住眞實　寂滅第一義
種種廣宣暢　而心無所依

네 가지 법의 근본을 스스로 알아
세간의 높은 이가 되었으니

이와 같이 들었다.

한때 붇다께서는 슈라바스티 국 제타 숲 '외로운 이 돕는 장자의 동산'에 계시면서 여러 비구들에게 말씀하셨다.

"나는 지금 비구·비구니·우파사카·우파시카 가운데서만 높은 것이 아니다. 나아가 세상 사람 가운데서 홀로 높다.

나는 지금 네 가지 법의 바탕과 끝[本末]을 내 몸소 스스로 네 가지 법의 무리와 하늘위 사람 가운데서 그것을 증득하였다."

네 가지 법의 도장[四法印]을 보이심

"어떤 것이 네 가지 법인가.

첫째 온갖 모든 행은 다 덧없다는 것이다. 나는 이것을 알아서 네 가지 무리와 하늘위 사람 가운데서 증득하였다.

둘째 온갖 모든 행은 다 괴롭다는 것이다.

셋째 온갖 모든 행은 '나' 없다는 것이다.

넷째 니르바나는 쉬어 고요함이라는 것이다.

나는 지금 이 법의 근본을 알아서 네 가지 법의 무리와 하늘위 사람 가운데서 증득하였다.

이것을 비구들이여, 네 가지 법의 근본[四法之本]이라 한다.

그러므로 하늘위와 사람 가운데서 홀로 높이된 것이다."

그때에 비구들은 붇다의 말씀을 듣고 기뻐하며 받들어 행하였다.

• 증일아함 26 사의단품(四意斷品) 八

• 해설 •

법의 도장[法印]을 말하면서 모든 법[諸法]과 모든 행[諸行]이 섞여 나타나는 것은, 불교에서 모든 존재는 과정이며 행위임을 보이는 것이다.

또 온갖 것의 괴로움과 니르바나의 고요함을 함께 말하는 것은, 불교에서 모든 존재에 관한 해명은 괴로움에서 니르바나로 이끄는 실천적 가르침임을 나타낸다.

모든 법은 인연으로 일어난 온갖 법[所生法]을 뜻하지만 그 법은 법을 일으키는 인연[能生法]을 함께 거두는 뜻이므로, 모든 법의 '나 없음'을 가르치는 교설은 인연으로 일어난 존재가 공하고[人空, pudgala-śūnyatā] 존재를 일으키는 인연의 법이 공함[法空, dharma-śūnyatā]을 모두 나타낸다.

『반야심경』에서 '공 가운데 다섯 쌓임·열두 들임·열여덟 법의 영역이 모두 없다'고 가르친 것은 제법무아의 교설이 존재와 법이 모두 실체 없음[人法無我, pudgala-dharma-nairātimya]의 가르침인 줄 모르고, 존재가 공함[我空]을 알지만 법이 공함[法空]을 모르는 집착을 깨기 위한 것이니, 대승의 교설이 아함경에 없는 새로운 법을 가르친다 해서는 안 될 것이다.

비구들이여, 죽음에서 벗어나고자 하거든 네 가지 법의 근본을 생각하라

이와 같이 들었다.

한때 붇다께서는 라자그리하 성 칼란다카 대나무동산에서 큰 비구대중 오백 사람과 함께 계셨다.

그때 네 사람의 브라마나가 모두 다섯 가지 신통[五通]을 얻었는데, 좋은 법을 닦아 행하며 한곳에 모여 이렇게 의논하였다.

"목숨을 엿보는 자[伺命]가 오면 그 억센 힘을 피하지 못한다.

각기 같이 숨어서 그 목숨을 엿보는 자로 하여금 올 곳을 알지 못하게 하자.'

그때 첫 번째 브라마나는 허공으로 날아올라 죽음을 벗어나려고 하였다. 그러나 죽음을 벗어나지 못하고 허공 가운데서 목숨을 마쳤다.

두 번째 브라마나는 큰 바다 밑에 들어가 죽음을 벗어나려고 하였다. 그러나 거기서 목숨을 마쳤다.

세 번째 브라마나는 죽음을 벗어나려고 수메루 산의 배[腹] 가운데 들어갔으나 그 또한 그 가운데서 죽었다.

네 번째 브라마나는 땅속에 들어가 금강의 바닥[金剛際]에 이르러 죽음을 벗어나려고 하였으나, 그 또한 거기서 목숨을 마쳤다.

그때 세존께서는 하늘눈으로 네 브라마나들이 제각기 죽음을 피하려고 하였으나 모두 같이 목숨을 마친 것을 살펴보셨다.

네 브라마나를 보기로 들어 죽음 피해 숨을 곳 없음을 말씀하심

그때 세존께서 곧 게송을 말씀하셨다.

> 허공도 아니고 바닷속도 아니며
> 산속 바위틈에 들어갈 일도 아니다.
> 벗어나 그쳐 죽음 받지 않을 곳
> 이 땅 그 어느 곳에도 없도다.

그때 세존께서 여러 비구들에게 말씀하셨다.

"비구들이여, 브라마나 네 사람이 한곳에 모여 죽음을 벗어나려고 제각기 달아나 숨을 곳으로 돌아갔다. 그러나 죽음을 벗어나지 못하였다.

한 사람은 허공에 있었고, 한 사람은 바닷물로 들어갔으며, 한 사람은 산의 뱃속으로 들어갔고, 한 사람은 땅속으로 들어갔지만 모두 같이 죽었다."

사유해야 할 네 가지 법의 근본을 보이심

"그러므로 여러 비구들이여, 죽음을 벗어나려고 하면 네 가지 법의 근본을 생각해야 한다. 어떤 것이 그 네 가지인가?

'온갖 행은 덧없는 것이다.' 이것을 첫 번째 법의 근본이라고 하니, 잘 생각해 닦아야 한다.

'온갖 행은 괴로운 것이다.' 이것을 두 번째 법의 근본이라고 하니, 같이 사유해야 한다.

'온갖 법에는 나가 없다.' 이것을 세 번째 법의 근본이라고 하니,

같이 사유해야 한다.

'사라져 다함이 니르바나이다.' 이것을 네 번째 법의 근본이라고 하니, 같이 사유해야 한다.

이와 같이 여러 비구들이여, 이렇게 이 네 가지 법의 근본을 같이 사유해야 한다. 왜냐하면 곧 태어남·늙음·병듦·죽음·근심·시름·걱정·괴로움·번민을 벗어날 수 있기 때문이니, 이것들이 다 괴로움의 바탕인 것이다.

그러므로 여러 비구들이여, 방편을 구해 이 네 가지 법을 이루어야 한다. 이와 같이 여러 비구들이여, 반드시 이렇게 배워야 한다."

그때 여러 비구들은 붇다의 말씀을 듣고 기뻐하며 받들어 행하였다.

• 증일아함 31 증상품(增上品) 四

• 해설 •

온갖 법은 생겨나고 사라지며 온갖 목숨 있는 것들은 나고 죽는다.

이 나고 죽음의 괴로움을 피할 곳은 없다. 하늘에 올라 하늘의 몸을 받아도 어김없이 죽음은 찾아오고, 수메루 산의 뱃속이나 지구 밑바닥에 들어가 숨거나 자아의 깊은 내면 속 영혼의 자아를 밝혀내 죽음을 벗어나려 해도 어김없이 죽음은 찾아온다.

오직 온갖 법이 나고 사라지므로 실로 나라고 할 것이 없고[無我] 나 없으므로 덧없는 줄[無我故無常] 바로 보아야 지금 생겨난 법이 나되 실로 남이 없고[生而無生] 그 법이 사라지되 실로 사라짐이 없음[滅而無滅]을 보아야 죽음의 바다를 건널 수 있다.

연기하는 법의 진실을 보지 못하면 경계가 즐거운 느낌을 주면 취하고 쓰라린 느낌을 주면 버려서 괴로움과 즐거움의 쳇바퀴를 벗어나지 못하나, 경계가 공한 줄 알면 즐거운 느낌에 취할 것이 없고 괴로운 느낌에 버릴 것이 없으며, 괴롭지도 않고 즐겁지도 않은 느낌에 머물 것이 없음을 알아 괴로움과 즐거움의 쳇바퀴를 벗어난다.

연기의 진실 보는 지혜의 사람 곧 보디사트바만이 괴로움 속에서 참된 즐거움을 실현하고, 덧없음[無常] 가운데 참된 항상함[眞常]을 보며 모습 속에서 늘 고요함을 볼 수 있으니 이것이 니르바나의 고요함이다.

그러므로 지금 있는 몸의 나고 죽음에서 실로 나고 죽음을 보는 어리석음과 변화 너머에 변하지 않는 새로운 실체적 자아를 찾는 미혹을 돌이킬 때 중생 번뇌와 미혹의 땅을 여의지 않고 니르바나와 해탈의 길이 현전할 것이다.

여래의 법의 도장을 받아 몸에 몸 없음을 통달한 자는 나고 죽음을 회피하지 않고 나고 죽음을 니르바나의 묘용으로 쓸 수 있으니, 『화엄경』(「입법계품」)은 말한다.

법의 진실 깨달은 보디사트바는
몸에 집착하는 바가 없어서
자재의 몸을 나타낼 수 있으니
온갖 중생의 세간 가운데서
응할 바를 따라서 남을 받네.

於身無所著　而能示現身
一切世間中　隨應而受生

비록 온갖 곳에 태어나지만
태어남을 받음에 머물지 않고
이 몸이 허공과 같음을 알아
갖가지를 마음 따라 나타내네.

雖生一切處　亦不住受生
知身如虛空　種種隨心現

나고 죽음이 사라져야 니르바나라고 한
여래의 게송을 듣지 못했는가

이와 같이 들었다.

한때 붇다께서는 슈라바스티 국 제타 숲 '외로운 이 돕는 장자의
동산'에 계셨다.

그때 세존께서 여러 비구들에게 말씀하셨다.

"지나간 오래고 먼 겁에 서른세하늘[三十三天]의 인드라하늘왕
[釋帝桓因]이 여러 하늘여인들을 거느리고 난다나바나(Nandana-
vana, 기쁨의 뜰)에 나가 놀았었다.

이때 어떤 하늘사람이 곧 이런 게송을 읊었다."

난다나 정원을 보지 않고는
즐거움이 있는지 알지 못하니
여러 하늘들이 사는 곳으로
이보다 더 지난 곳 있지 않으리.

니르바나가 참된 즐거움이라는 여래의 뜻을 다른 하늘사람이 전해줌

"그때 다시 어떤 하늘사람이 그 하늘사람에게 말하였다.

'그대는 지금 지혜가 없어 바른 이치를 분별하지 못하오.

근심스럽고 괴로운 것을 도리어 즐겁다 말하고, 굳셈이 없는 것을
굳세다 말하며, 덧없는[無常] 것을 도리어 항상하다 말하고, 단단하

지 않은 것을 또한 단단하다 말하오.

왜 그런가요. 그대는 끝내 여래께서 말씀하신 이런 게송을 듣지 못하였소?

　온갖 행은 다 덧없어
　난 것은 반드시 죽음이 있다.
　나지 않으면 결코 죽지 않으니
　이 사라짐이 가장 즐겁다.

저기에 이 뜻이 있으며 그래서 또 이 게송이 있는 것이오. 그런데 어떻게 이곳이 가장 즐겁다고 말하오?

그대는 이제 알아야 하오. 여래께서는 또 네 가지 흐름[四流]의 법이 있다고 말씀하셨소. 만약 온갖 중생들이 누구나 이 흐름에 빠져 있으면, 그는 끝내 도를 얻지 못할 것이오.

어떤 것이 그 네 가지이오? 탐욕의 흐름[欲流]·존재의 흐름[有流]·견해의 흐름[見流]·무명의 흐름[無明流]을 말하오.

어떤 것을 탐욕의 흐름이라고 하오? 곧 다섯 가지 욕망[五欲]이 바로 이것이오. 어떤 것이 그 다섯 가지 욕망이오?

만약 눈이 빛깔을 보고 빛깔이라는 모습 취함[想, saṃjñā]을 일으키고, 귀가 소리를 듣고 가려 아는 모습 취함[識想]을 일으키며, 코가 냄새를 맡고 가려 아는 모습 취함을 일으키고, 혀가 맛을 보고 가려 아는 모습 취함을 일으키며, 몸이 가늘고 매끄러움을 알며 가려 아는 모습 취함을 일으킴이니, 이것을 탐욕의 흐름이라고 하오.

어떤 것을 존재의 흐름이라고 하오? 세 가지 존재[三有]가 곧 이것이오. 어떤 것이 그 세 가지이오? 곧 욕계의 존재[欲有]·색계의 존재[色有]·무색계의 존재[無色有]이니, 이것을 존재의 흐름이라고 하오.

어떤 것을 견해의 흐름이라고 하오? 견해의 흐름이란 다음과 같소. 이 세간이 항상하다고 하는 견해[常見]와 덧없다고 하는 견해[無常見], 이 세간에 끝이 있다고 하는 견해와 끝이 없다고 하는 견해요.

또 이 몸[身]이 곧 목숨의 틀[命, ajīva]이라는 견해와 이 몸은 목숨의 틀이 아니라는 견해, 여래의 죽음이 있다는 견해, 여래의 죽음이 없다는 견해, 여래의 죽음이 있기도 하고 여래의 죽음이 없기도 하다는 견해, 여래의 죽음이 있는 것도 아니고 여래의 죽음이 없는 것도 아니라고 하는 견해요. 이것을 곧 견해의 흐름이라고 하오.

그 어떤 것을 무명의 흐름이라고 하오? 곧 무명이란 바로 아는 것이 없고[無知], 믿음이 없고[無信], 바로 봄이 없으며[無見], 마음의 뜻에 탐욕이 있어 늘 바라는 것이 있음이요.

또 탐욕의 덮음[貪欲蓋]·성냄의 덮음[瞋恚蓋]·잠의 덮음[睡眠蓋]·들뜸의 덮음[調戱蓋]·의심의 덮음[疑蓋] 이 다섯 가지 덮음[五蓋]이 있는 것이오.

다시 만약 괴로움[苦]을 알지 못하고, 괴로움 모아냄[集]을 알지 못하며, 괴로움 사라짐[盡]을 알지 못하고, 괴로움 없애는 길[道]을 알지 못하면, 이것을 무명의 흐름이라고 하오.

하늘사람이여, 알아야 하오. 여래께서는 이 네 가지 흐름을 말씀하셨소.

만약 어떤 사람이 여기에 빠져 있으면 또한 도를 얻을 수 없소.'"

여래의 말씀을 전해들은 하늘사람이 세존께 와 다시 법을 들음

"그때 그 하늘사람은 이 말을 듣고 나서 마치 힘센 장사가 팔을 굽혔다 펴는 것 같은 짧은 무렵에 서른세하늘에서 사라져 나 있는 곳[我所, 如來所]에 왔다.

그는 머리를 대 내 발에 절하고 한쪽에 서 있었다.

그때 그 하늘사람이 나에게 말했다.

'잘 말씀해주셨습니다, 세존이시여. 이런 말씀을 시원스럽게 말씀해주시다니! 여래께서는 곧 네 가지 흐름을 말씀하셨는데, 만약 범부가 이 네 가지 흐름을 듣지 못한다면, 그는 네 가지 즐거움을 얻지 못할 것입니다.

어떤 것이 그 네 가지인가 하면, 다음과 같습니다.

곧 쉼의 즐거움[休息樂]·바르게 깨침의 즐거움[正覺樂]·사문의 즐거움[沙門樂]·니르바나의 즐거움[涅槃樂]입니다. 만약 범부가 이 네 가지 흐름을 알지 못하면, 그는 이 네 가지 즐거움을 얻지 못할 것입니다.'

이렇게 말하고 나자, 나는 그에게 말하였다.

'그렇다, 하늘사람이여. 네 말과 같다. 만약 이 네 가지 흐름을 깨닫지 못하면, 이 네 가지 즐거움을 깨닫지 못할 것이다.'

나는 그때 그 하늘사람과 차츰차츰 같이 논의하였으니, 보시를 논하고, 계를 논하고, 하늘에 남을 논하고, 탐욕은 깨끗하지 못한 생각이며, 번뇌의 흐름은 큰 걱정거리이고, 벗어남이 즐거움이 됨을 논하였다.

그때 하늘사람은 기뻐하는 마음을 내었다."

하늘사람을 보기로 들어 비구들에게 바른 배움을 당부하심

"이때 나는 다시 네 가지 흐름의 법과 네 가지 즐거움을 널리 말해 주었으니, 그때 그 하늘사람은 마음을 오롯이 하고 뜻을 하나로 해 이 법을 사유하고서는, 모든 티끌의 때가 다하고 법의 눈이 깨끗하게 되었다.

나는 지금 또한 이 네 가지 법[四法]과 네 가지 즐거움[四樂]을 말하고 있으니, 이 법으로 곧 네 가지 진리[四諦]의 법을 얻게 된다.

이와 같이 여러 비구들이여, 반드시 이렇게 배워야 한다."

그때 여러 비구들은 붓다의 말씀을 듣고 기뻐하며 받들어 행하였다.

• 증일아함 31 증상품 九

• 해설 •

기쁨이 넘치는 하늘들에서 다섯 가지 욕망의 공덕[五欲功德]을 즐긴들, 긴 겁에서 보면 즐겁다고 느끼는 것도 바람처럼 덧없이 사라지고[行苦] 무너지는 것[壞苦]이다.

오직 생겨남[生]에 남이 없음[無生]을 알아서 나지 않고 죽지 않을 때 나고 죽음이 사라진 니르바나가 가장 참된 즐거움이 되는 것이다.

니르바나의 즐거움[涅槃樂]은 온갖 존재가 연기이므로 공해 취할 것이 없음을 바르게 깨친 즐거움[正覺樂]이요, 모습에서 모습 떠나 집착과 걸림이 사라진 쉼의 즐거움[休息樂]이니, 이것이 사문이 추구해야 할 즐거움[沙門樂]이다.

곧 사문이 구해야 할 참된 즐거움인 여래의 공덕의 세계는 다섯 쌓임과 온갖 법의 영역이 공한 줄 알아 모습에서 모습을 떠나고 나고 죽음에서 나고 죽음의 흐름에 물듦 없는 곳이다. 그곳이 견해와 번뇌의 흐름이 없고 존재의 묶임이 없으며 다섯 가지 덮음이 없는 니르바나의 땅이니, 『화엄경』(「입법계품」)은 다음과 같이 말한다.

> 보디의 길에 잘 나아가는 이는
> 비록 나고 죽음 속에 있어도
> 그 마음에 물들어 집착함이 없이
> 모든 붇다의 법에 편히 머물러
> 늘 여래의 행을 즐거워하네.

> 雖在於生死 而心無染著
> 安住諸佛法 常樂如來行

> 보디의 길에 잘 나아가는 이는
> 세간에 있는 다섯 쌓임의 법과
> 열여덟 법의 영역 등 모든 법들이
> 공한 줄 알아 모든 집착 버리어
> 오롯이 붇다의 공덕을 구하네.

> 世間之所有 蘊界等諸法
> 一切皆捨離 專求佛功德

모든 법에 나 없음과 덧없음의 생각 얻으면
함이 없는 니르바나 얻는 것이니

나는 들었다, 이와 같이.

한때 붇다께서는 마가다 국에 노니시면서 사투 마을[闍鬪村] 망나 숲[莽奈林]의 굴속에 계셨다.

그때 존자 메기야(Meghiya)가 세존을 모시고 있었다.

이에 존자 메기야는 밤을 지내고 이른 아침에 가사를 입고 발우를 가지고 사투 마을로 들어가 밥을 빌었다. 밥 빌기를 마치고 금비강가 [金鞞河邊]에 갔다.

그곳은 땅이 판판하고 반듯하여 호나 숲[好奈林]이라고 이름하였 다. 거기서 그는 금비강의 강물이 아주 아름다워 즐길 만하며, 맑은 샘물은 천천히 흘러 차가움과 따뜻함이 꼭 알맞은 것을 보고, 기뻐하 여 곧 이렇게 생각하였다.

'이 땅이 판판하고 반듯하여 호나 숲이라고 이름하고, 금비강의 강물이 아주 아름다워 즐길 만하며, 맑은 샘물은 천천히 흘러 차가움 과 따뜻함이 꼭 알맞다.

만약 좋은 종족의 사람이 번뇌 끊기를 배우려면 반드시 이런 곳에 서 해야 할 것이다. 나 또한 끊을 것이 있으니, 차라리 이런 고요한 곳에서 끊기를 배우면 어떨까.'

메기야가 세존 시자 생활을 그만두고
호나 숲에 들어가 사마디 닦기를 청함

이에 메기야는 밥을 다 먹은 뒤 오후에 가사와 발우를 거두어 들고 손과 발을 씻고 니시다나를 어깨에 걸치고 붇다 계신 곳에 나아가, 머리를 대 발에 절하고 물러나 한쪽에 서서 말씀드렸다.

"세존이시여, 저는 오늘 아침에 가사를 입고 발우를 가지고 사투 마을로 들어가 밥을 빌었습니다. 밥 빌기를 마친 뒤에 금비강가에 갔습니다.

그곳은 땅이 판판하고 반듯하여 호나 숲이라고 이름하였는데, 저는 거기서 금비강의 강물이 아주 아름다워 즐길 만하며, 맑은 샘물은 천천히 흘러 차가움과 따뜻함이 알맞은 것을 보고, 기뻐하여 곧 이렇게 생각하였습니다.

'이 땅이 판판하고 반듯하여 호나 숲이라고 이름하고, 금비강의 강물이 아주 아름다워 즐길 만하며, 맑은 샘물은 천천히 흘러 차가움과 따뜻함이 꼭 알맞다.

만약 좋은 종족의 사람이 번뇌 끊기를 배우려면 반드시 이런 곳에서 해야 할 것이다. 나 또한 끊을 것이 있으니, 차라리 이런 고요한 곳에서 끊기를 배우면 어떨까.'

세존이시여, 저는 지금 저 호나 숲의 고요한 곳에 가서 번뇌 끊기를 배우고자 합니다."

그때 세존께서는 말씀하셨다.

"메기야여, 너는 지금 모르느냐. 나는 홀로 사람이 없고[我獨無人] 시자도 없다. 너는 조금 머물러 있거라. 비구가 와서 나를 시봉하게 된 후에 곧 호나 숲 고요한 곳에 가서 배우는 것이 좋을 것이다."

존자 메기야는 두 번 세 번 말씀드렸다.

"세존이시여, 저는 지금 저 호나 숲의 고요한 곳에 가서 번뇌 끊기를 배우고자 합니다."

세존께서도 또한 두 번 세 번 말씀하셨다.

"메기야여, 너는 지금 모르느냐. 나는 홀로 사람이 없고 시자도 없다. 너는 조금 머물러 있거라. 비구가 와서 나를 시봉하게 된 후에 곧 호나 숲 고요한 곳에 가서 배우는 것이 좋을 것이다."

메기야는 다시 말씀드렸다.

"세존께서는 함이 없고 지음 없으며[無爲無作], 또한 살필 바도 없습니다[亦無所觀].

세존이시여, 저는 함이 있고 지음 있어서 살필 바가 있습니다.

세존이시여, 저는 저 호나 숲의 고요한 곳에 가서 번뇌 끊기를 배우려 합니다."

세존께서는 말씀하셨다.

"메기야여, 네가 번뇌 끊기를 구하고자 한다면, 내가 다시 무슨 말을 하겠느냐. 메기야여, 너는 가서 하고 싶은 대로 하라."

이에 존자 메기야는 붇다의 말씀을 들어 잘 받고 잘 지니어 잘 외워 익히었다.

그는 곧 붇다의 발에 절하고 세 번 돌고 떠났다. 그러고는 저 호나 숲에 들어가 한 나무 밑에 니시다나를 펴고 두 발을 맺고 앉았다. 존자 메기야는 호나 숲속에 머물면서 세 가지 악하여 좋지 못한 생각을 내었다. 곧 탐욕의 생각 · 성냄의 생각 · 해침의 생각이었다.

그는 이로 말미암아 문득 세존을 생각하였다.

좌선 도중 번뇌 때문에 찾아온 메기야에게
다섯 가지 익히는 법을 보이심

이에 해질녘 곧 좌선에서 일어나, 붇다 계신 곳에 가서 머리를 대발에 절하고 물러나 한쪽에 서서 말씀드렸다.

"세존이시여, 저는 호나 숲에 가서 고요한 곳에 앉았다가 문득 세 가지 악하여 좋지 못한 생각을 내었습니다. 곧 탐욕의 생각·성냄의 생각·해침의 생각이었습니다.

저는 이로 말미암아 문득 세존을 생각하였습니다."

세존께서 말씀하셨다.

"메기야여, 마음의 해탈이 아직 무르익지 않았구나. 만약 익도록 하려면 다섯 가지 익히는 법[習法]이 있다. 어떤 것이 다섯인가.

메기야여, 비구는 스스로 좋은 벗이 되어 좋은 벗과 함께하고, 좋은 벗과 어울려야 한다. 메기야여, 마음의 해탈이 아직 무르익지 못하여 만약 익도록 하려면, 이것을 첫째의 익히는 법이라 한다.

다시 메기야여, 비구는 금한 계[禁戒]를 닦아 익히고, 프라티목샤(prātimokṣa, 從解脫)를 지켜 보살피며, 다시 바른 몸가짐과 예법을 잘 거두어, 티끌만한 죄를 보아도 늘 두려움을 품고, '배우는 이의 계'[學戒]를 받아 지녀야 한다. 메기야여, 마음의 해탈이 아직 무르익지 못하여 만약 익도록 하려면, 이것을 둘째의 익히는 법이라 한다.

다시 메기야여, 비구란 하는 말이 거룩하여 뜻이 있어야 한다. 그렇게 해야 마음을 부드럽게 하고 마음에 덮음이 없도록 할 수 있다. 곧 계(戒)를 말하고 선정[定]을 말하며, 지혜[慧]를 말하고 해탈(解脫)을 말하며, 해탈지견(解脫知見)을 말해야 한다. 또 차츰 덜어감[漸損]을 말하고, 쌓여 모인 것[聚會] 즐기지 않아야 함을 말하며, 욕심 줄임[少欲]을 말하고, 만족할 줄 앎[知足]을 말하며, 끊음[斷]을 말하고, 탐욕 없음[無欲]을 말하며, 사라짐[滅]을 말하고, 좌선(坐禪)을 말하며, 인연으로 일어남[緣起]을 말해야 한다. 이와 같이 사문이 말할 것을 얻어서 갖추어 얻고, 어려움 없이 쉽게 얻어야 한다. 메기야여, 마음의 해탈이 아직 무르익지 못하여 만약 익도록 하려면, 이것을 셋째의 익히는 법이라 한다.

다시 메기야여, 비구는 늘 정진을 행하여, 악하여 착하지 않음을 끊고 모든 착한 법을 닦으며, 늘 스스로 뜻을 일으켜 하나에 오롯이 함이 굳세고[專一堅固], 여러 착함의 근본을 위하여 방편을 버리지 않아야 한다. 메기야여, 마음의 해탈이 아직 무르익지 못하여 만약 익도록 하려면, 이것을 넷째의 익히는 법이라 한다.

다시 메기야여, 비구는 지혜를 닦아 행해 일어나고 시드는 법을 살펴야 한다. 이와 같은 지혜를 얻고서는 거룩한 지혜로 밝게 통달하고[聖慧明達] 분별하여 밝게 깨달아서[分別曉了], 바로 괴로움을 다하게 된다. 메기야여, 마음의 해탈[心解脫]이 아직 무르익지 못하여 만약 익도록 하려면, 이것을 다섯째의 익히는 법이라 한다.”

니르바나에 이르게 하는 네 가지 법 닦으면
다섯 가지 익히는 법이 저절로 이루어짐을 보이심

“그는 이 다섯 익히는 법이 있게 되면 다시 네 가지 법을 닦는다. 어떤 것이 네 가지인가.

몸이 깨끗하지 않다는 살핌을 닦아[修惡露] 탐욕을 끊게 하고, 자비를 닦아[修慈] 성냄을 끊게 하며, 나고드는 숨 살핌을 닦아[修出入息] 어지러운 생각을 끊게 하고, 덧없음의 생각을 닦아[修無常想] 아만(我慢)을 끊게 한다.

메기야여, 만약 비구가 스스로 좋은 벗이 되어 좋은 벗과 함께하고 좋은 벗과 같이 어울리려면, 그는 반드시 금한 계를 닦아 익히고, 프라티목샤를 지켜 보살펴야 함을 알아야 한다. 다시 바른 몸가짐과 예법을 잘 거두어, 티끌만한 죄를 보아도 늘 두려움을 품고, 배우는 이의 계를 받아 지녀야 한다.

메기야여, 비구가 스스로 좋은 벗이 되어 좋은 벗과 함께하고 좋은 벗과 어울리려면, 그는 반드시 하는 말이 거룩하여 뜻이 있도록 해 마음을 부드럽게 하고 마음에 덮음이 없게 해야 함을 알아야 한다.

그러면 그는 곧 계를 말하고 선정을 말하며, 지혜를 말하고 해탈을 말하며, 해탈지견을 말할 것이다. 또 차츰 덜어감을 말하며, 쌓여 모인 것 즐기지 않음을 말하고 욕심 줄임을 말하며, 만족할 줄 앎을 말하고 끊음을 말하며, 탐욕 없음을 말하고 사라짐을 말하며, 좌선을 말하고 인연으로 일어남을 말하게 된다. 이와 같이 사문이 말해야 할 것을 모두 갖추어 얻어서 어려움 없이 쉽게 얻게 되는 것이다.

메기야여, 만약 스스로 좋은 벗이 되어 좋은 벗과 함께하고 좋은 벗과 어울리려면, 그는 반드시 정진을 행하여, 악하여 착하지 않음을 끊고 모든 착한 법을 닦으며, 늘 스스로 뜻을 일으켜 하나에 오롯이 함이 굳세어, 여러 착함의 근본을 위하여 방편을 버리지 않아야 함을 알아야 한다.

메기야여, 만약 비구가 스스로 좋은 벗이 되어 좋은 벗과 함께하고 좋은 벗과 어울리려면, 그는 반드시 지혜를 닦아 행해 일어나고 시드는 법을 살펴야 하고, 이와 같은 지혜를 얻으면 거룩한 지혜로 밝게 통달하고 분별하여 밝게 깨달아서, 바로 괴로움을 다하게 됨을 알아야 한다."

좋은 벗과 가까이해 바른 살핌으로 나아가면 니르바나 얻게 됨을 보이심

"메기야여, 만약 비구가 스스로 좋은 벗이 되어 좋은 벗과 함께 하고 좋은 벗과 어울리려면, 그는 반드시 몸이 깨끗하지 않다는 살핌을 닦아 탐욕을 끊게 하고, 자비를 닦아 성냄을 끊게 하며, 나고드는 숨 살핌을 닦아 어지러운 생각을 끊게 하고, 덧없음의 생각을 닦아 아만을 끊게 해야 함을 알아야 한다.

메기야여, 만약 비구가 덧없음의 생각[無常想]을 얻으면 반드시 나 없음의 생각[無我想]을 얻을 것이다.

메기야여, 만약 비구가 나 없음의 생각[無常想]을 얻으면 곧 현재의 법에서 온갖 나라는 교만을 끊고 쉼·사라짐·다함·함이 없음·니르바나를 얻을 것이다."

붇다께서 이렇게 말씀하시니, 존자 메기야와 여러 비구들은 기뻐하며 받들어 행하였다.

• 중아함 56 미혜경(彌醯經)

• 해설 •

아름다운 강가 고요한 숲에 가 머문들 그 마음에 번뇌가 어지러우면 어찌 그 고요한 곳이 참으로 아란야가 될 것인가.

아직 사마디 익히는 힘이 무르익지 못했으면 스승과 좋은 벗을 의지해 닦아야 하는 것이니, 계와 선정과 지혜의 바탕이 서지 못한 채 홀로 고요한 곳에 산들 큰 법의 이익[法利]이 없을 것이다.

세존께서 메기야에게 다섯 익히는 법을 보여 번뇌의 불을 끄고 독을 없애게 하시니, 다섯 법이란 선지식을 가까이함·계를 지님·말과 뜻과 몸가짐을 바르게 하고 거룩하게 함·착함의 근본을 지킴·지혜로 살핌이다.

위의 다섯 가지 보디에 들어가기 위한 방편이 갖춰지면, 집착의 병 따라 병 다스려 없애는 살핌[對治觀]을 지어야 한다.

병 따라 다스리는 관행은 다음 네 가지로 정리될 수 있다.

첫째 탐욕이 일어날 때 몸이 깨끗하지 않다는 살핌[不淨觀]으로 다스리고, 둘째 성냄이 일어날 때 자비롭게 살핌[慈悲觀]으로 다스리고, 셋째 어지러움이 일어날 때 들고나는 숨 살핌[呼吸觀]으로 다스리며, 넷째 아만(我慢)의 마음이 날 때는 덧없음의 살핌[無常觀]으로 나 없음을 깨달아야 한다.

이와 같이 병 다스림의 살핌이 깊어져 덧없음의 살핌과 나 없음의 살핌[無我觀]을 같이 닦게 되면, 덧없으므로 나 없고 나 없으므로 덧없어서 실로 있음도 아니고 실로 없음도 아닌 중도의 참모습[中道實相]을 깨달아 니르바나에 나아가게 되는 것이다.

덧없음의 살핌과 나 없음의 살핌을 같이 닦으면, 모든 법에 실로 나라고 할 것이 없으므로 덧없고, 덧없으므로 취할 모습 없게 된다. 취할 모습이 없게 되면 덧없음 가운데서 고요한 니르바나를 보므로 그가 곧 붇다를 보게 될 것이니, 『화엄경』(「수미정상게찬품」須彌頂上偈讚品)은 이렇게 말한다.

모든 붇다께서 열어 보이신
온갖 분별할 수 있는 법들은
이 모두가 다 얻을 수 없으니
그 성품이 공해 청정하기 때문이네.

諸佛所開示 一切分別法
是悉不可得 彼性淸淨故

법의 성품은 본래 청정하여서

허공처럼 모습이 있지 않도다.
온갖 것은 실로 말할 수 없으니
지혜로운 이 이와 같이 살피네.

法性本淸淨 如空無有相
一切無能說 智者如是觀

법이라는 생각을 멀리 떠나서
온갖 법의 모습을 즐겨하지 않으면
여기에는 또한 닦을 바가 없어서
크고 높은 무니를 뵐 수 있으리.

遠離於法想 不樂一切法
此亦無所修 能見大牟尼

공덕의 지혜 갖춘 보디사트바
가르쳐 보여 말한 대로라면
이것을 붇다를 뵌 것이라 하니
있는바 세간의 온갖 행들은
그 바탕의 성품 다 고요하도다.

如德慧所說 此名見佛者
所有一切行 體性皆寂滅

2 삼법인설을 나누어 말함

• 이끄는 글 •

　세 가지 법의 도장[三法印]에 맞게 법을 살피면 온갖 존재는 있되 공하다. 그러므로 법의 도장 그대로 있음에서 있음을 벗어나고 공함에서 공함을 벗어나면 곧 니르바나의 삶이 되지만, 연기로 있는 있음에서 실로 있다는 집착과 갖가지 허튼 논란을 일으키면 곧 고통의 삶이 된다.

　연기법에서 있음은 곧 있음이 아니다. 그러므로 연기된 있음에서 실로 있다 하거나 없다 하거나, 있기도 하고 없기도 하다[亦有亦無]거나, 있음도 아니고 없음도 아니다[非有非無]라고 말하는 것이 모두 집착이 되고 헛된 논란[戱論]이 된다. 실상 그대로의 보디와 니르바나에는 위의 네 가지 치우친 견해[四邊]가 닿을 수 없으니, 반야의 지혜에 닿으면 곧 모든 견해는 불타버린다.

　그러나 중생이 견해를 일으켜도 그 견해가 공해 실로 있는 견해가 아니므로, 여래는 다시 중생의 집착과 병통 갖가지 방편의 인연을 따라 법의 문을 세워 보디에 이끈다.

　중생이 삿된 인연을 집착하거나 공함을 집착하면 있음의 문[有門]

을 세워 존재가 연기되어 일어남을 밝히고, 존재의 실로 있음을 집착하면 공의 문[空門]을 세워 연기되어 있는 것이 있되 공함을 밝힌다.

다시 있음을 깨기 위해 세운 공의 문에 집착을 내면 '있기도 하고 공하기도 한 문'[亦有亦空門]을 세워 공하므로 연기함을 밝히며, 공하므로 거짓 있음이 일어나는 것을 다시 집착하면 '있음도 아니고 공함도 아닌 문'[非有非空門]을 세워 중도의 진실을 드러낸다.

언교의 문을 세우고 법의 약을 세워 견해의 병을 치유하는 것이니, 병이 나으면 가르침의 문도 취할 것이 없다. 그것은 니르바나의 진실한 모습은 말과 글을 떠나지 않지만 말과 글의 모습이 고요하기 때문이다.

온갖 것이 고요한 니르바나의 처소에서 중생을 위해 셀 수 없는 법의 문을 열되 집착 없는 대자유인의 교화의 모습을, 『화엄경』(「범행품」梵行品)은 이렇게 말한다.

  법의 자기성품 허공 같음 깨치면
  온갖 것은 고요하여 다 평등하도다.
  열어내는 법의 문 셀 수 없어
  그 법은 이루 말할 수 없지만
  중생 위해 설하여 집착 없도다.

  了法自性如虛空　一切寂滅悉平等
  法門無數不可說　爲衆生說無所著

1) 삼법인설의 존재론적 해명

① 온갖 법이 연기되어 있음을 밝히는 문[諸法一切, 有門]

다섯 쌓임이 있어서 일어나고 사라지나니

이와 같이 내가 들었다.

한때 붇다께서는 슈라바스티 국 제타 숲 '외로운 이 돕는 장자의 동산'에 계시면서 여러 비구들에게 말씀하셨다.

"다섯 가지 받는 쌓임[五受陰]이 있다. 어떤 것이 다섯인가. 물질의 받는 쌓임과 느낌·모습 취함·지어감·앎의 받는 쌓임이니, 이 다섯 가지 받는 쌓임을 다 나고 사라지는 법이라고 살펴라.

곧 이렇게 살핌이다.

'이것은 물질이요, 이것은 물질의 모아냄이고, 이것은 물질의 사라짐이다.

또 이것은 느낌·모습 취함·지어감·앎이요, 이것은 느낌·모습 취함·지어감·앎의 모아냄이고, 이것은 느낌·모습 취함·지어감·앎의 사라짐이다.'"

다섯 쌓임에 대한 애착으로 모아냄이 됨을 보이심

"어떤 것이 물질의 모아냄이고 어떤 것이 물질의 사라짐인가. 어떤 것이 느낌·모습 취함·지어감·앎의 모아냄이고, 어떤 것이 느낌·모습 취함·지어감·앎의 사라짐인가.

사랑해 기뻐함이 모이면 물질의 모아냄이고, 사랑해 기뻐함이 사라지면 물질의 사라짐이다.

닿음이 모이면 느낌·모습 취함·지어감의 모아냄이고, 닿음이 사라지면 느낌·모습 취함·지어감의 사라짐이다.

마음·물질이 모이면 앎의 모아냄이고, 마음·물질이 사라지면 앎의 사라짐이다.

비구여, 이와 같이 물질이 모아나고 물질이 사라지니, 이것을 물질의 모아냄과 물질의 사라짐이라 한다.

이와 같이 느낌·모습 취함·지어감·앎이 모아나고, 느낌·모습 취함·지어감·앎이 사라지니, 이것을 느낌·모습 취함·지어감·앎의 모아냄과 느낌·모습 취함·지어감·앎의 사라짐이라 한다."

붇다께서 이 경을 말씀하시자 여러 비구들은 붇다의 말씀을 듣고 기뻐하며 받들어 행하였다.

• 잡아함 59 생멸경(生滅經)

• 해설 •

'다섯 쌓임[五蘊]이 있다'고 말하는 것이 있음의 문[有門]을 세워 연기의 실상을 보임이다. 있다는 말이 세 가지 법의 도장에서 나 없음[無我]의 주어인 모든 법[諸法]이 세워진 뜻을 해명하는 것이다. 나 없음은 나에 나 없음이니, 나에 나 없는 것은 존재가 여러 법에 의해 이루어진 존재이기 때문이다.

다섯 쌓임의 여러 법으로 존재[我]의 연기를 보인 것은 브라마나들이 주장하는 만유를 전변하는 초월적 신성과, 사문들이 말하는 존재를 이루는 원자적 요소를 깨기 위한 것이다.

마음·물질의 다섯 쌓임으로 존재가 이루어졌으므로 존재는 공하다. 그러나 물질·느낌·모습 취함·지어감·앎의 쌓임들도 서로 의지해 일어나므로 다섯 쌓임의 법도 공하다.

물질은 앎활동인 물질이므로 공한 것인데, 앎을 따라 나는 애착과 취함으로 물질로 실체화되니, 이 뜻을 경은 사랑해 기뻐함이 모이면 물질을 모아냄이라고 말한다.

다시 애착과 집착이 사라지면 물질이 물질 아닌 물질이 되니, 이 뜻을 경은 사랑해 기뻐함이 사라지면 물질의 사라짐이라고 말한다.

다시 앎활동[名色]은 물질인 앎활동이니 물질이 공한 줄 알면 물질인 앎활동의 실체성이 사라지고, 물질의 모습에 모습 없음을 알면 앎활동이 공해지니 앎에 앎이 사라지는 것이다.

이 뜻을 경은 주체와 객체의 닿음에 실로 닿음이 있으면 느낌·모습 취함·지어감·앎을 모아내고, 닿음이 사라지면 앎 등이 사라진다고 말한다.

다섯 쌓임의 여러 법이 바로 세 가지 법의 도장을 보인 교설에서 주어에 해당한다.

그리고 이 교설에서 다섯 쌓임의 있음을 보인 교설이, 실은 존재가 여러 법에 의해 있기 때문에 공함이고 거짓 있음임을 보이며, 끝내 있음을 통해 있음도 아니고 없음도 아닌 중도를 보이고 있는 것이다.

적취적 세계관의 실체적 요소설과 존재도 공하고[人無我] 법도 공함[法無我]을 보이는 연기법이 같지 않음을 잘 살펴야 한다.

온갖 법에 안의 들임과 밖의 들임이 있나니

이와 같이 내가 들었다.

한때 붇다께서는 슈라바스티 국 제타 숲 '외로운 이 돕는 장자의 동산'에 계셨다.

그때 세존께서 여러 비구들에게 말씀하셨다.

"여섯 가지 안의 들이는 곳[六內入處]이 있다.

그것은 눈의 안의 들이는 곳[眼內入處]과 귀·코·혀·몸·뜻의 안의 들이는 곳[內入處]을 말한다."

붇다께서 이 경을 말씀하시자, 여러 비구들은 붇다의 말씀을 듣고 기뻐하며 받들어 행하였다.

여섯 가지 밖의 들임이 있음을 보이심

이와 같이 내가 들었다.

한때 붇다께서는 슈라바스티 국 제타 숲 '외로운 이 돕는 장자의 동산'에 계셨다.

그때 세존께서 여러 비구들에게 말씀하셨다.

"여섯 가지 밖의 들이는 곳[六外入處]이 있다.

어떤 것이 그 여섯 가지인가? 곧 빛깔이 밖의 들이는 곳[色外入處]이요, 소리·냄새·맛·닿음·법이 곧 밖의 들이는 곳[外入處]이다.

이것을 여섯 가지 밖의 들이는 곳이라 한다."

붓다께서 이 경을 말씀하시자, 여러 비구들은 붓다의 말씀을 듣고 기뻐하며 받들어 행하였다.

• 잡아함 323 육내입처경(六內入處經) · 324 육외입처경(六外入處經)

• 해설 •

눈·귀·코·혀·몸·뜻의 여섯 아는 뿌리[六根, ṣaḍ-indriyāṇi]를 안의 들임[內入] 안의 곳[內處]이라 하고, 빛깔·소리·냄새·맛·닿음·법의 여섯 경계[六境, ṣaḍ-viṣayāḥ]를 밖의 들임[外入] 밖의 곳[外處]이라 한다.

곳이라고 옮길 때는 앎활동이 의지해 나는 곳의 뜻이 되고, 들임이라 옮길 때는 앎활동을 거두어 들임[入, āyatana]의 뜻이 된다.

'안과 밖의 들임이 있다'고 말하는 교설은 곧 있음의 문을 열어 중도를 보인 가르침이다.

안의 눈이 밖의 빛깔을 본다고 말할 때 여기 눈이 실로 있다[實有]고 해도 저 빛깔을 볼 수 없고, 실로 없다[實無]고 해도 볼 수 없다.

밖의 빛깔 또한 실로 있다고 해도 주체의 앎에 앎인 빛깔[眼識相分]로 드러날 수 없고, 실로 없다고 해도 앎인 빛깔로 드러날 수 없다.

그러므로 '안과 밖의 법[諸法]이 있다'고 한 것이 있음 아닌 있음을 보인 것이니, 열두 들임[十二入]이 있다는 가르침을 통해 교설을 듣는 이는 곧 바로 아는 자와 알려지는 것이 있되 공한 지혜에 나아가야 한다.

② 온갖 법이 있되 공함을 밝힌 문[諸法無我, 空門]

배워가는 수행자는 다섯 쌓임이 공하여 나 없음을 살펴야 하오

이와 같이 들었다.

한때 존자 사리푸트라는 슈라바스티 국 제타 숲 '외로운 이 돕는 장자의 동산'에서 큰 비구대중 오백 사람과 함께 있었다.

그때 많은 비구들이 사리푸트라 존자가 있는 곳에 와 서로 같이 문안하고 한쪽에 앉았다. 그때 여러 비구들이 사리푸트라에게 말했다.

"계(戒)를 성취한 비구는 어떤 법을 사유하여야 합니까."

사리푸트라는 대답하였다.

"계를 성취한 비구는 '다섯 가지 치성한 쌓임이 덧없고 괴롭고 번뇌로우며, 아픔과 두려움이 많은 것'이라고 사유해야 하오.

또 '이것은 괴로움이요 공이요 나가 없는 것'이라고 사유하여야 하오.

어떤 것이 다섯 가지 쌓임이오? 물질·느낌·모습 취함·지어감·앎의 쌓임이오. 계를 성취한 비구가 이 다섯 가지 쌓임을 생각하면 곧 스로타판나의 도를 이루게 될 것이오."

다섯 쌓임의 나 없음을 살필 때 해탈의 과덕 얻음 보임

"스로타판나를 이룬 비구는 어떤 법을 사유하여야 합니까."

"스로타판나를 이룬 비구 또한 '다섯 가지 치성한 쌓임이 덧없고 괴롭고 번뇌로우며, 아픔과 두려움이 많은 것'이라고 사유해야 하오.

또 '이것은 괴로움이요 공이요 나가 없는 것'이라고 사유하여야 하오. 여러 어진 이들이여, 알아야 하오. 만약 스로타판나를 이룬 비구가 이 다섯 가지 쌓임을 생각하면 곧 사크리다가민의 과덕을 이룰 것이오."

여러 비구들이 물었다.

"사크리다가민을 이룬 비구는 어떤 법을 생각하여야 합니까."

사리푸트라가 대답했다.

"사크리다가민을 이룬 비구도 '다섯 가지 치성한 쌓임이 덧없고 괴롭고 번뇌로우며, 아픔과 두려움이 많은 것'이라고 사유해야 하오.

또 '이것은 괴로움이요 공이요 나가 없는 것'이라고 사유하여야 하오. 사크리다가민을 이룬 비구가 이 다섯 가지 쌓임을 생각하면 곧 아나가민의 과덕을 이룰 것이오."

여러 비구들이 물었다.

"아나가민을 이룬 비구는 어떤 법을 생각하여야 합니까."

사리푸트라가 대답했다.

"아나가민을 이룬 비구도 '다섯 가지 치성한 쌓임이 덧없고 괴롭고 번뇌로우며, 아픔과 두려움이 많은 것'이라고 사유해야 하오.

또 '이것은 괴로움이요 공이요 나가 없는 것'이라고 사유하여야 하오. 아나가민 비구가 이 다섯 가지 쌓임을 생각하면 곧 아라한을 이룬 이룰 것이오."

아라한에게는 짓는 바가 없음을 보임

"아라한을 이룬 비구는 어떤 법을 생각하여야 합니까."

사리푸트라가 대답했다.

"그대들의 묻는 것이 어찌 그리 지나치시오. 아라한을 이룬 비구는 짓는 바가 이미 끝나 다시는 행을 짓지 않소.

그래서 샘이 있는 마음[有漏心]이 해탈하여 다섯 가지 길의 나고 죽음의 바다로 향하지 않고, 다시는 뒤의 있음을 받지 않고, 짓는 바가 없소. 그러므로 어진 이들이여, 계 가진 비구와 스로타판나·사크리다가민·아나가민은 이 다섯 가지 쌓임을 사유하여야 하오.

이와 같이 여러 비구들이여, 반드시 이렇게 배워야 하오."

그때에 여러 비구들은 사리푸트라의 말을 듣고 기뻐하며 받들어 행하였다.

• 증일아함 34 등견품(等見品) ─

• 해설 •

다섯 쌓임은 서로 의지해 일어나는 있음이므로 그 있음은 있되 공함이다. 사리푸트라 존자는 붇다의 가르침을 받아 법을 묻는 비구에게 '다섯 쌓임이 공하여 나 없음'[五蘊無我]을 살피라고 말하니 공관(空觀)에 해당한다.

중생이 다섯 쌓임이 공한 줄 모르므로 일으킨 집착 때문에 물질에 물든 마음과 마음에 갇힌 물질이 서로 얽혀 끝이 없으므로 그것을 겸은 다섯 쌓임이 치성한 괴로움[五陰盛苦]이라 한다.

이에 사리푸트라 존자는 물질인 마음과 마음인 물질이 모두 공하고 나 없음을 살피라 가르친다. 이처럼 공한 다섯 쌓임이 연기한 존재의 있음에서 있다는 집착을 떠나 다시 공하다는 생각도 짓지 않으면, 그가 지혜의 흐름에 들고 끝내 아라한을 이루어 다시는 뒤의 존재를 받게 되지 않을 것이다.

아라한은 지금 다섯 쌓임으로 일어난 존재가 이렇게 공한 줄 알아 이미 있음이 있음 아니므로 뒤의 존재를 받지 않으니, 아라한은 실로 얻음이 없고[無得] 배울 것이 없으며[無學] 짓는 바가 없다[無作].

그러므로 지금 계 받은 이, 지혜의 흐름에 들어선 이, 배워가는 이, 배움 있는 이들은 모두다 반드시 다섯 쌓임이 공하고 나 없음을 살펴, 함이 없는 곳·배울 것 없는 곳에 이르름 없이 이르러야 할 것이다.

『화엄경』(「광명각품」光明覺品)은 물질인 마음과 마음인 물질, 안과 밖이 모두 공함을 체달해 스스로 해탈하고 세간 깨우치는 아라한과 보디사트바의 삶을 이렇게 보인다.

그 성품이 본래 공적하므로
안과 밖에서 모두 해탈하여
온갖 망령된 생각 떠났으니
견줄 수 없는 법도 이와 같네.

其性本空寂 內外俱解脫
離一切妄念 無等法如是

바탕의 성품 늘 움직임 없이
나 없고 오고 감이 없지만
세간의 중생을 깨우쳐
끝없이 모두 조복해주네.

體性常不動 無我無來去
而能悟世間 無邊悉調伏

③ 온갖 법이 공하므로 연기함을 밝히는 문 [諸行無常, 亦有亦空門]

다섯 쌓임은 나 없으므로 덧없이
새롭게 생성하는 것이니

이와 같이 내가 들었다.

한때 붇다께서는 슈라바스티 국 제타 숲 '외로운 이 돕는 장자의 동산'에 계셨다.

그때 세존께서 여러 비구들에게 말씀하셨다.

"다섯 가지 받는 쌓임이 있으니, 곧 물질의 받는 쌓임·느낌의 받는 쌓임·모습 취함의 받는 쌓임·지어감의 받는 쌓임·앎의 받는 쌓임이다. 어리석고 들음 없는 범부들은 지혜도 없고 밝음도 없어서 다섯 가지 받는 쌓임에서 나라는 견해[我見]을 내어 집착하고, 마음이 얽매어 묶이게 하여 탐욕을 일으킨다.

그러나 비구들이여, 많이 들은 거룩한 제자들은 지혜도 있고 밝음도 있어 이 다섯 가지 받는 쌓임에서 나라는 견해를 내어 집착하지 않고, 마음이 얽매어 묶이게 해 탐욕을 일으키지도 않는다."

다섯 쌓임에 집착하는 범부의 견해와
나 없음을 통달한 거룩한 제자의 길을 분별해 보이심

"어떻게 어리석고 들음 없는 범부들은 지혜도 없고 밝음도 없어 다섯 가지 받는 쌓임에서 나라는 견해를 내어 집착하고, 마음이 얽매어 묶이게 하여 탐욕을 일으키는가?

비구들이여, 어리석고 들음 없는 범부들은 지혜도 없고 밝음도 없어서 '물질은 나다, 나와 다르다[異我], 나와 나와 다름이 함께 있는 것[相在]이다'라고 보고, 이와 같이 느낌·모습 취함·지어감·앎은 '나다, 나와 다르다, 나와 나와 다름이 함께 있는 것이다'라고 본다.

이와 같이 어리석고 들음 없는 범부들은 지혜도 없고 밝음도 없어 다섯 가지 받는 쌓임에서 나라는 견해를 내어 집착하며, 마음이 얽매어 묶이게 하여 탐욕을 일으킨다.

비구들이여, 어떻게 거룩한 제자들은 지혜도 있고 밝음도 있어, 나라는 견해를 내어 집착하거나 마음이 얽매여 묶이게 해 탐욕을 일으키지 않는가?

거룩한 제자들은 '물질은 나다, 나와 다르다, 나와 나와 다름이 함께 있는 것이다'라고 보지 않고, 이와 같이 '느낌·모습 취함·지어감·앎은 나다, 나와 다르다, 나와 나와 다름이 함께 있는 것이다'라고 보지 않는다. 이와 같이 많이 들은 거룩한 제자들은 지혜도 있고 밝음도 있어, 다섯 가지 받는 쌓임에서 나라는 견해를 내어 집착하거나 마음이 얽매여 묶이게 해 탐욕을 일으키지 않는다."

온갖 법이 나 없으므로 덧없이 새롭게 연기함을 보이심

"만약 있는바 물질이 과거든 미래든 현재든, 안이든 밖이든, 거칠든 가늘든, 곱든 밉든, 멀든 가깝든, 그 온갖 것을 바르게 살피면 그것은 모두 덧없다.

이와 같이 느낌·모습 취함·지어감·앎은 과거든 미래든 현재든, 안이든 밖이든, 거칠든 가늘든, 곱든 밉든, 멀든 가깝든, 그 온갖 것을 바르게 살피면 그것은 모두 덧없다."

붇다께서 이 경을 말씀하시자, 여러 비구들은 붇다의 말씀을 듣고 기뻐하며 받들어 행하였다.

• 잡아함 62 분별경(分別經) ②

• 해설 •

모든 법이 덧없으므로 나가 없다[無常故無我]고 말하면 법이 연기이므로 공함[緣起卽空]을 말하니 공관(空觀)이 된다. 그러나 모든 법이 나 없으므로 덧없다[無我故無常]고 말하면 법이 공하므로 연기함[空卽緣起]을 말하니 가관(假觀)이 된다. 곧 나 없으므로 덧없다고 말하면 실로 있는 나[實我]가 없기 때문에, 있음 아닌 있음이 새롭게 연기함을 말하니, 이는 '있기도 하고 없기도 함의 문'[亦有亦空門]을 세워 중도를 보임이 된다.

'있기도 하고 없기도 함'은 공을 공으로 집착함을 깨기 위해 세운 문이니, '나 없으므로 덧없다'는 가르침을 듣고 '있기도 하고 없기도 하다'는 허튼 분별을 일으키면 중도의 바른 지혜에 나아가지 못한다.

경의 앞부분에서 다섯 쌓임의 법으로 나의 존재가 있어서 나의 존재도 공하고 법도 공하므로, 다섯 쌓임이 곧 '나'라 하거나 '나와 다름'이라 하거나, '둘이 같이 있다'는 모든 분별이 법의 진실과 같지 않음을 가르치고 있으니, 존재가 나되 남이 없고[無生] 존재가 있되 공함을 알아야 여래의 뜻에 하나될 수 있다.

뒤에서 다섯 쌓임이 나 없으므로 덧없다고 한 것은 다섯 쌓임의 법들이 있되 공하고 공함도 공하여 연기의 생성이 없지 않음을 보인 것이니, 가관을 세워 중도의 진실[中道實相]을 열어 보인 것이다.

④ 있음도 아니고 공함도 아닌 실상이 니르바나임을 밝히는 문 [涅槃寂靜, 非有非空門]

———◆———

상가마여, 그대는 진실 그대로의 법을 깨달았도다

이와 같이 들었다.

한때 붇다께서는 슈라바스티 국 제타 숲 '외로운 이 돕는 장자의 동산'에 계셨다.

그때 상가마 장자의 아들은 붇다 계신 곳에 가서 머리를 대 그 발에 절하고 한쪽에 앉았다. 그때 장자의 아들이 붇다께 말씀드렸다.

"세존께서는 제가 도를 따라 살도록 들어주시길 바랍니다."

장자의 아들은 곧 바른 길을 행하는 수행자가 되었다.

그는 한가하고 고요한 곳에서 스스로를 이기며 닦아 행해, 그 진리의 과덕을 이루었다. 좋은 종족의 사람이 머리와 수염을 깎고 집을 떠나 도를 배우는 것은, 나고 죽음은 이미 다하고 범행은 이미 서고, 지을 바를 이미 지어 다시는 뒤의 몸 받지 않는 줄 진실 그대로 아는 것이다.

이때 상가마는 그처럼 잘 행해 아라한을 이루었다.

그때에 그는 한가하고 고요한 곳에서 이런 생각을 냈다.

'여래가 세상에 나오시는 것은 매우 만나기 어렵다. 여래는 때가 되어야 세간에 나오시니, 마치 우트팔라 꽃이 때가 되어야 피는 것처럼, 여래가 오심 또한 이와 같다.

온갖 행이 사라짐도 만나기 어렵고, 벗어남 또한 어렵다. 애착이
다하고 탐욕 없는 니르바나가 요점이다.'

상가마에게 옛 부인과 장모가 찾아감

그때 상가마의 장모는 사위가 수행자가 되어 다시 탐욕에 집착하
지 않고 집의 번거로움을 버렸으며, 또 자기 딸을 침 뱉듯 버렸다는
말을 듣고는 딸이 있는 곳에 가서 물었다.

"네 남편은 참으로 수행자가 되었는가."

딸은 대답하였다.

"저 또한 수행자가 되었는지 자세히 모릅니다."

그 늙은 어머니가 말했다.

"너는 지금 좋은 옷으로 잘 꾸며 입고, 아이들을 안고 저 상가마 있
는 곳에 가보도록 하자."

그때 모녀는 함께 서로 이끌어 상가마가 있는 곳에 갔다. 그때에
상가마는 한 나무 밑에서 두 발을 맺고 앉아 있었다. 모녀 두 사람은
그 앞에 잠자코 서 있었다. 모녀는 상가마의 머리에서 발까지 바라보
다가 상가마에게 말하였다.

"그대는 지금 왜 내 딸과 말하지 않는가. 지금 이 아이들은 네게서
났다. 지금 네가 하는 짓은 참으로 도리가 아니다. 사람들이 인정하
지 않는 짓이다. 네가 지금 생각하는 것은 사람의 짓이 아니다."

때에 존자 상가마는 곧 다음 게송으로 대답하였다.

　　이밖에는 다시 착함이 없고

이밖에는 다시 묘함 없으며
　　이밖에는 다시 옳음이 없고
　　이보다 나은 좋은 생각 없소.

　장모는 말하였다.
"내 딸한테 지금 무슨 죄가 있고 무슨 법답지 않은 일이 있기에, 지금 무엇 때문에 버리고 집을 떠나 도를 배우는가."

옛 부인과 장모에게 사문의 행을 말해 그 마음을 돌이켜줌
　그때 상가마는 곧 다음 게송을 말하였다.

　　냄새나는 곳에서 더러움 행하고
　　성내며 거짓말하기 좋아하고
　　질투하는 마음 바르지 않다 함
　　여래께서 말씀하신 것이네.

　이때 늙은 어머니가 상가마에게 말했다.
"내 딸한테만 이런 일이 있는 것이 아니라, 온갖 여인이 다 이럴 것이다. 이 슈라바스티 성의 사람들로서 내 딸을 보는 이는 모두 뜻이 어지러워져 서로 사귀고 싶어함이, 마치 목마른 사람이 물을 마시고 싶어하는 것과 같아, 도무지 싫증내 물림이 없이 다 마음을 내 집착한다.
　그런데 너는 지금 어째서 이것을 버리고 도를 배우며 다시 헐뜯기까지 하는가.

설사 오늘 네가 내 딸을 받아들이지 않는다 해도 네가 낳은 아이들은 네 자식으로 이름을 올릴 것이다."

상가마는 게송으로 말하였다.

나는 또한 아들도 딸도 없으며
농사일과 재물과 보배도 없고
또한 머슴과 계집종도 없으며
집안붙이와 따르는 이도 없네.

홀로 거닐어 짝 짓는 이 없이
한가하고 고요한 곳을 즐기어
사문의 깨끗한 법을 지어 행하고
바른 깨달음의 도를 구하네.

아들을 두고 딸을 두는 것은
어리석은 이들 익혀 짓는 바이네.
나는 언제나 내 몸도 없는데
어찌 아들과 딸이 있을 것인가.

그때 모녀와 아이들은 이 게송을 듣고 각기 이렇게 생각하였다.
'우리들이 오늘 이런 뜻을 살펴보기로는 반드시 집으로 돌아가지 않을 것이다.'

그들은 다시 상가마를 머리에서 발끝까지 살펴보다가 길게 탄식하고 앞에서 저절로 길게 꿇어 이렇게 말하였다.

"설사 몸과 입과 뜻으로 그릇된 법을 짓는다 해도 이를 모두다 참을 것이오."

그들은 상가마를 세 번 돌고 있던 곳으로 물러났다.

아난다 존자가 상가마 비구를 만나 그가 법의 실상 깨쳤음을 인정함

그때 존자 아난다는 때가 되어, 가사를 입고 발우를 가지고 슈라바스티 성에 들어가 밥을 빌다 멀리서 그 모녀를 보고서는 물었다.

"아까 상가마를 만났소?"

늙은 어머니는 대답하였다.

"비록 보았지만 본 것이 아닙니다."

"같이 말해보았소?"

"비록 같이 말했지만 내 뜻에 들어오지 않았습니다."

존자 아난다는 곧 다음 게송으로 말하였다.

불로 하여금 물을 내게 하고
다시 물이 불을 내도록 하면
공한 법을 있게 하려는 것이니
이는 이미 탐욕 없는 이로 하여금
도로 탐욕 있게 하려는 것이오.

그때 존자 아난다는 밥 빌기를 마치고 제타 숲 '외로운 이 돕는 장자의 동산'으로 돌아와 상가마가 있는 곳에 가서 한쪽에 앉아 상가마에게 말하였다.

"이미 진실 그대로의 법을 알았소?"

상가마는 대답하였다.

"저는 이미 진실 그대로의 법을 깨달아 알았습니다."

아난다가 물었다.

"어떻게 진실 그대로의 법을 깨달아 알았소?"

상가마는 대답하였다.

"물질은 덧없는 것입니다. 이 덧없음의 뜻이 곧 괴로움이고, 괴로움은 곧 나 없음이요, 나 없음이 곧 공함입니다. 느낌·모습 취함·지어감·앎 모두다 덧없는 것입니다. 덧없음의 뜻이 곧 괴로움이고, 괴로움은 곧 나 없음이요, 나 없음이 곧 공함입니다.

이 다섯 가지 치성한 쌓임은 덧없음의 뜻이요, 덧없음의 뜻은 괴로움의 뜻입니다. 나는 저의 것이 아니요, 저는 나의 것이 아닙니다."

상가마는 곧 이 게송을 말하였다.

괴로움과 괴로움이 서로 내니
괴로움 건넘 또한 이와 같네.
현성의 여덟 가지 바른 길은
사라져 다한 곳에 이르게 하네.

다시 여기 돌아와 나지 않고
하늘과 사람 사이 흘러 굴러도
괴로움의 바탕 다하게 되면
길이 쉬어 옮겨 움직이지 않네.

나는 이제 저 공함의 길을 보니

그것은 붇다가 말씀함과 같네.
지금 이제 아라한을 이루었으니
다시는 태의 몸을 받지 않으리.

이때 아난다는 찬탄하였다.
"아주 잘 말했소. 진실 그대로의 법을 잘 깨달아 알았소."
이때 아난다는 곧 이 게송을 말하였다.

범행의 자취를 잘 지키고
바른 길 잘 닦아 행하여
온갖 모든 묶음 끊어버리니
참된 붇다의 제자로다.

세존께서 상가마 비구가 마라 항복받는 으뜸 제자라고 인가하심

아난다는 이 게송을 말하고서 곧 자리에서 일어나 떠났다. 그러고
는 붇다 계신 곳에 가서 머리를 대 발에 절하고 한쪽에 서서 이 인연
을 갖추어 세존께 말씀드렸다.

그때 세존께서는 여러 비구들에게 말씀하셨다.

"아라한을 평등하게 논하려 한다면 바로 상가마 비구가 아라한이
라고 말해야 한다. 마라(māra, 魔)의 따르는 무리와 그 붙이들을 항복
받을 수 있는 이 또한 상가마 비구이다. 왜 그런가. 상가마 비구는 일
곱 번이나 변화해 가서 마라를 항복받고, 지금 바야흐로 도를 이루
었다.

그러니 지금부터 다시 뒤로 일곱 번 몸을 변화해 도의 행을 지어야

한다거나 짓고서 일곱의 한도를 넘어야 한다는 말을 들어도, 그는 이미 도를 이루었으므로 그럴 수 있는 법이 아니다."

그때 세존께서는 비구들에게 다시 말씀하셨다.

"나의 성문제자 가운데 마라를 항복받고, 지금 바야흐로 도를 이룬 으뜸가는 비구는 바로 상가마이다."

그때에 비구들은 붇다의 말씀을 듣고 기뻐하며 받들어 행하였다.

• 증일아함 35 사취품(邪聚品) +

• 해설 •

상가마 비구는 부유한 장자의 아들로서 물려받을 재산과 가족을 버리고 출가했을 뿐 아니라, 찾아온 아내와 자식까지 돌아보지 않으니 참으로 비정한 사람처럼 보인다. 그러나 그의 버림은 공덕의 재물로 세간을 풍요롭게 하기 위함이고, 함이 없는 마음으로 평등한 자비를 행하기 위함이다.

상가마 비구는 늦게 출가했지만 그는 이미 가르침을 받는 그때 바로 아라한을 이루어 그 자리에서 일곱 번 탐욕의 세계에 가고 오며 마라를 항복받는 스로타판나의 지위를 뛰어넘은 것이니, 다시 그 이상 탐욕의 세계를 오고 가며 마라를 항복케 할 일이 없는 것이다.

연기법에서 모든 법의 나 없음은 덧없기 때문에 나 없는 것이고, 온갖 덧없음은 나 없기 때문에 덧없는 것이다. 곧 연기하므로 공하고 공하므로 연기하는 것이니, 공하다 함에서 공하다는 집착을 내지 말아야 하고, 새로 연기함에서 실로 있는 어떤 것이 생긴다고 말해서는 안 된다.

있음도 아니고 공함도 아닌 문[非有非空門]을 세운 것은 연기이므로 공함에서 공하다는 집착을 떠나게 하고, 공하므로 연기하는 있음에서 있음의 집착을 떠나게 해 중도의 진실에 이르게 하기 위함인 것이다.

상가마는 뒤늦게 출가하여 진실 그대로의 법을 깨달아 아난다 존자로부터 참된 붇다의 제자로 인정받고, 세존으로부터 잘 마라를 항복받는 비구로 찬탄받으니, 그는 뒤늦게 진리의 문에 들어섰으나 지혜의 성취에는 늦음과 뒤떨어짐이 없는 것이다.

여러 경에서 다섯 쌓임의 법에 덧없음을 말하는 것이 항상함과 덧없음을 넘어 참된 항상함에 나아가게 함이듯이, 몸의 깨끗하지 않음을 말하는 것은 몸에 대해 깨끗하다는 탐착을 버리고 더러움과 깨끗함의 분별을 넘어서 참으로 깨끗한 법의 몸에 나아가게 하는 것이다.

그러므로 상가마가 옛 부인에게 몸의 깨끗하지 않음을 말하는 것이 실은 참으로 깨끗한 보디의 몸에 이끌기 위함이니, 화엄회상(「입법계품」) 선지식 또한 구도자 선재에게 더러움과 깨끗함 떠난 붇다의 몸을 살피도록 다음과 같이 깨우친다.

그대는 모든 붇다의 거룩한 몸이
청정한 모습으로 장엄됨을 살피라.
붇다의 한 생각 신통의 힘은
법계에 모두 가득하도다.

汝觀諸佛身　淸淨相莊嚴
一念神通力　法界悉充滿

있음과 없음을 모두 떠나야
니르바나의 고요함을 알 수 있나니

이와 같이 내가 들었다.

한때 많은 윗자리[上座] 비구들이 바라나시 국의 선인이 살던 사슴동산에 있었다.

그때는 붇다께서 파리니르바나(Parinirvāṇa, 般涅槃)에 드신 지 그리 오래되지 않은 무렵이었다. 장로 찬다카(Chandaka)는 이른 아침에 가사를 입고 발우를 가지고 바라나시 성으로 들어가 밥을 빌었다.

밥을 다 들고 나서 가사와 발우를 다시 거두고 발을 씻은 뒤에 자물쇠를 가지고, 숲에서 숲으로 방에서 방으로, 거니는 곳에서 거니는 곳으로 다니면서 곳곳에서 여러 비구들에게 청해 말하였다.

찬다카 장로가 세 가지 법의 도장의 뜻을 깨닫지 못해
윗자리 비구들에게 물음

"나를 가르쳐주고 나를 위해 설법하여, 나로 하여금 법을 알게 하고 법을 보게 해주오.

나는 반드시 법과 같이 알고 법과 같이 살피겠소."

이때 여러 비구들이 찬다카에게 말하였다.

"물질은 덧없고, 느낌·모습 취함·지어감·앎도 덧없어서, 모든 지어감은 다 덧없는 것입니다.

모든 법은 나가 없으며, 니르바나는 고요한 것입니다."

찬다카가 여러 비구들에게 말하였다.

"나도 물질은 덧없고, 느낌·모습 취함·지어감·앎도 덧없어서, 모든 지어감도 덧없고, 모든 법은 나가 없고, 니르바나는 고요하다는 것을 이미 알고 있소."

찬다카가 다시 말하였다.

"그러나 나는 '온갖 모든 행은 비고 고요하여 얻을 수 없고, 애착이 다하고 탐욕을 여읜 것이 니르바나이다'라는 말을 기쁘게 듣지 못하오.

이 가운데 어떻게 나가 있어서 '이와 같이 알고 이와 같이 보는 것이 법을 보는 것이다'라고 말할 수 있겠소?"

두 번 세 번 또한 이와 같이 말하였다.

찬다카가 다시 말하였다.

"이 가운데 누가 그럴 힘이 있어 나를 위해 설법하여 나로 하여금 법을 알게 하고 법을 보게 할 수 있겠소?"

다시 아난다 존자를 찾아 중도인 니르바나의 뜻을 물음

그는 다시 이렇게 생각하였다.

'존자 아난다가 지금 카우삼비 국 고실라라마 동산에 있다. 그는 일찍이 세존을 공양하였고 가까이에서 모셨으며, 붓다의 칭찬을 받고, 모든 범행자들이 다 아는 분이다.

그분이라면 틀림없이 나를 위해 설법하여 나로 하여금 법을 알게 하고 법을 보게 할 수 있을 것이다.'

이때 찬다카는 그 밤을 보내고 이른 아침이 되자 가사를 입고 발우를 가지고 바라나시 성으로 들어가 밥을 빌었다.

밥을 다 들고 나서는 자리끼를 다시 거두어 들였다. 자리끼를 거둔 뒤 가사와 발우를 가지고 카우삼비 국으로 떠났다.

차츰 거닐어 카우삼비 국에 이르러, 가사와 발우를 거두어 들고 발을 씻은 뒤에 존자 아난다가 있는 곳으로 나아가 서로 문안 인사를 나눈 뒤에 한쪽에 물러나 앉았다.

이때 찬다카가 존자 아난다에게 말하였다.

"한때 여러 윗자리 비구들이 바라나시 국 선인이 살던 사슴동산에 머물고 있었습니다. 그때 저는 이른 아침에 가사를 입고 발우를 가지고 바라나시 성으로 들어가 밥을 빌었습니다. 밥을 다 들고 나서는 도로 가사와 발우를 거두어 들고 발을 씻은 뒤에, 자물쇠를 가지고, 숲에서 숲으로 방에서 방으로, 거니는 곳에서 거니는 곳으로 다니며 곳곳에서 여러 비구들을 보고 청하였습니다.

'나를 가르쳐주고 나를 위해 설법하여, 나로 하여금 법을 알고 법을 보게 해주시오.'

그러자 여러 비구들이 저를 위해 이렇게 설법했습니다.

'물질은 덧없고, 느낌·모습 취함·지어감·앎도 덧없어서, 모든 지어감은 다 덧없는 것입니다.

모든 법은 나가 없으며, 니르바나는 고요한 것입니다.'

저는 그때 여러 비구들에게 이렇게 말하였습니다.

'나도 물질은 덧없고, 느낌·모습 취함·지어감·앎도 덧없어서, 모든 지어감도 덧없고, 모든 법은 나가 없고, 니르바나는 고요하다는 것을 이미 알고 있소.

그러나 나는 〈온갖 모든 행은 비고 고요하여 얻을 수 없고, 애착이 다하고 탐욕을 여읜 것이 니르바나이다〉라는 말을 기쁘게 듣지 못하오. 고요한 니르바나 이 가운데 어떻게 나가 있어서 〈이와 같이 알고 이와 같이 보는 것이 법을 보는 것이다〉라고 말할 수 있겠소?'

그때 저는 이렇게 생각하였습니다.

'이 가운데 누가 그럴 힘이 있어 나를 위해 설법하여 나로 하여금 법을 알게 하고 법을 보게 할 수 있을까?'

저는 다시 생각했습니다.

'존자 아난다가 지금 카우삼비 국 고실라라마 동산에 있다. 그는 일찍이 세존을 공양하였고 가까이에서 모셨으며, 붓다의 칭찬을 받고, 모든 범행자들이 다 아는 분이다.

그분이라면 틀림없이 나를 위해 설법하여 나로 하여금 법을 알게 하고 법을 보게 할 수 있을 것이다.'

빼어나신 존자 아난다여, 이제 나를 위해 설법하여, 나로 하여금 법을 알게 하고 법을 볼 수 있게 해주십시오."

이때 존자 아난다가 찬다카에게 말하였다.

"잘 말씀했소, 찬다카여. 제 마음은 매우 기쁩니다. 나는 장로께서 범행자들 앞에서 덮어 가림이 없이, 거짓의 가시 부셔버린 것을 기뻐합니다. 찬다카여, 어리석은 범부들은 다음 법문을 이해할 수 없습니다.

'물질은 덧없고, 느낌·모습 취함·지어감·앎도 덧없어서, 모든 지어감도 덧없고, 모든 법은 나가 없고, 니르바나는 고요하다.'

그러나 그대 장로께서는 이제 그 빼어나고 묘한 법을 받아들일 수 있습니다. 장로께서는 이제 자세히 들으십시오. 그대를 위해 말해드리겠습니다."

이때 찬다카는 이렇게 생각하였다.

'나는 지금 빼어나고 묘한 마음을 얻었고, 뛸 듯이 기쁜 마음을 얻어 즐겁고 기쁘다. 나는 이제 빼어나고 묘한 법을 받을 수 있다.'

세존께서 마하카타야나에게 있음과 없음이
둘 아닌 뜻 설해주심을 다시 말해줌

그때 아난다가 찬다카에게 말하였다.

"저는 붇다께서 마하카타야나에게 다음과 같이 가르치시는 말씀을 몸소 들었습니다. 세존께서는 말씀하셨습니다.

'세간 사람은 뒤바뀌어 두 치우친 가에 의지하니[依於二邊] 있음이거나 없음이다.

세간 사람이 여러 경계를 취하므로 마음이 곧 헤아려 집착한다.

카타야나여, 만약 받지 않고 취하지 않고 머물지 않고 나를 헤아리지 않으면, 괴로움은 생길 때 생기고, 사라질 때 사라질 것이다.

카타야나여, 이것에 대해 의심하지 않고, 미혹하지 않으며, 다른 사람을 말미암지 않고 스스로 알게 되면, 이것을 여래가 말한 바른 견해라 한다.

왜 그런가. 카타야나여, 세간이 모여남[集]을 진실 그대로 바르게 살피면 세간이 없다는 견해를 내지 않을 것이고, 세간의 사라짐[滅]을 진실 그대로 살피면 세간이 있다는 견해를 내지 않을 것이다.

카타야나여, 여래는 두 치우친 가를 떠나[離於二邊] 중도를 말하니[說於中道], 〈이것이 있기 때문에 저것이 있고, 이것이 일어나기 때문에 저것이 일어난다〉는 것이 그것이다.

그것은 곧 〈무명 때문에 지어감이 있고, 지어감 때문에 앎이 있고, 앎이 있기 때문에 마음·물질이 있고, 나아가 순전한 큰 괴로움의 무더기가 일어나며, 무명이 사라지기 때문에 지어감이 사라지고, 나아가 순전한 큰 괴로움의 무더기가 사라진다〉는 것이다.' "

아난다가 전해준 가르침을 듣고 찬다카 장로가 법의 눈이 깨끗해짐

존자 아난다가 이 법을 말하였을 때, 찬다카 비구는 티끌을 멀리하고 때를 여의어 법의 눈이 깨끗해졌다.

그때 찬다카 비구는 법을 보고, 법을 얻고, 법을 알고, 법을 일으켜 여우 같은 의심을 벗어났다. 그래서 남을 말미암지 않고 큰 스승께서 가르치신 법에 두려움 없음을 얻었다.

그는 공손히 합장하고 존자 아난다에게 말씀드렸다.

"바로 이와 같아야 합니다. 이와 같은 지혜와 범행은 좋은 스승 좋은 벗들[善知識]이 가르쳐주고 가르쳐 깨우쳐서 말하는 법입니다.

나는 이제 존자 아난다께서 계신 곳에서 이와 같은 법을 들었습니다.

'온갖 행은 다 비고 모두 고요하여 얻을 수 없으며, 애착이 다하고 탐욕을 여의어 사라져 다함이 니르바나이다.'

그리하여 마음이 즐겁고 바르게 머물러 해탈하여, 다시는 굴러 되돌아오지 않고, 또 다시는 나를 보지 않으며, 오직 바른 법만 보게 되었습니다."

이때 아난다가 찬다카에게 말하였다.

"그대 장로께서는 이제 크게 좋은 이익을 얻었고 깊고 깊은 붇다의 법[甚深佛法] 가운데서 거룩한 지혜의 눈[聖慧眼]을 얻었습니다."

이때 두 높은 수행자[正士]는 더욱 서로 따라 기뻐하면서 자리에서 일어나 각기 본래 있던 곳[本處]으로 돌아갔다.

• 잡아함 262 천타경(闡陀經)

찬다카 장로는 스스로 윗자리 장로비구로서 아직 깨닫지 못한 것을 감추지 않고, 여러 대중 앞에서 알지 못한 것을 드러내 물을 수 있으니 참으로 장부의 기상이 있다.

찬다카 장로가 의심한 곳은 어디인가.

그 스스로 다음 같은 의심이 끊어지지 않고 있다.

'모든 법이 나 없어서 니르바나가 고요하다면, 지금 말하고 보고 듣는 것은 누가 말하고 누가 보고 듣는 것인가.'

찬다카 장로의 생각에 의하면, 지금 보는 내가 있고 보여지는 것이 분명히 있는데, 니르바나가 고요하다는 것은 어떤 뜻인가. 니르바나가 고요하다면 지금 있는 것은 무엇인가.

곧 연기이므로 법이 공함은 있음이 곧 있음 아니므로 공에도 취할 공이 없어서 공하므로 연기가 있는 것이다. 그러므로 있음에서 있음을 떠나고 없음에서 없음을 떠난 것이 니르바나의 고요함인데, 그는 니르바나의 고요함을 끊어져 없어짐의 공[斷滅空]으로 보고, 니르바나가 고요하다면 어떻게 보고 들을 수 있는가 의심한 것이다.

있음이 실로 있음이 아니고 없음이 실로 없음이 아님을 깨달으면 늘 보고 알되 앎이 없고, 앎이 없되 앎 없음도 없어서 앎 없는 앎활동이 늘 니르바나의 고요함을 떠나지 않는 것이다.

아난다 존자가 세존께서 카타야나에게 설하신 중도의 법문을 다시 인용하자, 그 자리에서 찬다카 장로가 말 아래 중도를 깨달으니, 그가 바로 나에서 나가 없고 모습에서 모습 떠나 니르바나의 고요함을 여의지 않고 해탈의 법바퀴 굴리는 자가 된 것이다.

2) 삼법인설의 실천론적 해명

① 나 없는 온갖 법에 집착을 냄이 괴로움의 삶

물질과 마음활동에 탐욕을 내면 곧
괴로움을 끊지 못한다

이와 같이 내가 들었다.

한때 붇다께서는 슈라바스티 국 제타 숲 '외로운 이 돕는 장자의 동산'에 계시면서 여러 비구들에게 말씀하셨다.

"물질에 대해서 알지 못하고 밝지 못하며, 끊지 못하고 탐욕 떠나지 못하면, 괴로움을 끊을 수 없다.

이와 같이 느낌·모습 취함·지어감·앎에 대해서도 알지 못하고 밝지 못하며, 끊지 못하고 탐욕 떠나지 못하면, 그는 괴로움을 끊을 수 없다.

여러 비구들이여, 만약 물질에 대해서 잘 알고 밝으며, 끊고서 탐욕을 떠나면, 괴로움을 끊을 수 있다.

이와 같이 느낌·모습 취함·지어감·앎에 대해서도 잘 알고 밝으며, 끊고서 탐욕을 떠나면, 괴로움을 끊을 수 있다."

때에 여러 비구들은 붇다의 말씀을 듣고 기뻐하며 받들어 행하였다.

• 잡아함 3 무지경(無知經) ①

다섯 쌓임의 집착이 두려움의 근원이 되나니

이와 같이 내가 들었다.

한때 붇다께서는 슈라바스티 국 제타 숲 '외로운 이 돕는 장자의 동산'에 계시면서 여러 비구들에게 말씀하셨다.

"물질에 대해서 알지 못하고 밝지 못하며, 끊지 못하고 탐욕 떠나지 못하여 마음이 해탈하지 못한 사람은 태어남·늙음·병듦·죽음의 두려움을 벗어나지 못한다.

이와 같이 느낌·모습 취함·지어감·앎에 대해서도 알지 못하고 밝지 못하며, 끊지 못하고 탐욕 떠나지 못하여 마음이 해탈하지 못한 사람은 태어남·늙음·병듦·죽음의 두려움을 벗어나지 못한다.

비구들이여, 만약 물질에 대해서 잘 알고 밝으며, 끊고서 탐욕을 떠나면, 태어남·늙음·병듦·죽음의 두려움을 벗어날 수 있다.

비구들이여, 만약 잘 알고 밝으며, 잘 끊고서 탐욕을 떠나 마음이 해탈한 사람은 태어남·늙음·병듦·죽음의 두려움을 벗어날 수 있다.

이와 같이 느낌·모습 취함·지어감·앎에 대해서도 만약 잘 알고 밝으며, 끊고서 탐욕을 떠나 마음이 해탈한 사람은 태어남·늙음·병듦·죽음의 두려움을 벗어날 수 있다."

때에 여러 비구들은 붇다의 말씀을 듣고 기뻐하며 받들어 행하였다.

• 잡아함 4 무지경 ②

• 해설 •

물질과 앎활동인 느낌·모습 취함·지어감·앎의 다섯 쌓임으로 존재가 있다고 설한 여래의 뜻은 무엇인가.

물질은 앎을 떠난 물질이 없고 앎활동은 물질을 떠난 앎활동이 없으므로 다섯 쌓임의 교설은 물질이 있되 공하고 앎활동이 있되 공함을 보인 것이다.

있되 공한 다섯 쌓임의 참모습을 보지 못하고 탐욕을 떠나지 못하여, 나되 남이 없는 다섯 쌓임에서 실로 남을 보아 태어남과 죽음의 두려움에서 벗어나지 못한다.

탐욕과 애착을 떠나지 못하면 괴로운 느낌·즐거운 느낌·괴롭지도 않고 즐겁지도 않은 세 느낌이 모두 모습에 갇힌 느낌이 되니, 붇다께서는 그 뜻을 '온갖 것이 괴롭다'[一切皆苦]고 말한다.

'온갖 것이 괴롭다'는 가르침은 염세적 세계관을 보이는 교설이 아니라, 물질에 물질 없음을 알고 마음에 마음 없음을 알면 온갖 괴로움이 참된 삶의 즐거움으로 돌이켜짐을 가르치는 교설이다.

집착 속에 갇혀 있는 한 '온갖 것이 괴로움임'을 바로 아는 자, 그가 실은 길이 괴로움의 굴레를 벗어나 삶의 참된 안락으로 나아가는 자이다.

온갖 것이 나 없고 덧없음을 알지 못하면
모든 것이 마라의 힘이 되나니

이와 같이 내가 들었다.

한때 붓다께서는 슈라바스티 국 제타 숲 '외로운 이 돕는 장자의 동산'에 계셨다.

여러 비구들에게 말씀하셨다.

"온갖 것은 덧없다. 무엇을 온갖 것이라 하는가?

곧 눈[眼]이 덧없고, 빛깔[色]·눈의 앎[眼識]·눈의 닿음[眼觸]과 눈의 닿음의 인연으로 생기는 느낌[受]인 괴로운 느낌·즐거운 느낌·괴롭지도 즐겁지도 않은 느낌 또한 덧없는 것이다.

이와 같이 귀·코·혀·몸·뜻이 덧없고, 법(法)·뜻의 앎[意識]·뜻의 닿음[意觸]과 뜻의 닿음의 인연으로 생기는 느낌인 괴로운 느낌·즐거운 느낌·괴롭지도 즐겁지도 않은 느낌 또한 덧없는 것이다.

많이 들은 거룩한 제자로서 이와 같이 살피는 사람은 눈에서 해탈하고, 빛깔과 눈의 앎, 눈의 닿음, 눈의 닿음의 인연으로 생기는 느낌인 괴로운 느낌·즐거운 느낌·괴롭지도 즐겁지도 않은 느낌, 그것들에서 해탈한다.

이와 같이 귀·코·혀·몸·뜻, 그리고 소리·냄새·맛·닿음·법에서 해탈하고, 뜻의 앎·뜻의 닿음·뜻의 닿음의 인연으로 생기는 느낌인 괴로운 느낌·즐거운 느낌·괴롭지도 즐겁지도 않은 느낌, 그것들에서 또한 해탈한다.

나는 '그가 태어남·늙음·병·죽음과 근심·슬픔·번민·괴로움에서 해탈하였다'고 말한다."

붇다께서 이 경을 말씀하시자 여러 비구들은 붇다의 말씀을 듣고 기뻐하며 받들어 행하였다.

모든 법이 나 없음을 알지 못하면 마라의 힘이 되고 마라의 그릇이 됨을 말함

'온갖 것이 덧없다고 말씀하신 것과 같이, 이와 같이 온갖 것은 괴롭고 온갖 것은 비었으며, 온갖 것은 나가 아니다.

온갖 것은 빈 업[虛業]의 법이며, 온갖 것은 깨져 무너지는 법이요, 온갖 것은 나는 법이며, 온갖 것은 늙는 법이요, 온갖 것은 병드는 법이며, 온갖 것은 죽는 법이요, 온갖 것은 근심스러운 법이며, 온갖 것은 번뇌스러운 법이요, 온갖 것은 모이는 법이며, 온갖 것은 사라지는 법이다.

온갖 것은 알아야 하는 법[知法]이며, 온갖 것은 가려 알아야 하는 법[識法]이요, 온갖 것은 끊어야 하는 법이며, 온갖 것은 깨달아야 하는 법이요, 온갖 것은 증득해야 하는 것이다.

온갖 것은 마라요, 온갖 것은 마라의 힘[魔勢]이며, 온갖 것은 마라의 그릇[魔器]이다. 온갖 것은 타고, 온갖 것은 불꽃처럼 타며, 온갖 것은 타서 없어지는 법이다.

이 모든 것도 앞의 경에서 널리 말함과 같다.'

• 잡아함 196 무상경(無常經) ②

연기법에서 존재하는 모든 것 온갖 것은 눈과 빛깔, 귀와 소리, 코와 냄새, 혀와 맛, 몸과 닿음, 뜻과 법을 온갖 것이라 한다. 그러나 때로 여래는 듣는 대중의 집착 따라 온갖 것을 여섯 아는 뿌리[六根]와 알려지는 여섯 경계[六境]가 어울려 일어나는 여섯 가지 앎[六識], 여섯 앎을 따라 일어나는 여섯 닿음, 여섯 느낌을 덧붙여 온갖 것[一切]이라 한다.

여래의 보디에서 진리란 주어진 것의 자기진실밖에 없다. 보디(Bodhi)에는 연기하는 안과 밖의 법[內法外法], 안과 밖이 어울리는 앎활동[內外法]밖에 그 어떤 초월적 신성이나 존재의 세계가 따로 없기 때문에, 여래는 안과 밖의 여러 법들을 온갖 것이라 한 것이다.

온갖 것은 연기이므로 공하고 공하므로 연기한다.

온갖 것은 있되 공하여 온갖 것의 진실이 그대로 걸림 없고 막힘없는 법계[無障礙法界]이다.

그러므로 온갖 것이 나 없으므로 덧없고, 덧없으므로 나 없음을 아는 자는 온갖 것의 닫힘에서 해탈하여 나고 죽음을 떠난다.

그러나 온갖 것에서 실로 있음을 보는 자는 온갖 것이 닫힘이고 맞섬이요 물듦이고 시름과 괴로움이 되어 온갖 것은 마라의 세계[魔界, māra-dhātū]가 되고 마라의 힘[魔勢]이 지배하는 마라의 그릇[魔器]이 된다.

이때 중생의 집착이 실로 있지 않은 것을 있다고 봄으로 일어난 것이라, 마라가 곧 허깨비처럼 본래 없는 것이니, 지혜로 허깨비가 허깨비인 줄 알면 마라의 세계가 법의 세계[法界]가 되고 보디의 처소[菩提處]가 되는 것이다. 온갖 것은 깨져 무너지는 법이라는 아가마의 가르침을 참으로 알면 무너짐이 없는 해탈의 땅에 들어가는 것이다.

'허깨비를 떠나면 곧 깨달음이다'[離幻卽覺]라는 『원각경』(圓覺經)의 가르침과 아가마에 어찌 두 뜻이 있을 것인가.

② 바른 살핌으로 니르바나에 나아감

———————

다섯 쌓임에 나 없고
덧없음을 살펴야 니르바나에 향하니

이와 같이 내가 들었다.

한때 붇다께서는 슈라바스티 국 제타 숲 '외로운 이 돕는 장자의 동산'에 계셨다.

그때 세존께서 여러 비구들에게 말씀하셨다.

"물질은 덧없다고 살펴야 한다. 이렇게 살피는 것이 바른 살핌[正觀]이다. 바르게 살피는 사람은 곧 집착 없어 떠남을 내고, 집착 없어 떠나는 사람은 기뻐해 탐냄이 다하고, 기뻐해 탐냄이 다하는 사람은 마음의 해탈[心解脫]이라 말한다.

이와 같이 느낌·모습 취함·지어감·앎 또한 덧없다고 살피라. 이렇게 살피는 것이 바른 살핌이다. 바르게 살피는 사람은 곧 집착 없어 떠남을 내고, 집착 없어 떠나는 사람은 기뻐해 탐냄이 다하고, 기뻐해 탐냄이 다하는 사람은 마음의 해탈이라 말한다.

이와 같이 비구들이여, 마음이 해탈한 사람은 만약 스스로 증득하고자 하면 곧 스스로 증득할 수 있다. 그리하여 '나의 태어남은 이미 다하고 범행은 이미 서고, 지을 바를 이미 지어 다시는 뒤의 있음 받지 않는다는 것'을 스스로 알게 된다.

'덧없다'[無常]고 살피는 것과 같이, '그것들은 괴로움[苦]이요,

공하며[空], 나가 아니다[非我]'라고 살피는 것 또한 이와 같다."

그때 여러 비구들은 붇다의 말씀을 듣고 기뻐하며 받들어 행하였다.

• 잡아함 1 무상경(無常經)

• 해설 •

다섯 쌓임이 실로 있음이 아니므로 다섯 쌓임에 '나'가 없고, 다섯 쌓임이 실로 없음이 아니므로 다섯 쌓임은 덧없는 것이라 다섯 쌓임을 떠나 '나'가 없다.

다섯 쌓임에 '나' 없되 '나 없음'도 없고 다섯 쌓임이 공하되 공함도 공해 다섯 쌓임이 덧없다고 살피면, 그 다섯 쌓임의 있음에 갇힌 괴로움 떠나 다섯 쌓임에서 마음이 해탈하여 니르바나의 삶을 사는 자이다.

다섯 쌓임이 있되 공하여 공함 가운데 다섯 쌓임이 없어서 이 모든 법의 공한 모습은 늘어남도 아니고 줄어듦도 아니니, 다섯 쌓임을 깨뜨리고 니르바나를 구하는 자 그가 여래 니르바나의 뜻을 깨뜨리는 자이다.

『화엄경』(「입법계품」) 또한 이렇게 가르친다.

모든 쌓임 법의 영역 들이는 곳에
일찍이 집착하는 바가 없는 이는
갖가지 지어감과 몸을 보여서
온갖 중생을 널리 조복하도다.

於諸蘊界處　未曾有所著
示行及色身　調伏一切衆

공한 온갖 법에 집착 끊어야 나고 사라짐 떠나게 되니

이와 같이 내가 들었다.

한때 붇다께서는 마쿨라(Makula) 산에 계셨다. 때에 시자(侍者) 비구가 있었는데, 라다(Rādha)라고 하였다.

그때 세존께서는 라다에게 말씀하셨다.

"모든 있는 물질로서, 과거든 미래든 현재든, 안이든 밖이든, 거칠든 가늘든, 곱든 밉든, 멀든 가깝든, 그 온갖 것은 다 끊을 법이라고 살피라.

느낌·모습 취함·지어감·앎 또한 이와 같다.

많이 들은 거룩한 제자들로서 이와 같이 살피는 사람은 물질에 대해서 집착하지 않음을 내고, 느낌·모습 취함·지어감·앎에 대해서도 집착하지 않음을 낸다.

집착하지 않으므로 즐겨하지 않고, 즐겨하지 않으므로 해탈하며, 해탈의 지견이 생긴다.

그래서 나의 태어남은 이미 다하고 범행은 이미 서고, 지을 바를 이미 지어 다시는 뒤의 있음 받지 않을 줄을 스스로 안다."

붇다께서 이 경을 말씀하시자, 라다 비구는 듣고 기뻐하며 받들어 행하였다.

다섯 쌓임의 모든 법이 나 없고 덧없으며 공한 법임을 다시 말함

"이와 같이 나는 끊을 법이라고 살피고, 이와 같이 사라지는 법이라고 살피며, 버리는 법이라고 살피고, 덧없는 법이라고 살피며, 괴로운 법이라고 살피고, 공한 법이라고 살피며, 나가 아닌 법이라 살펴야 한다.

덧없고 괴롭고 공하고 나 아닌 법이라고 살피며, 병의 법이라고 살피고, 종기의 법이라고 살피며, 가시의 법이라고 살피고, 죽임의 법이라 살피며, 근본 죽이는 법이라고 살피고, 병이요 종기·가시·죽임·근본 죽이는 법이라 살펴야 한다."

• 잡아함 127 단법경(斷法經) ①

• 해설 •

있되 공한 다섯 쌓임의 법에 중생이 실로 나라고 할 실체가 있다고 보고 항상함이 있다고 하므로, 여래는 다섯 쌓임에 대해 버릴 법·가시의 법·죽임의 법·병의 법이라 말한다. 그러나 다섯 쌓임이 나 없으므로 덧없고 덧없으므로 나 없음을 살펴 집착 떠나면, 마음이 해탈하여 니르바나에 향하고 해탈하여 해탈지견이 생긴다.

지혜의 눈을 뜨면 다섯 쌓임은 실로 있음이 아니므로[非有] 취할 것이 없고, 실로 없음이 아니므로 버릴 것이 없으니, 다섯 쌓임의 공적한 집[五蘊空寂舍]이 해탈의 집이고 니르바나의 성[涅槃城]이다.

다섯 쌓임이 공적한 해탈의 집을 깨달은 이는 다섯 쌓임의 실로 있음과 실로 없음의 두 법을 떠나고, 함이 있음과 함이 없음을 떠나 세간을 지혜의 등불로 밝히는 자이니, 『화엄경』(「십회향품」十迴向品)은 말한다.

마음으로 두 법을 헤아리지 않고
다만 늘 법에 둘이 없음 밝게 깨닫네.

모든 법에 대해 둘이든 둘이 아님이든
그 가운데 마쳐 다해 집착함이 없네.

心不稱量諸二法 但恒了達法無二
諸法若二若不二 於中畢竟無所著

함 있음과 함이 없는 법 널리 거두어
그 가운데 헛된 생각 일으키지 않네.
세간에서와 같이 법 또한 그러하니
세간 비추는 등의 밝음 같으신 이
이와 같이 세간법의 진실 깨닫네.

普攝有爲無爲法 不於其中起妄念
如於世間法亦然 照世燈明如是覺

중생이 있되 있음 아닌 곳에서 실로 있다고 하므로 실로 있음이 죽임의
법이고 병이요 종기이며 가시라고 가르치지만, '끊으라'는 가르침을 통해
끊되 끊을 것 없음을 밝게 알면 그가 다섯 쌓임의 세간법을 온전해 해탈의
행으로 돌이킬 수 있으니,「범행품」(梵行品)은 이렇게 가르친다.

보디사트바의 빼어난 행 말할 수 없으니
모든 행 부지런히 닦되 머무는 바 없네.
온갖 붇다 뵙고서는 늘 기뻐 즐거워하며
널리 깊고 깊은 법바다에 들어가도다.

菩薩勝行不可說 皆勤修習無所住
見一切佛常欣樂 普入於其深法海

마라왕의 궁전 모두 꺾어 깨뜨리고
중생의 눈의 가림 모두 없애버리며

모든 분별 떠나 마음이 움직이지 않으니
이것이 여래의 경계 잘 깨쳐 앎이네.

魔王宮殿悉摧破　衆生翳膜咸除滅
離諸分別心不動　善了如來之境界

제2장

인연으로 일어나는
온갖 법의 참모습과 해탈

"존자 사리푸트라여, 검은 소가 흰 소를 묶은 것도 아니고,
흰 소가 검은 소를 묶은 것도 아닙니다. 그 가운데 멍에나 혹은
굴레를 씌우면 이것이 그 두 소를 묶는 것입니다."
"그와 같이 존자 마하카우스틸라여, 눈이 빛깔을 얽매는 것도 아니고
빛깔이 눈을 얽매는 것도 아니며, 나아가 뜻이 법을 얽매는 것도 아니고
법이 뜻을 얽매는 것도 아니오. 그 가운데 욕탐이 있으면,
이것이 곧 얽어매는 것이오."

붇다는 온갖 법을 마음·물질로 분류해보이니, 그 대표적인 것이 다섯 쌓임의 교설이다.

붇다께선 때로 온갖 법을 아는 자와 알려지는 것으로 분류하니, 여섯 아는 뿌리와 여섯 알려지는 경계의 열두 들임이 그것이다.

때로 온갖 법을 아는 뿌리·앎·알려지는 것으로 분류하니, 자아[根]·행위[行]·세계[境]로 법을 보이는 열여덟 법의 영역[十八界]이 그것이다.

때로 온갖 법은 주체의 앎[識]과 우주자연[地·水·火·風·空]으로 분류하니, 여섯 법의 영역을 보이는 교설[六界說]이 그것이다.

때로 온갖 법을 앎활동[識]에 거두어 보이니 만법유식(萬法唯識)설이 그것이다. 이처럼 온갖 법을 앎에 거두어 온갖 법을 앎인 온갖 법으로 표시하고 분류해보이는 뜻은 무엇일까.

온갖 것은 스스로 있지 않고 다른 것을 의지해 일어나는 모습[依他起相]이라, 있되 공한 법이다. 그러므로 세계는 공한 세계라 주체를 떠나 세계가 없고 자아 또한 공한 자아라 세계를 떠나 주체가 없는 것이니, 온갖 법은 앎인 온갖 법이고 앎은 온갖 법인 앎이다.

이를 붇다 당시 브라마나들의 신적인 세계관과 불교 밖 다른 사문들의 원자적 세계관과 비교해 생각해보자.

연기론은 절대신성의 세계 전변과 다원적 요소의 적취적 세계관처럼 존재를 이루어내는 실체적 출발을 인정하는 세계관을 모두 깨뜨린다. 연기법은 원인과 조건이 서로 의지해 존재가 생성하되 원인과 조건에 실체적 뿌리가 없기 때문에 원인과 조건이 어울려 결과를 낸다고 가르치니, 연기법은 절대주의 세계관을 넘어서되 닫힌 상대주의 세계관 또한 넘어선다.

붇다는 먼저 존재하는 모든 것[一切]을 아는 마음[心]과 알려지는 사물[色]로 나누어 그 두 가지가 서로 의지해 있음을 통해 연기법을 가르친다.

마음은 물질을 의지해 나되 마음에는 물질이 없다. 저 세계는 연기된 물질이므로 마음에 파악되고 마음인 물질로 드러난다. 마음은 물질로 인해 일어나므로 공하고 물질은 마음의 토대이되 마음인 물질로 드러나므로 물질 또한 공하다.

마음·물질의 이와 같은 연기적 생성을 보이기 위해 붇다께서 세운 대표적인 교설은 다섯 쌓임·열두 들임·열여덟 법의 영역을 보인 가르침이니, 이 세 가지 교설의 기본적인 뜻을 천태선사의『법계차제초문』을 통해 살펴보자. 게송이 나오는 첫 부분은 이미 앞에서 인용했지만 다시 보인다.

1. 마음·물질

이제 법계의 첫 문을 밝히는데 먼저 마음·물질[名色, nāma-rūpa]로부터 시작하는 것은 다음과 같다.

모든 법의 본원이 청정하여 이름이 끊어지고 모습 떠남을 논하게 되면, 오히려 하나도 아니니 어찌 일찍이 둘이 있겠는가. 그런데 둘도 아닌 곳에서 둘을 밝히는 것은 수행자가 처음 한 생의 허망한 과보인 칼라라를 받을 때, 다만 마음과 물질 두 법이 있기 때문이다.

반드시 알아야 한다. 마음과 물질이 온갖 세간법과 출세간법의 근본이 되어 온갖 법을 내고 널리 온갖 법을 거둬들일 수 있어, 마음과 물질이 바로 온갖 법이다.

만약 모든 크신 성인께서 온갖 법문을 분별하여 말씀하여도 모두 마음과 물질을 잡아서 분별하니, 한 법도 마음과 물질을 벗어나는 것이 없다.

그러므로 『대지도론』의 게송에서는 다음과 같이 설한다.

온갖 모든 법 가운데에는
다만 마음과 물질이 있다.
만약 진실하게 살피려 하면
다만 마음과 물질 살펴야 한다.
비록 어리석은 마음이 생각 많아
이 밖의 다른 일들 분별하지만,
마음과 물질 벗어난 법은
다시 한 법도 있지 않도다.

一切諸法中 但有名與色
若欲如實觀 但當觀名色
雖癡心多想 分別於異事
更無有一法 出於名色者

① 마음　마음[名, nāma]은 다만 이름자만 있을 뿐이므로 이름[名]이라고 하였다. 곧 이는 마음[心王]과 마음에 서로 응하는 작용[相應數法]이다. 비록 대상을 아는[能緣] 작용이 있지만, 찾을 수 있는 물질의 걸림이 없다.

이미 알려지는 대상[所緣境]과는 구별되므로, 마음[心, citta]·

뜻[意, manas]·앎[識, vijñāna]과 여러 가지 마음작용[心所]의 갖가지 다른 이름이 있는 것이다. 그러므로 그것을 이름이라고 한다.

② 물질 꼴[形]과 닿는 바탕[質], 걸림[礙]이 있는 법을 물질[色, rūpa]이라고 한다. 이는 열두 들임[十二入] 가운데 열 가지 들임[十入]과 한 들임[一入, 法處]의 일부분이 다 바탕과 걸림이 있는 법이다. 모두 스스로 알아 느끼는 작용이 없어서 이미 마음과 뜻, 앎과 다르므로 물질이라 일컫는다.

붇다는 이처럼 온갖 법을 마음·물질로 표시해 온갖 법이 인연을 따라 일어남[從緣起]을 보이는데, 그 가운데 대표적 교설인 다섯 쌓임·열두 들임·열여덟 법의 영역이 세워진 뜻을 고찰해보기로 하자.

붇다가 온갖 법을 마음·물질로 분류해보이신 것은, 마음은 물질로 인해 일어나는 마음이고 물질은 마음에 파악되는 물질이므로 마음과 물질이 모두 공함을 밝혀 마음·물질 모두에서 집착을 벗어나도록 하기 위함이다.

그런데 마음과 물질을 실체로 집착하는 중생의 미혹은 익혀 옴에 따라 그 방향이 서로 다르니, 집착 따라 달리 세운 교설이 다섯 쌓임·열두 들임·열여덟 법의 영역으로 차별된 것이다.

곧 중생 따라 마음에 집착함이 무거운 사람에게는 마음을 자세히 열어 마음이 연기된 것이므로 공함을 가르치니, 이것이 다섯 쌓임의 교설[五蘊說]이다.

다시 물질에 집착함이 무거운 사람에게는 물질을 열어 물질이 실체 아닌 물질이라 공함을 가르치니, 이것이 열두 들임의 교설[十二處說]이다.

마음과 물질에 모두 집착함이 무거운 사람에게는 마음과 물질을 함께 열어 서로 의지해 일어남을 가르치니, 이것이 열여덟 법의 영역을 보인 교설[十八界說]이다.

부파불교, 아비다르마 이후 전통적인 해석에 따르면 마음에 치우친 집착을 깨기 위해 마음을 네 가지로 열고 물질을 하나로 합해[開心合色] 연기를 보인 것이 다섯 쌓임의 교설이고, 물질에 치우친 집착을 깨기 위해 물질을 열 가지 반으로 열고 마음을 한 가지 반으로 합해[開色合心] 연기를 보인 것이 열두 들임의 교설이다.

그러므로 마음과 물질의 집착 모두 깨기 위해 마음과 물질을 함께 열어[色心俱開] 연기를 보인 것이 열여덟 법의 영역을 말한 교설이다.

천태선사는 다섯 쌓임·열두 들임·열여덟 법의 영역을 다음과 같이 풀이한다.

2. 다섯 쌓임

마음과 물질 다음에 다섯 쌓임[五陰, pañca-skandha]을 설하는 것은 어리석은 사람들이 마음[名]에 미혹함이 치우쳐 무거우므로 [迷名偏重故], 성인의 가르침 가운데 '마음'을 열어서 네 가지 마음을 삼고, 여기에 '물질'을 합해 마주해 다섯을 삼음이다.

이 다섯 가지를 통틀어 '가림'[陰]이라 일컫는 것을 한 흐름으로 풀이해보면, 가림은 가려 덮음으로 뜻을 삼는다. 이 다섯 쌓임을 집착하면 세간 벗어난 참된 밝음의 지혜[眞明之慧]를 덮고 나고 죽음을 늘려 키워, 모이고 흩어짐이 끊이지 않으므로 모두 '가림'이라고 이름한 것이다.

① 물질의 쌓임[色陰, rūpa skandha] 꼴[形]과 바탕[質], 걸림[礙]이 있는 법을 '물질'[色]이라고 한다. 물질에는 열네 가지가 있으니, 곧 물질의 바탕을 이루어내는 사대[能造四大]와 다섯 가지 아는 뿌리, 다섯 가지 경계의 티끌이다. 이 열네 가지가 모두 물질법이다.

② 느낌의 쌓임[受陰, vedanā-skandha] 알려진 것[所緣]을 받아들임[領納]을 '느낌'[受]이라 한다. 느낌에는 여섯 가지가 있으니, 여섯 가지 닿음[六觸]의 인연으로 여섯 느낌[六受]을 내는 것이다. 다만 경계에 거스름과 따름, 거스르지도 않고 따르지도 않는 차별이 있으므로 여섯 가지 느낌 또한 각각 괴로운 느낌, 즐거운 느낌, 괴롭지도 않고 즐겁지도 않은 느낌의 다름이 있다.

③ 모습 취함의 쌓임[想陰, saṃjñā-skandha] 받아들인 경계의 모습[所領之緣相]을 인식 내용으로 취하는 것을 '모습 취함'[想]이라고 한다. 모습 취함에 여섯 가지가 있으니, 여섯 아는 뿌리로 받아들인 여섯 가지 경계의 모습[六塵] 취하는 것을 바로 여섯 가지 모습 취함이라고 말한다.

④ 지어감의 쌓임[行陰, saṃskāra-skandha] 지어가는 마음[造作之心]이 결과에 나아가는 것[能趣於果]을 '지어감'[行]이라고 한다. 지어감에는 여섯 가지가 있으니 『대품반야경』 가운데서 여섯 가지 짓는 생각[六思]이라고 말한 것이다.

짓는 생각이 곧 지어감이니, 곧 여섯 모습 취함[六想] 다음에 각각 착하지 못한 업, 착한 업, 착하지도 나쁘지도 않은 업을 일으키는 것을 말한다.

⑤ 앎의 쌓임[識陰, vijñāna-skandha] 아는바 경계[所緣之境]를

가려 아는 것[了別]을 '앎'[識]이라고 한다. 앎에는 여섯 가지가 있으니, 곧 여섯 앎[六識]이다. 여러 논사들이 많이들 앎이 모습 취함[想]과 지어감[行] 두 마음 앞에 있다고들 말하는데, 모든 대승 경전에서는 앎이 가장 뒤에 있음을 밝힌다. 지금은 경전에 의거하여 이런 차례로 큰 줄기를 말했다.

3. 열두 들임

다섯 쌓임 다음에 열두 들임[十二入]을 밝힌다. 어리석은 이들이 물질에 미혹함이 치우쳐 무거우므로[迷色偏重故] 큰 성인의 가르침의 문에서 물질을 열 가지로 열고 마음은 다만 두 가지로 하여 합해 모두 열두 가지가 된 것이다.

통틀어 '들임'[入, āyatana]이라고 한 것은 '거두어들인다'[涉入]는 뜻이다.

여섯 아는 뿌리[根, 자아]와 여섯 경계[塵, 세계]는 서로 마주하면 앎이 생겨나니, 앎은 여섯 아는 뿌리와 여섯 경계를 의지하므로 '들어감'[能入]이고, 여섯 아는 뿌리와 여섯 티끌은 곧 '들어가는 곳'[所入]이다.

이제 이 열두 가지는 '들어가는 곳'으로써 이름을 받았으므로 모두 '들임'이라고 한 것이다.

1) 안의 여섯 들임

안의 여섯 들임[內六入, ṣaḍ-indriyāṇi]이라는 것은 눈·귀·코·혀·몸·뜻의 여섯 가지 법은 가까우므로 '안'에 속하고, 앎이 의지하는 바이므로 '들임'이라고 이름하였다. 또한 '뿌리'[根,

indriya]라고도 하니, 뿌리란 생기게 함[能生]으로 뜻을 삼는다. 이 여섯 가지가 이미 모두 앎을 내는 공용이 있으므로 통틀어 '뿌리'라고 한다.

① 눈의 들임[眼入] 몸이 빛깔을 마주하여 빛깔 보는 곳을 '눈'이라고 한다. 눈은 사대(四大)로 이루어진 물질이다. 그 바탕[體]은 열 가지 물질이 모여 이루어진 것이니, 곧 네 가지 큰 원소[四大]와 네 가지 작은 원소[四微], 몸 뿌리의 작은 원소[身根微], 눈 뿌리의 작은 원소[眼根微]이다.

② 귀의 들임[耳入] 몸이 소리를 마주하여 소리 들을 수 있는 곳을 '귀'라고 한다. 귀는 사대로 만들어진 물질이며 또한 열 가지 물질이 모여 이루어진 것이니, 곧 네 가지 큰 원소와 네 가지 작은 원소, 몸 뿌리의 작은 원소, 귀 뿌리의 작은 원소이다.

③ 코의 들임[鼻入] 몸이 냄새를 마주하여 냄새 맡을 수 있는 곳을 '코'라고 한다. 코는 사대로 이루어진 물질이며 또한 열 가지 물질이 모여 이루어진 것이니, 네 가지 큰 원소와 네 가지 작은 원소, 몸 뿌리의 작은 원소, 코 뿌리의 작은 원소를 말한다.

④ 혀의 들임[舌入] 몸이 맛을 마주하여 맛을 아는 곳을 '혀'라고 한다. 혀는 사대로 이루어진 물질이며, 또한 열 가지 물질이 모여 이루어진 것이니, 네 가지 큰 원소와 네 가지 작은 원소, 몸 뿌리의 작은 원소, 혀 뿌리의 작은 원소가 그것이다.

⑤ 몸의 들임[身入] 두 팔, 두 다리, 몸통과 머리의 여섯 부분이 모여 이루어진 몸이, 닿는 것을 마주하여 닿는 것을 느끼어 아는 곳을 몸이라 한다. 몸은 사대로 이루어진 물질이나, 다만 아홉 가지 물질로 이루어진 것이니 곧 네 가지 큰 요소와 네 가지 작은 원

소, 몸 뿌리의 작은 원소이다.

⑥ 뜻의 들임[意入] 마음이 온갖 법을 마주하여 존재의 작용을 아는 것을 곧 '뜻'[意, manas]이라고 한다. 뜻은 곧 마음의 왕[心王]이니, 이 가운데 모든 마음작용의 법[心數法]은 제쳐두고 마음의 왕만을 취하여 '뜻의 들임'이라고 한다.

2) 밖의 여섯 들임

밖의 여섯 들임[外六入, 六境, ṣaḍ-viṣayāḥ]이란 이 여섯 가지 법은 주체로부터 동떨어진 것이기 때문에 '밖'에 속한다. 앎이 노니는 곳이므로 '들임'이라 한다. 또한 '티끌'[塵]이라고도 하니, '티끌'은 뜻과 앎[情識]을 물들여 더럽힌다는 뜻이다. 집착하면, 우리의 뜻과 앎을 더럽혀 물들이므로 통틀어 '티끌'이라고 이름하였다.

① 빛깔의 들임[色入] 온갖 것이 눈을 마주할 때 보여지는바 물질[所見色]을 빛깔이라고 한다. 빛깔은 두 가지로서 모든 빛깔을 거둔다.

첫째는 정보(正報)에서 볼 수 있는 빛깔이니, 중생 몸의 모습의 빛깔로서 파랑·노랑·빨강 그리고 희고 검은 빛깔 따위이다.

둘째는 의보(依報)에서 볼 수 있는 빛깔이니, 바깥의 앎이 없는 물질의 파랗고 노랗고 빨갛고 희고 검은 따위이다.

② 소리의 들임[聲入] 온갖 것이 귀를 마주할 때 들리는바 물질을 소리라고 한다. 소리는 두 가지로서 온갖 소리를 거둔다.

첫째는 정보의 물질에서 나오는 소리이니, 중생의 말과 소리이다. 둘째는 의보의 물질에서 나오는 소리다.

③ 냄새의 들임[香入] 온갖 것이 코를 마주할 때 맡아지는 물질

을 냄새라고 한다. 냄새도 두 가지가 있어서 온갖 냄새를 거둔다.

첫째는 정보의 물질에서 나는 냄새이니 중생의 몸에서 나는 냄새이다.

둘째는 의보의 물질에서 나오는 냄새이니, 바깥의 온갖 앎 없는 물질 가운데 있는 냄새이다.

④ 맛의 들임[味入] 온갖 것이 혀를 마주할 때 알려지는 물질을 맛이라고 한다. 맛에는 두 가지가 있어서 온갖 맛을 거둔다.

첫째는 정보의 물질에 있는 맛으로서 중생 몸 가운데 여섯 가지 맛[六味]이다.

둘째는 의보의 물질에 있는 맛이니, 바깥의 모든 앎 없는 물질 가운데 있는 여섯 가지 맛이다.

⑤ 닿음의 들임[觸入] 온갖 것이 몸을 마주할 때 느껴지는바 물질을 닿음이라고 한다. 닿음에도 두 가지가 있어서 온갖 닿음을 거둔다.

첫째는 정보의 물질에 있는 닿음이니 중생 몸 가운데 차고 뜨겁고 거칠고 부드러운 따위의 열여섯 가지 닿음이다.

둘째는 의보의 물질에 있는 닿음이니 바깥의 온갖 앎 없는 물질 가운데 차고 뜨거운 따위의 열여섯 가지 닿음이다.

⑥ 법의 들임[法入] 온갖 것이 뜻을 마주할 때 알려지는 것을 법이라 한다. 법에는 두 가지가 있어서 온갖 법을 거둔다.

첫째는 마음의 법이니, 마음의 왕을 내놓고 다만 마음의 왕과 서로 응하는 모든 마음작용의 법[心數法]을 취한다.

둘째는 마음 법이 아닌 것이니, 곧 과거와 미래의 모든 물질의 법과 '마음의 왕에 서로 응하지 않는 모든 지어감'[心不相應諸行]

과 '세 가지 함이 없는 법'[三無爲法]이다.

4. 열여덟 법의 영역

열두 들임 다음에 열여덟 법의 영역[十八界, aṣṭādaśa dhātavaḥ]을 밝힌다. 어리석은 이들이 마음과 물질에 미혹함이 모두 무거우므로[迷於名色俱重故], 물질을 열 가지로 열고 마음을 나누어 여덟으로 하여 모두 열여덟 영역을 세운 것이다.

통틀어 '영역'[界, dhātu]이라고 한 것은 '경계가 나뉨'[界別]이란 뜻이다. 이 열여덟 가지 법은 각기 다른 바탕[別體]이 있어서 그 뜻이 뒤섞여 넘치지 않으므로 모두 영역이라는 이름을 받았다.

1) 안의 여섯 아는 뿌리의 영역

안의 여섯 아는 뿌리의 영역[內六根界], 이것의 갖추어진 모습은 앞에서 밝힌 것과 같다.

안의 여섯 들임 가운데 그 모습을 분별하였는데, 여기에 다시 영역[界]의 이름과 뜻[名義]을 더한 것은 '살핌을 닦는 무리들'[修觀之徒]로 하여금 잘 미루어 분석하여 잘못이 없도록 하고, 열여섯 가지 지견[十六知見]의 허망한 헤아림에 막히지 않도록 함이다.

2) 밖의 여섯 티끌의 영역

밖의 여섯 티끌의 영역[外六塵界], 이것의 갖추어진 모습은 앞과 같다.

밖의 여섯 들임 가운데서 그 모습을 분별하였는데 여기에 다시 영역의 이름과 뜻을 더한 것은, 그 뜻이 앞의 여섯 아는 뿌리[六

根] 가운데 '영역의 이름'[界名]을 세운 것과 같다.

3) 여섯 앎의 영역

여섯 앎의 영역[六識界]이란 아는 뿌리[根]와 객관 티끌[塵]이 서로 마주하면 곧 앎이 생기는 것이다. 앎은 가려 앎[識別]의 뜻이니, 앎은 여섯 아는 뿌리를 의지해 티끌경계를 가려 알 수 있는 것이다. 그러므로 이 여섯 가지를 통틀어 '앎'이라고 이름한다.

만약에 앎이 조건[緣]으로부터 나는 줄 사무쳐 안다면 어찌 '신묘하게 아는 자'[神]가 있어서 알게 한다는 그릇된 집착을 헤아리겠는가.

① 눈의 앎[眼識界] 눈이 빛깔의 경계를 마주하여 곧 눈의 앎을 내는 것이다. 눈의 앎이 날 때 곧 빛깔 경계[色塵]를 알게 되므로 눈의 앎이라 이름한다.

② 귀의 앎[耳識界] 귀가 소리의 경계를 마주하여 귀의 앎을 내는 것이다. 귀의 앎이 날 때 소리의 경계를 알게 되므로 귀의 앎이라고 이름한다.

③ 코의 앎[鼻識界] 코가 냄새의 경계를 마주하여 코의 앎을 내는 것이다. 코의 앎이 날 때 곧 냄새의 경계를 알게 되므로 코의 앎이라고 한다.

④ 혀의 앎[舌識界] 혀가 맛의 경계를 마주하여 곧 혀의 앎을 내는 것이다. 혀의 앎이 날 때 곧 맛의 경계를 알게 되므로 혀의 앎이라고 한다.

⑤ 몸의 앎[身識界] 몸이 닿음의 경계를 마주하여 곧 몸의 앎을 내는 것이다. 몸의 앎이 날 때 곧 닿음의 경계를 알게 되므로 몸의

앎이라고 한다.

⑥ 뜻의 앎[意識界] 앞의 다섯 앎은 생겨나면 곧 사라진다. 뜻의
아는 뿌리[意, 意根]가 뜻의 앎[意識]이 되니, 이 뜻의 앎은 서로
이어 생겨난다. 뜻의 앎이 생겨날 때 바로 법의 경계를 안다.

만약 다섯 앎[前五識]이 뜻의 앎을 낼 수 있으면 곧 앞의 다섯
앎이 뿌리[根, indriya]가 되고, 뒤의 뜻의 앎은 일어난바 뜻의 앎[所
生識]이 된다. 이 뜻의 앎이 사라지고 다음 앎이 잇달아 생기면, 이
때는 앞의 뜻의 앎이 뒤의 뜻의 앎을 낸 것이다.

이와 같이 뿌리[根]와 앎[識]의 이름을 벗어나기도 하고 전해
받기도 하는데, 모두 낼 수 있음[能生]으로 뿌리를 삼고, 나는바[所
生]로 앎[識, vijñāna]을 삼는다. 지금은 생겨난 앎[所生識]을 말하
여 뜻의 앎의 영역[意識界]을 삼는 것이다.

천태선사가 온·처·계설을 풀이하는 데 채택하고 있는 기본 입장
은 바수반두 존자가 마하야나에 귀의하기 전 유부종(有部宗)의 입장
에서 저술한 『구사론』(俱舍論)의 해석이다. 그러나 천태선사는 교설
이 세워진 방편의 뜻을 채택하고 있으면서 연기의 나고 사라짐을 설
하는 데 이미 남이 없는 뜻[無生義]이 있음을 보이고, 유식불교의 법
수를 쓰지 않으면서 근본식[本識]인 제8식과 여섯 앎[六識]이 서로
거두어 갈무리하고[能藏] 갈무리되는[所藏] 뜻을 모두 설하고 있다.

그것이 곧 열여덟 법의 영역을 설명하면서 뿌리[根]와 앎[識]의
이름을 벗어나기도 하고 전해 받기도 한다는 풀이가 그것이다.

지금 여섯 앎이 날 때 아는 뿌리와 알려지는바 경계는 앎을 일으키
고 거두어들이는 바탕[根本識]이 되지만, 앎이 움직일 때 아는 뿌리

와 경계는 앎 밖의 앎을 일으키는 자이거나 앎밖에 알려지는 자가 아니라 앎일 때 아는 자와 알려지는 것은 앎 자체로 움직이는 주체와 객체이다.

그러므로 하나의 앎이 사라져도 다음 앎이 아는 뿌리와 경계를 의지해 나는 것이지만, 앎 밖의 뿌리와 경계가 일으키는 것이 아니라 앎과 앎의 이어짐으로 주어지는 것이다.

이 뜻을 천태선사는 '앎이 뿌리[根]와 경계[境]에 의해 일어나는 측면을 잡아 앎[識]이라 하고, 그 앎이 사라지지 않고 다음 앎을 내는 측면을 잡아 뿌리라 한다'고 풀이하여, 앎이 사라지고 새로 나는 활동 속에서 앎이 뿌리와 앎의 이름을 벗어나고 받는다고 말한다.

천태선사의 스승 혜사선사는 유식불교가 번역되어 오기 전 『대승지관』(大乘止觀)을 저술하여 대승유식(大乘唯識)의 뜻을 크게 천명하였고, 제자 천태는 부파불교 아비다르마의 뜻을 받아 아라야식과 전육식(前六識)이 서로 머금는 뜻을 밝혔으니, 불심종(佛心宗)을 깨친 성사가 어찌 다른 뜻 다른 맛의 법을 설하겠는가. 스승과 제자가 한맛 한뜻에 돌아갈 뿐이다.

1 마음활동과 물질[名色, 五蘊說]

• 이끄는 글 •

다섯 쌓임[五蘊]은 마음·물질의 상호연기를 밝히는 기본 교설이다. 물질·느낌·모습 취함·지어감·앎은 쌓여짐[蘊, skandha]이라 말하지만, 이 쌓임은 공한 원인과 조건이 어울려 이루어진 쌓임이므로 적취론자들의 원소적 쌓임과는 같지 않다.

쌓여짐을 신역(新譯)에서는 온(蘊)이라고 옮겼지만 구역(舊譯)에서는 가림이라는 뜻의 음(陰)으로 옮겼으니, 이는 연기적 쌓임을 실로 있음으로 집착하면 지혜를 가리기 때문이다.

천태선사의 『법계차제초문』 또한 다섯 가지 쌓임[五陰, pañca-skandha]을 가림의 뜻으로 풀이하니, 이는 집착된 다섯 쌓임[遍計所執五蘊]을 들어 말한 것이다.

연기되어 있으므로 있되 있음 아닌 다섯 쌓임[依他起五蘊]에서 실로 있음을 집착하면 가림[陰]이 되고 받는 쌓임[受蘊]이 되나, 다섯 쌓임의 진실한 모습은 중도실상으로서 다섯 쌓임[實相, 圓成實相五蘊]이다.

『반야심경』에서 '다섯 쌓임이 곧 공함'[色卽是空]이라 하니 공제

(空諦)이고, '공함이 곧 다섯 쌓임'[空即是色]이라 하니 가제(假諦)이다. 이 '다섯 쌓임의 공한 모습[諸法空相]은 나지 않고 사라지지 않고[不生不滅], 더러워지지 않고 깨끗해지지 않으며[不垢不淨], 늘지 않고 줄어들지 않는다[不增不減]' 하니 곧 중도제[中道諦]이다.

이 다섯 쌓임의 중도제가 바로 다섯 쌓임의 진실한 모습[五蘊實相]이고 법계로서 다섯 쌓임[法界五蘊]이다.

다섯 쌓임의 진실한 모습이 여래의 집이고 법계의 집이라, 다섯 쌓임을 끊고 한 물건 한 마음을 얻으려는 이들은 여래의 뜻을 등지는 자이니, 살피고 살펴야 할 것이다.

다섯 쌓임의 이미 해탈되어 있는 진실을 보면 그곳이 보디의 처소이니, 『화엄경』(「광명각품」)은 말한다.

　　몸과 마음이 모두 평등하여
　　안과 밖에서 다 해탈하였네.
　　기나긴 겁 바른 생각에 머물러
　　집착 없고 얽매임이 없네.

　　身心悉平等　內外皆解脫
　　永劫住正念　無著無所繫

1) 서로 의지해서 연기하는 다섯 쌓임의 법

연기된 다섯 쌓임과 물듦을 받은 다섯 쌓임

이와 같이 내가 들었다.

한때 붇다께서는 바라나시 국의 선인이 살던 사슴동산에 계셨다.

그때 세존께서 여러 비구들에게 말씀하셨다.

"내가 이제 법의 쌓임[陰]과 법의 물든 쌓임[受陰]을 말해주겠다. 어떤 것이 쌓임인가? 만약 있는바 모든 물질로서 과거든 미래든 현재든, 안이든 밖이든, 거칠든 가늘든, 곱든 밉든, 멀든 가깝든, 그 온갖 것을 물질의 쌓임[色陰]이라 한다.

있는바 모든 느낌 · 모습 취함 · 지어감 · 앎 또한 이와 같으니, 그 온갖 것을 느낌의 쌓임[受陰] · 모습 취함의 쌓임[想陰] · 지어감의 쌓임[行陰] · 앎의 쌓임[識陰]이라 모아 말한다.

이것들을 법의 쌓임이라 한다."

다섯 쌓임을 보이시고, 번뇌의 샘이 있는 다섯 쌓임을 보이심

"어떤 것을 물든 쌓임[受陰]이라 하는가?

만약 물질에 번뇌의 샘이 있어 이것을 취한다면, 그 물질은 과거이든 미래이든 현재이든, 탐욕과 성냄과 어리석음 및 그 밖의 여러 가지 높은 번뇌의 마음을 일으킨다.

느낌 · 모습 취함 · 지어감 · 앎 또한 이와 같으니, 이것을 물든 쌓임이라 한다."

붇다께서 이 경을 말씀하시자, 여러 비구들은 붇다의 말씀을 듣고 기뻐하며 받들어 행하였다.

• 잡아함 55 음경(陰經)

• 해설 •

법의 쌓임[陰]과 물든 쌓임[受陰]을 구분하는 뜻은 무엇인가.

붇다의 연기법에서 우주 만법은 늘 주체의 삶활동[識]을 중심으로 분류되니, 다섯 쌓임[五蘊] · 열두 들임 · 열여덟 법의 영역 · 여섯 가지 법의 영역을 보인 교설에서 모두 주체와 주체의 삶활동이 빠진 교설은 없다.

다섯 쌓임에서 느낌 · 모습 취함 · 지어감 · 앎은 물질을 토대로 일어난 앎활동이고, 물질 또한 네 요소의 어울림으로 일어나 앎활동으로 드러나는 물질이다.

그러므로 다섯 쌓임은 모두 다른 것을 의지해 일어난 모습[依他起相]이고, 다른 것을 의지해 일어난 모습은 있되 공하다[依他起相無自性].

있되 공한 연기의 모습에서 두루 집착을 내면 다섯 쌓임에서 마음은 물질에 물든 마음이 되고 물질은 마음에 가리고 닫힌 물질이 되니, 이것을 물든 쌓임[受陰]이라 한다.

이때 다섯 쌓임을 물든 쌓임이 되게 하는 번뇌의 흐름과 애착은 본래 실로 없는 모습을 붙잡아 취하는 환상이니 이 집착된 모습 또한 공하다[遍計所執相無自性]. 그러므로 다섯 쌓임에서 번뇌의 집착이 사라지면 다섯 쌓임의 있되 공한 모습이 곧 진실한 법계진리의 집이 되고 여래 해탈의 땅[如來解脫地]이 되는 것이다.

다섯 쌓임에서 집착 없이 머묾을 많이 닦아야 하니

이와 같이 내가 들었다.

한때 붇다께서는 슈라바스티 국 제타 숲 '외로운 이 돕는 장자의 동산'에 계시면서 비구들에게 말씀하셨다.

"믿음의 마음이 있어 잘 행하는 이는 바른 믿음으로 집이 아닌 데로 집을 나와 스스로 이렇게 생각한다.

'나는 반드시 법을 그대로 따르겠다. 물질에 대해 즐겨함 없이 머묾[厭住]을 많이 닦고, 느낌·모습 취함·지어감·앎에서 즐겨함 없이 머묾을 많이 닦아야 한다.'

그래서 믿음의 마음이 있어 잘 행하는 이는 바른 믿음으로 집이 아닌 데로 집을 나와 물질에 대해 즐겨함 없이 머묾을 많이 닦게 된다.

또한 느낌·모습 취함·지어감·앎에서 즐겨함 없이 머묾을 많이 닦게 된다.

그리하여 잘 머무는 이는 물질을 떠나게 되고, 느낌·모습 취함·지어감·앎을 떠나게 된다.

그러면 나는 '이들이 다 온갖 태어남·늙음·병·죽음과 걱정·슬픔·번민·괴로움을 떠났다'고 말한다."

붇다께서 이 경을 말씀하시자 여러 비구들은 붇다의 말씀을 듣고 기뻐하며 받들어 행하였다.

• 잡아함 48 신경(信經) ②

다섯 쌓임에 집착 없으면
쌓임 그대로 해탈하나니

이와 같이 내가 들었다.

한때 붇다께서는 슈라바스티 국 제타 숲 '외로운 이 돕는 장자의 동산'에 계시면서 여러 비구들에게 말씀하셨다.

"다섯 가지 쌓임이 있다. 어떤 것이 다섯인가. 곧 물질의 쌓임과 느낌·모습 취함·지어감·앎의 쌓임이다.

아주 뛰어나구나, 비구들이여. 물질을 즐겨하지 말고, 물질을 찬탄하지 말며, 물질을 취하지 말고, 물질에 집착하지 말라.

아주 뛰어나구나, 비구들이여. 느낌·모습 취함·지어감·앎을 즐겨하지 말고, 그것들을 찬탄하지 말며, 그것들을 취하지 말고, 그것들에 집착하지 말라."

다섯 쌓임에서 집착 떠난 해탈과 니르바나를 보이심

"무슨 까닭인가. 만약 비구가 물질을 즐겨하지 않고, 물질을 찬탄하지 않으며, 물질을 취하지 않고, 물질에 집착하지 않으면 곧 물질을 즐겨하지 않아서 마음이 해탈할 것이다.

이와 같이 느낌·모습 취함·지어감·앎을 즐겨하지 않고 그것들을 찬탄하지 않으며, 그것들을 취하지 않고 그것들에 집착하지 않으면, 곧 그것들을 즐겨하지 않아서 마음이 해탈할 것이다.

만일 비구가 물질을 즐겨하지 않아서 마음이 해탈하고, 이와 같이 느낌·모습 취함·지어감·앎을 즐겨하지 않아 마음이 해탈하면, 그는 사라지지도 않고 나지 않아[不滅不生] 바른 평정[平等捨]에 머무르고 바른 생각과 바른 지혜가 될 것이다.

저 비구로서 이와 같이 알고 이와 같이 본 자는, 앞때[前際]를 같이 보아 앞때가 길이 다해 남음 없게 될 것이다[永盡無餘]. 그리고 뒷때[後際]를 같이 보아 뒤때가 길이 다해 남음이 없게 될 것이다. 뒷때를 같이 보아 길이 다해 남음이 없게 된 뒤에는, 앞때 뒤때를 같이 보아[前後際俱見] 길이 다해 남음이 없게 되어 집착할 것이 없어질 것이다. 집착할 것이 없어진 자[無所封著者]는 모든 세간에서 전혀 취할 바가 없게 되고, 취할 바가 없게 되면 구할 것이 없어질 것이요, 구할 것이 없는 자[無所求者]는 스스로 니르바나를 깨달을 것이다.

그래서 '나의 태어남은 이미 다하고, 범행은 이미 서고, 지을 바를 이미 지어 다시는 뒤의 있음 받지 않는다'는 것을 스스로 안다."

붇다께서 이 경을 말씀하시자 여러 비구들은 붇다의 말씀을 듣고 기뻐하며 받들어 행하였다.

· 잡아함 60 불락경(不樂經)

· **해설** ·

다섯 쌓임에서 해탈의 성은 멀리 있지 않으니, 다섯 쌓임이 있되 공한 줄 아는 곳에 해탈이 있다. 마음이 알되 아는바 세계에 취할 모습이 없는 줄 알면 마음은 알되 앎이 없고 취함이 없게 되니, 마음인 세계와 세계인 마음의 닫힌 틀에서 바로 해탈한다.

현재의 법에서 다섯 쌓임이 공한 줄 알면 과거·미래의 다섯 쌓임 또한 공해 구할 것이 없게 되니, 삼세의 시간 속에서 삼세에 머물지 않게 될 것이다.

과거의 때는 시간이 스스로 있는 것이 아니라 과거의 것에 대한 주체의 앎이 과거의 때가 되는 것이니, 과거의 다섯 쌓임이 사라지되 사라짐 없고 현재의 다섯 쌓임이 나되 남이 없음을 알면 삼세의 시간에 취함이 없어 삼세의 때가 길이 다해 남음 없되, 과거·현재·미래의 때[時]를 버리지 않을 것이다.

그의 삶은 과거·현재·미래의 다섯 쌓임이 있되 공한 줄 알므로 늘 니르바나의 고요함이 함께하고, 그 공함도 공한 줄 알므로 니르바나의 고요함을 떠나지 않고 삼세에 자재한 해탈의 행이 현전할 것이다.

『화엄경』(「입법계품」) 또한 삼세의 다섯 쌓임이 공한 진여의 땅에 앉아 삼세의 때를 버림이 없이 중생 교화하는 보디사트바의 행을, 다음과 같이 말한다.

> 보디사트바는 이 지혜에 머물러
> 여러 사마디를 닦아 익히어
> 낱낱 마음의 생각 가운데서
> 삼세의 법을 밝게 깨달아 아네.
>
> 佛子住於此　修習諸三昧
> 一一心念中　了知三世法
>
> 보디사트바는 이 지혜에 머물러
> 한량없는 여러 중생 교화하며
> 모든 여래 받들어 공양하며
> 모든 법의 성품 사유하도다.
>
> 佛子住於此　敎化諸群生
> 供養諸如來　思惟諸法性

2) 다섯 쌓임은 연기하므로 나가 없고 덧없으니

다섯 쌓임의 덧없음을 살펴야 해탈하나니

이와 같이 내가 들었다.

한때 붇다께서는 슈라바스티 국 제타 숲 '외로운 이 돕는 장자의 동산'에 계셨다.

그때 어떤 비구가 있었는데, 칼파(Kalpa)라고 하였다.

칼파 비구는 붇다 계신 곳에 나와 붇다의 발에 머리 숙여 절하고 물러나 한쪽에 서서 붇다께 여쭈었다.

"세존의 말씀대로라면 '비구는 마음으로 좋은 해탈을 얻는다'고 하셨는데, 세존이시여! 어떻게 비구는 마음의 좋은 해탈을 얻을 수 있겠습니까?"

모든 법이 나 없으므로 덧없음을 알면 마음의 해탈이 됨을 보이심

그때에 세존께서는 칼파에게 말씀하셨다.

"잘 묻고, 잘 물었다. 너는 여래에게 마음의 좋은 해탈을 잘 물을 줄 아는구나. 잘 말했다, 칼파여.

자세히 듣고 자세히 들어 잘 사유해 생각하라. 너를 위하여 말해주겠다.

칼파여, 모든 있는바 물질로서 과거든 미래든 현재든, 안이든 밖이든, 거칠든 가늘든, 곱든 밉든, 멀든 가깝든, 그 온갖 것은 다 덧없다고 살펴 알아야 한다.

덧없음을 바르게 살피고 나면 물질에 대한 애착이 곧 없어지고, 물질에 대한 애착이 없어진 뒤에는 마음이 잘 해탈한다.

이와 같이 느낌·모습 취함·지어감·앎으로 과거든 미래든 현재든, 안이든 밖이든, 거칠든 가늘든, 곱든 밉든, 멀든 가깝든, 그 온갖 것은 다 덧없다고 살펴야 한다.

덧없음을 바르게 살피고 나면 앎 등에 대한 애착이 곧 없어지고, 앎 등에 대한 애착이 없어진 뒤에는 '마음이 잘 해탈하였다'고 나는 말한다.

칼파여, 이와 같이 비구로서 마음이 잘 해탈한 사람을 여래는 마음이 잘 해탈하였다고 말한다. 왜 그런가. 애욕이 끊어졌기 때문이니, 애욕이 끊어진 사람을 여래는 '마음이 잘 해탈하였다'고 말한다."

여래의 말씀대로 행하여 아라한을 이룸

때에 칼파 비구는 붇다의 말씀을 듣고 마음이 크게 기뻐 붇다께 절하고 물러갔다.

그때 칼파 비구는 붇다의 가르침을 받은 뒤에 홀로 한 고요한 곳에서 사유에 오롯이 정진해 방일하지 않고 머물렀다.

그리하여 '나의 태어남은 이미 다하고, 범행은 이미 서고, 지을 바를 이미 지어 뒤의 있음 받지 않음'을 스스로 알아, 마음이 잘 해탈하여 아라한을 이루었다.

• 잡아함 22 겁파소문경(劫波所問經)

다섯 쌓임에 나와 내 것 없는
진실한 뜻을 밝게 통달하면

이와 같이 내가 들었다.

한때 붇다께서는 라자그리하 성의 많은 사람들이 밟고 다니는 넓은 벌판 가운데 오백 비구대중과 함께 계시면서 그들을 위해 설법하시고 오백 개 발우를 뜰에 두셨다.

그때에 세존께서는 오백 비구들을 위해 다섯 가지 받는 쌓임의 나고 사라지는 법을 설명하셨다.

때에 악한 마라 파피야스는 생각하였다.

'사문 고타마는 라자그리하 성의 많은 사람이 밟고 다니는 넓은 벌판 가운데 머물러 오백 비구대중과 함께 있으면서, 다섯 가지 받는 쌓임은 나고 사라지는 법이라고 말한다. 나는 지금 가서 어려움을 끼쳐주겠다.'

그는 큰 소로 변화해 붇다 계신 곳에 가서 오백 개 발우 사이로 들어갔다. 비구들은 그를 몰아내어 발우를 부수지 못하게 하였다.

그때 세존께서는 여러 비구들에게 말씀하셨다.

"그것은 소가 아니다. 악한 마라 파피야스가 어지럽히는 것이다."

다섯 쌓임의 나 없음을 노래해 마라의 경계를 물리치심

그러고는 곧 게송으로 말씀하셨다.

물질·느낌·모습 취함·지어감·앎
그것은 '나' 아니요 '내 것' 아니다.
만약 진실한 이 뜻 밝게 안다면
거기에는 집착할 것이 없도다.

마음에 집착하는 법이 없으면
물질의 묶어 얽맴 벗어나나니
온갖 곳에서 밝게 통달하여서
마라의 경계 머물지 않게 되리.

붇다께서 이 경을 말씀하시자, 여러 비구들은 그 말씀을 듣고 기뻐하며 받들어 행하였다.

• 잡아함 1102 발경(鉢經)

• 해설 •

다섯 쌓임의 삶 속에서 어떤 것이 마라의 경계에 머묾이고 마라에 갇힘인가. 아는 마음이 알려지는바 사물의 있되 공한 진실을 알지 못함으로 사물의 있는 모습에 물들고, 마음에 애착과 번뇌로 말미암아 아는바 물질이 관념의 틀에 갇히고 번뇌에 물듦을 말한다.

그러므로 사물의 모습에 모습 없음을 바로 보면 사물을 아는 마음이 마음 아닌 마음이 되고, 마음에 번뇌와 애착이 사라져 마음이 마음 아닌 마음이 되면 마음인 사물의 모습은 모습에 모습 없는 실상이 된다.

아는 마음과 알려지는 경계가 서로 의지해 있으므로 아는 마음도 '내'가 아니고 알려지는 경계도 '내 것'이 아니니, '나'와 '내 것'이 공한 줄 알면, 이것이 마라의 올가미와 그물이 사라짐이고, 마라의 경계가 사라져 마라의 경계에 머물지 않음이다.

마라가 마라가 아니라 있음을 있음으로 보는 집착 속에서 마라의 올가미가 나는 것이니, 마라의 경계가 허깨비 같은 줄 알면 그가 보고 듣고 아는 경험활동 속에서 보되 봄이 없이 해탈법계를 사는 자라 할 것이다.

다섯 쌓임이 이어지는 삼세 세간이 곧 공해 세간이 아니니, 다섯 쌓임이 나되 남이 없고 사라지되 사라짐 없음을 알면 세간에서 세간을 벗어날 수 있다.

『화엄경』(「야마궁중게찬품」夜摩宮中偈讚品)은 이렇게 말한다.

삼세의 다섯 쌓임의 법을
세간이라고 이름하지만
그것이 사라지면 세간 아니니
이와 같이 다만 거짓 이름이네.

三世五蘊法　說名爲世間
彼滅非世間　如是但假名

이 다섯 쌓임을 분별해보면
그 성품은 본래 공적하도다.
공하므로 없앨 것 없으니
이것이 남이 없는 뜻이네.

分別此諸蘊　其性本空寂
空故不可滅　此是無生義

3) 다섯 쌓임의 진실한 모습이 곧 니르바나

마라의 세계와 진여법계가 둘이 아니니

이와 같이 내가 들었다.

한때 붇다께서는 마쿨라 산에 계셨다.

이때 시자 비구가 있었는데 라다라고 하였다. 그때 세존께서는 라다 비구에게 말씀하셨다.

"모든 있는바 물질로서 과거든 미래든 현재든, 안이든 밖이든, 거칠든 가늘든, 곱든 밉든, 멀든 가깝든, 그 온갖 것은 다 마라가 짓는 것이라고 살피라.

모든 있는바 느낌·모습 취함·지어감·앎도 과거든 미래든 현재든, 안이든 밖이든, 거칠든 가늘든, 곱든 밉든, 멀든 가깝든, 그 온갖 것은 다 마라가 짓는 것이라고 살피라."

다섯 쌓임이 마라가 지음이라 보이시나
집착 떠나면 다섯 쌓임 버리지 않고 니르바나 깨침을 보이심

붇다께서는 라다에게 말씀하셨다.

"물질은 항상한가, 덧없는가?"

라다가 대답했다.

"덧없습니다, 세존이시여."

붇다께서는 라다에게 말씀하셨다.

"만약 덧없다면 그것은 괴로운 것인가?"

"그것은 괴로운 것입니다, 세존이시여."

다시 물으셨다.

"라다야, 만약 덧없고 괴로운 것이라면 그것은 변하고 바뀌는 법이다. 그런데 많이 들은 거룩한 제자가 그 가운데서 '물질은 나다[我], 나와 다르다[異我], 나와 나와 다름이 함께 있는 것[相在]이다'라고 보겠는가?"

라다가 말씀드렸다.

"아닙니다, 세존이시여."

붇다께서 라다에게 말씀하셨다.

"많이 들은 거룩한 제자들은 이 다섯 가지 받는 쌓임[五受陰]에서 '이것은 나다, 이것은 내 것이다'라고 보지 않는다. 그러므로 모든 세간에서 도무지 취할 것이 없고, 취할 것이 없으므로 집착할 것이 없으며, 집착할 것이 없으므로 스스로 니르바나를 깨닫는다.

그래서 '나의 태어남은 이미 다하고 범행은 이미 서고, 지을 바를 이미 지어 다시는 뒤의 있음을 받지 않는다'라고 스스로 안다."

붇다께서 이 경을 말씀하시자, 라다 비구는 붇다의 말씀을 듣고 기뻐하며 받들어 행하였다.

• 잡아함 120 마경(魔經)

• **해설** •

물질이 덧없으므로 나 없고 나 없으므로 덧없는 줄 알면, 그는 물질의 진실이 늘 머묾도 없고[無有常住] 나고 사라짐도 없는[亦無起滅] 줄 아는 자이다.

물질의 진실을 보면 저 물질을 떠나 내[我]가 없지만, 물질도 공한 물질이라 물질이 나라거나 나와 다름이라는 분별을 내지 않는다.

여래는 연기하는 마음과 물질이 남이 없이 나고 사라짐이 없이 사라지는 곳에서 실로 있는 모습을 보므로 온갖 행이 덧없으며 괴로움이라 말하고 온갖 것이 마라의 세계라 가르치신다.

그러나 생겨남에서 남을 떠나고[於生離生] 사라짐에서 사라짐을 떠나[於滅離滅] 그 물질 가운데서 '나'와 '나와 다른 것', '나와 나와 다름이 같이 있음'의 분별을 버리면, 그는 아는 마음과 물질의 있음을 무너뜨리지 않고 니르바나를 깨닫는다.

집착이 마라의 세계를 만드니, 집착 자체가 공한 줄 알면 마라의 세계 한복판이 진여의 세계[眞如界]이고 니르바나의 성이다.

『화엄경』(「야마궁중게찬품」)은 말한다.

모든 법이 남이 없으므로
자기성품 있는 바 없네.
이와 같이 분별해 알면
이 사람은 깊은 뜻 통달하리.

諸法無生故　自性無所有
如是分別知　此人達深義

연기의 진실을 알면 마라의 세계에서
진여법계 깨달나니

이와 같이 내가 들었다.

한때 붇다께서는 마쿨라 산에 계셨다.

이때 시자 비구가 있었는데 라다라고 하였다. 그때 세존께서는 라다 비구에게 말씀하셨다.

"모든 있는바 물질로서 과거든 미래든 현재든, 안이든 밖이든, 거칠든 가늘든, 곱든 밉든, 멀든 가깝든, 그 온갖 것은 다 마라가 지은 것이다.

느낌·모습 취함·지어감·앎 또한 이와 같다."

다섯 쌓임에서 집착 떠나면 마라의 세계가 법계임을 보이심

붇다께서는 라다에게 말씀하셨다.

"물질은 항상한가, 덧없는가?"

"덧없습니다, 세존이시여."

"만약 덧없다면 그것은 괴로운 것인가?"

"그것은 괴로운 것입니다, 세존이시여."

"느낌·모습 취함·지어감·앎은 항상한가, 덧없는가?"

"덧없습니다, 세존이시여."

"만약 덧없다면 그것은 괴로운 것인가?"

"그것은 괴로운 것입니다, 세존이시여."

"만약 덧없고 괴로운 것이라면 그것은 변하고 바뀌는 법이다. 그런데 많이 들은 거룩한 제자로서 그 가운데서 '이것은 나다, 나와 다르다, 나와 나와 다름이 함께 있는 것이다'라고 보겠는가?"

"아닙니다, 세존이시여."

"그러므로 라다야, 많이 들은 거룩한 제자들은 물질에 집착하지 않는 마음을 내고, 집착하지 않기 때문에 즐거워하지 않으며, 즐거워하지 않기 때문에 해탈하고 해탈지견이 생긴다.

그리하여 '나의 태어남은 이미 다하고 범행은 이미 서고, 지을 바를 이미 지어 다시는 뒤의 있음 받지 않음'을 스스로 안다."

붇다께서 이 경을 말씀하시자, 라다 비구는 붇다의 말씀을 듣고 기뻐하며 받들어 행하였다.

- 잡아함 125 마법경(魔法經)

• 해설 •

탐착이 장애를 일으키고 두루 집착함이 진리의 세계를 마라(māra)의 세계가 되게 하지만, 탐착과 집착이 본래 없는 환상의 꿈[夢幻]이라면 집착을 놓는 그 자리가 바로 다섯 쌓임이 곧 걸림 없고 막힘없는 법계가 되는 자리이다.

봄과 보여지는 것이 서로 의지해 있으니, 보는 자와 저 보여지는 것이 모두 '나'도 아니고 '나 아님'도 아니니, '보는 나[能見]'도 공하고 '보여지는 것[所見]'도 공하다. '보는 나'와 '보여짐'이 공한 곳에서 '나'와 '내 것'을 보아 본래 막혀 걸림 없는 곳에서 장애를 세운 것이니, 허깨비가 허깨비인 줄 알면 곧 해탈하여 해탈지견이 생기는 것이다.

하나인 보디의 처소[菩提處]에 어떤 것이 마라의 구역이고 어떤 것이 법계인가. 그러나 한 생각 일으키면 마라가 일어나니, 생각 움직이면 곧 어긋남[動念卽乖]인가. 어떤 것인가.

2 자아와 세계[內根·外境, 十二處說]

• 이끄는 글 •

열두 곳 열두 들임은 온갖 것을 '아는 자와 알려지는 것'으로 분류함이다.

여섯 아는 뿌리[六根]는 알려지는 것으로 인해 아는 자의 이름을 얻고, 여섯 객관 티끌[六境]은 아는 자로 인해 알려지는 것의 이름을 얻는다. 그러므로 아는 자는 아는 자 아닌 아는 자이고, 알려지는 것은 알려지는 것 아닌 알려지는 것이다.

여섯 앎[六識]은 아는 뿌리와 알려지는 것이 토대가 되므로 아는 자와 알려지는 것을 여섯 앎의 내는 곳[處, āyatana]이라 한다.

다시 여섯 앎은 아는 뿌리와 알려지는 것을 생성의 원본으로 하고, 다시 아는 뿌리와 알려지는 것을 소멸의 휴식처로 하므로 안의 아는 자[內入]와 밖의 알려지는 것[外入]을 앎의 들이는 곳[入]이라 옮긴다.

그러나 앎밖에 앎을 내는 자가 있고 들이는 자가 있어서 내는바[所生] 앎이 있는 것이 아니라, 앎일 때 아는 자와 알려지는 것은 앎으로 움직이고, 그 앎이 사라지면 다시 아는 자와 알려지는 것은 앞의 앎의 휴식처이자 새로운 앎을 내는 생성의 토대가 된다.

사라지는 앞의 앎의 휴식과 새로운 앎의 생성을 매개하는 뜻이 유식불교에서 앎의 종자(種子, bīja)이니, 종자란 앞의 앎이 토대가 되어 뒤의 앎이 날 때 앞의 앎이 실로 사라지지 않음을 나타내는 뜻이다.

그러므로 앎의 종자는 앞의 앎이 실로 사라짐이 아니고 뒤의 앎이 실로 생겨남이 아님을 나타내는 뜻일 뿐, 앎의 종자는 실로 있음이 아니고 실로 없음이 아니다.

앎의 씨앗[種子]과 앎의 운동[現行]은 서로 죽음과 삶을 교환한다. 앎의 가능태의 씨앗은 지금 살아 움직이는[現行] 존재의 운동[識]을 휴식의 터전에 끌어내리고, 아야타나(āyatana, 入)의 열린 터전에 감추어진 생명의 힘을 미래의 새로운 존재로 밀어 올리는 다함없는 생명의 약동이다.

1) 서로 의지해 있는 자아와 세계

온갖 법이란 곧 열두 들임이니

이와 같이 내가 들었다.

한때 붇다께서는 슈라바스티 국 제타 숲 '외로운 이 돕는 장자의 동산'에 계셨다.

이때 자눗소니 브라마나가 붇다 계신 곳으로 찾아와 서로 같이 문안 인사를 나누고, 한쪽에 물러나 앉아서 붇다께 여쭈었다.

"고타마시여, 온갖 것이라고 하는 것은 어떤 것을 온갖 것이라고 합니까?"

붇다께서 브라마나에게 말씀하셨다.

"온갖 것이란 곧 열두 들임[十二入處]을 말하오.

곧 눈과 빛깔·귀와 소리·코와 냄새·혀와 맛·몸과 닿음·뜻과 법이니, 이것을 온갖 것이라고 하오.

만약 다시 어떤 사람이 이렇게 말한다 합시다.

'이것은 온갖 것이 아니다. 사문 고타마가 말하는 온갖 것을 나는 이제 다 버리고, 따로 다른 온갖 것을 세우겠다.' 이렇게 말한다면 그것은 다만 말만 있을 뿐이니, 물으면 알지 못하여 그 의혹만 더 늘릴 것이오. 왜냐하면 실로 있는 경계가 아니기 때문이오."

이때 자눗소니 브라마나는 붇다의 말씀을 듣고 기뻐하며 받들어 행하였다.

• 잡아함 319 일체경(一切經)

• 해설 •

세계 속에 있는 온갖 것들은 지금 세계를 보고 말하는 내가 보고 있는 것이므로, 보는 나와 보여지는 세계를 떠난 그 어떤 것이 아니다.

붇다는 아는 자와 알려지는 것, 보는 자와 보여지는 것으로 세계의 온갖 것을 말함으로써 경험 너머에 초월자를 말하는 세계관과 경험하는 자와 경험되는 것에 닫힌 자기 영역이 있다는 세계관을 모두 넘어선다.

지금 세계는 내가 보고 있는 것이므로 경험을 떠나 있지 않지만, 다음 순간 나는 세계의 새로운 사실을 경험하므로 경험의 원본으로서의 세계는 한량없고 끝이 없다.

세계를 경험하는 나 또한 지금 경험하는 행위를 떠나 있지 않지만, 다음 순간 나의 행위는 새로운 경험의 행위로 현전하므로 나 또한 세계와 통하고 삼세에 통하는 '나 아닌 나'이다.

이처럼 열두 들임의 교설은 자아와 세계가 같음도 아니고 다름도 아닌 실상을 밝히고, 경험을 떠나지 않되 경험에 닫히지 않는 행위의 머묾 없는 지평을 가르친다.

열두 곳의 교설은 온갖 있음[一切有]이 인연으로 있는 뜻[緣起義]을 보이지만, 이 연기의 뜻이 공의 뜻[空義]이고 거짓 있음의 뜻[假義]이고 중도의 뜻[中道義]이다.

열두 곳을 보인 있음의 문[有門]이 사의할 수 없는 법계[不思議法界]의 진실을 열어내니, 인연으로 있는 세간법이 세간법의 자리에 머물러 덧없는 세간의 모습[世間相]이 늘 머무는 모습[常住相]이 되는 것이다.

세존이시여 열두 들임을 널리 분별해주소서

이와 같이 내가 들었다.

한때 붇다께서는 슈라바스티 국 제타 숲 '외로운 이 돕는 장자의 동산'에 계셨다.

이때 어떤 비구가 붇다 계신 곳으로 찾아와 머리를 대 붇다의 발에 절하고 한쪽에 물러나 앉아 붇다께 여쭈었다.

"세존이시여, 세존께서 말씀하신 대로라면 눈은 곧 안의 들임[內入處]입니다. 이렇게 세존께서는 간략히 말씀하시고 널리 분별하지 않으셨습니다. 어떻게 눈이 안의 들임입니까?"

안의 여섯 들임을 보이심

붇다께서 비구에게 말씀하셨다.

"눈은 안의 들임으로 네 가지 큰 요소[四大]로 이루어진 깨끗한 물질이다. 볼 수는 없으나 마주함이 있다.

귀·코·혀·몸의 안의 들임 또한 이와 같이 말할 수 있다."

다시 붇다께 여쭈었다.

"세존이시여, 세존께서 말씀하신 대로라면 뜻[意]은 안의 들임입니다. 이것을 널리 분별하시지 않으셨습니다. 어떻게 뜻이 안의 들임입니까?"

붇다께서 비구에게 말씀하셨다.

"안의 들임인 뜻은 마음[心, citta] · 뜻[意, manas] · 앎[識, vijñāna] 이 모두 물질[色]이 아니어서 볼 수도 없고 마주함도 없다. 이것을 뜻의 안의 들임이라고 한다."

밖의 여섯 들임을 널리 분별하심

다시 여쭈었다.

"세존이시여, 세존께서 말씀하신 대로라면 빛깔은 밖의 들임[外入處]입니다. 이것을 세존께서는 간략히 말씀하시고 널리 분별해주시지 않으셨습니다. 세존이시여, 어떻게 빛깔이 밖의 들임입니까?"

붇다께서 비구에게 말씀하셨다.

"빛깔의 밖의 들임은 네 가지 큰 요소가 지은 것으로, 볼 수도 있고 마주함도 있는 것이다. 이것을 빛깔의 밖의 들임이라고 한다."

또 붇다께 여쭈었다.

"세존께서는 소리가 밖의 들임이라고 하시고 널리 분별해주시지 않으셨습니다. 어떻게 소리가 밖의 들임입니까?"

붇다께서 비구에게 말씀하셨다.

"소리는 네 가지 큰 요소가 지은 것으로, 볼 수는 없으나 마주함은 있다. 소리와 같이 냄새 · 맛 또한 이와 같다."

또 여쭈었다.

"세존께서는 닿는 것이 밖의 들임이라고 말씀하시고 널리 분별해주시지 않으셨습니다. 어떻게 닿는 것이 밖의 들임입니까?"

"닿는 것의 밖의 들임은 곧 네 가지 큰 요소이거나 네 가지 큰 요소가 지은 것으로, 볼 수는 없으나 마주함이 있는 것이다. 이것을 닿는 것의 밖의 들임이라 한다."

다시 여쭈었다.

"세존께서는 법을 밖의 들임이라고만 말씀하시고 널리 분별해주시지 않으셨습니다. 어떻게 법이 밖의 들임입니까?"

"법의 밖의 들임은 '열한 가지 들임'[十一入]이 거두지 않는 것으로, 볼 수도 없고 마주함도 없는 것이다. 이것을 법의 밖의 들임이라고 한다."

붇다께서 이 경을 말씀하시자, 여러 비구들은 붇다의 말씀을 듣고 기뻐하며 받들어 행하였다.

• 잡아함 322 안내입처경(眼內入處經)

• 해설 •

열두 들임의 법은 알고 알려지는 경험활동 속에서 물질에 대한 집착이 두터운 사람들에게 물질을 여러 것들로 나누어 보이고, 그 나누어 보인 여러 물질의 영역 또한 네 가지 큰 요소로 이루어진 것임을 보이고 있다.

열두 들임 또한 의식[名]과 존재[色]의 상호 연기를 보이는 교설로 아는 자와 알려지는 것으로 만법을 분류해보인다.

마음의 법[心法]은 안의 뜻의 아는 뿌리[意根]에 거두어 보이므로 여섯 앎[六識]은 열두 들임에 표시되지 않는다. 아는 자와 알려지는 것이 어울려 구체적인 앎활동[六識]이 날 때 앎활동은 열두 들임에 거두어지는 앎활동이고 열두 곳[十二處]이 일으키는 앎활동이지만, 앎활동밖에 아는 자와 알려지는 것이 있지 않기 때문이다.

경에서 마음법을 나타내는 마음[心]·뜻[意]·앎[識]의 세 법 가운데 뜻[意, manas]이 바로 뜻의 아는 뿌리이다.

이 뜻의 아는 뿌리가 다섯 몸의 아는 뿌리[五根]와 여섯 가지 밖의 들임[六外入]과 어울려 여섯 앎을 내는 것이니, 뜻의 뿌리를 떠난 앎이 없으므로 앎을 뜻의 뿌리에 거두어 말하는 것이다.

이때 마음은 무엇인가. 열두 들임을 각기 바탕 달리함[異體]에서 보면, 눈의 앎[眼識]이 빛깔을 알 때, 눈[眼根]과 눈의 앎 눈이 아는 빛깔[色] 뜻의 아는 뿌리가 각기 자기 바탕을 가지고 아는 뿌리와 알려지는 빛깔이 만나 눈의 앎이 일어난다고 말한다. 그러나 앎을 중심으로 바탕 같이함[同體]에서 말하면, 눈과 뜻의 아는 뿌리도 지금 앎활동 자체인 눈뿌리[眼根]·뜻뿌리[意根]이고 빛깔 또한 앎의 대상이면서 앎으로 드러나는 빛깔이니 열두 들임[十二入]이 모두 마음인 열두 들임이 되므로 이를 마음[心, citta]이라 한다.

다르되 서로 다름이 아닌 아는 자[內入]와 알려지는 것[外入]이 어울려 여섯 앎을 내는 이 뜻을, 유식불교는 제8식[ālaya-vijñāna] 설을 세워 뜻뿌리[意根]를 제8식의 아는 자[第八識見分]라 말하고, 몸의 다섯 뿌리와 세계[器界]와 종자(種子)를 제8식의 알려지는 것[第八識相分]이라 한다.

이처럼 연기법에서 마음법[心法]은 물질의 조건을 통해서만 마음으로 일어나지만, 물질은 마음의 토대이자 마음 자체인 물질로 주어진다.

곧 열두 들임에서 열 가지 물질의 영역은 앎활동[識]의 토대가 되고 앎의 조건이 되는 외적 물질[六境]과 내적 물질[五根]이면서 앎 자체로 드러나는 것이니, 물질은 마음 아니되 마음 아님도 아닌 물질인 것이다.

눈에 대한 빛깔처럼 뜻의 대상으로 표시된 밖의 들임[外入, 外境]인 법(法)은, 온갖 뜻으로 사유되어진 것과 마음에 드러나는 마음작용과 관념 속의 물질[法處所攝色]을 거둔다. 그 법의 영역들도 마음 밖에 홀로 있는 영역이 아니라 마음인 법이고 법을 아는 마음은 법인 마음이니, 아는 마음과 아는바 법을 모두 막고 모두 살리는 자가 여래의 열두 들임의 교설을 바로 아는 자이다.

2) 열두 들임의 나 없음과 덧없음

과거의 눈이 덧없는데 현재의 눈이겠는가

이와 같이 내가 들었다.

한때 붇다께서는 슈라바스티 국 제타 숲 '외로운 이 돕는 장자의 동산'에 계셨다.

그때 세존께서 여러 비구들에게 말씀하셨다.

"과거와 미래의 눈도 덧없는데 하물며 현재의 눈이겠느냐?

많이 들은 거룩한 제자로서 이와 같이 살피는 사람은 과거의 눈을 돌아보지 않고, 미래의 눈도 기뻐하지 않으며, 현재의 눈에 대해서도 집착하지 않는 마음을 내고, 탐욕을 여의어 사라져 다함으로 향한다.

귀·코·혀·몸·뜻 또한 이와 같다."

붇다께서 이 경을 말씀하시자, 여러 비구들은 붇다의 말씀을 듣고 기뻐하며 받들어 행하였다.

(덧없음[無常]과 같이 괴로움[苦]·공함[空]·나 아님[非我] 또한 이와 같이 말씀하셨다.

안의 들임에 관한 네 경과 같이, 밖의 들임에 관한 네 경 또한 이와 같이 말씀하셨다.)

• 잡아함 333 무상경(無常經)

안의 여섯 들임이 나 없고 덧없듯
밖의 여섯 경계 또한 그러하니

이와 같이 내가 들었다.

한때 붇다께서는 바이샬리 국의 약사(藥師)인 지바카(Jīvaka)의 암라 나무동산에 계셨다.

그때 세존께서 여러 비구들에게 말씀하셨다.

"과거와 미래의 눈도 덧없는데 하물며 현재의 눈이겠느냐.

많이 들은 거룩한 제자로서 이와 같이 살피는 사람은 과거의 눈도 돌아보지 않고, 미래의 눈도 기뻐하지 않으며, 현재의 눈을 집착하지 않고 즐거워하지 않으며, 탐욕을 떠나 집착 없음에로 나아간다.

귀·코·혀·몸·뜻에 있어서도 또한 이와 같다."

붇다께서 이 경을 말씀하시자, 여러 비구들은 붇다의 말씀을 듣고 기뻐하며 받들어 행하였다.

(덧없음과 같이, 괴로움·공함·나 없음 또한 이와 같이 말씀하셨다. 그 자세한 내용은 앞에서 말한 것과 같다.

안의 들임에 관한 네 경과 같이, 밖의 들임인 빛깔·소리·냄새·맛·닿음·법에 관한 네 경과 안팎의 들임에 관한 네 경 또한 이와 같이 말씀하셨다.)

• 잡아함 208 무상경(無常經)

온갖 것을 아는 자[六根, 內六入]와 알려지는 것[六境, 外六入]으로 분류해보인 여래의 뜻은 무엇인가. 실로 어떤 아는 주체가 있고 알려지는 객체가 있다는 뜻인가.

아는 자는 알려지는 것을 의지해서 알려지는 것의 아는 자가 되고, 알려지는 것은 아는 자를 통해 아는 자의 알려지는 것이 된다.

이렇듯 주체와 객체로 존재일반을 분류해보인 것이 바로 주체가 주체 아닌 주체이고 객체는 객체 아닌 객체로서, 객체 없는 주체가 없고 주체 없는 객체가 없음을 나타내는 것이다.

주체와 객체는 있되 공하므로 둘이되 하나이며[二而一], 주체와 객체는 공하되 연기로 있으므로 하나이되 둘이다[一而二].

눈과 빛깔을 예로 들어보자.

눈이 실로 있는 눈이라 해도 저 빛깔을 볼 수 없고, 눈이 눈이 아니라 해도 저 빛깔을 볼 수 없으며, 빛깔 또한 주체밖에 저 홀로 닫혀 있는 빛깔이라 해도 눈이 볼 수 없으며, 빛깔이 빛깔의 연기적 자기성취가 없다 해도 눈이 빛깔을 볼 수는 없다.

눈과 빛깔은 덧없으므로 나 없고[無常故無我], 머물러 있는 나 없으므로 찰나찰나 새로운 생성 속의 눈과 빛깔로 현전한다[無我故無常].

그러므로 많이 들어 여래의 가르침을 잘 따르는 제자는 눈과 빛깔 나아가 뜻과 법에서 맛들여 집착하지 않고 탐욕하지 않으므로 눈이 빛깔을 보되 봄이 없고, 뜻이 법을 알되 앎이 없어서 눈과 뜻의 앎이 니르바나의 고요함 가운데 앎 없는 앎이 된다.

온갖 법이 덧없고 나 없음을 알면
뱀독 속에서도 얼굴빛 달라지지 않소

이와 같이 내가 들었다.

한때 붇다께서는 라자그리하 성의 칼란다카 대나무동산에 계셨다.

그때 우파세나(Upasena)라는 비구는 라자그리하 성의 찬 숲속 무덤 사이에 있는 뱀머리 바위 밑 '가릉가가 다니는 곳'[迦陵伽行處]에 있었다.

때에 존자 우파세나는 홀로 안에서 좌선하고 있었다. 때에 길이가 한 자쯤 되는 모질고 독한 뱀이 위의 돌 사이에서 우파세나 몸에 떨어졌다.

우파세나는 사리푸트라를 부르고 여러 비구들에게 말하였다.

"독한 뱀이 내 몸 위에 떨어졌소. 내 몸에 독이 들었소. 그대들은 빨리 와서 내 몸을 붙들어 밖에 내어놓으시오. 그래서 이 굴 안에서 내 몸이 부서져 겨 더미처럼 되게 하지 마시오."

뱀에 물린 우파세나와 사리푸트라 존자가
온갖 법에 나와 내 것 없음을 문답함

때에 사리푸트라는 가까운 곳 한 나무 밑에 머물다가 우파세나의 말을 듣고, 곧 우파세나가 있는 곳으로 가서 말하였다.

"내가 이제 그대의 빛깔과 모습을 보니 모든 아는 뿌리[諸根]가 평소와 다르지 않소. 그런데 '독이 들었으니 내 몸을 밖에 내어놓으시오. 몸이 흩어져 부서져 겨 더미처럼 되게 하지 마시오'라고 하니, 끝내 어떠하오."

우파세나는 사리푸트라에게 말하였다.

"'내 눈에서 이것은 나다, 내 것이다. 그리고 귀·코·혀·몸·뜻에서 귀·코·혀·몸·뜻은 나다, 내 것이다.

빛깔·소리·냄새·맛·닿음·법에서 그리고 빛깔·소리·냄새·맛·닿음·법은 나다, 내 것이다.'

이렇게 말한다 합시다.

또한 '땅의 영역에서 땅은 나다, 내 것이다. 물·불·바람·허공·앎의 영역에서 물·불·바람·허공·앎은 나다, 내 것이다.'

이렇게 말한다 합시다.

다시 '물질의 쌓임에서 물질의 쌓임은 나다, 내 것이다. 느낌·모습 취함·지어감·앎의 쌓임에서 느낌·모습 취함·지어감·앎은 나다, 내 것이다.'

이렇게 말한다 합시다.

이와 같이 말할 것이 있다면, 얼굴빛과 모든 아는 뿌리는 변해서 달라져야 할 것입니다.

그러나 나는 지금 그렇지 않습니다. 눈은 나도 아니요 내 것도 아니며, 귀·혀·몸·뜻, 그리고 빛깔·소리·냄새·맛·닿음·법도 나와 내 것이 아니며, 물질·느낌·모습 취함·지어감·앎의 쌓임 역시 나도 아니요 내 것도 아닙니다.

그러므로 얼굴 빛깔과 모든 아는 뿌리는 변해서 달라진 것이 없습니다."

사리푸트라는 말하였다.

"그렇소, 우파세나여. 그대가 만약 긴 밤 동안에 나와 내 것, 나라는 거만에 묶인 번뇌의 뿌리 끊기를 타알라 나무 밑동을 끊는 것처럼 하면 미래세상에 길이 다시는 일어나지 않을 것이오.

그런데 어떻게 얼굴빛과 모든 아는 뿌리에 변해서 달라짐이 있겠소."

때에 사리푸트라는 곧 굴을 두루 돌아, 우파세나의 몸을 붙들어 굴밖에 내어놓으니, 우파세나의 몸은 독이 들어 부서져 겨 더미처럼 되었다.

우파세나의 두려움 없는 죽음을 찬탄함

때에 사리푸트라는 곧 게송으로 말하였다.

오래도록 여러 범행을 심고서
여덟 가지 거룩한 길 잘 닦음에
즐겁고 기쁘게 목숨 버리니
마치 독이 든 발우를 버리듯 하네.

오래도록 여러 범행을 심고서
여덟 가지 거룩한 길 잘 닦음에
즐겁고 기쁘게 목숨 버리니
사람의 무거운 병 낫는 것 같네.

오래도록 여러 범행을 심고서
여덟 가지 거룩한 길 잘 닦음에

마치 불타는 집에서 나옴 같으니
죽음 맞아 근심과 뉘우침 없네.

오래도록 여러 범행을 심고서
여덟 가지 거룩한 길 잘 닦음에
지혜로써 저 세간 살펴보기를
마치 더러운 풀과 나무같이 하니
다시는 나머지를 구하지 않고
나머지 또한 서로 잇지 않도다.

세존께서 온갖 중생에게 자비심 닦도록 하시고
밖의 흉악한 독 물리치는 진언을 보이심

때에 존자 사리푸트라는 우파세나의 주검을 공양한 뒤, 붇다 계신 곳에 나아가 머리를 대 절하고, 물러나 한쪽에 앉아 붇다께 말씀드렸다.

"세존이시여, 존자 우파세나 위에 작고 모진 독사가 살고 있어, 눈을 다스리는 산가지[治眼籌]처럼 그 몸 위에 떨어져, 그 몸은 곧 부서져서 겨 더미와 같이 되었습니다."

붇다께서 사리푸트라에게 말씀하셨다.

"만약 우파세나가 이 게송을 외웠더라면 독이 들지도 않았을 것이요, 그 몸이 부서져 겨 더미처럼 되지도 않았을 것이다."

사리푸트라는 붇다께 여쭈었다.

"세존이시여, 어떤 게송, 어떤 글귀를 외워야 합니까."

붇다께서는 곧 사리푸트라를 위하여 게송을 말씀하셨다.

언제나 사랑하는 마음으로
저 굳센 라이타라를 생각하고
이라판나와 시바푸다라와
킨바라상마 사랑해 생각하며
또한 늘 사랑하는 마음으로
기아구타와 저 검은 고타마
난투바난타를 생각하여라.
발 없는 것, 두 발 가진 무리들
언제나 사랑하고 슬피 여기며
네 발, 많은 발 가진 중생에게도
또한 자비한 마음 모두 일으키라.

물과 뭍에 의지하는 여러 용들
그들을 사랑하고 슬피 여기며
헤아림 있거나 헤아림이 없는
온갖 중생을 모두다 사랑하며
온갖 중생 편안하고 즐겁게 하고
번뇌 생겨남을 또한 떠나며
온갖 모든 어진 이들로 하여금
온갖 악함 내지 않도록 하라.

그러면 늘 뱀 바위나 굴속 살아도
여러 나쁜 일 모여 오지 않거니
흉악하게 해치는 독한 뱀인들

중생 목숨 어찌 해칠 수 있으리.

이와 같이 바른 진리의 말은
위없는 큰 스승의 말씀이거니
나는 이제 큰 스승의 진실한 말씀
받아 지니어 늘 외우고 익히므로
온갖 모든 악하고 독한 것들도
나의 몸을 해치지 못하리라.

탐욕과 성냄과 어리석음은
이 세간의 세 가지 독이 되나
이와 같은 세 가지 악하고 독함
길이 없앰 불보라 이름하고
법보 또한 여러 독 없애주며
승보 또한 나머지 독을 없애주네.

삼보가 흉악한 독 깨뜨려 부숴
좋은 사람 거두어 받아 보살피고
붇다께선 온갖 독 깨뜨리시니
너 뱀의 독은 지금 부수어졌네.

그러므로 이제 진언(眞言, dhāraṇī)의 글을 말하겠으니, 이와 같다."

우단파리 단파리 주롱룽파파단릉 나디 소나디 지발디

웬나이 사마이 단티 니라지시 파라구비오리 오오리 스바하

塢虼婆隷 虼婆隷 舟冗陸波婆虼陸 奈渧 肅奈渧

抾跋渧 文那移 三摩移 檀諦 尼羅枳施

婆羅拘閈塢隷 塢娯隷 悉波呵

"사리푸트라여, 잘 행하는 이 우파세나 비구가 그때 이 게송을 말하고 이 진언의 글을 말했더라면 뱀독이 그 몸에 들지 않았을 것이다. 또한 그 몸도 무너져서 겨 더미처럼 되지 않았을 것이다."

사리푸트라는 붇다께 말씀드렸다.

"세존이시여, 우파세나는 일찍 이 게송을 듣지 못하였고 일찍 이 진언의 글을 듣지 못하였습니다.

세존께서 오늘 이것을 말씀하시는 것은 바로 앞으로 올 세상을 위하심입니다."

존자 사리푸트라는 붇다의 말씀을 듣고 기뻐하면서 절하고 물러갔다.

• 잡아함 252 우파선나경(優波先那經)

• 해설 •

경에는 좌선하다 독사에 물린 우파세나 비구가 이미 아라한의 지위에 들어 여섯 아는 뿌리와 여섯 경계가 있되 공하여 나와 내 것 없음을 깨달아 온갖 두려움 없이 담담히 죽음을 맞이하는 광경이 기술되어 있다.

독이 퍼져 죽음이 임박한 가운데도 우파세나 비구는 사리푸트라 존자와 열두 들임, 다섯 쌓임, 땅·물·불·바람·허공·앎의 여섯 법의 영역이 모두 공함을 이야기하고 죽되 죽음 없음을 지혜로 살핀 뒤 몸을 버린다.

죽음을 맞이하는 그 모습에는 이미 태어남이 본래 없음을 깨달아 다시

뒤의 존재 받지 않는 해탈인의 크나큰 자재가 온전히 드러나 있다.

다시 세존께서 우파세나의 죽음을 듣고 독한 짐승, 용이나 뱀 같은 축생의 무리에게도 자비의 마음을 갖고 삼보의 거룩한 법의 약으로 마음의 세 가지 독을 없애도록 당부하시니, 위험과 곤란과 장애가 가득찬 세간의 가시밭길을 편안히 걸어가도록 일깨우는 자비의 가르치심이다.

또 세존은 진언의 방편을 보여 뒷세상 중생, 어려움에 빠진 중생이 어려움 이겨내는 길을 열어주신다.

이 진언 방편의 배를 잘 타면 중생의 고통과 갖가지 액난이 공한 곳에서 중생의 물든 세 가지 업[衆生三業, 몸·입·뜻의 업], 세 가지 독에 찌든 장애의 업을 여래의 삼밀(三密) 해탈의 업[解脫業]으로 돌이켜서 비밀장(秘密藏) 그 진리의 곳간을 열게 될 것이다.

3) 열두 가지 안팎의 들임에 집착 없으면
   니르바나에 돌아가리

눈이 빛깔에 얽매임도 아니요 빛깔이 눈에 매임도 아니니

이와 같이 내가 들었다.

한때 붓다께서는 라자그리하 성 칼란다카 대나무동산에 계셨다.

이때 존자 사리푸트라와 존자 마하카우스틸라(Mahākauṣṭhila)는 함께 그리드라쿠타(Gṛdhrakūṭa) 산[靈鷲山]에 있었다.

존자 마하카우스틸라는 해질 무렵 선정에서 깨어나 존자 사리푸트라가 있는 곳으로 가서 서로 문안 인사한 뒤에, 한쪽에 물러나 앉아 사리푸트라에게 말하였다.

"묻고 싶은 것이 있는데 한가하시면 대답해주시겠습니까?"

존자 사리푸트라가 마하카우스틸라에게 말하였다.

"그대의 물음을 따라 아는 것을 대답해주겠소."

존자 마하카우스틸라는 존자 사리푸트라에게 물었다.

"어떻습니까? 존자 사리푸트라시여, 눈이 빛깔을 얽어맵니까, 빛깔이 눈을 얽어맵니까?

귀와 소리·코와 냄새·혀와 맛·몸과 닿음, 그리고 뜻과 법에 있어서도 뜻이 법을 얽어맵니까, 법이 뜻을 얽어맵니까?"

욕탐으로 눈과 빛깔, 주관·객관이 얽매이게 됨을
멍에에 매인 두 소로 비유해보임

존자 사리푸트라가 존자 마하카우스틸라에게 대답하였다.

"눈이 빛깔을 얽매는 것도 아니고 빛깔이 눈을 얽매는 것도 아니오. 나아가 뜻이 법을 얽매는 것도 아니고 법이 뜻을 얽매는 것도 아니오.

존자 마하카우스틸라여, 그 가운데서 만약 그가 욕탐이 있으면, 이것이 곧 얽어매는 것이오.

존자 마하카우스틸라여, 비유하면 두 마리 소가 한 소는 검고 한 소는 흰데 한 멍에와 굴레에 묶여 있을 때, 어떤 사람이 이렇게 묻는 것과 같소.

'검은 소가 흰 소를 묶었는가, 흰 소가 검은 소를 묶었는가.'

이것이 바른 물음이 되겠소?"

대답하였다.

"아닙니다. 존자 사리푸트라여, 검은 소가 흰 소를 묶은 것도 아니고, 흰 소가 검은 소를 묶은 것도 아닙니다. 그 가운데 멍에나 혹은 굴레를 씌우면 이것이 그 두 소를 묶는 것입니다."

"그와 같이 존자 마하카우스틸라여, 눈이 빛깔을 얽매는 것도 아니고 빛깔이 눈을 얽매는 것도 아니며, 나아가 뜻이 법을 얽매는 것도 아니고 법이 뜻을 얽매는 것도 아니오.

그 가운데 욕탐이 있으면, 이것이 곧 얽어매는 것이오.

존자 마하카우스틸라여, 만약 눈이 빛깔을 얽어매거나 빛깔이 눈을 얽어매며, 나아가 만약 뜻이 법을 얽어매거나 법이 뜻을 얽어맨다면, 세존께서 사람들에게 '범행을 세우면 괴로움의 끝을 다할 수 있다'고 가르치지 않으셨을 것이오.

눈이 빛깔을 얽어매는 것도 아니고 빛깔이 눈을 얽어매는 것도 아니며, 나아가 뜻이 법을 얽어매는 것도 아니고 법이 뜻을 얽어매는 것도 아니기 때문에, 세존께서 사람들에게 '범행을 세우면 괴로움의 끝을 다할 수 있다'고 가르치신 것이오.

존자 마하카우스틸라여, 세존께서는 눈으로 빛깔을 볼 때, 좋든 나쁘든 욕탐을 일으키지 않으시오. 그러나 그 밖의 중생들은 눈으로 빛깔을 보았을 때 좋거나 나쁘면 곧 욕탐을 일으키오.

그러므로 세존께서는 '욕탐을 끊으면 곧 마음이 해탈한다'고 말씀하신 것이오. 나아가 뜻과 법에 있어서도 또한 이와 같소."

이때 두 존자는 서로 기뻐하면서 본래 있던 곳으로 돌아갔다.

• 잡아함 250 구치라경(拘絺羅經) ②

• 해설 •

눈·귀·코·혀·몸·뜻의 여섯 아는 뿌리는 연기된 것이므로 있되 공하고, 알려지는 여섯 티끌경계인 빛깔·소리·냄새·맛·닿음·법도 있되 공하다.

저 빛깔은 눈이 봄으로 인해 눈의 보여지는 것이 되고, 눈은 보여지는 빛깔로 인해 빛깔 보는 자가 되며, 뜻은 알려지는 법으로 인해 법을 아는 자가 되고, 법은 아는 뜻뿌리로 인해 뜻에 알려지는 법이 된다.

그러므로 아는 자와 알려지는 것은 이미 하나인 공성[一空]의 한결같음 속에 있는 것이니, 눈이 빛깔을 얽매는 것도 아니고 빛깔이 눈을 얽매는 것도 아니다.

앎 속에 탐착과 애착이 있으므로 저 빛깔 아닌 빛깔을 실로 있는 빛깔로 붙잡으므로 아는 자가 알려지는 것에 의해 물들고 알려지는 것이 아는 자에 의해 닫혀지는 것이다.

이 뜻을 여래는 흰 소와 검은 소가 멍에와 굴레를 묶은 것과 같다 비유하니, 멍에와 굴레를 벗어버리면 아는 자와 알려지는 것은 서로가 서로를 묶지 않으므로 눈이 빛깔을 알고 뜻이 법을 알 때 마음이 곧 해탈하는 것이다.

세존의 가르침으로 마하카우스틸라와 사리푸트라가 서로 여래의 법의 자식임을 확인하고 함께 진리의 기쁨을 나누니, 두 현성은 법의 기쁨으로 삶의 양식을 삼고, 법의 기쁨을 기나긴 겁 나고 죽음을 건널 보디의 식량 삼아 살아가는 이들이다.

『화엄경』(「보현행품」普賢行品)에서는 안과 밖의 두 모습에 머물지 않되 둘 아님에도 머물지 않는 해탈의 사람을 이렇게 노래한다.

> 둘이 없는 지혜에 의지함으로
> 사람 가운데 사자가 출현하도다.
> 그는 둘 없는 법도 집착 않나니
> 사람 가운데 사자 지혜로운 이는
> 둘과 둘 아님이 모두 없음을 아네.
>
> 依於無二智　出現人師子
> 不著無二法　知無二非二

탐욕 떠나 모습 다한 니르바나에 모든 분별이 없으니

이와 같이 내가 들었다.

한때 붇다께서는 슈라바스티 국 제타 숲 '외로운 이 돕는 장자의 동산'에 계셨다.

그때 존자 아난다가 존자 사리푸트라가 있는 곳에 찾아가서 존자 사리푸트라에게 말하였다.

"묻고 싶은 것이 있는데, 한가하시면 풀이해 말씀해주시겠습니까?"

사리푸트라가 말하였다.

"그대의 물음을 따라 아는 것을 대답해주겠소."

존자 아난다는 사리푸트라에게 물었다.

"여섯 닿아 들이는 곳[六觸入處]이 다하고 탐욕을 떠나, 사라지고 쉬고 없어진 뒤에도 다시 남는 것이 있습니까?"

존자 사리푸트라가 아난다에게 말하였다.

"'여섯 닿아 들이는 곳이 다하고 탐욕을 떠나, 사라지고 쉬고 없어진 뒤에도 다시 남는 것이 있습니까?'라고 물었는데, 그렇게 묻지 마시오."

아난다가 다시 물었다.

"존자 사리푸트라시여, 여섯 닿아 들이는 곳이 다하고 탐욕을 떠나, 사라지고 쉬고 없어진 뒤에는 남는 것이 없습니까?"

존자 사리푸트라가 아난다에게 말하였다.

" '여섯 닿아 들이는 곳이 다하고 탐욕을 떠나, 사라지고 쉬고 없어진 뒤에는 남는 것이 없습니까?'라고 물었는데, 그렇게도 묻지 마시오."

아난다가 다시 물었다.

"존자 사리푸트라시여, 여섯 닿아 들이는 곳이 다하고 탐욕을 떠나, 사라지고 쉬고 없어진 뒤에는 남는 것이 있기도 하고 없기도 합니까? 남는 것이 있음도 아니고 없음도 아닙니까?"

존자 사리푸트라가 아난다에게 말하였다.

"또한 '여섯 닿아 들이는 곳이 다하고 탐욕을 떠나, 사라지고 쉬고 없어진 뒤에는 남는 것이 있기도 하고 없기도 합니까? 남는 것이 있음도 아니고 없음도 아닙니까?'라고 물었는데 그렇게도 묻지 마시오."

존자 아난다가 다시 사리푸트라에게 물었다.

"존자께서 말씀하신 대로라면, 여섯 닿아 들이는 곳이 다하고 탐욕을 떠나 사라지고 쉬고 없어진 뒤에는, '있다'고 말해서도 안 되고, '없다'고 말해서도 안 되며, '있기도 하고 없기도 하다'고 말해서도 안 되고, '있는 것도 아니요 없는 것도 아니다'라고 말해서도 안 됩니다. 그 말씀에는 무슨 뜻이 있습니까?"

네 구절의 물음이 모두 빈말이라 실상이 아님을 보임

존자 사리푸트라가 존자 아난다에게 말하였다.

" '여섯 닿아 들이는 곳이 다하고 탐욕을 떠나, 사라지고 쉬고 없어진 뒤에 남는 것이 있는가?'라고 한다면 이것은 곧 빈말[虛言]이고, '없는가?'라고 한다면 이것도 곧 빈말이오.

'남는 것이 있기도 하고 없기도 한가?'라고 한다면 이것도 곧 빈 말이고, '남는 것이 있는 것도 아니요 남는 것이 없는 것도 아닌가?'라고 한다면 이것도 곧 빈말이오.

만약 여섯 닿아 들이는 곳이 다하고 탐욕을 떠나, 사라지고 쉬고 없어진 뒤에는 모든 거짓을 떠나 파리니르바나를 얻는다고 말한다면 이것이 곧 붇다의 말씀이오."

이때 두 존자는 서로 기뻐하면서 본래 있던 곳으로 돌아갔다.

• 잡아함 249 구치라경①

• 해설 •

여섯 닿아 들임이 다하고 탐욕 다함은 곧 연기이므로 공함을 알아 아는 자도 공하고 알려지는 것도 공함이다. 그것은 곧 알려지는 것에 실로 알 것이 없는 줄 알아 앎이 없이 알고, 보여지는 것에 실로 볼 것이 없는 줄 알아 봄이 없이 보는 것이니, 그는 아는 그 자리에서 탐욕과 거짓 떠나 파리니르바나를 얻는다.

보디의 지혜와 실상밖에 그 나머지 네 구절의 분별이 모두 빈말이 되고 허튼 논란[戱論]이 되니, 영가선사(永嘉禪師)는 빈말이 다한 뒤에 현전하는 오직 하나인 진실[唯一事實]을 다음과 같이 노래한다.

마음은 아는 뿌리 법은 객관의 티끌
두 가지가 거울 위의 자취와 같네.
자취의 때 없어지면 빛이 나타나고
마음과 법 둘 없어지면 성품이 곧 참되리.

心是根 法是塵 兩種猶如鏡上痕
痕垢盡除光始現 心法雙亡性即真

3 주체·행위·객체[根·識·境, 十八界]

• 이끄는 글 •

열여덟 법의 영역은 열두 들임에 여섯 앎활동을 더해 온갖 법을 표시했다.

이 열여덟 법의 영역은 전통적 해석으로는 '물질과 마음을 같이 열어'[色心俱開] 물질의 실체성과 마음의 실체성에 집착하는 사람들의 미혹을 동시에 깨뜨리기 위한 교설이다.

또 여섯 뿌리와 여섯 알려지는 경계에 여섯 앎을 더한 이 교설 구조는 자아와 행위와 세계[根·識·境]가 서로 의지해 나고 의지해 있음을 표시하고 있다.

아는 자는 알려지는 경계를 의지해 아는 자가 되고, 여섯 경계는 아는 자로 인해 알려지는 것이 되니, 아는 자와 알려지는 경계가 서로 어울려 여섯 앎을 내지만, 아는 자와 알려지는 경계는 여섯 앎 밖에 물러서 있는 자아나 세계가 아니다.

여섯 아는 뿌리와 경계는 앎의 내적 근거 외적 토대가 된다.

그러나 지금 앎활동이 일어날 때 아는 자와 경계는 앎활동 속[識自體分]에 서로 의지해 있는 아는 자와 아는 바[前六識 見分相分]를 이룬다. 아는 자와 아는 바가 의지해 일어난 앎 자체[識自體分]는 있되 공하고 그 공함도 공하므로[識證自證分] 여섯 아는 뿌리와 여섯 경계가 다시 어울려 새로운 앎활동이 날 수 있는 것이다.

앎 자체가 공함이 다시 새로운 앎의 토대가 되므로 앎의 자기부정이 앎의 새로운 자기 타당성을 다시 증명함[識證自證分]이 된다.

곧 지금 연기된 앎활동은 인연으로 일어나 사라짐 없이 사라지고, 새로운 활동이 다시 아는 뿌리와 알려지는 경계에 의지해 연기한다. 그러므로 아함은 아는 뿌리와 알려지는 경계에다 앎을 일으켜 내는 측면을 잡아서 곳[處, āyatana]의 이름을 주고, 새로운 앎의 생성을 위해 이미 있는 앎을 공한 자기부정의 터전[識證自證分]에 끌어내릴 때는 안과 밖의 뿌리에 앎이 들어와 쉬는 곳이라는 뜻으로 들임[入]의 이름을 준다.

아는 뿌리와 알려지는 경계에 의지해 여섯 앎이 나는 이 구조를 유식불교에서는 제8식[ālaya-vijñāna]의 이름으로 기술하니, 아는 뜻뿌리[意根]는 유식불교에서는 제8식의 아는 자로 제7식[manas-vijñāna]의 이름을 얻고, 몸의 다섯 뿌리와 객관 경계[六境]는 제8식의 아는 바[八識相分]의 이름을 얻는다.

뜻뿌리와 법의 경계가 어울려 나는 앎은 뜻의 앎[第六識, mano-vijñāna]이라 한다. 뜻뿌리[意根]인 제7식은 있되 공한 앎의 뿌리인데, 이 뿌리를 중생이 실체화해서 '나'라는 집착을 내므로 유식논사들은 모두 망집의 뿌리라 말하고, 원효대사는 뜻뿌리 자체의 모습 없는 모습을 마하야나의 뜻뿌리[大乘意根]라 말한다.

이렇게 풀이하면 아함의 열여덟 법의 영역밖에 유식의 팔식설(八識說)이 따로 없다 할 것이니, 이 모든 법의 분별은 아는 자와 알려지는 것, 앎활동의 공성(空性)을 통달해 해탈의 삶에 나아가도록 하기 위함이다.

아는 자와 아는 바, 앎이 모두 공해 취할 것이 없을 때 보고 듣는 앎을 돌이켜 지혜에 나아갈 수 있으니[轉識得智], 『화엄경』(「야마궁중게찬품」)은 다음과 같이 말한다.

취하는 바에 취할 것이 없고
보는 바에 볼 것이 없으며
듣는 바에 들을 것이 없으면
한 마음이 사의할 수 없으리.

所取不可取 所見不可見
所聞不可聞 一心不思議

헤아림 있고 헤아림 없음
두 가지 모두 취할 수 없으니
어떤 사람이 취하려고 해도
마쳐 다해 얻을 것이 없어라.

有量及無量 二俱不可取
若有人欲取 畢竟無所得

1) 아는 자·알려지는 것·앎활동이 곧 온갖 법

열여덟 영역이 곧 온갖 법의 영역이니

이와 같이 내가 들었다.

한때 붇다께서는 슈라바스티 국 제타 숲 '외로운 이 돕는 장자의 동산'에 계셨다.

그때 세존께서 여러 비구들에게 말씀하셨다.

"내가 이제 갖가지 법의 영역[界, dhātu]을 말하겠으니, 자세히 듣고 잘 사유하라. 너희들을 위해 말해주겠다.

어떤 것이 갖가지 법의 영역인가.

곧 눈의 영역[眼界]·빛깔의 영역[色界]·눈의 앎의 영역[眼識界].

귀의 영역[耳界]·소리의 영역[聲界]·귀의 앎의 영역[耳識界].

코의 영역[鼻界]·냄새의 영역[香界]·코의 앎의 영역[鼻識界]이다.

혀의 영역[舌界]·맛의 영역[味界]·혀의 앎의 영역[舌識界].

몸의 영역[身界]·닿음의 영역[觸界]·몸의 앎의 영역[身識界].

뜻의 영역[意界]·법의 영역[法界]·뜻의 앎의 영역[意識界]이다.

이것들을 갖가지 법의 영역이라고 한다."

붇다께서 이 경을 말씀하시자, 여러 비구들은 붇다의 말씀을 듣고 기뻐하며 받들어 행하였다.

• 잡아함 451 계경(界經)

온갖 것이 있다는 것은 어떤 것을 있다고 합니까

이와 같이 내가 들었다.

한때 붇다께서는 슈라바스티 국 제타 숲 '외로운 이 돕는 장자의 동산'에 계셨다.

이때 자눗소니 브라마나가 붇다 계신 곳으로 찾아와 얼굴을 마주하고 서로 문안 인사를 나눈 뒤에 한쪽에 물러나 앉아 붇다께 여쭈었다.

"고타마시여, '온갖 것은 있다'고 말씀하셨는데 '온갖 것이 있다' 는 것이 무엇입니까?"

붇다께서 자눗소니 브라마나에게 말씀하셨다.

"내가 이제 그대에게 묻겠으니 아는 대로 나에게 대답하시오.

브라마나여, 그대 생각은 어떠하오? 눈은 있는 것이오?"

대답하였다.

"있습니다, 사문 고타마시여."

"빛깔은 있는 것이오?"

"있는 것입니다, 사문 고타마시여."

"브라마나여, 빛깔이 있고, 눈의 앎이 있으며, 눈의 닿음이 있고, 눈의 닿음의 인연으로 생긴 느낌인 괴롭거나 즐겁거나 괴롭지도 않고 즐겁지도 않은 느낌도 있는 것이오?"

대답하였다.

"있습니다, 사문 고타마시여."

"귀·코·혀·몸·뜻 또한 그와 같소. 브라마나여, 이것을 '온갖 것이 있다'고 하는 것이오.

만약 어떤 사람이 '이것은 온갖 것이 아니다, 나는 이제 사문 고타마가 말하는 온갖 것을 버리고 따로 다른 온갖 것을 세우겠다'고 하면, 이것은 말만 있을 뿐 듣고도 알지 못하여 그 의혹만 더할 것이오. 왜냐하면 그것은 있는 경계가 아니기 때문이오."

붇다께서 이 경을 말씀하시자, 자눗소니 브라마나는 붇다의 말씀을 듣고 기뻐하고 따라 기뻐하면서 자리에서 일어나 떠나갔다.

• 잡아함 320 일체유경(一切有經)

• 해설 •

온갖 것의 있음을 아는 자와 알려지는 것의 열두 들임으로 보이다가, 다시 열두 들임에 여섯 앎을 더해 열여덟 법의 영역으로 표시하고, 거기에 앎에 의해 나는 여섯 닿음[六觸], 닿음에 따라나는 여섯 느낌[六受]을 더해보이는 것은 무슨 뜻일까.

열두 들임에 의해 여섯 앎이 있고, 여섯 앎과 아는 뿌리 경계의 서로 합함[三事和合]을 닿음[觸]이라 하고, 닿음이 있으면 주체의 경계에 대한 감성적 받아들임[領納]인 느낌[受, vedāva]이 있다. 이처럼 아는 자와 아는 바가 어울려 주체가 대상을 경험할 때, 경험의 내용이 없고 사물에 대한 구체적인 알아차림이 없는 경험은 없다.

그러므로 열두 들임으로 온갖 것을 보인 뜻과, 여기에 여섯 앎과 닿음·느낌을 더해보인 것은 서로 다르지 않다.

다만 붇다는 서로 의지해 아는 자·알려지는 것·앎 자체가 있음을 보여, 그 있음이 연기한 있음이므로 있되 공하고, 있되 공하므로 거짓 있음[假有]이며, 있되 있음도 없고 공하되 공함도 없는 중도[中道]의 모습임을 보이고 있다.

곧 연기된 존재가 있음도 아니고 없음도 아니라는 가르침의 문[非有非無門]과 법의 영역이 연기로 있다는 가르침의 문[有門]은 끝내 돌아가는 뜻이 둘이 아니니, 여래의 있다 함이 어찌 실로 있다 함일 것인가.

하늘의 밝은 달이 물결 가운데 떨어지는 소식 보아야 할 것이다.

여기 안이 있고 저기 밖이 있으며 가운데가 있다고 함을 통해, 안이 안이 아니고 밖이 밖이 아님을 보인 여래의 뜻을 어떻게 찬탄할까.

옛 선사[佛眼遠]의 한 노래로 보이리라.

양자강 언덕 위에 버들 푸른 봄날인데
버들꽃은 나루 건너는 이 근심 깊게 하는구나.
한 소리 남은 피리가락 저녁 정자 떠나는데
그대는 소상으로 나는 진으로 가네.

楊子江頭楊柳春　楊花愁殺渡頭人
一聲殘笛離亭晩　君何瀟湘我向秦

눈과 빛깔이 인연이 되어 눈의 앎이 있나니

이와 같이 내가 들었다.

한때 붇다께서는 바이샬리 국의 원숭이 못가에 있는 이층강당[重閣講堂]에 계셨다. 때에 어떤 비구가 붇다 계신 곳에 나아가 붇다의 발에 머리를 대 절하고 물러나 한쪽에 앉아 붇다께 여쭈었다.

"세존이시여! 무슨 원인과 무슨 조건으로 눈의 앎이 생기며, 무슨 원인과 무슨 조건으로 귀·코·혀·몸·뜻의 앎이 생깁니까."

붇다께서는 비구에게 말씀하셨다.

"눈의 원인이 빛깔을 조건으로 하여 눈의 앎이 생긴다.

왜 그런가. 만약 눈의 앎이 생기면 그 온갖 것은 눈과 빛깔이 인연이 되기 때문이다.

이와 같이 귀와 소리의 인연, 코와 냄새의 인연, 혀와 맛의 인연, 몸과 닿음의 인연, 뜻과 법의 인연으로써 뜻 등의 앎이 생긴다.

왜 그런가. 모든 있는바 뜻 등의 앎, 그 온갖 것은 모두다 뜻과 법 등의 인연으로써 생기기 때문이다.

이것을 비구여, 눈의 앎은 인연으로 생기고, 귀의 앎·코의 앎·혀의 앎·몸의 앎·뜻의 앎도 인연으로 생기는 것이라 한다."

때에 그 비구는 붇다의 말씀을 듣고 기뻐하고 따라 기뻐하면서 절하고 물러갔다.

• 잡아함 238 인연경(因緣經)

눈의 앎이 날 때 그 앎은 무엇이 원인이 되고 무엇이 조건이 되는가. 주체의 아는 뿌리가 원인이 되고 알려지는바 경계인 빛깔[色]이 조건이 된다.

비록 세존이 눈이 빛깔을 본다고 말하고 있지만, 눈은 늘 뜻의 아는 뿌리[意根, manas-indriya]와 같이 움직이는 눈이므로 눈을 말할 때 주체의 아는 뿌리[內根]를 모두 말함이다. 아는 뿌리와 경계가 어울려 앎이 났지만 결과로 일어난 앎에는 아는 뿌리와 경계의 모습이 없다.

눈의 앎은 눈이 지은 것도 아니고 빛깔이 지은 것도 아니며, 실체로서의 눈과 빛깔이 함께 지은 것도 아니지만, 눈과 빛깔 뜻뿌리를 떠나서도 눈의 앎은 없다.

앎은 스스로 지은 것도 아니고[非自作] 남이 지은 것도 아니며[非他作] 나와 남이 같이 지은 것도 아니나[非自他作] 나와 남의 원인과 조건을 떠나서 지은 것도 아니다[非無因作]. 그러므로 앎은 있되 공하고 앎은 나되 남이 없다[生而無生].

앎이 이처럼 인연으로 나기 때문에 공하지만, 공하므로 앎은 새로운 상황을 맞아 다시 주체적인 요인과 조건을 의지해 남이 없이 나는 것이다. 곧 인연으로 난다는 여래의 가르침이, 실은 바로 나되 남이 없음과 남이 없이 남[無生而生]의 뜻을 동시에 세워, 남[生生]과 남이 없음[無生]을 함께 넘어서게 하는 가르침인 것이다.

2) 열여덟 법의 영역, 그 나 없음과 덧없음

온갖 법의 영역은 기름과 심지로 인해
타는 등불 같나니

이와 같이 내가 들었다.

한때 붇다께서는 슈라바스티 국 제타 숲 '외로운 이 돕는 장자의 동산'에 계셨다.

그때 이와 같은 무리의 큰 성문 비구니들이 슈라바스티 국왕의 동산에 머물고 있었으니, 그 비구니대중의 이름은 다음과 같다.

곧 춘다(Cunda) 비구니·민타 비구니·마라바(Marāva) 비구니·파라차라 비구니·타라비가 비구니·사마(Śamā) 비구니·난마 비구니·고난사고오타미 비구니·우트팔라바르나(Utpalavarṇā) 비구니·마하프라자파티(Mahāprajāpatī) 비구니이니, 이들과 또 다른 비구니들이 왕의 동산에 머물고 있었다.

그때 마하프라자파티 비구니는 오백 비구니에게 앞뒤로 둘러싸여 붇다 계신 곳에 나아가 머리를 대 붇다의 발에 절하고 한쪽에 물러나 앉았다.

그때 세존께서 마하프라자파티 비구니를 위해 설법하시어 가르쳐 보이시고 기쁘게 해주셨다. 여러 가지로 설법하여 가르쳐보이시고 기쁘게 해주신 다음에 그들을 돌려보내려고 말씀하셨다.

"비구니들이여, 이제 가야 할 때가 되었다."

마하프라자파티 비구니는 붇다의 말씀을 듣고 모두 함께 기뻐하면서 절하고 물러갔다.

세존께서 오백 비구니대중에게 윗자리 비구들이
차례로 설법하도록 당부하심

그때 세존께서 마하프라자파티 비구니가 떠난 것을 아시고 여러 비구들에게 말씀하셨다.

"나는 이미 늙어서 여러 비구니들을 위해 설법하기가 힘들다. 너희 여러 비구들이여, 오늘부터 나이가 많고 덕이 있는 여러 윗자리 비구들이 비구니들을 가르쳐주어야 한다."

그때에 여러 비구들은 세존의 분부를 받고 차례로 비구니를 가르치게 되었고, 그 차례가 난다(Nanda)에게 이르렀다.

그때 난다는 차례가 되었지만 가르치려 하지 않았다.

그때 마하프라자파티 비구니는 오백 비구니들에게 앞뒤로 둘러싸여 세존이 계신 곳에 나아가 머리를 대 발에 절하고 한쪽에 물러나 앉았다. 세존께서 마하프라자파티 비구니를 위해 설법하시자, 여러 비구니들은 법을 듣고 함께 기뻐하면서 절하고 물러갔다.

그때 세존께서 마하프라자파티 비구니가 떠난 것을 아시고 존자 아난다에게 물으셨다.

"누가 여러 비구니들을 가르쳐야 할 차례였느냐?"

존자 아난다는 붇다께 말씀드렸다.

"세존이시여, 여러 윗자리 비구들이 차례로 비구니들을 가르쳐주었는데, 그 차례가 난다에게 이르자 난다는 가르치려고 하지 않았습니다."

그때 세존께서 난다에게 말씀하셨다.

"너는 여러 비구니들을 가르치고 여러 비구니들을 위해 설법해주어야 한다. 왜냐하면 나도 스스로 비구니들을 가르쳤으니 너 또한 그렇게 해야 한다. 나도 비구니들을 위해 설법하였으니 너 또한 그렇게 해야 한다."

설법을 사양하던 난다가 세존의 깨우치심을 듣고 비구니대중에게 나아감

그때 난다는 잠자코 분부를 받아들였다. 이때 난다는 밤이 지나고 이른 아침에 가사를 입고 발우를 가지고 슈라바스티 성으로 들어가 밥을 빌었다. 밥을 다 들고 난 뒤에 정사로 돌아와 가사와 발우를 거두어 들고 발을 씻은 뒤에 방에 들어가 좌선하였다.

선정에서 깨어나 상가티를 입고 한 비구를 데리고 왕의 동산으로 갔다.

여러 비구니들은 멀리서 존자 난다가 오는 것을 보고 빨리 앉을 자리를 펴고 자리에 앉도록 청하였다. 존자 난다가 앉자 여러 비구니들은 머리를 숙여 절하고 한쪽에 물러나 앉았다.

존자 난다는 여러 비구니들에게 말하였다.

"여러 누이들이여, 그대들은 나에게 물으십시오. 이제 여러분을 위해 설법해드리겠소. 여러분은 알았으면 알았다고 말하고, 만약 알지 못했으면 알지 못했다고 말하십시오. 제가 말하는 뜻을 알았으면 잘 받아 지녀야 할 것이오.

만약 알지 못했으면 여러분은 다시 물어야 할 것이오. 내가 여러분을 위해 설명해드리겠소."

여러 비구니들이 존자 난다에게 말했다.

"저희들은 오늘 존자의 가르침을 듣습니다. 존자께서는 저희들이 묻도록 하시면서 저희들에게 이렇게 말씀하셨습니다.

'여러분이 만약 알지 못했으면 지금 모두 물어보아야 하오. 이미 알았으면 알았다고 말하고, 만약 알지 못했다면 알지 못했다고 말하십시오. 제가 말하는 뜻을 알았으면 잘 받아 지녀야 하고, 만약 알지 못했으면 여러분은 다시 물어야 하오.'

저희들은 존자의 이 말을 듣고 마음이 크게 기쁩니다. 아직 뜻을 알지 못한 것을 오늘 꼭 여쭙겠습니다."

안과 밖의 들임에서 나 없음 살피도록 법을 설함

그때 존자 난다가 여러 비구니들에게 말하였다.

"어떻소? 누이들이여, 눈의 안의 들임에서 '이것은 나다, 나와 다르다, 나와 나와 다름이 함께 있는 것이다'라고 살피시오?"

대답하였다.

"아닙니다, 존자 난다여."

"귀 · 코 · 혀 · 몸 · 뜻의 안의 들임에서 '이것은 나다, 나와 다르다, 나와 나와 다름이 함께 있는 것이다'라고 살피시오?"

"아닙니다, 존자 난다여. 왜냐하면 존자 난다여, 저희들은 이미 일찍이 이 법에 대해서 진실 그대로 알고 보았기 때문입니다. 곧 여섯 가지 안의 들임에서 '나 없음'을 살폈고, 저희들은 이미 '여섯 가지 안의 들임에는 나가 없다'고 이와 같이 이해하였습니다."

존자 난다가 여러 비구니들에게 말하였다.

"잘 말씀했소, 누이들이여. 반드시 이와 같이 이해하여 여섯 가지 안의 들임에서 '나 없음'을 살펴야 하오.

여러 비구니들이여, 빛깔의 밖의 들임이 곧 '나'요, '나와 다른 것'이요, '나와 나와 다름이 같이 있는 것'이오?"

대답하였다.

"아닙니다, 존자 난다여."

"소리 · 냄새 · 맛 · 닿음 · 법의 밖의 들임이 곧 '나'요, '나와 다른 것'이요, '나와 나와 다름이 같이 있는 것'이오?"

대답하였다.

"아닙니다, 존자 난다여. 왜냐하면 저희들은 이미 여섯 가지 밖의 들임에서 '나 없음'을 진실 그대로 살폈습니다. 저희들은 언제나 '여섯 가지 밖의 들임에는 진실 그대로 나가 없다'고 이렇게 이해하고 있습니다."

존자 난다가 여러 비구니들을 찬탄하였다.

"잘 말하고 잘 말했소. 여러분은 이 뜻에 대해서 '이 여섯 가지 밖의 들임에는 나가 없다'고 이와 같이 살펴야 하오."

여섯 앎에서 나 없음을 살피도록 설법함

"만약 눈과 빛깔을 인연하여 눈의 앎을 낸다면, 그 눈의 앎은 '나'요, '나와 다른 것'이요, '나와 나와 다름이 같이 있는 것'이오?"

대답하였다.

"아닙니다, 존자 난다여."

"귀 · 코 · 혀 · 몸 · 뜻과 법 등을 인연하여 뜻 등의 앎을 낸다면, 그 뜻 등의 앎은 '나'요, '나와 다른 것'이요, '나와 나와 다름이 같이 있는 것'이오?"

대답하였다.

"아닙니다, 존자 난다여. 왜냐하면 저희들은 이미 일찍이 여섯 가지 앎의 몸에서 진실 그대로 '나 없음'을 살폈습니다. 저희들은 또한 언제나 '여섯 가지 앎의 몸에는 진실 그대로 나가 없다'고 이와 같이 이해하고 있기 때문입니다."

존자 난다는 여러 비구니들에게 말하였다.

"잘 말하고 잘 말했소, 누이들이여. 여러분은 이 뜻에 대해서 반드시 '여섯 가지 앎의 몸에는 진실 그대로 나가 없다'고 이와 같이 살펴야 하오."

여섯 닿음, 여섯 느낌에 나 없음을 살피도록 함

"눈과 빛깔을 인연하여 눈의 앎을 내면, 이 세 가지 일이 어울려 합함[三事和合]이 닿음인데, 그 닿음이 '나'요, '나와 다른 것'이오, '나와 나와 다름이 같이 있는 것'이오?"

대답하였다.

"아닙니다, 존자 난다여."

"귀·코·혀·몸·뜻과 법 등을 인연하여 뜻 등의 앎을 내면, 이 세 가지가 어울려 합함이 닿음인데, 그 닿음이 '나'요, '나와 다른 것'이오, '나와 나와 다름이 같이 있는 것'이오?"

대답하였다.

"아닙니다, 존자 난다여. 왜냐하면 저희들은 이미 일찍이 이 여섯 가지 닿음에서 진실 그대로 '나 없음'을 살폈습니다. 저희들은 언제나 '여섯 가지 닿음에는 진실 그대로 나가 없다'고 이와 같이 이해하고 있기 때문입니다."

존자 난다는 여러 비구니들에게 말하였다.

"잘 말하고 잘 말했소. '여섯 가지 닿음의 몸에는 진실 그대로 나가 없다'고 살펴야 하오.

눈과 빛깔을 인연하여 눈의 앎을 내고, 이 세 가지가 어울려 합함이 닿음이며, 닿음 때문에 느낌이 생기오. 그 닿음 때문에 생긴 느낌이 '나'요, '나와 다른 것'이오, '나와 나와 다름이 같이 있는 것'이오?"

대답하였다.

"아닙니다, 존자 난다여."

"귀·코·혀·몸·뜻과 법 등을 인연하여 뜻 등의 앎을 내고, 이 세 가지가 어울려 합함이 닿음이며, 닿음 때문에 느낌이 생기오. 그 느낌이 '나'요, '나와 다른 것'이오, '나와 나와 다름이 같이 있는 것'이오?"

대답하였다.

"아닙니다, 존자 난다여. 왜냐하면 저희들은 일찍이 이 여섯 가지 느낌의 몸에서 '나 없음'을 진실 그대로 살폈습니다. 저희들은 언제나 '여섯 가지 느낌의 몸[六受身]에는 진실 그대로 나가 없다'고 이와 같이 이해하고 있기 때문입니다."

존자 난다는 여러 비구니들에게 말하였다.

"잘 말하고 잘 말했소. 여러분은 이 뜻에 대해서 반드시 '이 여섯 가지 느낌의 몸에는 진실 그대로 나가 없다'고 이와 같이 살펴야 하오."

모습 취함·지어감·애착에 나 없음을 살피도록 함

"눈과 빛깔을 인연하여 눈의 앎을 내고, 이 세 가지가 어울려 합함이 닿음이며, 닿음 때문에 모습 취함이 생기오. 그 모습 취함이 '나'요, '나와 다른 것'이오, '나와 나와 다름이 같이 있는 것'이오?"

대답하였다.

"아닙니다, 존자 난다여."

"귀·코·혀·몸·뜻과 법 등을 인연하여 뜻 등의 앎을 내고, 이 세 가지가 어울려 합함이 닿음이며, 닿음 때문에 모습 취함이 생기오. 그 모습 취함이 '나'요, '나와 다른 것'이오, '나와 나와 다름이 같이 있는 것'이오?"

대답하였다.

"아닙니다, 존자 난다여. 왜냐하면 저희들은 일찍이 이 여섯 모습 취함의 몸에서 '나 없음'을 진실 그대로 살폈습니다. 저희들은 언제나 '여섯 모습 취함의 몸에는 진실 그대로 나가 없다'고 이와 같이 이해하고 있기 때문입니다."

존자 난다가 여러 비구니들에게 말하였다.

"잘 말하고 잘 말했소. 비구니들이여, 여러분은 이 뜻에 대해서 이와 같이 살펴야 하오.

'이 여섯 모습 취함의 몸에는 진실 그대로 나가 없다.'

눈과 빛깔을 인연하여 눈의 앎을 내고, 이 세 가지가 어울려 합함이 닿음이며, 닿음 때문에 지어감이 생기오. 그 지어감이 '나'요, '나와 다른 것'이오, '나와 나와 다름이 같이 있는 것'이오?"

대답하였다.

"아닙니다, 존자 난다여."

"귀·코·혀·몸·뜻과 법 등을 인연하여 뜻 등의 앎을 내고, 이 세 가지가 어울려 합함이 닿음이며, 닿음을 인연한 것이 지어감입니다.

그 지어감이 '나'요, '나와 다른 것'이오, '나와 나와 다름이 같이 있는 것'이오?"

대답하였다.

"아닙니다, 존자 난다여. 왜냐하면 저희들은 일찍이 이 여섯 지어 감의 몸에서 진실 그대로 '나 없음'을 살폈습니다. 저희들은 언제나 '이 여섯 지어감의 몸에는 진실 그대로 나가 없다'고 이와 같이 이해 하고 있기 때문입니다."

존자 난다가 여러 비구니들에게 말하였다.

"잘 말하고 잘 말했소. 비구니들이여, 여러분은 이 뜻에 대해서 이 와 같이 살펴야 하오.

'이 여섯 지어감의 몸에는 진실 그대로 나가 없다.'

눈과 빛깔을 인연하여 눈의 앎을 내고, 이 세 가지가 어울려 합함 이 닿음이며, 닿음을 인연한 것이 애착입니다. 그 애착이 '나'요, '나 와 다른 것'이오, '나와 나와 다름이 같이 있는 것'이오?"

그들이 대답하였다.

"아닙니다, 존자 난다여."

"귀·코·혀·몸·뜻과 법 등을 인연하여 뜻 등의 앎을 내고, 이 세 가지가 어울려 합함이 닿음이며, 닿음을 인연한 것이 애착입니다. 그 애착이 '나'요, '나와 다른 것'이오, '나와 나와 다름이 같이 있는 것'이오?"

대답하였다.

"아닙니다, 존자 난다여. 왜냐하면 저희들은 일찍이 이 여섯 애착 의 몸에서 진실 그대로 '나 없음'을 살폈습니다. 저희들은 언제나 '이 여섯 애착의 몸에는 진실 그대로 나가 없다'고 이와 같이 이해하고 있기 때문입니다."

존자 난다는 여러 비구니들에게 말하였다.

"여러분은 이 뜻에 대해서 이와 같이 살펴야 하오.
'이 여섯 애착의 몸에는 진실 그대로 나가 없다.'"

등불의 비유로 온갖 법이 연기함과 '나 없음'을 보임

"누이들이여, 비유하면 기름을 인하고 심지를 인하여 등불이 탈수 있는 것과 같소. 그 기름은 덧없는 것이고 심지도 덧없는 것이며, 불 또한 덧없는 것이고 그릇 또한 덧없는 것이오.

그런데 만약 어떤 사람이 '기름도 없고 심지도 없으며, 불도 없고 그릇도 없어도, 그것을 의지하여 일어난 등불의 빛이 늘 머물러 변하거나 바뀌지 않는다'고 말한다면, 이 말을 바른 말이라 하겠소?"

대답하였다.

"아닙니다, 존자 난다여. 왜냐하면 기름과 심지와 그릇 때문에 등불은 타오르는데, 그 기름과 심지와 그릇은 덧없는 것이기 때문입니다. 만약 기름도 없고 심지도 없으며 그릇도 없다면, 그것을 의지한 등불의 빛 또한 따라서 사라지고, 그쳐 없어집니다. 그리하여 사라지면 청량하고 진실하게 됩니다."

"이와 같이 누이들이여, 이 여섯 가지 안의 들임은 덧없는 것이오. 그런데 만약 어떤 사람이 '이 여섯 가지 안의 들임의 인연으로 생기는 기쁨과 즐거움이 늘 머물러 변하거나 바뀌지 않으며 안온하다'고 말한다면, 이것을 바른 말이라 하겠소?"

대답하였다.

"아닙니다, 존자 난다여. 왜냐하면 저희들은 일찍이 이렇게 살폈기 때문입니다.

'이런저런 법의 인연으로 이런저런 법을 내면, 이런저런 인연의 법이 사라지면 이런저런 법 또한 따라서 사라지고 그쳐 없어지며, 청량하고 진실하게 된다.'"

존자 난다가 여러 비구니들에게 말하였다.

"잘 말하고 잘 말했소. 비구니들이여, 여러분은 이 뜻에 대해서 이와 같이 살펴야 하오.

'이런저런 법의 인연으로 이런저런 법을 내면, 이런저런 인연의 법이 사라지면 이런저런 법 또한 따라서 사라지고 그쳐 없어지며, 청량하고 진실하게 된다.'"

나무의 이룸을 비유로 법의 '나 없음'을 보임

"여러 누이들이여, 비유하면 큰 나무의 뿌리·줄기·가지·잎사귀와 같아, 뿌리도 덧없는 것이고, 줄기·가지·잎사귀도 다 덧없는 것이오.

그런데 만약 어떤 사람이 '그 나무의 뿌리·줄기·가지·잎사귀는 없고, 오직 그 그림자만 있어서 늘 머물러 변하거나 바뀌지 않으며 안온하다'고 말한다면 바른 말이라 하겠소?"

대답하였다.

"아닙니다, 존자 난다여. 왜냐하면 그 큰 나무의 뿌리·줄기·가지·잎사귀에서, 그 뿌리도 덧없는 것이고 줄기·가지·잎사귀 또한 덧없는 것이라면, 뿌리도 없고 줄기도 없고 가지도 없고 잎사귀도 없으면, 그것을 의지한 나무 그림자 그 온갖 것이 다 없기 때문입니다."

"여러 누이들이여, 만약 여섯 가지 밖의 들임이 덧없는데, 만약

'밖의 여섯 들임을 인연하여 생긴 기쁨과 즐거움은 늘 머물고 변하거나 바뀌지 않으며 안온하다'고 말한다면, 이것을 바른 말이라 하겠소?"

대답하였다.

"아닙니다, 존자 난다여. 왜냐하면 저희들은 일찍이 이 뜻에 대해서 진실 그대로 이렇게 살폈기 때문입니다.

'이런저런 법을 인연하여 이런저런 법을 내면, 이런저런 법의 인연이 사라지면 이런저런 생긴 법도 따라서 사라지고, 그쳐 없어지고 고요하고 청량하여 진실하게 된다.'"

존자 난다는 여러 비구니들에게 말하였다.

"잘 말하고 잘 말했소, 누이들이여. 여러분은 이 뜻에 대해서 진실 그대로 이렇게 살펴야 하오.

'이런저런 법을 인연하여 이런저런 법을 내면, 이런저런 법의 인연이 사라지면 이런저런 생긴 법도 따라서 사라지고, 그쳐 없어지고 고요하고 청량하여 진실하게 된다.'"

소 백정의 비유로 네 곳 살펴 번뇌와 애착 끊음을 보임

"여러 누이들이여, 내가 비유 말하는 것을 들어보시오. 지혜로운 사람은 비유로 인하여 이해하오. 비유하면 다음과 같소.

솜씨 좋은 소 백정이나 소 백정의 제자가 손에 날카로운 칼을 잡고 소를 잡아 가죽을 벗기고 살을 쪼갠다 합시다. 그때 그 틈을 잘 타서 벗겨 속살도 다치지 않고 바깥의 가죽도 다치지 않으며, 줄기와 마디, 힘줄과 뼈를 쪼개 나눈 뒤에, 그 가죽을 도로 그 위에 덮는 것과 같소.

이때 만약 어떤 사람이 '이 소는 가죽과 살이 온전하여 나뉘어지지 않았다'고 말한다면 바른 말이라 하겠소?"

대답하였다.

"아닙니다, 존자 난다여. 왜냐하면 그 솜씨 좋은 소 백정이나 소 백정의 제자는 손에 날카로운 칼을 잡고 틈을 잘 타서 가죽을 벗겨서 가죽과 살을 다치지 않게 하고 줄기와 마디, 힘줄과 뼈를 다 끊은 뒤에, 다시 그 가죽을 그 위에 덮었기 때문입니다.

가죽과 살은 이미 나뉘었으니 나뉘지 않은 것이 아닙니다.'

"누이들이여, 내가 비유로 말하였으니, 이제 그 뜻을 말해주겠소. 소란 사람 몸의 거친 물질[麤色]을 비유한 것이니, 여래께서 『상자에 든 독사로 비유한 경』[篋毒蛇經]에서 널리 말씀한 것과 같소.

살이란 곧 안의 여섯 들임이요, 바깥의 껍질이란 밖의 여섯 들임이며, 소를 잡는다는 것은 배워서 도의 자취를 보는 것이요, 가죽과 살 사이의 힘줄과 뼈는 탐욕과 기뻐함이 같이함이요, 날카로운 칼은 날카로운 지혜를 말한 것이오. 많이 들은 거룩한 제자는 지혜의 날카로운 칼로써 온갖 묶음[結]·얽맴[縛]·부림[使]·번뇌(煩惱)·높은 번뇌[上煩惱]·얽어맴[纏]을 끊소.

그러므로 여러 누이들이여, 이와 같이 배워야만 하오.

즐길 만한 법에 대해 마음이 집착하지 않아야 하니, 탐욕을 끊기 위해서요. 성낼 만한 법에 대해 성내지 않아야 하니, 성냄을 끊기 위해서요. 어리석을 만한 법에 대해 어리석지 않아야 하니, 어리석음을 끊기 위해서요.

다섯 가지 받는 쌓임에 대해서 나고 사라짐을 살펴야 하고, 여섯 가지 닿아 들임에 대해서 그 모아냄과 사라짐을 살펴야 하며, 네 곳 살핌[四念處]에 대해서 마음을 잘 잡아매어야 하오.

일곱 갈래 깨달음 법[七覺分]에 머무르고 일곱 갈래 깨달음의 법을 닦은 뒤에 그 탐욕의 흐름[欲漏]에 대해서 마음이 나아가 집착하지 않으면 마음이 해탈하게 될 것이오. 그 존재의 흐름[有漏]에 대해서 마음이 나아가 집착하지 않으면 마음이 해탈하게 될 것이오. 그 무명의 흐름[無明漏]에 대해서 마음이 나아가 집착하지 않으면 마음이 해탈하게 될 것이오.

여러 누이들이여, 이와 같이 배워야 하오."

그때 존자 난다는 여러 비구니들을 위해 설법하여 가르침을 보이고 기쁘게 해준 뒤에 자리에서 일어나 떠나갔다.

난다의 설법이 열나흗날 달 같다는 여래의 깨우침을 듣고 다시 정진하고 설법하여 여래의 인가와 언약을 받음

이때 마하프라자파티 비구니는 오백 비구니에게 둘러싸이어 붇다 계신 곳에 나아가, 머리를 대 그 발에 절하고 한쪽에 물러나 앉았다.

이에 세존께서 여러 가지로 가르쳐보여 기쁘게 해주시니, 마하프라자파티 비구니는 붇다께 절하고 물러갔다.

그때 붇다께서 마하프라자파티 비구니가 떠난 것을 아시고 여러 비구들에게 말씀하셨다.

"비유하면 밝은 달이 열나흗날 밤과 같으니, 많은 사람들이 달을 보면 그 달이 가득 찼다고 하겠느냐, 아직 차지 못했다고 하겠느냐? 반드시 그 달은 끝까지 차지는 못한 줄 알아야 한다.

이와 같이 바르게 행하는 이 난다는 오백 비구니들을 위해 바르게 가르치고 바르게 설법하였으나, 그 해탈에 있어서는 아직 마쳐 다하지 못하였다. 그러나 이 비구니들이 목숨을 마칠 때, 그들로 하여금 끊기지 않은 한 번뇌의 묶음[一結不斷]을 보아 이 세상에 다시 태어 나도록 하지는 않을 것이다."

그때 세존께서 다시 난다에게 말씀하셨다.

"다시 여러 비구니들을 위해 설법해주어라."

그때 존자 난다는 잠자코 분부를 받들었다.

그는 밤이 지나고 이른 아침에 발우를 가지고 성으로 들어가 밥을 빌었다. 밥을 다 들고 나서 정사로 돌아와 가사와 발우를 거두어 들고 발을 씻은 뒤에 방에 들어가 좌선하였다.

선정에서 깨어나 상가티를 입고 한 비구를 데리고 왕의 동산으로 가서 자리에 나아가 앉아, 여러 비구니들을 위해 설법하여 가르침을 보이고 기쁘게 해주었다. 가르침을 보이고 기쁘게 해준 뒤에 자리에서 일어나 떠나갔다.

마하프라자파티 비구니는 다른 때에 다시 오백 비구니들에게 앞 뒤로 둘러싸여 붇다 계신 곳에 나아가 머리를 대 그 발에 절하고 한 쪽에 물러나 앉았다.

세존께서 마하프라자파티 비구니에게 설법하여 기쁘게 하니, 마 하프라자파티 비구니는 세존께 절하고 물러갔다.

그때 세존께서 마하프라자파티 비구니가 간 것을 아시고 여러 비 구들에게 말씀하셨다.

"비유하면 밝은 달이 보름날 밤이면 어떤 사람도 그 달이 가득 찼 는지 가득 차지 않았는지 의심하지 않을 만큼 그 달은 끝까지 둥글 게 가득 찬 것과 같다.

이와 같이 바르게 행하는 이 난다는 여러 비구니들을 위해 설법하고, 이와 같이 바로 가르쳐 해탈을 마쳐 다했다. 그들이 만약 목숨을 마칠 때에는 그 나아갈 길을 말할 일이 없다. 이것이 곧 괴로움의 끝인 줄 알아야 한다."

이것은 세존께서 오백 비구니들을 위해 으뜸가는 해탈의 과덕을 언약해주심이다.

붇다께서 이 경을 말씀하시자, 여러 비구들은 붇다의 말씀을 듣고 기뻐하며 받들어 행하였다.

• 잡아함 276 난다설법경(難陀說法經)

• 해설 •

난다 비구는 스스로 여래의 연기의 가르침을 잘 받아지니고 그 뜻을 깨달아 알았다. 그러나 아직 마음의 해탈을 얻지 못했으므로 비구니대중에게 설법할 차례가 되었으나 출가 전 어머니인 마하프라자파티 비구니 앞에서 설법하지 않은 듯하다. 여래의 당부를 듣고 여러 비구니대중에게 법을 설하니, 난다의 설법은 바로 안팎의 들임인 여섯 아는 뿌리와 여섯 티끌경계와 여섯 앎에 나 없음을 살피도록 함이다.

여섯 안의 아는 자[六境]와 여섯 바깥 알려지는 경계[境]가 어울려 여섯 앎이 나고, 안의 뿌리와 밖의 경계와 가운데 앎이 합하므로[三事和合故] 닿음이 생겨서, 닿기 때문에 느낌이 있고, 느낌 때문에 모습 취함[想]과 지어감[思]과 애착[愛]이 난 것이다.

아는 자는 알려지는 것으로 인해 아는 자가 되고 아는 마음은 경계로 인해 마음이 되며 경계는 마음이 알 때 마음인 경계이니, 마음이라고 해도 '내'가 아니고 경계라 해도 '나와 다름'이 아니다. 마음과 경계에 모두 '나'와 '나와 다름' '둘의 같이 있음'이 모두 없으니, 마음에 마음이 없고 모습에 모습이 없는 것이다.

이처럼 아는 자 · 알려지는 것 · 앎이 모두 있되 공한 줄 알면 앎 따라 나는 닿음, 느낌과 지어감 애착이 있되 공함을 알게 되고, 앎에서 앎이 없어지면 앎의 갖가지 작용이 앎의 없어짐을 따라 사라지게 된다.

마치 등불이 기름과 심지와 그릇의 인연으로 있어서 기름과 심지와 그릇이 없으면 등불이 사라짐과 같고, 나무가 뿌리·줄기·가지·잎이 모여 된 것이라 뿌리·줄기·가지·잎이 덧없는 줄 알면 나무와 나무 그림자도 덧없고 실체 없는 줄 아는 것과 같다.

난다 비구가 보인 소 백정의 비유는 큰 소를 잡아 쪼개면 소가 없듯이 지혜의 칼로 여러 번뇌의 묶음을 끊고 탐욕과 기뻐함의 뿌리인 몸과 바깥 경계를 나누어 공함을 보인 것[析空]이다. 이는 존재가 온갖 법의 인연으로 있기 때문에 존재에 실로 그렇다고 할 나가 없음을 보도록 함이다.

그러나 여래께서 난다의 설법이 아직 보름달같이 원만치 못하다 경책하시니, 모습을 쪼개지 않고 모습 그대로 공한 존재의 진실을 바로 보아 선정과 지혜가 하나되지 못했기 때문이리라.

여래의 깨우침에 난다가 다시 분발하여 보름달같이 그 지혜와 설법을 원만케 하였으니, 그도 이제 여래의 바른 가르침을 많이 듣고[多聞] 잘 사유하여[善思] 여래의 방에 들어선 해탈의 사람이 된 것이다.

열여덟 법의 영역에 '나'와 '나와 다름' '둘의 합함'이 있는가

이와 같이 내가 들었다.

한때 붇다께서는 바이샬리 국의 약사인 지바카의 암라 동산에 계셨다.

그때 세존께서 여러 비구들에게 말씀하셨다.

"여섯 닿아 들이는 곳이 있다.

어떤 것이 여섯 가지인가?

눈의 닿아 들이는 곳[眼觸入處], 귀의 닿아 들이는 곳[耳觸入處],

코의 닿아 들이는 곳[鼻觸入處], 혀의 닿아 들이는 곳[舌觸入處],

몸의 닿아 들이는 곳[身觸入處], 뜻의 닿아 들이는 곳[意觸入處]

이다.

사문·브라마나가 이 여섯 닿아 들이는 곳의 일어남과 사라짐, 맛들임과 걱정거리, 벗어남에 대해 진실 그대로 알지 못한다 하자.

그러면 반드시 알아야 한다. 이런 사문·브라마나는 나의 법과 율에 가기 먼 것이 허공과 땅 사이 같을 것이다."

비구가 가르침을 듣고 깨친 뜻을 세존께 말씀드림

이때 어떤 비구가 자리에서 일어나 옷을 여미고 붇다께 절한 뒤에 합장하고 붇다께 말씀드렸다.

"저는 그 여섯 닿아 들이는 곳의 일어남과 사라짐, 맛들임과 걱정거리와 벗어남에 대해 갖추어 진실 그대로 알고 있습니다."

붇다께서 비구에게 말씀하셨다.

"내가 지금 너에게 묻겠다. 묻는 대로 나에게 대답하라.

비구여, 너는 눈의 닿아 들이는 곳에서 '이것은 나다, 나와 다르다, 나와 나와 다름이 함께 있는 것이다'라고 보는가?"

대답했다.

"아닙니다, 세존이시여."

붇다께서 비구에게 말씀했다.

"잘 말하고 잘 말했다. 이 눈의 닿아 들이는 곳에서 '나도 아니고, 나와 다름도 아니며, 나와 나와 다름이 함께 있는 것도 아니다'라고 진실 그대로 알고 보는 사람은 모든 번뇌의 흐름을 일으키지 않아 마음이 물들어 집착하지 않고 마음이 해탈한다.

이것을 첫 닿아 들이는 곳을 이미 끊고 이미 알아 그 근본을 끊은 것이라 한다.

이는 마치 사라 나무 밑동을 끊는 것과 같아서, 미래의 법이 다시는 일어나지 않는다. 곧 눈의 앎과 빛깔이 그것이다.

너는 귀·코·혀·몸·뜻의 받아 들이는 곳에서 '이것은 나다, 나와 다르다, 나와 나와 다름이 함께 있는 것이다'라고 보느냐?"

대답했다.

"아닙니다, 세존이시여."

법의 자기성품 없음을 물으시고, 비구의 해탈을 칭찬하심

붇다께서 비구에게 말씀했다.

"잘 말하고 잘 말했다. 귀·코·혀·몸·뜻의 받아 들이는 곳에서

'나도 아니고, 나와 다름도 아니며, 나와 나와 다름이 함께 있는 것도 아니다'라고 이렇게 진실 그대로 알고 보는 사람은 모든 번뇌의 흐름을 일으키지 않아 마음이 물들어 집착하지 않고 마음이 해탈한다.

비구여, 이것을 여섯 닿아 들이는 곳을 이미 끊고 이미 알아 그 근본을 끊은 것이라 한다.

이는 마치 사라 나무 밑동을 끊는 것과 같아서 미래세에 탐욕이 다시는 생기지 않는다. 곧 뜻의 앎과 법 등이 그것이다."

붇다께서 이 경을 말씀하시자, 여러 비구들은 붇다의 말씀을 듣고 기뻐하며 받들어 행하였다.

• 잡아함 209 육촉입처경(六觸入處經)

• 해설 •

해탈의 길과 벗어남[出要]의 길은 어디 있는가. 지금의 장애가 해탈의 문[解脫門]이고 지금의 번뇌가 니르바나의 성[涅槃城]이다.

보고 알 때 안의 닿아 들이는 곳과 밖의 닿아 들이는 바와 가운데 닿아 들이는 앎에 모두 자기성품 없음을 바로 보면 지금의 장애가 해탈이 되고 지금의 물듦이 청정한 니르바나의 땅이 된다.

안의 닿아 들임은 밖의 닿아 들이는 바에 의해 닿아 들임이 되고 안과 밖의 어울림으로 지금 닿아 앎이 있으니, 안이 '나'가 아니고 밖이 '나와 다름'이 아니고, 안과 밖의 어울림이 안과 밖이 '서로 같이 있음'이 아니다. 스스로 있지 않은 안과 밖의 법에서 자기성품 없는 줄 알면 취하고 구함으로 인해 일어나는 번뇌의 흐름이 다하게 된다.

번뇌가 본래 없는 것에 대한 헛된 집착과 환상이므로, 번뇌를 끊되 실로 끊음이 없고 해탈을 얻되 실로 얻음이 없다.

그러므로 '번뇌를 끊지 않고 여섯 아는 뿌리를 깨끗이 한다'[不斷煩惱淨諸六根]고 하는 법화삼매의 참회법과 음욕·성냄·어리석음을 없애지 않고 해탈이 된다는 『비말라키르티수트라』의 가르침과 이 아함의 뜻이 서로 다르지 않다.

『비말라키르티수트라』는 음욕·성냄·어리석음을 실로 떠나야 해탈한다는 견해를 깨기 위해, 하늘여인의 목소리로 다음과 같이 말한다.

"붇다께서는 '나라는 교만'[我慢] 늘리는 사람을 위해서 음욕·성냄·어리석음을 떠나야 해탈한다고 말씀한 것입니다.

만약 '나라는 교만' 늘림이 없는 사람이라면 붇다께서는 음욕·성냄·어리석음의 모습이 곧바로 해탈이라고 말씀하십니다."

또 『비말라키르티수트라』는 지금 병의 괴로움을 앓고 있는 몸밖에 니르바나가 없음을 비말라키르티 거사의 입을 통해 이렇게 말한다.

"만주쓰리시여, 몸이 덧없음을 설하되 몸을 싫어해 떠나라고 말하지 않고, 몸에 괴로움이 있음을 설하되 니르바나를 즐기라고 말하지 않습니다.

몸에 나 없음을 설하되 중생을 가르쳐 이끌도록 말하고, 몸의 비어 고요함을 설하되 마쳐 다해 고요함을 말하지 않으며, 앞의 죄를 뉘우치도록 설하되 과거에 들어가도록 말하지 않습니다.

(중략)

보디사트바는 이와 같이 병 있는 보디사트바를 위로해 그가 기쁘도록 해야 합니다."

3) 열여덟 법의 영역에 나 없고 항상함이 없는
   실상을 살펴 집착 없어야

───────

눈의 앎과 귀 등의 앎에 물들어
매임이 없으면 바른 사마디이니

이와 같이 내가 들었다.

한때 붇다께서는 슈라바스티 국 제타 숲 '외로운 이 돕는 장자의 동산'에 계셨다.

그때 세존께서 여러 비구들에게 말씀하셨다.

"나는 온갖 비구들에게 '방일하지 않는 행'[不放逸行]을 말하지는 않는다. 그렇다고 또한 온갖 비구들에게 '방일하지 않는 행'을 말하지 않는 것도 아니다.

어떤 무리의 비구들에게 방일하지 않는 행을 말하지 않는가?

만약 비구가 아라한이 되어 모든 존재의 흐름을 다하고, 모든 무거운 짐을 벗어버리고, 자기의 이익을 이미 얻고, 모든 존재의 묶음[有結]을 다하여 마음이 바르게 해탈하였다면, 그런 무리의 비구들에게 나는 방일하지 않는 행을 말하지 않는다.

왜 그런가. 그 여러 비구들은 이미 방일하지 않음을 지어 다시는 방일한 짓을 하지 않기 때문이다.

나는 지금 저 여러 존자들이 방일하지 않음의 과보 얻은 것을 알고 있다. 그러므로 나는 그들에게는 방일하지 않는 행을 말하지 않는다."

아라한을 말하고, 바른 행 말해주어야 할
배워가는 지위의 수행자를 보이심

"어떤 무리의 비구들에게 방일하지 않는 행을 말하는가?

만약 배움의 지위에 있는 비구라면 그들은 모두 마음이 아직 더욱 위로 오르는 안온함을 얻지 못해 니르바나 향함에 머물러 있는 자들이다. 그런 무리의 비구들이라면 나는 그들에게 방일하지 않는 행을 말한다.

왜 그런가. 그런 비구들은 모든 아는 뿌리를 배워 익히고, 진리의 삶을 돕는 해탈의 방법[資生之具]들을 마음으로 좋아하여 따르며, 좋은 벗을 가까이하면 오래지 않아 모든 존재의 흐름을 다하게 될 것이기 때문이다.

그리하여 그들은 샘이 없이 마음이 해탈하고 지혜가 해탈하며, 현재의 법에서 스스로 알고 스스로 증득하여 '나의 태어남은 이미 다하고 범행은 이미 서고, 지을 바를 이미 지어 다시는 뒤의 있음을 받지 않는다는 것'을 스스로 알 것이다."

눈이 빛깔 보는 것에 집착 없으면 바른 사마디임을 보이심

"왜 그런가? 눈의 앎이 사랑하고 즐거워해 물들어 집착할 만한 빛깔이라도, 그 비구는 그것을 본 뒤에 기뻐하지 않고 찬탄하지 않으며, 물들지 않고 매여 집착하여 머무르지 않기 때문이다.

기뻐하지 않고 찬탄하지 않으며, 물들지 않고 집착하여 머무르지 않기 때문에, 그는 오롯이 정진해 빼어나게 나아가 몸과 마음이 그치고 쉬며[身心止息] 마음이 아주 편안하게 머물러 잊지 않는다.

그리하여 늘 한 마음에 안정되어[常定一心] 한량없는 법의 기쁨을 누리고[無量法喜], 첫째가는 사마디의 바른 받음[正受]을 얻어 끝내 물러나 사라져 눈과 빛깔을 따르지는 않는다.

귀의 앎·코의 앎·혀의 앎·몸의 앎·뜻의 앎과 아는바 법 등에서도 또한 이와 같다."

붇다께서 이 경을 말씀하시자, 여러 비구들은 붇다의 말씀을 듣고 기뻐하며 받들어 행하였다.

• 잡아함 212 불방일경(不放逸經)

• 해설 •

이미 저 언덕에 이른 이에게는 건네줌의 뗏목과 나룻배가 필요치 않고, 이미 마음에 집착의 병이 사라진 이에게는 집착을 다스릴 법의 약이 필요치 않다.

그러므로 붇다는 이미 배움 마쳐 흐름 다한 아라한에게는 '방일하지 않는 행'을 설하지 않고, 배워가는 지위에서 니르바나 향함에 머물러 있는 비구에게 '방일하지 않는 행'을 설해 샘이 없는[無漏] 해탈의 땅[解脫地]에 이르게 한다.

샘이 없는 해탈의 땅은 어디인가.

보이는바 빛깔에 대해 빛깔이 빛깔 아닌 빛깔임을 알아 눈의 앎이 빛깔에 머물지 않고, 나아가 알려지는바 법에 대해 법이 법 아닌 법인 줄 알아 뜻의 앎이 법에 머물지 않으면 보고 듣는 곳이 해탈의 땅이 된다.

곧 알려지는 바에 실로 알 것이 없는 줄 바로 보면 주체의 앎과 봄이 앎이 없는 앎[無念之念]이 되고 봄이 없이 봄[無見之見]이 되어 아는 자와 알려지는 것, 앎활동이 걸림 없고 막힘없게 된다.

그러면 범부의 나고 죽는 땅은 니르바나의 땅이 되고, 중생의 얽매임과 번뇌의 현실이 한량없는 법의 기쁨 넘치는 해탈의 처소가 되는 것이다.

눈과 빛깔 눈의 앎에 헤아리지 않고
머물러야 니르바나 깨닫나니

이와 같이 내가 들었다.

한때 붇다께서는 슈라바스티 국 제타 숲 '외로운 이 돕는 장자의 동산'에 계셨다.

그때 세존께서 여러 비구들에게 말씀하셨다.

"헤아림은 병이요, 헤아림은 종기며, 헤아림은 가시니, 여래는 헤아리지 않고 머무르므로 병을 떠나고 종기를 떠나고 가시를 떠났다.

그러므로 비구가 헤아리지 않음에 머물러 병을 떠나고 종기를 떠나고 가시를 떠나기를 구한다 하자.

그러면 그 비구는 '눈은 나다, 내 것이다'라고 헤아리지 말며, '눈과 빛깔이 서로 속해 있다[相屬]'고 헤아리지 말라.

또한 빛깔과 눈의 앎과 눈의 닿음과, 눈의 닿음의 인연하여 생기는 느낌, 곧 괴롭거나 즐겁거나 괴롭지도 즐겁지도 않은 안의 느낌, 그것들에 대해서도 또한 '이것은 나다, 내 것이다, 나와 내 것이 함께 있는 것[相在]이다'라고 헤아리지 말라.

귀 · 코 · 혀 · 몸 · 뜻에 있어서도 또한 이와 같다.

비구로서 이와 같이 헤아리지 않는 사람은 취할 것이 없고, 취할 것이 없기 때문에 집착할 것이 없으며, 집착할 것이 없기 때문에 스스로 니르바나를 깨닫게 된다.

그래서 '나의 태어남은 이미 다하고 범행은 이미 서고, 지을 바를 이미 지어 다시는 뒤의 있음을 받지 않는다'라고 스스로 안다."

붇다께서 이 경을 말씀하시자, 여러 비구들은 붇다의 말씀을 듣고 기뻐하며 받들어 행하였다.

(눈 등에 대해서 말씀하신 것과 같이, 나머지 하나하나의 일 또한 이와 같이 말씀하셨다.)

• 잡아함 227 계경(計經) ②

• 해설 •

헤아림이란 여기 아는 나를 두고 알려지는 것을 이런저런 모습으로 따져 아는 것이고, 사물의 이런저런 모습을 실로 있는 것으로 취함이다.

아는 자와 알려지는 것이 모두 공하므로 아는 자와 알려지는 것이 어울려 앎이 나는 것이니, 아는 자와 알려지는 것은 서로 고립된 장 속에 있는 것이 아니고 또 서로가 서로에 속해 있는 것도 아니다.

아는 자가 공하고 알려지는 것에 실로 알 것이 없으므로, 아는 자와 알려지는 것과 앎에서 '나'라거나 '나와 다름'이라거나 '나와 나와 다름이 같이 있다'거나 하는 분별을 떠나면, 보되 실로 봄이 없게 되어 취할 것이 없고 집착할 것이 없어 보고 들음에서 그 마음이 해탈한다.

그러나 아는 자와 알려지는 것에 나와 내 것의 갖가지 헤아림을 일으키면, 헤아림이 종기가 되고 가시가 되며 병이 되어 지금 보고 듣고 앎 속에 현전해 있는 니르바나를 깨달아 알지 못한다.

법다운 행을 이루어야 존중받는
사문 · 브라마나라 할 것이니

이와 같이 내가 들었다.

한때 세존께서는 코살라 국에 계시면서 사람 사이에 노닐어 다니시다가 빈두성(頻頭城) 북쪽에 있는 심사파(Siṃsapā) 숲 가운데 이르셨다.

그때 빈두성 가운데 사는 브라마나와 장자들은 다 세존께서 코살라 국에 머무시면서 사람 사이에 노닐어 다니시다가 지금 빈두성 심사파 숲에 계신다는 말을 들었다.

듣고서는 그들은 모두 함께 성을 나와 심사파 숲에 이르러 세존께서 계신 곳으로 찾아가 머리를 대 그 발에 절하고 한쪽에 물러나 앉았다.

사문 · 브라마나의 법답지 못한 행을 보이심

그때 세존께서 빈두성의 브라마나와 장자들에게 말씀하셨다.

"만약 어떤 사람이 그대들에게 이렇게 묻는다 합시다.

'어떤 무리의 사문 · 브라마나를 공경하지도 존중하지도 않고 예로써 섬기지도 공양하지도 않아야 하는가요?'

그대들은 이렇게 답해야 하오.

'만약 어떤 사문 · 브라마나가 눈으로 빛깔을 볼 때 탐냄을 여의지 못하고, 욕망을 여의지 못하며, 애착을 여의지 못하고, 목마름을 여의지 못하며, 그릇 생각함을 여의지 못한다 합시다.

그래서 안의 마음이 고요하지 않고, 하는 짓이 법답지 못하며, 하는 짓이 성글고 거칠다 합시다. 또 귀·코·혀·몸·뜻과 법 등 또한 이와 같다 합시다.

이런 무리의 비구에게는 공경하지도 존중하지도 예로써 섬기지도 공양하지도 말아야 하오.'

이렇게 말하고 나면 그는 다시 이렇게 물을 것이오.

'무슨 까닭으로 그런 무리의 사문·브라마나는 공경하지도 존중하지도 예로써 섬기지도 공양하지도 말아야 하는가요?'

그러면 그대들은 이렇게 대답해야 하오.

'우리는 눈으로 빛깔을 볼 때 욕망을 여의지 못하고, 애착을 여의지 못하며, 목마름을 여의지 못하고, 그릇 생각함을 여의지 못하여 안의 마음이 고요하지 않소. 귀·코·혀·몸·뜻과 법 등 또한 이와 같소.

그 사문·브라마나도 눈으로 빛깔을 볼 때 또한 탐냄을 여의지 못하고, 욕망을 여의지 못하며, 애착을 여의지 못하고, 목마름을 여의지 못하며, 그릇 생각함을 여의지 못하여 안의 마음이 고요하지 못하고 법답지 않음을 행하고, 성글고 거친 행동을 하오. 귀·코·혀·몸·뜻과 법 등 또한 이와 같소.

나는 이들에게서 차별을 구했지만, 차별됨을 보지 못했소.

그러므로 나는 이런 무리의 사문·브라마나는 공경하지도 존중하지도 않고 예로써 섬기지도 공양하지도 않는 것이오.'"

공경하고 받들어야 할 사문·브라마나의 법다운 행을 보이심

"만약 그가 다시 이렇게 묻는다 합시다.

'어떤 무리의 사문·브라마나를 공경하고 존중하며 예로써 섬기고 공양해야 하오?'

이렇게 물으면 그대들은 이렇게 대답해야 하오.

'만약 그가 눈으로 빛깔을 볼 때 탐냄을 여의고, 욕망을 여의며, 애착을 여의고, 목마름을 여의며, 그릇 생각함을 여의였다 합시다.

그래서 안의 마음이 고요하여 법답지 않은 행을 하지 않으며, 평등한 행을 하고 성글고 거친 행은 하지 않는다 합시다. 또 귀·코·혀·몸·뜻과 법 등 또한 이와 같다 합시다.

그러한 사문·브라마나는 공경하고 존중하며 예로써 섬기고 공양해야 할 것이오.'

만약 그가 다시 이렇게 묻는다 합시다.

'무슨 까닭으로 이런 무리의 사문·브라마나는 공경하고 존중하며 예로써 섬기고 공양해야 하는가요?'

이렇게 물으면 그대들은 이렇게 대답해야 하오.

'우리는 눈으로 빛깔을 볼 때 탐냄을 여의지 못하고, 욕망을 여의지 못하며, 애착을 여의지 못하고, 목마름을 여의지 못하며, 그릇 생각함을 여의지 못하여 안의 마음이 고요하지 않아 법답지 않은 행을 하며, 성글고 거친 행을 하오. 귀·코·혀·몸·뜻과 법 등 또한 이와 같이 하오.

그러나 이런 빼어난 무리의 사문·브라마나는 탐냄을 여의고, 욕망을 여의며, 목마름을 여의고, 그릇 생각함을 여의어서 안의 마음이 고요하여 법다운 행을 하며, 성글고 거친 행을 하지 않소. 귀·코

· 혀 · 몸 · 뜻과 법 등 또한 이와 같소.

우리는 그들에게서 차별을 찾아 그 차별됨을 보았소.

그러므로 그런 무리의 사문 · 브라마나는 공경하고 존중하며 예로써 섬기고 공양해야 하오.'"

존중해야 할 수행자의 구체적인 삶의 모습을 보이심

"이와 같이 말하고 나서 다시 그가 이렇게 묻는다 합시다.

'그런 사문 · 브라마나는 어떤 지어감이 있고 어떤 형상이 있고 어떤 모습이 있기에, 그대들은 그 사문 · 브라마나가 탐욕을 여의고 탐욕 조복함을 향하며, 성냄을 여의고 성냄 조복함을 향하며, 어리석음을 여의고 어리석음 조복함을 향하는지 아는가요?'

이렇게 물으면 그대들은 이렇게 대답해야 하오.

'우리가 그런 사문 · 브라마나들을 보면 이와 같은 모습들이 있소. 곧 비어 한가한 곳이나 숲속 나무 밑에 있으면서, 낮은 앉을 자리에 풀을 깔고는 멀리 여읨을 닦아 행하고, 여러 이성을 떠나 선정을 행하며 홀로 있는 사람을 가까이해 좋아하오.

만약 그들이 그곳에서 눈으로 빛깔을 보아도 즐겨 집착함을 내지 않고, 귀로 소리를 듣고, 코로 냄새를 맡으며, 혀로 맛을 보고, 몸으로 닿음을 느껴도 즐겨 집착함을 내지 않는다 합시다.

만약 그 사문 · 브라마나에게 이와 같은 행과 이와 같은 형상과 이와 같은 모습이 있다면, 이런 모습이 우리들로 하여금 그 사문 · 브라마나가 탐욕을 여의고 탐욕 조복함을 향하며, 성냄을 여의고 성냄 조복함을 향하며, 어리석음을 여의고 어리석음 조복함을 향하는지 알게 하는 것이오.'"

세존이 설하신 연기의 뜻을 모인 대중이 찬탄함

이때 모든 사문·브라마나와 장자들이 붇다께 말씀드렸다.

"기이하십니다, 세존이시여. 스스로를 기리지도 않고 남을 헐뜯지도 않으면서 그 뜻을 올바르게 말씀하셨습니다[正說其義].

각기 스스로 모든 들이는 곳[入處]에서 그 물듦과 깨끗함을 분별하여 연기(緣起)를 널리 말씀하시니[廣說緣起], 여래·공양해야 할 분·바르게 깨친 분의 말씀답습니다.

비유하면 어떤 장정이 물에 빠진 사람을 건지고, 닫힌 것을 열어주며, 헤매는 사람에게 길을 보여주고, 어두운 곳에 등불을 켜는 것과 같습니다.

세존께서 또한 이와 같아서 스스로를 기리지도 않으시고 남을 헐뜯지도 않으시면서 그 뜻을 바르게 말씀하셨습니다.

각기 스스로 모든 들이는 곳에서 그 물듦과 깨끗함을 분별하여 연기를 널리 말씀하시니, 여래·공양해야 할 분·바르게 깨친 분의 말씀답습니다."

그때 빈두성의 브라마나와 장자들은 붇다의 말씀을 듣고 기뻐하며 받들어 행하였다.

• 잡아함 280 빈두성경(頻頭城經)

• 해설 •

외형적으로 사문·브라마나의 형색을 지니고 사문·브라마나의 신분이 되었다고 누구나 존중받고 공양받을 자가 되는 것은 아니다.

안의 마음이 객관 경계에 집착을 떠나 모습에 모습 없는 연기의 진실을 깨달아 사는 자만이 사문·브라마나의 법다운 행을 갖추어 존중받을 수 있는 사람이다.

그런 사문·브라마나의 행을 무엇으로 검증할 것인가. 그가 늘 비어 한가한 곳에서 선정 닦고 멀리 떠남과 고요함을 좋아하며 집착 없는 마음으로 보고 듣는다면, 이러한 그의 구체적인 삶의 모습이 그가 참된 사문·브라마나임을 검증해줄 것이다.

왜인가. 탐욕을 떠나 보고 들음에 악을 끊고 멀리 떠남과 깨끗함을 지키는 바른 율행이 선정의 고요한 삶을 이루어주고 선정의 행이 지혜로 나타나고 지혜가 해탈의 행과 세간 구원의 행으로 나타나기 때문이다.

곧 수행자의 깨끗한 마음의 땅에서만 선정과 지혜가 나올 수 있으며, 선정과 지혜가 사문·브라마나를 바른 선지식으로 검증해줄 수 있으니, 『화엄경』(「도솔궁중게찬품」兜率宮中偈讚品)은 다음과 같이 가르친다.

어떤 이가 보배곳간 얻으면
길이 가난의 고통을 떠나듯
보디사트바가 붇다의 법 얻으면
때를 떠나 마음 깨끗해지네.

如人獲寶藏　永離貧窮苦
菩薩得佛法　離垢心淸淨

어떻게 지혜 있는 사람이
붇다에 대해 보고 듣고서
청정한 원을 닦지 않으며
붇다께서 행하신 길을
밟아가지 않겠는가.

何有智慧人　於佛得見聞
不修淸淨願　履佛所行道

진실하고 바른 선지식은
여래께서 칭찬하시는 것이니
그의 위신의 힘 때문에
모든 붇다의 법 들을 수 있네.

眞實善知識　如來所稱讚
以彼威神故　得聞諸佛法

　여래를 통해 검증된 것과 같이 세간의 참된 선지식은 스스로 해탈의 법
을 행하고 중생을 위해 해탈의 법을 말해주어야 선지식인 것이고, 다시 그
해탈의 법을 듣는 이가 그 법을 듣고 스스로 고통의 땅을 벗어날 수 있어야
선지식과 선지식의 법이라 할 수 있는 것이니, 경은 다시 이렇게 말한다.

만약 지혜의 사람이 있어
한 생각 도의 마음을 일으키면
반드시 위없는 세존 이룰 것이니
삼가 의혹을 내지 말아라.

若有智慧人　一念發道心
必成無上尊　愼莫生疑惑

4 인간과 우주자연[依正不二, 六界說]

• 이끄는 글 •

객관세계를 의지해 사는 삶 주체를 정보(正報)라 말하고, 정보가 의지해 살아가는 객관세계를 의보(依報)라 한다. 의보의 세계는 땅·물·불·바람 네 큰 요소가 어우러져 이룬 물질세계와 물질세계의 연기적 운동이 일어나는 허공[空, ākāśa]으로 표현된다.

허공은 물질운동을 담아주는 절대의 장이 아니라 물질운동과 서로 규정하고 서로 스며들므로, 허공도 어떤 정해진 실체가 아니라 허공 또한 공하다. 허공이 정해진 곳이라면 물질의 공간이동도 이루어질 수 없으며 허공이 새로운 물질로 채워질 수도 없을 것이다.

또 저 허공과 물질세계는 앎의 토대이고 앎의 경계이자 앎인 세계이다. 허공이라고 말할 때 그 허공은 이미 앎 속에 현전하는 앎인 허공이니, 앎활동밖에 주체와 세계운동을 담는 절대공간으로서 허공이 있다 해서는 안 된다.

앎이 네 큰 요소와 허공으로 인해 허공을 보는 앎이 되므로 주체의 앎은 공하다. 또 저 무한한 허공과 끝없는 물질세계도 앎으로 현전하고 앎 주체의 행위에 의해 규정되는 물질운동이고 허공이므로 아는바 허공과 물질도 공하다.

형계담연선사는 『법화현의』(法華玄義)의 '열 가지 둘이 아닌 문' [十不二門]을 풀이하면서 의보와 정보가 서로 의지해 연기하는 모습을 의보·정보가 둘이 아닌 문[依正不二門]으로 말하고 있다.

곧 천태교(天台敎)에서는 세 가지 세간[三種世間]을 말하는데, 그 가운데 중생세간(衆生世間)은 정보이고 기세간(器世間)은 의보이며, 다섯 쌓임의 세간[五陰世間]은 의보와 정보를 모두 거둔다. 정보와 의보를 거두는 다섯 쌓임이 있되 공하므로 중생세간과 기세간의 한량없는 연기 차별이 있는 것이다.

그러므로 이 세 가지 세간에 백계(百界)의 열 가지 이와 같은 진리 [十如是]가 갖추어져 있다고 하고, 이를 다시 천태교에서는 '한 생각에 삼천세계가 갖추어 있다'[一念三千]고 말한다.

백계란 지옥·아귀·축생·수라·인간·하늘·성문·연각·보디사트바·붇다의 열 세계에 열 세계를 서로 갖춤이 백계이고, 백계에 이와 같은 성품[如是性] 등 열 가지 이와 같은 진리[十如是]가 갖추어져 있어, 천 세계가 되고 천 세계에 각기 세 가지 세간을 모두 갖추므로 삼천세계가 된다.

일념삼천설(一念三千說)은 곧 중생의 한 생각이 공하고 그 공함도 공해 한 생각이 온갖 중생과 온갖 국토 떠나지 않는 연기의 진실을 밝힌다. 중생과 국토의 열린 모습인 삼천세계는 바로 지금 중생의 한 생각을 떠나지 않아서 의보는 정보인 의보이고 정보는 의보인 정보라 의보와 정보에 실체적인 두 모습이 없다.

담연선사는 '열 가지 둘이 아닌 문'[十不二門] 가운데서 의보와 정보의 둘 아님을 이렇게 말한다.

의보와 정보가 둘이 아님은 비롯없는 한 생각이 삼천세계이기 때문이다.

삼천세계 가운데 중생세간 오음세간의 이천세계는 정보이고, 국토세간 일천세계는 의보에 속한다. 의보와 정보가 이미 한 마음에 있는데 한 마음이 어찌 함과 하여지는 바[能所]를 나누겠는가.

비록 함과 하여지는 바가 없지만 의보·정보가 또렷한 것이다. 이것이 곧 중생의 진리성품[理性]과 문자로 이해하는 지위[文字位]와 살펴 행하는 지위[觀行位] 가운데 이미 둘이 아닌 의보·정보의 모습이 있음이다.

중생의 번뇌의 지위[理卽位]에서도 중생이 스스로 모를 뿐, 의보와 정보는 본래 둘이 아닌 모습이다. 그러므로 마쳐 다한 여래의 지위[究竟卽位]에서는 중생이 갖춘 공덕과 세계의 진실을 발현해 쓸 따름이니, 이 뜻을 『화엄경』(「도솔궁중게찬품」)은 여래가 한량없는 법계에 자재의 몸 나투는 것으로 다음과 같이 표현한다.

여래의 지혜는 끝이 없어서
온갖 법을 깨쳐 통달하시사
널리 법계에 들어가시어
자재의 힘을 나타내 보이시네.

智慧無邊際　了達一切法
普入於法界　示現自在力

1) 자아 없는 세계도 세계 없는 자아도 없으니

라홀라여, 땅·물·불·바람·허공·앎의 영역에는 모두 나와 내 것이 없나니

이와 같이 내가 들었다.

한때 붇다께서는 라자그리하 성 칼란다카 대나무동산에 계셨다.

그때 존자 라홀라가 세존이 계신 곳으로 나아가 머리를 대 발에 절한 뒤에 한쪽에 물러나 앉아서 붇다께 여쭈었다.

"세존이시여, 어떻게 알고 어떻게 보아야 저의 이 앎의 몸과 바깥 경계의 온갖 모습에서 '나다, 내 것이다'라고 하는 견해, '나라는 교 만'에 얽매인 번뇌가 없어지겠습니까?"

자아와 우주자연에 모두 자기성품 없어 집착 떠나야 함을 보이심

붇다께서 라홀라에게 말씀하셨다.

"자세히 듣고 잘 사유하라. 너를 위하여 말해주겠다.

라홀라여, 만약 비구가 있는바 모든 땅의 영역[地界]으로서 '과거 든 미래든 현재든, 안이든 밖이든, 거칠든 가늘든, 곱든 밉든, 멀든 가깝든 그 온갖 것은 나도 아니요, 나와 다른 것도 아니며, 나와 나와 다름이 함께 있는 것도 아니다'라고 진실 그대로 안다 하자.

물의 영역[水界]·불의 영역[火界]·바람의 영역[風界]·허공의 영역[空界]·앎의 영역[識界]에서 또한 이와 같다고 하자.

라훌라여, 비구가 이와 같이 알고 이와 같이 본다면, 나의 이 앎의 몸과 바깥의 온갖 모습에 '나다, 내 것이다'라고 하는 견해, '나라는 교만'에 얽매인 번뇌가 없어질 것이다.

라훌라여, 만약 비구가 이 앎의 몸과 바깥의 온갖 모습에 '나다, 내 것이다'라고 하는 견해, '나라는 교만'에 얽매인 번뇌가 없다 하자. 그러면 이것을 애욕의 얽맴과 모든 묶음을 끊고, 모든 애착과 교만을 끊고, 사이 없는 평등한 살핌[無間等]으로 괴로움의 끝을 마쳐 다함이라 한다."

붇다께서 이 경을 말씀하시자, 존자 라훌라는 붇다의 말씀을 듣고 기뻐하며 받들어 행하였다.

• 잡아함 465 착사경(着使經)

• 해설 •

주체의 앎활동이 몸의 아는 뿌리를 떠난 앎이 없으므로 안의 앎을 앎의 몸이라 말하고, 알려지는 것은 바깥 경계의 온갖 모습[外境界一切相]이라 한다.

바깥 경계를 여섯 아는 뿌리의 대상으로 표현할 때는, 빛깔·소리·냄새·맛·닿음·법의 여섯 경계[六境]라 한다.

다시 바깥 경계를 앎 주체[正報]가 의지해 사는 세계[依報]라는 뜻으로 말할 때는, 땅·물·불·바람의 물질영역과 물질운동의 터전인 허공의 영역이 다섯 영역[五界]을 말한다.

안의 앎은 바깥 경계로 인해 앎이 되고 바깥 경계는 앎인 경계이므로, 안의 앎도 '나'가 아니고 경계도 '나와 다름'이 아니며 안과 밖이 어울려 난 앎활동도 '나와 나와 다름이 함께 있는 것'도 아니다.

안과 밖의 모든 물질 곧 땅·물·불·바람의 요인과 그로 인해 나는 물질

세간도 실체적인 인연의 결합이 아니고 인연 없음도 아니다.

그 뜻을 『수랑가마수트라』(首楞嚴經)는 '땅·물·불·바람은 저절로 있는 것도 아니고[非自然生] 실체적인 인연으로 있는 것도 아니다[非因緣生]'라고 말한다.

땅·물·불·바람은 있되 공하므로 법계에 두루하고, 공하되 있으므로 공한 인연에 의해 주체의 앎에 드러나고 주체의 업(業)을 따라 나타난다.

저 허공 또한 만물을 싸안고 사물운동을 담아내는 우주적 실체가 아니라 사물운동과 교환되는 허공이고 주체의 삶활동[業]에 내적인 허공이다. 주체의 앎과 활동은 바로 사대(四大)와 허공[空]을 토대로 일어나되, 사대와 허공은 앎인 허공으로 발현하니 주체의 앎과 앎인 세계가 모두 공하다.

이처럼 정보와 의보의 여섯 영역에 모두 나와 내 것이 없는 줄 알면 그가 바로 인간성과 우주성, 사물운동을 모두 실체화하지 않는 참된 해탈의 사람이다. 세존은 그러한 해탈의 사람을 앎의 몸과 바깥 경계에서 모든 묶음과 애착 교만을 끊고 괴로움을 마쳐 다한 이라 가르치신다.

『화엄경』(「십회향품」) 또한 안과 밖의 온갖 법에 집착 없는 크나큰 자유의 사람을 이렇게 말한다.

> 안과 밖의 온갖 모든 세간에
> 보디사트바는 모두 집착 없지만
> 중생 요익하는 업 버리지 않으니
> 그 마음이 넓고 큰 마하사트바는
> 이와 같은 지혜를 닦아 행하네.
>
> 內外一切諸世間　菩薩悉皆無所著
> 不捨饒益衆生業　大士修行如是智

장자여, 몸의 고통은 좀 나으시오?
사대와 허공, 앎의 영역에 집착 떠나시오

이와 같이 내가 들었다.

한때 붇다께서는 슈라바스티 국 제타 숲 '외로운 이 돕는 장자의 동산'에 계셨다.

그때에 존자 사리푸트라는 '외로운 이 돕는 장자'가 몸에 괴로운 병이 들었다는 말을 듣고서는 존자 아난다에게 말하였다.

"아시오? '외로운 이 돕는 장자'가 몸에 괴로운 병이 들었다 하오. 같이 가봅시다."

때에 존자 사리푸트라는 존자 아난다와 함께 '외로운 이 돕는 장자'의 집으로 갔다. 장자는 멀리서 존자 사리푸트라를 보고 평상을 붙들고 일어나려 하였다.

사리푸트라가 말했다.

"일어나지 마시오, 장자여. 그대의 병은 좀 나으시오? 괴로움은 더하지나 않으시오?"

"몸의 여러 고통은 갈수록 더욱 더하고 덜어지지 않습니다."

사리푸트라 존자와 아난다 존자가 문병 와 법을 설함

존자 사리푸트라는 말하였다.

"장자여, 이렇게 배워야 하오.

'안의 들임인 눈을 집착하지 않으면 눈의 경계를 의지해 탐욕의 앎을 내지 않고, 귀·코·혀·몸·뜻을 집착하지 않으면 뜻 등의 경계를 의지해 탐욕의 앎을 내지 않는다.

밖의 들임인 빛깔을 집착하지 않으면 빛깔의 경계를 의지해 탐욕의 앎을 내지 않고, 소리·냄새·맛·닿음·법을 집착하지 않으면 법 등의 경계를 의지해 탐욕의 앎을 내지 않는다.

여섯 영역[六界] 가운데 땅의 영역[地界]을 집착하지 않으면 땅을 의지해 탐욕의 앎을 내지 않고, 물·불·바람·허공·앎의 영역[水火風空識界]을 집착하지 않으면 앎 등의 영역을 의지해 탐욕의 앎을 내지 않는다.

다섯 쌓임[五蘊] 가운데 물질을 집착하지 않으면 물질을 의지해 탐욕의 앎을 내지 않고, 느낌·모습 취함·지어감·앎의 쌓임을 집착하지 않으면 앎 등의 쌓임을 의지해 탐욕의 앎을 내지 않는다.'"

장자가 법문에 깊이 감동하여 다시 공양을 청해 법을 들음

때에 '외로운 이 돕는 장자'는 슬퍼하면서 눈물을 흘렸다. 존자 아난다는 말하였다.

"그대는 지금 두려우시오?"

장자는 존자 아난다에게 말씀드렸다.

"두렵지 않습니다. 제가 스스로 뒤돌아 생각해보니, 붇다를 섬긴지 이십여 년 동안 아직 존자 사리푸트라께서 지금 하신 것과 같은 깊고 묘한 법 말씀하심을 듣지 못했습니다."

존자 사리푸트라는 장자에게 말하였다.

"나 또한 오랫동안 여러 장자들을 위해 이와 같은 법을 말하지 않았소."

장자는 사리푸트라에게 말씀드렸다.

"집에 머무는 흰옷 수행자로서 빼어난 믿음과 빼어난 생각과 빼어난 즐거움이 있어도, 깊은 법을 듣지 못하면 물러나 빠짐[退沒]을 내게 됩니다.

참으로 거룩하십니다! 사리푸트라께서는 저희 흰옷 수행자를 위해 깊고 묘한 법을 말씀해주셔야 합니다. 그것은 저희들을 가엾이 여기기 때문입니다. 존자 사리푸트라시여, 여기서 공양하십시오."

존자 사리푸트라는 잠자코 청을 들어주었다. 그는 곧 갖가지 깨끗하고 맛난 음식을 차려 공경하고 공양하였다.

존자 사리푸트라는 공양을 마치고 갖가지로 설법하여 가르침을 보이고 기쁘게 한 뒤 곧 자리에서 일어나 떠났다.

• 잡아함 1032 급고독경(給孤獨經) ③

• 해설 •

깊은 병이 들어 누워 있는 '외로운 이 돕는 장자'에게 아난다와 사리푸트라 두 존자가 문병 와 병에 병 없음을 보이는 깊은 법을 설하니, 장자가 눈물 흘려 그 법을 받아들이고 사리푸트라의 자비설법을 찬탄한다.

사리푸트라 설법의 핵심은 무엇인가. 병은 병이 아니라 여섯 영역에서 일어난 것이니, 아는 자와 알려지는 것, 여섯 법의 영역, 다섯 쌓임의 법에 집착하지 않으면, 경계에 의지한 탐욕의 앎이 사라지고 병의 고통이 사라짐을 가르친 것이다.

곧 물질과 허공의 영역에서 모습 떠나면 모습인 앎이 앎 없는 앎이 되어 병 속에서 병을 벗어나고 괴로움 속에서 괴로움 벗어남을 보이니, 그 법을 잘 받아 듣는 이, 그는 지금 앓고 있는 병을 통해 이루 생각하고 말할 수 없는 법계[不思議法界]에 들어갈 수 있는 것이다.

안의 앎과 몸, 밖의 물질세계와 허공의 영역에 모두 자기성품 없음을 깨달으면 여래의 보디의 빛이 '나'와 함께함을 아는 것이니, 『화엄경』(「비로자나품」毘盧遮那品)은 이렇게 말한다.

세존의 빛이 비추는 곳
중생은 다 안락하도다.
괴로움이 있으면 다 사라져
마음에 큰 기쁨을 내리.

世尊光所照　衆生悉安樂
有苦皆滅除　心生大歡喜

그대는 지혜의 밝은 빛이
법계에 두루 가득함을 얻어서
복과 지혜 모두 넓고 크니
깊은 지혜의 바다 얻게 되리.

汝獲智光明　法界悉充遍
福慧咸廣大　當得深智海

2) 자아와 세계에서 나와 나 없음을 모두 떠나야
   진제와 바른 쉼에 머무나니

비구여, 열여덟 행 속에 네 가지
머무는 곳이 있다

나는 들었다, 이와 같이.

한때 붇다께서 마가다 국을 노니실 때에 라자그리하 성에 들어가 묵으시게 되었다.

그때 세존께서 어느 질그릇 만드는 집[陶家]에 가셔서 말씀하셨다.

"질그릇 굽는 이[陶師]여, 내가 저 질그릇 굽는 방에서 하룻밤 묵고 싶은데 들어주겠는가?"

질그릇 굽는 기술자가 대답하였다.

"저에겐 아무 거스름이 없습니다. 그런데, 어떤 비구가 이미 그 방에 묵고 있습니다. 만약 그가 들어준다면 머무시고 싶은 대로 하십시오."

그때 존자 푸쿠사티(Pukkusāti)가 이미 그 질그릇 굽는 방에 먼저 묵고 있었다. 이에 세존께서는 질그릇 굽는 기술자의 집에서 나와 질그릇 굽는 방으로 가서, 존자 푸쿠사티에게 말씀하셨다.

"비구여, 나는 이 질그릇 굽는 방에서 하룻밤을 묵고자 하는데 그대는 들어주겠는가?"

존자 푸쿠사티가 대답하였다.

"그대여, 저에겐 아무 거스름이 없습니다. 또 이 질그릇 굽는 방에는 풀자리가 이미 펴져 있습니다. 그대가 묵고자 하거든 마음대로 하십시오."

푸쿠사티가 세존인 줄 모르고 세존과 같이 한밤을 지내며 선정을 닦음

그때 세존께서는 질그릇 굽는 방에서 밖으로 나와 발을 씻으시고, 도로 안으로 들어가 풀자리 위에 니시다나를 펴고는 두 발을 맺고 앉아 밤이 새도록 잠자코 고요히 앉아 선정에 드셨다.

존자 푸쿠사티 또한 밤이 새도록 잠자코 고요히 앉아 선정에 들었다.

그때 세존께서는 이렇게 생각하셨다.

'이 비구는 선정에 머물러 고요하다. 참으로 기이하고 빼어나다. 나는 이제 저 비구에게 이렇게 물어보아야겠다.

〈그대의 스승은 누구며, 그대는 누구를 의지하여 집을 나와 도를 배우고 법을 받았는가.〉'

세존께서는 이렇게 생각하시고 곧 물으셨다.

"비구여, 그대의 스승은 누구인가? 그대는 누구를 의지하여 집을 나와 도를 배우고 법을 받았는가?"

존자 푸쿠사티가 대답하였다.

"어진 이여, 사문 고타마라는 사카족의 아들이 있습니다. 그분은 사카족을 버리고, 수염과 머리를 깎고, 가사를 입고, 지극한 믿음으로 집을 버리고 집 없이 도를 배워 '위없이 바르게 다한 깨달음'[無上正盡覺]을 얻었습니다.

그분이 제 스승입니다. 저는 그분을 의지하여 집을 나와 도를 배우고 법을 받았습니다."

세존께서는 다시 물으셨다.

"비구여, 스승을 뵌 일이 있는가?"

"뵙지 못했습니다."

"만약 스승을 뵌다면 알아보겠는가?"

존자 푸쿠사티가 대답하였다.

"알아보지 못할 것입니다. 그러나 어진 이여, 저는 그분이 세존·여래·집착 없는 이·바르게 깨친 분·지혜와 행을 갖춘 분·잘 가신 이·세간을 잘 아시는 분·위없는 스승·법에 이끄는 이·하늘과 사람의 스승으로 붓다 세존이라고 불리고 있다는 말을 들었습니다. 그분이 제 스승입니다. 저는 그분을 의지하여 집을 나와 도를 배우고 법을 받았습니다."

그때 세존께서는 다시 이렇게 생각하셨다.

'이 좋은 종족의 사람은 나를 의지해 집을 나와 도를 배우고 법을 받았다. 내가 지금 어찌 그를 위해 설법하지 않을 수 있겠는가?'

세존께서 여섯 법의 영역과 닿는 곳, 열여덟 뜻의 행네 머무는 곳을 푸쿠사티에게 설해주심

세존께서는 이렇게 생각하시고 존자 푸쿠사티에게 말씀하셨다.

"비구여, 내가 그대를 위해 설법해주겠다. 이 법은 처음도 좋고 가운데도 좋으며 마지막 또한 좋다. 뜻도 있고 무늬도 있으며, 청정함을 갖추어 깨끗한 행[梵行]을 나타낸다.

곧 여섯 영역[六界] 분별함이니, 그대는 자세히 듣고 잘 사유해 생각해야 한다."

존자 푸쿠사티가 대답하였다.

"예, 그렇게 하겠습니다."

붓다께서 그에게 말씀하셨다.

"비구여, 사람에게는 여섯 영역의 모임[六界聚] · 여섯 가지 닿는 곳[六觸處] · 열여덟 가지 뜻의 행[十八意行] · 네 가지 머무는 곳[四住處]이 있다.

만약 거기에 바르게 머물러 있으면 근심스럽고 슬픈 일을 듣지 않을 것이요, 근심스럽고 슬픈 일을 듣지 않은 뒤에 마음은 곧 미워하지도 않고 근심하지도 않을 것이며, 힘들지도 않고 또한 두려워하지도 않을 것이다.

이와 같이 가르침이 있으면 지혜에 게으르지 않게 되고, 진제(眞諦)를 지켜 보살피게 되며, 은혜로운 보시[惠施]를 키워 기르게 된다.

비구여, 이 가장 높음을 배워야 하고, 지극히 고요함을 배워, 여섯 영역을 분별하여야 한다.

이와 같이 비구여, 사람에게는 여섯 영역의 모임이 있으니, 이것은 무엇을 말하는가?

곧 땅의 영역[地界] · 물의 영역[水界] · 불의 영역[火界] · 바람의 영역[風界] · 허공의 영역[空界] · 앎의 영역[識界]이다. 비구여, 사람에게 여섯 영역의 모임이 있다 함은 이것으로 인해 말한 것이다.

비구여, 사람에게는 여섯 가지 닿는 곳이 있으니, 이것은 무엇을 말하는가?

곧 눈은 빛깔을 닿아 보고, 귀는 소리를 닿아 들으며, 코는 냄새를 닿아 맡고, 혀는 맛을 닿아 맛보며, 몸은 느낌을 닿아 느끼고, 뜻은 법을 닿아 안다. 비구여, 사람에게 여섯 가지 닿는 곳이 있다 함은 이 것으로 인해 말한 것이다.

비구여, 사람에게는 열여덟 가지 뜻의 행이 있으니, 이것은 무엇 을 말하는가?

곧 눈이 빛깔을 보아 빛깔에서 기쁨[喜]에 머묾을 살피고, 빛깔에 서 근심[憂]에 머묾을 살피며, 빛깔에서 기쁘지도 근심하지도 않음 [捨]에 머묾을 살핀다. 이와 같이 귀·코·혀·몸·뜻이 법 등을 알아 법 등에서 기쁨에 머묾을 살피고, 법 등에서 근심에 머묾을 살피며, 법 등에서 기쁘지도 근심하지도 않음에 머묾을 살핀다.

비구여, 이 여섯 가지 기쁨을 살핌[六喜觀]과 여섯 가지 근심을 살 핌[六憂觀]과 여섯 가지 기쁘지도 근심하지도 않음을 살핌[六捨觀] 을 합하면 열여덟 가지 행이 된다. 비구여, 사람에게 열여덟 가지 뜻 의 행이 있다 함은 이것으로 인해 말한 것이다.

비구여, 사람에게 네 가지 머무는 곳이 있으니, 이것은 무엇을 말 하는가?

곧 진제의 머무는 곳[眞諦住處]과 지혜의 머무는 곳[慧住處]과 보 시의 머무는 곳[施住處]과 쉼의 머무는 곳[息住處]이다.

비구여, 사람에게 네 가지 머무는 곳이 있다 함은 이것으로 인해 말한 것이다."

• 중아함 162 분별육계경(分別六界經) 앞부분

• 해설 •

위대한 스승 사카무니 붇다와 하룻밤을 같이 묵으면서도 스승의 얼굴을 본 적이 없기에 스승인 줄 모르는 푸쿠사티 비구에게 크신 스승이 자비의 가르침을 내리어 참으로 쉴 곳을 알려준다.

네 가지 머무는 곳은 바로 진제의 머무는 곳, 지혜의 머무는 곳, 보시와 쉼의 머무는 곳이니, 이 네 머무는 곳은 실로 따로따로 있는 것이 아니다.

여섯 법의 영역의 있음에서 실로 있음이 아닌 진제를 볼 때 중생의 모습에 물든 마음은 지혜인 마음이 되니 진제의 머묾과 지혜의 머묾은 둘이 아니다.

또 실로 있는 모습에 머물지 않을 때 모습에 물든 마음을 쉬어, 있되 고요한 진제의 땅에 편히 머물게 되고, 진제의 고요함에도 머물 고요함이 없는 줄 알 때 고요함을 여의지 않고 가진 것의 실로 가짐을 떠나 늘 중생을 위해 보시를 행할 수 있다. 이렇게 보면 쉼의 머무는 곳과 보시의 머무는 곳 또한 서로 떨어지지 않는다.

어떻게 진제에 돌아가 진제인 지혜의 머묾을 성취하는가.

땅·물·불·바람·허공·앎의 여섯 법의 영역이 인연으로 있음이라 실로 있음 아님을 바로 보는 지혜의 방일하지 않은 행으로 중생은 진제에 나아갈 수 있다.

땅·물·불·바람의 네 영역은 물질의 걸림[質礙]을 특징적인 모습으로 하고, 허공은 물질의 걸림이 없는 것으로 그 특징적인 모습을 삼는다.

물질의 걸림과 허공의 비어서 걸림 없음은 서로 고유의 장에 갇혀 있는 것이 아니라 서로 규정한다.

허공의 비어 걸림 없는 모습에 취할 것이 없고 물질운동의 걸림 있고 막힘 있는 모습에도 취할 것이 없으며, 허공과 물질에 의지해 있는 중생의 앎도 의보에 의지해 나는 앎이므로 머물 모습이 없다.

이처럼 여섯 법의 영역의 있는 모습에 머물지 않을 때 여섯 법의 영역에서 모습 없는 진제에 나아갈 수 있다.

또 눈이 빛깔을 보고 귀가 소리를 들으며 코가 냄새를 맡고 혀가 맛을 맛보아 느끼며 몸이 경계를 만나 닿음을 내고 뜻이 법을 알아, 눈의 앎과 뜻의 앎 등 여섯 앎이 난다.

여섯 아는 뿌리[六根]와 여섯 알려지는바 경계[六境]와 여섯 앎[六識]이 어울려서 여섯 닿음[六觸, 三事和合]이 있을 때 느낌이 생긴다.

여섯 아는 뿌리, 여섯 알려지는 경계, 여섯 앎이 실체가 없으므로 함께 만나 여섯 닿음이 이루어지면 닿음을 따라 느낌이 난다.

여섯 닿음을 따라 나는 느낌[受, vedāna]은 기쁨[喜]·근심[憂]·기쁘지도 않고 근심스럽지도 않음[捨]의 세 느낌이 있다. 여섯 닿음을 따르는 열여덟 느낌의 연기로 있는 모습을 뜻으로 살필 때 열여덟 뜻의 지어감[十八意行]이 있다.

이 열여덟 뜻의 지어감을 통해 느낌에 실로 받아 느낄 것이 없음을 알아 경계의 느낌을 받음 없이 받으면, 바로 진제에 머물게 되고 지혜에 머물게 되며 쉼에 머물러 보시행을 일으킬 수 있다.

『화엄경』(「십행품」十行品) 또한 법계에 있는 모든 것의 진제를 알 때 보시와 공덕의 삶이 이루어짐을 이렇게 보인다.

법계에 있는 것 모두 밝게 알 때에
으뜸가는 뜻에서 가장 청정해져
길이 성냄 교만 어리석음 없애니
저 공덕을 모두 갖춘 빼어난 이가
이와 같은 해탈의 도를 행하도다.

法界所有皆明了　於第一義最淸淨
永破瞋慢及愚癡　彼功德者行斯道

여섯 영역에서 진제에 머무는 길이 있나니

"비구여, 어떤 것이 '지혜에 방일하지 않음'[不放逸慧]인가? 만약 어떤 비구가 몸의 경계를 분별하여 이렇게 생각한다고 하자.

'지금 나의 이 몸에는 안의 땅의 영역이 있어서 태어나면서 받았다. 이것은 무엇인가?

곧 머리털과 몸털·손톱, 거칠고 가는 살갖·껍질·살·뼈·힘줄·콩팥·염통·간·허파·지라·대장·위·똥 등 이와 같은 것들, 이 몸 가운데 나머지 안에 있는 것들로서 안이 거두는 단단함과 단단한 성질로서, 안에 머물러 나면서 받은 것들이다.'

비구여, 이것을 안의 땅의 영역이라 한다.

비구여, 안의 땅의 영역과 바깥의 땅의 영역이 있는데, 그 온갖 것을 모두어 땅의 영역이라고 말한다.

'그 온갖 것은 나의 것이 아니요, 나는 그의 것이 아니며, 또한 신묘함[神]이 아니다.'

이와 같이 지혜로 살피어 그것을 진실 그대로 알아 마음이 이 땅의 영역에 집착하지 않는다면, 비구여, 이것을 지혜에 방일하지 않음이라 한다."

땅의 영역에서 지혜의 길을 보이시고,
물의 영역에서 지혜의 길을 보이심

"다시 비구여, 지혜에 방일하지 않음이란 다음과 같다. 만약 어떤 비구가 몸의 경계를 분별하여 이렇게 생각한다고 하자.

'지금 나의 이 몸에는 안의 물의 영역이 있어서 태어나면서 받았다. 이것은 무엇인가?

곧 뇌막(腦膜)·눈의 물·땀·눈물·가래·고름·피·기름·골수·침·담(痰)·오줌 등 이와 같은 것들, 이 몸 가운데 나머지 안에 있는 것들로서 안이 거두는 물, 물의 성질로서 안을 적시는 것으로, 나면서 받은 것들이다.'

비구여, 이것을 안의 물의 영역이라 한다.

비구여, 안의 물의 영역과 바깥의 물의 영역이 있는데 그 온갖 것을 모두어 물의 영역이라고 말한다.

'그 온갖 것은 나의 것이 아니요, 나는 그의 것이 아니며, 또한 신묘함이 아니다.'

이와 같이 지혜로 살피어 그것을 진실 그대로 알아 마음이 이 물의 영역에 집착하지 않는다면, 비구여, 이것을 지혜에 방일하지 않음이라 한다."

불의 영역에 집착 없는 지혜의 길을 보이심

"다시 비구여, 또 지혜에 방일하지 않음이란 다음과 같다. 만약 어떤 비구가 이 몸의 경계를 분별하여 이렇게 생각한다고 하자.

'지금 내 이 몸에는 안의 불의 영역이 있어서 나면서 받았다. 이것은 무엇인가?

곧 뜨거운 몸 · 따뜻한 몸 · 번민하는 몸 · 건장한 몸으로서, 먹을거리 녹이는 것을 말하니, 이와 같은 것들과 이 몸 가운데 나머지 안에 있는 것들로서 안이 거두는 불, 불의 성질로서 안을 뜨겁게 하는 것으로, 나면서 받은 것이다.'

비구여, 이것을 안의 불의 영역이라 한다.

비구여, 안의 불의 영역과 바깥의 불의 영역이 있는데 그 온갖 것을 모두어 불의 영역이라고 말한다.

'그 온갖 것은 나의 것이 아니요, 나는 그의 것이 아니며, 또한 신묘함이 아니다.'

이와 같이 지혜로 살피어 그것을 진실 그대로 알아 마음이 이 불의 영역에 집착하지 않는다면, 비구여, 이것을 지혜에 방일하지 않음이라 한다."

바람의 영역에 집착 없는 지혜의 길을 보이심

"다시 비구여, 또 지혜에 방일하지 않음이란 다음과 같다. 만약 어떤 비구가 몸의 경계를 분별하여 이렇게 생각한다고 하자.

'지금 나의 이 몸에는 안의 바람의 영역이 있어서 나면서 받았다. 이것은 무엇인가?

곧 오르는 바람[上風] · 내리는 바람[下風] · 옆구리 바람[脇風] · 당기어 쥐는 바람[縮風] · 차는 바람[蹴風] · 길 아닌 바람[非道風] · 몸의 마디에 도는 바람[節節風] · 숨 나가는 바람[息出風] · 숨 들어오는 바람[息入風] 등, 이와 같은 것들과 이 몸 가운데 나머지 안에 있으며 안이 거두는 바람, 이 바람의 성질로서 안을 움직이는 것으로, 나면서 받은 것이다.'

비구여, 이것을 안의 바람의 영역이라 한다.

비구여, 안의 바람의 영역과 바깥 바람의 영역이 있는데 그 온갖 것을 모두어 바람의 영역이라 말한다.

'그 온갖 것은 나의 것이 아니요, 나는 그의 것이 아니며, 또한 신묘함이 아니다.'

이와 같이 지혜로 살펴어 그것을 진실 그대로 알아 마음이 이 바람의 영역에 집착하지 않는다면, 비구여, 이것을 지혜에 방일하지 않음이라 한다."

허공의 영역에 집착 없는 지혜의 길을 보이심

"비구여, 또 지혜에 방일하지 않음이란 다음과 같다. 만약 어떤 비구가 몸의 경계를 분별하여 이렇게 생각한다고 하자.

'지금 나의 이 몸에는 안의 허공의 영역이 있어서 나면서 받았다. 이것은 무엇인가?

곧 눈구멍·귓구멍·콧구멍·입구멍과 목구멍의 움직여 흔들림이니, 먹을거리를 씹어 삼켜 녹이고 천천히 목에 두거나 아래로 내려보내는 것 등, 이와 같은 것들로 이 몸 가운데 나머지 안에 있으며 안이 거두는 허공, 비어 있어서 살과 살갗, 뼈 힘줄에 덮이지 않은 것으로, 나면서 받은 것이다.'

이것을 비구여, 안의 허공의 영역이라 한다.

비구여, 안의 허공의 영역과 바깥 허공의 영역이 있는데 그 온갖 것을 모두어 허공의 영역이라고 말한다.

'그 온갖 것은 나의 것이 아니요, 나는 그의 것이 아니며, 또한 신묘함이 아니다.'

이와 같이 지혜로 살펴어 그것을 진실 그대로 알아 마음이 이 허공의 영역에 집착하지 않는다면, 비구여, 이것을 지혜에 방일하지 않음이라 한다."

다섯 물질의 영역에 지혜의 길을 보이시고
다시 앎의 영역에서 지혜의 길을 보이심

"비구여, 만약 어떤 비구가 이 다섯 가지 영역[五界]에 대해서 그것을 진실 그대로 알고, 진실 그대로 안 뒤에 마음이 거기에 집착하지 않고 해탈하면 오직 나머지 앎[餘識]만이 있게 된다.

이것은 어떠한 앎인가? 즐거움의 앎[樂識]·괴로움의 앎[苦識]·기뻐함의 앎[喜識]·근심의 앎[憂識]·괴롭지도 즐겁지도 않은 앎[捨識]이다.

비구여, 즐거운 닿음[樂更樂]으로 인하여 즐거운 느낌[樂覺]을 내고 그는 즐거운 느낌을 안다. 즐거운 느낌을 안 뒤에는 즐거운 느낌 느낀 줄을 안다.

만약 어떤 비구가 이 즐거운 닿음을 없애고, 이 즐거운 닿음을 없앤 뒤에 즐거운 닿음으로부터 생긴 즐거운 느낌이 있을 때 그것 또한 없애고 쉬고 그친다면, 그는 이미 느낌이 식은 줄을 알게 된다.

비구여, 괴로운 닿음[苦更樂]으로 인하여 괴로운 느낌[苦覺]을 내고 그는 괴로운 느낌을 안다. 괴로운 느낌을 안 뒤에는 곧 괴로운 느낌 느낀 줄을 안다.

만약 어떤 비구가 이 괴로운 닿음을 없애고, 이 괴로운 닿음을 없앤 뒤에 괴로운 닿음으로부터 생긴 괴로운 느낌이 있을 때 그것 또한 없애고 쉬고 그친다면, 그는 이미 느낌이 식은 줄 알게 된다.

비구여, 기쁜 닿음[喜更樂]으로 인하여 기쁜 느낌[喜覺]을 내고 그는 기쁜 느낌을 안다. 기쁜 느낌을 안 뒤에는 곧 기쁜 느낌을 느낀 줄을 안다.

만약 어떤 비구가 이 기쁜 닿음을 없애고, 이 기쁜 닿음을 없앤 뒤에 기쁜 닿음으로부터 생긴 기쁜 느낌이 있을 때 그것 또한 없애고 쉬고 그친다면, 그는 이미 느낌이 식은 줄 알게 된다.

비구여, 근심의 닿음[憂更樂]으로 인하여 근심의 느낌[憂覺]을 내고 그는 근심의 느낌을 안다. 근심의 느낌을 안 뒤에는 곧 근심의 느낌을 느낀 줄을 안다.

만약 어떤 비구가 이 근심의 닿음을 없애고, 이 근심의 닿음을 없앤 뒤에 근심의 닿음으로부터 생긴 근심의 느낌이 있을 때 그것 또한 없애고 쉬고 그친다면, 그는 이미 느낌이 식은 줄 알게 된다.

비구여, 괴롭지도 즐겁지도 않은 닿음[捨更樂]으로 인하여 괴롭지도 즐겁지도 않은 느낌[捨覺]을 내고 그는 괴롭지도 즐겁지도 않은 느낌을 안다. 괴롭지도 즐겁지도 않은 느낌을 안 뒤에는 곧 괴롭지도 즐겁지도 않은 느낌을 느낀 줄을 안다.

만약 어떤 비구가 이 괴롭지도 즐겁지도 않은 닿음을 없애고, 이 괴롭지도 즐겁지도 않은 닿음을 없앤 뒤에 괴롭지도 즐겁지도 않은 닿음으로부터 생긴 괴롭지도 즐겁지도 않은 느낌이 있을 때 그것 또한 없애고 쉬고 그친다면, 그는 이미 느낌이 식은 줄 알게 된다.

비구여, 이런저런 닿음[更樂] 때문에 이런저런 느낌[覺]을 내고, 이런저런 닿음을 없앤 뒤에 이런저런 느낌 또한 사라진다.

그는 이렇게 안다.

'이 느낌은 닿음으로부터 생기니, 닿음이 바탕이요, 닿음이 모아내며, 닿음으로부터 생기고, 닿음이 머리가 되며, 닿음을 의지해 행한다.' ”

느낌과 닿음이 공하여 집착할 것 없음을 비유로 보이심

“비구여, 마치 불씨[火母]는 뚫는 나무[鑽木]와 사람의 방편으로 말미암아 뜨거움이 생기기 때문에 불을 내는 것과 같다.

비구여, 이런저런 많은 나무가 서로 떨어져 흩어져 있으면 불이 꺼진다. 저 나무를 따라 불을 내서 불이 자주 뜨거움은 자주 느낌을 내는 것이고, 그 느낌이 모두 사라져 그쳐 쉬는 것은 나무를 차게 한 것과 같다.

이와 같이 비구여, 이런저런 닿음 때문에 이런저런 느낌을 내고, 이런저런 닿음을 없앤 뒤에 이런저런 느낌 또한 사라진다. 그는 이렇게 안다.

‘이 느낌은 닿음으로부터 생기니, 닿음이 바탕이요, 닿음이 모아 내며, 닿음으로부터 생기고, 닿음이 머리가 되며, 닿음을 의지해 행한다.’

이렇게 알아 만약 비구가 이 세 가지 느낌[覺]에 물들지 않고 해탈한다면, 그 비구는 오직 평정[捨]만 있어 아주 청정할 것이다.”

모습 없는 세계의 선정[無色界定]을 받아 써도
진제의 세계가 아님을 보이심

“비구여, 그 비구는 이렇게 생각한다.

‘나는 이 청정한 평정으로 한량없는 공한 곳[空處]으로 옮겨 들어가고, 이와 같은 마음을 닦아서 그것을 의지하고, 거기에 머무르며,

거기에서 서고, 그것을 나아가 생각하면, 그것에 묶일 것이다.

나는 이 청정한 평정으로 한량없는 앎의 곳[識處]·있는 바 없는 곳[無所有處]·생각 있음도 아니고 생각 없음도 아닌 곳[非有想非無想處]으로 옮겨 들어가 이와 같은 마음을 닦아서 그것을 의지하고, 거기에 머무르며, 거기에서 서고, 그것을 나아가 생각하면, 그것에 묶일 것이다.'

비구여, 마치 쇠붙이를 두들겨 만드는 뛰어나고 묘한 장인이 불로 쇠붙이를 달구어 아주 얇게 단련하고, 또 불풍로[火燫]로 자꾸 불기운을 더해 무르익게 단련하여 깨끗하게 하며 아주 부드럽고 밝은 빛이 있도록 하는 것과 같다.

비구여, 이 쇠붙이가 그 장인에 의해 자주 불기운이 더해지고 무르익게 단련되어 깨끗해지고 아주 부드럽고 밝은 빛이 있게 되면, 그 장인은 자기가 만드는 대로 비단을 잇기도 하고, 새 옷을 꾸미기도 하며, 가락지·팔찌·목걸이·보배꽃다발 등 마음에 만들고 싶은 것을 따른다.

이와 같이 비구여, 그 비구는 이렇게 생각한다.

'나는 이 청정한 평정으로 한량없는 공한 곳에 옮겨 들어가, 이와 같은 마음을 닦고 그것을 의지하고, 거기에 머무르며, 거기에서 서고, 그것을 나아가 생각하면, 그것에 묶일 것이다.

나는 이 청정한 평정으로 한량없는 앎의 곳·있는 바 없는 곳·생각 있음도 아니고 생각 없음도 아닌 곳에 옮겨 들어가, 이와 같은 마음을 닦고 그것을 의지하고, 거기에 머무르며, 거기에서 서고, 그것을 나아가 생각하면, 그것에 묶일 것이다.'

그 비구는 다시 이렇게 생각한다.

'내가 이 청정한 평정으로 한량없는 공한 곳에 의지한다면 이것은 바로 함이 있음[有爲]이다. 만약 그것이 함이 있음이라면 그것은 곧 덧없는[無常] 것이다. 만약 그것이 덧없는 것이라면 그것은 곧 괴로운 것이다.

만약 그것이 괴로운 것이라면 곧 괴로운 줄 알게 되고, 괴로운 줄 안 뒤에 그는 다시는 이 평정을 옮겨 한량없는 공한 곳에 들어가지 않을 것이다.

내가 이 청정한 평정으로 한량없는 앎의 곳·있는 바 없는 곳·생각 있음도 아니고 생각 없음도 아닌 곳을 의지한다면 이것은 바로 함이 있음이다.

만약 그것이 함이 있음이라면 그것은 곧 덧없는 것이요, 만약 그것이 덧없는 것이라면 그것은 곧 괴로운 것이다.'

만약 그것이 괴로운 것이라면 곧 괴로운 줄 알게 되고, 괴로운 줄 안 뒤에 그는 다시는 이 평정을 옮겨 한량없는 앎의 곳·있는 바 없는 곳·생각 있음도 아니고 생각 없음도 아닌 곳으로 들어가지 않을 것이다.' "

선정의 처소에도 취할 것이 없어야 진제의 머무는 곳이 되고 지혜와 보시의 머무는 곳이 됨을 보이심

"비구여, 만약 어떤 비구가 이 네 곳[四處, 無色界定]에 대해서 지혜로 살펴어 그것을 진실 그대로 알아[知其如眞] 이 마음을 이루지 않아[心不成就] 옮겨 들어가지 않는다면, 그는 그때에는 다시는 함이 있음이 아니요, 또한 있다거나 없다고 생각할 것이 없을 것이다.

그는 몸을 받아 맨 뒤에 깨달았으면 곧 몸을 받아 맨 뒤에 깨달은 줄을 알 것이요, 목숨을 받아 맨 뒤에 깨달았으면 곧 목숨을 받아 맨 뒤에 깨달은 줄을 알 것이다.

몸이 무너지고 목숨 마쳐 목숨이 이미 다한 뒤에는, 그가 깨달아 안 온갖 것들도 사라져 쉬고 그쳐 쉬게 된 줄 알 것이다.

비구여, 비유하면 타오르는 등불은 기름과 심지를 말미암으니, 만약 누군가 기름을 더해주지 않고 심지를 이어주지 않으면, 앞의 것은 이미 다 타고, 뒤의 것은 서로 이어지지 않아 다시 받을 것이 없게 되는 것과 같다.

이와 같이 비구가 몸을 받아 맨 뒤에 깨달았으면 곧 몸을 받아 맨 뒤에 깨달은 줄을 알고, 목숨을 받아 맨 뒤에 깨달았으면 곧 목숨을 받아 맨 뒤에 깨달은 줄을 안다. 몸이 무너지고 목숨 마쳐 목숨이 이미 다한 뒤에는 그가 깨달은 온갖 것들도 사라져 쉬고 그쳐 식게 된 줄을 안다.

비구여, 이것을 비구의 '으뜸가는 바른 지혜'[第一正慧]라 한다. 곧 마쳐 다해 사라져 없어짐[究竟滅訖]에 이른 것이니, 흐름 다한 비구가 그것을 성취한다면 으뜸가는 바른 지혜를 성취하는 것이다.

비구여, 이 해탈은 진제(眞諦)에 머물러 옮겨 움직이지 않게 되나니, 진제란 법 그대로[如法]를 말하는 것이고, 거짓말[妄言]이란 허망한 법을 말하는 것이다.

비구가 그 으뜸가는 진제의 곳[第一眞諦處]을 성취하면, 비구여, 그 비구는 보시하고 보시를 말하게 된다. 만약 옛날 원수가 꼭 있다 해도 그는 그때에 곧 놓아버리고 뱉어내고 떠나서 해탈하고 없애 다 한다.

비구여, 이것을 비구의 '으뜸가는 바른 은혜의 보시'[第一正惠施]

라 한다. 곧 온갖 세간을 모두 버려 다하고, 탐욕 없이 사라져 쉬고 그친다. 비구여, 그것을 성취한다면 으뜸가는 은혜의 보시를 성취하는 것이다.

비구여, 그 비구의 마음이 탐욕과 성냄과 어리석음에 더럽혀진다면 그는 해탈을 얻지 못한다. 비구여, 이 온갖 탐욕과 성냄과 어리석음이 다해 탐욕이 없어지고 사라져 쉬고 그치면 '으뜸가는 쉼'[第一息]을 얻게 된다.

비구여, 그것을 성취한 자는 으뜸가는 쉼을 성취하는 것이다."

선정의 휴식을 얻어도 나라는 교만과 견해가 다해야
온전한 니르바나이며, 참된 쉼의 머무는 곳이 됨을 보이심

"비구여, '나'란 스스로를 들어보이는 것이다. '나는 있을 것'[有]이다'라고 하여도 또한 스스로를 들어보이는 것이요, '나는 있지도 않고 없지도 않을 것이다'[非有非無]라고 하여도 또한 스스로를 들어보이는 것이다.

'나는 물질 있음[色有]이 될 것이다'라고 하여도 또한 스스로를 들어 보이는 것이요, '나는 물질 없음의 존재[無色有]일 것이다'라고 하여도 또한 스스로를 들어보이는 것이며, '나는 물질의 존재도 아니고 물질 없음의 존재도 아닐 것이다'라고 하여도 또한 스스로를 들어보이는 것이다.

'나는 생각[想]이 있을 것이다'라고 하여도 또한 스스로를 들어보이는 것이요, '나는 생각이 없을 것이다'라고 하여도 또한 스스로를 들어보이는 것이며, '나는 생각 있는 것도 아니요 생각 없는 것도 아닐 것이다'라고 하여도 또한 스스로를 들어보이는 것이다.

이것은 높은 체하는 것[貢高]이요, 이것은 교만[憍慠]이며, 이것은 방일함이다.

비구여, 만약 이 온갖 스스로를 들어보임과 높은 체함과 교만과 방일함이 없으면 그것을 뜻을 쉼[意息]이라 한다.

비구여, 만약 그 뜻을 쉬면 곧 미워하지도 않고 근심하지도 않으며, 고달파하지도 않고 두려워하지도 않는다. 왜 그런가? 그 비구는 법을 성취하였기 때문에 다시 밉다고 말할 것이 없다.

만약 미워하지 않으면 근심하지 않을 것이요, 근심하지 않으면 시름하지 않을 것이며, 시름하지 않으면 고달파하지 않을 것이요, 고달파하지 않으면 두려워하지 않을 것이며, 두려워하지 않기 때문에 곧 파리니르바나에 들게 될 것이다.

그래서 '태어남은 이미 다하고, 범행은 이미 서고, 지을 바를 이미 지어 다시는 뒤의 있음을 받지 않는다'는 것을 진실 그대로 알게 될 것이다."

세존의 설법 듣고 법의 눈이 깨끗해진 푸쿠사티가
세존을 그대라고 부른 허물을 뉘우침

이렇게 설법을 마치자, 존자 푸쿠사티는 티끌을 멀리하고 때[垢]를 여의어 모든 법에 법의 눈이 생겼다.

이에 존자 푸쿠사티는 법을 보아 법을 얻고, 희고 깨끗한 법[白淨法]을 깨달아 의심을 끊고 의혹을 벗어나 다시는 다른 높일 것이 없고, 다시는 남을 말미암지 않고, 망설임 없이 이미 해탈의 과덕[果證]에 머물러 세존의 법에서 두려움 없음[無所畏]을 얻었다.

그는 곧 자리에서 일어나 붇다의 발에 머리를 대 절하고 말씀드렸다.

"세존이시여, 저는 허물을 뉘우칩니다.

잘 가신 이여, 저는 스스로 아룁니다.

마치 어두운 사람처럼, 어리석은 사람처럼, 어지러운 사람처럼, 잘 알지 못하는 사람처럼, 세간의 좋은 밭[良田]을 알아보지 못했고, 스스로 깨달아 알지 못했습니다.

왜냐하면 저는 여래·집착 없는 이·바르게 깨친 분을 일컬어 '그대'라고 하였기 때문입니다.

세존께서 저의 허물 뉘우침을 들어주시길 바랍니다. 저는 이제 허물을 뉘우친 뒤에 다시는 저지르지 않겠습니다."

세존께서는 말씀하셨다.

"비구여, 너는 참으로 어둡고 어리석었으며, 너는 참으로 어지럽게 흩어져 잘 알지 못했으니, 여래·집착 없는 이·바르게 깨친 분을 일컬어 '그대'라고 하였기 때문이다.

비구여, 만약 네가 스스로 허물 뉘우쳐 이미 잘못을 알아 드러내 보이며[見已發露], 잘 마음을 보살펴 다시 짓지 않는다면[護不更作], 비구여, 이와 같이 하면 곧 거룩한 법과 율 가운데서 늘어남이 있어 덜어지지 않을 것이다.

그것은 스스로 허물 뉘우쳐 이미 잘못 알아 드러내 보이고 보살펴 다시 짓지 않기 때문이다."

붇다께서 이렇게 말씀하시자, 존자 푸쿠사티는 붇다의 말씀을 듣고 기뻐하며 받들어 행하였다.

• 중아함 162 분별육계경(分別六界經) 뒷부분

• 해설 •

　붇다는 '위없는 스승 여래'를 알아보지 못하고 '그대'라고 부른 푸쿠사티의 허물을 자비롭게 꾸중하시되 그에게 '지혜에 방일하지 않은 행'으로 으뜸가는 진리의 땅에 돌아가야 진제의 고요함에서 참으로 은혜로운 보시를 행할 수 있음을 보이신다.

　먼저 붇다는 안의 몸과 바깥 땅의 영역, 안의 몸과 바깥의 물의 영역, 안의 몸과 바깥의 불의 영역, 안의 몸과 바깥의 바람의 영역이 연기한 것이라 그 가운데 나와 내 것이 없음을 말씀한다.

　다시 안의 몸의 허공과 바깥의 허공의 영역에 나와 내 것이 없음을 말씀해서 중생의 의지해 사는 물질과 허공의 세계에 실로 머물 것이 없음을 가르친다.

　『중론』은 여래의 뜻을 받아 허공의 빈 모습이 물질운동과 서로 규정하므로 허공도 자기성품 없고 물질도 자기성품 없음을 다음과 같이 말한다.

> 비게 하는 법이 있지 않으므로
> 비어지는 법 또한 없으며
> 비어지는 법이 없으므로
> 비게 하는 법 또한 없도다.
>
> 相法無有故　可相法亦無
> 可相法無故　相法亦復無

　이 게송에서 모습[相]이라고 한 것은 범어 락샤나(lakṣaṇa)의 번역으로 특징이 되는 모습의 뜻이니, 허공[ākāśa]은 비어 있음으로 특징을 삼는다. 어떤 모습으로 되게 하는 법[相法]이란 허공을 허공이라 말할 수 있게 하고 허공의 비어 있는 모습을 이루어주는 법을 말해주고, 모습되는 법[可相法]이란 허공의 비어 있음의 특징을 이루는 법에 의해 비어 있는 모습이다.

　허공의 비어 있음의 특징을 이루어주는 비게 하는 법[相法]과 비어 있는 법[可相法]이 서로 의지해 있으므로 허공의 비어 있음[ākāśa]도 공하고 [śūnya] 허공을 허공이게 하는 물질[rūpa]도 공한 것이다.

그러므로 연기법에서 허공은 물질운동을 포괄하는 절대적인 장이 아니라, 물질운동의 걸림과 막힘이 있지 않음을 허공이라 이름하는 것이니, 물질운동이 허공을 허공이 되게 하는 법이다.

『중론』은 다시 말한다.

> 그러므로 지금 비게 함도 없고
> 또한 비어진 모습도 없다.
> 비게 함과 비어진 모습 떠나서는
> 또한 다시 그 어떤 것도 있지 않다.
>
> 是故今無相　亦無有可相
> 離相可相已　更亦無有物

이처럼 허공을 허공이게 하는 법과 허공으로 되어지는 법이 없다면 이밖에 비어 없음[無]이 따로 있는가.

『중론』은 말한다.

> 만약 허공의 있음을 있지 않게 하면
> 어떻게 없음이 따로 있을 수 있겠는가.
> 있음과 없음이 이미 없다면
> 있음과 없음을 아는 자는 누구인가.
>
> 若使無有有　云何當有無
> 有無既已無　知有無者誰

없음이란 있음이 있음이 되므로 세워지는 이름이다. 지금 비어 있는 허공의 모습이 있으므로 그 허공 없음이 분별되는데, 허공의 모습이 있되 있음 아니라면 허공의 있음을 내놓고 허공의 없음이 어떻게 분별되겠으며, 허공의 있음과 없음 밖에 따로 그 어떤 비어 없음이 있을 것인가. 허공을 허공이게 하는 물질운동의 법과 허공으로 되어지는 빈 모습의 법이 모두 있되 공하여 허공 자체가 공하면 다시 어찌 따로 허공의 없음을 세울 수 있겠는가.

그러므로『중론』은 다시 말한다.

> 그러므로 저 허공은
> 있음도 아니고 없음도 아니며
> 비게 함과 비어 있음도
> 아님을 알아야 한다.
> 다른 땅 물 불 바람 앎
> 이 다섯 가지 영역도
> 허공과 같이 자기성품 없네.
>
> 是故知虛空　非有亦非無
> 非相非可相　餘五同虛空
>
> 낮은 지혜는 모든 법 가운데서
> 있거나 없는 모습을 본다.
> 그러면 견해가 사라져 다한
> 안온한 법을 보지 못한다.
>
> 淺智見諸法　若有若無相
> 是則不能見　滅見安隱法

『중론』은 여래의 가르침을 받아 허공을 허공이게 하는 물질운동과 물질운동과 서로 의지해 규정되는 허공의 법이 모두 공함을 알지 못하고, 허공과 물질경계를 의지해 나는 앎이 공한 줄 알지 못하면, 진제에 나아가 견해가 사라진 니르바나의 법을 알 수 없다고 가르친다.

허공과 물질운동 등 다섯 법의 영역이 공한 줄 알면 세계를 의지해 나는 여섯 앎이 공하고 앎 따라 나는 여섯 닿음이 공한 줄 알게 된다. 여섯 닿음에서 괴로움[苦] 즐거움[樂] 괴롭지도 않고 즐겁지도 않음[捨]의 세 느낌[三受]이 벌어지면 열여덟 느낌[十八受]이 나는데, 이 느낌이 공한 줄 알면 물질과 허공에 물듦 없고 갇힘 없이 사유가 평정하고 청정한 행[捨念淸淨]에 이르게 되니, 이것이 물질세계[色界]에서 물질에 물듦 없는 선정[色界定]이다.

땅·물·불·바람의 물질세계를 떠나면 빈 곳[空處]의 선정이 되고, 허공 또한 공한 줄 알아 머물지 않으면 앎의 곳[識處]의 선정이 되며, 물질과 허공이 공하고 앎 또한 공한 줄 알면 여섯 영역이 모두 있는 바 없는 곳[無所有處]의 선정이 된다.

다시 있는 바 없는 곳의 없음에 머물지 않으면 생각 있음도 아니고 생각 없음도 아닌 곳[非有想非無想]의 선정에 들어간다. 이 선정에서도 생각 있음과 생각 없음의 두 분별을 모두 쉬어야[息二邊分別] 참으로 모습에서 모습 떠나되 모습 없음에도 머물지 않으며, 아는 지혜의 장애마저 벗어나 으뜸가는 지혜를 이룬 자이다.

이처럼 아는 마음과 물질과 허공의 모습에서 모두 벗어난 지혜 이루되 지혜의 자취마저 없는 자, 그가 참으로 으뜸가는 진제에 머물러 으뜸가는 쉼을 얻은 자로서 니르바나의 고요함을 떠나지 않고 세간 중생을 위해 늘 은혜로운 보시 베푸는 자이다.

이와 같은 여래의 거룩한 가르침을 듣고 존자 푸쿠사티가 법의 뜻을 알아 여래 알아보지 못한 큰 허물을 참회한다. 그러나 지금 이 세간에 출현하신 '사람 가운데 사자'[人中獅子], '용 가운데 용'[龍象]이신 여래를 여래로서 알아보지 못했던 죄업을 참회했다고 참으로 여래의 참몸을 볼 것인가.

오히려 여섯 법의 영역[六界, ṣaḍ-dhātu]이 모두 공하다는 여래의 가르침을 듣고서 여래의 보여지는 모습에 실로 볼 것이 없고 허공에도 취할 공한 모습이 없는 줄 알 때, 길이 사라지지 않는 여래의 법의 몸을 보았다고 하리라.

저 푸쿠사티는 모든 견해의 흐름이 다하고 선정의 고요함에도 머묾 없는 진제를 깨달아 여래의 참된 법의 아들이 되었으니, 그는 여래를 여래로서 알아볼 때 여래의 모습에서 한 법도 취할 모습을 보지 않은 것이다.

『화엄경』(「수미정상게찬품」)은 연기의 깊은 뜻 아는 자가 여래의 참몸 보게 됨을 이렇게 말한다.

> 모든 법의 깊고 깊은 뜻을
> 이와 같이 살필 수 있으면
> 곧 온갖 모든 붇다의 법신
> 진실한 모습을 보게 되리라.

> 若能如是觀　諸法甚深義
> 則見一切佛　法身眞實相

게송에서 모든 법의 깊고 깊은 뜻이란 온갖 법이 연기이므로 공한 뜻이니, 연기의 진실을 보는 자가 붇다의 진실을 보고, 여래의 몸에서 몸이 몸 아닌 법신 보게 됨을 말하고 있다.

「수미정상게찬품」은 다시, 보는 자[能見]와 보여지는 것[所見]과 봄[見者] 그 자체의 실체가 공한 줄 아는 자가 여래를 볼 수 있음을 다음과 같이 말한다.

> 볼 수 있는 자와 보여지는 것
> 봄 자체를 다 없애 보내야
> 참된 법을 무너뜨리지 않으니
> 이 사람이 붇다를 깨달아 알리.

> 能見及所見　見者悉除遣
> 不壞於眞法　此人了知佛

경의 이야기처럼 푸쿠사티는 크신 스승 여래를 눈앞에서 보고도 알아보지 못하다 자비의 설법을 듣고 지혜의 바다에 들어가 여래의 참된 몸을 보고 진제에 머물게 되었다.

여래의 지혜는 세계의 실상인 지혜라 있지 않는 곳이 없으나, 중생이 망상에 얽매여 있으면 법의 진실을 보지 못하는 것이다. 중생의 망상이 공한 곳이 진여의 법바다라 여래의 자비의 설법이 그 미망의 중생을 본래 스스로 갖춘 법의 바다에 들게 하는 것이니,「여래출현품」은 이렇게 말한다.

> 붇다의 지혜는 이와 같아서
> 중생의 마음에 두루해 있지만
> 망상에 얽히고 감기어서
> 깨닫지 못하고 알지 못하네.
>
> 佛智亦如是　遍在衆生心
> 妄想之所纏　不覺亦不知
>
> 모든 붇다 크나큰 자비로
> 중생의 그 망상 없애시려
> 이와 같이 세간 출현하시사
> 모든 보디사트바 요익케 하네.
>
> 諸佛大慈悲　令其除妄想
> 如是乃出現　饒益諸菩薩

5 앎활동과 따라서 나는 마음작용

안의 여섯 아는 뿌리와 밖의 여섯 알려지는 경계가 만나 여섯 앎을 내지만, 여섯 아는 뿌리와 여섯 경계는 앎일 때 앎 자체로 주어지는 것이다.

여섯 앎이 유식불교에서 앞의 여섯 앎[前六識]이라면, 뜻의 아는 뿌리[意根]는 유식에서 제7마나스식[manas-vijñāna]이자, 제8아라야식[ālaya-vijñāna]의 아는 자[見分]이다.

뜻뿌리와 어울려 앎을 내는 몸의 다섯 아는 뿌리[五根]와 밖의 여섯 경계[六境]는 뜻뿌리[意根]가 의지해 앎을 일으키므로 제8식의 알려지는 것[相分]이 된다.

여섯 앎은 아는바 경계인 앎이므로 알려지는 바의 차별된 모습에 따라 경계에 대한 차별된 내용을 안고 일어나는 앎이다. 앎과 함께하는 갖가지 앎의 내용과 작용을 마음이 가지고 있는 법[心所有法, caitta]이라 한다.

마음이 가지고 있는 법도 두 가지다. 하나는 전적으로 주체의 앎에 종속된 심리적 작용으로 닿음·느낌·모습 취함·지어감의 여러 법이니, 이를 마음을 따라 나는 법이란 뜻으로 '서로 응하는 마음작용'[相應心所]이라 한다.

다른 하나는 마음과 같이 나되 마음에 종속되지 않는 법[不相應行法]이다. 그것은 곧 지어감의 법[行法] 가운데 물질을 떠나지 않지만, 물질이 아니고 앎과 함께하나 전적으로 지금 앎활동에 종속되지 않고 상대적인 자기동일성을 가진 법으로서 언어·시간·공간 등의 법이다.

지어감의 법 가운데는 이처럼 앎에 종속하는 심리적 지어감과 앎에 종속되지 않는 비심리적 지어감이 있으니, 앎에 따르는 지어감을 '치타 삼프라육타 삼스카라'[心相應行法, citta-samprayukta-saṃskāra]라 하고, 앎과 함께하나 앎에 따르지 않는 지어감을 '치타 비프라육타 삼스카라'[心不相應行法, citta-viprayukta-saṃskāra]라 한다.

비프라육타(viprayukta)의 '비'(vi)를 번역가들이 '아님'[不]의 뜻으로 옮겼지만, 사실 '떨어져서'[apart]의 뜻이므로, 비프라육타는 '앎과 함께하지만 바로 따라 나지 않는다'는 뜻이 된다.

서로 응하는 법이든 떨어져서 함께 나는 법이든, 모든 마음작용의 법 그 작용의 뿌리는 아는 자와 알려지는 것이 서로 어울려 만남인데, 아는 자와 알려지는 것이 공하다면 모든 마음작용 또한 공하다.

그러므로 느낌과 온갖 지어감 가운데서 취함이 없을 때 마음과 마음작용에 머물거나 물듦이 없이 해탈의 땅에 나아가는 것이니, 『화엄경』(「십인품」十忍品)은 말한다.

뭇 모습 취함 아지랑이 같아
중생을 그릇되게 알도록 하네.

보디사트바 모습 취함 잘 알아
온갖 뒤바뀜을 버려 떠나네.

衆想如陽焰 令衆生倒解
菩薩善知想 捨離一切倒

온갖 중생은 각기 다르고
모습도 한 가지가 아니지만
다름이 다 모습 취함임을 알면
그 온갖 것에 진실이 없네.

衆生各別異 形類非一種
了達皆是想 一切無眞實

만약 모든 모습 취함 떠나고
또한 모든 허튼 논란 떠나면
어리석어 모습 취함 집착하는 자
모두 해탈 얻게 할 수 있으리.

若離於諸想 亦離諸戲論
愚癡著想者 悉令得解脫

1) 여섯 아는 뿌리·여섯 경계가 어울려
여섯 앎과 갖가지 마음작용이 일어나나니

안과 밖의 들임, 여섯 앎과
여섯 닿음과 느낌이 온갖 법이니

이와 같이 내가 들었다.

한때 붇다께서는 슈라바스티 국 제타 숲 '외로운 이 돕는 장자의 동산'에 계셨다.

이때 자놋소니 브라마나가 붇다 계신 곳으로 찾아와 서로 문안 인사를 나눈 뒤에 한쪽에 물러나 앉아서 붇다께 말씀드렸다.

"사문 고타마시여, 온갖 법[一切法]이란 어떤 것이 온갖 법입니까?"

붇다께서 브라마나에게 말씀하셨다.

"눈과 빛깔, 눈의 앎, 눈의 닿음, 눈의 닿음의 인연으로 생긴 느낌인 괴롭거나 즐겁거나 괴롭지도 즐겁지도 않은 느낌, 귀·코·혀·몸과 뜻, 소리·냄새 나아가 법·뜻 등의 앎, 뜻 등의 닿음, 뜻 등의 닿음의 인연으로 생긴 느낌인 괴롭거나 즐겁거나 괴롭지도 않고 즐겁지도 않은 느낌, 이것을 온갖 법이라고 하오.

만약 다시 어떤 사람이 이렇게 말한다 합시다.

'그것은 온갖 법이 아니다. 나는 이제 사문 고타마가 말한 온갖 법을 버리고 다시 온갖 법을 세운다.'

이렇게 말하면 그것은 다만 말만 있을 뿐이니, 자주 물으면 알지 못하여 그 어리석음과 의혹만 늘리게 될 것이오. 왜냐하면 그것은 실로 있는 경계가 아니기 때문이오."

붇다께서 이 경을 말씀하시자, 자눗소니 브라마나는 붇다의 말씀을 듣고 기뻐하면서 자리에서 일어나 떠나갔다.

• 잡아함 321 일체법경(一切法經)

• 해설 •

주체 없는 객체가 없고 객체 없는 주체가 없으니, 서로 의지해 연기하는 주 · 객의 법이 곧 온갖 법이다. 앎활동은 아는 자와 알려지는 것이 어울려 나는 것이니, 온갖 법을 여섯 아는 뿌리와 여섯 경계의 열두 들임이라 말해도 그 가운데 여섯 앎[六識]이 포함된다.

또한 갖가지 마음작용[心所]은 마음 자체[心王]밖에 따로 없으니, 온갖 법을 다시 열두 들임에 여섯 앎을 더해 열여덟 법의 영역이라 말해도 그 안에 앎에 따라 나고[心相應], 앎과 함께하는[心不相應] 여러 마음의 내용 마음이 지니고 있는 갖가지 법[心所法]이 포함된다.

이런 뜻으로 여래는 묻는 이 따라 온갖 법을 때로 열두 들임[十二入]으로 보이기도 하고, 열여덟 법의 영역으로 보이기도 하며, 열여덟 법의 영역에 앎이 지니고 있는 작용의 법을 함께 나타내 온갖 법을 보이기도 한다.

그것은 그 모든 법이 다 인연으로 나는 법이기 때문이며, 모든 마음법[心法]이 아는 자[六根]와 알려지는 경계[六境]를 떠나 따로 없기 때문이다.

아는 자와 알려지는 것이 의지해 있음을 보이는 여래의 교설이 실은 아는 자와 알려지는 것이 공함을 보이기 위함이니, 연기법에서 있음[有]은 곧 공함의 뜻[空義]이요, 공(空)은 곧 연기의 뜻[緣起義]인 것이다.

『화엄경』(「보살문명품」菩薩問明品)은 말한다.

눈과 귀, 코와 혀, 몸
마음과 뜻 모든 아는 뿌리들
온갖 것이 공해 자성 없지만
중생이 망령된 마음으로
실로 있음을 분별하도다.

眼耳鼻舌身　心意諸情根
一切空無性　妄心分別有

　그러므로 아는 자와 알려지는 것이 있다는 여래의 뜻이 공의 뜻[空義]인
줄 알아, 실로 있음과 아주 공함을 떠나지 못하면 여래의 뜻을 진실과 같이
알아[如實知] 해탈의 도에 나아갈 수 없으니, 「수미정상게찬품」은 말한다.

만약 거짓 이름을 좇아서
이 두 법을 취해 집착한다면
이 사람은 진실과 같지 않아
거룩하고 묘한 도 알지 못하리.

若逐假名字　取著此二法
此人不如實　不知聖妙道

여섯 앎으로 닿음이 있고
닿음으로 느낌과 지어감, 모습 취함이 있으니

이와 같이 내가 들었다.

한때 붇다께서는 슈라바스티 국 제타 숲 '외로운 이 돕는 장자의 동산'에 계셨다.

그때 세존께서 여러 비구들에게 말씀하셨다.

"두 가지 인연이 있어서 앎을 낸다.

어떤 것이 두 가지인가? 눈과 빛깔, 귀와 소리, 코와 냄새, 혀와 맛, 몸과 닿음, 뜻과 법이 둘이니, 이것을 두 가지 법이라 한다.

어떤 사문이나 브라마나가 이렇게 말한다 하자.

'이것은 둘이 아니다. 사문 고타마가 말한 두 가지 법은 둘이라 할 수 없다.'

이렇게 말하지만 그들이 마음대로 말하는 두 가지 법은 다만 말만 있을 뿐이어서 물어보면 알지 못하여 의혹만 더할 것이니, 실로 있는 경계가 아니기 때문이다.

무슨 까닭인가? 눈과 빛깔의 인연으로 눈의 앎을 낸다. 그것은 덧없고 함이 있으니 마음은 인연으로 생긴 것이다.

만약 빛깔과 눈과 앎이 덧없고 함이 있어서 마음이 인연으로 생긴 것이라면, 이 세 가지 법이 어울려 합함이 닿음이고, 닿음 뒤 느끼고, 느낌 뒤 지어가며, 지어감 뒤 모습 취한다.

이러한 모든 법도 다 덧없고 함이 있어서 연으로 생긴 것이니, 그것은 곧 닿음·모습 취함·지어감을 말한다.

귀·코·혀·몸·뜻 또한 이와 같다."

붇다께서 이 경을 말씀하시자, 여러 비구들은 붇다의 말씀을 듣고 기뻐하며 받들어 행하였다.

• 잡아함 214 이법경(二法經)

• 해설 •

여섯 앎과 여섯 느낌 사이에 왜 여섯 닿음[六觸, ṣaḍ-sparśa]을 설정하는가. 느낌이란 대상에 대한 구체적이고 감성적인 감수작용을 말하니, 받아들임[領納, vedanā]의 작용은 비록 앎이 드러나 있다 해도[現行] 객관대상과의 구체적인 접촉이 없으면 일어나지 않으므로, 닿음의 심소(心所)를 세워 닿음으로 인해 느낌[vedanā]이 남을 표현한다.

예를 들어보자. 지금 앎이 현행해도 관념의 대상[法境]을 깊이 사유하거나 선정에 들어 있으면 여기 앎이 있고 밖에 감성적 경계가 주어져도 감성적 경계에 대한 느낌이 일어나지 않는다.

소설을 보는 재미에 빠져 그 내용에 심취해 있는 사람에게 새소리 바람소리가 있어도 새소리 바람소리에 대한 감성적 느낌이 나지 않는 것과 같다. 닿음이란 아는 뿌리와 알려지는 경계와 앎의 세 가지 일이 함께 어울림[根·境·識 三事和合]을 말한다.

지어감이라 번역한 사(思, cetanā)라는 심소법은 느낌을 통해 다음 행위를 짓게 하는 세력이니 행온(行蘊, saṃskāra-skandha)과 같은 뜻이다.

모습 취함으로 번역한 상(想, saṃjñā)은 객관 대상을 앎의 내용으로 구성하는 세력을 말한다.

닿음·느낌·지어감·모습 취함은 모두 앎을 따라 나고 앎은 열두 들임에 의해 나니, 이밖에 온갖 것[一切]을 세울 수 없다.

여섯 닿음으로 느낌을 내고 애착을 내나니

이와 같이 내가 들었다.

한때 붇다께서는 슈라바스티 국 제타 숲 '외로운 이 돕는 장자의 동산'에 계셨다.

이때 세존께서 여러 비구들에게 말씀하셨다.

"갖가지 법의 영역을 인연하여 갖가지 닿음을 내고, 갖가지 닿음을 인연하여 갖가지 느낌을 내며, 갖가지 느낌을 인연하여 갖가지 애착을 낸다.

어떤 것을 갖가지 법의 영역이라고 하는가? 곧 열여덟 법의 영역으로서 눈의 영역·빛깔의 영역·눈의 앎의 영역이다. 귀의 영역·소리의 영역·귀의 앎의 영역이다.

코의 영역·냄새의 영역·코의 앎의 영역이다. 혀의 영역·맛의 영역·혀의 앎의 영역이다.

몸의 영역·닿음의 영역·몸의 앎의 영역이다. 뜻의 영역·법의 영역·뜻의 앎의 영역이다.

이를 갖가지 법의 영역이라고 한다."

**열여덟 법의 영역을 보이시고,
앎을 따라 나는 닿음·느낌·애착을 보이심**

"어떤 것이 갖가지 법의 영역을 인연하여 갖가지 닿음을 냄이고,

갖가지 닿음을 인연하여 갖가지 느낌을 냄이며, 갖가지 느낌을 인연하여 갖가지 애착을 냄인가?

눈의 영역을 인연하여 눈의 닿음을 내고, 눈의 닿음을 인연하여 눈의 닿음이 일으키는 느낌을 내며, 눈의 닿음이 일으킨 느낌을 인연하여 눈의 닿음이 일으키는 애착을 낸다.

귀의 영역·코의 영역·혀의 영역·몸의 영역·뜻의 영역을 인연하여 뜻 등의 닿음을 내고, 뜻 등의 닿음을 인연하여 뜻 등의 닿음이 일으키는 느낌을 내며, 뜻 등의 닿음이 일으킨 느낌을 인연하여 뜻 등의 닿음이 일으키는 애착을 낸다.

여러 비구들이여, 갖가지 애착[種種愛]을 인연하여 갖가지 느낌[種種受]을 내는 것이 아니고, 갖가지 느낌을 인연하여 갖가지 닿음[種種觸]을 내는 것도 아니며, 갖가지 닿음을 인연하여 갖가지 법의 영역을 내는 것도 아니다.

반드시 갖가지 법의 영역[種種界]을 인연하여 갖가지 닿음을 내고, 갖가지 닿음을 인연하여 갖가지 느낌을 내며, 갖가지 느낌을 인연하여 갖가지 애착을 내는 것이다.

비구들이여, 이것을 갖가지 법의 영역을 인연하여 갖가지 닿음을 내고, 갖가지 닿음을 인연하여 갖가지 느낌을 내며, 갖가지 느낌을 인연하여 갖가지 애착을 내는 것이라고 한다."

붇다께서 이 경을 말씀하시자, 여러 비구들은 붇다의 말씀을 듣고 기뻐하며 받들어 행하였다.

• 잡아함 452 촉경(觸經) ①

• 해설 •

이 경에서는 앎에서 닿음이 나고 닿음으로 느낌이 나고 느낌으로 인해 애착이 남을 보여 앎이 공하므로 애착이 나되 남이 없음을 보이고 있다.

원인과 조건이 공하고 인연으로 난 결과가 공해, 원인과 결과가 서로 통함에서 보면 연기의 법은 서로 의지해 때를 같이해 일어나지만[同時生起], 뿌리[根本]와 가지[枝末], 마음바탕[心王]과 마음작용[心所]이 없지 않은 곳에서 보면 앎의 근본[根本識, ālaya-vijñāna]인 열두 들임에서 여섯 앎이 나고 마음바탕인 여섯 앎에서 마음작용인 닿음과 느낌이 나는 것이다.

그 뜻은 이 경은 여러 법의 영역에서 닿음을 내고 닿음에서 느낌을 내고 느낌에서 애착이 나는 것이지, 애착에서 느낌이 나고 느낌에서 닿음이 나는 것이 아니라고 말한다.

중생의 삶을 고통으로 규정하는 미혹과 애착이 닿음과 느낌에서 나고, 닿음 · 느낌 · 애착이 모두 앎에서 나고, 앎[識, vijñāna] 또한 열두 들임에서 연기하여 실로 남이 없고 자기성품 없어 공하다면 애착은 끝내 어디서 온 것인가.

온갖 법이 오되 옴이 없음을 알 때, 애착과 고통에서 벗어나는 파리니르바나의 길이 있으니, 『화엄경』(「야마궁중게찬품」)은 이렇게 보인다.

> 모든 법은 오는 곳이 없으며
> 또한 짓는 자가 없도다.
> 좇아 난 바가 있지 않으니
> 그 모습 분별할 수 없도다.
>
> 諸法無來處　亦無能作者
> 無有所從生　不可得分別

「십지품」(十地品) 또한 이렇게 말한다.

비유하면 교묘한 환술사가
널리 모든 빛깔 모습 나타내어
부질없이 뭇 대중 즐기게 하나
마쳐 다해 얻을 것 없음과 같네.

譬如工幻師　普現諸色像
徒令衆貪樂　畢竟無所得

세간 또한 이와 같아서
온갖 것이 다 허깨비 같아
성품도 없고 또한 남이 없지만
갖가지가 있음 나타내 보이네.

世間亦如是　一切皆如幻
無性亦無生　示現有種種

2) 온갖 앎활동과 마음작용에 나 없고
   덧없음을 알아야 해탈에 들어가니

여섯 가지 여섯의 법에 나 없음을 살피라

이와 같이 내가 들었다.

한때 붇다께서는 쿠루(Kuru) 국의 소 치는 마을[調牛聚落]에 계셨다.

그때 세존께서 여러 비구들에게 말씀하셨다.

"내가 이제 너희들을 위하여 설법해주겠다. 이 법은 처음과 가운데와 뒤가 다 좋으며, 좋은 뜻 좋은 맛으로 온전히 원만하고 깨끗하여 범행이 맑고 깨끗한 것이니, 자세히 듣고 잘 사유하라.

여섯 가지 여섯의 법[六六法]이 있다. 어떤 것이 여섯 가지 여섯의 법인가?

곧 여섯 안의 들이는 곳·여섯 밖의 들이는 곳·여섯 앎의 몸·여섯 닿음의 몸·여섯 느낌의 몸·여섯 애착의 몸을 말한다."

여섯 가지 여섯의 법 가운데 먼저 십팔계의 법을 보이심

"어떤 것이 여섯 안의 들이는 곳인가?

눈의 들이는 곳·귀의 들이는 곳·코의 들이는 곳·혀의 들이는 곳·몸의 들이는 곳·뜻의 들이는 곳을 말한다.

어떤 것이 여섯 밖의 들이는 곳인가?

빛깔의 들이는 곳·소리의 들이는 곳·냄새의 들이는 곳·맛의 들이는 곳·닿음의 들이는 곳·법의 들이는 곳을 말한다.

어떤 것이 여섯 앎의 몸인가?

눈의 앎의 몸·귀의 앎의 몸·코의 앎의 몸·혀의 앎의 몸·몸의 앎의 몸·뜻의 앎의 몸을 말한다."

마음바탕을 따라서 나는 닿음·느낌·애착의
세 가지 여섯의 법[六心所法]을 보이심

"어떤 것이 여섯 닿음의 몸인가?

눈의 닿음·귀의 닿음·코의 닿음·혀의 닿음·몸의 닿음·뜻의 닿음을 말한다.

어떤 것이 여섯 느낌의 몸인가?

눈의 닿음으로 생기는 느낌·귀의 닿음으로 생기는 느낌·코의 닿음으로 생기는 느낌·혀의 닿음으로 생기는 느낌·몸의 닿음으로 생기는 느낌·뜻의 닿음으로 생기는 느낌을 말한다.

어떤 것이 여섯 애착의 몸인가?

곧 눈의 닿음으로 생기는 애착·귀의 닿음으로 생기는 애착·코의 닿음으로 생기는 애착·혀의 닿음으로 생기는 애착·몸의 닿음으로 생기는 애착·뜻의 닿음으로 생기는 애착을 말한다."

여섯 가지 여섯의 법이 모두 나 없음을 살펴
니르바나에 나아가게 하심

"만약 어떤 사람이 '눈이 곧 나[我]다'라고 말한다면 그것은 그렇지 않다. 왜냐하면 눈은 나고 사라지는 것이기 때문이다.

만약 '눈이 곧 나다'라고 한다면 나는 실로 나고 죽음을 받아야 할 것[應受生死]이다. 그러므로 '눈은 곧 나다'라고 말한다면 그것은 그렇지 않다.

이와 같이 빛깔이나 눈의 앎·눈의 닿음·눈의 닿음으로 생긴 느낌에 대해 만약 '이것이 나다'라고 한다면 그것은 그렇지 않다. 왜냐하면 눈의 닿음으로 생긴 느낌은 곧 나고 사라지는 법이기 때문이다.

만약 눈의 닿음으로 생기는 느낌에 대해 '이것이 곧 나다'라고 한다면, 나는 실로 나고 죽음을 받아야 할 것이다. 그러므로 눈의 닿음으로 생긴 느낌 '이것이 곧 나다'라고 말한다면 그것은 그렇지 않다. 그러므로 '눈의 닿음으로 생긴 느낌은 나가 아닌 것'[眼觸生受非我者]이다.

이와 같이 '귀·코·혀·몸·뜻의 닿음으로 생긴 느낌은 나가 아닌 것'이다.

왜냐하면 뜻의 닿음으로 생긴 느낌은 나고 사라지는 법이기 때문이다. 만약 '그것이 곧 나다'라고 한다면, 나는 다시 실로 나고 죽음을 받아야 할 것이다. 그러므로 뜻의 닿음으로 생긴 느낌 '이것이 나다'라고 한다면, 그것은 그렇지 않다.

그러므로 뜻의 닿음으로 생긴 느낌은 나가 아니다.

이와 같이 비구들이여, 반드시 눈이 짓는 것[眼所作]·지혜가 짓는 것[智所作]·고요함이 짓는 것[寂滅所作]을 진실 그대로 알아 신통을 열어내고 니르바나에 바르게 향해야 한다.

어떤 것이 눈이 짓는 것을 진실 그대로 알고 보는 것인가?

그리고 지혜가 짓는 것·고요함이 짓는 것을 진실 그대로 알아 신통을 열어내고 니르바나에 바르게 향하는 것인가?

이와 같음에 대해서는 이렇게 말할 수 있다.

비구들이여, 눈은 나가 아니다. 그렇듯 빛깔이나 눈의 앎·눈의 닿음·눈의 닿음을 인연하여 생긴 느낌, 곧 괴롭거나 즐겁거나 괴롭지도 즐겁지도 않다는 안의 느낌, 그것 또한 나가 아니니 그것들 또한 그렇다고 살피는 것이다.

귀·코·혀·몸·뜻 또한 이와 같이 말한다.

이것을 눈이 짓는 것을 진실 그대로 알고 보며, 지혜가 짓는 것·고요함이 짓는 것을 진실 그대로 알아 신통을 열어내고 바르게 니르바나에 향하는 것이라고 한다.

그리고 이것을 '여섯 가지 여섯의 법을 말한 경'[六六法經]이라고 한다."

붇다께서 이 경을 말씀하시자, 여러 비구들은 붇다의 말씀을 듣고 기뻐하며 받들어 행하였다.

• 잡아함 304 육륙경(六六經)

• 해설 •

니르바나의 저 언덕은 어느 곳인가. 이 언덕을 떠나가야 할 곳인가.

붇다는 가르치신다. 눈이 짓는 것 곧 눈의 앎·눈의 닿음·눈의 닿음으로 생긴 느낌이 덧없이 나고 사라져 '눈이 나다'라고 할 것이 없음을 알면, 지혜의 짓는 것·고요함이 짓는 것을 알아 신통을 열어내고 니르바나에 바르게 나아간다.

그 뜻은 바로 이 언덕의 진실을 알아 이 언덕의 속제(俗諦)에 취할 모습이 없어서 모습에 머물지 않으면, 그가 바로 이미 이 언덕을 떠나지 않고 해탈의 땅에 선 자이며, 니르바나의 고요한 진리의 집에 들어선 자라는 뜻이리라.

눈과 빛깔, 눈의 앎, 눈의 느낌은 지금 찰나찰나 나고 사라진다. 자아는 지금 눈과 빛깔 눈의 앎 눈의 느낌을 떠나지 않지만, '나'는 눈이 아니고 빛깔이 아니고 눈의 앎 눈의 느낌이 아니다.

자아는 늘 머물러 있는 실체가 없고[無有常住] 찰나찰나 나고 사라지지만 덧없이 흘러가지 않으니[亦無起滅], '나'에서 나를 떠나고 '나 없음'에서 나 없음을 떠나야 자아의 진실에 나아갈 수 있고, 찰나찰나 나고 사라짐에서 흘러가 사라짐이 없어야 니르바나의 고요한 진리의 집에 들어올 수 있다.

지금 중생의 짓는 것에 실로 지음 없음을 알면 중생의 서 있는 곳이 법계의 땅이다.

여섯 닿음으로 인해 여섯 느낌이 나고 느낌으로 인해 애착의 마음이 나, 애착의 대상인 경계를 취하고 버림으로 인해 본래 나고 죽음이 없는 곳에서 나고 죽음을 보고, 걸림 없고 막힘없는 법계[無障碍法界]에서 얽매임을 보고 닫힘을 보면, 그를 중생이라 이름한다.

그러므로 여섯 아는 뿌리, 여섯 경계, 여섯 앎이 어울려 닿음에서 세 가지 일[三事, 根·境·識]에 실로 취할 모습이 없고 실로 나고 사라짐이 없는 줄 알아, 닿되 닿음[能觸]과 닿아지는 바[所觸]가 없으면, 눈이 짓는 것[眼所作], 귀·코·혀·몸과 뜻이 짓는 것에서 바르게 니르바나에 향하게 된다.

바르게 나아가는 자, 그에게는 끊을 망령됨이 없고 구해 얻을 참됨이 없으니[不斷妄 不求眞], 지금 이곳 나고 죽음의 땅이 보디의 처소이고 해탈의 땅이다.

중생의 몸이 짓는 것이 그대로 고요함이 되는 뜻을 『화엄경』(「수미정상게찬품」)은 이렇게 가르친다.

중생의 갖가지 지어감에는
지음과 짓는 바가 없어서
오직 업의 생각 따라 나네.

어떻게 이 같음을 아는가.
이와 다름이 없기 때문이네.

無能作所作 唯從業想生
云何知如是 異此無有故

범부는 깨달아 앎이 없으니
붓다께서 바른 법에 머물게 하네.
모든 법은 머무는 바가 없으니
이를 깨치면 자기몸을 보게 되리.

凡夫無覺解 佛令住正法
諸法無所住 悟此見自身

갖가지 법의 영역, 갖가지 마음작용을
진실 그대로 알아 집착 없어야

이와 같이 내가 들었다.

한때 붇다께서는 쿠루 국의 소 치는 마을에 계셨다.

그때 세존께서 여러 비구들에게 말씀하셨다.

"내가 이제 너희들을 위하여 설법해주겠다. 이 법은 처음과 가운데, 뒤가 다 좋으며, 좋은 뜻, 좋은 맛으로 온전히 원만하고 깨끗하여 범행이 맑고 깨끗한 것이다.

곧 '여섯 들이는 곳을 여섯 가지로 분별하는 경'[六分別六入處經]이니, 자세히 듣고 잘 사유하여라. 너희들을 위하여 말해주겠다."

여섯 들이는 곳에 여섯 가지 바로 알아야 할 곳을 분별하심

"어떤 것을 '여섯 들이는 곳을 여섯 가지로 분별하는 경'이라고 하는가?

곧 눈의 들이는 곳을 진실 그대로 알고 보지 못하면, 빛깔과 눈의 앎·눈의 닿음·눈의 닿음을 인연하여 생긴 느낌, 곧 괴롭거나 즐겁거나 괴롭지도 않고 즐겁지도 않은 안의 느낌도 진실 그대로 알고 보지 못한다.

진실 그대로 알고 보지 못하기 때문에[不如實知見] 눈에 물들어 집착하며, 빛깔과 눈의 앎·눈의 닿음·눈의 닿음의 인연으로 생긴 안의 느낌, 곧 괴롭거나 즐겁거나 괴롭지도 않고 즐겁지도 않은 안의 느낌에 다 물들어 집착한다.

이와 같이 귀·코·혀·몸·뜻과 나아가 법과 뜻의 앎·뜻의 닿음·뜻의 닿음의 인연으로 생긴 느낌, 곧 괴롭거나 즐겁거나 괴롭지도 않고 즐겁지도 않은 안의 느낌을 진실 그대로 알고 보지 못하며, 진실 그대로 알고 보지 못하기 때문에 물들어 집착한다.

이와 같이 물들어 집착함으로 서로 응하면, 어리석고 어두워서 지나간 것을 돌아보아 생각하여[顧念] 그 마음을 얽어 묶어, 다섯 가지 받는 쌓임을 길러 자라나게 하고, 또 앞으로의 있음에 대한 느낌·탐욕·기뻐함이 모두 늘어나 자라게 한다.

그래서 몸과 마음이 지치고 나빠지며, 몸과 마음이 무너지고 불타며, 몸과 마음이 불꽃처럼 타오르고, 몸과 마음이 미치고 어지러워지며, 몸이 괴로운 느낌을 낸다.

그 몸이 괴로운 느낌을 내기 때문에 미래세상에서 태어남·늙음·병듦·죽음과 근심·슬픔·번민·괴로움이 모두 더욱 늘어나고 자라나게 되나니, 이것을 순전한 괴로움뿐인 큰 무더기가 쌓여 모임이라 한다."

여섯 들이는 곳에 대해 바르게 살펴야 괴로움 사라짐을 보이심

"여러 비구들이여, 만약 눈에 대해서 진실 그대로 알고 보며[如實知見], 만약 빛깔과 눈의 앎·눈의 닿음·눈의 닿음의 인연으로 생긴 느낌인, 괴롭거나 즐겁거나 괴롭지도 않고 즐겁지도 않은 안의 느낌을 진실 그대로 알고 본다 하자.

그렇게 본 뒤에는 눈에 물들어 집착하지 않으며, 빛깔과 눈의 앎·눈의 닿음·눈의 닿음의 인연으로 생긴 느낌, 괴롭거나 즐겁거나 괴롭지도 않고 즐겁지도 않은 안의 느낌에 물들어 집착하지 않는다.

이와 같이 귀·코·혀·몸·뜻에 대해서도 진실 그대로 알고 보며, 법과 뜻의 앎·뜻의 닿음·뜻의 닿음의 인연으로 생긴 느낌인, 괴롭거나 즐겁거나 괴롭지도 않고 즐겁지도 않은 안의 느낌을 진실 그대로 알고 본다[如實知見故] 하자.

그렇게 진실 그대로 알고 보았기 때문에 뜻에 물들어 집착하지 않고, 법과 뜻의 앎·뜻의 닿음·뜻의 닿음의 인연으로 생긴 느낌인, 괴롭거나 즐겁거나 괴롭지도 않고 즐겁지도 않은 안의 느낌에 물들지 않게 된다.

물들어 집착하지 않기 때문에 서로 섞이지 않고, 어리석어 어둡지 않으며, 돌아보아 생각하지 않고, 얽매어 묶이지 않아서 다섯 가지 받는 쌓임이 덜어지고 줄어들며, 앞으로의 존재에 대한 애착과 탐욕과 기뻐함 등 이런저런 물들어 집착함이 모두 사라져 다한다.

그래서 몸도 지쳐서 괴롭지 않고, 마음도 지쳐서 괴롭지 않으며, 몸도 타지 않고 마음도 타지 않으며, 몸도 불꽃처럼 타오르지 않고 마음도 불꽃처럼 타오르지 않아서, 몸이 즐거움을 느끼고 마음도 즐거움을 느낀다.

몸과 마음이 즐거움을 느끼기 때문에 미래세상에서는 태어남·늙음·병듦·죽음과 근심·슬픔·번민·괴로움이 모두 사라져 다하니, 이렇게 하여 순전한 괴로움뿐인 큰 무더기가 모두다 사라지게 된다."

연기된 모습의 진실을 바로 보는 실천의 방편을 말씀하심

"이와 같이 알고[如是知] 이와 같이 보는 것[如是見]을 바른 견해

[正見]을 닦아 익혀 원만하게 함이라 한다.

바른 뜻[正思惟]·바른 방편[正精進]·바른 생각[正念]·바른 선정[正定]과 앞에서 말한 바른 말[正語]·바른 행위[正業]·바른 생활[正命]을 청정하게 닦아 익혀 원만하게 하면, 이것을 여덟 가지 바른 길[八聖道]을 닦아 익혀 청정하고 원만하게 함이라 한다.

여덟 가지 바른 길을 닦아 익혀 원만하게 한 뒤에 네 곳 살핌[四念處]을 닦아 익혀 원만하게 해야 하고, 네 가지 바른 정진[四正勤]·네 가지 자재한 선정[四如意足]·다섯 가지 진리의 뿌리[五根]·다섯 가지 진리의 힘[五力]·일곱 갈래 깨달음 법[七覺分]을 닦아 익혀 원만하게 해야 한다."

알아야 하고, 끊어야 하고, 닦아야 하고, 증득해야 할 법을 보이심

"만약 법을 알아야 하고 깨쳐야 할 것이면 그것을 다 알고 다 깨치며, 만약 법을 알아야 하고 끊어야 할 것이면 그것을 다 알고 다 끊는다.

만약 법을 알아야 하고 증득해야 할 것이면 그것을 다 증득하며, 만약 법을 알고 닦아야 할 것이면 그것을 다 알고 다 닦는다.

어떤 법을 알아야 하고 깨달아야 하는데, 다 알고 깨닫는 것인가? 마음·물질을 말한다.

어떤 법을 알아야 하고 끊어야 하는가? 무명(無明)과 존재에 대한 애착[有愛]을 말한다.

어떤 법을 알아야 하고 증득해야 하는가? 밝음[明]과 해탈(解脫)을 말한다.

어떤 법을 알아야 하고 닦아야 하는가? 바른 살핌[正觀]을 일컫는 말이다.

만약 비구가 이 법에 대해서 알아야 하고 깨쳐야 할 것이라면 그는 그것을 다 알고 다 깨친다.

만약 어떤 법을 알아야 하고 끊어야 할 것이면, 그는 그것을 다 알고 다 끊는다.

만약 어떤 법을 알아야 하고 증득해야 할 것이면, 그는 그것을 다 알고 다 증득한다.

만약 어떤 법을 알아야 하고 닦아야 할 법이면, 그는 그것을 다 알고 다 닦는다.

이것을 비구가 애욕의 묶음을 끊고 '바르고 사이 없는 평등함'[正無間等]으로 괴로움의 끝을 마쳐 다함이라고 한다.

여러 비구들이여, 이것을 '여섯 들이는 곳을 여섯 가지로 분별하는 경'이라고 한다."

붇다께서 이 경을 말씀하시자, 여러 비구들은 붇다의 말씀을 듣고 기뻐하며 받들어 행하였다.

• 잡아함 305 육입처경(六入處經)

• 해설 •

여섯 들이는 곳은 눈·귀·코·혀·몸·뜻의 여섯 아는 뿌리[六根]이다. 여섯 아는 뿌리는 앎활동 속에 아는 자를 이루되 알려지는 것을 의지해 아는 자를 이루므로 있되 공한 아는 자이다.

아는 자가 아는 자 아닌 아는 자인데, 여섯 아는 뿌리를 진실 그대로 알지 못하는 자[不知如實者]는 '나'라는 실체를 두어 보여지는 사물을 보고 안다.

그렇게 되면 눈의 아는 뿌리에 알려지는바 빛깔·눈의 앎·눈의 닿음·눈의 느낌 가운데 괴로운 느낌·즐거운 느낌·괴롭지도 않고 즐겁지도 않은 느낌에 대해서도 있되 공한 진실을 보지 못하여 집착을 일으킨다.

이것이 본 경에서 진실 그대로 알아야 하고 보아야 할 것이라고 지적하고 있는 여섯 들이는 곳의 여섯 가지 알아야 할 곳이다.

눈의 아는 뿌리가 실체화되어 알려지는바 경계인 빛깔을 실체화하면, 눈이 빛깔을 인해 일으킨 앎과 세 가지 느낌이 물들어 갖가지 괴로운 삶의 결과를 일으키고, 눈의 물듦으로 인한 괴로움이 다시 눈과 빛깔의 실체화를 더욱 불러일으킨다.

이와 같이 귀와 코, 혀와 몸, 뜻에서도 아는 자의 실체화가 알려지는 소리와 법, 귀의 앎과 뜻의 앎, 귀의 느낌과 뜻의 느낌들을 물들인다.

이 뜻을 『기신론』(起信論)의 교설로 다시 살펴보자.

연기의 진실을 진실 그대로 알지 못하는 무명의 장애가 업의 모습[業相]이라면, 무명이 움직여 눈 등의 아는 자가 실체화되고[轉相] 주체의 실체화로 인해 보여지고 들려지는 빛깔이 실로 있는 모습으로 드러난다[現相].

무명의 업의 모습과 실체화된 아는 자[轉相]와 알려지는 것[現相]이 서로 굴러 집착이 늘어나고 자라므로, 대상을 경험하는 주체의 구체적인 일상 의식[六識]이 물들어 물든 앎의 활동과 업의 과보가 일어나고, 업의 과보가 다시 주체와 대상을 실체화하는 무명의 업을 다시 일으킨다.

이렇게 보면 주관·객관을 실체화하는 무명의 미혹으로 물든 앎과 업을 일으키고 고통의 과보[苦]를 낼 뿐 아니라, 지금 물든 앎과 닫혀진 삶이 다시 뿌리가 되는 미혹을 일으키는 것이니, 무명의 미혹[惑]과 물든 생활[業]과 닫힌 삶의 고통[苦]이 모두 공한 것이다.

무명의 뿌리가 본래 공해 없는 것이므로 여래의 가르침을 듣고 바르게 행하는 이가 알아야 할 것을 바로 알고 끊어야 할 것을 바로 끊으면, 지금 번뇌와 무명이 나는 곳에서 사이 없는 평등한 지혜[無間等]를 일으켜 괴로움의 끝을 마쳐 다하게 될 것이다.

6 마음과 물질이 아니되 마음과 물질을 떠나지 않는 법[不相應行法, 時·空·言語]

• 이끄는 글 •

마음과 서로 응해서 나는 법[心相應法]은 지금 아는 마음 자체[心王, 自體唯識]에 따라서 일어나는 느낌 등 갖가지 마음작용 [心所法, caitta]과, 앎 따라서 일어나 지어가는 법[心相應行, citta-samprayukta-saṃskāra]을 말한다.

그에 비해 앎과 서로 응하지 않는 지어감의 법[心不相應行法, citta-viprayukta-saṃskāra]은 지금 일어나는 마음 자체와 함께 나되, 앎에 따르는 작용의 성격을 띠지 않고 마음작용에 일정한 틀을 제공하므로 앎과 서로 응하지 않는다.

이 법은 마음과 바로 응하지 않지만 물질적인 걸림과 틀이 없으므로 물질과도 그대로 응하지 않는다.

마음을 떠나지 않지만 마음에 서로 응하지 않고 물질을 떠나지 않지만 물질에 서로 응하지 않는 법을 마음과 서로 응하지 않는 지어감의 법이라 한다.

유식불교의 법수로 보면 온갖 법은 앎 자체가 변한 모습[識所變相]이므로 오직 앎[唯識]이다. 마음과 바로 응하지 않는 법들은 마음이 아니되 마음 아님도 아니고 물질이 아니되 물질 아님도 아니어서 부분적으로는 마음이고 부분적으로는 물질인 법이라는 뜻으로 분위유식(分位唯識)이라 한다.

이 법에는 공간과 시간[方時], 나뉨과 합함[離合], 같음과 다름[一異], 길고 짧음[長短], 수와 언어[數言] 등이 포함되고 모습 떠난 무색계의 선정[無色界定] 등이 포함된다.

이 앎과 함께 나되 앎에 바로 응하지 않는 법[不相應行法]을 나타내는 범어 비프라육타(viprayukta)의 뜻을 살펴보면 '아주 서로 맞지 않는다'[不相應]는 뜻이 아니고, '따로 떨어져[vi, apart] 서로 응한다'는 뜻으로 옮길 수 있다.

시간·공간·수는 물질과 물질운동에 대한 주체의 판단에 관여하므로 사물 자체가 아니지만 주체의 심리작용에 거두어지지 않는다. 수와 언어 그리고 사물에 대한 일반화된 판단기준, 그 밖의 철학적 범주 등은 물질과 마음에 모두 포함되지 않으나, 연기적인 자기동일성을 가지고 심리작용에 틀을 제공한다.

이와 같은 법들이 불상응행법에 속한다.

시간을 예로 들어보자. 연기론에서 시간은 객관적 사물을 떠나지 않지만 객관적 사물운동 자체가 아니고 사물운동에 대한 주체의 알아차림의 법이다. 시간은 객관도 아니고 주관도 아니지만 주관·객관을 떠나지 않는다. 이때 알아차리는바 사물운동에 실로 그렇다 할 실체가 없다면 시간 또한 있되 공한 것이다.

갓난아이가 어린이가 되고 어린이가 늙은이가 되는 존재의 변화가 있으므로 우리는 시간을 느끼고 같음과 달라짐[一異]의 분별과 여러 언어적 판단을 일으킨다.

갓난아이나 어린이·늙은이의 변화는 실은 갓난아이가 연기이므로 공해 갓난아이에 갓난아이의 정해진 모습이 없기 때문에 커서 자람과 달라짐의 변화가 남이 없이 나는 것이다.

어떤 실체가 있어서 어린이로부터 늙은이로 서로 이어진다고 말하거나 과거가 있어서 현재와 미래가 생긴다고 말해서는 안 된다.

과거는 과거라는 자기성품이 없지만 자기성품 없음도 없기 때문에 과거가 사라지되 과거를 의지해 현재와 미래가 나는 것이다.

갓난아이로부터 늙은이까지 변화가 자기성품 없이 어떻게 있을 수 있는가라는 물음에 『중론』은 답한다.

모든 법에 달라짐이 있으므로
모두다 자기성품 없음을 알라.
자기성품 없는 법 또한 없으니
온갖 법이 곧 공하기 때문이다.

諸法有異故　知皆是無性

無性法亦無　一切法空故

만약 모든 법에 성품이 실로 있다면
어떻게 달라질 수 있겠는가.
만약 모든 법에 성품이 실로 없다면
또한 어떻게 달라질 수 있겠는가.

若諸法有性　云何而得異

若諸法無性　云何而有異

이 법이 그대로 달라짐이 아니고
다른 법이 또한 달라짐이 아니다.
마치 젊은이가 늙은이 될 수 없고
늙은이 또한 젊은이 될 수 없음과 같다.

是法則無異　異法亦無異
如壯不作老　老亦不作壯

만약 이 법이 그대로 달라진다면
젖이 바로 곧 삭힌 젖이 되어야 한다.
그러나 젖을 떠난 어떤 법이 있어
삭힌 젖이 될 수가 있겠는가.

若是法卽異　乳應卽是酪
離乳有何法　而能作於酪

　　연기이므로 공한 존재가 공하기 때문에 새롭게 연기하는 모습을
달라짐이라 이름한 것이다. 이 법의 저 법으로의 변화는 이 법에 이
법의 자기성품이 없기 때문에 새로운 연기생성이 없지 않으므로 저
법의 존재가 남이 없이 난 것이다. 그러므로 젖과 삭힌 젖은 같음도
아니고 다름도 아니니, 젖이 그대로 삭힌 젖이 되지 않지만 젖이 아
닌 다른 법이 삭힌 젖이 될 수 없다.
　　존재의 연기적 운동에 붙인 이름이 과거 · 현재 · 미래이기 때문에
시간의 변화에 실로 얻을 것이 없으며, 과거와 현재가 같다 함이나
다르다 함, 과거의 것 현재의 것에 대한 여러 언어적 분별에 실로 그
렇다 할 것이 없는 것이다.

그러나 시간과 공간, 존재의 변화가 공하다 함[空義]이 존재의 변화와 시간·공간을 이루어주는 연기의 뜻[緣起義]이 되므로 공을 새롭게 집착해서도 안 된다.

『중론』은 다시 말한다.

크신 성인 공한 법 말씀한 것은
여러 견해 떠나도록 하려 함이네.
만약 다시 공함이 있다고 하면
모든 붇다도 교화할 수 없으시리.

大聖說空法 爲離諸見故
若復見有空 諸佛所不化

1) 시간에 관하여

과거 · 현재 · 미래의 것, 안과 밖
멀고 가까운 것이 다 나와 내 것 없으니

이와 같이 내가 들었다.

한때 붇다께서는 슈라바스티 국 제타 숲 '외로운 이 돕는 장자의 동산'에 계시면서 여러 비구들에게 말씀하셨다.

"만약 덧없는 물질에 항상됨이 있다면 그 물질에는 병이 있거나 괴로움이 있지 않아야 할 것이요, 또한 그 물질에 구하는 바가 있어 이와 같이 되도록 한다든가 이와 같이 되지 않도록 하지 못할 것이다.

그러나 물질은 덧없기 때문에 물질에는 병이 있고 괴로움이 생기며, 또한 이와 같이 되지 않게 한다든지, 이와 같이 되도록 한다든지 할 수 있는 것이다.

느낌 · 모습 취함 · 지어감 · 앎 또한 이와 같다."

다섯 쌓임의 모든 법이 덧없으므로 나가 없음을 밝히심

"비구들이여, 어떻게 생각하느냐. 물질은 항상한 것인가, 덧없는 것인가."

비구들은 붇다께 말씀드렸다.

"덧없는 것입니다, 세존이시여."

"비구들이여, 덧없는 것은 괴로운 것인가."

"그것은 괴로운 것입니다, 세존이시여."

"비구들이여, 만약 덧없고 괴로운 것이라면 그것은 변하고 바뀌는 법이다.

그런데 많이 들은 거룩한 제자로서 그 가운데서 이것은 '나'다, '나와 다르다', '나와 나와 다름이 같이 있는 것'이다라고 보겠는가."

"아닙니다, 세존이시여."

"느낌·모습 취함·지어감·앎 또한 이와 같다."

삼세의 모든 법에 나 없음을 살펴 해탈함을 보이심

"그러므로 비구들이여, 모든 있는 물질로서 과거든 미래든 현재든, 안이든 밖이든, 거칠든 가늘든, 곱든 밉든, 멀든 가깝든, 그 온갖 것은 '나'도 아니요 '내 것'도 아니라고 진실 그대로 알라.

느낌·모습 취함·지어감·앎 또한 이와 같다.

많이 들은 거룩한 제자들은 물질을 바르게 살피고, 바르게 살핀 뒤에는 물질에 집착하지 않음을 내고, 탐욕을 떠나고 즐거워하지 않아 해탈한다. 또 느낌·모습 취함·지어감·앎에 집착하지 않음을 내고, 탐욕을 떠나고 즐거워하지 않아 해탈한다.

그리하여 나의 태어남은 이미 다하고, 범행은 이미 서고, 지을 바를 이미 지어 다시는 뒤의 있음 받지 않는 줄 스스로 안다."

붇다께서 이 경을 말씀해 마치시자 여러 비구들은 붇다의 말씀을 듣고 기뻐하며 받들어 행하였다.

• 잡아함 86 무상경(無常經)

과거 · 현재 · 미래의 것이 덧없어 취할 것이 없나니

이와 같이 내가 들었다.

한때 붇다께서는 슈라바스티 국 제타 숲 '외로운 이 돕는 장자의 동산'에 계시면서 여러 비구들에게 말씀하셨다.

"만약 과거가 덧없는 법이면 반드시 끊어야 한다. 그 법을 끊고서 바른 뜻으로 요익되게 하면, 기나긴 밤 동안 안락할 것이다.

어떤 것이 과거의 덧없는 법인가. 과거의 물질[過去色]이 덧없는 법이요 과거의 욕심[過去欲]이 덧없는 법이니, 그 법은 반드시 끊어야 한다. 그 법을 끊고서 바른 뜻으로 요익되게 하면 기나긴 밤 동안 안락할 것이다.

느낌 · 모습 취함 · 지어감 · 앎 또한 이와 같다."

붇다께서 이 경을 말씀하시자 여러 비구들은 붇다의 말씀을 듣고 기뻐하며 받들어 행하였다.

(이와 같이 미래와 현재와 과거, 현재의 미래, 현재의 과거, 미래의 과거, 미래의 현재의 법에 대해서도 이와 같이 말씀하셨다.)

• 잡아함 173 과거당단경(過去當斷經)

• 해설 •

지금 존재의 연기적 성취가 있음을 통해, 연기적으로 성취된 존재의 앞 뒤를 헤아려 시간이 분별된다. 존재에 정해진 자기성품이 없기 때문에 존재는 나고 머물고 달라지고 사라지는 것이다. 존재가 인연으로 나서 나되 실로 남이 없고 사라지되 실로 사라짐이 없으므로 새로운 존재의 연기적 성취가 있으니, 과거·현재·미래의 시간을 실로 있다고 해서는 안 된다.

경은 이런 뜻을 보이기 위해 늘 과거·현재·미래를 나타낼 때 '이미 지난 것, 지금 있는 것, 아직 오지 않은 것'과 같이 시간을 늘 존재와 더불어 표시한다. 과거의 것을 의지해 현재의 것이 연기되었다면 과거가 실로 있다고 해도 안 되고 과거가 실로 없다고 해도 안 된다. 과거가 실로 있지 않으므로 과거가 사라지고 현재가 나왔으며, 과거가 실로 없지 않으므로 과거를 토대로 현재가 나온 것이다.

경에서 과거가 덧없으므로 끊어야 한다는 것은 과거가 실로 있는 것이 아니고 이미 사라졌기 때문에 집착하지 말라는 뜻을 그렇게 말한 것이다. 과거뿐 아니라 현재의 법 또한 과거를 의지해 일어나 지금 있되 실로 있음이 아니고 머물러 있지 않기 때문에 또한 취할 것이 없는 것이다.

『중론』은 실로 과거가 있기 때문에 과거를 의지해 현재·미래가 있다는 실체론의 주장[有論]을 다음과 같이 깨뜨린다.

만약 과거의 때를 인하여
미래와 현재가 있다고 하면
미래와 현재의 때는 반드시
과거의 때에 있어야 한다.

若因過去時 有未來現在
未來及現在 應在過去時

그러나 만약 과거의 때 가운데
미래와 현재가 없다고 하면
미래와 현재의 때가 어떻게
과거를 인하여 있겠는가.

若過去時中　無未來現在
未來現在時　云何因過去

『중론』의 게송은 실로 있는 과거로 인해 현재·미래가 있다면, 과거 속에 이미 현재·미래가 있어야 한다는 말로 실로 있는 과거로 인해 현재·미래가 있는 것이 아님을 말하고 있다.

과거의 것 현재의 것은 마음인 과거의 것이고 현재의 것이니, 아는 마음이 '나'가 아니고 과거 현재의 것이 '나와 다름'이 아니라 마음도 공하고 물질도 공하다. 『금강경』은 다시 마음인 과거의 것이 공하고 마음인 현재·미래가 공함을 '과거의 마음·현재의 마음·미래의 마음에 얻을 것이 없다'고 말하니, 『금강경』의 이 가르침도 과거·현재·미래의 연기적 성취[緣成]에 실로 얻을 것이 없음[無性]을 말하는 것이다.

삼세의 때가 실로 있음도 아니고 실로 없음도 아니므로 과거를 인해 현재가 있고 현재를 인해 미래가 있는 것이다. 과거를 인해 현재·미래의 연기적 성취가 있다면, 과거가 실로 있는 것이 아닌데 과거를 인해 일어난 현재·미래가 어찌 실로 있겠는가.

『화엄경』(「수미정상게찬품」)은 시간의 공성을, 삼세의 시간 속에서 자재한 여래의 해탈의 삶을 통해 이렇게 보인다.

무니께선 삼세의 시간을 떠나
모든 모습을 빠짐없이 갖추셨도다.
머물 바가 없음에 잘 머무시니
널리 두루해 움직이지 않으시네.
牟尼離三世　諸相悉具足
住於無所住　普遍而不動

중생의 업 따라 사는 세계의 시간과
중생의 목숨의 길이가 달라지나니

이와 같이 들었다.

한때 붇다께서는 슈라바스티 국 제타 숲 '외로운 이 돕는 장자의 동산'에 계시면서 여러 비구들에게 말씀하셨다.

"지옥 중생으로 그 죄의 갚음 받음은 아주 오래면 한 겁에 이른다. 그러나 그 가운데 일찍 죽는 이가 있다. 축생의 죄의 갚음 받음도 아주 오래면 한 겁에 이른다. 그러나 그 가운데 일찍 죽는 것이 있다. 아귀의 죄의 갚음 받음도 아주 오래면 한 겁에 이른다. 그러나 그 가운데 일찍 죽는 것이 있다."

지옥·아귀·축생·사바세계 네 곳 사람의
목숨의 길이가 다르고 과보가 다름을 보이심

"비구들이여, 알아야 한다. 웃타라쿠루(Uttara-kuru) 사람의 목숨은 천 세로서 그 중간에 일찍 죽는 이가 없다. 왜 그런가. 그 땅 사람들은 매인 데가 없어서 비록 거기서 목숨을 마치더라도 하늘위의 좋은 곳에 나 떨어지는 이가 없기 때문이다.

푸르바비데하(Pūrva-Videha) 사람들은 목숨이 오백 세로서 그 중간에 일찍 죽는 이가 있고, 아파라고다니야(Apara-godānīya) 사람들은 목숨이 이백오십 세로서 그 중간에 일찍 죽는 사람이 있고, 잠부드비파(Jambu-dvīpa) 사람들은 목숨이 백 세로서 그 중간에 일찍 죽는 사람이 많다.

비록 사람의 목숨이 백 세까지 이른다 해도 그 많고 많은 사람들은 백 세의 살아 있음 속에 그 행이 같지 않고 그 성질도 각기 다르다. 처음 열 살 때에는 아직 어려서 아는 것이 없고, 스물이 되면 조금 아는 것이 있으나 아직 꿰뚫어보지 못하며, 서른 살 때에는 하고자 하는 것이 불타오르나 모습과 이성의 욕망에 탐착한다.

마흔 살 때에는 여러 기술이 많아 하는 일이 끝이 없으며, 쉰 살 때에는 뜻을 아는 것이 밝아 익힌 것을 잊지 않는다.

예순 살 때에는 재물에 집착하고 뜻에 맺고 끊음이 없으며, 일흔 살 때에는 게으르고 잠자기를 좋아하며 몸과 성질이 느리고, 여든 살 때에는 젊고 건강한 마음이 없고 또 꾸밈이 없다.

아흔 살 때에는 병이 많고 살갗이 늘어나 쭈그러져 얼굴에 주름살이 지며, 백 살 때에는 모든 아는 뿌리가 시들고 뼈마디가 드러나며 잊음이 많고 뜻이 그릇된다.

비구들이여, 알아야 한다. 만일 사람이 백 세를 살면 그만한 어려움을 겪어야 하고, 또 삼백 번 겨울과 여름·봄과 가을의 바뀜을 지내야 한다. 그러나 목숨을 헤아려 본들 하잘 것 없다. 만일 사람이 백 세를 살면 삼만육천 끼니를 먹는다. 그 사이에 때로 먹지 않을 때는 먹지 않고, 주지 않아서 먹지 않으며, 병이 나서 먹지 않는다.

그의 먹고 먹지 않는 것을 헤아리면 또 어머니 젖을 먹는 것까지 말할 수 있다. 요점을 말해서 삼만육천 끼니인 것이다.

비구들이여, 만일 사람이 사는 목숨의 한계를 백 세라고 하면, 그 먹고 마시는 법의 모습이 대개 이와 같다."

잠부드비파에서 긴 목숨이 줄어든 인연을
과거 본사(本事)로써 보이심

"비구들이여, 알아야 한다. 이 잠부드비파 사람들도 그 목숨이 매우 길어 한량없는 목숨과 같은 때가 있었다. 곧 헤아릴 수 없는 오래고 먼 지난 세상 '뭇 병 고치는 이'라는 왕이 있었다. 그는 목숨이 매우 길고 얼굴이 단정하며 즐거움 받는 것이 한량없었다.

그때에는 앓거나 늙거나 죽는 걱정거리가 없었다.

때에 어떤 부부가 한 아들을 낳았는데 그 아들이 이내 목숨을 마쳤다. 그 부모는 아들을 안아 일으켜 앉히고 밥을 가져다 주었다. 그러나 그 아들은 일어나 앉지도 않고 밥을 먹지도 않았다. 왜 그런가. 목숨을 마쳤기 때문이다.

때에 그 부모는 이런 생각을 냈다.

'내 아들은 지금 무슨 성낼 일이 있기에 먹고 마시려 하지 않고 말도 하지 않는가.'

왜냐하면 그들은 아직 죽음이라는 소리를 들은 적이 없었기 때문에 그렇게 생각한 것이다. 그 부모는 다시 생각하였다.

'우리 아들은 이레가 지났어도 먹고 마시지 않는다. 무엇 때문에 말없이 잠자코 있는지 모르겠다. 우리는 이 인연을 저 〈뭇 병 고치는 이〉 왕에게 가서 알려야 하겠다.'

그때에 그 부모들은 왕에게 가서 그 사정을 자세히 말했다.

때에 왕은 생각하였다.

'오늘 이미 죽음의 소리가 들렸다.'

왕은 말하였다.

'너희들은 그 아기를 내게로 데려오라.'

그때에 그 부모들은 곧 아기를 안고 왕 있는 곳에 갔다. 왕은 아기를 보고는 부모에게 말하였다.

'이 아이는 이미 목숨을 마쳤다.'

부모는 말했다.

'무엇을 목숨 마침이라 합니까.'

왕이 말하였다.

'이 아이는 다시는 일어나 다니거나 대꾸해 말하거나 이야기를 나누거나 먹고 마시거나 즐겁게 놀지 않을 것이다. 몸은 바로 뻣뻣해져 다시 움직이지 않을 것이니, 그것을 목숨 마침이라 한다.'

부모는 말했다.

'이와 같은 변화를 얼마큼이나 겪겠습니까.'

왕이 말하였다.

'이 아이는 오래지 않아 문드러져 무너질 것이니, 몸이 퉁퉁 부었다가 나쁜 냄새가 나면서 다시는 맡아 지킬 수 없을 것이다.'

그러나 그 부모는 왕의 말을 믿지 않고 죽은 아이를 다시 안고 집으로 돌아왔다. 얼마 지나지 않아 그 몸은 문드러지고 아주 나쁜 냄새가 났다.

때에 그 부모는 비로소 왕의 말을 믿고 말하였다.

'이 아이는 오래지 않아 몸이 부어 터져 모두 무너져 없어질 것이다.'

그 부부는 다시 부은 아이를 안고 왕의 처소에 가서 말했다.

'대왕이여, 이제 이 아이를 대왕께 바치겠습니다.'

그러나 그 부모는 울지도 않았다. 왜냐하면 아직 죽어 없어진다는 소리를 듣지 못했기 때문이다.

그때에 그 왕은 그 아이 가죽을 벗겨 큰 북을 만들었다. 그리고 다시 일곱 층 다락을 짓게 하여 그 북을 위에 달고 곧 한 사람에게 명령하였다.

'너는 알아야 한다. 이 북을 잘 지키면서 백 년에 한 번씩 쳐서 때를 잊지 말라.'

그는 왕의 명령을 따라 백 년에 한 번씩 쳤다. 때에 사람들은 그 북소리를 듣고 일찍이 없었던 일을 이상히 여겨 사람들끼리 말하였다.

'이 무슨 소리인가. 누가 내는 소리이기에 여기까지 들리는가.'

왕은 말하였다.

'저것은 죽은 사람 가죽 소리다.'

사람들은 그 말을 듣고 각기 생각했다.

'이상하다, 이런 소리를 듣다니.'

너희 비구들이여, 그때에 왕이 어찌 다른 사람이겠느냐. 그렇게 보지 말라. 왜냐하면 그때의 왕은 바로 내 몸이었기 때문이다.

이것으로 알아야 한다. 옛날 잠부드비파 사람들의 목숨은 아주 길고, 지금 잠부드비파 사람들 목숨은 매우 짧고 사라지는 사람은 한정할 수 없다.

왜 그런가. 남을 해치고 죽이는 일이 많기 때문에 목숨이 아주 짧아지고 얼굴의 환한 빛이 사라진 것이다. 이런 인연으로 말미암아 좋지 않은 변화가 있게 된 것이다."

중생 세간의 목숨의 길이와 시간의 차별을 보이심

"비구들이여, 알아야 한다. 저 잠부드비파의 오십 년은 저 네 하늘왕[四天王]의 하루 낮 하룻밤이다. 그들의 하루 낮과 밤 수 헤아림은 삼십 일이 한 달이요 열두 달이 일 년이다. 네 하늘왕의 목숨은 오백 세로서 그 가운데 일찍 죽는 이가 있다.

사람 목숨의 십팔억 세는 '죽었다 다시 바로 살아나는 지옥'[還活地獄]의 하루 낮 하룻밤이다. 그들의 하루 낮과 밤 헤아림도 삼십 일이 한 달이요 열두 달이 일 년이다. 그들의 목숨은 천 세로서 그 가운데 일찍 죽는 이가 있지만 인간의 목숨으로 헤아리면 삼십육 억 세이다.

사람의 백 세는 서른세하늘의 하루 낮 하룻밤이다. 그들의 날과 달과 햇수로 헤아리면 그 목숨은 천 세로서 그 중간에 일찍 죽는 이가 있다.

사람의 목숨 삼십육억 세를 헤아리면 아비지옥의 하루 낮 하룻밤이다. 그들의 날과 달 수 헤아림도 삼십 일이 한 달이요 열두 달이 일 년이다. 그들의 목숨은 이만 세로서 사람 세상 한 코티(koṭi, 萬億)의 목숨이다.

이와 같이 비구들이여, 이 목숨을 헤아리면 생각 없는 하늘[無想天]을 내놓고는 더욱 곱으로 목숨을 늘려가니, 생각 없는 하늘의 목숨은 팔만 사천 겁이다. 깨끗이 머무는 하늘[淨居天]을 내놓고는 이 세상으로 오지 않는다.

그러므로 비구들이여, 방일한 뜻을 품지 말고 현재의 몸으로써 샘 있음[有漏]을 없애도록 하라.

비구들이여, 이와 같이 배워야 한다."

그때에 여러 비구들은 붇다의 말씀을 듣고 기뻐하며 받들어 행하였다.

• 증일아함 47 선악품(善惡品) +

중생[正報]의 업과 중생이 의지해 사는 세계[依報]의 물질운동에 따라 중생의 목숨의 길이와 사는 세계의 시간이 규정된다. 주체인 중생의 업과 세계의 모습이 공하다면 시간의 길이와 시간 자체는 실로 있는 시간이 아니라 공한 시간이다.

사람의 눈으로 보면 하루살이의 하루는 짧다. 그러나 하루살이의 세계에서 찰나에 죽고 사는 다른 중생의 세계를 보면, 하루살이의 시간은 길고 긴 시간이다.

네 하늘왕의 시간, 지옥의 시간, 서른세하늘의 시간의 차별 또한 그곳에 사는 중생의 업과 그 세계의 물질운동에 따라 규정된 것이므로 그 시간은 있되 공하고 시간의 차별 또한 공한 시간의 차별이다.

『중론』은 해와 달, 날과 찰나의 시간이 실로 머물러 있다는 실체론의 시각을 다음과 같이 깨뜨린다.

때의 머묾을 얻을 수 없고
때가 감도 또한 얻을 수 없다.
때가 만약 얻을 수 없다면
어떻게 때의 모습을 말할 것인가.

時住不可得 時去亦叵得
時若不可得 云何說時相

사물로 인해 때가 있으니
사물 떠나면 어떻게 때가 있는가.
사물도 오히려 있는 바 없는데
어찌 하물며 때가 있겠는가.

因物故有時 離物何有時
物尙無所有 何況當有時

2) 공간에 관하여

─────

안이든 밖이든 멀든 가깝든
그 온갖 것에 실로 나라고 할 것이 없으니

이와 같이 내가 들었다.

한때 붇다께서는 마쿨라 산에 계셨다.

이때 시자 비구가 있었는데, 라다라고 이름하였다.

그때 세존께서는 라다 비구에게 말씀하셨다.

"비구여, 물질로서 과거든 미래든 현재든, 안이든 밖이든, 거칠든 가늘든, 곱든 밉든, 멀든 가깝든, 그 온갖 것은 다 마라가 지은 것이라고 살펴야 한다.

느낌·모습 취함·지어감·앎도 과거든 미래든 현재든, 안이든 밖이든, 거칠든 가늘든, 곱든 밉든, 멀든 가깝든, 그 온갖 것은 다 마라가 지은 것이라고 살펴야 한다."

집착 있으면 다섯 쌓임이 마라의 세계이고
집착 떠나면 해탈의 땅임을 보이심

붇다께서 라다에게 말씀하셨다.

"라다야, 어떻게 생각하느냐? 물질은 항상한가, 덧없는가?"

"덧없습니다, 세존이시여."

"만약 덧없다면 그것은 괴로운 것인가?"

"그것은 괴로운 것입니다, 세존이시여."

"만약 덧없고 괴로운 것이라면 그것은 변하고 바뀌는 법이다. 그런데 많이 들은 거룩한 제자가 그 가운데서 나[我]를 보겠는가?"

"아닙니다, 세존이시여."

"느낌·모습 취함·지어감·앎 또한 이와 같다.

그러므로 라다야, 많이 들은 거룩한 제자들은 물질에 즐겨하지 않는 마음[厭]을 내고, 느낌·모습 취함·지어감·앎에 즐겨하지 않는 마음을 낸다.

즐겨하지 않기 때문에 즐기지 않고, 즐기지 않기 때문에 해탈하며 해탈지견이 생겨 '나의 태어남은 이미 다하고 범행은 이미 서고, 지을 바를 이미 지어 다시는 뒤의 존재 받지 않음'을 스스로 안다."

붇다께서 이 경을 말씀하시자, 라다 비구는 붇다의 말씀을 듣고 기뻐하며 받들어 행하였다.

• 잡아함 124 마경(魔經)

• 해설 •

존재의 연기적 성취가 있으므로 과거·현재·미래의 시간적 차이가 분별되고 다시 앞과 뒤, 위와 아래, 멂과 가까움, 같음과 다름이 분별된다. 그러므로 시간·공간의 분별이 실체가 아닌 곳에서 시간·공간의 분별을 실체화하는 중생의 망집을 깨기 위해 붇다는 시간·공간의 구분이 마라의 세계라고 말씀한 것이다.

집착 떠나 때와 곳이 공한 때와 곳인 줄 알면 마라의 세계가 해탈의 세계가 된다.

땅·물·불·바람 이 물질의 네 큰 요소의 연기적 성취와 허공이 서로 규정하므로 물질운동과 허공이 모두 공함은 이미 앞 단에서 '여섯 법의 영역을 말한 교설'[六界說]에서 해명하였다.

사물의 연기적 성취에 의해 사물 간 멀고 가까움, 앞과 뒤의 방위, 위와 아래의 차별이 생기는 것은 과거로 인해 현재 · 미래가 분별되는 것과 같다.

과거가 없다면 현재 · 미래가 없듯, 공간의 위와 아래의 분별 또한 그러하다. 위가 짐짓 세워지므로 가운데와 아래가 있는 것이니 위가 없다면 가운데와 아래도 없다.

『중론』은 시간의 분별과 공간의 분별이 서로 다르지 않음을 다음과 같이 말한다.

과거의 때를 인하지 않고는
미래의 때가 있을 수 없고
또한 현재의 때도 없는 것이다.
그러므로 두 때가 없는 것이다.

不因過去時　則無未來時
亦無現在時　是故無二時

이와 같은 뜻이 있기 때문에
나머지 미래 현재의 때와
위와 가운데 아래, 같음과 다름
이런 법들이 다 없는 줄 안다.

以如是義故　則知餘二時
上中下一異　是等法皆無

3) 여러 가지 언어법

여래 또한 세간의 언어로 세간의 진실 말한다

이와 같이 내가 들었다.

한때 붇다께서는 슈라바스티 국 제타 숲 '외로운 이 돕는 장자의 동산'에 계시면서 여러 비구들에게 말씀하셨다.

"세상 사람들은 낮은 업으로 갖가지로 재물을 구해 살아가면서 또 큰 재부를 얻는다. 이것은 세상 사람들의 다 아는 것이니, 세상 사람이 아는 것과 같이 나 또한 이와 같이 말한다.

왜 그런가. 나를 세상 사람들과 다르지 않도록 하기 위해서이다.

여러 비구들이여, 비유하면 한 그릇이 어떤 곳에 있을 때 어떤 사람은 간치[揵茨]라 하고, 어떤 사람은 발우[鉢]라 하며, 어떤 사람은 비비라[比比羅]라 하고, 어떤 사람은 차류(遮留)라 하며, 어떤 사람은 피시다[毘悉多]라 하고, 어떤 사람은 파사나(婆闍那)라 하며, 어떤 사람은 사라오(薩牢)라 하는 것과 같다. 그들의 아는 것과 같이 나 또한 이와 같이 말한다.

왜 그런가. 나를 세상 사람들과 다르지 않도록 하기 위해서이다.

이와 같이 비구들이여, 세간에 있는 법을 나는 스스로 알고 스스로 깨달아 사람을 위해 분별하고 연설하고 나타내 보이는 것은, 내가 알고 보았기 때문에 말하는 것이다.

그러나 세간의 저 눈먼 장님들은 그것을 알지도 못하고 보지도 못한다. 저 세간의 눈먼 장님들이 알지 못하고 보지 못하는 것을, 내가 그것을 나타낸들 그것을 어떻게 하겠는가.

비구들이여, 어떤 세간의 법을 내가 스스로 알고 스스로 깨달아 사람들을 위해 분별하고 연설하고 나타내 보이지만, 세간의 눈먼 장님들이 알지도 못하고 보지도 못한다고 말하는가.

곧 물질은 덧없고 괴로우며 변하고 바뀌는 법이니, 이것이 세간의 세간법이다. 느낌ㆍ모습 취함ㆍ지어감ㆍ앎은 덧없고 괴로우며 변하고 바뀌는 법이니, 이것이 세간의 세간법이다.

비구들이여, 이 세간의 세간법을 나는 스스로 알고 스스로 보아 사람들을 위해 분별하고 연설하고 나타내 보이지만, 저 눈먼 장님들은 알지도 못하고 보지도 못하는 것이니, 그것을 어찌하겠는가."

붇다께서 이 경을 말씀하시자 여러 비구들은 붇다의 말씀을 듣고 기뻐하며 받들어 행하였다.

• 잡아함 38 비하경(卑下經)

• 해설 •

언어는 사유가 아니지만 사유 아닌 것도 아니고 사물이 아니지만 사물을 떠난 것도 아니다. 사유를 떠나 언어가 없으므로 언어는 언어만의 실체가 없지만, 언어는 일정한 자기구조를 지니어 사유를 규정하고 행위를 규정하며 세계를 규정한다.

하나의 그릇을 사람들은 자기들이 쓰는 언어와 자기가 처한 공동체의 사회적 약속에 따라 달리 부르지만, 그 그릇은 하나의 그릇이다. 그러므로 언어에 언어만의 실체가 있다고 말해서는 안 된다.

세간 사람들은 세간에 있는 법을 갖가지로 말한다. 여래 또한 이 세간에 나서 세간 사람들의 언어 세간에 있는 법을 말한다.

다만 세간 사람들이 집착과 갖가지 환상을 만들어 환상의 언어를 말하고 고통의 삶을 살고 있다면, 여래는 같은 세간의 법에 대해 연기의 진실을 말하고 해탈의 길을 가르칠 뿐이다.

여래 또한 세간에 나와 세간의 언어로 사물을 말하고 뜻을 말한다. 그러나 여래의 언어는 같은 세간의 언어지만 존재의 진실 삶의 실상[實相般若]을 깨달아 실상을 깨친 지혜[觀照]로 세간에 삶의 진실을 열어준다.

여래의 언어는 같은 말이되 환상과 집착이 다한 반야 자체인 문자이고 반야 자체인 언어[文字般若]일 뿐, 중생이 보는 세간법 밖의 신비한 세계를 말하고 있지 않다.

여래 또한 세속에 살면서 속제의 있되 공한 진실을 보여주니, 여래가 보인 진제는 속제 밖의 초월성이 아니라 늘 속제인 진제인 것이다.

다만 중생이 사물을 통해 일어난 세간 언어를 헤아리고 취하여[計名字] 세간의 공한 진실을 알지 못하므로 여래는 진제의 언어를 세워 중생의 허망한 분별을 깨뜨릴 뿐이다.

『화엄경』(「수미정상게찬품」)은 이렇게 가르친다.

이 세간 언어의 법들을
중생은 허망하게 분별하도다.
세간이 다 남이 없음을 알아야
세간의 참모습 보게 되리라.

世間言語法　衆生妄分別
知世皆無生　乃是見世間

나가 있다고 말해도 말하는 나는 나가 아니니

이와 같이 내가 들었다.

한때 붓다께서는 라자그리하 성 그리드라쿠타 산에 계셨다. 그때에 세존께서는 이른 아침에 가사를 입고 발우를 가지고 라자그리하 성으로 들어가 밥을 비셨다.

그때 하늘마라 파피야스는 이렇게 생각했다.

'사문 고타마는 이른 아침에 가사를 입고 발우를 가지고 라자그리하 성으로 들어가 밥을 빌고 있다. 나는 이제 가서 그의 도의 뜻을 어지럽게 하리라.'

때에 마라 파피야스는 수레를 모는 사람 모습으로 변해 지팡이를 들고 소를 찾았다.

떨어진 옷을 입고 엉클어진 머리에 손과 다리는 찢어졌으며, 손에 소 채찍을 잡았다.

세존 앞에 나아가 그는 물었다.

"고타마시여, 우리 소를 보았습니까."

세존께서는 이렇게 생각하였다.

'이것은 악한 마라다. 나를 어지럽히려고 왔다.'

악한 마라에게 말씀하셨다.

"악한 마라여, 어디에 소가 있느냐. 소를 어디 쓰려 하느냐."

마라는 이렇게 생각하였다.

'사문 고타마는 내가 악한 마라인 줄을 안다.'

그래서 곧 붇다께 말했다.

"고타마여, 눈이 닿아 들이는 곳이 곧 내가 타는 것[所乘]이고, 귀 · 코 · 혀 · 몸 · 뜻의 닿아 들이는 곳이 곧 내가 타는 것이오."

그리고 다시 물었다.

"고타마여, 어디로 가려 하오."

닿아 들이는 곳 없음이 여래가 이르는 곳임을 보이고
다시 나 없음의 뜻을 보이심

붇다께서는 악한 마라에게 말씀하셨다.

"너에게는 눈의 닿아 들이는 곳이 있고, 귀 · 코 · 혀 · 몸 · 뜻의 닿아 들이는 곳이 있다. 만약 그 눈의 닿아 들이는 곳이 없고 귀 · 코 · 혀 · 몸 · 뜻의 닿아 들이는 곳이 없으면, 그곳은 네가 이르지 못한 곳이니, 나는 그곳에 가서 이르른다."

그때에 하늘마라 파피야스는 곧 게송으로 말하였다.

만약 늘 '나'가 있다고 하면
그것은 모두다 '내 것'이다.
온갖 것은 다 나에게 붙어 있는데
고타마여, 그 어느 곳으로 가려는가.

그때에 세존께서도 게송으로 대답하셨다.

만약 '나'가 있다고 말하더라도

그것 말하는 '나'는 곧 나가 아니네.
그러므로 파피야스여, 너는 스스로
둥지는 곳 떨어진 줄 알아야 한다.

악한 마라는 다시 게송으로 말하였다.

만약 그대가 도를 알아 안온하게
니르바나 향한다고 말한다면
그대 스스로 홀로 노닐어 가라.
어찌 힘들게 남 가르치려는가.

저 언덕 이르는 길을 보이시자 마라가 뜻을 꺾고 사라짐
세존께서는 다시 게송으로 말씀하셨다.

만약 마라를 떠나려는 자가 있으면
저 언덕으로 건너는 길을 물으라.
진실하여 길이 남음 없는 니르바나
그를 위해 평등하게 말해주리라.
때때로 익혀 방일하지 않는다면
길이 마라를 떠나서 자재하리라.

악한 마라는 다시 게송으로 말하였다.

고깃덩이 같은 돌이 있어서

주린 까마귀 날아와 먹으려고 해
부드럽고 맛있다는 생각을 지어
비록 주린 배를 채우려고 하지만
끝내 그 고기맛을 얻지 못하고
부리만 꺾이어 하늘로 날아가네.

나는 지금 마치 그 까마귀 같고
고타마는 돋아난 돌과 같아라.
들어오지 못하고 부끄러이 떠남
까마귀가 허공을 날아감 같네.

그 파피야스는 곧 안의 마음에 근심과 모진 마음을 품고 사라져 나타나지 않았다.

• 잡아함 246 칠년경(七年經)

• 해설 •

눈이 볼 때 실로 보는 바가 있고 귀가 들을 때 실로 듣는 바가 있으면 보고 듣는 것이 눈과 귀의 탈 것[所乘]이 된다.

그러나 눈이 볼 때 보는 것에 실로 볼 것이 없는 줄 깨닫고 귀가 들을 때 실로 듣는 것에 실로 들을 것이 없는 줄 깨달으면 보되 봄이 없고 듣되 들음 없으니 탈 것이 없다.

탈 것 없는 곳이 여래의 니르바나의 길이니, 붙잡아 쥘 것이 있고 마주함이 있는 마라의 눈으로 어찌 여래의 니르바나의 길을 볼 수 있겠는가.

지금 주체가 객관 경계에 대해 말할 때 주체가 없이도 말할 수 없고 말하고 있는 대상이 없어도 말할 수 없지만, 실로 여기 말하는 '나'가 있고 실로 저기 말 되어지는 '대상'이 있다면 내가 저 대상을 말할 수 없다.

내가 나 아닌 나이고 저 세계가 세계 아닌 세계이므로 내가 저 세계를 말하는 것이니 비록 말하되 실로 말함과 말하는 바가 없는 것이다[雖說無有能說可說].

말함에 말할 수 있음과 말하는 바가 없되 말함 없음도 없이 진실을 말하는 여래 앞에 저 마라의 거짓의 언어 환상의 언어가 어찌 꺾이지 않겠는가.

말함에 말함 없는 여래의 속임이 없는 언어[不誑語] 진실의 언어[眞實語] 해탈의 언어[解脫語]를 따르는 자만이, 환상과 거짓의 언어를 떠나 니르바나 해탈의 저 언덕에 이르를 것이다.

『화엄경』(「수미정상계찬품」)은 언어의 법과 언어가 지시하는 사물에 실다움이 있다고 집착하는 중생의 분별을 다음과 같이 깨우친다.

모든 법은 참되고 실다움 없는데
망령되이 진실한 모습 취하네.
그러므로 어두운 여러 범부들
나고 죽는 감옥에 윤회하네.

諸法無眞實 妄取眞實相
是故諸凡夫 輪廻生死獄

언어로 설한 갖가지 법에 대하여
작은 지혜 망령되이 분별하네.
그러므로 막힘과 걸림을 내어
마음에 마음 없음 알지 못하네.

言辭所說法 小智妄分別
是故生障礙 不了於自心

모습에서 모습 떠나 견해에 걸림 없는 사람이 언어의 그물에 걸림 없이 한량없는 언어로 해탈의 문을 열 수 있으니, 「십행품」은 이렇게 가르친다.

온갖 언어의 법을 잘 알아서
묻고 따짐 대꾸해 모두 마쳐 다해
날카롭고 밝고 밝은 지혜와
말재간은 알지 못함이 없으니
두려움 없는 이가 행하는 도이네.

善解一切語言法　問難酬對悉究竟
聰哲辯慧靡不知　此無畏者所行道

낱낱의 쓰고 있는 언어 가운데서
한량없는 음성 널리 나타내 보여
저 중생이 부류 따라 알도록 하니
걸림 없는 견해를 갖춘 사람이
이러한 자재의 도를 행하네.

能於一一語言中　普爲示現無量音
令彼衆生隨類解　此無礙見行斯道

온갖 여러 문자와 언어의 법에
지혜로운 이는 모두다 잘 들어가
언어 문자를 분별하지 않고서
진실한 경계 가운데 머무니
참모습을 본 이가 행하는 도이네.

一切文字語言法　智皆善入不分別
住於眞實境界中　此見性者所行道

하나의 뜻 한 글 가운데서도

한량없고 끝없는 법 연설하지만
그 끝과 바탕 얻을 수 없으니
지혜 끝없는 이가 행하는 도이네.

能於一義一文中　演說無量無邊法
而其邊際不可得　此無邊智所行道

세간의 언어 따름을 이미 성취해
그릇 어긋난 담론 잘 꺾어 눌러서
붇다의 보디에 늘 향해 나가니
지혜 끝없는 이가 행하는 도네.

隨順言辭已成就　乖違談論善摧伏
常能趣向佛菩提　無邊慧者所行道

7 앎활동으로 주어지는 온갖 법이니

• 이끄는 글 •

유식불교의 논사들은 만 가지 법이 오직 앎활동[萬法唯識]이라는 교설을 직접적으로 주장한다. 이 말의 언어적 분위기는 온갖 존재가 내적 관념의 세계에 거두어진다는 뜻으로 비춰진다.

그러나 온갖 존재가 연기된다는 붇다의 가르침에 의하면 존재가 앎활동 자체로 표시될 뿐 아니라 앎 또한 세계를 조건으로 해서만 있는 마음이므로 그 마음도 공한 마음이 되어야 한다.

연기법에서 세계는 앎에 내적인 세계, 앎활동 자체인 세계로 표시되어야 하고, 앎활동 또한 세계를 의지해 일어나므로 있되 공한[無性] 앎활동으로 표시되어야 한다.

『성유식론』(成唯識論)은 먼저 바깥 경계[外境]가 앎활동인 경계임[唯識無境]을 보여 바깥 경계에 대한 집착 깨뜨림을 교설의 주안점으로 삼아 다시 앎의 실체 없음[識無自性]을 보여, 앎을 돌이켜 마음과 경계에 모두 집착 없는 지혜의 길에 나아가게 한다[轉識得智].

유식(唯識)으로 한역된 범어는 비즈냐프티 마아트라타(vijñapti-mātratā)이다. 비즈냐프티(vijñapti)는 '가려 안다'[了別]는 뜻의 동사

비즈냐아(vijñā)에서 도출된 추상명사이고, 마아트라타(mātratā)는 '오직'[唯]의 뜻을 가진 단어이다.

유식의 단어에서도 알 수 있듯 유식철학의 사상적 과제는 바깥 경계의 실체를 부정하여서 앎활동의 자발성과 능동성을 강조하는 데 힘을 기울인다. 그러나 유식불교는 앎 자체가 공하여[識無性] 앎이 다시 세계에 복귀되는 앎활동임을 보여서, 중생으로 하여금 일상의 앎활동을 알되 실로 앎 없는 지혜의 활동[智]으로 돌이켜 파라미타의 실천행을 발휘하도록 하고 있다.

이런 뜻을 『성유식론』(권 1)은 다음과 같이 말한다.

바깥 경계[外境]는 뜻을 따라 세워 베풀어지므로 앎과 같이[如識] 있는 것이 아니다[非有]. 안의 앎[內識]은 반드시 인연을 의지해 나므로 경계와 같이[如境] 없는 것이 아니다[非無]. 이로 말미암아 곧 마음과 경계 두 가지에 대한 집착 늘리고 줄임을 막는다.

경계는 안의 앎을 의지해 거짓 세워지므로 오직 세속의 있음[世俗有]이다. 그에 비해 앎은 경계를 빌고 사법을 의지하므로 또한 빼어난 뜻의 있음[勝義有]이다.

또 『성유식론』(권 7)은 말한다.

온갖 함이 있고 함이 없는 법은 진실이든 거짓 있음이든 다 앎을 떠나지 않는다. 이는 오직 앎을 떠난 실다운 사물을 막기 위해 말한 것이다.

중관불교에서 보면 마음이든 물질이든 연기로 있는 법은 다 세속제인데, 유식불교에서 바깥 경계는 세속의 있음[世俗有]이나, 안의 앎은 빼어난 뜻의 있음[勝義有]이라 한 것은 왜인가.

중관불교의 공의 뜻[空義]은 있음에 대한 실로 있음[實有]의 집착을 깨뜨려 있음 아닌 참된 있음을 세워주는 공의 뜻인데도 나중에는 공이 다시 신비화되거나, 연기의 뜻[緣起義]을 깨뜨리는 것으로 왜곡된다.

유식불교는 공의 사물화나 신비화를 부정하기 위해 주체의 자발성을 강조해 공의 역동성을 새롭게 부각한다.

그러므로 유식논사들은 먼저 저 세계가 앎인 세계임을 보여서 속제의 있음[世俗有]이 실로 있지 않음[世俗非有]을 말하고, 세계인 앎이 없지 않음을 보이기 위해 앎이 빼어난 뜻의 있음이라 말한다.

그러나 다시 유식논사들은 빼어난 뜻의 있음이란 실로 있는 있음이 아니라 있되 있음 아닌 있음임을 보이기 위해 앎의 자기성품 없음[識無自性]을 다시 보여 앎을 지혜로 돌이켜 쓰는 유식행(唯識行, 轉依)을 열어보인다.

그렇다면 유식논사들은 붇다의 기본 교설 가운데 어떤 가르침을 의지해 '만법이 오직 앎이다'라는 만법유식설(萬法唯識說)을 세우게 된 것일까.

붇다는 온갖 법을 분류할 때 때로 열두 들임으로 거두어 보이시기도 하고, 때로 열두 들임에 여섯 앎을 더해 열여덟 법의 영역으로 보이시기도 한다.

열두 들임으로 보일 때는 여섯 아는 뿌리와 알려지는 바 경계로 여섯 앎활동을 거두어보인 것이고, 열여덟 법의 영역으로 보일 때는 아는 자와 알려지는 것이 어울려 여섯 앎이 일어남을 표시한 것이다.

여섯 앎일 때 여섯 뿌리와 경계는 앎의 내적 토대이자 외적 경계이지만, 이 열두 들임은 앎활동 밖의 토대와 경계가 아니라 앎활동일 때 앎활동 자체로 살아 움직이는 자아와 세계이다.

그러므로 열여덟 법의 영역을 말할 때 이미 오직 앎[唯識]인 자아와 세계를 말하고 있는 것이다.

또 붇다는 네 곳 살핌을 말할 때, 마음으로 몸과 느낌을 살필 때 살피는바 경계인 몸·느낌·마음·법이 생각 밖의 실체가 아니라 사유 자체인 내적 대상임을 보이신다.

그 뜻을 보이기 위해 붇다는 '안의 여섯 아는 뿌리' '여섯 앎' '밖의 여섯 경계'를 때로 마음을 잡아서 안의 마음[內心]·안팎의 마음[內外心]·밖의 마음[外心]이라 보이기도 하고, 몸과 물질을 잡아 안의 몸[內身]·안팎의 몸[內外色]·밖의 몸[外身]으로 표현하고 있다.

붇다의 이런 가르침을 받아 천태산가(天台山家)의 조사들은 유식에서 '만법이 오직 앎이다'[萬法唯識]라고 말한다면 또한 '만법은 오직 빛깔이다'[萬法唯色]라고 말할 수 있어야 한다고 강조한다.

연기중도의 관점에서 보면 중관불교의 '속제가 공한 승의제(勝義諦)'와 유식불교의 앎이 공하지 않은 '빼어난 뜻의 있음'[勝義有]이 둘이 아닌 것이고, 유식불교의 유식(唯識)과 천태산가의 유색(唯色)이 둘이 아닌 것이다.

이처럼 유식불교와 천태산가를 융회할 수 있는 중도의 관점이 아함경의 열두 들임, 열여덟 법의 영역에 관한 기본 교설에 모두 밝혀져 있으니, 살피고 살펴야 할 것이다.

『화엄경』(「야마궁중게찬품」) 또한 온갖 법이 마음인 온갖 법임을 다음과 같이 보인다.

마음은 교묘한 화가와 같아
모든 세간을 그려낼 수 있도다.
다섯 쌓임 모두 마음 따라 생겨나
어떤 법이나 짓지 않음이 없네.

心如工畵師　能畵諸世間
五蘊悉從生　無法而不造

마음과 같이 붇다 또한 그러하고
붇다처럼 중생 또한 그러니
붇다와 마음의 바탕의 성품
다 다함없음을 알아야 하네.

如心佛亦爾　如佛衆生然
應知佛與心　體性皆無盡

어떤 사람이 만약 마음의 행이
모든 세간 널리 지음을 알면
이 사람은 곧 붇다를 뵌 것이고
붇다의 진실한 성품을 안 것이네.

若人知心行　普造諸世間
是人則見佛　了佛眞實性

온갖 법이 앎활동이라 마음이 세간법 그려낸다 말하나, 앎 또한 세계인 앎이라 앎이 공한 줄 알아서 앎을 온전히 앎 없는 지혜로 써야[轉識得智] 보디사트바의 해탈의 행일 것이다.

「입법계품」은 말한다.

> 마음이 깨끗해 분별없으니
> 마치 저 큰 허공과 같아라.
> 지혜의 등불 모든 어두움 깨뜨리면
> 이것이 보디사트바의 해탈 경계네.

> 心淨無分別 猶如大虛空
> 慧燈破諸闇 是彼之境界

1) 자아와 세계는 앎활동 속에 아는 자와 알려지는 것으로 나타나니

앎이 치달리지 않으면 마음·물질이 사라지리

이와 같이 내가 들었다.

한때 붇다께서는 슈라바스티 국 제타 숲 '외로운 이 돕는 장자의 동산'에 계셨다.

그때 세존께서 여러 비구들에게 말씀하셨다.

"만약 취하는 법[取法]에서 맛들여 집착함을 따라 내고, 돌아보아 생각해 마음을 묶으면, 그 마음은 치달리면서 마음·물질을 좇게 된다.

마음·물질 때문에 여섯 들이는 곳이 있고, 여섯 들이는 곳 때문에 닿음이 있으며, 닿음 때문에 느낌이 있고, 느낌 때문에 애착이 있다.

애착 때문에 취함이 있고, 취함 때문에 존재가 있으며, 존재 때문에 태어남이 있고, 태어남 때문에 늙음·병듦·죽음·근심·슬픔·번민·괴로움이 있다.

이와 같이 이렇게 하여 순전하고 큰 괴로움뿐인 무더기가 쌓이게 된다."

취하고 집착함을, 큰 나무를 들어 비유하심

"비유하면 큰 나무에 뿌리와 줄기, 큰 가지, 잔가지와 잎, 꽃, 열매가 있는데, 깊고 굳게 뿌리를 내리고, 기름진 흙으로 북돋아주고, 물을 대주면, 그 나무는 굳고 튼튼하여 길이 썩지 않는 것과 같다.

이와 같이 비구들이여, 취하는 법에서 맛들여 집착함을 따라 내고 돌아보아 마음을 묶으면, 그 마음이 치달리면서 마음·물질을 좇게 된다.

마음·물질 때문에 여섯 들이는 곳이 있고, 여섯 들이는 곳 때문에 닿음이 있으며, 닿음 때문에 느낌이 있고, 느낌 때문에 애착이 있다.

애착 때문에 취함이 있고, 취함 때문에 존재가 있으며, 존재 때문에 태어남이 있고, 태어남 때문에 늙음·병듦·죽음·근심·슬픔·번민·괴로움이 있다.

이와 같이 이렇게 하여 순전히 큰 괴로움뿐인 무더기가 쌓이게 된다."

취하는 법이 덧없음인 줄 살피면, 나고 죽음이 사라짐을 보이심

"만약 취하는 법에서 덧없다는 살핌[無常觀]을 따르고, 나고 사라진다는 살핌[生滅觀], 탐욕할 것 없다는 살핌[無欲觀], 사라짐이라는 살핌[滅觀], 버려야 한다는 살핌[厭觀]에 머물러, 마음이 돌아보아 생각하지 않고 묶여 집착하지 않으면, 앎이 곧 치달리지 않아서 마음·물질이 곧 사라진다.

마음·물질이 사라지면 여섯 들이는 곳이 사라지고, 여섯 들이는 곳이 사라지면 닿음이 사라지며, 닿음이 사라지면 느낌이 사라지고, 느낌이 사라지면 애착이 사라진다.

애착이 사라지면 취함이 사라지고, 취함이 사라지면 존재가 사라지며, 존재가 사라지면 태어남이 사라지고, 태어남이 사라지면 늙음·병듦·죽음·근심·슬픔·번민·괴로움이 사라진다.

이와 같이 이렇게 하여 순전히 큰 괴로움뿐인 무더기가 사라지게
된다.

마치 나무를 심었을 때, 때를 따라 사랑하고 보살펴서 안온하게
하지 않고, 기름진 흙으로 북돋워주지도 않으며, 때맞추어 물을 대
주지도 않고, 차가움과 따뜻함을 맞추어주지도 않으면, 그 나무는
크게 자라지 못하는 것과 같다.

만약 다시 뿌리를 끊고 가지를 자르며 조각조각 잘라 가늘게 쪼개
고 나누어 바람을 맞히고 햇볕에 쪼이며, 불로 태워 재를 만들어 거
센 바람에 날리거나 흐르는 물에 던져버린다고 하자.

비구들이여, 어떻게 생각하느냐? 그 나무의 뿌리를 잘라 끊고 가
늘게 쪼개 불태워 닳아 없어지게 했다면, 이것은 미래세상에 나지
않는 법을 이루지 않겠는가?"

비구들이 대답하였다.

"그렇습니다, 세존이시여."

"이와 같이 비구들이여, 만약 취하는 법에서 덧없다는 살핌을 따
르고, 나고 사라진다는 살핌, 탐욕할 것 없다는 살핌, 사라짐이라는
살핌, 버려야 한다는 살핌에 머물러, 마음이 돌아보아 생각함을 내
지 않고 묶여 집착하지 않으면, 앎이 곧 치달리지 않아서 마음·물질
이 곧 사라진다.

마음·물질이 사라지면 여섯 들이는 곳이 사라지고, 여섯 들이는
곳이 사라지면 닿음이 사라지며, 닿음이 사라지면 느낌이 사라지고,
느낌이 사라지면 애착이 사라진다.

애착이 사라지면 취함이 사라지고, 취함이 사라지면 존재가 사라
지며, 존재가 사라지면 태어남이 사라지고, 태어남이 사라지면 늙음

· 병듦 · 죽음 · 근심 · 슬픔 · 번민 · 괴로움이 사라진다.

이와 같이 이렇게 하여 순전히 큰 괴로움뿐인 무더기가 사라지게 된다."

붇다께서 이 경을 말씀하시자, 여러 비구들은 붇다의 말씀을 듣고 기뻐하며 받들어 행하였다.

· 잡아함 284 대수경(大樹經)

· 해설 ·

경은 경계를 취함으로 인해 앎이 치달리고 마음이 치달리며 마음 · 물질이 난다고 가르치니, 취함으로 인해 앎이 치달리는 것은 연기의 실상에 미혹한 근원적인 미혹이 삶을 물들임이다.

『기신론』의 말로 보면 이것이 업의 모습[業相]이다. 또 물든 업의 모습으로 아는 자와 알려지는 대상이 실체화되니, 아는 자의 실체화란 『기신론』의 말로 보면 공한 아는 자에서 실로 아는 자를 돌이켜내는 모습[轉相]이고, 알려지는 것의 실체화는 경계 아닌 경계에서 실로 있는 경계의 모습 드러냄[現相]이다.

앎으로 인해 마음 · 물질이 난다고 함은 앎 가운데 아는 자와 아는 대상의 실체화로 인해 마음이 경계에 물들고 경계가 마음에 닫히는 일상의식을 말한다. 앞의 앎은 유식에서 근본식(根本識)인 제8식으로 열두 들임이 앎의 뿌리가 됨을 말하고, 뒤의 마음 · 물질은 열두 들임에 의해 일어난 여섯 앎이니 유식에서 전육식(前六識)의 마음이다.

고통의 뿌리가 되는 무명의 물든 앎과 업의 모습 또한 실로 있는 것이 아니라 닫힌 삶[苦]에서 모습 취하는 물든 생활이 다시 무명의 근원적 미혹을 일으킨다.

그러므로 근원적 미혹과 일상의 물든 생활에서 그 일으킴의 조건이 되는 취함을 끊어버리면 무명과 물든 일상의식의 닫힌 앎활동도 사라진다.

무명의 조건이 되는 취함[能取]은 취하는 것[所取]에 다시 취할 것 없음을 알 때 끊어진다. 곧 인연으로 났으므로 자기성품 없는 마음활동 가운데서 취함으로 인해 무명과 집착이 난 것이니, 인연으로 난 것이라 공함[依他無性]을 알면 마음과 물질의 실로 있음을 벗어나 보고 듣는 앎에서 마음의 해탈을 이루게 된다.

쌍림부대사(雙林傅大師)는 다음과 같이 노래한다.

다른 것 의지해 나는 온갖 모습은
스스로 서 있음이 아닌 것이니
반드시 뭇 연을 빌려 이루어지네.
이는 해가 지면 나무에 그림자 없고
등이 오면 방이 밝아짐과 같네

依他非自立　必假衆緣成
日謝樹無影　燈來室乃明

이 마음은 함께하는 업을 인해
따라서 나고 변하는 것이며
세간의 만 가지 있는 모습은
작은 티끌 쌓아서 난 것이네.
만약 참으로 공한 물질 깨달으면
곧바로 있음의 마음 없애게 되리.

名因共業變　萬象積微生
若悟眞空色　脩然去有名

안의 마음·밖의 마음·안팎의 마음에서 집착 떠나야

이와 같이 내가 들었다.

한때 붓다께서는 슈라바스티 국 제타 숲 '외로운 이 돕는 장자의 동산'에 계셨다.

존자 마하목갈라야나는 존자 아니룻다에게 물었다.

"어떤 것을 네 곳 살핌을 닦아 익히고 또 닦아 익히는 것이라 하오?"

아니룻다가 마하목갈라야나에게 네 곳 살핌의 뜻을 말함

존자 아니룻다는 존자 마하목갈라야나에게 대답하였다.

"만약 비구가 안의 몸[內身]에 대해서 싫어해 떠날 생각을 일으키고, 안의 몸에 대해서 싫어해 떠나지 않을 생각을 일으킬 때, 싫어해 떠남과 싫어해 떠나지 않음 두 가지 생각을 모두 버리면 곧 바른 생각으로 바르게 아는 것입니다.

안의 몸과 같이 바깥 몸[外身]과 안팎의 몸[內外身], 안의 느낌[內受]과 바깥의 느낌[外受], 안팎의 느낌[內外受]에서도 그와 같습니다.

안의 마음[內心]과 바깥의 마음[外心], 안팎의 마음[內外心], 안의 법[內法]과 바깥의 법[外法], 안팎의 법[內外法]에서도 그와 같습니다.

그 모든 법에 대해서 싫어해 떠날 생각과 싫어해 떠나지 않을 생각을 낼 때, 싫어해 떠남과 싫어해 떠나지 않음 두 생각을 모두 버리면 곧 바른 생각으로 바르게 아는 것입니다.

존자 마하목갈라야나여, 이것을 네 곳 살핌을 닦아 익히고 또 닦아 익히는 것이라 합니다."

때에 존자 마하목갈라야나는 곧 사마디에 들었다.

슈라바스티 국 소나무숲에서 사마디의 신통력에 들어가 마치 힘센 장사가 팔을 굽혔다 펴는 동안에 브릿지 부락의 숨수마라 산 두렵게 짙은 숲 짐승 머무는 곳에 들어가 이르렀다.

• 잡아함 536 독일경(獨一經) ②

• 해설 •

여섯 아는 뿌리·여섯 앎·여섯 경계는 몸과 물질을 잡아 안의 몸·안팎의 몸·밖의 몸이라 하고, 마음을 잡아서는 안의 마음·안팎의 마음·밖의 마음이라 하며, 느낌과 법을 잡아서는 안의 느낌·안팎의 느낌·밖의 느낌, 안의 법·안팎의 법·밖의 법으로 다시 표현된다.

그러므로 아함의 가르침 가운데 만법유식의 뜻과 만법유색의 뜻이 온전히 드러나 있는 것이다.

이 앎인 온갖 법은 인연으로 일어난 것이라 실로 있음이 아니므로 취할 것이 없고 실로 없음이 아니므로 버릴 것이 없다. 그러므로 취하지 않고 버리지 않으면 그 마음이 평정한 마음[捨心]이 되는 것이고, 취함과 버림의 두 생각에서 평정한 그 마음이 바르게 봄[正見]이고 바르게 앎[正知]이 되는 것이다.

아니룻다의 말에 목갈라야나 존자 또한 깊이 그 뜻을 함께해 신통 사마디를 나투니, 두 현성이 함이 없는 진리의 법[無爲法] 가운데서 차별 아닌 차별의 법을 나타냄이리라.

쌍림부대사의 다음 게송을 살펴보자. 쌍림부대사는 노래한다.

망령된 헤아림으로 인하여
중생의 집착이 이루어지니
새끼줄을 잘못 뱀이라 하네.
마음의 의심 어두운 귀신 내고
눈의 병이 헛꽃을 보는 것이네.

妄計因成執　迷繩爲是蛇
心疑生暗鬼　眼病見空華

한 경계에 비록 다름이 없으나
세 사람이 보는 것이 차별되니
이 마음도 실답지 않다 깨치면
흰 소가 끄는 큰수레 길이 부리리.

一境雖無異　三人乃見差
了玆名不實　長馭白牛車

게송에서 새끼줄의 비유는 무엇을 말하는가.

인연으로 난 온갖 법에는 실로 취할 것 없는데, 그곳에서 취함을 일으켜 갖가지 망념과 환상의 모습을 내는 것이 마치 새끼줄을 뱀으로 보는 것과 같음이다.

하나의 물[水]을 사람은 물로 보나 아귀는 불로 보고 물고기는 허공과 같이 볼 것이니, 중생의 망념 자체가 공한 것이다. 그러므로 그 허망한 헤아림이 원래 없는 것[遍計無性]인 줄 알면 망념을 아는 그 자리가 해탈의 때이니, 그가 바로 흰 소가 끄는 붇다의 수레[一佛乘]를 길이 몰아 해탈의 뜰에 노닐며 중생을 건져주는 마하사트바인 것이다.

마음이 세간을 지니어 끌고가나니

이와 같이 내가 들었다.

한때 붇다께서는 슈라바스티 국 제타 숲 '외로운 이 돕는 장자의 동산'에 계셨다.

그때 어떤 하늘사람이 있었는데, 얼굴 모습이 아주 아름다웠다. 그는 새벽에 붇다 계신 곳에 와 그 발에 머리를 대 절하고 한쪽에 물러나 앉았다. 그러자 몸의 여러 밝은 빛이 제타 숲 '외로운 이 돕는 장자의 동산'을 두루 비추었다.

그때 그 하늘사람은 게송으로 붇다께 여쭈었다.

　　누가 세간을 지니어 가고
　　누가 세간을 잡아 끕니까.
　　어떠한 한 법이 있어서
　　세간을 눌러 거느립니까.

그때 세존께서는 게송으로 대답하셨다.

　　마음이 세간을 지니어 가고
　　마음이 세간을 잡아 이끈다.
　　그 마음이 한 법이 되어서

세간을 눌러 거느리도다.

그 하늘사람은 다시 게송으로 말하였다.

오래도록 브라마나 보아왔더니
온전한 니르바나 얻으셨어라.
온갖 두려움을 모두 이미 벗어나
길이 세간 은혜 애착 뛰어나셨네.

그 하늘사람은 붇다의 말씀을 듣고 기뻐하면서, 붇다의 발에 머리를 대 절하고 이내 사라져 나타나지 않았다.

• 잡아함 1009 심경(心經)

• 해설 •

마음에는 세 가지 이름이 있으니 마음[citta, 心] · 뜻[manas, 意] · 앎[vijñāna, 識]이다. 앎이 십팔계설의 여섯 앎이라면, 뜻은 뜻의 아는 뿌리이고, 마음은 아는 뜻뿌리에 열두 들임을 거두어 보인 말이다.

경계 따라 나는 여섯 앎[前六識]이 일어나고 사라지되 끊어지지 않음을 나타내는 것이 뜻뿌리[意根, manas-indriya]이고, 뜻뿌리가 몸과 경계에 어울려 여섯 앎을 내고 들임[集起]을 나타내는 것이 마음[心, citta]이니, 제8식(ālaya-vijñāna)이다.

열두 들임을 거두는 마음왕[心王, citta]밖에 여섯 앎과 갖가지 마음작용[心所]이 없고, 여섯 앎밖에 열두 들임이 없어서 이 마음이 세간법을 거두고 세간법을 낸다.

이 마음왕인 마음 자체가 공하되 그 공함도 공하여 한량없는 공덕이 넘치는 것을 『능가경』 등 여래장경에서는 여래장식(如來藏識)의 이름으로 보이고 있으나, 이 장식의 바다[藏識]는 여섯 앎의 공한 진실밖에 따로 있는 앎의 바다가 아니다.

그러므로 지금 쓰는 앎에서 아는 마음과 알려지는 것의 실체를 벗어나 앎이 없이 알고 봄이 없이 보는 자가 바로 여래장식의 진여바다[藏識眞如海]에 노니는 자이다.

마음이 온갖 법을 거두어 마음 떠난 온갖 법이 없으나 온갖 법과 마음이 모두 자기성품 없다.

『화엄경』(「야마궁중게찬품」)은 이 뜻을 화가가 그리는 여러 물감의 빛깔이 물감의 원인이 되는 지수화풍 사대의 요인을 떠남 없음으로 비유해 이렇게 가르친다.

비유하면 마치 교묘한 화가가
모든 물감의 빛깔 나누어 펼치면
허망하게 다른 빛깔의 모습 취하나
물질의 큰 요인에 차별 없음과 같네.

譬如工畫師　分布諸彩色
虛妄取異相　大種無差別

물질의 큰 요인 가운데 빛깔이 없고
빛깔 가운데 물질의 큰 요인 없으나
물질의 큰 요인 떠나 빛깔 얻을 수 없네.

大種中無色　色中無大種
亦不離大種　而有色可得

마음 가운데 물감과 그림이 없고
물감과 그림 가운데 마음 없지만

그려내는 마음을 떠나서는
물감과 그림을 얻지 못하네.

心中無彩畵　彩畵中無心
然不離於心　有彩畵可得

그 마음은 언제나 머물지 않으며
한량없어 생각하고 말할 수 없어서
온갖 물질을 나타내 보이지만
마음과 물질 각기 서로 알지 못하네.

彼心恒不住　無量難思議
示現一切色　各各不相知

2) 앎인 온갖 법에서의 해탈

여섯 가지 앎이 실체 없는 줄 알면
니르바나를 깨닫게 되오

이와 같이 내가 들었다.

한때 붇다께서는 파탈리푸트라(Pāṭaliputra) 국의 닭숲정사[鷄林精舍]에 머물러 계셨다.

그때 존자 아난다가 존자 마하춘다가 있는 곳으로 가서 서로 같이 문안을 나누고 난 뒤에 한쪽에 앉았다.

존자 아난다와 춘다가 앎의 자기성품 없음을 문답함

그때 존자 아난다가 존자 춘다에게 말하였다.

"묻고 싶은 일이 있는데 한가하시면 대답해주시겠소?"

존자 춘다가 존자 아난다에게 말하였다.

"당신의 물음을 따라 아는 것을 대답하겠습니다."

존자 아난다가 존자 춘다에게 물었다.

"세존·여래·공양해야 할 분·바르게 깨친 분께서 아시고 보시는 바대로 한다면, 네 가지 큰 요소로 된 빛깔을 말씀하시어, 이 '네 가지 큰 요소로 된 물질[四大色]은 나가 아니다'라고 이렇게 베풀어 세우고 드러내 보이셨소.

여래·공양해야 할 분·바르게 깨친 분께서 아시고 보시는 바대로 한다면, 다시 '앎도 나가 아니다'라고 말씀하시오?"

아난다가 춘다에게 눈과 빛깔, 눈의 앎이 모두 덧없음을 풀이해줌

존자 춘다는 존자 아난다에게 말하였다.

"당신은 가장 많이 들으신 분입니다.

제가 멀리서 존자 있는 곳에 찾아온 것은 이 법을 묻기 위해서입니다. 오늘 존자여, 이 뜻을 말씀해주시길 바랍니다."

존자 아난다가 춘다에게 말하였다.

"제가 이제 존자께 묻겠으니 마음대로 대답해주십시오.

존자 춘다여, 눈이 있고 빛깔이 있으며 눈의 앎이 있소?"

"있습니다."

존자 아난다가 다시 물었다.

"눈과 빛깔을 인연하여 눈의 앎을 내오?"

"그렇습니다."

존자 아난다가 다시 물었다.

"만약 눈과 빛깔을 인연하여 눈의 앎을 낸다면, 그 원인과 그 조건은 항상한 것이오, 덧없는 것이오?"

"덧없는 것입니다."

존자 아난다가 또 물었다.

"그 원인과 그 조건이 눈의 앎을 낸다면, 그 원인과 그 조건이 덧없이 바뀔 때에도 그 앎이 머물겠습니까?"

"아닙니다, 존자 아난다여."

존자 아난다가 다시 물었다.

"어떻게 생각하시오?

그 법이 생기고 사라지는 것임을 안다면, 많이 들은 거룩한 제자로서 과연 그 가운데서 '이것은 나다, 나와 다른 것이다, 나와 나와 다름이 함께 있는 것이다'라고 보겠소?"

"아닙니다, 존자 아난다여."

귀 · 코 · 혀 · 몸 · 뜻의 앎에도 자기성품 없음을 보임

"귀 · 코 · 혀 · 몸 · 뜻과 법 등에서도 어떻게 생각하시오? 뜻이 있고 법이 있으며 뜻의 앎[意識]이 있소?"

"있습니다, 존자 아난다여."

다시 물었다.

"뜻과 법을 인연하여 뜻의 앎을 내는 것이오?"

"그렇습니다, 존자 아난다여."

또 물었다.

"만약 뜻이 법을 조건으로 하여 뜻의 앎을 낸다면, 그 원인과 그 조건은 항상한 것이오, 덧없는 것이오?"

"덧없는 것입니다, 존자 아난다여."

또 물었다.

"만약 원인과 조건으로 뜻의 앎을 낸다면, 그 원인과 그 조건이 덧없이 변하고 바뀔 때에도 뜻의 앎이 머물겠소?"

"아닙니다, 존자 아난다여."

다시 물었다.

"어떻게 생각하시오?

그 법이 생기고 사라지는 줄을 안다면, 많이 들은 거룩한 제자로서 과연 그 가운데서 '이것은 나다, 나와 다르다, 나와 나와 다름이 함께 있는 것이다'라고 보겠소?"

"아닙니다, 존자 아난다여."

존자 아난다가 춘다에게 말하였다.

"그러므로 존자여, 여래·공양해야 할 분·바르게 깨친 분께서 아시고 보시는 바로는 앎도 또한 덧없는 것이라고 말씀하시오.

비유하면 다음과 같소. 어떤 장정이 도끼를 가지고 산에 들어가 파초(芭蕉)나무를 보고 재목으로 쓸 수 있다고 생각하여, 뿌리를 끊고 잎들을 잘라 쪼개고 껍질을 벗기고 단단한 심을 찾아 벗겨 다함에 이르렀지만, 도무지 단단한 곳이라고는 없는 것과 같소."

여섯 앎을 바르게 살펴 취할 것이 없음을 알면
스스로 니르바나 깨달음을 보임

"그와 같이 많이 들은 거룩한 제자는 눈의 앎과 귀·코·혀·몸·뜻의 앎을 바르게 살피고, 바르게 살폈을 때에는 전혀 취할 만한 것이 없소.

취할 만한 것이 없기 때문에 집착할 것이 없고, 집착할 것이 없으므로 스스로 니르바나를 깨닫소.

그리하여 '태어남은 이미 다하고 범행은 이미 서고, 지을 바를 이미 지어 다시는 뒤의 있음을 받지 않는다'는 것을 스스로 아오."

그 두 존자는 이 법을 말할 때 서로 기뻐하였고, 제각기 자신의 처소로 돌아갔다.

• 잡아함 248 순나경(純那經)

• 해설 •

이 경에서 아난다 존자와 마하춘다 존자는 서로 앎의 자기성품[自性] 없

음을 문답하여 인연으로 나는 앎을 떠나지 않고 니르바나에 이르는 지혜의
길을 보이고 있다.

먼저 두 존자는 앎에 알려지는바 경계가 네 큰 요소가 모여 이룬 것이라
자기성품 없음을 말하니, 이는 유식불교에서 말하는 '오직 앎이라 앎밖에
경계 없음'[唯識無境]을 말한 것이다.

다시 두 존자는 앎이 경계를 인한 마음, 인연으로 인한 마음이라 여섯 앎
에도 취할 자기성품 없음을 말하니, 이는 '인연으로 난 앎의 모습[識依他
起]에도 자기성품 없음[依他無性]'을 말한 것이다.

눈·귀·코·혀·몸·뜻의 여섯 앎은 아는 뿌리인 주체의 요인[親因緣]과
바깥 경계인 여섯 대상이 되는 조건[所緣緣]을 의지해 일어나지만, 원인도
공한 원인이고 조건도 공한 조건이므로 결과인 앎 가운데 원인도 없고 조건
도 없으니 앎 자체가 있되 공한 것이다.

경계를 의지한 앎도 '나'가 아니고 '나와 다름'이 아니며, 앎에 의지한 알
려지는 것도 '나와 다름'이거나 '나'가 아니니, 아는 마음과 알려지는 것에
모두 취할 것이 없다.

그러므로 앎에서 취함이 없고 집착이 없어서 알되 앎이 없이 아는 자, 그
가 지금 보고 듣는 앎을 떠나지 않고 니르바나를 깨닫는 것이다.

물질법뿐 아니라 마음에도 자기성품 없는 줄 알아야 진리의 붇다를 볼
수 있으니, 『화엄경』(「수미정상게찬품」)은 말한다.

> 온갖 법의 자기성품 있지 않음
> 밝게 깨달아 알도록 하라.
> 이와 같이 법의 성품을 알면
> 노사나 붇다를 뵙게 되리라.
>
> 了知一切法　自性無所有
> 如是解法性　則見盧舍那

안의 마음 · 밖의 마음 · 안팎의 마음
바로 알아 세간의 근심과 탐욕 항복받았나니

이와 같이 내가 들었다.

한때 붇다께서는 슈라바스티 국 제타 숲 '외로운 이 돕는 장자의 동산'에 계셨다.

그때 존자 마하목갈라야나와 존자 아니룻다는 슈라바스티 국 '손으로 판 못'[手成浴池]가에 있었다.

존자 사리푸트라가 존자 아니룻다가 있는 곳에 찾아가 서로 문안하고 위로한 뒤에 한쪽에 앉았다.

존자 사리푸트라가 존자 아니룻다에게 말했다.

"기이하오, 아니룻다여. 크나큰 덕과 신묘한 힘이 있으시군요. 어떤 공덕을 닦아 익히고 또 많이 닦아 익혔기에 여기에 이르실 수 있었소?"

아니룻다 존자가 네 곳 살핌을 풀이해 말함

존자 아니룻다가 존자 사리푸트라에게 대답하였다.

"네 곳 살핌을 닦아 익히고 많이 닦아 익혀 이러한 크나큰 덕과 신묘한 힘을 이룬 것입니다.

어떤 것을 네 곳 살핌이라 하느냐 하면, 다음과 같습니다. 안의 몸에서 몸 살펴 생각함으로, 방편을 부지런히 해 바른 생각[正念] 바른 앎[正知]으로 세간의 탐욕과 근심을 항복받았습니다.

이와 같이 바깥의 몸·안팎의 몸과, 안의 느낌·바깥의 느낌·안팎의 느낌과, 안의 마음·바깥의 마음·안팎의 마음과, 안의 법·바깥의 법·안팎의 법에서 법 등을 살펴 생각함으로, 방편을 부지런히 해 바른 생각 바른 앎으로 세간의 탐욕과 근심을 항복받았습니다.

존자 사리푸트라여, 이것을 네 곳 살핌을 닦아 익히고 또 많이 닦아 익혀 이러한 크나큰 덕과 신묘한 힘을 이룬 것이라 합니다.

존자 사리푸트라여, 저는 네 곳 살핌을 잘 닦아 익혔기 때문에 조그마한 방편으로도 소천세계(小天世界)를 두루 살필 수 있습니다.

마치 눈 밝은 사람이 높은 누관(樓觀) 위에서 평지의 갖가지 사물을 내려다보는 것처럼, 제가 조그마한 방편으로 소천세계를 살필 수 있는 것도 이와 같습니다.

이와 같이 저는 네 곳 살핌을 닦아 익히고 또 많이 닦아 익혀 이 크나큰 덕과 신묘함을 이룬 것입니다."

그때 두 존자는 같이 논의함을 마치고 각기 자리에서 일어나 떠나갔다.

• 잡아함 537 수성욕지경(手成浴池經)

• 해설 •

네 곳 살핌으로 앎을 바르게 한다는 것은 알려지는바 모습의 경계에 취할 모습이 없고 버릴 모습이 없음을 알므로, 아는 마음이 마음 아닌 마음이 되어 모습에도 머물지 않고 모습 없음에도 머물지 않음을 말한다.

앎을 바르게 해[正知] 모습에도 머물지 않고 모습 없음에도 머물지 않는 이는 세간의 탐욕과 근심을 조복할 뿐 아니라, 출세간의 니르바나와 보디를 세간법밖에 따로 구하지 않으니, 두렷이 이룬 실상의 세계는 연기하는 세간

법의 진실이기 때문이다.

아니룻다 존자는 네 곳 살핌으로 그 봄과 앎을 바르게 함으로 하늘눈으로 소천세계를 자재하게 볼 뿐 아니라, 보되 봄이 없는 지혜의 눈[慧眼]을 얻고 봄이 없이 보는 법의 눈[法眼]을 얻었으니 보고 듣는 앎의 진실이 니르바나임을 깨달았기 때문이다.

지금 보고 듣는 세간법밖에 따로 구할 두렷이 이룬 진실의 세계가 없음[圓成無性]을 쌍림부대사는 이렇게 노래한다.

> 모습 고요하니 마음 또한 버리면
> 마음 융통하고 경계 또한 없어지네.
> 가고 오는 모습 끝내 보지 않으면
> 말함과 침묵 길이 거리낌 없네.
>
> 相寂名亦遣 心融境亦亡
> 去來終莫見 語默永無妨
>
> 지혜로 두렷이 이룬 진리에 들면
> 몸은 법성의 항상함과 같아지리.
> 진제를 증득하면 도로 속제를 아니
> 속제를 무너뜨리거나 버리지 않음
> 이것이 세간 건네주는 나루이네.
>
> 智入圓成理 身同法性常
> 證真還了俗 不廢是津梁

위의 게송에서 모습[相]과 이름[名]은 마음에 알려지는 모습과 모습을 아는 마음을 말한다.

마음은 알려지는 모습으로 마음이고 모습은 아는 마음으로 마음의 모습이 되니, 경계를 아는 마음이 공하고 마음이 아는바 경계가 공한 줄 깨달으면 가고 옴, 말과 말없음에 평등한 사마디를 이루는 것이다.

이렇게 되면 닿는 곳 하는 일마다 곧 참됨이 되니[解事而眞] 앎과 알려지는 것으로 주어지는 온갖 법에서 해탈한 마하사트바의 삶은 걸어가는 걸음걸음이 중생을 저 언덕에 건네주는 해탈의 나루가 된다.

그러므로 『화엄경』(「입법계품」)은 스스로를 해탈하고 중생을 해탈시키는 보디사트바의 삶을 이렇게 말한다.

> 해탈의 길 잘 행하는 보디사트바
> 모든 쌓임 열여덟 법의 영역
> 열두 가지 들임의 온갖 법에서
> 일찍이 집착하는 바가 없어서
> 머묾 없는 행과 몸의 모습 보여
> 온갖 중생을 이끌어 조복하도다.
>
> 於諸蘊界處　未曾有所著
> 示行及色身　調伏一切衆

보디사트바의 중생 교화란 마주함이 있는 행, 억지로 짓는 행이 아니다. 아니룻다 존자처럼 지혜로 한 생각 마음을 살펴 저 중생이 마음 밖 중생이 아니라 마음인 중생인 줄 알면, 그에게는 중생을 건짐 없이 건지는 넓고 큰 마음[廣大心] 자비의 마음[慈悲心]만이 현전하기 때문이다.

「입법계품」은 다시, 여래의 따짐 없는 큰 자비를 통해 다음과 같이 말한다.

> 붇다께서 모든 세간 살피니
> 뒤바뀌어 늘 미혹 속에 있으며
> 나고 죽음의 괴로움 속 바퀴 도니
> 위없는 보디의 성취자는
> 큰 자비의 마음 일으키도다.

佛觀諸世間　顚倒常癡惑
輪迴生死苦　而起大悲心

셀 수 없는 억천 겁토록
보디의 행 닦아 익히어
중생을 건네주려 하시니
이는 크나큰 자비의 힘을
말미암아 그럴 수 있는 것이네.

無數億千劫　修習菩提行
爲欲度衆生　斯由大悲力

8 업으로 주어지는 세계와 세계 속에서
   연기하는 중생의 업[業說]

• 이끄는 글 •

업(業)은 행위의 뜻이니 범어 카르마(karma), 크리야(kriya)를 뜻
으로 옮긴 말이다. 소리로 옮길 때는 갈마(羯磨)라 한다.

업의 발현은 몸과 입과 뜻의 세 가지 업[三業]으로 구분하나, 몸과
입의 업은 뜻의 업을 떠나지 않는다. 곧 중생의 앎활동은 몸과 세계
를 떠나지 않고 몸과 세계는 앎을 떠나지 않으므로 앎의 행위로서의
발현이 바로 업이 된다. 그릇된 앎의 씨앗[惑]이 행위로 발현[業]되
면 삶의 소외와 질곡[苦]이 이루어지는 것이다.

그것은 마치 밭에 씨를 뿌려 잘 물을 뿌려주면 곡식의 싹이 나듯,
사유의 씨앗이 업의 밭[業田]에 내려 애욕의 물[愛水]이 적셔주면
중생의 삶이 무명에 덮이게 되고 고통의 삶이 되는 것도 그와 같다.

지금 현재의 업은 자아와 세계 속에서 일어나 자아와 세계를 새롭
게 규정하는 힘이 되니 이것이 업의 힘[業力]이다. 그러나 지금의 업
이 있되 공하므로 지금의 업이 사라지고, 뒤의 업이 지금의 업과 업
의 힘을 이어서 생성되는 것이니, 업이 과거·현재·미래로 끊어지
지 않고 이어간다 해서는 안 된다.

업에 관해 실체론적 주장[有論]을 펴는 이들은 미혹과 업과 업의 과보가 인과적으로 서로 이어져 끊어지지 않는다고 말한다.

곧 미혹이 조건이 되어 악한 업을 일으키면 악업이 원인이 되어 미래의 나고 죽음의 과보를 불러일으킨다고 한다. 이는 짓는 생각의 업[思業]이 뿌리가 되어 생각한 뒤의 몸과 입의 업[思已業, 身業·口業]을 일으켜서 괴로움의 과보를 불러일으킴을 말한다.

이처럼 업의 원인과 과보가 서로 이어진다는 견해에 대해『중론』은 업이 항상함도 아니고 끊어짐도 아님을 다음과 같이 말한다.

업이 머물러 과보 받음에 이르면
이 업은 곧 항상함이 되고
만약 업이 사라지면 업 없으니
어떻게 과보를 낼 수 있겠는가.

業住至受報　是業卽爲常
若滅卽無業　云何生果報

실체론자들은 씨앗으로부터 싹이 터서 열매가 맺는 것으로 비유하여 업의 서로 이어감[業相續]을 말한다. 그러나 싹은 씨앗을 떠나 없지만, 싹에는 씨앗도 없고 땅도 없고 물도 없으며 열매에도 씨앗과 싹이 없다.

업 또한 그러하여 지금의 업이 있되 공하므로 현재의 업이 사라지고 미래의 새로운 업이 연기하는 것이니, 업은 공하므로 참된 이어짐의 뜻을 이룬다.

『중론』은 말한다.

비록 공하지만 끊어지지 않고
비록 있지만 또한 항상하지 않다.
업의 과보가 없어지지 않으니
이것을 붇다의 말씀이라 한다.

雖空亦不斷　雖有亦不常
業果報不失　是名佛所說

또 실체론자들은 업을 지어 업을 받는 자가 실재한다고 말한다.

업은 분명 자아와 세계 속에서 연기한다. 자아가 업을 일으키지만 업이 자아를 행위하는 자아로 규정하는 것이니, 실체로서의 자아가 있어서 업을 짓고 받는다고 말해서는 안 된다.

만약 그와 같이 자아의 실체가 있다고 한다면 지금 악업을 짓는 자는 늘 악업에서 해탈할 수 없어야 한다.

『중론』은 말한다.

업은 조건을 좇아서 남이 아니고
조건 아님을 좇아서 남도 아니다.
그러므로 업 일으킬 수 있는 자가
실체로서 있지 않은 것이다.

業不從緣生　不從非緣生
是故則無有　能起於業者

실체로서 업이 없고 짓는 자 없는데
어떻게 업이 과보를 내겠는가.

만약 그 과보가 실로 있지 않다면
어떻게 과보 받는 자가 있겠는가.

無業無作者　何有業生果
若其無有果　何有受果者

모든 번뇌와 갖가지 지은 업과
업을 짓는 자와 그 업의 과보는
다 허깨비와 같고 꿈과 같으며
신기루 같고 메아리와 같네.

諸煩惱及業　作者及果報
皆如幻與夢　如炎亦如響

1) 자아와 세계가 만나 연기하는 업의 활동

씨앗이 땅과 물을 의지해 자라나듯 업도 그러하니

이와 같이 내가 들었다.

한때 붓다께서는 슈라바스티 국 제타 숲 '외로운 이 돕는 장자의 동산'에 계셨다.

그때 세존께서 여러 비구들에게 말씀하셨다.

"다섯 가지 씨앗이 있다. 어떤 것이 다섯 가지인가?

뿌리씨앗[根種子]·줄기씨앗[莖種子]·마디씨앗[節種子]·스스로 떨어지는 씨앗[自落種子]·열매씨앗[實種子]이다.

이 다섯 가지 씨앗이 끊어지지 않고 부서지지 않고 썩지 않고 바람 맞지 않고 새로 익은 단단한 열매라 하더라도, 땅만 있고 물이 없다면 그 씨앗은 나서 자라고 뻗어나가지 못할 것이다.

또 그 씨앗이 새로 익은 단단한 열매로서 끊어지지 않고 부서지지 않고 썩지 않고 바람 맞지 않았더라도, 물만 있고 땅이 없다면 그 씨앗은 또한 나서 자라고 뻗어나가지 못할 것이다.

만약 그 씨앗이 새로 익은 단단한 열매로서 끊어지지 않고 부서지지 않고 썩지 않고 바람 맞지도 않았으며 땅과 물이 있다면, 그 씨앗은 나서 자라고 뻗어나갈 것이다."

다섯 가지 업의 씨앗이 네 가지 머무는 땅과
탐욕의 물을 의지해 자라남을 풀이하심

"비구들이여, 그 다섯 가지 씨앗은 다섯 가지 받는 쌓임[五取陰]이 앎과 같이함[俱識]을 비유한 것이고, 땅의 영역[地界]은 네 가지 앎이 머무는 곳[四識住]을 비유한 것이며, 물의 영역[水界]은 탐욕[貪]과 기뻐함[喜]을 비유한 것이다.

네 가지 받는 쌓임[取陰]을 붙잡아 생각하여 앎이 머무는 것이니, 어떤 것이 네 가지인가?

물질 가운데 앎이 머물러, 물질을 붙잡아 생각하고[攀緣], 기뻐함과 탐욕으로 윤택케 해 나서 자라고 뻗어나간다.

느낌·모습 취함·지어감 가운데 앎이 머물러, 느낌·모습 취함·지어감을 붙잡아 생각하고 기뻐함과 탐욕으로 윤택케 해 나서 자라고 뻗어나간다.

비구들이여, 앎은 그것들 가운데 오고 가며, 머물고 사라지며, 나서 자라고 뻗어나간다.

비구들이여, 만약 물질·느낌·모습 취함·지어감을 떠나서 앎이 오고 가며 머물고 난다면, 그것은 말로만 있을 뿐이니, 자주 물으면 알지 못하여 어리석음만 더욱 늘려내게 될 것이다.

왜냐하면 그것은 있는 경계(境界)가 아니기 때문이다."

다섯 쌓임에서 탐욕과 집착 떠나면
앎이 니르바나의 고요함이 됨을 보이심

"물질의 영역에서 탐욕을 떠나면 탐욕을 떠난 뒤에는 물질에 막힘[封滯]과 뜻이 내는 얽맴[縛]이 끊어지고, 물질에 막힘과 뜻이 내는 얽맴이 끊어진 뒤에는 붙잡아 생각함이 끊어진다.

나아가 생각함이 끊어지고 나면 그 앎은 머무는 곳이 없게 되어 다시 나서 자라나 뻗어가지 못한다.

느낌·모습 취함·지어감의 영역에서도 탐욕을 떠나면 탐욕을 떠난 뒤에는 지어감에 막힘과 뜻이 내는 닿음이 끊어지고, 지어감에 막힘과 뜻이 내는 닿음이 끊어진 뒤에는 나아가 생각함이 끊어진다. 붙잡아 생각함이 끊어지고 나면 그 앎은 머무를 곳이 없게 되어 다시는 나서 자라나 뻗어가지 못한다.

나서 자라지 못하기 때문에 지어가지 않고, 지어가지 않게 되면 멈추며, 멈춘 뒤에는 만족할 줄 알고, 만족할 줄 안 뒤에는 해탈한다. 해탈한 뒤에는 모든 세간에 대해서 전혀 취할 것도 없고 집착할 것도 없게 되며, 취할 것도 없고 집착할 것도 없게 된 뒤에는 스스로 니르바나를 깨달아, '나의 태어남은 이미 다하고 범행은 이미 서고, 지을 바를 이미 지어 다시는 뒤의 있음을 받지 않는다'고 스스로 안다.

그렇게 되면 나는 '그 앎이 동서남북·위아래 어디로도 이르지 않고 가서 이르는 곳이 없다'고 말하니, 오직 법만 보아 니르바나의 고요하고 시원하며 깨끗하고 진실함에 들어가게 될 것이다."

붇다께서 이 경을 말씀하시자, 여러 비구들은 붇다의 말씀을 듣고 기뻐하며 받들어 행하였다.

• 잡아함 39 종자경(種子經)

• 해설 •

업은 자아와 세계에서 일어나지만 자아와 세계는 지금 업으로 주어지는 자아와 세계이다. 갖가지 씨앗이 땅과 물을 의지해 싹이 되고 열매가 되듯 업의 씨앗이 나서 자람도 그와 같다.

밭에 뿌린 씨앗을 살펴보자.

씨앗이 씨앗 아닌 씨앗이므로 공한 조건을 만나 씨앗에서 싹이 남이 없이 나는 것이다. 씨앗에서 싹이 나지만 조건을 떠나 결과가 없으므로 씨앗이 튼튼해도 땅이 없으면 싹이 날 수 없고, 땅만 있고 물과 햇빛 바람이 없으면 싹이 날 수 없다.

씨앗과 싹의 비유와 같이 업의 공한 원인과 조건에서 결과가 남이 없이 나는 것 또한 그와 같다.

다섯 가지 받는 쌓임이 앎과 같이함[五取俱識]이 씨앗이 된다고 함은 제6의식이 번뇌의 씨앗이 되어 다섯 쌓임과 함께하여 뒤의 일어나는 업의 원인이 됨을 말한 것이다.

땅은 앎이 물질·느낌·모습 취함·지어감의 모습에 머무는 것을 비유한 것이고, 물은 취한 것에 대한 탐욕과 기뻐함을 비유한 것이다.

제6의식이 이처럼 번뇌의 씨앗이 되므로 제6의식[意識, mano-vijñāna]의 이름은 '번뇌의 장애가 되는 앎'[煩惱障識]이라고 하기도 하고, '일을 분별하는 앎'[分別事識]이라고도 하며, '물질·느낌·모습 취함·지어감 네 가지에 머무는 앎[四住識]'이라고도 한다.

씨앗이 땅에 있어도 물이 없으면 싹트지 않듯, 앎의 씨앗이 물질·느낌·모습 취함·지어감의 땅에 있어도 탐욕이 없으면 번뇌의 씨앗은 싹이 되지 못한다. 그 뜻을 경은 물질·느낌·모습 취함·지어감에 막힘과 얽매임이 끊어지고 붙잡아 생각함이 끊어지면 앎이 머무는 곳이 없어서 번뇌의 씨앗이 자라나 뻗어가지 못한다고 말한다.

앎이 머무는 곳이 없으면[無住處] 앎은 앎 없는 앎[無念之念]이 되니, '앎 없는 앎'이 해탈의 마음이다. 해탈의 마음은 동서남북·위아래에 머무는 곳이 없고 가서 이르는 곳이 없으니, 이르름 없고 머묾 없음이 바로 니르바나의 진실한 곳[涅槃眞實處]에 들어감인 것이다.

지금 짓는 행위에는 괴롭고 즐거움 반드시 따르나니

이와 같이 내가 들었다.

한때 붇다께서는 슈라바스티 국 제타 숲 '외로운 이 돕는 장자의 동산'에 머무시고 계셨다.

그때 하늘신이 얼굴 모습이 아주 묘했는데, 붇다 계신 곳에 찾아와 붇다의 발에 머리를 대 절하고 한쪽에 물러나 앉아 있었다.

그때 그의 온몸의 여러 밝은 빛이 제타 숲 '외로운 이 돕는 장자의 동산'을 두루 비추었다.

그때 그 하늘신이 게송을 말했다.

어리석은 사람이 행하는 것은
지혜로운 이의 행함에 맞지 않네.
스스로 지어가는 나쁜 행위는
스스로의 나쁜 벗이 되나니
지어나온 여러 가지 나쁜 행위로
마침내 괴로움의 갚음 얻으리.

**악한 업은 악의 갚음 받고, 착한 업은
지을 때 끝내 안락하게 됨을 보이심**

그때 세존께서 게송을 말해 대답하셨다.

이미 지은 착하지 않은 업으로
마침내 여러 괴로움 받게 되네.
업을 짓고는 비록 기뻐하지만
눈물 흘리며 그 갚음 받게 되리.

여러 가지 착한 업 지은 사람은
끝내 번뇌로 괴로워하지 않으니
기뻐하면서 착한 업을 지어가고
안락하게 그 갚음 받게 되리라.

그때 그 하늘신이 다시 게송으로 말하였다.

오래도록 브라마나 보아왔더니
온전한 니르바나 얻으셨어라.
온갖 두려움을 모두 이미 벗어나
길이 세간 은혜 애착 뛰어나셨네.

그때 그 하늘신은 붇다의 말씀을 듣고 기뻐하고 따라 기뻐하면서,
붇다의 발에 머리를 대 절하고 곧 사라지더니 나타나지 않았다.

• 잡아함 1276 우치인경(愚癡人經)

• 해설 •

업이 반드시 과보가 있다고 함은 세계실단(世界悉壇)에 의거해 있다고
말한 것이며, 악업 짓는 사람을 악업을 돌이켜 선업을 짓도록 하기 위하므

로[爲人悉壇] 업의 과보가 반드시 있다고 가르치신 것이다.

곧 하나의 지은 업이 비록 사라지되 그 업의 세력이 뒤의 업의 새로운 생성의 조건이 되고 토대가 되기 때문에 어두움에 빠진 중생을 밝은 업으로 이끌기 위해 뒤의 업의 과보가 있다고 말한 것이다.

연기법에서 지금 지은 업에 반드시 과보가 있다고 말한 뜻이 실은 업의 공성(空性)을 밝힌 것이니, 있다[有] 함에서 공의 뜻[空義]을 알아야 붇다의 뜻을 알 수 있는 것이다.

왜 그런가. 지금의 업이 끊어지지 않고 그대로 이어진다고 해도 과보는 없을 것이고, 지금의 업이 끊어져 없어진다고 해도 과보가 없을 것이기 때문이다.

땅에 뿌린 씨앗이 씨앗을 떠나서도 뒤의 싹이 없지만 씨앗이 그대로 싹이 되지 않듯, 새로운 조건의 힘, 새로운 사유의 힘이 지금까지 익혀온 업의 세력을 새로운 업의 과보로 만들어가기 때문이다.

업의 공성을 잘 아는 자는 착하고 악한 업에 과보가 없지 않은 뜻을 잘 알되 그 과보를 취하지 않는다.

그러므로 지혜로운 이는 착한 일을 행해 복된 과보를 받되 복의 과보를 탐착해 취하지 않으며[不受福德], 지난 업으로 인해 악업의 과보를 받되 고난을 겪는 그 자리에서 업장(業障)의 공함을 깨달아 부사의해탈법계(不思議解脫法界)에 나아간다.

지금 짓는 업으로 업 짓는 자의 이름이 세워지는 것이니, 업을 짓는 자가 공함을 알면 존재에 갇힌 번뇌의 업을 해탈의 업으로 돌이켜 중생의 물든 업을 청정케 할 수 있다.

『화엄경』(「입법계품」)은 말한다.

모든 존재의 바다 깨달아 알면
갖가지 업으로 장엄하여서
걸림 없는 법을 연설하여서

그들이 다 청정케 하여주도다.

了知諸有海　種種業莊嚴
爲說無礙法　令其悉淸淨

곧 지혜의 눈으로 업의 공성을 통달하면 윤회의 수레바퀴를 해탈의 법바퀴로 되굴릴 수 있으니, 「입법계품」에서 다시 크신 스승 마이트레야는 구도자 선재(善財)에게 다음과 같이 보디사트바의 행을 당부한다.

잘 행하는 구도자여
온갖 중생 삶의 바퀴는
모든 존재의 수레바퀴에
깊이 미혹된 바퀴이니
그대는 반드시 법바퀴 굴려
그 괴로움의 바퀴 끊도록 하라.

一切衆生輪　沈迷諸有輪
汝當轉法輪　令其斷苦輪

잘 행하는 구도자여
반드시 중생의 바다에서
번뇌의 바다 말려버리고
모든 행의 바다 닦도록 해
크나 큰 지혜의 바다에
빨리 들어가도록 하라.

當於衆生海　消竭煩惱海
令修諸行海　疾入大智海

2) 업의 악순환, 그 윤회의 고리에서 해탈

① 윤회의 원인

존재의 실체성을 깨뜨리지 못하면
기나긴 밤 나고 죽음 벗어나지 못하니

이와 같이 내가 들었다.

한때 붇다께서는 슈라바스티 국 제타 숲 '외로운 이 돕는 장자의 동산'에 계셨다.

그때 세존께서 여러 비구들에게 말씀하셨다.

"중생들은 비롯 없이 나고 죽으며, 기나긴 밤에 윤회하면서도 괴로움의 본바탕을 알지 못하고 있다."

그때 어떤 비구가 자리에서 일어나 옷을 여미고 붇다께 절한 뒤에 오른 무릎을 땅에 꿇고 합장하고 말씀드렸다.

"세존이시여, 과거에는 얼마만한 겁(劫)이 있었습니까?"

붇다께서 비구에게 말씀했다.

"내가 다 말할 수는 있지만, 네가 알기는 아주 어렵다."

비구가 붇다께 말씀드렸다.

"비유로써 말씀해주시겠습니까?"

중생의 윤회를 비유로 보이심

붇다께서 말씀하셨다.

"말해주겠다. 비구여, 비유하면 다음과 같다. 어떤 사람의 수명이 백 살인데, 이른 아침에 삼백천 겁을 생각하고, 한낮에 삼백천 겁을 생각하며, 저녁 무렵에 삼백천 겁을 생각한다고 하자.

이와 같이 날마다 겁의 수[劫數]를 생각하여 백 살을 살고 목숨을 마친다 해도 그 겁의 수의 끝을 생각할 수가 없다.

비구여, 알아야 한다. 과거의 겁의 수가 한량없음이 이와 같다. 과거 한량없는 겁의 수의 그 기나긴 밤 동안 괴로움을 받으면서, 뼈를 쌓아 피가 산을 이루고 골수와 피가 흘러 강이 된다.

나아가 지옥·축생·아귀의 나쁜 세계에서도 이와 같이 비구여, 비롯 없이 나고 죽으며 기나긴 밤 동안 윤회하면서도 괴로움의 본바탕을 알지 못하고 있다.

그러므로 비구들이여, 이와 같이 배워야 하니, 모든 있음[諸有]을 끊어 없애 늘어나 자라게 하지 않도록 해야 한다."

붇다께서 이 경을 말씀하시자, 여러 비구들은 붇다의 말씀을 듣고 기뻐하며 받들어 행하였다.

• 잡아함 950 과거경(過去經)

• 해설 •

지금 존재[有]에 실로 있는 존재의 실체성이 있으므로 생겨남[生]에 생겨남이 있고 사라짐에 사라짐이 있어서 영겁의 윤회를 벗어나지 못한다.

존재에 존재의 뿌리가 공해 존재가 존재 아닌 줄 깨달아 남에 남이 없고 [無生] 죽음에 죽음이 없으면[無死], 기나긴 밤 윤회는 이제 남이 없이 나고 죽음 없이 죽는 해탈의 작용이 된다.

존재가 이미 존재 아닌 존재인데 어디에 실체로서 삼세의 윤회가 있겠는가.

윤회가 본래 공함을 영가선사(永嘉禪師)는 이렇게 말한다.

꿈속에 밝고 밝게 여섯 갈랫길 있더니
깨친 뒤엔 비고 비어 대천세계가 없도다.

夢裏明明有六趣 覺後空空無大千

기나긴 겁 바퀴 도는 시간의 굴레에서 시간의 진실을 깨달아 위없는 공
덕의 몸 성취하신 여래의 삶을,『화엄경』(「광명각품」)은 이렇게 가르친다.

한 생각에 한량없는 겁 널리 살피니
감도 없고 옴이 없고 머묾도 없네.
이와 같이 삼세의 일 밝게 깨달아
모든 방편의 일들을 뛰어넘어서
열 가지 해탈의 힘 이루시었네.

一念普觀無量劫 無去無來亦無住
如是了知三世事 超諸方便成十力

또한 「이세간품」은 기나긴 겁, 나고 죽음의 바다에서 나고 죽음을 넘어 두
려움 없이 해탈의 길에 나아가는 보디사트바의 삶을 다음과 같이 가르친다.

보디사트바 자재한 하늘은
나고 죽음의 땅을 벗어나
그 경계 늘 청정하여서
지혜에는 물러나 구름이 없네.

菩薩自在天 超過生死地
境界常淸淨 智慧無退轉

중생은 왜 죽음 없는 본고장에 돌아가지 못하는가

이와 같이 내가 들었다.

한때 붇다께서는 슈라바스티 국 제타 숲 '외로운 이 돕는 장자의 동산'에 계셨다.

그때 세존께서 비구들에게 말씀하셨다.

"비구들이여, 어느 곳에 이 일이 있기 때문에 어떤 것이 일어나는가.

어떤 것에 매여 집착하며, 어떤 곳에서 나를 보아, 저 중생들로 하여금 무명에 덮이게 하고 애착이 그 머리를 묶어 기나긴 길을 휘달리면서 나고 죽음에 윤회하고 나고 죽음에 흘러다니면서 본 고장을 알지 못하는가?"

비구들은 붇다께 말씀드렸다.

"세존께서는 법의 근본이요, 법의 눈이며, 법의 의지처이십니다. 거룩하신 세존이시여, 저희들을 가엾이 여겨 그 뜻을 널리 말씀하여 주시길 바랍니다.

저희 비구들은 그 말씀을 들은 뒤에 받아지니고 받들어 행하겠습니다."

다섯 쌓임에서 나를 보아 나고 죽음에 윤회함을 보이심

붇다께서는 비구들에게 말씀하셨다.

"자세히 듣고 잘 사유하라. 너희들을 위해 말해주겠다.

비구들이여, 물질이 있기 때문에 물질의 일이 일어나고, 물질에 매여 집착하며, 물질에서 나를 본다. 그리하여 중생들로 하여금 무명에 덮이게 하고 애착이 그 머리를 묶어 기나긴 길을 휘달리면서 나고 죽음에 윤회하고 나고 죽음에 흘러다니게 한다.

느낌 · 모습 취함 · 지어감 · 앎 또한 다시 이와 같다.

비구들이여, 물질은 항상한가, 덧없는가?"

"덧없습니다, 세존이시여."

"만약 덧없다면 그것은 괴로운 것인가?"

"그것은 괴로운 것입니다, 세존이시여."

"이와 같이 비구들이여, 만약 덧없는 것이라면 그것은 괴로운 것이다. 이 괴로움이 있으므로 이 일이 일어나고, 거기에 매여 집착하여 나를 본다. 그리하여 저 중생들로 하여금 무명에 덮이게 하고 애착이 그 머리를 묶어 기나긴 길을 휘달리면서 나고 죽음에 윤회하고 나고 죽음에 흘러다니게 한다.

느낌 · 모습 취함 · 지어감 · 앎 또한 다시 이와 같다."

항상함과 끊어짐 떠난 연기법의 진실 살피는 바른 지혜를 보이심

"그러므로 여러 비구들이여, 모든 있는바 물질은 과거든 미래든 현재든, 안이든 밖이든, 거칠든 가늘든, 곱든 밉든, 멀든 가깝든, '그 온갖 것은 나도 아니요, 나와 다른 것도 아니며, 나와 나와 다름이 함께 있는 것도 아니다'라고 이와 같이 살피면 이것을 바른 지혜라 한다.

느낌 · 모습 취함 · 지어감 · 앎 또한 이와 같다.

이와 같이 보고 듣고 깨달아 알며, 얻음을 구해 따라서 기억하고 따라서 깨달으며 따라서 살피어, '그 온갖 것은 나가 아니요, 나와 다른 것도 아니며, 나와 나와 다름이 함께 있는 것도 아니다'라고 하면, 이것을 바른 지혜라 한다.

만약 다시 다음과 같이 말하는 견해가 있다고 하자.

'나도 있고, 이 세상도 있고, 다른 세상도 있으며, 그것들은 항상하여 변하거나 바뀌지 않는다.'

이렇게 그릇되게 말해도 '그 온갖 것은 나가 아니요, 나와 다른 것도 아니며, 나와 나와 다름이 함께 있는 것도 아니다'라고 살피면, 이것을 바른 지혜라 한다.

만약 다시 다음과 같은 견해가 있다고 하자.

'바로 지금의 나도 아니요, 바로 지금의 내 것도 아니며, 앞으로 올 나도 아니요, 앞으로 올 내 것도 아니다.'

이렇게 그릇되게 보더라도 '그 온갖 것은 나도 아니요, 나와 다른 것도 아니며, 나와 나와 다름이 함께 있는 것도 아니다'라고 살피면, 이것을 바른 지혜라 한다."

견해를 떠나고 나를 떠나면 해탈하게 됨을 보이심

"많이 들은 거룩한 제자들이 이 여섯 가지 견해의 처소[六見處]에서 '그것은 나가 아니요, 내 것도 아니다'라고 살핀다면 이와 같이 살피는 사람은 붇다에 대한 여우 같은 의심을 끊고 법과 상가에 대한 여우 같은 의심을 끊을 것이니, 이들을 비구라 한다.

그들은 다시는 몸과 입과 뜻의 업을 지어 세 갈래 나쁜 길로 나아가게 되지 않고, 여러 거룩한 제자들을 방일하게 해 바른 보디에로 따라 향하지 못하게 하지 않는다.

그는 일곱 번 하늘과 사람 세상에 가서 나고는 괴로움의 끝을 짓게 된다."

붇다께서 이 경을 말씀하시자, 여러 비구들은 듣고 기뻐하며 받들어 행하였다.

• 잡아함 136 생사유전경(生死流轉經) ①

• 해설 •

다섯 쌓임에서 실로 있는 존재의 실체를 보면 영겁의 윤회에서 벗어날 길이 없다. 설사 '마음속 신묘한 영성'[神我]을 알아 그 영성의 몸을 타고 간다 해도 그것 역시 윤회의 다른 모습이다.

나에 나 없고 실로 끊어짐도 없고 항상함도 없는 연기의 진실을 알 때만 그가 바로 진리에 대한 온갖 의혹을 떠나 바른 해탈의 길에 나아가는 자이다.

경에서 말하는 '나도 있고, 이 세상도 있고, 다른 세상도 있으며, 그것들은 항상하여 변하거나 바뀌지 않는다'는 견해는 존재에 대한 실체적 견해[有見]이고, 지금의 존재가 뒤에 그대로 이어진다는 견해[常見]이다.

그리고 '바로 지금의 나도 아니고, 바로 지금의 내 것도 아니며, 앞으로 올 나도 아니요, 앞으로 올 내 것도 아니다'라는 견해는 존재에 대한 허무적 견해[無見]이고, 지금의 것이 끊어져 없어진다는 견해[斷見]이다.

항상함의 견해에 현재와 미래의 존재에 대한 두 가지 견해가 있고, 끊어짐의 견해에도 현재의 나와 내 것, 미래의 나와 내 것에 대한 네 견해가 있어서 여섯 가지 견해가 있으나, 그 견해의 밑바탕은 나와 내 것이 실로 있다는 견해가 그 뿌리이다.

이러한 견해의 처소에 머물게 되면 나에 항상한 내가 있거나 내가 지금 있다가 사라지는 것이므로, 나의 끝없는 나고 죽음은 끝내 다할 수 없다.

지금 연기로 있는 모든 법에 '나와 나와 다름, 둘의 함께함'이 모두 없는 줄 알아, 있고 없는 견해를 떠나서 존재의 무거운 짐을 버릴 때, 지혜의 흐름에 들어가[入流] 스트로타판나가 되고 사크리다가민이 되어 끝내 나고 죽음의 땅에 떨어지지 않고 니르바나에 나아가게 될 것이다.

다섯 쌓임이 치성한 존재의 바다[有海]에서 그 있음이 있음 아님을 깨달아 '나'와 '내 것' 떠날 때 모든 의혹을 건너, 있음의 질곡에서 자재한 힘 얻을 수 있으니, 『화엄경』(「입법계품」) 또한 이렇게 말한다.

세간의 하늘과 사람들은
한량없는 겁을 살펴서
헤아려 알 수가 없으니
물질의 모습 끝없기 때문이네.

世間天及人　無量劫觀察
亦不能測度　色相無邊故

다섯 쌓임 멀리 여의고
들임의 곳에도 머물지 않아야
길이 세간의 의혹을 끊고
자재한 힘을 드러내리라.

遠離於五蘊　亦不住於處
永斷世間疑　顯現自在力

② 윤회의 해탈

나고 죽음에 바퀴 돌며 흘린 피는
강가아 강물과 저 네 큰 바닷물보다 많나니

이와 같이 내가 들었다.

한때 붇다께서는 바이샬리 국 원숭이 못가에 있는 이층강당[重閣
講堂]에 계셨다.

그때 마흔 명의 비구들이 파리야 마을에 머물고 있었는데, 그 모
든 이들은 다 아란야행을 닦으면서 누더기 옷에 밥을 빌며 배우는
이들로서, 아직 탐욕을 여의지 못했다. 그들은 붇다 계신 곳으로 찾
아와 붇다의 발에 머리를 대 절하고 한쪽에 물러나 앉았다.

그때 세존께서는 이렇게 생각하셨다.

'이 마흔 명 비구들은 파리야 마을에 머물고 있는 이들인데, 다 아
란야행을 닦으면서 누더기 옷에 밥을 빌며 배우는 이들로서, 아직
탐욕을 여의지 못했다.

나는 이제 설법해주어서, 이들로 하여금 이 생(生)에서 모든 흐름
[諸漏]을 일으키지 않고 마음이 해탈하게 해주어야겠다.'

중생이 한량없는 나고 죽음에 윤회함과 그 괴로움을 보이심

그때 세존께서 파리야 마을의 마흔 명 비구들에게 말씀하셨다.

"중생들은 비롯 없이 나고 죽으며, 무명에 덮이고 애욕이 그 목을

묶어, 기나긴 밤에 나고 죽음에 윤회하면서 괴로움의 본바탕[本際]을 알지 못하고 있다.

비구들이여, 어떻게 생각하느냐? 강가아 강 큰 흐름이 넓은 바다로 흘러 들어가는데, 그 가운데 강가아 강물이 많겠느냐, 너희들이 본래 기나긴 밤에 나고 죽음에 윤회하면서 몸을 부수며 흘린 피가 많겠느냐?"

여러 비구들이 붇다께 말씀드렸다.

"저희들이 세존께서 말씀하신 뜻을 이해하기로서는, 저희들이 기나긴 밤에 나고 죽음에 윤회하면서 그 몸이 부서져 흘린 피가 아주 많아, 강가아 강물의 백천만 배보다 더 많을 것입니다."

붇다께서 비구들에게 말씀하셨다.

"강가아 강물은 두어두고, 나아가 네 큰 바다 바닷물이 많겠느냐, 너희들이 기나긴 밤에 나고 죽음에 윤회하면서 몸이 부서져 흘린 피가 많겠느냐?"

여러 비구들이 붇다께 말씀드렸다.

"저희들이 세존께서 말씀하신 뜻을 이해하기로서는, 저희들이 기나긴 밤에 나고 죽음에 윤회하면서 몸이 부서져 흘린 피가 아주 많아, 네 큰 바다 바닷물을 뛰어넘을 것입니다."

붇다께서 비구들에게 말씀하셨다.

"아주 잘 말하고, 잘 말했다. 너희들이 기나긴 밤에 나고 죽음에 윤회하면서 흘린 몸의 피는 셀 수 없이 아주 많아, 저 강가아 강물이나 네 큰 바다 바닷물을 넘는다.

왜 그런가. 너희들은 기나긴 밤에 일찍이 코끼리로 태어났을 적에 어떤 때, 귀·코·머리·꼬리·네 발을 잘렸을 것이니, 그 피는 헤아릴 수 없이 많다. 말의 몸·낙타·나귀·소·개와 그밖에 여러 짐승들의 몸을 받아 귀·코·머리·발과 온몸을 잘리고 베였을 것이니, 그 피는 헤아릴 수 없이 많다.

또 너희들은 기나긴 밤에 도적이나 남에게 해침을 받아 머리·발·귀·코가 잘리고 온몸이 나뉘었을 것이니, 그 피는 헤아릴 수 없이 많다. 너희들은 기나긴 밤에 몸이 허물어지고 목숨을 마쳐 묘 사이에 버려졌으니, 짓물러진 고름과 흘린 피, 그 수는 헤아릴 수 없이 많다.

때로 지옥·축생·아귀에 떨어져 몸이 무너지고 목숨을 마쳐 흘린 피 또한 헤아릴 수 없기 때문이다.”

다섯 쌓임의 공한 진실을 깨달아 해탈하는 길을 보이심

붇다께서 비구에게 말씀하셨다.

“물질은 항상한 것인가, 덧없는 것인가?”

비구들이 붇다께 말씀드렸다.

“덧없는 것입니다, 세존이시여.”

붇다께서 비구에게 말씀하셨다.

“만약 덧없는 것이라면 그것은 괴로운 것인가?”

비구들이 붇다께 말씀드렸다.

“그것은 괴로운 것입니다, 세존이시여.”

붇다께서 비구들에게 말씀하셨다.

“만약 덧없는 것이고 괴로운 것이라면 그것은 변하고 바뀌는 법이다. 거룩한 제자가 그 가운데서 어찌 다시 ‘이것은 나다’, ‘나와 다른 것이다’, ‘나와 나와 다름이 서로 같이 있는 것[相在]이다’라고 보겠는가.”

비구들이 붇다께 말씀드렸다.

"아닙니다, 세존이시여"

붇다께서 비구들에게 말씀하셨다.

"느낌·모습 취함·지어감·앎 또한 이와 같다."

붇다께서 비구들에게 다시 말씀하셨다.

"만약 있는바 물질로서 과거든 미래든 현재든, 안이든 밖이든, 거칠든 가늘든, 곱든 밉든, 멀든 가깝든, 그 온갖 것에 대해 다음과 같이 진실 그대로 알아야 한다.

'온갖 것은 다 나가 아니고, 나와 다른 것도 아니고, 나와 나와 다름이 서로 같이 있는 것도 아니다.'

느낌·모습 취함·지어감·앎 또한 이와 같다.

거룩한 제자로서 이와 같이 살피는 사람은 물질을 집착하지 않고 떠나며, 느낌·모습 취함·지어감·앎을 집착하지 않고 떠난다.

집착하지 않고 떠나면 즐기지 않고, 즐기지 않으면 해탈하고, 해탈지견이 생긴다. 그래서 '나의 태어남은 이미 다하고 범행은 이미 서고, 지을 바를 이미 지어 다시는 뒤의 있음을 받지 않는다'고 스스로 안다."

붇다께서 이 법을 말씀하시자, 파리야 마을에서 머물고 있던 마흔 명 비구들은 모든 흐름을 일으키지 않고 마음이 해탈하였다.

붇다께서 이 경을 말씀하시자, 여러 비구들은 붇다의 말씀을 듣고 기뻐하며 받들어 행하였다.

• 잡아함 937 혈경(血經)

다섯 쌓임[五蘊]의 거짓 모임[假合]을 존재[我]라 하는데, 다섯 쌓임이
덧없고 '나' 없으므로 존재가 공하다. 아는 '나'는 알려지는 것으로 인해 있
고 알려지는 것도 아는 '나'로 인해 있으므로, 아는 마음과 알려지는 것에
나도 없고 나와 다름도 없으며 둘이 같이 있음도 없다.

이같이 살펴 존재[我]와 법, 아는 마음과 아는 바가 모두 공하고 그 공함
마저 공한 줄 알면 다섯 쌓임을 취할 것이 없되 버릴 것도 없어서 허무에 떨
어짐 없이 해탈하고 해탈지견(解脫知見)이 생기며 범행이 성취된다.

『화엄경』(「보살문명품」)은 윤회하는 중생의 몸이 다섯 쌓임으로 거짓 세
워진 몸이라 집착할 것이 없음을 알아야 해탈지견이 생기게 됨을 이렇게 가
르친다.

> 이 몸은 거짓 세워져 있는 것이니
> 머문 곳에 방위와 곳이 없도다.
> 이 몸이 공함을 밝게 안다면
> 그 가운데 집착할 것이 없도다.
>
> 此身假安立 住處無方所
> 諦了是身者 於中無所着

영가선사 또한 기나긴 겁 윤회에서의 해탈을 이렇게 노래한다.

> 몇 번이나 태어나고 몇 번이나 죽었던가.
> 나고 죽음 아득하고 아득해 멈춤이 없네.
> 단박 깨침으로 남이 없음을 밝게 아니
> 영화와 욕됨에 어찌 근심하고 기뻐하리.
>
> 幾廻生 幾廻死 生死悠悠無定止
> 自從頓悟了無生 於諸榮辱何憂喜

3) 무명에서 해탈 업으로의 전환

업에는 오르는 길과 떨어지는 길, 해탈의 길이 있나니

나는 들었다, 이와 같이.

한때 붇다께서 나란다(Nālandā) 동산에 노니실 적에 '담장 친 마을의 숲[墻村㮈林]에 계셨다.

그때 아사라하늘의 아들이 있었는데, 카미니(Kāminī)라 이름하였다. 그의 빛깔과 모습은 우뚝하여 밝은 빛이 환히 빛났다.

그는 먼동이 틀 무렵 붇다 계신 곳에 나아가 붇다의 발에 머리를 대 절하고 물러나 한쪽에 있었다.

아사라하늘의 아들인 카미니가 말씀드렸다.

"세존이시여, 브라마나는 스스로 높아 몇몇 하늘을 섬깁니다. 그러면서 만약 어떤 중생이 목숨 마치면 그가 자재하게 좋은 곳을 가고 오도록 하여 하늘위에 나게 할 수 있습니다.

세존께서는 법의 주인이시니, 세존께서 중생으로 하여금 목숨 마치면 좋은 곳에 이르러 하늘위에 나게 해주시기 바랍니다."

세존께서 말씀하셨다.

"카미니여, 내가 지금 너에게 묻겠다. 아는 대로 대답하라. 카미니여, 어떻게 생각하느냐? 만약 마을과 성읍에 살고 있는 어떤 남녀가 게을러서 정진하지 않고 악한 법을 행하여, 열 가지 착하지 못한 업

의 길[不善業道]인 산목숨 죽임, 훔침, 삿된 음행, 거짓말, 나아가 삿
된 견해를 성취했다고 하자.

그들이 목숨 마칠 때 만약 여러 사람이 와서 저마다 두 손을 맞잡
고 그들을 향해 칭찬하고 건져 구하려고[求索] 이렇게 말했다 하자.

'너희들 남녀는 게을러서 정진하지 않고 악한 법을 행하여, 열 가
지 착하지 못한 업의 길인 산목숨 죽임, 훔침, 삿된 음행, 거짓말, 나
아가 삿된 견해를 성취했다. 너희들은 이것을 인연하여 몸이 무너지
고 목숨 마치면 반드시 좋은 곳에 이르게 되어 하늘위에 나게 될 것
이다.'

이와 같이 카미니여, 저 남녀들이 게을러서 정진하지 않고 악한
법을 행하여, 열 가지 착하지 못한 업의 길인 산목숨 죽임, 훔침, 삿
된 음행, 거짓말, 나아가 삿된 견해를 성취하였다.

그런데도 여러 사람들이 저마다 두 손 맞잡고 그를 향해 칭찬하고
찬탄하며 건져 구하려 한다 해서, 이것을 인연하여 몸이 무너지고
목숨 마치면 좋은 곳에 이르게 되어 하늘위에 날 수 있겠느냐?"

카미니가 대답하였다.

"아닙니다, 세존이시여."

악한 업의 길에는 나쁜 갚음이 있게 됨을 비유로 보이심

세존께서 찬탄하시며 말씀하셨다.

"잘 말했다, 카미니여. 왜 그런가. 저 남녀들은 게을러서 정진하
지 않고 악한 법을 행하여, 열 가지 착하지 못한 업의 길인 산목숨
죽임, 훔침, 삿된 음행, 거짓말, 나아가 삿된 견해를 성취했다.

그런데도 만약 여러 사람들이 저마다 두 손 맞잡고 그를 향해 칭

찬하고 찬탄하며 건져 구하려 한다 해서, 이것을 인연하여 몸이 무너지고 목숨 마치면 좋은 곳에 이르게 되어 하늘위에 날 수 있다는 것, 이러한 일은 있을 수가 없는 것이다.

카미니여, 마치 다음과 같다.

마을에 가기 멀지 않은 곳에 깊은 못이 있는데, 거기에 어떤 사람이 크고 무거운 돌을 그 물속에 던져넣었다고 하자.

만약 여러 사람이 와서 저마다 두 손을 맞잡고 그것을 향해 칭찬하고 찬탄하며 건져 구하려고 '돌[石]아, 물 위로 떠올라다오'라고 이와 같이 말하면, 카미니여, 어떻게 생각하는가? 이 크고 무거운 돌이 어찌 여러 사람이 저마다 두 손 맞잡고 칭찬하고 찬탄하며 건져 구하려 한다 해서, 이것을 인연하여 물 위로 떠오를 수 있겠느냐?"

"아닙니다, 세존이시여."

"이와 같이 카미니여, 저 남녀들은 게을러서 정진하지 않고 악한 법을 행하여, 열 가지 착하지 못한 업의 길인 산목숨 죽임, 훔침, 삿된 음행, 거짓말, 나아가 삿된 견해를 성취했다.

그런데도 만약 여러 사람들이 저마다 두 손 맞잡고 그를 향해 칭찬하고 찬탄하며 건져 구하려 한다 해서, 이것을 인연하여 몸이 무너지고 목숨 마쳐 좋은 곳에 이르게 되어 하늘위에 날 수 있다는 것, 이러한 일은 있을 수 없는 것이다.

왜 그런가. 이 열 가지 착하지 못한 업의 길은 검고 어두워, 깊은 갚음이 있으니, 저절로 밑으로 내려가 반드시 악한 곳에 이르게 되기 때문이다."

착한 업의 길에는 좋은 갚음이 있게 됨을 비유로 보이심

"카미니여, 어떻게 생각하느냐? 만약 마을이나 성읍에 살고 있는 어떤 남녀가 정진하여 부지런히 닦아 아주 묘한 법[妙法]을 행하며, 열 가지 착한 업의 길인, 산목숨 죽임을 떠나 죽임을 끊음, 도둑질·삿된 음행·거짓말하지 않음, 나아가 삿된 견해 떠나 삿된 견해 끊어서 바른 견해[正見]를 성취하였다 하자.

그들이 목숨을 마칠 때 만약 여러 사람이 와서 저마다 두 손 맞잡고 그들을 향해 칭찬하고 찬탄하며 건져 구하려고 이렇게 말하였다 하자.

'너희 남녀들은 정진하여 부지런히 닦아 아주 묘한 법을 행하며, 열 가지 착한 업의 길인, 산목숨 죽임을 떠나 죽임을 끊음, 도둑질·삿된 음행·거짓말하지 않음, 나아가 삿된 견해 떠나 삿된 견해 끊어서 바른 견해 얻음을 성취하였다.

너희들은 이 인연으로 몸이 무너지고 목숨 마치면 반드시 나쁜 곳에 가게 되어 지옥에 태어날 것이다.'

이렇게 말한다면, 카미니여, 어떻게 생각하느냐?

저 남녀들은 정진하여 부지런히 닦아 아주 묘한 법을 행하며, 열 가지 착한 업의 길인, 산목숨 죽임을 떠나 죽임을 끊음, 도둑질·삿된 음행·거짓말하지 않음, 나아가 삿된 견해 떠나 삿된 견해 끊어서 바른 견해를 성취하였다.

그런데도 어찌 여러 사람이 저마다 두 손을 맞잡고 그들을 향해 칭찬하고 찬탄하며 건져 구하려 한다 해서, 이것을 인연하여 몸이 무너지고 목숨 마치면, 나쁜 곳에 가게 되어 지옥에 태어날 수 있겠느냐?"

"아닙니다, 세존이시여."

세존께서 찬탄하시며 말씀하셨다.

"잘 말했다, 카미니여. 왜냐하면 카미니여, 저 남녀들은 정진하여 부지런히 닦아 아주 묘한 법을 행하며, 열 가지 착한 업의 길인, 산목숨 죽임을 떠나 죽임을 끊음, 도둑질·삿된 음행·거짓말하지 않음, 나아가 삿된 견해 떠나 삿된 견해 끊어서 바른 견해 얻음을 성취하였기 때문이다.

그런데도 만약 여러 사람들이 저마다 두 손 맞잡고 그들을 향해 칭찬하고 찬탄하며 건져 구하려 한다 해서, 이것을 인연하여 몸이 무너지고 목숨 마치면 나쁜 곳에 가게 되어 지옥에 태어난다는 것, 이런 일은 있을 수 없는 것이다.

왜냐하면 카미니여, 이 열 가지 착한 업의 길이란 희고 깨끗해, 희고 깨끗한 갚음이 있어 저절로 위로 올라가 반드시 좋은 곳에 이르게 되기 때문이다. 카미니여, 그것은 마치 이 마을에 가기 멀지 않은 곳에 깊은 물의 못이 있는데, 거기서 어떤 사람이 버터 기름병[酥油瓶]을 물에 던져 부수면 부서진 병 조각은 밑으로 가라앉고 버터 기름은 위로 뜨는 것과 같다.

이와 같이 카미니여, 저 남녀들은 정진하여 부지런히 닦아 아주 묘한 법을 행하며, 열 가지 착한 업의 길인, 산목숨 죽임을 떠나 죽임을 끊음, 도둑질·삿된 음행·거짓말하지 않음, 나아가 삿된 견해 떠나 삿된 견해 끊어서 바른 견해 얻음을 성취하였다.

그들이 목숨을 마칠 때면 다음과 같이 된다.

곧 몸의 거친 물질의 네 가지 큰 요소[四大]는 부모에게서 생겼고, 옷과 먹을거리로 길렀으며, 앉고 눕고 주물러주고, 물로 씻어서 강하게 견디어왔지만, 이것은 부서져 무너지는 법이고, 사라져 다하는 법이며, 나뉘어 흩어지는 법이다. 그 목숨이 마친 뒤에는 그 몸은 까마귀와 새가 쪼아먹기도 하고, 범과 승냥이가 먹어치우기도 하며, 태워지거나 묻혀 다 티끌이 되고 마는 것이다.

그러나 그의 마음[心, citta] · 뜻[意, manas] · 앎[識, vijñāna]이 늘 믿음에 배어 있고, 정진 · 많이 들음[多聞] · 보시 · 지혜에 배었다면, 그는 이것을 인연하여 저절로 위로 올라가 좋은 곳에 태어나게 된다."

착함과 악함을 뛰어넘은 해탈의 길이 있음을 보이심

"카미니여, 저 산목숨 죽인 자가 산목숨 죽임을 여의고 죽임을 끊으면, 진리의 동산으로 가는 길[園觀之道]과 위로 오르는 길[昇進之道]과 좋은 곳으로 가는 길[善處之道]이 있게 된다.

카미니여, 주지 않는 것을 가짐과 삿된 음행과 거짓말하는 자와, 나아가 삿된 견해를 가진 자도 삿된 견해들을 여의고 바른 견해를 가지면, 진리의 동산으로 가는 길과 위로 오르는 길과 좋은 곳으로 가는 길이 있게 된다.

카미니여, 다시 진리의 동산으로 가는 길과 위로 오르는 길과 좋은 곳으로 가는 길이 있다. 카미니여, 어떤 것이 다시 진리의 동산으로 가는 길과 위로 오르는 길과 좋은 곳으로 가는 길인가?

곧 여덟 가지 거룩한 길[八支聖道]이니, 바른 견해에서부터 바른 뜻, 바른 말, 바른 행위, 바른 생활, 바른 방편, 바른 생각, 바른 선정으로 이것이 여덟이다.

카미니여, 이것을 다시 진리의 동산으로 가는 길과 위로 오르는 길과 좋은 곳으로 가는 길이라 한다."

붇다께서 이렇게 말씀하시자, 카미니와 여러 비구들은 붇다의 말씀을 듣고 기뻐하며 받들어 행하였다.

• 중아함 17 가미니경(伽彌尼經)

• 해설 •

업이 공하므로 공한 업의 과보가 있는 것이니 씨앗과 땅과 물이 각기 공하므로 씨앗이 땅과 물로 인해 싹이 트는 것과 같다.

착하고 맑은 업을 지으면, 착하고 맑은 업의 힘이 오는 세상 새로운 업의 토대가 되어 하늘과 사람의 좋은 곳에 나게 된다.

악하고 흐린 업을 지으면, 악하고 흐린 업의 힘이 오는 세상 새로운 업의 토대가 되어 검고 어두운 업의 길에 나아가게 된다.

업의 뿌리를 바꾸지 못하는 기도와 축원만으로 그 지은 업을 돌이킬 수 없으니, 깊은 못에 던진 무거운 돌을 '물 위로 떠올라라'라고 말한다고 떠오르지 못함과 같다.

맑은 업은 위로 오르게 하고 흐린 업은 아래로 떨어지게 하니, 마치 기름병을 물에 던져 부수면 병조각은 가라앉고 기름은 위에 뜨는 것과 같다.

다시 한 길이 있으니 선악의 업이 공한 곳에서 지음 없이 선을 짓는 길이니, 곧 해탈의 길이다.

해탈의 길은 업 짓는 자와 업의 경계가 공한 줄 알아, 악한 업을 착한 업으로 돌이키되 착한 업에도 매임이 없이, 업 지음[作] 가운데 지음이 없고[無作] 보고 듣고 느끼어 아는 마음활동[見聞覺知] 가운데 마음가는 곳이 끊어져서[心行處滅] 늘 선정인 지혜로 살아가는 길이다.

그러므로 해탈의 길은 선과 악, 죄와 복이 공한 곳에서 공에 머묾 없이 자비로 세간을 거두는 해탈한 사람의 길이니, 그것이 여래가 가르친 여덟 가지 바른 길[八正道]이다.

『화엄경』(「입법계품」)은 안과 밖에 걸리거나 업의 흐름에 움직임 없이 걸림 없는 지혜의 빛으로 중생 세간의 어두움을 비추는 보디사트바의 행을, 다음과 같이 가르친다.

안과 밖의 법 취하지 않고
움직임 없고 걸림이 없으면
깨끗하고 맑은 지혜의 눈으로
붇다의 신통의 힘 볼 수 있으리.

不取內外法　無動無所礙
淸淨智慧眼　見佛神通力

몸은 바른 법의 곳간 되고
마음은 걸림 없는 지혜라
이미 지혜의 빛 비춤을 얻어
중생을 다시 비추어주네.

身爲正法藏　心是無礙智
旣得智光照　復照諸群生

영가선사 또한 업이 공함을 단박 깨쳐 나고 죽음의 업을 떠나 늘고 줆이
없는 공덕의 곳간 법의 재물 쓰는 행을, 다음과 같이 노래한다.

죄와 복이 없고 덜어주고 늘어남이 없음이여
고요한 성품 가운데서 묻거나 찾지 말아라.
지금껏 때 낀 거울 닦지 못해 왔는데
오늘에야 분명히 때를 쪼개 다했네.

無罪福　無損益　寂滅性中莫問覓
比來塵鏡未曾磨　今日分明須剖析

악을 끊고 선업을 닦되 끝내 업을
한량없는 마음으로 돌이켜야 하나니

나는 들었다, 이와 같이.

한때 붇다께서는 슈라바스티 국을 노니실 적에 제타 숲 '외로운 이 돕는 장자의 동산'에 계셨다.

그때 세존께서는 여러 비구들에게 말씀하셨다.

"만약 일부러 짓는 업이 있으면, 반드시 그가 갚음을 받는데 현재 세상에서 받거나 뒷세상에서 받을 것이라고 나는 말한다.

만약 일부러 업을 지음이 아니라면, 나는 그가 반드시 그 갚음을 받는다고는 말하지 않는다.

그 가운데 몸으로 일부러 짓는 세 가지 업이 있으니, 그것은 착하지 않아 괴로움의 결과와 함께하고 괴로움의 갚음을 받는다. 입으로 일부러 짓는 업이 네 가지가 있고, 뜻으로 짓는 업이 세 가지가 있다. 그 것들은 다 착하지 않아 괴로움의 결과와 함께하고 괴로움의 갚음을 받는다."

일부러 짓는 세 가지 악업 가운데 먼저 몸의 세 가지 업을 보이심

"어떤 것이 몸으로 일부러 짓는 세 가지 업으로서, 착하지 않아 괴로움의 결과와 함께하고 괴로움의 갚음을 받는 것인가?

첫 번째는 산목숨 죽임[殺生]이니, 아주 악해 피를 마시고 그것을 해치고자 하며, 꿈틀대는 벌레에 이르기까지 중생을 사랑하지 않음이다.

두 번째는 남이 주지 않는 것을 취함[不與取]이니, 남의 재물에 집착하여 훔칠 마음으로 갖는 것이다.

세 번째는 삿된 음행[邪婬]이다. 그것은 아버지가 보살피거나 어머니가 보살피거나 부모가 같이 보살피거나 형제가 보살피는 여인이나, 친족이 보살피며 같은 성씨가 보살피는 여인, 남의 아내로서 채찍의 벌에 대한 두려움이 있는 여인이거나, 남과 결혼할 여인이거나, 이러한 여인들을 몸소 범하는 것이다.

이것을 몸으로 일부러 짓는 세 가지 업이라 하는데, 그것은 착하지 않아 괴로움의 결과와 함께하고 괴로움의 갚음을 받는다."

입으로 짓는 네 가지 악업을 보이심

"어떤 것이 입이 일부러 짓는 네 가지 업으로서, 착하지 않아 괴로움의 결과와 함께하고 괴로움의 갚음을 받는 것인가?

첫 번째는 거짓말[妄言]이다. 곧 그가 대중 가운데 있거나 권속들 가운데 있거나 왕가(王家)에 있을 때, 만약 그를 불러 '네가 아는 것을 바로 말하라'라고 물었다 하자.

그때 그가 '모르면서 안다' 하고 '알면서 모른다' 하며, '보지 않고 보았다' 하고 '보고도 보지 않았다' 하여, 자기를 위해서나 남을 위해서 또는 재물을 위해서 알고도 거짓말을 하는 것이다.

두 번째는 두말함[兩舌]이다. 그것은 곧 그가 남을 나누어 헤어지게 하려고 여기서 듣고 저기 가서 말하여 이쪽을 부수고자 하고, 저기에서 듣고 여기 와서 말해 저쪽을 부수고자 함이다. 합한 것을 헤어지게 하고, 헤어진 것을 다시 헤어지게 하며, 패거리를 짓고, 패거리를 좋아하고, 패거리를 찬양해 말하는 것이다.

세 번째는 거친 말[麤言]이다. 그것은 곧 그가 만약 말을 하면, 말씨가 거칠고 사나우며, 나쁜 소리는 귀에 거슬려 뭇 사람들이 그 말을 기뻐하지 않으며, 뭇 사람들이 좋아하지 않아서 남을 괴롭게 하고, 안정을 얻지 못하게 하는 그러한 말을 하는 것이다.

네 번째는 꾸미는 말[綺語]이다. 그것은 곧 그가 때 아닌 말, 진실이 아닌 말, 뜻이 없는 말, 법이 아닌 말, 그쳐 쉬지 못하게 하는 말을 하는 것이다. 또 그가 그쳐 쉬지 못하는 일을 찬양하고, 때를 어겨서 잘 가르쳐주지 않으며, 또한 잘 바르게 꾸짖지 못하는 것이다.

이것을 입으로 일부러 짓는 네 가지 업이라 하는데, 착하지 않아 괴로움의 결과와 함께하고 괴로움의 갚음을 받는 것이다."

뜻으로 짓는 세 가지 악업을 보이심

"어떤 것이 뜻이 일부러 짓는 세 가지 업으로서 착하지 않아 괴로움의 결과와 함께하고 괴로움의 갚음을 받는 것인가?

첫 번째는 탐욕[貪伺]이니, 남의 재물이나 모든 생활의 도구를 보고 늘 엿보아 구하고 바라, 내가 갖고자 하는 것이다.

두 번째는 미워하고 성내는 것[嫉恚]이니, 마음속에 미움을 품어 이렇게 생각함이다.

'저 중생은 죽여야 하고 묶어야 하고, 재물을 거두어야 하고 반드시 내쳐야 하며, 쫓아내야 한다.'

그리하여 그로 하여금 한량없는 괴로움을 받게 하려는 것이다.

세 번째는 삿된 견해[邪見]이니 보는 바[所見]가 뒤집히어 이와 같이 보고 이와 같이 말하는 것이다.

'보시도 없고 재(齋)도 없으며, 축원의 말[呪說]도 없고 착한 업도 악한 업도 없으며, 착한 업과 악한 업의 갚음도 없고, 이 세상[此世]도 저 세상[彼世]도 없다.

아비도 없고 어미도 없다. 세상에서는 참된 사람[眞人]이 좋은 곳에 가는 것도 없고, 잘 가고 잘 향함도 없으며, 이 세상과 저 세상에서 스스로 알고 스스로 깨닫거나, 스스로 증득하고 성취하여 자재하게 노니는 일도 없다.'

이렇게 말하는 것을 뜻으로 일부러 짓는 세 가지 업이라 한다.

그것은 착하지 않아 괴로움의 결과와 함께하고 괴로움의 갚음을 받는 것이다."

악한 업을 착한 업으로 돌이키고 나아가 네 가지 한량없는 마음 성취함을 보이심

"많이 들은 거룩한 제자[多聞聖弟子]는 몸으로 짓는 착하지 않은 업을 버리고 몸으로 짓는 착한 업을 닦으며, 입과 뜻으로 짓는 착하지 않은 업을 버리고 입과 뜻으로 짓는 착한 업을 닦는다.

저 많이 들은 거룩한 제자는 이와 같이 정진(精進)과 계덕(戒德)을 갖추어 몸의 깨끗한 업을 성취하고, 입과 뜻의 깨끗한 업을 성취하여 성냄을 여의고 다툼을 여의며 잠을 없앤다.

고르지 못함, 높은 체함을 없애고, 의심을 끊으며, 거만함을 건너 바른 생각 바른 지혜로 어리석음이 없게 한다.

그의 마음은 사랑과 함께하여 일방(一方)에 두루 차서 성취하여 노닌다. 이와 같이 이·삼·사방과 네 모서리, 위아래 온갖 곳에 널리 두루한다.

그 마음은 사랑과 함께하여 맺힘[結]도 없고 원한도 없으며, 성냄도 없고 다툼도 없다.

지극히 넓고 매우 크며, 한량없이 잘 닦아 온갖 모든 세간에 두루 차서 성취하여 노닌다.

저들은 이렇게 생각한다.

'나는 본래 마음이 좁고 잘 닦지도 못했다. 그러나 지금 나의 이 마음은 한량없어서 잘 닦는다.'

많이 들은 거룩한 제자는 그 마음으로 이처럼 한량없이 잘 닦는다.

만약 본래부터 악한 스승으로 인하여 방일한 행동을 하고 착하지 않은 업을 지었으면, 그는 데리고 갈 수가 없고, 더러움을 씻을 수가 없으며, 또 서로 따를 수도 없다.

만약 어린 남자아이 여자아이가 세상에 나자마자 사랑하는 마음의 해탈[慈心解脫]을 행한다면, 그래도 그가 뒤때에 그 몸과 입과 뜻으로 다시 착하지 않은 업을 짓겠느냐?"

비구들이 대답하였다.

"아닙니다, 세존이시여. 왜냐하면 스스로 악한 업을 짓지 않았는데 악한 업이 무엇으로 말미암아 생기겠습니까?"

"그러므로 남자나 여자는 집에 있거나[在家] 집을 나오거나[出家], 늘 사랑하는 마음의 해탈을 부지런히 닦아야 한다.

만약 저 남자나 여자가 집에 있든 집을 나오든, 사랑하는 마음의 해탈을 닦는 자가 있으면, 그는 이 몸을 가지고 저 세상에 이르는 것이 아니고, 다만 사랑의 마음을 따라 이곳을 떠나는 것이다[但隨心去此].

비구는 이렇게 생각해야 한다.

'나는 본래 방일하여 착하지 않은 업을 지었다. 이 온갖 것은 지금 그 갚음을 받는 것이요, 끝내 뒷세상에서 받는 것이 아니다.'

만약 이와 같이 사랑하는 마음의 해탈을 행하여 한량없어서 잘 닦는 이가 있으면, 그는 반드시 아나가민(anāgāmin, 不來)을 얻으며, 때로 다시 더 높음을 얻는다.

이와 같이 슬피 여기는 마음[悲心]과 기뻐하는 마음[喜心]과 평등한 마음[捨心]을 함께 갖추면, 맺힘[結]도 없고 원한[怨]도 없으며, 성냄[瞋]도 없고 다툼[諍]도 없으며, 지극히 넓고 매우 크며 한량없어서 잘 닦아 온갖 모든 세상에 두루 차서 성취하여 노닌다.

그는 이렇게 생각한다.

'나는 본래 마음이 좁고 잘 닦지도 않았다. 그러나 지금 나는 이 마음이 한량없어서 잘 닦는다.'

그리하여 많이 들은 거룩한 제자는 그 마음이 이와 같이 한량없어서 잘 닦는다.

만약 본래부터 악한 스승으로 인하여 방일한 행동을 하고 착하지 않은 법을 지었다면, 그는 데리고 갈 수도 없고, 더러움을 씻을 수도 없으며, 또 서로 따를 수도 없을 것이다.

만약 어린 남자아이와 여자아이가 세상에 나자마자 평정한 마음의 해탈[捨心解脫]을 행한다면, 그래도 그가 뒤때에 그 몸과 입과 뜻으로 다시 착하지 않은 업을 짓겠느냐?"

"아닙니다, 세존이시여. 왜냐하면 스스로 악한 업을 짓지 않았는데, 악한 업이 무엇으로 말미암아 생기겠습니까?"

"그러므로 남자나 여자는 집에 있거나 집을 나오거나 늘 평정한 마음의 해탈을 부지런히 닦아야 한다.

만약 저 남자나 여자가 집에 있거나 집을 나오거나 평정한 마음의 해탈을 닦는 이가 있으면, 그는 이 몸을 가지고 저 세상에 이르는 것이 아니고, 다만 평정한 마음을 따라 이곳을 떠나는 것이다.

비구는 이렇게 생각해야 한다.

'나는 본래 방일하여 착하지 않은 업을 지었다. 이 온갖 것은 지금 그 갚음을 받는 것이요, 끝내 뒷세상에서 받는 것이 아니다.'

만약 이와 같이 평정한 마음의 해탈을 행하여 한량없어서 잘 닦는 이가 있으면, 그는 반드시 아나가민을 얻으며, 때로 다시 더 높음을 얻는다."

붇다께서 이렇게 말씀하시자, 여러 비구들은 붇다의 말씀을 듣고 기뻐하며 받들어 행하였다.

• 중아함 15 사경(思經)

• 해설 •

업이 과거 · 현재 · 미래로 서로 이어짐은 지금 짓는 업이 실로 있다고 해도 이루어질 수 없고 지금 짓는 업이 실로 없다 해도 이루어질 수 없다.

과거의 업이 실로 있음이 아니기 때문에 과거의 업이 사라지고 새로운 업이 나는 것이며, 과거의 업이 실로 없음이 아니기 때문에 과거의 업을 토대로 현재의 업이 나는 것이다.

지금 짓는 몸과 입과 뜻의 세 가지 업에 선악의 과보가 있다 함은 업이 공하되 끊어지지 않음을 말한 것이고, 악업을 돌이켜 선업으로 나아갈 수 있다 함은 업이 있되 항상하지 않음을 말한 것이다.

지금 사람에 대해 미워함의 업을 짓는다고 하자. 미워하는 경계에 실로 미워할 모습이 있다는 집착 때문에 미워하는 업을 짓는 자가 있게 되고 미워함의 업이 있게 되니, 만약 저 경계에 실로 그렇다 할 경계의 모습이 없는 줄 알면 미움의 업을 짓는 자도 없고 미움의 업도 없게 된다.

이처럼 지혜로 업의 진실[業眞實]을 살피면 탐욕의 업은 너와 나를 살리는 큰 원행(願行)이 되고 미움의 업은 사랑의 마음[慈心]이 되고 어리석음의 업은 지혜의 업이 된다.

그러므로 지금 물든 마음 탐내고 성내는 마음을 떠나지 않고 사랑하는 마음의 해탈[慈心解脫], 슬피 여기는 마음의 해탈[悲心解脫], 따라 기뻐하는 마음의 해탈[喜心解脫], 평정한 마음의 해탈[捨心解脫]을 이룰 수 있다.

마음의 해탈은 지금 짓는 업의 인과를 부정하고 텅빈 공[但空]에 머물러서도 이루어지지 않고 지금 짓는 업에 머물러서도 이루어지지 않는다. 업의 공한 진실을 보는 자는 걸림이 있고 막힘이 있는 업행(業行)을 돌이켜 머묾 없고 취함 없이 한량없는 마음의 해탈로 쓰는 자이다.

마음이 해탈한 자는 몸과 마음이 공한 줄 알아 업의 자기성품을 떠나되 업의 인과(因果)를 잃지 않으니, 『화엄경』(「십회향품」)은 이렇게 말한다.

> 업의 진실 살피는 보디사트바는
> 몸 가운데 업이 있지 않고
> 또한 마음에 의지해 머물지 않아서
> 업이 공해 업의 성품이 없지만
> 인연 때문에 업을 잃지 않음
> 지혜로 또한 밝게 사무쳐 아네.
>
> 不於身中而有業 亦不依止於心住
> 智慧了知無業性 以因緣故業不失

경의 가르침을 따르면 보디사트바는 업이 있되 공하므로 업을 끊지 않지만, 업이 공하되 없지 않으므로, 지금 쓰는 한 생각[現前一念]에서 탐욕의 업과 미움의 업을 온전히 지혜와 자비의 업으로 돌이키는 자이다.

보지공(寶誌公)선사는 다음과 같이 노래한다.

중생은 도 닦음을 알지 못해
번뇌를 끊어 없애려 하고
번뇌가 본래 공적한데
도를 가지고 다시 도를 찾네.

한 생각 마음이 곧 도이니
어찌 다른 곳에서 찾을 것인가.
큰 도는 다만 눈앞에 있는데
미혹한 어리석은 이 알지 못하네.

衆生不解修道　便欲斷煩惱
煩惱本來空寂　將道更欲覓道
一念之心卽是　何須別處尋討
大道祗在目前　迷倒人不了

불성은 타고난 대로 스스로 그러하여
닦아 나아가는 인연이 실로 있지 않네.
세 가지 독이 허망한 줄 알지 못해
뜨고 가라앉으며 나고 죽음을
중생은 망령되이 집착하니
옛 때의 미혹한 날이 늦은 것이고
오늘 새로 깨침이 이름 아니네.

佛性天眞自然　亦無因緣修造
不識三毒虛假　妄執浮沈生死
昔日迷日爲晩　今日始覺非早

제3장

중생의 번뇌와
고통의 법

"일곱 가지 번뇌란 무엇인가.
첫째는 탐욕의 번뇌요, 둘째는 성냄의 번뇌며,
셋째는 교만의 번뇌요, 넷째는 어리석음의 번뇌다.
다섯째는 의심의 번뇌요, 여섯째는 견해의 번뇌며,
일곱째는 욕계와 색계의 번뇌다.
이것을 비구들이여, 이 일곱 가지 번뇌가 있어
중생들로 하여금 길이 깊은 어두움 속에 있게 하고,
그 몸을 얽어 묶어 세간에 흘러 구르면서
쉼이 없게 하고, 또 나고 죽음의 근원을
알 수 없게 하는 것이라 한다."

사제의 법[四諦法]으로 보면 고제(苦諦)로 표현된 중생의 닫힌 삶은 집제(集諦) 곧 미혹[惑]과 미혹에 물든 업이 일으킨 행위의 과보이다. 삶의 소외와 고통이 원인이 되는 미혹과 미혹의 행위[業]로 난 것이므로 고통의 결과도 공한 것이다. 다시 고통의 삶과 원인이 되는 미혹의 업 또한 서로 규정하므로 고제와 집제는 모두 바른 삶의 길에 의해 니르바나의 삶으로 전환될 수 있다.

아함의 고제와 집제는 유식불교의 법수로 말하면 '두루 헤아려 집착된 모습'[遍計所執相]이라고 한다. '두루 헤아림'[遍計]이 사제법의 집제라면 '집착된 모습'[所執]은 사제법의 고제일 것이다.

두루 헤아림이란 또 인연으로 일어난 삶의 모습[依他起相]이 연기이므로 실로 존재에도 나라고 할 실체가 없고[我空] 존재를 이루는 법에도 실체가 없는데[法空], 그 가운데 실로 존재가 있고 법이 있다는 집착을 일으킨 것이다.

그러므로 그 망령된 헤아림과 집착된 모습은 실로 없는 것을 망령되게 헤아림이니, 그 헤아림 자체가 본래 없는 것이다.

유식불교는 미혹의 중생을 깨우치기 위해, '두루 헤아려 집착된 모습'·'다른 것을 의지해 나는 모습'[依他起相]·'두렷이 이루어진 진실의 모습'[圓成實相] 이 세 가지 성품[三自性]을 짐짓 세우지만, 모두 자기성품이 없어 세 가지 모습은 서로 동떨어진 법이 아니다.

곧 '집착된 모습'이란 연기한 모습의 있되 공한 모습에서 헛된 분별 일으킨 것이라 자기성품이 없다[遍計所執無性]. '다른 것을 의지해 나는 모습'은 연기한 모습이 있되 공하여 고정된 자기성품이 없는 것[依他起無性]이다. '두렷이 이룬 진실의 모습'은 연기된 모습의 있되 공한 진실 자체라 자기성품이 없는 것[圓成無性]이다.

이렇게 보면 번뇌와 소외의 한복판에 번뇌와 고통이 공한 삶의 진실이 있는 것이며, 닫히고 가려진 삶의 길 가운데 막힘없는 해탈의 길이 있는 것이니, 유식불교는 이 세 가지 성품의 자기성품 없음을 다음과 같이 말한다.

> 이리저리 두루 헤아림으로 말미암아
> 갖가지 사물을 두루 헤아리니
> 이 두루 헤아려 헛되이 집착함은
> 자기성품 있는 바가 없도다.
>
> 由彼彼遍計　遍計種種物
> 此遍計所執　自性無所有
>
> 다른 것 의지해 나는 모습은
> 분별하는 연으로 난 것이네.
> 두렷이 이룬 진실한 모습은
> 저 인연으로 나는 모습에서
> 앞의 헤아려 집착하는 성품
> 멀리 떠난 연기의 진실이네.
>
> 依他起自性　分別緣所生
> 圓成實於彼　常遠離前性

게송에서 '다른 것을 의지해 연기해 나는 모습'[依他起自性]이 '분별하는 연으로 난 것'[分別緣所生]이라 함은, 온갖 법[一切]을 앎활동으로 거두어보므로 '다른 것을 의지해 나는 모습이 앎활동의 분별함'[識分別]이라 한 것이다. 곧 앎의 연기하는 모습[識依他起相]이 분별하는 인연으로 난 것[緣所生]이니, 이 인연으로 있는 법에서 이리저리 헤아려서 중생의 물든 모습이 있지만 헤아려 취한 모습은 자기성품이 없다.

이 인연으로 있는 모습에서 인연의 모습이 공한 줄 알아, 변계소집상(遍計所執相)의 헛된 분별을 늘 멀리 여의면[常遠離前性] 두렷이 이룬 진실한 성품은 바로 지금 연기하는 앎활동의 자기진실이 되는 것이다.

그러므로 '연기하는 앎활동'을 떠나 '두렷이 이룬 성품'이 없는 것이며, '연기하는 모습'을 떠나 '집착된 모습'이 없는 것이라 세 가지 모습은 서로가 서로를 바라보아 중도를 이룬다[三性待望中道].

집착된 세간의 모습에서 집착과 세간의 모습이 모두 공하여 세 모습이 중도가 되므로 갖가지 실천법[道品]과 파라미타의 청정한 행을 닦아가면 물든 세간에서 세간의 진실이 구현되는 것이다.

『화엄경』(「세계성취품」世界成就品)은 다음과 같이 말한다.

온갖 모든 세간의 국토는
다 업의 힘을 따라 생겨나니
굴러 변하는 모습 이와 같음을
너희들은 반드시 살펴야 한다.

一切諸國土　皆隨業力生
汝等應觀察　轉變相如是

번뇌에 물든 여러 중생의
업과 미혹의 얽힘 두려웁나니.
그 물든 마음이 온갖 세계를
물든 세계가 되게 하도다.

染汚諸衆生 業惑纏可怖
彼心令刹海 一切成染汚

만약 청정한 마음이 있어
여러 복덕의 행 닦아 간다면
그 마음이 세계바다 온갖 물듦과
더러움을 청정하게 하여주도다.

若有淸淨心 修諸福德行
彼心令刹海 雜染及淸淨

1 수로 보인 중생의 번뇌와 물든 행

중생의 갖가지 번뇌와 헛된 분별이 다 여섯 아는 뿌리가 공한 여섯 경계에 대해 헛된 분별 일으킨 것이라, 마음[citta]에 헛된 집착이 있으면 중생[sattva]이라 하고 마음에 헛된 집착이 마저 다하면 붓다 (buddha)라 한다.

『화엄경』은 이 뜻을 '마음과 붓다와 중생 이 세 법에 차별이 없다'[心佛及衆生 是三無差別]고 한다.

그러므로 헛된 분별 자체에 실로 끊을 것이 없으며 연기하는 모습 밖에서 따로 구할 진제(眞諦)가 없는 것이니, 끊을 헛된 망상이 있고 구할 보디가 있으면 연기의 진실을 등지는 것이다. '마음과 붓다 중생에 차별이 없다'고 했는데, 중생을 끊고 어찌 붓다가 될 것인가.

영가선사 또한 「증도가」에서 망상 끊고 따로 진리를 구해 찾는 치우친 바깥길 수행자들의 어리석음을 다음과 같이 깨우친다.

그 씨앗 삿되고 알고 봄이 그릇됨이여
여래의 두렷이 단박 깨닫는 가르침

통달하지 못하고 알지 못하는 것이네.
치우친 수행자의 정진엔 보디의 마음 없고
바깥길은 총명하나 바른 지혜 없도다.

種性邪　錯知解　不達如來圓頓制
二乘精進勿道心　外道聰明無智慧

어리석기도 하고 좀스럽고 못남이여
빈주먹 손가락 위 실답다는 앎을 내고
달 가리키는 손가락을 달이라고 집착해
그릇되게 헛된 공력 베풀어쓰며
여섯 아는 뿌리와 경계 가운데
헛되이 괴이함을 꾸미어 만들도다.

亦愚癡　亦小駭　空拳指上生實解
執指爲月枉施功　根境塵中虛捏怪

1) 한 법으로 보인 중생의 번뇌

한 법을 반드시 없애야 하니

이와 같이 들었다.

한때 붇다께서는 슈라바스티 국 제타 숲 '외로운 이 돕는 장자의 동산'에 계시면서 여러 비구들에게 말씀하셨다.

"반드시 한 법을 없애야 한다. 한 법을 버려 떠나면 나는 너희들이 '아나가민을 이룰 것이다'라고 증명하겠다.

어떤 것이 한 법인가. 곧 어리석음을 말한다.

그러므로 여러 비구들이여, 반드시 어리석음을 없애면 나는 너희들에게 아나가민을 증명해주겠다."

그때에 세존께서는 곧 게송을 말씀하셨다.

어둡고 어리석음에 물들어서
중생들은 나쁜 길에 떨어지나니
부지런히 어리석음 버려야 한다.
그러면 아나가민 이룰 것이니.

그때에 비구들은 붇다의 말씀을 듣고 기뻐하며 받들어 행하였다.

• 증일아함 11 불체품(不逮品) 三

탐욕의 한 법이 종기가 되어
구더기와 파리가 몰려오나니

이와 같이 내가 들었다.

한때 붓다께서는 슈라바스티 국 제타 숲 '외로운 이 돕는 장자의 동산'에 계셨다.

그때 세존께서는 이른 아침에 가사를 입고 발우를 가지고 슈라바스티 성으로 들어가 밥을 비셨다.

공양을 마치신 뒤 정사로 돌아와 발을 씻은 뒤에 안다 숲[安陀林]에 들어가 좌선하셨다.

그때 어떤 비구 또한 이른 아침에 가사를 입고 발우를 가지고 슈라바스티 성으로 들어가 밥을 빌고서 공양을 마친 뒤, 정사에 돌아와 발을 씻은 뒤에 안다 숲에 들어가 한 나무 밑에 앉아 낮 사마디[正受]에 들었다. 이 비구가 낮 사마디에 들었을 때, 악하여 좋지 못한 느낌이 일어나 탐내 즐기는 마음을 의지하였다.

탐욕의 종기 앓는 비구를 하늘신이 꾸짖음

그때 어떤 하늘신이 안다 숲을 의지하여 머물고 있었는데, 이렇게 생각하였다.

'저 비구는 좋지 못하다. 이 안다 숲에서 좌선하면서 좋지 못한 느낌을 일으켜 마음이 나쁜 탐욕에 의지하다니, 내가 가서 꾸짖어야겠다.'

이렇게 생각하고는 곧 그 비구에게 가서 말했다.

"비구여, 비구여, 종기를 앓고 있소?"

비구가 대답하였다.

"치료하여 좀 낫게 해주오."

하늘신이 비구에게 말했다.

"종기가 쇠솥과 같은데 어떻게 회복할 수 있겠소?"

비구가 대답하였다.

"바른 생각과 바른 지혜만 있으면 회복할 수 있을 것이오."

하늘신이 말했다.

"옳고 옳소. 이것이 참으로 현명하게 종기를 낫게 할 수 있소. 이와 같이 종기를 다스려 끝까지 낫게 하면 다시는 도지지 않을 것이오."

세존께서 게송으로 현성의 지혜의 길을 보이심

그때 세존께서 해질 무렵 선정에서 일어나시어 제타 숲 '외로운 이 돕는 장자의 동산'으로 돌아와 대중 앞에 자리를 펴고 앉아 여러 비구들에게 말씀하셨다.

"나는 오늘 이른 아침에 가사를 입고 발우를 가지고 슈라바스티 성으로 들어가 밥을 빌었다. 공양을 마친 다음 돌아와 안다 숲으로 가서 낮 사마디에 들어 있었다.

그때 어떤 비구 한 사람도 밥을 빌고서 돌아와 안다 숲으로 가서 한 나무 밑에 앉아 낮 사마디에 들었다.

그런데 그 비구는 좋지 못한 느낌을 일으켜 마음이 나쁜 탐욕에 의지하였다. 그때 안다 숲에 의지하여 살고 있던 어떤 하늘신이 그 비구에게 말했다.

'비구여, 비구여, 종기를 앓고 있소?'

비구가 대답하였다.

'치료하여 좀 낫게 해주오.'

하늘신이 비구에게 말했다.

'종기가 쇠솥과 같은데 어떻게 회복할 수 있겠소?'

비구가 대답하였다.

'바른 생각과 바른 지혜만 있으면 회복할 수 있을 것이오.'

하늘신이 말했다.

'옳고 옳소. 이것이 참으로 현명하게 종기를 낫게 할 수 있소. 이와 같이 종기를 다스려 끝까지 낫게 하면 다시는 도지지 않을 것이오.'

이와 같은 말들이 비구들이여, 참으로 옳고 참으로 옳다."

그러고는 세존께서 곧 게송을 설하셨다.

사람들이 각기 종기를 만들어
괴로운 병을 스스로 내나니
세간의 탐욕을 바라고 구해
마음이 나쁜 탐욕을 의지하네.

고름 흐르는 종기를 내기 때문에
구더기와 파리 떼 다투어 오네.
애욕으로 구하는 것 종기가 되니
구더기와 파리 떼 모든 나쁜 느낌들
여러 탐욕으로 맞들여 즐기는 마음
모두다 물든 뜻을 따라 생겨나서
사람들의 마음속 파고 뚫어서

그 때문에 이름과 이익 구하네.

탐욕의 불길은 더욱 타올라
망령된 생각 좋지 못한 느낌들
몸과 마음 밤낮으로 시달리게 해
고요한 진리의 길 멀리 떠나네.

만약 안의 마음이 고요해져서
또렷하게 지혜가 환히 밝아지면
이러한 종기들이 없어지게 돼
붇다의 안온한 길을 보리라.

바른 수행자가 노닐어야 할 길
현성께서 잘 열어 말씀해주시니
밝은 지혜로 아는 그 길에서는
다시는 모든 있음 받지 않으리.

붇다께서 이 경을 말씀하시자, 여러 비구들은 붇다의 말씀을 듣고 기뻐하며 받들어 행하였다.

• 잡아함 1082 복창경(復瘡經)

• 해설 •

본래 수 없는 곳에서 하나 둘 번뇌의 수를 세우니, 허망한 중생의 번뇌가 본래 공해 붙잡을 것 없는 데서 허깨비처럼 나기 때문이다.

번뇌의 한 법을 보이는 데서도 붇다는 중생의 병통에 따라 어리석음으로 그 한 법을 보이기도 하고 끊어야 할 탐욕으로 한 법을 보이기도 한다.

탐욕은 어리석음으로 인해 일어나 그 애착의 익힌 기운이 서로 이어가는 것을 말하니, 탐욕을 없애는 것도 지혜로 탐욕의 경계에 실로 취할 것이 없음을 밝게 알아야 한다.

어떻게 탐욕의 불을 끌 것인가. 삼계의 불타는 집 활활 타는 탐욕의 불길 속에서 선정 행하는 지혜의 힘만이 애착의 불을 꺼서 붇다의 안온한 해탈의 길을 이루게 할 것이다.

영가선사는 선정과 지혜의 행만이 번뇌와 애욕으로 흐린 이 세간에서 탐욕의 불이 태울 수 없는 지혜의 목숨 이루게 함을 다음과 같이 노래한다.

> 굶주림에 왕의 먹을 것 만나도 먹지 못하니
> 깊이 병들어 의왕을 만난들 어찌 나으리.
> 탐욕 속에 선정 행하는 지혜의 힘이여
> 타는 불꽃 속에 연꽃이 피어남이니
> 그 꽃 끝내 시들어 무너지지 아니하네.
>
> 飢逢王饍不能飡　病遇醫王爭得瘥
> 在欲行禪知見力　火裏生蓮終不壞

2) 두 법으로 보인 중생의 번뇌

두 법이 사람의 지혜를 없애는 것이니

이와 같이 들었다.

한때 붇다께서는 슈라바스티 국 제타 숲 '외로운 이 돕는 장자의 동산'에 계시면서 여러 비구들에게 말씀하셨다.

"두 가지 법이 있어 사람에게 지혜가 없도록 한다. 어떤 것이 두 법인가. 나보다 빼어난 이에게 기꺼이 묻지 않는 것과, 다른 하나는 다만 잠에만 빠져 정진할 뜻이 없는 것이다.

이것을 비구들이여, '두 가지 법이 있어 사람에게 지혜가 없도록 한다'는 것이다."

지혜 없애는 두 법 떠나면 지혜 이루게 됨을 보이심

"다시 두 가지 법이 있어 사람으로 하여금 큰 지혜를 이루게 한다. 어떤 것이 두 법인가. 남에게 뜻 묻기를 좋아하는 것이요, 잠에 빠지지 않고 정진할 뜻이 있는 것이다. 이것을 비구들이여, '두 가지 법이 있어 사람으로 하여금 큰 지혜를 이루게 한다'는 것이다. 그러므로 나쁜 법 멀리 떠남을 배워야 한다.

이와 같이 여러 비구들이여, 반드시 이렇게 배워야 한다."

그때 여러 비구들은 붇다의 말씀을 듣고 기뻐하며 받들어 행하였다.

· 증일아함 19 권청품(勸請品) 五

· 해설 ·

중생은 무엇 때문에 바른 삶의 길을 가지 못하고 기나긴 밤을 고통의 길에서 헤매는가. 이미 해탈한 이, 나보다 뛰어난 이에게 바른 길을 물어 행하지 않고 스스로 게을러 잠에만 빠져 있기 때문이다.

그렇다면 이 고난의 세간 속에 누가 가장 빼어난 스승이며 뭇 현성을 뛰어넘는 가장 밝은 선지식인가. 위없는 붇다가 법 가운데 왕[法中王]이니, 『화엄경』(「여래현상품」)은 진리로써 몸을 삼는 법왕의 교화를 이렇게 말한다.

붇다는 법으로써 몸을 삼으니
청정하기 저 허공과 같도다.
나타내는 뭇 빛깔과 모습으로도
중생이 이 법 가운데 들게 하시네.

佛以法爲身　淸淨如虛空
所現衆色形　令入此法中

영가선사 또한 「증도가」에서 이렇게 말한다.

법 가운데 왕 가장 높고 빼어나심이여
강가아 강 모래알 수 한량없는 여래
함께 같이 이 법을 증득하셨네.
나는 이제 뜻대로 되는 이 구슬 알았으니
믿어 받는 자는 다 서로 응하게 되리.

法中王　最高勝　恒沙如來同共證
我今解此如意珠　信受之者皆相應

두 가지 일을 버려야 하니

이와 같이 들었다.

한때 붇다께서는 바라나시 국의 선인이 살던 사슴동산에 계시면서 여러 비구들에게 말씀하셨다.

"두 가지 일이 있으니, 도를 배우는 사람은 가까이 하지 말아야 한다.

어떤 것이 두 가지 일인가. 곧 욕망에 탐착하고 즐거움에 탐착하는 것이다. 그것은 낮고 좋지 못해 천한 법이고 뭇 괴로움의 실마리이니, 이것이 '두 가지 도 배우는 사람은 가까이하지 말아야 한다'고 하는 것이다.

이와 같이 이 두 가지 일을 버리고서 나 스스로도 아주 요점이 되는 도[至要之道]로 바른 깨달음을 성취하여 눈이 생기고 지혜가 생겨 뜻이 쉬게 되었다.

그리하여 여러 신통을 얻고 사문의 과덕을 이루어 니르바나에 이르게 되었다."

버릴 두 가지 일을 말씀하고 요점이 되는 바른 도를 보이심

"어떻게 아주 요점이 되는 도로 바른 깨달음을 성취하여 눈이 생기고 지혜가 생겨 뜻이 쉬게 되어, 온갖 신통을 얻고 사문의 과덕을 이루어 니르바나에 이르게 되는가.

곧 성현의 여덟 가지 바른 길이 이것이다.

여덟 가지 바른 길이란, 바른 견해·바른 뜻·바른 말·바른 행위·바른 생활·바른 방편·바른 생각·바른 선정이니, 이것을 아주 요점이 되는 도라 한다.

나는 이 도로써 지금 바른 깨달음을 성취하여, 눈이 생기고 지혜가 생겨 뜻이 쉽게 되었으며, 여러 신통을 얻고 사문의 과덕을 이루어 니르바나에 이르렀다.

이와 같이 여러 비구들이여, 위의 두 가지 일을 버리고 아주 요점이 되는 도 익히기를 배워야 한다.

이와 같이 여러 비구들이여, 반드시 이렇게 배워야 한다."

그때에 비구들은 붇다의 말씀을 듣고 기뻐하며 받들어 행하였다.

• 증일아함 19 권청품 二

• 해설 •

아는 자와 아는 바에 모두 취할 것이 없는데, '나'와 '내 것'을 세워 보이고 들리고 만져지는 것을 내 것으로 취해 소비하며, 소비된 빈자리를 새로운 소유로 채워 끝없는 것이 탐욕이다.

그리하여 닿아 느껴지는 것이 괴로운 감각을 주면 버리고, 즐거운 감각을 주면 탐욕하고 애착해 돌고 도는 괴로움과 즐거움의 수레바퀴를 벗어나지 못한다.

저 아는 바가 허깨비 같은 줄 깨달아 아는 마음에 탐욕과 구함이 사라지면 모자람이 없는 삶의 풍요가 그와 함께할 것이며, 탐욕의 불길은 세계장엄의 바람 없는[無願] 크나큰 바람[大願]으로 바뀔 것이다.

그리고 여덟 삿된 길은 '나'와 '나'를 함께 살리는 여덟 가지 바른 길이 될 것이니, 그가 니르바나의 땅에 이미 언약 받은 여래의 아들이고 이 세간의 마하사트바이다.

아는 자와 아는 바가 공해 진여의 바다[眞如海] 떠나지 않은 이는 이제 욕망과 즐거움을 탐착하는 닫힌 삶을 돌이켜 온갖 공덕을 세간의 풍요와 안락을 위해 회향하니, 『화엄경』(「십회향품」)은 이렇게 가르친다.

보디사트바는 널리 평등한 원 일으켜
닦아 모은 청정한 업을 따라서
그 모든 공덕 중생에게 돌려 베풀어
이와 같은 큰 서원 버리지 않네.

菩薩普興平等願 隨其所集淸淨業
悉以迴施諸群生 如是大誓終無捨

보디사트바 원의 힘은 끝이 없어서
온갖 세간 모두 거두어 받네.
이와 같이 모든 중생에 회향하되
일찍이 중생에게 회향한다는
분별의 마음 잠깐도 일으키지 않네.

菩薩願力無限礙 一切世間咸攝受
如是迴向諸群生 未曾暫起分別心

3) 세 법으로 보인 중생의 번뇌

세 가지 애착이 있으니

이와 같이 내가 들었다.

한때 붇다께서는 슈라바스티 국 제타 숲 '외로운 이 돕는 장자의 동산'에 계셨다.

그때 세존께서 여러 비구들에게 말씀하셨다.

"세 가지 애착[愛]이 있다. 어떤 것이 그 세 가지인가?

욕계의 애착[欲愛]·색계의 애착[色愛]·무색계의 애착[無色愛] 이다. 이 세 가지 탐애를 끊으려면 큰 스승을 구해야 한다."

붇다께서 이 경을 말씀하시자, 여러 비구들은 붇다의 말씀을 듣고 기뻐하며 받들어 행하였다.

세 가지 번뇌 흐름을 보이심

이와 같이 내가 들었다.

한때 붇다께서는 슈라바스티 국 제타 숲 '외로운 이 돕는 장자의 동산'에 계셨다.

그때 세존께서 여러 비구들에게 말씀하셨다.

"세 가지 번뇌 흐름[有漏]이 있다. 어떤 것이 그 세 가지인가?

탐욕의 번뇌 흐름[欲有漏]·존재의 번뇌 흐름[有有漏]·무명의 번 뇌 흐름[無明有漏]이니, 이 세 가지 번뇌를 끊으려면 큰 스승을 구해야 한다."

붇다께서 이 경을 말씀하시자, 여러 비구들은 붇다의 말씀을 듣고 기뻐하며 받들어 행하였다.

• 잡아함 895 삼애경(三愛經) · 896 삼유루경(三有漏經)

• 해설 •

이 두 경의 뜻은 같다. 욕계의 애착이 바로 탐욕의 번뇌 흐름이고, 색계의 애착이 존재의 번뇌 흐름이며, 무색계의 애착이 무명의 번뇌 흐름이기 때문이다. 다만 삼계의 애착은 물든 세계를 잡아 번뇌를 보임이고, 탐욕과 존재 무명의 번뇌는 주체의 업을 잡아 번뇌를 보임이다.

욕계란 경계에 대한 탐욕의 불이 꺼지지 않는 중생의 삶을 말하고, 색계란 탐욕의 번뇌는 가라앉았으나 존재의 모습에 모습이라는 집착이 남아 있는 번뇌의 세계를 말한다. 무색계란 물질 없는 공함을 집착하거나 관념의 세계 물질 떠난 신비선정을 탐착하는 번뇌의 세계이다.

이 삼계와 삼계의 번뇌가 본래 공함은 큰 스승을 만나지 못하면 알지 못한다. 그러므로 영가선사는 위대한 스승 붇다께로 가는 때가 점점 멀어짐에 삿된 견해가 깊어지고 법이 약해지는 세상의 풍조를 다음과 같이 통탄한다.

슬프다, 끝 세상 악한 때여
중생은 복이 엷어 다스리기 어렵네.
성인에게 가기 때가 멀어짐이여
삿된 견해는 더욱더 깊어지고
마라는 강해지고 법은 약해지며
원수의 해침은 더욱더 많아지네.

嗟末法 惡世時 衆生薄福難調制
去聖遠兮邪見深 魔强法弱多怨害

세 가지 법을 익혀 싫증낼 줄 모르면
쉬는 곳에 이르지 못하니

이와 같이 들었다.

한때 붇다께서는 슈라바스티 국 제타 숲 '외로운 이 돕는 장자의 동산'에 계시면서 여러 비구들에게 말씀하셨다.

"세 가지 법이 있으니, 그것을 익히고 사랑하여 물리어 싫증냄을 모르면 또한 쉬는 곳[休息處]에 이르지 못한다.

어떤 것이 세 가지인가.

곧 탐욕이니, 만약 사람이 이 법을 익히면 조금도 물리어 싫증냄이 없다.

또 술 마시기를 좋아함이니, 만약 사람이 술 마시기를 익히면 조금도 물리어 싫증냄이 없다.

또 잠자기를 좋아함이니, 만약 다시 사람이 잠자기를 익히면 조금도 물리어 싫증냄이 없다."

이것을 비구들이여, '만약 어떤 사람이 세 가지 법을 익히면 조금도 물리어 싫증냄을 모르고 또한 쉬는 곳에 이르지 못한다'고 하는 것이다. 그러므로 여러 비구들이여, 늘 그 세 가지 법을 버리고 여의어 그것을 가까이하지 말라.

이와 같이 비구들이여, 반드시 이렇게 배워야 한다."

그때에 비구들은 붇다의 말씀을 듣고 기뻐하며 받들어 행하였다.

• 증일아함 22 삼공양품(三供養品) +

비구들이여, 세 가지 몸과 입과 뜻의 나쁜 행이 있다

이와 같이 들었다.

한때 붇다께서는 슈라바스티 국 제타 숲 '외로운 이 돕는 장자의 동산'에 계셨다.

그때 세존께서 여러 비구들에게 말씀하셨다.

"세 가지 나쁜 행[三惡行]이 있다. 어떤 것이 그 세 가지인가?

몸의·나쁜 행과 입의 나쁜 행과 뜻의 나쁜 행을 말한다. 비구들이여, 이것을 세 가지 나쁜 행이 있다고 한다.

그러므로 방편을 구해 세 가지 착한 행을 닦아야 한다.

어떤 것이 그 세 가지인가?

몸의 나쁜 짓 하는 이는 몸의 착한 행을 닦아야 하고, 입의 나쁜 짓 하는 이는 입의 착한 행을 닦아야 하며, 뜻의 나쁜 짓 하는 이는 뜻의 착한 행을 닦아야 한다."

몸과 입과 뜻의 행 청정하면 해탈한 사람임을 노래하심

이때 세존께서 곧 이런 게송을 말씀하셨다.

몸의 나쁜 행을 잘 보살피고
몸의 착한 행을 닦아 익혀라.
몸의 나쁜 행 버리기를 생각하고

몸의 착한 행을 배워야 한다.

입의 나쁜 행을 잘 보살피고
입의 착한 행을 닦아 익혀라.
입의 나쁜 행 버리기를 생각하고
입의 착한 행을 배워야 한다.

뜻의 나쁜 행을 잘 보살피고
뜻의 착한 행을 닦아 익혀라.
뜻의 나쁜 행 버리기를 생각하고
뜻의 착한 행을 배워야 한다.

몸으로 짓는 행이 착함이여,
입의 행이 또한 다시 그러하고
뜻으로 짓는 행이 착함이여,
온갖 행이 또한 이와 같네.

입과 뜻을 보살펴 청정하면
몸은 악한 행을 짓지 않네.
이 세 행의 자취 깨끗이 하면
참사람의 함이 없는 곳에 이르리.

"이와 같이 여러 비구들이여, 세 가지 나쁜 행을 버리고 세 가지
착한 행을 닦아야 한다.

이와 같이 비구들이여, 반드시 이렇게 배워야 한다."

그때 여러 비구들은 붇다의 말씀을 듣고 기뻐하며 받들어 행하
였다.

• 증일아함 21 삼보품(三寶品) 八

• 해설 •

두 경에서 말하는 잘 쉬는 곳[休息處]과 참 사람의 함이 없는 곳[無爲處]
은 어디 있는가. 니르바나의 처소가 그곳이다.

니르바나의 처소, '두렷이 이루어져 있는 진실의 모습'[圓成實相]이란
지금 중생의 나고 죽음의 처소, 번뇌의 모습이 본래 공적한 그곳을 말한다.

그러나 중생은 지금 경계를 향해 탐욕의 불길을 쉬지 못하고 무명의 술
에 취해 환상의 꿈과 잠에 빠져 미혹과 고통이 없지 않으므로 지혜의 행을
부지런히 닦아 탐욕의 불을 쉬지 않으면 함이 없는 곳에 이를 수 없다.

중생의 번뇌와 괴로움의 삶이 본래 공해 중생의 진실이 니르바나이므로
실로 닦음이 있다 해도 연기의 실상을 등지는 것이지만, 중생의 번뇌가 지
금 없지 않으므로 실로 닦음이 없다 해도 연기의 실상을 등지는 것이다.

오직 탐욕의 불을 쉬고 무명의 독한 술을 끊어 미혹의 어지러운 잠과 꿈
에서 깨어나 몸과 입과 뜻의 악한 행을 착한 행으로 돌이키는 자, 그가 함이
없는 곳에 이를 수 있는 것이다.

그러나 끊어야 할 미혹의 잠이 본래 공하므로 세 가지 착한 행을 짓되 실
로 지음 없는 자가, 세 가지 행의 자취 참으로 깨끗이 해 본래 니르바나되어
있는 해탈의 집에 돌아가는 참사람인 것이다.

무명의 독한 술에 취해 삼계의 큰 꿈속에 헤매는 중생이라도 꿈이 꿈인
줄 알면 실로 없앨 것이 없으니, 세간이 꿈과 같은 줄 바로 살피면 중생의
땅이 해탈의 땅이다.

『화엄경』(「십지품」)은 이렇게 말한다.

보디사트바는 세간의 법
온갖 것이 꿈과 같은 줄 아니
곳도 아니고 곳 없음도 아니라
바탕의 성품 늘 고요하도다.

菩薩了世法　一切皆如夢
非處非無處　體性恒寂滅

꿈의 바탕 나고 사라짐 없고
또한 방위와 곳이 있지 않네.
삼계의 세간이 다 이와 같으니
이렇게 보는 자 마음이 해탈하네.

夢體無生滅　亦無有方所
三界悉如是　見者心解脫

　경의 가르침과 같이 무명과 번뇌가 꿈인 줄 알면, 그는 이미 여래의 집[如
來家]에 앉아 닦음 없이 해탈의 땅에 나아가는 자[全修卽性]이며, 그가 곧
번뇌가 본래 고요한 보디의 성품에서 온전히 해탈의 행을 일으키는 자[全
性起修]이다.
　본디 깨쳐 있음과 새로 닦아감이 둘이 없는[性修不二] 이가 니르바나의
땅에 앉아 파리니르바나에 돌아가 실천의 공덕을 세간에 회향하는 사람이
니, 그가 참사람이고 이 세간의 마하사트바이다.

세 가지 느낌의 진실 알지 못해
세 가지 독의 부림받나니

이와 같이 내가 들었다.

한때 붇다께서는 라자그리하 성의 칼란다카 대나무동산에 계시
면서 여러 비구들에게 말씀하셨다.

"어리석고 들음이 없는 범부들은 괴로운 느낌 · 즐거운 느낌 · 괴
롭지도 않고 즐겁지도 않은 느낌을 낸다.

많이 들은 거룩한 제자들 또한 괴로운 느낌 · 즐거운 느낌 · 괴롭지
도 않고 즐겁지도 않은 느낌을 낸다.

여러 비구들이여, 성인에게는 어떠한 차별이 있는가."

여러 비구들은 붇다께 말씀드렸다.

"세존께서는 법의 근본이시고 법의 눈이시며 법의 의지이십니다.
거룩하십니다, 세존이시여. 널리 말씀해주시길 바랍니다.

여러 비구들은 듣고서는 반드시 받아 지녀 받들어 행할 것입니다."

범부가 세 가지 독 일으킴을 보이심

붇다께서는 여러 비구들에게 말씀하셨다.

"어리석고 들음 없는 범부들은 몸의 닿음으로 여러 느낌을 내어
고통이 몰아닥쳐 목숨을 빼앗기까지 해, 근심하고 슬퍼하며 눈물 흘
려 울고 원망하며 부르짖는다."

붇다께서는 여러 비구들에게 말씀하셨다.

"자세히 듣고 잘 사유하라. 너희들을 위하여 말해주겠다.

여러 비구들이여, 어리석고 들음 없는 범부들은 몸의 닿음으로 여러 느낌을 내어 여러 고통을 늘리어 목숨을 빼앗기까지 하여 근심하고 슬퍼하며 원망하며 울고 부르짖으며, 마음이 미쳐 어지러움을 낸다.

그때에는 두 가지 느낌을 늘리어 자라게 하니, 몸의 느낌[身受]과 마음의 느낌[心受]이다.

비유하면 어떤 사람이 몸에 두 개의 독이 묻은 화살을 맞아 아주 심한 고통을 내는 것과 같다. 어리석고 들음 없는 범부 또한 이와 같아서, 몸의 느낌과 마음의 느낌의 두 가지 느낌을 늘리어 자라게 하여 아주 심한 고통을 낸다.

왜 그런가. 그 어리석고 들음 없는 범부는 밝게 깨달아 알지 못하여 모든 다섯 탐욕[五欲]에서 즐거운 느낌의 닿음을 내어 다섯 탐욕의 즐거운 느낌을 받으며, 다섯 탐욕의 즐거움을 받기 때문에 탐내는 번뇌의 부림을 받는 것[貪使所使]이다.

또 괴로운 느낌의 닿음 때문에 곧 성냄을 일으키고, 성냄을 일으키기 때문에 성내는 번뇌의 부림을 받는 것[恚使所使]이다.

그리하여 이 두 가지 느낌에서 느낌의 모아냄[集]과 사라짐[滅], 맛들임[味]과 걱정거리[患], 벗어나 떠남[離]을 진실 그대로 알지 못한다. 진실 그대로 알지 못하기 때문에 괴롭지도 않고 즐겁지도 않은 느낌을 내어 어리석은 번뇌의 부림을 받는 것[癡使所使]이다.

이렇게 하여 들음 없는 범부는 즐거움의 느낌에 매이어 끝내 떠나지 못하고, 괴로움의 느낌에 매이어 끝내 떠나지 못하며, 괴롭지도 즐겁지도 않은 느낌에 매이어 끝내 떠나지 못한다.

어떻게 매이는가. 곧 탐냄·성냄·어리석음에 매이게 되고, 태어남·늙음·병듦·죽음과 근심·슬픔·번민·괴로움에 매이게 된다."

많이 들은 제자가 느낌의 진실 알아 삼독에 매이지 않음을 보이심

"많이 들은 거룩한 제자는 몸의 닿음으로 괴로운 느낌을 내어 큰 고통이 몰아닥쳐 목숨을 빼앗기까지 해도, 근심·슬픔·원망·울음·부르짖음·마음이 미쳐 어지러움을 일으키지 않는다.

그때에는 오직 한 느낌만을 내니, 곧 몸의 느낌을 말한다. 그래서 마음의 느낌을 내지 않는다.

비유하면 어떤 사람이 하나의 독이 든 화살을 받아 둘째의 독이 든 화살은 받지 않는 것과 같다. 그때에는 한 느낌만을 내니, 곧 몸의 느낌을 말한다. 그래서 마음의 느낌을 내지 않는다.

즐거운 닿음의 느낌에도 탐욕의 즐거움에 물들지 않고, 탐욕의 즐거움에 물들지 않기 때문에 그 즐거운 느낌에 있어서 탐내는 번뇌가 부리지 못한다.

괴로운 닿음의 느낌에도 성내지 않고, 성내지 않기 때문에 성내는 번뇌가 부리지 못한다.

그 두 번뇌의 모아냄과 사라짐, 맛들임과 걱정거리, 벗어나 떠남을 진실 그대로 안다. 진실 그대로 알기 때문에 괴롭지도 않고 즐겁지도 않은 느낌의 어리석은 번뇌가 부리지 못한다.

그 즐거운 느낌에서 해탈하여 매이지 않고, 괴로운 느낌과 괴롭지도 않고 즐겁지도 않은 느낌에서 해탈하여 매이지 않는다.

무엇에 매이지 않는가. 곧 탐냄·성냄·어리석음에 매이지 않고, 태어남·늙음·병듦·죽음과 근심·슬픔·번민·괴로움에 매이지 않는다."

세 느낌의 참모습 알아 세간 수 떠나 니르바나에 머묾을 보이심

그때에 세존께서는 곧 게송을 말씀하셨다.

많이 들은 이도 괴로움과 즐거움을
느껴 깨달아 알지 못함 아니네.
그는 다만 저 범부의 사람들보다
실로 바른 들음이 있을 뿐이라네.

그는 즐거운 느낌에 방일하지 않고
괴로운 닿음에 근심 늘리지 않으며
괴롭고 즐거운 두 느낌 함께 버려
따르지 않고 또한 어기지 않네.

비구가 방편을 부지런히 행해
바른 지혜로 움직이지 않게 되면
이 온갖 느낌의 공한 참된 모습을
밝은 지혜로 깨달아 알 수 있으리.

모든 느낌의 참모습 깨쳐 알므로
현재의 법에서 모든 흐름 다하고
몸 죽어도 세간 수 떨어지지 않고
길이 파리니르바나에 머물게 되리.

붇다께서 이 경을 말씀해 마치시자, 여러 비구들은 붇다의 말씀을 듣고 기뻐하며 받들어 행하였다.

• 잡아함 470 전경(箭經)

• 해설 •

여섯 아는 뿌리·여섯 경계·여섯 앎이 서로 어울리면[三事和合] 여섯 닿음이 나고, 닿음으로 인해 괴로운 느낌·즐거운 느낌·괴롭지도 않고 즐겁지도 않은 느낌을 낸다.

느낌은 아는 자와 알려지는 것이 만나 일어나므로 세 가지 느낌이 공하지만, 중생은 즐거운 느낌을 내는 경계를 취하고 괴로운 느낌을 내는 경계를 싫어하고 미워해 탐냄·성냄·어리석음의 독에 얽매인다.

쓰라린 괴로움[苦苦]을 주는 괴로운 느낌만 괴로움이 아니라, 즐거운 느낌은 지금은 즐겁지만 무너지는 괴로움[壞苦]이고, 괴롭지도 않고 즐겁지도 않은 느낌 또한 머물러 있지 않고 덧없이 흘러가는 괴로움[行苦]이다.

그러므로 세 느낌이 모두 공하므로 취하면 곧 괴로움이다. 바른 가르침을 많이 들어 옳게 나아가는 이 또한 경계를 보고 듣고 느껴 알지[見聞覺知] 않음이 아니다. 다만 그는 경계를 닿아 느끼되 느끼는 자와 느끼는 바와 세 느낌에 취할 모습이 없는 줄 알아, 느끼는바 경계를 받아 느낄 때 실로 받아들이지 않으므로 느낌이 나는 그 자리에서 파리니르바나에 머물게된다.

곧 즐거운 느낌이 공한 줄 알면 취하지 않으므로 탐욕이 그를 부리지 못하고, 괴로운 느낌이 공한 줄 알아 괴로운 느낌에 머물지 않으므로 성냄이 그를 부리지 못하며, 괴롭지도 않고 즐겁지도 않은 느낌 또한 공한 줄 알므로 어리석음의 번뇌가 그를 덮지 못한다.

남악혜사선사의 『제법무쟁삼매행문』(諸法無諍三昧行門)은 세 느낌을 돌이켜 살펴[受念處] 세 느낌의 공성을 통달하면 중생의 얽매여 묶임과 해탈이 모두 없음을 다음과 같이 말한다.

보디의 마음을 내 배워가는 이
느낌 살피는 법 처음 배울 때
괴로움과 즐거움의 묶임을 끊네.
안팎의 모든 느낌 괴로움이라
처음으로 돌이켜 살펴본 다음
모든 느낌 안과 밖의 들임이 공해
얻을 바 없음을 또한 잘 살피네.

是受念處初學時　能斷苦樂諸繫縛
初觀諸受內外苦　亦觀諸受內外空

괴롭지도 않고 즐겁지도 않은 느낌
그 느낌 또한 공함을 자세히 살피고
다섯 쌓임 열여덟 법의 영역 열두 들임
그 실체를 끊고 무명을 깨드리네.
그리하여 세 가지 느낌의 참된 모습이
공함과 실로 있음이 아님 살피면
얽매어 묶임 없고 풀림 없으리.

不苦不樂受亦空　斷陰界入破無明
觀三受性非空有　則無繫縛無解脫

4) 네 법으로 보인 중생의 번뇌

중생의 네 가지 먹음으로 나고 죽음 괴로움이 모아나니

이와 같이 내가 들었다.

한때 붇다께서는 슈라바스티 국 제타 숲 '외로운 이 돕는 장자의 동산'에 계셨다.

그때 세존께서 여러 비구들에게 말씀하셨다.

"네 가지 먹음[四食]이 있어 중생을 도와 이익 주어, 그들로 하여금 세상에 머물며 거두어 받아 길러 자라게 한다. 어떤 것이 그 네 가지인가?

첫째는 거친 덩이로 먹음[麤摶食]이요, 둘째는 가는 닿음으로 먹음[細觸食]이며, 셋째는 뜻의 지어감으로 먹음[意思食]이요, 넷째는 앎의 먹음[識食]이다."

네 가지 먹음이 여섯 들이는 곳에 의해 물듦을 보이심

"이 네 가지 먹음은 무엇이 원인이고, 무엇이 모아내며, 무엇이 나게 하며, 무엇이 닿는 것인가? 곧 이 모든 먹음은 애착이 원인이 되고, 애착이 모아내며, 애착이 나게 하며, 애착이 닿는 것이다.

이 애착은 무엇이 원인이고, 무엇이 모아내며, 무엇이 나게 하며, 무엇이 닿는 것인가? 곧 애착은 느낌이 원인이 되고, 느낌이 모아내며, 느낌이 나게 하고, 느낌이 닿는 것이다.

이 느낌은 무엇이 원인이고, 무엇이 모아내며, 무엇이 나게 하며, 무엇이 닿는 것인가? 곧 느낌은 닿음이 원인이 되고, 닿음이 모아내며, 닿음이 나게 하고, 어울려 합해 닿음이 닿는 것이다.

이 닿음은 무엇이 원인이고, 무엇이 모아내며, 무엇이 나게 하며, 무엇이 닿는 것인가? 곧 닿음은 여섯 들이는 곳이 원인이 되고, 여섯 들이는 곳이 모아내며, 여섯 들이는 곳이 나게 하며, 여섯 들이는 곳이 닿는 것이다."

실로 먹는 자와 실로 먹음이 사라지면 괴로움이 사라짐을 보이심

"여섯 들이는 곳이 모여 나면 곧 닿음이 모여 나며, 닿음이 모여 나면 느낌이 모여 나며, 느낌이 모여 나면 애착이 모여 나며, 애착이 모여 나면 곧 앎이 모여 난다.

먹음이 모여 나기 때문에 미래세상의 태어남·늙음·병듦·죽음과 근심·슬픔·번민·괴로움이 모여 난다. 이렇게 하여 순전한 괴로움뿐인 큰 무더기가 모여 난다.

이와 같이 여섯 들이는 곳이 사라지면 닿음이 사라지고, 닿음이 사라지면 느낌이 사라지며, 느낌이 사라지면 애착이 사라지고, 애착이 사라지면 먹음이 사라진다.

먹음이 사라지기 때문에 미래세상의 태어남·늙음·병듦·죽음과 근심·슬픔·번민·괴로움이 사라진다. 이렇게 하여 순전한 괴로움뿐인 큰 무더기가 사라진다."

붇다께서 이 경을 말씀하시자, 여러 비구들은 붇다의 말씀을 듣고 기뻐하며 받들어 행하였다.

• 잡아함 371 식경(食經)

중생의 네 가지 먹음을 바르게 살펴
네 가지 먹음을 끊어야 하니

이와 같이 내가 들었다.

한때 붇다께서는 슈라바스티 국 제타 숲 '외로운 이 돕는 장자의 동산'에 계셨다.

그때 세존께서 여러 비구들에게 말씀하셨다.

"네 가지 먹음이 있어 중생을 도와 이익 주어, 그들로 하여금 세상에 머물며 거두어 받아 길러 자라게 한다. 어떤 것이 그 네 가지인가?

곧 첫째는 거친 덩이로 먹음이다. 둘째는 가는 닿음으로 먹음이며, 셋째는 뜻의 지어감으로 먹음이고, 넷째는 앎의 먹음이다."

덩이로 먹음을 비유로 보이심

"비구는 덩이로 먹음을 어떻게 살피는가?

비유하면 다음과 같다. 어떤 부부에게 늘 사랑해 생각하며 기른 외아들이 있었다. 그들은 넓은 들판[曠野] 험한 길 어려운 곳을 건너려다 양식이 떨어져 굶주림의 고통이 끝에 이르렀으나 건질 도리가 없었다. 그들은 이렇게 의논했다.

'바로 아주 사랑해 생각해온 한 아들만 남아 있다. 만약 아들의 살을 먹는다면 이 험난한 곳을 벗어날 수도 있을 것이다. 이곳에서 세 사람이 함께 죽게 할 수는 없다.'

이렇게 헤아린 뒤 곧 그 아들을 죽여 슬픔을 머금고 눈물을 흘리면서 억지로 그 살을 먹고 넓은 들판을 벗어났다.

어떤가? 비구들이여, 그 부부는 아들의 살을 함께 먹으면서, 과연 그 맛을 보며, 좋은 맛과 즐거움을 탐내 맛보겠느냐?"

"아닙니다, 세존이시여."

다시 물으셨다.

"비구들이여, 그들이 억지로 그 살을 먹은 것은 넓은 들판 험한 길을 건너기 위함이 아닌가?"

"그렇습니다, 세존이시여."

붓다께서 비구들에게 말씀하셨다.

"덩이의 먹을거리를 먹을 때에는 이와 같이 살펴야 한다.

이와 같이 살피면 덩이로 먹음을 끊을 줄 알 것이요, 덩이로 먹음을 끊을 줄 알고 나면 다섯 가지 욕망의 공덕[五欲功德]에 대한 탐욕과 애착[貪愛]이 곧 끊어질 것이다. 다섯 가지 욕망의 공덕에 대한 탐욕과 애착이 끊어지면, 나는 많이 들은 거룩한 제자에게서 다섯 가지 욕망의 공덕 가운데 하나라도 끊지 못한 번뇌[結使]를 보지 못한다. 한 가지라도 얽어 묶음이 있으면 그 때문에 곧 이 물든 세상에 되돌아와 나게 된다."

닿음으로 먹음을 비유로 보이심

"비구는 닿음으로 먹음을 어떻게 살피는가?

비유하면 다음과 같다.

소를 산 채로 그 가죽을 벗겨놓으면 있는 곳마다 온갖 벌레가 파먹고, 모래와 흙의 더러운 먼지가 묻으며, 풀이나 나무의 가시가 찌르게 된다. 만약 땅을 의지하면 땅에 사는 벌레들에게 먹히게 되고,

만약 물을 의지하면 물에 사는 벌레들에게 먹히게 되며, 만약 허공 가운데를 의지하면 날벌레들에게 먹히게 된다. 그렇게 해서 눕거나 일어나거나 언제나 그 몸에 고통이 있게 되는 것과 같다.

이와 같이 비구들이여, 저 닿음으로 먹음에 대해 이와 같이 살펴야 한다. 이와 같이 살피면 닿음으로 먹음을 끊을 줄 알 것이요, 닿음으로 먹음을 끊을 줄 알면 세 가지 느낌이 곧 끊어질 것이다.

세 가지 느낌이 끊어지면, 많이 들은 거룩한 제자는 그 위에 다시 지을 바가 없을 것이니, 지을 바를 이미 지었기 때문이다."

뜻의 지어감으로 먹음을 비유로 보이심

"비구는 뜻의 지어감으로 먹음을 어떻게 살피는가?

비유하면 다음과 같다. 마을이나 성읍의 변두리에서 불이 났는데 연기도 없고 불꽃도 없다. 이때 총명하고 지혜로운 사람은 괴로움을 등지고 즐거움을 향하며, 죽음을 싫어하고 살기를 좋아하여, 이와 같이 생각할 것이다.

'저기 큰불이 있지만 연기도 없고 불꽃도 없다. 가고 오며 피해서 그 속에 떨어지지 않게 해야 한다. 떨어지면 의심할 것 없이 반드시 죽게 될 것이다.'

이렇게 생각하고는 그곳을 버리고 늘 하고자 하는 원을 내 그곳을 멀리 떠난다. 뜻의 지어감으로 먹음을 살피는 것 또한 다시 이와 같다.

이와 같이 살피면 뜻의 지어감으로 먹음이 끊어지고, 뜻의 지어감으로 먹음이 끊어지면 세 가지 애착이 곧 끊어질 것이다. 세 가지 애착이 끊어지면, 저 많이 들은 거룩한 제자는 더 위의 다시 지을 바가 없게 되니, 지을 바를 이미 지었기 때문이다."

앎의 먹음을 비유로 보이심

"비구들이여, 어떻게 앎의 먹음을 살피는가?

비유하면 다음과 같다. 국왕에게 경호군사가 있는데, 늘 도적을 잡아 묶어서는 왕에게 데리고 가서 이렇게 말했다.

'대왕이여, 이 사람은 도적입니다. 왕께서 죄를 주시길 바랍니다.'

왕은 말했다.

'이 죄인을 끌고 가서 두 팔을 뒤로 묶고 나쁜 소리로 호령하면서 성안을 돌아다녀라. 그러고는 성 밖 죄인을 형벌 주는 곳으로 끌고 가서, 창으로 온몸을 백 번 두루 찔러라.'

형을 맡은 사람은 왕의 명령을 받고, 죄인의 두 팔을 뒤로 묶고 나쁜 소리로 호령하면서 성안을 돌아다니다가, 성 밖 죄인을 형벌 주는 곳으로 끌고 가서 창으로 온몸을 백 번 두루 찔렀다.

낮이 되어 왕은 물었다.

'죄인은 아직 살았느냐.'

신하가 말했다.

'아직 살아 있습니다.'

왕은 다시 신하에게 명령하였다.

'다시 창으로 백 번 찔러라.'

해질녘이 되도록 다시 창으로 백 번 찔렀지만 죄인은 아직 죽지 않아 다시 창을 백 번 찌르도록 하여, 밤낮으로 고통을 겪는 것과 같다.

앎으로 먹음을 살피는 것 또한 이와 같다.

이와 같이 살피면 앎의 먹음을 끊을 줄 알 것이요, 앎의 먹음을 끊을 줄 알면 마음·물질을 끊을 줄 알 것이다. 마음·물질이 끊어진 줄 알았다면 많이 들은 거룩한 제자는 더 위에 다시는 지을 바가 없을 것이니, 지을 바를 이미 지었기 때문이다."

붓다께서 이 경을 말씀하시자, 여러 비구들은 붓다의 말씀을 듣고 기뻐하며 받들어 행하였다.

• 잡아함 373 자육경(子肉經)

• 해설 •

중생은 모두 먹음으로 살아간다. 네 가지 먹음은 덩이의 먹음, 닿음의 먹음, 뜻의 지어감의 먹음, 앎의 먹음이다.

먹는바 덩이밥과 닿는 감각과 아는 바가 모두 있되 공하여 탐착할 것이 없는데, 중생은 여섯 들이는 곳[六入, 六根]이 실로 있다는 집착 때문에 탐욕을 내어 덩이먹이의 맛에 탐착하고 아는바 경계에 집착한다.

실로 먹는 자가 있으므로 먹을거리가 실체화되고, 먹을거리가 실로 있음이 되므로 먹는 자의 탐욕이 늘어나게 된다. 그리하여 중생의 먹음이 물들고 먹음으로 이어가는 육체적인 삶이 소외되고 물들며 먹을거리를 다투는 갈등의 삶이 펼쳐진다.

탐욕의 먹을거리에 대한 탐착이 죽임의 독이 되고 가시가 되므로 먹을거리에 탐착 버리도록 가르치니, 경은 탐착하는바 덩이밥은 자식의 살 먹듯이 생각케 하고, 닿음으로 먹음은 소가죽이 벌레에 먹히듯 생각케 하며, 뜻의 지어감으로 먹음은 불구덩이에 떨어지듯 생각케 하고, 앎의 먹음은 죄인이 창에 백 번 찔리듯 생각케 한다.

그러나 저 먹을 것에 실로 취할 것 없음을 바로 살피면, 먹을거리를 먹되 먹음 없는 먹음이 되니 먹을거리의 독이 해탈의 약이 될 것이다.

저 먹을거리가 있되 공하고 그 공함도 공한 줄 알면, 먹을거리 취함으로 오는 삶의 고통 또한 사라지고 먹을거리가 공한 진여의 곳간에 가득한 다함없는 먹을거리의 한량없는 공덕의 맛을 뭇 삶들과 더불어 누릴 수 있다.

이렇듯 먹을거리에 탐욕이 다하면 먹는 나의 여섯 아는 뿌리에 나라고 할 것이 없는 줄 알아 한량없는 공덕의 맛을 먹되 먹음 없이 먹게 되니, 그가 바로 탐욕과 애착의 먹음을 끊고 법의 기쁨[法喜]과 선정의 기쁨[禪悅]을 늘 배불리 먹어, 영겁에 죽지 않는 지혜의 목숨[慧命]을 사는 자이다.

먹을거리에 탐욕의 불길이 꺼지지 않으면 궁핍과 목마름의 윤회가 그치지 않고 탐욕의 불길이 다하면 모습에 모습 없는 실상의 땅 가운데 가득한 다함없는 보디의 식량[菩提資糧]을, 뭇 삶들에게 베풀어 기나긴 겁 풍요와 번영의 삶을 살 것이다.

『화엄경』(「십회향품」)은 닿는바 먹을거리에 탐착을 쉬어 법의 성품 그대로 한량없는 공덕을 중생에게 보시하고 회향하는 보디사트바의 삶을, 이렇게 가르친다.

> 보디사트바는 온갖 법을 살피되
> 누가 이 법에 들어갈 수 있는가
> 어떻게 들어가며 어디 드는가 살펴
> 이와 같이 보시하되 마음에 머묾 없네.
>
> 菩薩觀察一切法　誰爲能入此法者
> 云何爲入何所入　如是布施心無住
>
> 모든 법의 성품 온갖 곳에 두루하듯
> 보디사트바의 회향 또한 그러해
> 이와 같이 모든 중생에 회향하되
> 늘 세간에서 물러나 구름이 없네.
>
> 如諸法性遍一切　菩薩迴向亦復然
> 如是迴向諸衆生　常於世間無退轉

5) 다섯 법으로 보인 중생의 번뇌

다섯 가지 법이 있어 캄캄한
어두움이 되게 하여 밝은 눈을 없애나니

이와 같이 내가 들었다.

한때 붇다께서는 슈라바스티 국 제타 숲 '외로운 이 돕는 장자의 동산'에 계셨다.

그때 세존께서 여러 비구들에게 말씀하셨다.

"다섯 가지 법이 있어서 캄캄하고 어둡게 해 눈이 없도록 하고, 지혜를 없게 하고 지혜를 약하게 하며, 밝지 않고 평등한 깨달음이 아니어서 니르바나에 돌이켜 나아가지 못하게 한다.

어떤 것이 그 다섯 가지인가? 탐욕(貪欲)·성냄[瞋恚]·잠과 졸음[睡眠]·들뜸과 뉘우침[掉悔]·의심[疑]을 말한다.

이 다섯 가지 법은 캄캄하고 어둡게 해 눈이 없도록 하고, 지혜를 없게 하고 지혜를 약하게 하며, 밝지 않고 평등한 깨달음이 아니어서 니르바나에 돌이켜 나아가지 못하게 한다."

다섯 가지 덮음을 없애는 일곱 갈래 깨달음 법을 보이심

"만약 일곱 갈래 깨달음 법[七覺支]이 있으면, 크게 밝게 하여 눈이 되며, 지혜를 더욱 자라게 하고, 밝음이 되고 바른 깨달음이 되어 니르바나에 돌이켜 나아가게 한다.

어떤 것이 그 일곱 가지인가? 생각의 깨달음 법[念覺支]·법 가림의 깨달음 법[擇法覺支]·정진의 깨달음 법[精進覺支]·쉼의 깨달음 법[猗覺支]·기쁨의 깨달음 법[喜覺支]·선정의 깨달음 법[定覺支]·버림의 깨달음 법[捨覺支]이다.

그것들은 곧 밝게 하여 눈이 되며, 지혜를 더욱 자라게 하고, 밝음이 되고 바른 깨달음이 되어 니르바나에 돌이켜 나아가게 한다.

붇다께서 이 경을 말씀하시자, 여러 비구들은 붇다의 말씀을 듣고 기뻐하며 받들어 행하였다.

• 잡아함 706 개경(蓋經)

• 해설 •

중생의 고통을 일으키는 무명 또한 연기된 것이라 공하다면 중생은 본래 어두운 존재가 아닌데, 왜 중생은 본디 밝음을 등지고 다시 어두운 밤길을 영겁에 헤매이는가.

경은 다섯 가지 덮음이 지혜를 가리어 어두움이 생겼으나 다시 일곱 갈래 깨달음 법으로 어두움을 돌이켜 밝음이 되게 한다고 가르친다.

중생의 무명이 실로 있다면 무명을 끊고 지혜를 낼 수 없으며, 중생의 지혜가 본래 있다면 다섯 가지 덮음이 지혜를 덮을 수 없을 것이다.

그러므로 경의 가르침은 곧 중생의 못 깨친 모습[不覺相]과 본디 깨친 모습[本覺相], 새로 깨치는 모습[始覺相]이 모두 공해 자기성품 없음을 보인 말씀이리라.

천태선사의 『법계차제초문』은 다섯 가지 덮음을 이렇게 보인다.

세 가지 독[三毒] 다음에 다섯 가지 덮음[五蓋]을 밝히는 것은 다음과 같다.

만약 세 가지 독의 바탕을 논하면 어찌 다섯 가지 덮음과 다르겠는가?

다만 과목이 같지 않고 이름의 늘어나고 줄어듦에 다름이 있다. 그러므로 이 다음에 분별하는 것이다.

그 까닭은 이렇다. 만약 어리석음의 이름을 빼고서 어리석음의 법[癡法]을 나누면 졸음과 잠·들뜸과 뉘우침·의심의 세 덮음이 되니, 탐냄과 성냄을 덧붙여서 '다섯 가지 덮음'을 삼았다.

만약 다섯 가지 덮음을 열면 번뇌가 한량없는 것이다. 모두 통틀어 '덮음'이라고 하는 것은 '덮음'은 덮어 가린다는 뜻이니, 수행자의 청정하고 착한 마음을 덮어 열리지 못하게 하므로 '덮음'이라고 이름한 것이다. 이 다섯 가지 덮음은 이미 저 아래에서 밝히는바 모든 선정에 장애가 되므로 반드시 그 모습을 간략히 밝히는 것이다.

① 탐욕의 덮음[貪欲蓋] 이끌어 취하는 마음이 싫증내거나 만족함이 없는 것이 '탐욕'이다. 탐욕의 바탕과 모습을 분별하면 자세한 것은 탐냄의 독 가운데서 설한 것과 같다.

삼계의 다섯 가지 행[三界五行] 가운데 열다섯 가지 탐냄의 번뇌가 곧 탐욕의 덮음이다.

② 성냄의 덮음[瞋恚蓋] 분노하는 마음이 곧 성냄이다. 자세한 것은 앞의 성냄의 독에서 말한 것과 같다. 욕계 다섯 가지 행[欲界五行]의 다섯 가지 성내는 번뇌가 곧 '성냄의 덮음'이다.

③ 졸음과 잠의 덮음[睡眠蓋] 뜻의 앎[意識]이 어둡게 무르익은 것을 '졸음'[睡]이라 하고, 다섯 아는 뿌리의 뜻[五情]이 어두워진 것을 '잠'[眠]이라고 한다.

만약 마음이 늘 기억하지 못함[無記]에 의지하면 무명을 늘려 키운다. 그러므로 뜻의 앎이 더욱 어둡게 무르익어 다섯 아는 뿌리의 뜻이 어두워져서 느끼어 아는 것이 없는 것을 '졸음과 잠'[睡眠]이라 한다. 몇 사람들은 이것을 마음작용을 늘리는 법[增心數法]이라 하는데, 오히려 이것은 '바른 견해와 하고자 함'으로 끊는[見思所斷] 열다섯 가지 어리석은 번뇌[十五癡使]에 속하는 것이다.

④ **들뜸과 뉘우침의 덮음[掉悔蓋]** 삿된 마음이 생각을 움직이게 하는 것을 '들뜸'[掉]이라고 하고, 생각을 뒤로 물리어 근심하는 것을 '뉘우침'[悔]이라고 한다.

만약 무명으로 그릇되게 취해 허튼 논란이 움직이면 들뜬 마음이 나게 되니, 이는 이미 바른 지혜를 어기어 잃게 됨이다. 생각을 물림이란 곧 근심하고 뉘우침이 있는 것이다.

또한 이것도 마음작용을 늘리는 법인데, 바로 '진리 보는 지혜'로 끊는[見諦所斷] 서른두 가지 견해의 번뇌[見使]에 속한다. 또한 도 닦는 지위[修道位]에서 사유로 끊는[思惟斷] 지어감의 미혹[思惑]에 거두어지는 것도 작은 부분이 있다.

⑤ **의심의 덮음[疑蓋]** 어리석은 마음으로 사물의 이치를 구함이 머뭇거려 분별하지 못하는 것을 '의심'[疑]이라고 이름한다. 만약 선정 등의 법을 닦을 때 무명이 어둡고 무디어 참과 거짓을 가려내지 못하고, 그로 인해 머뭇거리어 마음에 또렷하고 분명함이 없으면 모두 '의심'이라 한다.

세간에서 '의심'이라고 통틀어 일컫는 것에는 하나의 정론이 있지 않으나, 도를 장애하는 의심[障道之疑]은 곧 진리 보는 지혜[見諦]로써 끊는 삼계의 네 가지 행[三界四行], 열두 가지 의심의 번뇌[疑使]이다.

대왕이여, 다섯 가지 덮음을 떠나
다섯 몸을 이루면 복밭을 이루게 되오

이와 같이 내가 들었다.

한때 붇다께서는 슈라바스티 국 제타 숲 '외로운 이 돕는 장자의 동산'에 계셨다.

그때 프라세나짓 왕이 붇다 계신 곳에 찾아가 붇다의 발에 머리를 대 절하고 한쪽에 물러앉아 붇다께 여쭈었다.

"세존이시여, 어떤 사람에게 보시해야 합니까?"

붇다께서 말씀하셨다.

"마음이 좋아하는 곳을 따라하시오."

프라세나짓 왕이 다시 붇다께 말씀드렸다.

"어떤 곳에 보시해야 큰 과보를 얻을 수 있겠습니까?"

전쟁하는 군사의 비유로 보시 가운데 차별 없는 차별을 보이심

"대왕이여, 이것은 서로 다른 물음이오.

다시 물은 '어떤 곳에 보시해야 하는가'라는 이 물음은 다른 것이오.

그 물음과 '어떤 곳에 보시해야 큰 과보를 얻는가'라는 이 물음은 또 다르오. 제가 이제 대왕께 묻겠으니 뜻을 따라 나에게 대답해주시오.

대왕이여, 비유하면 다음과 같소.

이 나라가 싸움터에서 전투를 하게 되어 많은 군사들을 모집하는데, 어떤 브라마나의 아들이 동쪽에서 왔다고 합시다. 그런데 그가 아직 나이가 어려서 부드럽고 약하고 단정하며, 살갗은 희고 머리털이 검으며, 무예도 익히지 못했고 전쟁기술도 배우지 못하여 두렵고 무서워하며 스스로 편안치 못해 적을 차마 보지 못하고, 찌르거나 쏠 수 있는 아무 방편이 없어 적을 해치지도 못한다 합시다.

어떻소, 대왕이여. 이와 같은 사람에게 왕께서는 상을 주시겠소?"

왕이 붇다께 말씀드렸다.

"상을 주지 않을 것입니다, 세존이시여."

"이와 같소. 대왕이여, 크샤트리아의 소년이 남쪽에서 찾아오고, 바이샤의 소년이 서쪽에서 찾아오고, 수드라의 소년이 북쪽에서 찾아왔는데, 그들 모두 전쟁할 기술이 없기는 동쪽에서 온 브라마나의 아들과 같다 합시다. 그러면 왕은 그들에게 상을 주시겠소?"

"상을 주지 않을 것입니다, 세존이시여."

붇다께서 대왕에게 말씀하셨다.

"이 나라에서 군사를 모아 전투할 때, 어떤 브라마나의 소년이 동쪽에서 찾아왔는데, 그는 나이가 젊고 단정하며, 살갗이 희고 머리털이 검으며, 무예를 잘 배운 데에다가 전쟁기술까지 잘 알며 게다가 용맹스러워 두려움이 없고 힘든 싸움에도 물러나지 않으며, 편히 머물고 자세히 살폈다가 창을 휘둘러 해치고 큰 적을 깨뜨린다 합시다. 어떻소, 대왕이시여. 대왕께서는 이와 같은 군사에게 상을 더 주시겠소?"

"상을 더 줄 것입니다, 세존이시여."

"이와 같이 크샤트리아 소년이 남쪽에서 찾아오고, 바이샤 소년이 서쪽에서 찾아오고, 수드라 소년이 북쪽에서 찾아왔는데, 나이도 젊고 단정한데다 여러 전쟁기술과 무예를 잘하고 용맹스러워, 힘든 싸움에도 적을 물리침이 모두 동쪽의 브라마나 아들과 같다 합시다.

그러면 그런 군사에게 왕께서는 상을 주시겠소?”

왕이 붇다께 말씀드렸다.

“상을 더 줄 것입니다, 세존이시여.”

다섯 공덕의 몸 이룬 이가 세간의 높은 복밭임을 보이심

붇다께서 말씀하셨다.

“대왕이시여, 이와 같이 사문이나 브라마나가 다섯 가지를 멀리
여의고 다섯 가지를 성취한다면 복밭[福田]을 세울 것이니, 그 복밭
에 보시하면 큰 복과 큰 이익과 큰 과보를 얻을 것이오.

어떤 것이 다섯 가지를 여의는 것이오?

탐욕의 덮음과 성냄 · 잠과 졸음 · 들뜸 · 의심의 덮음을 이미 끊고
이미 알면, 이것을 다섯 가지를 여읜 것이라고 하오.

어떤 것이 다섯 가지를 성취하는 것이오?

배울 것이 없는 이[無學]가 계율의 몸[戒身]을 성취하는 것이며,
배울 것이 없는 이가 선정의 몸[定身] · 지혜의 몸[慧身] · 해탈의 몸
[解脫身] · 해탈지견의 몸[解脫知見身]을 성취하는 것이니, 이것을
다섯 가지를 성취한 것이라고 하오.

대왕이여, 이와 같이 다섯 가지를 여의고 다섯 가지를 성취하면
복밭을 세우는 것이니, 그 복밭에 보시하면 큰 과보를 얻을 것이오.”

그때 세존께서 다시 게송으로 말씀하셨다.

창을 휘둘러 용맹스럽게 싸워
전쟁할 수 있는 용감한 사나이

그렇게 싸움을 하였기 때문에
공에 따라 거듭 상을 더해주지만
이름있는 종족의 혈통이라도
겁 많고 용기 없으면 상 주지 않네.

욕됨을 참고 어짊을 닦는 이
진리를 보아 복밭을 세우며
현성의 바른 몸가짐 두루 갖추고
깊고 묘한 지혜를 성취한다면
종족의 혈통이 낮고 보잘 것 없어도
그 복밭에 보시할 수 있게 되네.

옷과 음식, 돈과 여러 재물과 보배
눕는 자리 등 갖가지 여러 도구들
모두다 공경히 보시해야 하니
깨끗한 계율을 가졌기 때문이네.

사람들 보이는 숲이나 들판 끝에
우물 파서 다니는 이들에게 주거나
강이나 개울에 다리를 놓으며
또는 길목에 쉴 집을 짓게 되면
계덕 갖춘 이와 많이 들은 현성들
길을 가다가 그치어 쉬게 되리라.

비유하면 짙은 먹구름이 일어나
번개 번뜩이고 우렛소리 떨치어
온 땅에 널리 두루 비가 내리면
온갖 풀과 나무 모두 우거지고
여러 새와 짐승들 다 기뻐 날뛰며
농부들도 모두 기뻐 즐거워함 같네.

이와 같이 깨끗한 믿음의 마음으로
많이 들음의 지혜를 갖추어서
탐내 아낌을 모두 버린 이들이
이 세간 가운데 빼어난 복밭이네.
돈과 재물 넉넉한 먹을거리를
그 복밭에 언제나 베풀어주며
높이 외쳐 기쁨과 사랑을 늘려주면
좋은 밭에 비가 쏟아지는 것 같이
공덕의 물은 쏟아지고 흘러들어서
베푸는 이의 마음을 적셔주나니
재물은 넉넉하고 이름 널리 퍼져
니르바나 큰 과덕에 미치게 되리.

붇다께서 이 경을 말씀하시자, 프라세나짓 왕은 붇다의 말씀을 듣고 기뻐하며 받들어 행하였다.

• 잡아함 1145 복전경(福田經)

보시의 공덕은 차별 없음 가운데 차별이 있으니, 그것이 바로 전쟁하는 군사에게 상을 주는 왕의 이야기이다.

왕의 물음에서 '어떤 곳에 보시해야 하는가'를 묻는 것과 '어느 곳에 보시해야 빼어난 보시가 되는가'는 다른 물음이라 하시니, 왜인가. 앞의 물음은 차별 없이 널리 보시해야 함이 답이 되는 물음이고, 뒤의 물음은 세간의 지혜롭고 공덕이 높은 복밭에 보시해야 함이 그 답이 되기 때문이다.

프라세나짓 왕의 물음을 따라 차별 없는 보시 가운데 빼어난 보시의 공덕을 보이기 위해, 붇다는 다섯 덮음을 없애고 다섯 공덕의 몸 얻은 사문·브라마나가 세간의 복밭이 되므로 세간의 복밭에 지혜로 보시하는 것이 큰 공덕이 됨을 답하신다.

이 답을 통해 붇다는 다섯 덮음을 버리고 다섯 공덕의 몸 얻어야 이 세간의 참된 복밭이 되므로 많이 들은 제자들로 하여금 다섯 덮음을 버리어 이 세간 중생의 참된 복밭이 되도록 가르치고 있는 것이다.

비록 다섯 덮음을 버려야 다섯 공덕의 몸 성취한다 가르쳤지만, 다섯 덮음이 지혜의 눈을 가리고 선정의 고요함을 가리는 덮음이므로 다섯 덮음이 사라진 그 자리가 다섯 공덕의 몸이다.

다섯 공덕의 몸을 갖추면 출신성분이 설사 천민이라도 그가 바로 세간의 높은 복밭이 되니, 중생 위해 늘 베푸는 깨끗한 믿음 지닌 이들이 세간의 복밭에 보시하면 스스로 풍요의 삶에 나아가고 니르바나의 공덕에 나아가게 될 것이다.

왜 그런가. 다섯 덮음 떠나 다섯 공덕의 몸 갖추어 세간의 복밭이 된 이는 나와 남이라는 모습이 이미 끊어져 늘 온갖 공덕을 중생을 위해 회향하고 중생과 함께 다함없는 법계의 진리에 돌아가기[無盡法界廻向] 때문이다.

깨끗한 믿음으로 세간의 위없는 복밭[無上福田]에 보시하고 그의 지혜와 함께하는 자, 그 또한 세간의 복밭이 되리라.

참된 살핌으로 낮은 곳의 묶음 버려
니르바나에 이르나니

나는 들었다, 이와 같이.

한때 붇다께서는 슈라바스티 국을 노니실 때 제타 숲 '외로운 이 돕는 장자의 동산'에 계셨다.

그때 세존께서 여러 비구들에게 말씀하셨다.

"내가 일찍이 '다섯 가지 낮은 곳의 묶음'[五下分結]에 대해 말했는데, 너희들은 그것을 받아 지니고 있느냐?"

여러 비구들은 잠자코 대답하지 않았다.

세존께서 다시 두 번, 세 번 비구들에게 물으셨다.

"내가 일찍이 다섯 가지 낮은 곳의 묶음에 대해 말했는데, 너희들은 그것을 받아 지니고 있느냐?"

그러나 여러 비구들은 또한 두 번, 세 번 잠자코 대답하지 않았다.

번뇌 묶음에 대한 말룽카푸트라의 피상적 이해를
어린아이의 비유로 깨뜨려주심

그때 존자 말룽카푸트라(Māluṅkyaputra)가 대중들 속에 있었다. 이에 존자 말룽카푸트라가 곧 자리에서 일어나 가사 한 자락을 벗어 메고 두 손을 맞잡고 붇다께 여쭈었다.

"세존께서는 일찍이 '다섯 가지 낮은 곳의 묶음'을 말씀하셨는데, 저는 그것을 받아 지니고 있습니다."

"말룽카푸트라여, 나는 일찍이 다섯 가지 낮은 곳의 묶음에 대해서 말했는데, 너는 그것을 받아 지니느냐?"

존자 말룽카푸트라가 대답했다.

"세존께서는 일찍이 첫 번째 낮은 곳의 묶음을 말씀하셨는데, 이것을 저는 받아 지니고 있으니, 탐욕입니다.

세존께서는 성냄[恚]·몸에 대한 그릇된 견해[身見]·그릇된 계의 집착[戒取]을 말씀하셨고, 의심(疑心)이 다섯 가지 낮은 곳의 묶음이라고 말씀하셨으니, 이것을 저는 받아 지니고 있습니다."

세존께서 나무라시며 말씀하셨다.

"말룽카푸트라여, 너는 어떻게 내가 말한 다섯 가지 낮은 곳의 묶음을 받아 지니느냐? 너는 누구 입을 좇아 내가 말한 다섯 가지 낮은 곳의 묶음을 받아 지니고 있느냐?

말룽카푸트라여, 많은 배움 다른 이들이 와서 어린아이로써 자주 비유하여 너를 따져 꾸짖지 않았느냐?

말룽카푸트라여, 어린아이는 어리고 부드럽고 약해 반듯이 누워 자며 뜻에 탐욕의 생각이 없는데, 하물며 욕심에 얽매여 머물겠느냐? 그러나 그 성품은 번뇌[使]이기 때문에 탐욕의 번뇌[欲使]라고 말한다.

말룽카푸트라여, 어린아이는 어리고 부드럽고 약해 반듯이 누워 자며 뜻에 중생이라는 생각이 없는데, 하물며 성냄에 얽매여 머물겠느냐? 그러나 그 성품은 번뇌이기 때문에 성냄의 번뇌[恚使]라고 말한다.

말룽카푸트라여, 어린아이는 어리고 부드럽고 약해 반듯이 누워 자며 스스로 몸이라는 생각이 없는데, 하물며 '몸이 있다는 견해'에 얽매여 머물겠느냐? 그러나 그 성품은 번뇌이기 때문에 몸이 있다는 견해의 번뇌[身見使]라고 말한다.

말룽카푸트라여, 어린아이는 어리고 부드럽고 약해 반듯이 누워 자며 계라는 생각이 없는데, 하물며 '그릇된 계에 집착하는 마음'에 얽매여 머물겠느냐? 그러나 그 성품은 번뇌이기 때문에 그릇된 계에 집착하는 번뇌[戒取使]라고 말한다.

말룽카푸트라여, 어린아이는 어리고 부드럽고 약해 반듯이 누워 자며 법이란 생각이 없는데, 하물며 의심에 얽매여 머물겠느냐? 그러나 그 성품은 번뇌이기 때문에 의심의 번뇌[疑使]라고 말한다.

말룽카푸트라여, 많은 배움 다른 이들이 와서 이 어린아이로써 자주 비유하여 따져 꾸짖지 않았느냐?"

이에 존자 말룽카푸트라는 얼굴 앞에서 세존께 꾸지람을 듣고는 안에 근심을 품고 머리를 떨구고 잠자코 말재간을 잃어 말이 없었으나, 무엇인가 물을 것이 있는 것 같았다.

그때 세존께서는 말룽카푸트라를 얼굴 앞에서 대놓고 나무라신 뒤에 잠자코 계셨다.

아난다에게 다섯 가지 낮은 곳의 묶음 그 실상을 말씀하심

그때 존자 아난다는 세존 뒤에 서서 부채를 들고 붇다께 부채질을 해드리고 있었다. 이에 존자 아난다가 두 손을 맞잡고 붇다를 향해 말씀드렸다.

"세존이시여, 지금이 바로 이때입니다. 잘 가신 이여, 지금이 바로 이때입니다. 만약 세존께서 여러 비구들을 위해 다섯 가지 낮은 곳의 묶음을 말씀하신다면, 여러 비구들은 세존께 듣고서는 잘 받아

지닐 것입니다.”

세존께서 말씀하셨다.

“아난다여, 자세히 듣고 잘 사유하라.”

존자 아난다가 대답했다.

“그렇게 하겠습니다. 분부를 받아 듣겠습니다.”

붇다께서 말씀하셨다.

“아난다여, 어떤 사람은 탐욕에 얽매여 욕심이 생기고 나면 평정함[捨]을 진실 그대로 알지 못한다. 그는 평정함을 진실 그대로 알지 못하고서는 욕심[欲]이 더욱 불꽃처럼 타올라 그것을 없애지 못하니, 이것이 낮은 곳의 묶음이다.

아난다여, 어떤 사람은 성냄[恚]에 얽매여 성내는 마음이 생기고 나면 평정함을 진실 그대로 알지 못한다. 그는 평정함을 진실 그대로 알지 못하고서는 성냄이 더욱 불꽃처럼 타올라 그것을 눌러 없애지 못하니, 이것이 낮은 곳의 묶음이다.

아난다여, 어떤 사람은 ‘내 몸이 있다는 견해’[有身]에 얽매여 내 몸이 있다는 견해가 생기고 나면 평정함을 진실 그대로 알지 못한다. 그는 평정함을 진실 그대로 알지 못하고서는 내 몸이 있다는 견해가 더욱 불꽃처럼 타올라 그것을 없애지 못하니, 이것이 낮은 곳의 묶음이다.

아난다여, 어떤 사람은 ‘그릇된 계율 취함’[戒取]에 얽매여 그릇된 계율 취하는 마음이 생기고 나면 평정함을 진실 그대로 알지 못한다. 그는 평정함을 진실 그대로 알지 못하고서는 그릇된 계율 취함이 더욱 불꽃처럼 타올라 그것을 없애버리지 못하니, 이것이 낮은 곳의 묶음이다.

아난다여, 어떤 사람은 의심[疑]에 얽매여 의심이 생기고 나면 평정함을 진실 그대로 알지 못한다. 그는 평정함을 진실 그대로 알지 못하고서는 의심이 더욱 불꽃처럼 타올라 그것을 없애지 못하니, 이것이 낮은 곳의 묶음이다."

도를 의지해 번뇌 흐름 끊음을 나무의 심 얻는 것으로 비유하심

"아난다여, 만약 도(道)를 의지하고 도의 자취[迹]를 의지한다면 다섯 가지 낮은 곳의 묶음을 끊을 수 있다. 그러나 그가 도를 의지하지 않고 도의 자취를 의지하지 않고서 다섯 가지 낮은 곳의 묶음을 끊으려 한다면, 그것은 끝내 그럴 수가 없다.

아난다여, 마치 어떤 사람이 나무심[實]을 구하려 함과 같다. 그는 나무심을 구하려 하므로 도끼를 가지고 숲속에 들어갔다. 그는 나무가 뿌리와 줄기, 가지, 잎과 심으로 이루어진 것을 보았다. 그러니 그 사람이 그 뿌리와 줄기는 베지 않고 그 심을 얻어 돌아온다는 것은 끝내 그럴 수 없다.

이와 같이 아난다여, 만약 도를 의지하고 자취를 의지한다면 다섯 가지 낮은 곳의 묶음을 끊을 수 있다. 그러나 그가 도를 의지하지 않고 도의 자취를 의지하지 않고서 다섯 가지 낮은 곳의 묶음을 끊는다는 것은 끝내 그럴 수 없다.

아난다여, 만약 도를 의지하고 자취를 의지하면 다섯 가지 낮은 곳의 묶음을 끊는다. 그가 도를 의지하고 도의 자취를 의지해서 다섯 가지 낮은 곳의 묶음을 끊는다는 것은 반드시 그럴 수 있다.

아난다여, 마치 어떤 사람이 나무심을 구하려 함과 같다. 그는 나무심을 구하려 하므로 도끼를 가지고 숲속에 들어갔다. 그는 나무가 뿌리와 줄기, 가지, 잎과 심으로 이루어진 것을 보았다. 그러니 그 사람이 그 뿌리와 줄기를 베어 심을 얻어 돌아온다는 것은 반드시 그럴 수 있다.

이와 같이 아난다여, 만약 도를 의지하고 자취를 의지한다면 다섯 가지 낮은 곳의 묶음을 끊는다. 도를 의지하고 도의 자취를 의지하여 다섯 가지 낮은 곳의 묶음을 끊는다는 것은 반드시 그럴 수 있다.”

의지해야 할 도와 도의 자취를 보이심

“아난다여, 어떤 도를 의지하고 어떤 자취를 의지하여야 다섯 가지 낮은 곳의 묶음을 끊는가?

아난다여, 어떤 사람은 욕심에 얽매이지 않는다. 만약 욕심의 얽매임을 내더라도, 그는 곧 평정함을 진실 그대로 안다. 그가 평정함을 진실 그대로 알면 그의 욕심의 얽매임은 곧 사라지게 된다.

아난다여, 어떤 사람은 성냄에 얽매이지 않는다. 만약 성냄의 얽매임을 내더라도, 그는 곧 평정함을 진실 그대로 안다. 그가 평정함을 진실 그대로 알면 그의 성냄의 얽매임은 곧 사라지게 된다.

아난다여, 어떤 사람은 ‘내 몸이 있다는 견해’에 얽매이지 않는다. 만약 ‘내 몸이 있다는 견해’가 생기더라도, 그는 곧 평정함을 진실 그대로 안다. 그가 평정함을 진실 그대로 알면 그의 ‘내 몸이 있다는 견해’의 얽매임은 사라지게 된다.

아난다여, 어떤 사람은 그릇된 계율 취함에 얽매이지 않는다. 만약 그릇된 계율 취함에 얽맴이 생기더라도, 그는 곧 평정함을 진실 그대로 안다. 그가 평정함을 진실 그대로 알면 그의 그릇된 계율 취함은 사라지게 된다.

아난다여, 어떤 사람은 의심에 얽매이지 않는다. 만약 의심의 얽맴이 생기더라도, 그는 곧 평정함을 진실 그대로 안다. 그가 평정함을 진실 그대로 알면 그의 의심의 얽매임이 곧 사라지게 된다.

아난다여, 이 도를 의지하고 이 도의 자취를 의지하여 다섯 가지 낮은 곳의 묶음을 끊는다."

번뇌 흐름 건너는 것을 저 언덕에 이르름으로 비유해 보이심

"아난다여, 그것은 마치 다음과 같다. 강가아 강물이 언덕까지 차서 넘치는데, 어떤 사람이 와서 저쪽 언덕에 일이 있어 강을 건너려고 할 때에 곧 생각한다.

'이 강가아 강물은 언덕까지 차서 넘치는데 나는 저쪽 언덕에 일이 있어 건너려고 한다. 그러나 내 몸에는 나를 저쪽 언덕까지 안온하게 헤엄쳐 가게 할 힘이 없다.'

아난다여, 알아야 한다. 그 사람은 힘이 없다. 이와 같이 아난다여, 만약 어떤 사람에게 깨달음·사라짐[滅]·니르바나가 있지만, 그 마음이 거기로 향하지도 않고 청정하지도 않으며 해탈에 머무르지도 않는다면 아난다여, 알아야 한다. 이 사람은 저 시들어 마른 사람이 힘이 없는 것과 같다.

아난다여, 이는 마치 다음과 같다. 강가아 강물이 언덕까지 차서 넘치는데, 어떤 사람이 와서 저쪽 언덕에 일이 있어 건너려고 할 때에 곧 생각한다.

'이 강가아 강물은 언덕까지 차서 넘치는데 나는 저쪽 언덕에 일이 있어 건너려고 한다. 그리고 내 몸에는 지금 나를 저쪽 언덕까지

안온하게 헤엄쳐 가게 할 힘도 있다.'

아난다여, 알아야 한다. 그 사람은 힘이 있다. 이와 같이 아난다여, 어떤 사람이 깨달음·사라짐·니르바나로 가는데, 그 마음이 거기로 향하고 청정하며 또 해탈에 머무른다면 아난다여, 알아야 한다. 이 사람은 저 힘 있는 사람과 같다.

아난다여, 또 마치 다음과 같다. 산과 물이 깊고 깊으며 아주 넓고, 긴 물결은 빠르게 달려 많은 물건들이 떠내려가는데, 그 가운데 배도 없고 다리도 없다.

그때 어떤 사람이 와서 저쪽 언덕에 일이 있어 곧 건너려고 한다. 그는 건너려고 할 때 곧 생각한다.

'지금 이 산과 물은 깊고 깊으며 아주 넓고, 긴 물결은 빠르게 달려 많은 물건들이 떠내려가고 있다. 이 가운데 배도 없고 다리도 없어 건너갈 수가 없다. 내가 이제 저쪽 언덕에 볼일이 있어 건너가고 싶은데, 어떤 방편을 써야 나를 안온하게 저쪽 언덕까지 건너가게 할 수 있을까?'

그는 다시 생각한다.

'나는 이제 이쪽 언덕가에서 풀과 나무를 거두어 모아 뗏목을 묶어 만들어 그것을 타고 건너가자.'

그는 곧 언덕 가에서 풀과 나무를 거두어 모아 뗏목을 묶어 만들고, 그것을 타고 강을 건너 저쪽 언덕에 다다랐다."

색계 네 선정[色界四禪]의 길을 보이심

"이와 같이 아난다여, 어떤 비구가 탐욕에 대해 싫어하여 떠남[厭離]을 생각하고, 싫어하여 떠남을 의지하며, 싫어하여 떠남을 의지하면 몸의 악행을 그치어 쉰다.

그리하여 마음이 여읨[離]과 선정[定]에 들어간다. 그러므로 욕심을 여의고, 악하여 착하지 않은 법을 여의어 느낌[覺]도 있고 살핌[觀]도 있으며, 여의는 데서 생기는 기쁨과 즐거움이 있는 첫째 선정[初禪]을 얻어 성취하여 노닌다.

그는 이곳을 의지하여 느낌이 일어나고 시드는 것을 살핀다. 그는 이곳을 의지하여 느낌이 일어나고 시드는 것을 살피고서는 거기에 머물러 반드시 번뇌 다함을 얻는다. 비록 거기 머물러서 번뇌 다함을 얻지 못해도 반드시 위로 올라가 '그치어 쉬는 곳'[止息處]을 얻는다.

어떻게 위로 올라가서 그치어 쉬는 곳을 얻는가?

그는 느낌과 살핌이 이미 쉬고, 안이 고요하여 한 마음이 되어, 느낌도 없고 살핌도 없으며, 선정에서 생기는 기쁨과 즐거움이 있는 둘째 선정[二禪]을 성취하여 노닌다.

그는 이곳을 의지해서 느낌이 일어나고 시드는 것을 살핀다. 그는 이곳을 의지해서 느낌이 일어나고 시드는 것을 살피고서는 거기에 머물러 반드시 번뇌 다함을 얻는다. 비록 거기 머물러서 번뇌 다함을 얻지 못해도 반드시 위로 올라가 그치어 쉬는 곳을 얻는다.

어떻게 위로 올라가 그치어 쉬는 곳을 얻는가?

그는 기쁨에 대한 탐욕을 여의고, 평정하여 구함 없이 노닐며, 바른 생각과 바른 지혜로 몸에 즐거움을 깨닫는다. 곧 성인께서 말씀하신 것[聖所說]이고, 성인이 평정함을 이룬 곳[聖所捨]인 바른 생각[念]·즐거움에 머묾[樂住]·공함[空]으로 셋째 선정[三禪]을 성취하여 노닌다.

그는 이곳을 의지해서 느낌이 일어나고 시드는 것을 살핀다. 그는 이곳을 의지해서 느낌이 일어나고 시드는 것을 살피고서는 거기에 머물러 반드시 번뇌 다함을 얻는다. 비록 거기 머물러서 번뇌 다함을 얻지 못해도 반드시 위로 올라가 그치어 쉬는 곳을 얻는다.

어떻게 위로 올라가 그치어 쉬는 곳을 얻는가?

그는 즐거움이 사라지고 괴로움도 사라지며, 기쁨과 걱정의 뿌리는 이미 사라져서, 괴로움도 없고 즐거움도 없음[不苦不樂] · 평정함[捨] · 바른 생각[念] · 청정(淸淨)이 있는 넷째 선정[四禪]을 얻어 성취하여 노닌다.

그는 이곳을 의지해서 느낌이 일어나고 시드는 것을 살핀다. 그는 이곳을 의지해서 느낌이 일어나고 시드는 것을 살피고서는 거기에 머물러 반드시 번뇌 다함을 얻는다. 비록 거기 머물러서 번뇌 다함을 얻지 못해도 반드시 위로 올라가 그치어 쉬는 곳을 얻는다.”

색계 네 선정 위의 무색계 네 선정[無色界四定]을 보이심

“어떻게 위로 올라가 그치어 쉬는 곳을 얻는가?

그는 모든 물질의 생각을 건너고, 걸림 있는 생각을 없애며, 몇몇 되는 생각도 내지 않아서, 한량없는 허공이 되니, 이 ‘한량없는 공한 곳’[無量空處]을 성취하여 노님이다.

그는 이곳을 의지해서 느낌이 일어나고 시드는 것을 살핀다. 그는 이곳을 의지해서 느낌이 일어나고 시드는 것을 살피고서는 거기 머물러 반드시 번뇌 다함을 얻는다. 비록 거기 머물러 번뇌 다함을 얻지 못해도 반드시 위로 올라가 그치어 쉬는 곳을 얻는다.

어떻게 위로 올라가 그치어 쉬는 곳을 얻는가?

그는 온갖 한량없는 공한 곳을 건너서, 한량없는 앎[識]이 되니, 바로 '한량없는 앎의 곳'[無量識處]을 성취하여 노님이다.

그는 이곳을 의지해서 느낌이 일어나고 시드는 것을 살핀다. 그는 이곳을 의지해서 느낌이 일어나고 시드는 것을 살피고서는 거기에 머물러 반드시 번뇌 다함을 얻는다. 비록 거기 머물러서 번뇌 다함을 얻지 못해도 반드시 위로 올라가 그치어 쉬는 곳을 얻는다.

어떻게 위로 올라가 그치어 쉬는 곳을 얻는가?

그는 온갖 한량없는 앎의 곳을 건너, 있는 바 없음이 되니, 바로 있는 바 없는 곳[無所有處]을 성취하여 노님이다."

느낌과 모습 취함의 실상을 살펴 니르바나 얻음을 보이심

"그가 만약 느낀바, 즐겁거나 괴롭거나, 괴롭지도 않고 즐겁지도 않으면, 그는 이 느낌이 덧없는[此覺無常] 것임을 살피고, 일어나고 시듦을 살피고, 욕심이 없음을 살피고, 사라짐을 살피며, 끊어짐을 살피고, 평정함을 살핀다.

그는 이와 같이 이 느낌이 덧없는 것임을 살피고, 일어나고 시듦을 살피고, 욕심이 없음을 살피고, 사라짐을 살피며, 끊어짐을 살피고, 평정함을 살피고서는, 그는 곧 이 세간을 받아들이지 않는다[不受此世]. 이 세간을 받아들이지 않고서는 곧 두려워하지 않으며, 두려워하지 않으므로 곧 파리니르바나에 들게 된다.

그래서 '태어남은 이미 다하고 범행은 이미 서고, 지을 바를 이미 지어 다시는 뒤의 있음을 받지 않는다'는 것을 진실 그대로 안다.

이는 마치 다음과 같다. 마을로 가기 멀지 않은 곳에 큰 파초가 있는데, 어떤 사람이 도끼를 가지고 그 파초를 베어 조각내는데, 열 조각을 내기도 하고, 백 조각을 내기도 한다고 하자.

열 조각을 내고 백 조각을 낸 뒤에 그 잎사귀 잎사귀를 다 헤쳐보더라도 그 마디조차 보이지 않는데 하물며 그 심이겠느냐?

아난다여, 이와 같이 비구가 만약 느낀 바가 있는데, 괴롭거나 즐겁거나, 괴롭지도 않고 즐겁지도 않다면, 그는 이 느낌이 덧없음을 살피고, 일어나고 시듦을 살피고, 욕심이 없음을 살피고, 사라짐을 살피며, 끊어짐을 살피고, 평정함을 살핀다.

그는 이와 같이 이 느낌이 덧없음을 살피고, 일어나고 시듦을 살피고, 욕심이 없음을 살피고, 사라짐을 살피며, 끊어짐을 살피고, 평정함을 살피고서는, 곧 이 세간을 받아들이지 않는다.

이 세간을 받아들이지 않은 뒤에는 곧 두려워하지 않으며, 두려워하지 않으므로 곧 파리니르바나에 들게 된다.

그래서 태어남은 이미 다하고 범행은 이미 서고, 지을 바를 이미 지어 다시는 뒤의 있음을 받지 않는다는 것을 진실 그대로 안다."

아난다가 세존이 참된 의지처 세움을 찬탄함

이에 존자 아난다가 두 손을 맞잡고 붇다를 향해 말씀드렸다.

"세존이시여, 매우 기이하고 매우 빼어나십니다.

세존께서는 여러 비구들을 위하여 의지할 곳에 의지해, 의지할 곳을 세워 번뇌 흐름 말씀하시고, 번뇌 흐름 넘어서 건넘을 말씀하셨습니다. 그러나 여러 비구들은 위없음[無上]을 빨리 얻지 못하니 위없음은 마쳐 다함[究竟盡]입니다."

세존께서 말씀하셨다.

"그렇다, 아난다여. 그렇다, 아난다여.

매우 기이하고 매우 빼어나다. 나는 여러 비구들을 위하여 의지할 곳에 의지해, 의지할 곳을 세워 번뇌 흐름 버리고 여읨을 말했고, 번뇌 흐름 넘어서 건넘을 말하였다. 그러나 여러 비구들은 위없음을 빨리 얻지 못하니 위없음은 곧 마쳐 다함이다.

왜 그런가. 사람에게는 빼어남[勝]과 바뀌지 않고 같음[如]이 있기 때문에 도를 닦음에도 정밀함과 거침이 있고, 도를 닦는 데에 정밀함과 거침이 있기 때문에 다시 사람에게 빼어남과 바뀌지 않고 같음이 있다. 그러므로 나는 사람에게는 빼어남과 바뀌지 않고 같음이 있다고 말한다."

붓다께서 이렇게 말씀하시자, 존자 아난다와 여러 비구들은 붓다의 말씀을 듣고 기뻐하며 받들어 행하였다.

• 중아함 205 오하분결경(五下分結經)

• 해설 •

다섯 가지 낮은 곳의 묶음[五下分結]이란, 중생 세간 가장 낮은 곳인 욕계(欲界)의 번뇌인 탐욕·성냄·몸이 실로 있다는 견해·그릇된 계 취함·의심이다.

그릇된 계 취함이란 해탈의 원인이 될 수 없는 헛된 율법을 세워 그 규범에 집착하는 것을 말하니, '불을 섬겨야 하늘에 난다'라든지 '개의 흉내를 내야 하늘에 난다'는 등 헛된 율법에 집착함이다.

이에 비해 다섯 가지 높은 곳의 묶음[五上分結]이란 색계(色界)·무색계(無色界)의 번뇌이니, 색계의 탐욕·무색계의 탐욕·들뜸·교만·무명이다.

색계의 탐욕이 색계하늘의 영묘한 물질을 탐욕함이라면, 무색계의 탐욕이란 무색계의 모습 없음을 집착함이다. 그러므로 낮은 곳의 묶음은 거친 탐욕의 세계를 뜻하고, 높은 곳의 묶음은 무명·교만과 같이 더 미세하고 본질적인 미혹을 뜻한다. 묶음이라 번역한 결(結)은 범어 삼요자나(samyojana)를 옮긴 말로 번뇌의 다른 이름이다.

어린아이로 비유해 보인 여래의 깨우침은 '어린아이처럼 탐욕하지 말고 어린아이처럼 살라'는 바깥길 수행자의 말에 대한 반론이다. 어린아이가 청정하나 어린아이가 탐냄·성냄·어리석음이 없는 것이 아니다. 그러므로 여래는 어린아이처럼 산다고 탐욕을 벗어나는 것이 아니고, 보여지는 사물과 알고 보는 것에 대한 실체적 견해를 떠날 때 욕계 낮은 곳의 묶음 떠날 수 있음을 가르치신다.

중생은 모습이 공해 모습 아닌 줄 모르므로 사물을 보는 나에서 나라는 견해를 일으키고, 보여지는 사물에서 실로 있다는 견해를 일으켜 다섯 묶음을 일으키며, 그 묶음에 얽매여 욕계 탐욕의 삶을 살아가는 것이다.

다섯 가지 낮은 곳의 묶음이 다하면 물질의 얽매임이 다한 즐거운 느낌과 살핌이 있는 색계 첫째 선정이 일어난다.

첫째 선정의 즐거움에 얽매이지 않으면 안의 마음이 고요한 둘째 선정이 일어난다.

둘째 선정의 즐거움에 집착하지 않으면 바른 생각이 있는 셋째 선정이 일어난다.

셋째 선정에 머물지 않으면 평정하여[捨] 바른 생각이 청정한[念淸淨] 넷째 선정이 일어난다.

색계의 모습에 대한 집착이 끊어지면 무색계의 한량없는 '공한 곳의 선정'을 얻고, 공함에 매이지 않으면 '앎의 곳'에 들어가 그치어 쉰다.

앎의 곳에서 벗어나면 앎의 곳 다음에 '있는 바 없는 곳'의 선정이 일어난다.

이 무색계의 '있는 바 없는 곳의 선정'에도 머물지 않아야 온갖 느낌에서 느낌을 벗어나고 모습 취함이 사라져, 세간 속에서 세간을 경험하되 이 세간을 실로 받아들이지 않고 파리니르바나에 이르게 된다.

파리니르바나는 다섯 낮은 곳의 묶음을 넘어서고 다섯 높은 곳의 묶음을 벗어나 색계·무색계의 선정을 수용하되 그 선정의 세계마저 머물지 않음을 나타내니, 파리니르바나는 원래 중생이 있되 공하고 공함도 공한 자기진실을 온전히 쓰는 세계이다.

파리니르바나는 느낌과 모습 취함에서 느낌이 사라지고 모습 취함이 사라져, 세간 가운데서 '세간을 받아들이지 않되'[不受世間], 세간이 공한 세간이므로 '세간을 버리지도 않는'[不捨世間] 진실의 삶 자체이다.

파리니르바나는 온갖 법 진여의 모습 그대로의 삶이니, 온갖 모습 속에 있되 모습에 닫히지 않는 파리니르바나의 삶을 『화엄경』(「십회향품」)은 이렇게 말한다.

진여를 잘 통달한 보디사트바는
있는바 삼세와 모든 국토
온갖 중생과 모든 법들
그 가운데 모두 머물러 살되
그 법들에 머무는 바 없이
이와 같은 행으로 회향하네.

所有三世及刹土　一切衆生與諸法
悉住其中無所住　以如是行而迴向

다섯 가지 더러움과 묶음을 뽑아
풀지 못하면 단이슬의 법에 이르지 못하니

나는 들었다, 이와 같이.

한때 붇다께서 슈라바스티 국을 노니실 적에 제타 숲 '외로운 이 돕는 장자의 동산'에 계셨다.

그때 세존께서 여러 비구들에게 말씀하셨다.

"만약 비구·비구니가 마음 가운데 다섯 가지 더러움[五穢]을 뽑아내지 못하고, 마음 가운데 다섯 가지 묶음[五縛]을 풀지 못한다면, 이것이 비구·비구니의 반드시 물러나는 법이라고 말한다."

다섯 가지 더러움 뽑지 못한 삶을 보이심

"어떤 것이 마음 가운데 다섯 가지 더러움을 뽑아내지 못하는 것인가? 어떤 이는 세존을 의심하여 망설이면서 뜻을 열지 못하고, 뜻을 풀지 못하며, 뜻이 고요하지 못하다.

만약 어떤 사람이 세존을 의심하여 망설이면서 뜻을 열지 못하고, 뜻을 풀지 못하며, 뜻이 고요하지 못한다 하자. 그러면 이것을 마음의 첫 번째 더러움을 뽑지 못한 것이라 하니, 곧 세존에 대한 것이다. 이와 같이 법(法)과 계(戒)와 가르침[敎]에 대해서도 또한 그러하다.

만약 여러 범행이 있어 세존께서 칭찬하신 것을 그들이 곧 꾸짖어 나무라고 업신여기며, 건드려 어지럽게 하고 침범해 해치며, 뜻을 열지 못하고, 뜻을 풀지 못하며, 뜻이 고요하지 못한다 하자. 그러면 이것을 마음의 다섯 번째 더러움을 뽑지 못한 것이라 하니, 곧 범행 (梵行)에 대한 것이다."

다섯 가지 묶음 풀지 못한 길을 보이심

"어떤 것이 마음 가운데 다섯 가지 묶음을 풀지 못하는 것인가?

어떤 이는 그 몸에서 물듦을 여의지 못하고, 탐욕을 여의지 못하며, 애착을 여의지 못하고, 목마름을 여의지 못한다.

만약 그 몸에서 물듦을 여의지 못하고 탐욕을 여의지 못하며, 애착을 여의지 못하고, 목마름을 여의지 못하는 이는, 그 마음이 바르게 향해 나아가지 못하고, 고요하지 못하며, 머물지 못하고, 스스로의 방편으로 번뇌 끊는 좌선을 알지 못한다.

만약 그 마음이 바르게 향해 나아가지 못하고, 고요하지 못하며, 머물지 못하고, 스스로의 방편으로 번뇌 끊는 좌선을 알지 못한다 하자. 이것을 마음의 첫 번째 묶음을 풀지 못하는 것이라 하니, 곧 몸 [身]에 대한 것이다.

다시 어떤 이는 욕심에서 물듦을 여의지 못하고, 탐욕을 여의지 못하며, 애착을 여의지 못하고, 목마름을 여의지 못한다.

만약 욕심에서 물듦을 여의지 못하고, 탐욕을 여의지 못하며, 애착을 여의지 못하고, 목마름을 여의지 못하는 이는 그 마음이 바르게 향해 나아가지 못하고, 고요하지 못하며, 머물지 못하고, 스스로의 방편으로 번뇌 끊는 좌선을 알지 못한다.

만약 그 마음이 향해 나아가지 못하고, 고요하지 못하며, 머물지 못하고, 스스로의 방편으로 번뇌 끊는 좌선을 알지 못한다 하자. 이것을 마음의 두 번째 묶음을 풀지 못하는 것이라 하니, 곧 욕심[欲]에 대한 것이다.

또 어떤 이는 말하는 것은 거룩한 뜻[聖義]과 서로 맞고, 부드러워 의심의 덮음[疑蓋]이 없다.

그것은 곧 계를 말하고, 선정을 말하며, 지혜를 말하고, 해탈을 말하고, 해탈지견을 말하고, 덮음을 말하고, 모이지 않음을 말하고, 욕심 줄임[少欲]을 말하고, 만족할 줄 앎[知足]을 말하고, 끊음을 말하며, 욕심 없음을 말하고, 사라짐을 말하고, 고요한 좌선을 말하고, 연기(緣起)를 말함이다.

이와 같음이 비구여, 사문이 말한 것이지만 그 마음은 바르게 향해 나아가지 못하고, 고요하지 못하며, 머물지 못하고, 스스로의 방편으로 번뇌 끊는 좌선을 알지 못한다.

만약 그 마음이 바르게 향해 나아가지 못하고, 고요하지 못하며, 머물지 못하고, 스스로의 방편으로 번뇌 끊는 좌선을 알지 못한다 하자. 이것을 마음의 세 번째 묶음을 풀지 못하는 것이라 하니, 곧 말씀[說]에 대한 것이다.

다시 어떤 집을 나온 수행자[道]는 집에 있는 이들[俗]과 자주 함께 모여 어지럽게 어울리고, 교만을 부리며 배워 묻지 않는다. 만약 자주 함께 모여 어지럽게 어울리고, 교만을 부리며 배워 묻지 않으면, 그 마음은 바르게 나아가지도 못하고, 고요하지도 못하며, 머물지도 못하고, 스스로의 방편으로 번뇌 끊는 좌선을 알지 못한다.

만약 그 마음이 바르게 나아가지 못하고, 고요하지 못하며, 머물지 못하고, 스스로의 방편으로 번뇌 끊는 좌선을 알지 못한다 하자. 이것을 네 번째 마음의 묶음을 풀지 못하는 것이라 하니, 곧 같이 모임[聚會]에 대한 것이다.

또 어떤 비구는 조금 얻은 것이 있다 하여 그 가운데 머물러 다시 위로 올라가기를 구하지 않는다. 만약 조금 얻은 것이 있다 하여 그 가운데 머물러 다시 위로 올라가지 않으면, 그 마음이 바르게 향해 나아가지 못하고, 고요하지 못하며, 머물지 못하고, 스스로의 방편으로 번뇌 끊는 좌선을 알지 못한다.

만약 그 마음이 향해 나아가지 못하고, 고요하지 못하며, 머물지 못하고, 스스로 방편으로 번뇌 끊는 좌선을 알지 못한다 하자. 이것을 마음의 다섯 번째 묶음을 풀지 못하는 것이라 하니, 곧 위로 올라감[昇進]에 대한 것이다.

만약 비구·비구니가 그 마음 가운데 다섯 가지 더러움을 뽑지 못하고, 그 마음 가운데 다섯 가지 묶음을 풀지 못한다면, 이것을 비구·비구니의 반드시 물러나는 법이라 한다.”

다섯 가지 더러움 잘 뽑음을 보이심

“비구들이여, 만약 비구·비구니가 그 마음 가운데 다섯 가지 더러움을 잘 뽑고, 그 마음 가운데 다섯 가지 묶음을 잘 푼다면, 이것을 비구·비구니의 맑고 깨끗한 법[淸淨法]이라 한다.

어떤 것이 그 마음 가운데 다섯 가지 더러움을 잘 뽑는 것인가? 어떤 비구는 세존을 의심하지 않고 망설이지 않아, 뜻을 열고 뜻이 풀리고 뜻이 고요하다.

만약 어떤 비구가 세존을 의심하지 않고 망설이지 않아, 뜻이 열리고 뜻이 풀리고 뜻이 고요하다 하자. 이것을 첫 번째 마음 가운데 더러움을 잘 뽑는 것이라 하니, 세존에 대한 것이다.

이와 같이 법과 계와 가르침에 대해서도 또한 그러하다.

만약 어떤 범행이 있어 세존께서 칭찬하신 것인데, 그들이 그 범행을 나무라지 않고 업신여기지 않으며, 건드려 어지럽게 하지 않고 침범해 해치지 않으며, 뜻을 열고 뜻이 풀리며 뜻이 고요하다 하자. 이것을 다섯 번째 마음 가운데 더러움을 잘 뽑는 것이라 하나니, 곧 범행에 대한 것이다."

다섯 가지 묶음 푸는 것을 보이심

"어떤 것이 마음 가운데 다섯 가지 묶음을 푸는 것인가?

어떤 비구는 몸에서 물듦을 여의고, 탐욕을 여의며, 애착을 여의고, 목마름을 여읜다. 만약 몸에서 물듦을 여의고, 탐욕을 여의며, 애착을 여의고, 목마름을 여의면, 그 마음이 바르게 향해 나아가고, 고요하며, 머물고, 스스로의 방편으로 번뇌 끊는 좌선을 알게 된다.

만약 그 마음이 바르게 향해 나아가고, 고요하며, 머물고, 스스로의 방편으로 번뇌 끊는 좌선을 안다 하자. 이것을 마음 가운데 첫 번째 묶음을 푸는 것이라 하니, 곧 몸에 대한 것이다.

다시 어떤 비구는 욕심에서 물듦을 여의고, 탐욕을 여의며, 애착을 여의고, 목마름을 여읜다. 만약 욕심에 있어서 물듦을 여의고, 탐욕을 여의고, 애착을 여의고, 목마름을 여의면, 그 마음이 바르게 향해 나아가고, 고요하며, 머물고, 스스로의 방편으로 번뇌 끊는 좌선을 알게 된다.

만약 그 마음이 바르게 향해 나아가고, 고요하며, 머물고, 스스로의 방편으로 번뇌 끊는 좌선을 안다 하자. 이것을 마음 가운데 두 번째 묶음을 푸는 것이라 하니, 곧 욕심[欲]에 대한 것이다.

다시 어떤 이는 말하는 것이 거룩한 뜻에 서로 맞고 부드러워, 의심의 덮음이 없다.

그것은 계를 말함, 선정을 말함, 지혜를 말함, 해탈을 말함, 해탈지견을 말함, 덮음을 말함, 같이 모이지 않음을 말함, 욕심 줄임을 말함, 만족할 줄 앎을 말함, 끊음을 말함, 탐욕 없음을 말함, 사라짐을 말함, 좌선을 말함, 연기를 말함이다.

이와 같음이 비구여, 사문이 말한 것인데 그 마음이 말한 대로 바르게 향해 나아가고, 고요하며, 머물고, 스스로의 방편으로 번뇌 끊는 좌선을 알게 된다.

만약 그 마음이 바르게 향해 나아가고, 고요하며, 머물고, 스스로의 방편으로 번뇌 끊는 좌선을 안다 하자. 이것을 마음 가운데 세 번째 묶음을 푸는 것이라 하니, 곧 말씀에 대한 것이다.

다시 어떤 집을 나온 수행자는 집에 있는 이들과 자주 함께 모이지 않고 어지럽게 어울리지 않으며, 교만하지 않고 배워 묻는다.

만약 자주 함께 모이지 않고 어지럽게 어울리지 않으며, 교만하지 않고 배워 물으면, 그 마음이 바르게 향해 나아가고, 고요하며, 머물고, 스스로의 방편으로 번뇌 끊는 좌선을 알게 된다.

만약 그 마음이 바르게 향해 나아가고, 고요하며, 머물고, 스스로의 방편으로 번뇌 끊는 좌선을 안다 하자. 이것을 마음 가운데 네 번째 묶음을 푸는 것이라 하니, 곧 함께 모이지 않음[不聚會]에 대한 것이다.

다시 바른 수행자는 조그만 얻는 것이 있다 하여 그 가운데 머무르지 않고 다시 위로 올라가기를 구한다. 만약 조그만 얻는 것이 있다 하여 그 가운데 머무르지 않고 다시 위로 올라가기를 구하면, 그 마음이 바르게 향해 나아가고, 고요하며, 머물고, 스스로의 방편으로 번뇌 끊는 좌선을 알게 된다.

만약 그 마음이 바르게 향해 나아가고, 고요하며, 머물고, 스스로의 방편으로 번뇌 끊는 좌선을 안다 하자. 이것을 마음 가운데 다섯 번째 묶음을 푸는 것이라 하니, 곧 위로 올라감에 대한 것이다.

만약 비구·비구니가 이처럼 그 마음 가운데 다섯 가지 더러움을 잘 뽑고, 또 그 마음 가운데 다섯 가지 묶음을 잘 풀면, 이것을 비구·비구니의 맑고 깨끗한 법이라 한다."

열 가지 법을 이룬 뒤 다섯 선정을 닦으면
반드시 단이슬의 문에 이르름을 보이심

"그들은 이 열 가지 법[十支]에 머무르고서는 다시 다섯 가지 법[五法]을 닦는다. 어떤 것이 다섯 가지인가?

첫째 하고자 함의 선정[欲定]을 닦아, 바르게 끊어 자재함[斷如意足]을 성취하여, 떠남·욕심 없음·사라짐·평정함을 의지하여 단계로 밟아가지 않음[非品]을 향해 나아간다.

그리하여 둘째 정진의 선정[精進定], 셋째 마음의 선정[心定], 넷째 사유의 선정[思惟定]을 닦아 바르게 끊어 자재함을 성취하여 떠남·욕심 없음·사라짐·평정함을 의지하여 단계로 밟아가지 않음을 향해 나아간다.

이 네 선정을 견디어 맡음[堪任]이 그 다섯 번째이다.

그들이 이 견디어 맡음 등의 열다섯 가지 법을 성취하고, 스스로 받음[自受]을 성취한다면, 반드시 알고 반드시 보며 반드시 바로 다해 깨달아 단이슬의 문[甘露門]에 이르러 니르바나에 가까이 머물

것이다. 그러면 '이런 이들은 니르바나에 이르지 못할 이가 없다'고 나는 말한다.

마치 닭이 알을 열 개나 열두 개를 낳아 때에 따라 품어주고 때에 따라 덥히며, 때에 따라 보살피는 것과 같다.

어미 닭이 설령 놓아 지내 그 가운데 다른 닭이 부리로 쪼고 발로 밟아 부수더라도, 거기서 스스로 안온하게 나오는 것이 있다면 그것이 으뜸이 된다.

이와 같이 비구가 이 견디어 맡음 등의 열다섯 가지 법을 성취하여 스스로 받음을 성취한다면, 반드시 알고 반드시 보며 반드시 바로 다해 깨달아 반드시 단이슬의 문에 이르러 니르바나에 가까이 머물 것이다. 그러면 '이런 이들은 니르바나에 이르지 못할 이가 없다'고 나는 말한다."

붇다께서 이와 같이 말씀하시자, 여러 비구들은 붇다의 말씀을 듣고 기뻐하며 받들어 행하였다.

• 중아함 206 심예경(心穢經)

• 해설 •

수행자로 하여금 무엇이 다시는 뒤로 물러섬이 없이 앞으로 나아가지 못하게 하는가. 다섯 더러움 뽑지 못하고 다섯 묶음 풀지 못하기 때문이다.

위대한 스승 세존과 세존의 법과 계와 가르침과 세존이 가르치신 범행을 의심하고 뜻을 열지 못해 망설임이 다섯 더러움이니, 이 더러움을 없애야만 뒷걸음치거나 옆길로 새지 않고 힘있게 앞으로 나아갈 수 있다.

다섯 가지 묶음은 어떤 것인가. 몸에 대한 집착[身]이 첫째 묶음이 되고 욕심에 물듦[欲]이 둘째 묶음이 된다.

셋째 묶음은 바른 해탈의 길 말해주는 선지식의 말씀[說]을 말로는 따라 하되 마음으로 받아들여 행하지 않음이고, 넷째 묶음은 그릇되게 세속의 이익을 좇아 세속사람과 어울려 모임[聚會]이며, 다섯째 묶음은 지금 얻은 것에 실로 얻음이 있다는 생각으로 얻을 것 없는 곳을 향해 위로 올라 나아가지 못함[昇進]이다.

이 다섯 가지 묶음을 풀지 못하면 참된 수행자라 할 수 없다.

이 열 가지 끊을 더러움과 풀어낼 묶음을 끊고 풀어야 다섯 가지 법을 닦을 수 있다.

다섯 가지 법의 첫째는 보디의 도 성취하려는 바른 원이니, 바른 수행자는 번뇌 끊어 니르바나에 나아가려는 하고자 함의 선정[欲如意足]으로 법의 문에 들어간다. 하고자 함의 선정이 뿌리가 되어 더욱 힘써 앞으로 나아가는 선정[精進如意足], 마음의 고요함을 얻는 선정[心如意足], 사유의 밝음을 얻는 선정[思惟如意足]을 얻게 된다.

이 '네 가지 뜻대로 자재한 선정'[四如意足]에 다섯째 바르게 끊어 자재한 선정[斷如意足] 맡아 지님을 더한 것은 무엇인가. 그것은 네 가지 뜻대로 되는 선정[四如意足]의 인행(因行)이 있으면 번뇌 끊어 다한 해탈의 과덕(果德)이 함께함을 덧붙여 보인 것이다.

이미 바른 도에 걸림이 되는 다섯 더러움이 없어지고 다섯 묶음이 없어진 곳에서 네 가지 선정을 닦아간다면 어찌 욕심 다해 사라진 니르바나에 이르지 못하겠는가.

그러므로 여래는 열 가지 더러움과 묶음이 없이 닦아가는 이들에게 '반드시 니르바나에 이르지 못할 이가 없다'고 언약해주신다.

경의 말씀처럼 크신 스승 붇다의 거룩한 말씀[聖語]과 거룩한 뜻[聖義]에 따라 닦아 행하면 반드시 니르바나의 땅에 이르니, 『화엄경』(「입법계품」)은 이렇게 보인다.

　　만약 붇다를 뵙게 되면
　　온갖 괴로움 없애버리고

모든 여래의 크나큰 지혜
그 경계에 들어갈 수 있으리.

若得見於佛　除滅一切苦
能入諸如來　大智之境界

만약 붇다를 뵙게 되면
온갖 장애를 버려 떠나
다함없는 복 키워 기르고
보디의 도 이루게 되리.

若得見於佛　捨離一切障
長養無盡福　成就菩提道

세존이시여, 욕심이란 어떤 것입니까

이와 같이 내가 들었다.

한때 붇다께서는 슈라바스티 국 제타 숲 '외로운 이 돕는 장자의 동산'에 계셨다.

그때에 가마 비구는 붇다 계신 곳에 와 붇다의 발에 절하고 한쪽에 물러앉아 말씀드렸다.

"세존이시여, 욕심이란 어떤 것입니까."

붇다께서는 가마에게 말씀하셨다.

"욕심이란 다섯 가지 탐욕의 공덕[五慾功德]을 말한다.

어떤 것이 다섯인가.

곧 눈의 앎이 빛깔을 보아 사랑할 만하고 마음에 들며 생각할 만하면, 탐욕의 즐거움을 길러 자라게 한다.

이와 같이 귀·코·혀·몸의 앎이 닿아 사랑할 만하고 마음에 들며 생각할 만하면 탐욕의 즐거움을 길러 자라게 한다. 이것을 욕심이라 이름한다.

그러나 보아 아는 그것이 욕심은 아니다[彼非欲]. 그것에 탐착하면 이것을 욕심이라 한다."

빛깔에 대한 탐욕이 끊어야 할 것임을 말하고 끊는 길을 보이심

그때에 세존께서는 곧 게송으로 말씀하셨다.

세상에 뒤섞인 다섯 가지 빛깔
그것은 애욕이라 할 것 아니다.
탐욕으로 느껴 모습 취하는 것
그것이 곧 사람의 욕심이로다.
뭇 빛깔이 늘 세간 머무는 것이니
잘 행하는 이 마음의 탐욕 끊으라.

가마 비구는 붇다께 말씀드렸다.

"세존이시여, 여기에 바른 길과 길의 자취가 있어서 이 애욕을 끊을 수 있습니까?"

붇다께서는 비구에게 말씀하셨다.

"여덟 가지 길이 있어서 애욕을 끊을 수 있으니, 곧 바른 견해·바른 뜻·바른 말·바른 행위·바른 생활·바른 방편·바른 생각·바른 선정이다."

붇다께서 이 경을 말씀하시자, 여러 비구들은 그 말씀을 듣고 기뻐하며 받들어 행하였다.

• 잡아함 752 가마경(迦摩經)

• 해설 •

속제밖에 진제가 없으니 빛깔을 보고 소리 듣는 것이 탐욕의 세계가 아니다. 보는 것 듣는 것에 애착을 내고 취함을 내는 것이 탐욕이다.

저 보이고 들리는 것의 모습밖에 법계의 진실이 없으니, 모습에 모습 없되 모습 없음도 없음을 알면, 보고 듣는 그곳이 보디의 땅이다.

여래는 병 따라 약을 써서 그 병이 다시 도지지 않게 치료하는 삼계의 큰 의왕이다. 그러므로 중생이 탐욕의 마음이 넘치면 탐욕의 불길을 끄기 위해 탐욕의 대상이 깨끗하지 않고 더러움이 넘치는 것이라 가르치지만, 탐욕의 불길이 쉬면 온갖 빛깔과 냄새의 경계가 곧 진여의 경계라 취할 것이 없고 버릴 것이 없다 가르친다.

눈·귀·코·혀·몸은 감각적으로 경계를 받아들여 아는 뿌리이니, 이 아는 뿌리가 물든 뜻의 앎[意識, mano-vijñāna]과 함께하면 다섯 가지 탐욕이라 이름 짓지만, 물든 뜻이 함께하지 않으면 아는 뿌리는 부모가 낳아준 그대로 청정한 눈[父母所生淸淨眼]이 되고 부모가 낳아준 그대로 청정한 귀[父母所生淸淨耳]가 되며, 보고 들음은 보디의 지견이 된다.

그 뜻을 여래는 '세간의 다섯 빛깔이 애욕이라 할 것이 아니다'라고 하고, 옛 사람은 '일승의 길을 가려거든 여섯 티끌경계 미워하지 말라'고 가르친 것이다.

비록 여덟 가지 바른 길로 애욕을 끊는다고 가르치나 경계가 공하고 애욕이 허깨비라면 여덟 가지 바른 길일 때 애욕은 온전히 마하사트바의 큰 원[大願]이 되고 자비가 되며 중생의 번뇌는 참사람의 지혜가 될 것이다.

이 세간 다섯 욕망이 다 허망하나니

이와 같이 내가 들었다.

한때 붇다께서는 라자그리하 성의 산골 정사에 계셨다.

때에 코카나다라는 빛이 밝은 하늘여인이 있었다. 그는 얼굴빛이 아주 묘했는데, 새벽에 붇다 계신 곳에 와서 붇다의 발에 절하였다.

그러자 몸의 여러 밝은 빛이 산골짜기를 두루 비추었다.

때에 코카나다 하늘여인은 게송을 말하였다.

　　그 마음으로 악한 짓 하지 말고
　　몸과 입으로도 그렇게 하라.
　　세간의 다섯 욕망 허망하나니
　　바른 지혜로 생각을 바로 매어서
　　바른 뜻과 어울려 합하지 않는
　　뭇 괴로움을 익혀서 가까이 말라.

붇다께서는 하늘여인에게 말씀하셨다.

　　그렇고 그렇다, 하늘여인이여!
　　그 마음으로 악한 짓 하지 말고
　　몸과 입으로도 그렇게 하라.

세간의 다섯 욕망 허망하나니
바른 지혜로 생각을 바로 매어서
바른 뜻과 어울려 합하지 않는
뭇 괴로움을 익혀서 가까이 말라.

때에 코카나다 하늘여인은 붇다께 말씀을 듣고 기뻐하고 따라 기뻐하면서, 붇다의 발에 머리를 대 절하고 이내 사라져 나타나지 않았다.

하늘여인과 나눈 오욕에 관한 법문을 다시 비구대중에게 보이심

그때에 세존께서는 밤이 지나 이른 아침에 비구대중 가운데 들어가시어 니시다나를 펴고 대중 앞에 앉아 여러 비구들에게 말씀하셨다.

"어제 새벽에 코카나다 하늘여인이 얼굴빛이 아주 묘했는데, 내가 있는 곳에 와서 내 발에 머리를 대 절하고 한쪽에 물러앉아 이렇게 게송을 말하였다.

그 마음으로 악한 짓 하지 말고
몸과 입으로도 그렇게 하라.
세간의 다섯 욕망 허망하나니
바른 지혜로 생각을 바로 매어서
바른 뜻과 어울려 합하지 않는
뭇 괴로움을 익혀서 가까이 말라.

내가 그 하늘여인에게 답했다.

그렇다 하늘여인이여,
그렇다 하늘여인이여!

그 마음으로 악한 짓 하지 말고
몸과 입으로도 그렇게 하라.
세간의 다섯 욕망 허망하나니
바른 지혜로 생각을 바로 매어서
바른 뜻과 어울려 합하지 않는
뭇 괴로움을 익혀서 가까이 말라.

이렇게 말하였을 때에 코카나다 하늘여인은 내 말을 듣고 기뻐하고 따라 기뻐하면서, 내 발에 머리를 대 절하고 이내 사라져 나타나지 않았다."

붇다께서 이 경을 말씀하시자, 여러 비구들은 그 말씀을 듣고 기뻐하며 받들어 행하였다.

• 잡아함 1270 구가니경(拘迦尼經)

• 해설 •

다섯 가지 욕망은 두 가지 뜻으로 쓰인다.

눈·귀·코·혀·몸의 다섯 아는 뿌리가 빛깔·소리·냄새·맛·닿음의 다섯 대상에 대해 일으킨 탐욕이 한뜻이고, 세속생활에서 사람들의 주된 욕망인 재물욕·이성에 대한 욕망·먹을 것에 대한 욕망·명예욕·잠에 대한 욕망이 다른 한뜻이다.

세간의 다섯 욕망도 빛깔·소리·냄새·맛·닿음에 대한 집착이 뿌리가 되므로 경은 다섯 경계에 대한 탐욕이 모든 욕심의 뿌리라 한다.

눈·귀·코·혀·몸의 다섯 앎[前五識]은 사물을 감각적으로 수용할 뿐 느낌 자체로는 번뇌를 일으키지 않으므로 번뇌의 뿌리는 다섯 앎과 함께 움직이는 '뜻의 앎'[意識, mano-vijñāna]이다.

뜻의 앎이 모습에 모습 없는 사물의 실상에 미혹하여 모습에 취할 모습이 있다고 헤아리므로, 다섯 앎이 경계를 따라 물들어 다섯 욕망의 세계가 벌어진다.

그러므로 바른 견해·바른 선정으로 물든 뜻의 앎을 '바르게 살피는 지혜'[妙觀察智]로 돌이키면[轉識得智], 탐욕에 물든 감성의 앎이 '지을 바를 잘 지어 이루는 지혜'[成所作智]가 되는 것이다.

물든 앎이 지혜로 돌이켜지면, 이때 다섯 가지 탐욕은 노동의 활기찬 동력이 되며, 나와 너를 함께 살리는 건강한 삶의 의지[願, praṇidhāna]가 되고 세간을 번영과 풍요에 이끌 실천적 행위[行, pāramitā]가 된다.

6) 여섯 법으로 보인 중생의 번뇌

여섯 들이는 곳에 맛들여 집착함이
번뇌의 뿌리가 되니

이와 같이 내가 들었다.

한때 붇다께서는 라자그리하 성의 칼란다카 대나무동산에 계셨다.

그때 세존께서 여러 비구들에게 말씀하셨다.

"만약 비구가 눈에 대해 맛들여 집착하면 곧 높은 번뇌를 내고, 높은 번뇌를 내는 자는 모든 물든 마음에서 탐욕을 여의지 못하며, 그 장애 또한 끊지 못한다.

귀의 들이는 곳, 코·혀·몸과 뜻의 들이는 곳 또한 이와 같이 말한다."

붇다께서 이 경을 말씀하시자, 여러 비구들은 붇다의 말씀을 듣고 기뻐하며 받들어 행하였다.

(안의 여섯 들이는 곳[內六入處]과 같이, 밖의 여섯 들이는 곳[外六入處]에 대해서도 이와 같이 말씀하셨고, 나아가 다섯 쌓임[五陰]에 대해서도 또한 이와 같이 말씀하셨다.)

- 잡아함 900 미착경(味着經)

여섯 가지 물든 뜻뿌리를 없애야 하니

이와 같이 들었다.

한때 붇다께서는 슈라바스티 국 제타 숲 '외로운 이 돕는 장자의 동산'에 계시면서 비구들에게 말씀하셨다.

"여섯 가지 가늘고 매끄럽게 닿아 들이는 곳이 있다.

어떤 것이 여섯인가.

눈·귀·코·혀·몸·뜻의 들임을 말하니, 이것을 여섯 들임[六入]이라 한다.

범부의 사람들은 눈으로 빛깔을 보면 곧 물들어 집착하는 마음을 내어 그것을 버려 떠나지 못한다. 그는 그 빛깔을 보고 아주 애착하는 마음을 일으켜 나고 죽음에 흘러 구르면서 벗어날 때가 없다.

여섯 가지 뜻뿌리[六情]에서도 또한 모두 이와 같아서 물들어 집착하는 생각을 내어 뜻이 버려 떠나지 못하고, 이로 말미암아 흘러 구르며 벗어날 때가 없다."

여섯 가지 뜻에서 물듦 떠나 니르바나에 들어감을 보이심

"그러나 세존의 어질고 거룩한 제자들은 눈으로 빛깔을 보아도 물들어 집착함을 일으키지 않고, 더러운 마음이 없이 곧 다음과 같이 분별할 수 있다.

'이 눈은 덧없는 법이라 괴롭고 비고 나가 아닌 법이다.'

여섯 가지 뜻뿌리에서도 또한 모두 이와 같아서 더러운 마음을 일으키지 않고 다음처럼 분별한다.

'이 여섯 가지 뜻뿌리는 덧없고 괴로우며 비고 나가 아닌 법이다.'

이것을 사유할 때 곧 두 과덕을 얻게 되니, 현재의 법 가운데서 아나가민(anāgāmin, 不來)이나 아라한(arhat, 應供)을 얻음이다.

마치 아주 굶주린 사람이 보리를 잘 찧어 깨끗이 해서 가져다 먹고 주림과 목마름을 없애려고 하는 것과 같다.

어질고 거룩한 제자 또한 이와 같아서 이 여섯 뜻뿌리에서 물들어 깨끗하지 않음을 사유하면, 곧 도의 자취를 이루어 남음 없는 니르바나의 세계에 들어갈 것이다.

그러므로 비구들이여, 방편을 구해 이 여섯 가지 물든 뜻뿌리를 없애야 한다. 비구들이여, 반드시 이렇게 배워야 한다."

그때에 비구들은 붇다의 말씀을 듣고 기뻐하며 받들어 행하였다.

• 증일아함 38 역품(力品) 十二

• 해설 •

안의 여섯 들임[內六入]과 바깥 여섯 들임[外六入]은 서로 의지해서 안과 밖의 이름을 얻으니, 안의 들임도 공하고 밖의 들임도 공하다.

있되 공한 것에 실로 있다는 집착을 내므로 안의 눈·귀·코·혀·몸·뜻의 들임에 집착을 내고, 밖의 빛깔·소리·냄새·맛·닿음·법의 들임에 집착을 낸다. 그리하여 막혀 걸림이 없는 법계의 처소에서 막혀 걸림을 낸다.

안과 밖의 들임이 걸림이 있게 되면 눈의 앎·귀의 앎·코의 앎·혀의 앎·몸의 앎·뜻의 앎이 물들어 나고 사라짐에 흘러 구르고, 이것과 저것의 장애와 대립에 갇힌다.

세존의 거룩한 제자는 눈이 공하고 저 빛깔이 공함을 살펴, 보되 봄이 없게 보고 알되 앎이 없이 아니, 이것이 여섯 가지 앎활동에서 여섯 가지 뜻뿌리[六情, 六根]를 없앰이다.

여섯 가지 뜻뿌리를 없앰이란 아는 자[內入]가 아는 자 아닌 아는 자임을 깨닫는 것이니, 진실을 바로 알 때 굶주림에 먹는 보릿가루와 같이 윤회의 굶주림을 낮게 해줄 보디의 식량을 얻는다.

눈이 빛깔을 알되 앎에 앎이 없으면 이것이 법의 바다에 들어감이고 남음 없는 니르바나의 문을 엶이다. 니르바나의 문을 열고 니르바나의 세계에 나아가 뒤로 물러서지 않는 이를 아나가민이라 하고 니르바나의 세계에 이미 들어 다시 배울 것 없는 이[無學]를 아라한이라 한다.

『화엄경』(「입법계품」) 또한 붇다를 뵙고 여섯 뜻과 경계의 집착 떠나 굳센 뜻으로 보디를 향하면 반드시 바른 깨침[sambodhi] 이루게 됨을, 이렇게 말한다.

만약 사람 가운데 빼어난 이 뵙고
뜻을 분명히 해 보디에 향하면
이 사람은 스스로 알게 되어
반드시 바른 깨침 이루게 되리.

若見人中勝　決意向菩提
是人能自知　必當成正覺

파라미타 닦아 행하되
닦아 행함 마쳐 다하여
깨달음의 지혜 따르면
증득한 지혜와 힘 자재해
위없는 보디 이루게 되리.

修行波羅蜜　究竟隨覺智
證知力自在　成無上菩提

여섯 들이는 곳에 취함 있으면 물러나는 법이니

이와 같이 내가 들었다.

한때 붇다께서는 슈라바스티 국 제타 숲 '외로운 이 돕는 장자의 동산'에 계시면서 여러 비구들에게 말씀하셨다.

"물러나는 법[退法]과 물러나지 않는 법[不退法]이 있으니, 여섯 가지 닿아 들이는 곳이다. 자세히 듣고 잘 사유하라. 너희들을 위해 말해주겠다.

어떤 것이 물러나는 법인가.

눈이 빛깔을 분별하여 욕심을 내면, 그 비구는 기뻐하고 찬탄하면서 잡아 취하고 매여 집착하여 그 법을 따라 돌아 구른다.

알아야 한다. 그 비구는 모든 착한 법에서 물러나는 것이다. 세존이 말한 것에서 이것을 물러나는 법이라 한다.

귀·코·혀·몸·뜻 또한 다시 이와 같다."

물러나지 않는 법을 보이시고 빼어난 곳을 보이심

"어떤 것을 물러나지 않는 법이라 하는가.

눈이 빛깔의 경계를 알아 탐욕의 느낌과 맺음을 내지 않아서 그 비구가 기뻐하지도 않고 찬탄하지도 않으며, 잡아 취하고 매이어 집착하지 않으면, 그 법을 따라 돌아 구르지 않는다.

알아야 한다. 그 비구는 모든 착한 법에서 물러나지 않는 것이다.

세존은 이것을 물러나지 않는 법이라 말한다.

귀·코·혀·몸·뜻 또한 다시 이와 같다.

어떤 것이 여섯 가지 빼어난 들이는 곳[勝入處]인가.

눈이 빛깔의 경계를 알아 탐욕의 느낌을 내 물들어 집착함을 맺지 않으면, 알아야 한다. 이것이 비구의 빼어난 들이는 곳이다.

빼어난 들이는 곳, 이는 세존이 설한 것이다. 귀·코·혀·몸·뜻 또한 다시 이와 같다.

만약 그 비구가 여섯 가지 빼어난 들이는 곳에서 빼어나게 되면 탐욕의 맺음이 끊어지고 성냄과 어리석음의 맺음이 끊어진다.

비유하면 왕이 적을 꺾고 원수를 이기면 그를 '빼어난 왕'[勝王]이라고 하고, 뭇 맺음을 끊어 없애면 그를 '빼어난 브라마나'라고 이름하는 것과 같다."

붇다께서 이 경을 말씀하시자 여러 비구들은 붇다의 말씀을 듣고 기뻐하며 받들어 행하였다.

• 잡아함 278 퇴불퇴경(退不退經)

• 해설 •

눈과 빛깔 나아가 뜻과 법은 있되 공하므로 취할 것이 없고, 공하되 없지 않으므로 버릴 것이 없다. 취하지 않으므로 있음에 머물지 않고 버릴 것이 없으므로 공에도 머물지 않으면, 그의 여섯 앎은 안과 밖에 머물지 않는 넓고 큰 마음[廣大心], 있음과 없음에 휘둘리지 않는 평정한 마음[平等心], 다시 헛것을 보지 않는 뒤바뀌지 않는 마음[不顚倒心]이 된다.

뒤바뀌지 않는 마음, 넓고 큰 마음을 지닌 마하사트바, 그가 물러서지 않고 앞으로 나아가며, 늘 뭇 삶들에 한량없는 자비의 마음을 행한다.

그는 뭇 적을 무찌르는 '빼어난 왕'과 같으니, 그가 뭇 맺음을 끊은 '빼어난 브라마나'며 '큰 사문'[大沙門, mahā-śramaṇa]이다.

수메루 산같이 우뚝 솟은 빼어난 브라마나 세간의 큰 장부를 『화엄경』(「이세간품」)은 다음과 같이 찬탄한다.

보디사트바 수메루 산은
세간을 뛰어 벗어나
신통 사마디의 봉우리는
큰 마음 편안해 움직임 없네.

菩薩須彌山　超出於世間
神通三昧峰　大心安不動

만약 가까이하는 이 있으면
그 지혜의 빛깔과 같이해
뭇 경계를 아득히 끊어서
온갖 것 보지 못함 없으리.

若有親近者　同其智慧色
逈絶衆境界　一切無不睹

7) 일곱 법으로 보인 중생의 번뇌

일곱 가지 번뇌와 번뇌의 약이 있나니

이와 같이 들었다.

한때 붇다께서는 슈라바스티 국 제타 숲 '외로운 이 돕는 장자의 동산'에 계시면서 비구들에게 말씀하셨다.

"내 이제 일곱 가지 번뇌를 말해주겠으니 너희들은 잘 생각하라."

"그렇게 하겠습니다, 세존이시여."

일곱 가지 번뇌를 멍에에 묶인 두 소로 비유하심

이때 비구들이 붇다에게서 가르침을 받으니, 세존께서는 말씀하셨다.

"일곱 가지 번뇌란 무엇인가.

첫째는 탐욕의 번뇌요, 둘째는 성냄의 번뇌며, 셋째는 교만의 번뇌요, 넷째는 어리석음의 번뇌다. 다섯째는 의심의 번뇌요, 여섯째는 견해의 번뇌며, 일곱째는 욕계와 색계의 번뇌다.

이것을 비구들이여, 이 일곱 가지 번뇌가 있어 중생들로 하여금 길이 깊은 어두움 속에 있게 하고, 그 몸을 얽어 묶어 세간에 흘러 구르면서 쉼이 없게 하고, 또 나고 죽음의 근원[生死根原]을 알 수 없게 하는 것이라 한다.

마치 두 소가 한 마리는 검고 한 마리는 흰데, 흰 소와 검은 소를 한 멍에에 매어 함께 서로 끌면 서로 떠나지 못하는 것과 같다. 중생의 무리들 또한 이와 같아서 탐욕의 번뇌와 무명의 번뇌에 얽혀 묶여 서로 떠나지 못한다.

그 밖의 다섯 가지 번뇌도 서로 따라 좇아, 다섯 가지 번뇌가 곧장 좇으니 일곱 가지 번뇌 또한 그러하다.

만약 범부가 이 일곱 가지 번뇌에 묶이면 나고 죽음에 흘러 구르며 벗어나지 못하고 괴로움의 근본을 알지 못한다.

비구들이여, 알아야 한다. 이 일곱 가지 번뇌로 말미암아 세 가지 나쁜 길, 곧 지옥·축생·아귀의 길이 있다. 또 일곱 가지 번뇌로 말미암아 '마라의 경계'를 건너지 못한다."

일곱 가지 번뇌 다스릴 일곱 가지 약이 있음을 보이심

"그런데 일곱 가지 번뇌의 법에는 다시 일곱 가지 약이 있다.

일곱 가지 약이란 무엇인가.

탐욕의 번뇌는 생각의 깨달음 법[念覺意]으로 다스리고, 성냄의 번뇌는 법 가림의 깨달음 법[法覺意]으로 다스리며, 삿된 견해의 번뇌는 정진의 깨달음 법[精進覺意]으로 다스린다.

욕계의 번뇌는 기쁨의 깨달음 법[喜覺意]으로 다스리고, 교만의 번뇌는 쉼의 깨달음 법[猗覺意]으로 다스리며, 의심의 번뇌는 선정의 깨달음 법[定覺意]으로 다스리고, 무명의 번뇌는 보살핌의 깨달음 법[護覺意]으로 다스린다.

이것을 비구들이여, 일곱 가지 번뇌는 일곱 가지 깨달음 법[七覺意]으로 다스린다고 하는 것이다.

비구들이여, 알아야 한다. 내가 본래 아직 깨달음의 도를 이루지 못하고, 보디사트바의 행을 하고 있던 때, 보디 나무 밑에 앉아 생각하였다.

'욕계의 중생들은 무엇에 얽매여 있는가.'

다시 이렇게 생각하였다.

'이 중생들은 다 일곱 가지 번뇌 때문에 나고 죽음에 흘러 구르며 길이 그것을 벗어나지 못한다. 나도 지금 이 일곱 가지 번뇌에 얽매여 벗어나지 못한다.'

그때에 나는 다시 생각하였다.

'이 일곱 가지 번뇌는 일곱 갈래 깨달음 법으로 다스려야 한다.

나는 일곱 갈래 깨달음 법을 사유하자.'

그래서 일곱 갈래 깨달음 법을 사유하였을 때, 곧 샘이 있는 마음이 다하고 곧 해탈을 얻어 위없고 바르고 참된 도를 성취하였다.

뒤에 위없고 바르고 참된 도를 이루고서 이레 가운데 두 발을 맺고 앉아 거듭 이 일곱 갈래 깨달음 법을 사유하였다.

그러므로 비구들이여, 다시 이 일곱 갈래 깨달음 법을 닦아 행하기를 생각하라.

이와 같이 여러 비구들이여, 반드시 이렇게 배워야 한다.”

그때에 여러 비구들은 붇다의 말씀을 듣고 기뻐하며 받들어 행하였다.

• 증일아함 40 칠일품(七日品) 三

• 해설 •

일곱 번뇌란 앞의 다섯 가지 낮은 곳의 묶음과 다섯 가지 높은 곳의 묶음을 같이 모아 줄이어 일곱 번뇌로 보이고 있는 것이다.

중생은 멍에에 묶인 두 소처럼 일곱 번뇌의 멍에에 묶여 떠나지 못하므로 길이 나고 죽음에 들어가고 마라의 경계를 벗어나지 못한다.

번뇌는 생겨난 것이므로 끝내 다해 사라지는 것이다. 또 번뇌는 곧 번뇌가 아니므로 번뇌의 병에는 그 병을 다스릴 여래의 법의 약이 있다.

일곱 가지 법의 약은 선정과 지혜의 약이니, 시끄러움의 병은 선정으로 다스리고 어두움과 가라앉음의 병은 지혜로 다스린다.

탐욕의 병을 다스리는 생각의 깨달음 법은 있음과 공함에 치우친 허물을 바로 돌이켜 다스리는 생각이고, 법 가림과 정진의 깨달음 법·기쁨의 깨달음 법은 지혜의 방편이고, 쉼과 선정의 깨달음 법과 평정한 보살핌의 깨달음 법은 선정의 방편이다. 또 지혜의 방편을 비파사나의 행이라 하고, 선정의 방편을 사마타행이라 하며, 생각의 깨달음 법[念覺分]은 사마타와 비파사나를 같이 행함[止觀俱行]이라 한다.

방편의 약을 쓸 때 다스리는바 번뇌가 공하므로 번뇌의 병이 다하면 법의 약 또한 다하는 것이니, 번뇌의 병 다스리는 법의 모습에서도 법의 모습을 떠나야 하고, 닦음에서 닦는다는 모습을 떠나야 참으로 닦음 없이 잘 닦는 자이다.

그러므로 스스로 세간 모든 번뇌의 허물과 병이 공한 줄 알고 방편에 힘을 쓰는 이만이 온갖 중생의 병을 나아주고 중생에게 큰 안락을 주는 인도자가 되는 것이니, 『화엄경』(「십행품」)은 큰 길잡이 스승[大導師] 붓다와 세간의 마하사트바를 이렇게 찬탄한다.

세간의 모든 허물과 걱정거리
멀리 떠나 허물과 병이 없는 이가
널리 중생에게 안온한 기쁨 주고
번뇌의 병에 시달리는 중생 위해
같이함이 없는 큰 인도자 되시니

저 빼어나고 높은 덕을 갖춘 이가
중생 위해 이와 같은 도를 행하네.

遠離世間諸過患　普與衆生安隱樂
能爲無等大導師　彼勝德者行斯道

몸과 말과 뜻의 업을 잘 지키고
늘 법에 의해 닦아 행하도록 해
모든 집착 떠나 뭇 마라 항복받으니
지혜의 마음 얻은 이가 행하는 도네.

善守身語及意業　恒令依法而修行
離諸取著降衆魔　此智心者所行道

8) 여덟 법으로 보인 중생의 번뇌

삿된 견해로 여덟 가지 삿된 업이 같이 일어나나니

이와 같이 내가 들었다.

한때 붇다께서는 슈라바스티 국 제타 숲 '외로운 이 돕는 장자의 동산'에 계셨다.

그때 세존께서 여러 비구들에게 말씀하셨다.

"삿된 것에 향하면 법을 어기고[違於法] 법을 좋아하지 않을 것[不樂於法]이고, 바른 것에 향하면 법을 좋아하고[樂於法] 법을 어기지 않을 것[不違於法]이다.

어떤 것이 삿된 것에 향해 법을 어기고 법을 좋아하지 않음인가?

곧 삿된 견해를 가진 사람은 몸의 업[身業]이 그 견해와 같고, 입의 업[口業]이 그의 견해와 같다. 그래서 생각하거나 하고자 하거나, 바라거나 하는 것이 다 견해를 따라 그 온갖 것이 모두 사랑하지 못할 결과를 얻고, 생각할 만하지 못하고, 마음에 들지 않는 결과를 얻는다.

왜 그런가. 견해가 나쁘기 때문이니, 곧 삿된 견해를 말한다.

삿된 견해는 삿된 뜻·삿된 말·삿된 행위·삿된 생활·삿된 방편·삿된 생각·삿된 선정을 일으킨다.

이것이 삿된 것에 향해 법을 어기고 법을 좋아하지 않는 것이다."

바름을 향해 법에 나아가는 생활을 보이심

"어떤 것이 바른 것에 향해 법을 좋아하고 법에 어긋나지 않음인가?

곧 바른 견해를 가진 사람은 몸의 업이 그 견해를 따르고 입의 업이 그 견해를 따른다. 그래서 생각하거나 하고자 하거나 바라거나 하는 것이 모두 바른 견해를 따라 사랑할 만하고 생각할 만하고 마음에 드는 결과를 얻는다.

왜 그런가. 견해가 바르기 때문이니, 곧 바른 견해를 말한다.

바른 견해는 바른 뜻 · 바른 말 · 바른 행위 · 바른 생활 · 바른 방편 · 바른 생각 · 바른 선정을 일으킨다.

이것을 바름에 향하는 자는 법을 좋아하고 법을 어기지 않는다고 함이다."

붇다께서 이 경을 말씀하시자, 여러 비구들은 붇다의 말씀을 듣고 기뻐하며 받들어 행하였다.

• 잡아함 787 사견정견경(邪見正見經) ①

• 해설 •

여덟 삿된 길과 여덟 가지 바른 길은 바로 몸과 입과 뜻의 업이 삿됨을 향해 나아가고 바름을 향해 나아감을 말한다.

뜻의 업[意業]이 삿되게 되면 입과 몸의 업이 삿됨에 나아가게 되고, 뜻의 업이 바르게 되면 입과 몸의 업이 바름에 나아가게 되니, 뜻의 업이 세 가지 업에 으뜸이 된다.

여섯 아는 뿌리가 여섯 경계를 만나 앎이 날 때, 앎의 힘이 몸의 업과 입의 업 일으키도록 하는 세력이 됨을 뜻의 지어감[思, cetanā]이라고 하니, 뜻의 업 가운데 탐욕과 집착이 사라져야 몸과 입의 업이 삿됨을 떠나 바름에 나아가게 된다.

어떻게 삿됨을 돌이켜 바름에 나아감인가.

아는바 객관경계에 실로 알 것이 없는 줄 깨달아, 비록 보고 듣고 알되 앎[能知]과 아는 바[所知]의 실체가 사라지면 그것이 삿됨을 돌이켜 여덟 바른 삶의 길[八正道]에 나아감이다.

바른 삶의 길 가는 자를 아라한이라 하고 보디사트바라 하니 그는 늘 진여의 세계를 떠나지 않고, 하되 함이 없이 몸과 입의 업을 일으키므로 그의 업은 법에 어긋나지 않는다. 또 진여의 땅에 발을 대고 일으킨 법 그대로의 업의 결과는 늘 공덕의 재물이 되고 법의 재물이 되는 것이다.

바름을 향해 나아가 법을 어기지 않고 법을 즐기는 사람은 곧 지혜의 눈이 그 사람의 발걸음을 이끄니, 『화엄경』(「수미정상게찬품」)은 말한다.

> 만약 붇다의 참된 법을 보면
> 크게 지혜로운 이라 이름하니
> 이 사람은 깨끗한 눈이 있어
> 세간의 진실 살필 수 있네.
>
> 若見佛眞法　則名大智者
> 斯人有淨眼　能觀察世間

지옥의 길과 니르바나의 길을 말해주겠다

이와 같이 들었다.

한때 붇다께서는 슈라바스티 국 제타 숲 '외로운 이 돕는 장자의 동산'에 계시면서 비구들에게 말씀하셨다.

"내가 지금 지옥[naraka]으로 가는 길과 니르바나(nirvāna)로 향하는 길을 말해주겠으니, 잘 사유해 생각해 빠뜨림이 없도록 하라."

여러 비구들이 붇다께 말씀드렸다.

"그렇게 하겠습니다, 세존이시여."

여러 비구들이 붇다에게서 가르침을 받자, 붇다께서는 말씀하셨다.

지옥으로 가는 길과 니르바나의 길을 보이시고 닦아 행하도록 하심

"어떤 것이 지옥으로 가는 길이며, 어떤 것이 니르바나로 향하는 길인가.

삿된 견해는 지옥으로 가는 길이요, 바른 견해는 니르바나로 향하는 길이다. 삿된 다스림은 지옥으로 가는 길이요, 바른 다스림은 니르바나로 향하는 길이다. 삿된 말은 지옥으로 가는 길이요, 바른 말은 니르바나로 향하는 길이다. 삿된 업은 지옥으로 가는 길이요, 바른 업은 니르바나로 향하는 길이다. 삿된 생활은 지옥으로 가는 길이요, 바른 생활은 니르바나로 향하는 길이다. 삿된 방편은 지옥으로 가는 길이요, 바른 방편은 니르바나로 향하는 길이다. 삿된 생각은 지옥으로 가는 길이요, 바른 생각은 니르바나로 향하는 길이다. 삿된 선정은 지옥으로 가는 길이요, 바른 선정은 니르바나로 향하는 길이다. 비구들이여, 이것을 지옥으로 가는 길과 니르바나로 향하는 길이라 한다.

모든 붓다 세존이 늘 설해야 할 법을 지금 이미 마쳤다.

너희들은 한가한 곳이나 나무 밑이나 한데 앉아 있기를 즐겨해 착한 법 행할 것을 생각하고 게으름과 교만 일으키지 말라.

지금 부지런히 행하지 않으면 뒤에 뉘우쳐도 미칠 수 없다."

그때에 비구들은 붓다의 말씀을 듣고 기뻐하며 받들어 행하였다.

• 증일아함 42 팔난품(八難品) +

• 해설 •

삿됨과 바름은 어떻게 구분되는가. 연기하는 세계의 진실 그대로 알고 봄이 바름이요, 연기하는 세계의 진실을 등지어 진실 그대로 보지 않고 진실대로 알지 않음이 삿됨이다.

니르바나 또한 마찬가지다. 아는 뿌리와 알려지는 경계와 앎활동이 모두 연기한 것이라 있되 공한 진실이 본래의 니르바나인데, 보고 앎에 실로 보고 앎이 있으면 본래의 니르바나를 등지게 된다.

그리하여 나고 죽음이 없는 곳에서 나고 죽음을 보고 실로 나와 내가 없는 곳에서 실로 있는 나와 너를 보므로 진실을 등진 이가 가는 삿된 길이 지옥의 길이 되는 것이다.

그러나 본디 니르바나되어 있어[本寂滅] 다시 고요히 할 것 없음을 알지 못한 중생을 위해 여래는 지옥의 길을 보이셨으니, 지옥 가운데서 우트팔라 연꽃 향기를 이미 맡은 자라면 그에게 다시 니르바나의 이름을 세워 무엇하겠는가.

9) 아홉 법으로 보인 중생의 번뇌

아홉 가지 나쁜 법의 성취가 있으니

이와 같이 들었다.

한때 붇다께서는 슈라바스티 국 제타 숲 '외로운 이 돕는 장자의 동산'에 계시면서 비구들에게 말씀하셨다.

"아홉 가지 법의 성취가 있으니 어떤 것이 아홉인가.

뻔뻔한 얼굴·욕됨을 무릅씀·탐욕의 마음·아껴 집착함·그른 생각을 버리지 않음·잘 잊음·잠을 줄여 헛된 법에 빠짐·음행을 숨김·돌려 갚아주지 않음이니, 비구들이여, 이것을 아홉 가지 법의 성취라 한다.

나쁜 비구도 아홉 가지 법을 성취하니 어떤 것이 아홉인가.

이는 다음과 같다. 나쁜 비구는 뻔뻔한 얼굴·욕됨을 무릅씀·탐욕의 마음·아껴 집착함·잘 잊음·잠을 줄여 헛된 법에 빠짐·음행을 숨김·돌려 갚아주지 않음, 또 그른 생각 버리지 않음을 행하니, 아홉이 된다."

나쁜 비구의 아홉 가지 행을 자세히 보이시고 버리도록 하심

"어떤 것이 나쁜 비구의 뻔뻔한 얼굴[强顔]인가. 나쁜 비구는 구하지 않아야 할 것을 구하여 사문의 행을 어기니, 이와 같은 비구를 뻔뻔한 얼굴이라 이름한다.

어떤 것이 나쁜 비구의 욕됨을 무릅씀[耐辱]인가. 나쁜 비구는 여러 어질고 착한 비구들 있는 곳에서 자기를 칭찬해 말하고 다른 사람을 헐뜯으니, 이와 같은 비구를 욕됨을 무릅씀이라 이름한다.

어떤 것이 나쁜 비구가 탐욕의 마음[貪心] 내는 것인가. 나쁜 비구는 남의 재물을 보면 모두 탐욕의 마음을 내니, 이것을 탐냄이라 이름한다.

어떤 것이 나쁜 비구의 아껴 집착함[慳著]인가. 나쁜 비구는 그가 얻은 가사와 발우를 남에게 주어 함께하지 않고 늘 홀로 간직해두니, 이것을 아껴 집착함이라 한다.

어떤 것이 비구의 잘 잊음[健忘]인가. 나쁜 비구는 늘 묘하고 착한 말을 빠뜨려 잃어버리고, 또 방편을 사유하지 않으면서 나라 일이나 전쟁의 법을 논하여 말하니, 이와 같이 나쁜 비구는 잘 잊음을 성취한다.

어떤 것이 나쁜 비구의 잠을 줄임[少睡]인가. 나쁜 비구는 헛된 법에 빠져 사유해야 할 법은 사유하지 않으니, 이와 같이 나쁜 비구는 헛된 법에 빠져 잠을 줄인다.

어떤 것이 나쁜 비구의 숨은 곳에서 음행함[匿處婬泆]인가. 나쁜 비구는 한 짓을 숨기어 남에게 말하지 않고, '나는 지금 음행을 행하였으나, 남이 알지 못하게 하리라'고 하는 것이니, 이와 같이 비구는 음행을 숨기는 것이다.

어떤 것이 나쁜 비구가 은혜를 돌려 갚아주지 않음[無返復]인가. 나쁜 비구는 공경하는 마음이 없어 스승과 어른을 받들어 섬기거나 귀한 사람을 높이지 않는다. 이와 같이 나쁜 비구는 은혜를 돌려 갚아주지 않는다.

만약 나쁜 비구가 이 아홉 가지 법을 성취하여 생각을 버려 여의지 못하면[念不捨離], 그는 끝내 도의 과덕[道果]을 이루지 못한다.

그러므로 비구들이여, 여러 나쁜 법은 생각해 반드시 버려야 한다. 이와 같이 비구들이여, 반드시 이렇게 배워야 한다."

그때에 비구들은 붇다의 말씀을 듣고 기뻐하며 받들어 행하였다.

• 증일아함 44 구중생거품(九衆生居品) 三

• 해설 •

아홉 가지 수로 행하지 말아야 법을 보임에는 먼저 아홉 가지 묶음[九結]이 있으니, 앞의 일곱 번뇌와 비슷하나 질투와 아낌의 번뇌가 더해져 있다.

곧 아홉 가지 묶음은 애착의 묶음[愛結] · 성냄의 묶음[恚結] · 교만의 묶음[慢結] · 무명의 묶음[無明結] · 견해의 묶음[見結] · 그릇된 계 취함의 묶음[取結] · 의심의 묶음[疑結] · 질투의 묶음[嫉結] · 아낌의 묶음[慳結]이다.

아홉 가지 묶음의 법은 세간의 아홉 가지 그릇된 행을 말함이고, 이 경에서 아홉 법은 이 아홉 가지 그른 행을 비구의 행으로 보여 출가수행자를 경책하시는 법문이다.

비구의 아홉 가지 법 가운데 잘 잊음은 반드시 기억하고 행해야 할 법은 잊어먹고, 해탈에 도움이 되지 못하고 세간의 복락을 위해서도 이익되지 않는 일을 떠들어대며 말하는 것을 경책하심이다.

또 잠을 줄임이란 선정과 지혜의 법을 닦기 위해 자지 않고 정진함을 뜻하는 것이 아니고, 세간의 오락과 게임 유흥, 정치적 음모 등 헛된 법을 위해 잠자지 않는 행을 꾸짖음이다.

이처럼 아홉 가지 나쁜 법을 멀리하는 비구는 바로 자기만 내세우는 뻔뻔한 얼굴이 없이 늘 겸손하고 온화하며, 부끄러워해야 할 것은 부끄러워할 줄 알며, 욕심 줄여 남에게 늘 베풀며, 여래의 말씀을 잘 기억하고 실천한다.

그는 일하고 움직임 속에서 진여를 떠나지 않고, 누워 쉼 가운데서도 선정과 지혜를 떠나지 않으며, 안과 밖을 밝게 드러내 감춤이 없으며[內外明徹] 은혜를 알아 은혜를 갚는 자이다.

그는 이미 믿음이 굳세어 망설임이 없이 나아가는 자이니, 이와 같이 잘 행하는 그가 어찌 보디의 과덕을 이루지 못할 것인가.

『화엄경』(「현수품」賢首品)은 세간의 탐욕과 권세와 명예를 구하지 않고 오직 보디를 성취해 세간을 이익되게 하려는 구도자의 길을 다음과 같이 가르친다.

> 다섯 욕망과 왕의 지위 구하지 않고
> 부유하게 스스로 즐기는 생활과
> 큰 이름 나는 것 구하지 않으며
> 다만 길이 중생의 괴로움 없애
> 세간을 이익되게 하려 하므로
> 바르고 깨끗한 마음을 내네.
>
> 不求五欲及王位　富饒自樂大名稱
> 但爲永滅衆生苦　利益世間而發心
>
> 모든 중생 늘 이익 주고 기쁨 주려
> 국토를 아름답게 장엄해가고
> 여러 모든 붇다께 공양하며
> 바른 법을 받아지녀 지혜 닦아서
> 위없는 보디 증득하려 하므로
> 바르고 깨끗한 마음을 내네.
>
> 常欲利樂諸衆生　莊嚴國土供養佛
> 受持正法修諸智　證菩提故而發心

10) 열 법으로 보인 중생의 번뇌

열 가지 악한 법과 진실한 법이 있나니

이와 같이 내가 들었다.

한때 붇다께서는 슈라바스티 국 제타 숲 '외로운 이 돕는 장자의 동산'에 계셨다.

그때 세존께서 여러 비구들에게 말씀하셨다.

"악한 법과 악하고 또 악한 법이 있고, 진실한 법과 진실하고 또 진실한 법이 있다. 자세히 듣고 잘 사유하라. 너희들을 위해 말해주겠다.

어떤 것이 악한 법인가? 곧 산목숨 죽임·훔침·삿된 음행·거짓말·두말·나쁜 말·발림말·탐냄·성냄·삿된 견해이니, 이것을 악한 법이라고 한다.

어떤 것이 악하고 또 악한 법인가? 곧 스스로 산목숨을 죽이고 또 남을 시켜서 산목숨을 죽이게 하며, 나아가 스스로 삿된 견해를 일으키고 또 남을 시켜서도 삿된 견해를 행하게 하는 것이니, 이것을 악하고 또 악한 법이라고 한다."

삿된 업 돌이켜 바름에 나아가는 진실의 길 보이심

"어떤 것이 진실한 법인가? 곧 산목숨 죽이지 않음, 훔치지 않음,

삿된 음행 하지 않음, 거짓말하지 않음, 두말하지 않음, 나쁜 말하지 않음, 발림말하지 않음, 탐내지 않음, 성내지 않음, 바른 견해이니, 이것을 진실한 법이라고 한다.

어떤 것이 진실하고 또 진실한 법인가?

곧 스스로 산목숨을 죽이지 않고 또 남을 시켜서도 산목숨을 죽이지 않으며, 나아가 스스로 바른 견해를 행하고 또 남을 시켜서도 바른 견해를 행하게 하는 것이니, 이것을 진실하고 또 진실한 법이라고 한다."

붓다께서 이 경을 말씀하시자, 여러 비구들은 붓다의 말씀을 듣고 기뻐하며 받들어 행하였다.

• 잡아함 1053 악법경(惡法經)

• 해설 •

산목숨 죽임 · 훔침 · 음행은 몸의 업[身業]이고, 거짓말 · 두말 · 나쁜 말 · 발림말은 입의 업[口業]이며, 탐냄 · 성냄 · 삿된 견해는 뜻의 업[意業]이다.

이 열 가지 업을 삿된 업으로 만드는 뿌리는 연기의 진실을 바로 보지 못하는 삿된 견해이니, 삿된 견해가 뿌리가 되어 열 가지 그른 업을 일으킨다. 스스로 그른 업을 일으킴이 나쁘지만, 악하고 또 더 악한 것은 스스로도 짓고 남으로 하여금 열 가지 악한 업을 짓게 함이다.

진실은 그름밖에 따로 있는 것이 아니라 그름이 그름인 줄 알아 짓지 않는 것이고, 허깨비가 허깨비인 줄 알아 다시 허깨비의 행에 휘둘리지 않음이다.

스스로 그름이 그름인 줄 알아 열 가지 악한 행 짓지 않고 남을 시켜서도 짓지 않게 하며, 연기의 진실 그대로 나와 남을 함께 살리고 함께 해탈시키는 한량없는 마음[無量心] 넓고 큰 행[廣大行]에 나아감이 진실한 법, 진실한 행이다.

열 가지 악함, 열 가지 착함 그리고
니르바나의 길이 있으니

이와 같이 들었다.

한때 붇다께서는 슈라바스티 국 제타 숲 '외로운 이 돕는 장자의 동산'에 계시면서 비구들에게 말씀하셨다.

"만약 중생이 열 가지 법을 받들어 행하면 곧 하늘위에 날 것이며, 또 열 가지 법을 행하면 곧 나쁜 길에 날 것이며, 또 열 가지 법을 행하면 니르바나의 세계에 들어갈 것이다."

열 가지 악한 길과 착한 길을 보이심

"어떤 것이 열 가지 법을 행하면 나쁜 길에 나는 것인가.

어떤 사람은 산목숨을 죽이고, 도둑질하며, 음행하고, 거짓말하며, 발림말하고, 나쁜 말하며, 두말하여 이쪽저쪽을 싸움 붙이고, 질투하며, 성내며, 삿된 견해를 일으킨다.

이것을 열 가지 법이라 하니, 그 어떤 중생이라도 열 가지 법을 행하면 나쁜 길에 들어간다.

어떤 것이 열 가지 법을 닦아 행하면 하늘위에 나는 것인가.

어떤 사람은 산목숨 죽이지 않고, 도둑질하지 않으며, 음탕하지 않고, 거짓말하지 않으며, 발림말하지 않고, 나쁜 말하지 않으며, 두말하여 이쪽저쪽을 싸움 붙이지 않고, 질투하지 않으며, 성내지 않고, 삿된 견해를 일으키지 않는다.

만약 어떤 사람이 이 열 가지 법을 행하면 곧 하늘위에 난다."

니르바나에 이르는 열 가지 법을 보이심

"어떤 열 가지 법을 닦아 행하면 니르바나에 이르게 되는가. 곧 열 가지 생각을 말한다.

열 가지 생각은 붇다를 생각하고, 법을 생각하며, 상가를 생각하고, 하늘을 생각하며, 계율을 생각함이다. 또 보시를 생각하며, 휴식을 생각하고, 들고나는 숨을 생각하며, 몸을 생각하고, 죽음을 생각하는 것이다.

이것을 열 가지 법을 닦아 행하면 니르바나에 이르게 된다고 하는 것이다.

비구들이여, 이와 같음을 반드시 알아서 하늘과 악한 길에 나는 것은 버려 떠나기를 생각해야 한다.

니르바나에 이르는 그 열 가지 법을 잘 닦아 받들어 행해야 한다.

이와 같이 비구들이여, 반드시 이렇게 배워야 한다."

그때에 비구들은 붇다의 말씀을 듣고 기뻐하며 받들어 행하였다.

• 증일아함 47 선악품(善惡品) —

• 해설 •

열 가지 악을 지으면 서로가 서로를 해치므로 줄어드는 법이고 밑으로 떨어지는 법이다. 열 가지 착함을 지으면 서로가 서로를 북돋우므로 늘어나는 법이고 위로 오르는 법이다.

그러나 아래로 떨어지는 법·줄어드는 법을 버리고 위로 오르는 법·늘어나는 법을 행한다 해도 니르바나의 길에 들어서지는 못하니, 늘고 줆이 있고 오르고 내림이 있는 법은 모습을 떠나지 못하고 함이 있음[有爲]을 벗어나지 못하기 때문이다.

니르바나에 이르는 것은 오르고 내림이 없는 해탈의 세계에서 자재하는 것이며, 늘어나고 줄어듦이 없는 공덕의 곳간에 들어가, 한량없는 공덕의 샘물로 뭇 삶들을 이롭게 하는 것이므로 여래는 열 가지 바른 법을 사유해 니르바나에 나아가라 가르치는 것이다.

그러나 열 가지 착함밖에 니르바나의 길이 있는 것이 아니니, 착함의 행을 지음 없이 짓고, 베풀되 베풂 없이 베풀면, 그가 늘어나고 줄어듦이 없는 공덕장에 서서 줌이 없이 주는 자인 것이다.

또한 함이 있음밖에 함이 없는 니르바나가 있는 것이 아니니, 온갖 지음에 지음 없음을 알면 그가 모습 없고 지음 없는 진여의 세계에 머물러 늘 바른 삶의 길 파라미타의 행을 다함없이 행하는 자인 것이다.

『화엄경』(「십회향품」) 또한 지금 짓는 공덕의 행이 실로 지음 없음을 알면 한 생각 닦아 행함이 다함없는 법계의 행이 됨을 이렇게 가르친다.

보디사트바가 짓는 모든 공덕은
미묘하여 넓고 크며 깊고 멀어라.
나아가 한 생각 닦아 행함도
모두 끝없는 법계에 회향하도다.

菩薩所作諸功德　微妙廣大甚深遠
乃至一念而修行　悉能廻向無邊際

2 몸의 병과 괴로움

•이끄는 글•

몸[身]은 다섯 쌓임의 교설로 보면 안의 물질[內色]이고, 열두 들임[十二入]으로 보면 다섯 가지 아는 뿌리[五根]이다. 또 여섯 법의 영역[六界]의 교설로 보면 안의 물질로서 땅·물·불·바람·허공을 모두 안고 있는 물질이다.

다섯 쌓임·열두 들임·여섯 법의 영역으로 살피더라도 몸은 실체로서의 물질이 아니라 네 큰 요소와 허공, 앎과 함께 움직이는 몸 아닌 몸이다. 곧 몸은 늘 앎인 몸으로 주어지는 물질 아닌 물질이고, 객관경계를 의지해 객관경계를 자기활동 속에 싣고 있는 세계인 물질이다.

몸은 숨[息]과 앎[識]이 함께할 때만 몸이라 이름하니, 몸은 들이쉬고 내쉬는 숨, 세계를 자기화하는 앎활동을 통해 세계와 교섭하는 내적 물질이다.

앎 또한 몸이 아니지만 몸의 조건[緣]을 떠난 앎만의 앎은 없다. 몸이 이처럼 안의 네 큰 요소·허공·앎과, 밖의 네 큰 요소·허공을 떠나 몸이 없으므로, 몸의 병 또한 안과 밖의 조건을 떠나 병이 없다.

병은 있되 공하므로 병 속에 본래 병 없는 삶의 청정함이 있고 병 나음의 길이 있다. 몸에 세계를 떠난 몸이 없으므로 나의 그릇된 몸의 활동이 세계를 물들이고, 오염된 세계와 역사, 닫히고 뒤틀린 문명이 중생의 몸과 마음을 병들게 한다.

몸의 업[身業]은 앎활동인 뜻의 업[意業]·입의 업[口業]과 떨어진 몸의 업이 없다. 지금 나의 몸과 뜻의 업은 세계 속에서 일어난 업이고 세계운동을 싣고 있는 업이다. 그러므로 세계의 연기적 진실을 바로 보는 뜻의 업이 몸의 업을 건강하게 한다. 또 나의 단정한 몸가짐·고른 숨쉬기·바른 네 가지 먹음·바른 견해·바른 사유가 이끄는 건강한 노동 건강한 일상이 땅·물·불·바람·허공의 조화를 이루어서 건강한 몸을 이룬다.

다시 중생의 업[karma]을 떠난 세계가 없으므로 세계를 사는 중생의 건강한 몸 바른 앎활동이 세계를 아름다운 땅 깨끗한 국토로 다시 가꾸어간다. 곧 나의 안의 몸[內身]과 밖의 몸[外身]인 세계가 모두 있되 공하여 서로 내적으로 주어지므로, 나의 건강한 몸과 몸의 활동이 중생의 삶을 건강하게 하고 뭇 삶들의 터전인 세계를 아름답게 장엄하는 것이다.

몸의 병(病)은 안과 밖 땅·물·불·바람 네 큰 요소[四大]의 부조화와 어긋남으로 일어나지만, 병을 일으키는 몸과 뜻의 업이 공하므로 병 또한 공하다. 병은 일어난 것이므로 병은 사라질 수 있다.

병은 건강한 노동을 장애하고 삶의 안락과 자유를 저해한다. 그렇다면 어떻게 병을 다스려야 본래의 건강한 삶을 회복할 수 있는가.

병 다스림의 길은 본래 병 없는 곳에서 병의 인연을 살펴 다시 병 없음에 돌아가는 길이니, 병 다스림은 실로 다스림도 없고 다스리지 않음도 없다.

붇다 세존은 병과 고통이 넘치는 이 세간에 오시어, 스스로 온갖 병을 넘어서서 중생을 병이 본래 공한 진여의 땅에 세워주시고, 병을 병이게 하는 갖가지 뒤틀린 삶의 조건을 지적하시어 자신의 병을 고치고 나아가 세간 중생의 병을 치유하는 자비의 삶으로 이끄신다.

병고에 시달리는 중생을 병 없는 니르바나의 저 언덕에 이끄시는 붇다 세존이, 곧 삼계의 불타는 집[三界火宅] 병이 넘치는 세간 가운데 크나큰 의왕[大醫王]이신 것이다.

그러므로 『화엄경』(「도솔궁중게찬품」)은 여래 대의왕의 법을 다음과 같이 찬탄한다.

비유하면 가타의 약이
온갖 독을 없앨 수 있듯
붇다의 법도 이와 같아서
모든 번뇌의 병 없애버리네.

譬如伽陀藥　能消一切毒
佛法亦如是　滅諸煩惱患

몸과 마음에 세 가지 큰병이 있고 그 약이 있나니

이와 같이 들었다.

한때 붇다께서는 슈라바스티 국 제타 숲 '외로운 이 돕는 장자의 동산'에 계셨다.

그때 세존께서 여러 비구들에게 말씀하셨다.

"세 가지 큰병이 있다. 어떤 것이 그 세 가지인가? 곧 바람[風]이 큰병이요, 담(痰)이 큰병이며, 차가움[冷]이 큰병이다.

이것을 비구들이여, 세 가지 큰병이라고 말한다.

그러나 다시 이 세 가지 큰병에는 세 가지 좋은 약[良藥]이 있다. 어떤 것이 그 세 가지인가?

만약 바람병 든 이에게는 삭힌 버터[酥]가 좋은 약이 되니 삭힌 젖으로 지은 밥을 먹어야 한다.

또 담으로 병든 이에게는 꿀이 좋은 약이 되니 꿀로 지은 밥을 먹어야 한다.

또 차가움으로 병든 이에게는 기름이 좋은 약이 되니 기름으로 지은 밥을 먹어야 한다.

이것을 비구들이여, '세 가지 큰병이 있고 세 가지 큰병에는 다시 세 가지 좋은 약이 있다'고 말하는 것이다."

몸에 세 가지 병과 약이 있듯 마음에도
세 가지 병과 약이 있음을 보이심

"이와 같이 비구들이여, 또 세 가지 큰병이 있다. 어떤 것이 그 세 가지인가? 곧 탐냄[貪欲]·성냄[瞋恚]·어리석음[愚癡]이니, 이것을 비구들이여, 세 가지 큰병이라 한다.

그러나 이 세 가지 큰병에도 또 세 가지 좋은 약이 있다. 어떤 것이 그 세 가지 약인가?

만약 탐냄이 일어날 때에는 깨끗하지 않다는 생각[不淨想]으로 가서 다스리고, '깨끗하지 않음을 사유하는 도'[思惟不淨道]로 다스린다.

성냄[瞋恚]의 큰병이 걸린 사람에게는 사랑의 마음[慈心]으로 가서 다스리고, '사랑의 마음을 사유하는 도'[思惟慈心道]로 다스린다.

어리석음의 큰병이 걸린 사람은 지혜(智慧)로 가서 다스리고, '인연으로 일어남을 사유하는 도'[思惟因緣所起道]로 다스린다.

이것을 비구들이여, '세 가지 큰병에는 세 가지 좋은 약이 있다'고 하는 것이다.

그러므로 비구들이여, 방편을 구해 이 세 가지 약을 찾아야 한다.

이와 같이 비구들이여, 반드시 이렇게 배워야 한다."

그때 여러 비구들은 붇다의 말씀을 듣고 기뻐하며 받들어 행하였다.

• 증일아함 21 삼보품 七

• 해설 •

몸과 마음의 병이 인연으로 났으므로 병을 내는 인연을 없애면 병이 사라질 수 있으니, 몸의 병에도 다스릴 약이 있고 마음의 병에도 다스릴 약이 있다.

몸에 불기운이 너무 강하면 몸의 뜨거운 기운을 낮추어야 하고, 몸에 불기운이 없어 차가움으로 병이 든 이는 몸을 따뜻이 해야 병을 나을 수 있다.

몸에 물기운이 너무 성해 병이 든 이는 물기운을 줄이는 약으로 다스릴 수 있고, 물기운이 너무 부족해 병이 든 이는 물기운을 보태어 다스릴 수 있다.

그러므로 여래는 바람병 든 이는 삭힌 버터로 다스리고, 가래의 병이 든 이는 꿀로 다스리며, 차가움으로 병든 이는 기름으로 지은 밥을 먹어 몸을 따뜻이 해서 그 병을 낫도록 가르친다.

탐냄의 병이 심한 이는 몸이 깨끗하지 않다는 살핌[身不淨想]으로, 성냄의 병이 심한 이는 사랑의 마음 살핌[慈悲觀]으로, 어리석음의 병이 심한 이는 인연으로 일어남 살핌[因緣觀]으로 다스려 낫게 한다.

병 따라 약을 쓰고, 집착 따라 마주해 다스리는 살핌[對治觀]을 써서 집착을 없애야 하나, 병이 다하면 약도 다해야 하는 것이고, 마음의 병[心病]이 다하면 법의 약[法藥]까지 다해야 삶의 진실이 온전히 드러날 것이다.

병은 본래 병 없는 곳에서 일어난 것이니, 잘 마음을 쓰고 방편을 쓰면 본래 병 없는 곳에 돌아갈 수 있다.

천태선사의 『수습지관좌선법요』(修習止觀坐禪法要)에서는 다음과 같이 지관법(止觀法)으로 병 낫는 길을 보이고 있다.

병 다스리는 여러 가지 길이 있지만, 요점을 들어 말하면 쉬어 그침[止, śamatha]과 살펴 드러냄[觀, vipaśyanā] 이 두 방편을 벗어나지 않는다.

어떻게 쉬어 그침을 써서 병을 다스리는 모습인가.

어떤 스승은 말한다.

"다만 마음을 병 있는 곳에 편안히 그치면 곧 병을 다스릴 수 있다. 왜 그런가. 마음은 한 생의 과보로 받는 몸에 주인이 되기 때문이다. 비유하면 왕이 이르는 곳에 도적떼들이 모두 흩어져 도망가는 것과 같다."

또 어떤 스승은 말한다.

"배꼽 밑 한 마디쯤을 우다나(udana)라고 하며, 여기 말로는 단전(丹田)이다. 마음을 단전에 그치고 이것을 잘 지키어 흩어지지 않게 하여 오래 되면 잘 낫게 된다."

어떤 스승은 말한다.

"마음을 늘 발밑에 그치라. 가고 머물고 잠자고 눕는 가운데 사이를 두지 않으면 곧 병을 다스릴 수 있다. 왜 그런가. 사람들은 네 큰 물질의 요소[四大]가 조화롭지 않으므로 여러 가지 병이 있는데, 이것은 마음이 위로 치솟아 네 큰 요소를 조화되지 않게 하기 때문이다. 만약 마음을 밑에다 안정시키면 네 큰 요소가 저절로 조화로워 모든 병이 없어진다."

어떤 스승은 말한다.

"모든 존재가 공하여 실체로서 있는 바가 없음을 알아, 병의 모습을 취하지 않고 고요히 그쳐 머물면 잘 낫게 된다. 왜 그런가. 마음의 잘못된 헤아림으로 네 큰 요소를 자극하여 병이 생겨나는데, 잘못된 마음을 쉬어 늘 화평하고 즐거우면 뭇 병이 곧 낫는다.

『비말라키르티수트라』에서는 이렇게 말하고 있다.

'무엇이 병의 근원인가. 곧 잘못된 마음작용이다. 어떻게 붙잡는 마음작용을 끊는가. 곧 마음에 얻는 바 없음[心無所得]이 그것이다.'"

이처럼 갖가지 치료에 관한 설이 있으며, 쉬어 그침을 써서 병 다스리는 모습도 하나가 아니다. 그러므로 쉬어 그침을 실천하여 병 낫는 법을 알아야 한다.

다음은 살펴 드러냄을 통해 병 다스리는 법을 밝히겠다.

어떤 스승은 말한다.

"다만 마음을 살피고 여섯 가지 기운[六種氣]을 잘 쓰라."

그에 의하면 병을 다스린다는 것은 환자 자신의 능동적인 살핌이 병을 다스릴 수 있는 것이다.

여섯 가지 기운은 무엇일까.

취(吹, chuī) · 호(呼, hū) · 희(嘻, xī) · 가(呵, hē) · 허(噓, xū) · 희(呬, si)
이 여섯 가지 숨이다. 이 숨들은 모두 입술과 입 가운데서 마음의 방편으로 굴려서 일으키는 것이니, 끊어짐이 없이 미세하게 써야 한다.

노래로 말한다.

심장은 허에 해당하고
신장은 취에 해당하며
비장은 호에 해당하고
폐장은 희에 해당하니
성인은 다 알고 계시네.
간장에 뜨거운 기운 오면
허자가 간장에 이르게 하고
삼초가 막히면 희를 말하라.

心配屬呵腎屬吹　脾呼肺呬聖皆知
肝藏熱來噓字至　三焦壅處但言嘻

그리고 만약 좌선 중에 추울 때는 '취'로 들여 숨쉬고, 더울 때는 '호'로 내어 숨쉬어야 한다. 만약 병을 다스리려 하면 '취'는 추운 병을 없애고, '호'는 더운 병을 없애며, '희'(嘻)는 아픔을 없애고, 나아가서 바람을 없앤다. '가'는 번뇌를 없애고 또 기를 낮추며, '허'는 가래를 흩어내고 또 가득 찬 것을 삭여내며 또 피로함을 돋아준다.

만약 오장을 다스리는데 있어서 호·취 두 가지는 심장을 다스리고, '허'는 간을 다스리며, '가'는 폐를 다스리고, '희'(嘻)는 비장을 다스리며, '희'(呬)는 신장을 다스린다.

어떤 스승은 말한다.

"만약 잘 살피는 생각을 써서 열두 가지 숨을 지어가면 여러 가지 병을 다스릴 수 있게 된다."

열두 가지 숨은 ① 올리는 숨[上息] ② 내리는 숨[下息] ③ 채우는 숨[滿息] ④ 태우는 숨[焦息] ⑤ 늘려 키우는 숨[增長息] ⑥ 없애는 숨[滅壞息] ⑦ 뜨거운 숨[煖息] ⑧ 차가운 숨[冷息] ⑨ 처내는 숨[衝息] ⑩ 지니는 숨[持息] ⑪ 고루는 숨[和息] ⑫ 도우는 숨[補息]이다.

병 낫는 방법은 하나가 아니지만 뜻을 얻는 것은 사람한테 있으니, 어찌 글로 다 전할 수 있겠는가.

다시 바른 마음을 써 좌선 가운데 병을 다스리려면 이에 반드시 열 가지 법을 갖춰야 하니, 열 가지 법 갖추면 이익되지 않음이 없다.

열 가지 법이란 ① 믿음[信] ② 잘 씀[用] ③ 부지런함[勤] ④ 늘 생각을 모음[常住緣] ⑤ 병의 원인을 가림[別病因法] ⑥ 방편(方便) ⑦ 오래 행함[久行] ⑧ 취하고 버릴 줄 앎[知取捨] ⑨ 지녀 보살핌[持護] ⑩ 가려 막을 줄 앎[識遮障]이다.

무엇이 믿음인가. 이 법이 반드시 병을 다스린다고 믿는 것이다.

무엇이 잘 씀인가. 때를 따라 늘 잘 쓰는 것이다.

무엇이 부지런함인가. 지관법을 쓰되 오롯이 하여 쉬지 않아서 병이 나음으로 기한을 삼는 것이다.

무엇이 늘 생각을 모음인가. 세밀한 마음으로 생각생각 바른 법에 의지하여 다른 것을 생각하지 않는 것이다.

무엇이 병의 원인을 가림인가. 위에서 말한 바와 같이 병의 원인을 분별하는 것이다.

무엇이 방편인가. 숨을 뱉고 들이쉬며, 마음으로 잘 살피는 생각을 움직여서[運心緣想] 교묘한 방편을 성취해서 마땅함을 잃지 않는 것이다.

무엇이 오래 행함인가. 이것을 실천해서 아직 이익됨이 없더라도 날과 달을 헤아리지 말고 늘 익혀 버리지 않는 것이다.

무엇이 취하고 버릴 줄 앎인가. 이익됨을 알면 부지런히 행하고 덜어짐이 있으면 이를 버리는 것이다.

무엇이 지녀 보살핌인가. 다른 잘못된 인연이 침범해 들어오는 것을 잘 아는 것이다.

　무엇이 가려 막을 줄 앎인가. 이익을 얻어도 밖에 말하지 않고 이익이 아직 없더라도 의심하거나 비방하지 않는 것이다.

　만약 이 열 가지 법에 의지하면 다스리는 바에 반드시 효험이 있어 헛되지 않는다.

아이 배지 못하게 하는 몸의 병과 아이 배는 인연

이와 같이 들었다.

한때 붇다께서는 슈라바스티 국 제타 숲 '외로운 이 돕는 장자의 동산'에 계셨다.

그때 세존께서 여러 비구들에게 말씀하셨다.

"세 가지 인연이 있어야 앎[識]이 와서 태(胎)를 받게 된다.

어떤 것이 그 세 가지인가? 여기에 대해서는 이렇게 말할 수 있다. 비구들이여, 어머니가 애욕(愛欲)의 마음이 있어서 부모가 한곳에 같이 모여 잔다 해도, 또한 바깥의 앎이 응하여 오지 않으면, 곧 태를 이루지 못한다.

다시 앎이 와서 들어가려고 하더라도, 부모가 한곳에 모이지 않으면 또한 태를 이루지 못한다."

부모와 앎의 신, 이 세 인연이 모여도
태 이루지 못하는 조건을 보이심

"만약 다시 어머니가 애욕의 마음이 없으면 부모가 한곳에 같이 모여도, 아버지가 아무리 애욕의 뜻이 왕성해도 어머니가 아주 간절하지 않으면 태를 이루지 못한다.

만약 다시 부모가 한곳에 모여 있어도 어머니는 애욕의 마음이 불꽃처럼 왕성한데 아버지가 크게 간절하지 않으면 태를 이루지 못한다.

만약 다시 부모가 한곳에 모여 있어도 아버지에게 바람병[風病]이 있거나 어머니에게 찬병[冷病]이 있으면 태를 이루지 못한다.

만약 다시 부모가 한곳에 모여 있어도 어머니에게 바람병이 있거나 아버지에게 찬병이 있으면 태를 이루지 못한다.

다시 만약 어떤 때에 부모가 한곳에 모여 있어도 아버지의 몸에 물 기운[水氣]이 지나치게 많으면 어머니에게 그런 병이 없어도 태를 이루지 못한다.

만약 다시 어떤 때에 부모가 한곳에 모여 있어도 아버지의 모습[相]에는 자식이 있으나 어머니의 모습에 자식이 없으면 태를 이루지 못한다.

만약 다시 어떤 때에 부모가 한곳에 모여 있어도 어머니의 모습에는 자식이 있으나 아버지의 모습에 자식이 없으면 태를 이루지 못한다.

만약 다시 어떤 때에 부모의 모습에 모두 자식이 없으면 태를 이루지 못한다.

만약 다시 어떤 때에 앎의 신[識神]이 태에 나아가더라도 아버지가 가서 있지 않으면 태를 이루지 못한다.

만약 다시 어떤 때에 부모가 한곳에 모이게 되어도, 어머니의 마음이 멀리 가서 여기 있지 않으면[遠行不在] 태를 이루지 못한다.

만약 다시 어떤 때에 부모가 한곳에 모이게 되어도, 아버지의 몸에 무거운 병이 있을 경우, 그때는 앎의 신이 태에 온다 하더라도 태를 이루지 못한다.

만약 다시 어떤 때에 부모가 한곳에 모이게 되고, 앎의 신이 오더라도 어머니의 몸에 무거운 병이 있을 경우 태를 이루지 못한다.

만약 다시 어떤 때에 부모가 한곳에 모이게 되고, 앎의 신이 오더라도, 부모의 몸이 모두 병을 앓을 경우 태를 이루지 못한다.”

태 이루는 조건을 보이시고 비구에게 이 인연 끊도록 하심

“만약 다시 비구들이여, 부모가 한곳에 모여 있고 부모에게 병이 없어야 앎의 신이 오는 것이다. 그러나 또 부모 모두의 모습에 아이가 있어야 이때 태를 이루는 것이다.

이것을 ‘세 가지 인연이 있어야 와서 태를 받는다’고 하는 것이다.

그러므로 비구들이여, 방편을 구하여 이 세 가지 인연을 끊어야 한다.

이와 같이 여러 비구들이여, 반드시 이렇게 배워야 한다.”

그때 여러 비구들은 붇다의 말씀을 듣고 기뻐하며 받들어 행하였다.

• 증일아함 21 삼보품 三

• 해설 •

부모와 자식될 이의 앎의 신이 함께해야 태를 이루어 아이를 가질 수 있다. 그러나 부모와 앎의 신이 함께해도 아이를 이루지 못하는 갖가지 인연이 있으니, 아이 갖지 못하게 하는 인연을 없애야 태를 이룰 수 있다.

이 가르침으로 세존은 세속의 아이 낳지 못하는 이들에게는 아이 낳을 수 있는 인연을 가르쳐주고, 애착의 인연을 끊어야 하는 출가사문들에게는 길이 부모자식의 인연을 짓지 못하게 하고 있다.

세존이시여, 약 가운데 가장 좋은 약은
일곱 갈래 깨달음의 법입니다

이와 같이 들었다.

한때 붓다께서는 슈라바스티 국 제타 숲 '외로운 이 돕는 장자의 동산'에 계셨다.

그때 존자 쿤티(Kunti)는 몸에 무거운 병을 안고 자리에 누워 스스로 일어나 움직이지 못하였다.

그때 쿤티는 곧 이렇게 생각하였다.

"여래 세존께서는 오늘 가엾이 여기심을 보이시지 않는구나.

또 나는 무거운 병에 걸려 목숨이 오래가지 않을 것이고 약도 쓸 수 없다. 세존께서 '한 사람이라도 건너지 못하면 나는 끝내 버리지 않을 것이다'라고 말씀하시는 것을 들은 적이 있다.

그런데 지금 이렇게 홀로 버림을 받으니 이 괴로움을 어찌할 것인가."

병고에 시달리는 쿤티를 세존께서 문병하심

그때 세존께서는 쿤티 비구가 원망하는 소리를 하늘귀로 들으셨다. 이때 세존께서 비구들에게 말씀하셨다.

"모두 모여 쿤티 비구 있는 곳에 가 문병하자."

비구들은 말씀드렸다.

"그렇게 하겠습니다, 세존이시여."

세존께서는 여러 비구들을 데리고 차츰 쿤티 비구의 방으로 이르셨다. 그때 쿤티 비구는 멀리서 세존께서 오시는 것을 보고 곧 땅에 엎드렸다.

그때 세존께서 쿤티 비구에게 말씀하셨다.

"너는 지금 병을 앓아 아주 위중하다. 자리에서 내려올 것 없다. 내가 스스로 여기에 앉겠다."

그때 세존께서는 쿤티에게 말씀하셨다.

"너의 앓는 병은 더욱 더하느냐 좀 덜하느냐? 아니면 더하지도 덜하지도 않느냐? 내 가르침을 받아 들을 수는 있겠느냐?"

쿤티 비구는 붇다께 말씀드렸다.

"제자가 지금 앓는 병은 아주 깊어 더하기만 할 뿐 덜어지지 않습니다. 먹을 수 있는 약초들은 두루 써보지 않은 것이 없습니다."

세존께서 물으셨다.

"병을 돌보아주는 이는 누구인가?"

"여러 범행자들이 와서 돌보아줍니다."

세존께 일곱 갈래 깨달음 법의 이름을 말하고서
앓던 병이 모두 나음

세존께서 쿤티에게 말씀하셨다.

"너는 지금 나에게 일곱 갈래 깨달음 법의 뜻을 말할 수 있겠는가?"

그때 쿤티는 일곱 갈래 깨달음 법의 이름을 세 번이나 일컬었다.

"저는 지금 여래 앞에서 일곱 갈래 깨달음 법을 말할 수 있습니다."

세존께서 말씀하셨다.

"만약 네가 여래에게 말할 수 있다면 지금 바로 말해보라."

그때 쿤티는 붇다께 말씀드렸다.

"일곱 갈래 깨달음 법에서 어떤 것이 일곱이냐 하면, 다음과 같습니다.

생각의 깨달음 법이니 이는 여래께서 말씀하신 바이며, 법 가림의 깨달음 법·정진의 깨달음 법·기쁨의 깨달음 법·쉼의 깨달음 법·선정의 깨달음 법·보살핌의 깨달음 법입니다.

이것을 세존이시여, 일곱 갈래 깨달음 법이 있다고 하는 것이니, 바로 이것을 말하는 것입니다."

이때 존자 쿤티는 이렇게 말하고 나자 앓던 병이 모두 없어져 나아 뭇 괴로움이 없게 되었다.

그때 쿤티가 세존께 말씀드렸다.

"약 가운데 가장 좋은 약은 바로 일곱 갈래 깨달음 법입니다.

약 가운데 가장 좋은 약을 말하자면 이 일곱 갈래 깨달음 법을 지나지 않습니다. 지금 이 일곱 갈래 깨달음 법을 사유했더니 앓던 온갖 병이 모두 없어져 나았습니다."

일곱 갈래 깨달음 법이 나고 죽음의 병을 낫게 하는 좋은 약임을 보이심

그때 세존께서 여러 비구들에게 말씀하셨다.

"너희들은 이 일곱 갈래 깨달음 법을 받아 지녀 잘 외우고 읊어, 붇다와 법과 상가에 대해 여우 같은 의심 두지 말라.

그리하면 그 중생은 앓던 병이 모두 없어져 나을 것이다.

왜 그런가. 이 일곱 갈래 깨달음 법은 매우 깨닫기 어렵지만, 온갖 모든 법을 사무쳐 알아, 온갖 모든 법을 비춰 밝히기 때문이다.

또한 이는 좋은 약이 온갖 병을 낫게 해줌과 같고, 단이슬은 아무리 먹어도 싫증이 나지 않는 것과 같기 때문이다.

만약 이 일곱 갈래 깨달음 법을 얻지 못한다면 그런 중생의 무리는 나고 죽음에 흘러 구를 것이다.

그러므로 여러 비구들이여, 방편을 구해 이 일곱 갈래 깨달음 법을 닦아야 한다. 이와 같이 비구들이여, 반드시 이렇게 배워야 한다."

그때 여러 비구들은 붇다의 말씀을 듣고 기뻐하며 받들어 행하였다.

• 증일아함 39 등법품(等法品) 六

• 해설 •

쿤티 비구가 죽을병을 깊이 앓다가, 여래의 자비하신 가르침 한 마디를 듣고 곧 병이 나을 수 있는 것은 왜인가.

병이 본래 아니고 몸이 마음을 떠난 몸이 아니기 때문에 한 마디 가르침에 간절한 믿음을 일으켜 본래 병 없는 곳, 여섯 아는 뿌리가 본래 깨끗함[六根淸淨]을 깨달았기 때문이리라.

믿음이 깊고 선정이 깊은 현성이라 하더라도 그와 같은 분이 어찌 많겠는가.

여래 앞에서 '일곱 갈래 깨달음 법'의 이름 외우고 그 자리에서 몸의 깊은 병을 바로 떨치고 일어난 쿤티 존자가 그런 현성이라 할 만하고, 중국 남북조시기 업(業)이 본래 공함을 바로 살펴, 깊은 선병(禪病)의 장애 가운데서 바로 병을 털고 일어선 남악혜사선사 같은 성사(聖師)가 그런 분이라 할 만하다.

쿤티 존자와 혜사선사가 검증해보이듯, 여래의 법은 중생의 병과 죽음의 고통 건져주는 생명의 양약이고 지혜의 나룻배이다.

그러므로 여래의 보디의 길 잘 행하는 보디사트바는 여래의 가르침 받들어 그 스스로 병과 죽음의 고통을 건너서 온갖 중생의 고통을 건네주는 배가 되고 지혜의 등불이 되어야 하니, 『화엄경』(「광명각품」)은 말한다.

세간은 방일하여 다섯 욕망 집착해
진실하게 이 욕망 분별하지 못하고
뭇 괴로움을 늘 받으며 살아가네.
보디사트바는 붇다의 가르침을
받들어 행하고 늘 마음을 거두어
이 괴로움 건네주려 다짐하니
이것이 보디사트바의 행이네.

世間放逸著五欲　不實分別受衆苦
奉行佛敎常攝心　誓度於斯是其行

중생은 그 어디에 의지할 바 없이
갖가지 병의 괴로움에 얽히어
늘 악한 길에 빠져 윤회하며
탐냄 성냄 어리석음의 독 일으켜
활활 타는 큰 불이 늘 태워버리니
깨끗한 마음으로 저 중생 건네주면
이것이 보디사트바의 행이네.

衆生無怙病所纏　常淪惡趣起三毒
大火猛焰恒燒熱　淨心度彼是其行

3 중생이 의지해 사는 많고 많은 세계들

• 이끄는 글 •

온갖 존재의 세계를 열두 들임과 열여덟 법의 영역으로 분류해보인 붇다의 기본 교설에 의하면, 중생의 앎과 업행은 자아와 세계 속에서 일어나되 자아와 세계는 중생의 앎과 업행 자체로 주어진다.

중생의 앎과 업행이 한량없으므로 세계가 한량없고, 세계가 한량없으므로 중생과 중생의 업행이 한량없다.

연기법에서 중생의 마음과 세계는 앞과 뒤가 없고 위와 아래가 없다.

천태선사는 업행에 따라 중생의 세계는 열 가지 법계[十法界]로 벌여지고, 열 가지 법계가 모두 있되 공하므로 열 가지 법계가 각각 서로를 갖추고 있다고 말한다.

열 가지 법계는 지옥·아귀·축생·수라·사람·하늘·성문·연각·보디사트바·붇다의 세계이다. 지옥에서 하늘까지가 중생의 세계이고, 성문 뒤로는 현성의 세계 붇다의 세계이다.

『법화현의』(法華玄義)는 말한다.

마음의 법계에 노니는 자는 여섯 아는 뿌리와 여섯 알려지는 경계가 서로 마주해 한 생각이 일어나면, 열 가지 법계 가운데서 한 법계에 속함을 살핀다. 만약 한 법계에 속하면 곧 백 계의 천 법[十界 十界 十如是]이 한 생각 가운데 모두다 갖추어져 있음을 본다.

천태선사가 말하는 한 생각은 번뇌 없는 참마음의 마음이 아니라, 지금 중생이 열두 들임을 의지해 일으킨 여섯 앎의 한 생각이다.

이 한 생각이 세계 속에서 일어나 세계를 갖추고 있는 한 마음이니, 한 생각이 곧 한 법계이고 한 법계가 공한 법계이므로 한 법계 속에 열 법계가 있고, 열 법계가 열 법계를 서로 갖추어 백 법계가 된다. 그리고 이 백 법계의 낱낱 법계가 열 가지 이와 같음[十如是]이라 말하는 공한 원인과 조건 등의 열 가지 법을 갖추므로 한 생각이 천 법을 모두 갖춘다고 한 것이다.

지금 이 한 생각은 백 계의 천 법을 갖춘 세계인 한 생각으로, 한 생각이 한량없는 세계를 갖추어 곧 공하고[卽空] 거짓 있음이며[卽假] 곧 중도[卽中]이다.

『마하지관』(摩訶止觀)은 이렇게 말한다.

대개 한 마음이 열 법계를 갖추고 한 법계가 또 열 법계를 갖추어 백 법계가 된다. 한 법계가 서른 가지 세간[오온세간(五蘊世間)·중생세간(衆生世間)·기세간(器世間)의 세 가지 세간이 열 가지 이와 같은 법을 갖춤]을 갖추니 백 법계가 삼천 세간(三千世間)이 된다.

이 삼천 세간이 한 생각 마음에 있으니, 만약 마음이 없다가 갑자기 마음이 있게 되면[介爾有心] 곧 삼천 세간을 갖춘다.

또 한 마음이 앞에 있고 온갖 법이 뒤에 있다고 말할 수 없고, 또한 온갖 법이 앞에 있고 한 마음이 뒤에 있다고 말할 수 없다.

예를 들어보면 다음과 같다.

여덟 가지 모습이 사물을 옮기는데 사물이 옮기는 모습 앞에 있어도 사물은 옮김을 받지 않으며, 옮기는 모습이 사물 앞에 있어도 또한 옮김을 받지 않는 것과 같다. 그러므로 앞에 있다 해도 안 되고 뒤에 있다 해도 안 된다.

다만 사물이면 모습의 옮김을 말하고, 다만 모습의 옮김이면 사물을 말하는 것이다. 지금 마음 또한 이와 같다.

만약 한 마음을 좇아 온갖 법을 낸다고 하면 이것은 세로[縱]로 보인 것이다. 만약 마음이 한때에 온갖 법을 머금는다고 하면 이것은 가로[橫]로 보인 것이다.

그러니 세로로만 말해도 안 되고 가로로만 말해도 안 된다. 다만 마음이 온갖 법이고 온갖 법이 마음이므로 세로도 아니고 가로도 아니며 하나도 아니고 다름도 아니다. 그윽하고 묘함마저 깊이 끊어져 앎으로 알 수 있는 것이 아니고 말로 말할 수 있는 것이 아니다.

이런 까닭에 이루 생각할 수 없고 말할 수 없는 경계[不思議境]라고 일컫는 것이니, 그 뜻이 여기에 있다.

천태선사의 『마하지관』은 이처럼 한 생각이 삼천 세간을 갖춰서 [一念三千] 이것이 생각할 수 없고 말할 수 없는 경계[不思議境]라고 한다. 이 삼천 세간도 연기의 근본교설밖에 따로 있는 것이 아니고,

바로 십팔계설에서 자아[六根]와 세계[六境]가 온전히 여섯 앎[六識]이고 여섯 앎이 자아와 세계라는 교설을 우주론적으로 확장하고, 그것을 다시 눈앞의 한 생각[現前一念]에 거두어들인 교설이다.

곧 천태의 '한 생각이 삼천 세간을 갖추었다'는 이 교설은 중생의 여섯 앎이 일으킨 업행이 한량없으므로 세계가 한량없지만, 그 세계는 한 마음인 세계이고 마음은 세계인 마음임을 보여주는 교설이다.

그런데 교설에서 마음이 세계인 마음이므로 공하고, 세계는 마음인 세계이므로 공한 것이니, 세계는 한량없되 공적한 것이며, 세계는 끝없되 지금 이 한 생각을 떠나지 않는 것이다.

그러므로 지금 한 생각이 드러나[一念現前] 빛깔과 소리를 보고 알 때, 보되 봄이 없고[見而無見] 듣되 들음 없음[聞而無聞]을 바로 아는 이가 '한 생각이 삼천 세간을 갖추었다'는 일념삼천설을 알아 해탈에 나아가는 자인 것이다.

1) 한량없이 많고 많은 중생의 세계

손톱 위의 흙은 적고 적으며
저 큰 땅의 흙이 한량없이 많듯

이와 같이 내가 들었다.

한때 붇다께서는 슈라바스티 국 제타 숲 '외로운 이 돕는 장자의 동산'에 계셨다.

그때에 세존께서는 손톱으로 흙을 들어 올린 뒤, 여러 비구들에게 말씀하셨다.

"어떻게 생각하느냐. 내 손톱 위의 흙이 많으냐, 이 큰 땅의 흙이 많으냐?"

여러 비구들은 붇다께 말씀드렸다.

"세존의 손톱 위의 흙은 매우 적고 적을 뿐이요, 이 큰 땅덩이의 흙은 매우 많아 한량이 없어서 나아가 셀 수나 비유로 견줄 수가 없습니다."

**볼 수 있는 중생과 볼 수 없는 중생을
손톱 위의 흙과 큰 땅의 흙으로 비유하심**

붇다께서는 비구들에게 말씀하셨다.

"손톱 위의 흙과 같이, 만약 여러 중생으로서 모습을 볼 수 있는 것 또한 이와 같고, 그 모습이 가늘고 잘아서 볼 수 없는 것은 땅덩이의 흙과 같다.

그러므로 비구들이여, 네 가지 거룩한 진리[四聖諦]에 대하여 아직 사이 없는 평등함이 되지 못하였으면, 방편을 부지런히 하여 사이 없는 평등한 지혜를 배워야 한다.”

붇다께서 이 경을 말씀해 마치시자, 여러 비구들은 붇다의 말씀을 듣고 기뻐하며 받들어 행하였다.

중생의 차별된 업행을 다시 손톱 위의 흙과 큰 땅의 흙으로 보이심

“뭍의 땅으로 보인 것처럼 물의 성질로 보임 또한 그러하다.

‘손톱 위의 흙’처럼, 이와 같이 중생으로서 사람의 길에 나는 것 또한 그러하다.

땅덩이의 흙처럼 이와 같이 사람 아닌 것 또한 그러하다.

손톱 위의 흙처럼 이와 같이 좋은 나라에 나는 사람 또한 그러하다.

땅덩이의 흙처럼 이와 같이 치우친 땅 나쁜 곳에 나는 사람 또한 그러하다.

손톱 위의 흙처럼 이와 같이 거룩한 지혜의 눈을 성취한 사람 또한 그러하다.

땅덩이의 흙처럼 이와 같이 거룩한 지혜의 눈을 성취하지 못한 사람 또한 그러하다.

손톱 위의 흙처럼 이와 같이 중생으로서 이 법과 율을 아는 것 또한 그러하다.

땅덩이의 흙처럼 이와 같이 중생으로서 법과 율을 알지 못하는 것 또한 그러하다.

위의 아는 것과 알지 못하는 것처럼 이와 같이 평등하게 아는 것,

두루 아는 것, 바른 생각·바른 깨달음·법에 대한 사이 없이 평등하게 살핌에서 또한 그러하다.

손톱 위의 흙처럼 이와 같이 중생으로서 부모 있음을 아는 것 또한 그러하다.

땅덩이의 흙처럼 이와 같이 중생으로서 부모 있음을 알지 못하는 것 또한 그러하다.

손톱 위의 흙처럼 이와 같이 사문이나 브라마나의 집에 높은 어른이 있음을 알아서, 지을 바를 짓고, 복을 지으며, 이 세상이나 저 세상에서 죄를 두려워하고 보시를 행하며, 재(齋)를 받고 계를 지니는 것 또한 그러하다.

땅덩이의 흙처럼 이와 같이 사문이나 브라마나의 집에 높은 어른이 있음을 알지 못해서, 지을 바를 짓지 않고 복을 짓지 않으며, 이 세상이나 저 세상에서 죄를 두려워하지 않고 보시를 행하지 않으며, 재를 받고 계를 지니지 않는 것 또한 이와 같이 말한다.

손톱 위의 흙처럼 이와 같이 중생으로서 산목숨 죽이지 않고, 훔치지 않으며, 삿된 음행 하지 않고, 거짓말하지 않으며, 두말하지 않고, 나쁜 말 하지 않으며, 꾸밈말하지 않는 것 또한 그러하다.

땅덩이의 흙처럼 이와 같이 중생으로서 계를 지니지 않는 것 또한 그러하다.

이와 같이, 탐욕·성냄·삿된 견해를 떠나는 것과 탐욕·성냄·삿된 견해를 떠나지 않는 것 또한 이와 같이 말한다.

손톱 위의 흙처럼 이와 같이, 산목숨 죽이지 않고, 훔치지 않으며,

삿된 음행 하지 않고, 거짓말하지 않으며, 술 마시지 않는 것 또한 그러하다.

땅덩이의 흙처럼 이와 같이 다섯 계를 지니지 않는 것 또한 그러하다.

손톱 위의 흙처럼 이와 같이 중생으로서 여덟 계를 지니는 것 또한 그러하다.

땅덩이의 흙처럼 이와 같이 중생으로서 여덟 계를 지니지 않는 것 또한 그러하다.

손톱 위의 흙처럼 이와 같이 중생으로서 열 가지 착함[十善]을 지니는 것 또한 그러하다.

땅덩이의 흙처럼 이와 같이 중생으로서 열 가지 착함을 지니지 않는 것 또한 그러하다."

중생 업행의 과보에 대해서 손톱 위의 흙과
큰 땅의 흙으로 비유하심

"손톱 위의 흙처럼 이와 같이 중생으로서 지옥에서 목숨을 마치고 사람 가운데 태어나는 것 또한 그러하다.

땅덩이의 흙처럼 이와 같이 중생으로서 지옥에서 목숨을 마치고 도로 지옥에 나는 것 또한 그러하다.

지옥처럼 축생·아귀 또한 이와 같다.

손톱 위의 흙처럼 이와 같이 중생으로서 지옥에서 목숨을 마치고 하늘위에 태어나는 것 또한 그러하다.

땅덩이의 흙처럼 이와 같이 지옥에서 목숨을 마치고 도로 지옥에 나는 것 또한 그러하다.

지옥처럼 축생·아귀 또한 이와 같다.

손톱 위의 흙처럼 이와 같이 중생으로서 사람의 길 가운데서 죽어서 도로 사람의 길 가운데 나는 것 또한 그러하다.

땅덩이의 흙처럼 이와 같이 그 여러 중생으로서 사람의 길 가운데서 죽어 지옥에 나는 것 또한 그러하다.

지옥처럼 축생·아귀 또한 이와 같다.

손톱 위의 흙처럼 이와 같이 여러 중생으로서 하늘위에서 목숨을 마치고 도로 하늘위에 나는 것 또한 그러하다.

땅덩이의 흙처럼 이와 같이 여러 중생으로서 하늘위에서 죽어 지옥 가운데 나는 것 또한 그러하다.

지옥처럼 축생·아귀 또한 이와 같다."

• 잡아함 442 조갑경(爪甲經)

• 해설 •

마음·물질이 의지해 있음을 보이는 다섯 쌓임[五蘊]의 교설은 다만 한 존재 속에서 마음은 물질인 마음이고 물질은 마음인 물질임을 나타내고 있는 것이 아니다. 다섯 쌓임의 물질은 늘 경전에서 '안이든 밖이든, 과거든 현재든 미래든'이라고 표현되고 있듯, 다섯 쌓임의 물질은 안과 밖의 한량없는 물질세계와 중생의 마음의 행[心行] 업의 행[業行]이 서로 의지해 있으며 삼세에 서로 이어지고 있음을 나타낸다.

이 뜻을 다시 『반야경』은 '물질이 한량없으므로 반야가 한량없다'[色無量故般若無量]고 말한다. 물질의 한량없음은 끝없는 물질세계가 있되 공하므로 한량없음이고, 중생의 마음의 행 또한 다함없이 연기하되 공하므로 반야가 한량없는 것이다.

천태선사의 일념삼천설에서 '한 생각이 갖춘 세 가지 세간'[三種世間]이란 다섯 쌓임의 세간[五蘊世間]·중생세간(衆生世間)·기세간(器世間)을 말한다. 기세간은 중생의 삶의 터전이 되는 물질세계를 말한다. 그러므로 일념삼천설은 다섯 쌓임의 가르침에서 중생의 마음과 알려지는바 세계가 서로 의지하고 서로 들어가 하나됨의 뜻을 다시 나타내 보인 것이다.

연기법에서 마음이나 세계는 연기한 것이라 있되 공하다. 그러므로 낱낱 세계가 서로 하나되고 서로 다함없이 겹치되 지금 중생의 한 생각을 떠나지 않는 것이다.

'손톱 위의 흙과 큰 땅의 흙의 비유'로 보인 아함의 이 가르침도 중생의 업행(業行)의 차별이 한량없고 중생의 모습과 중생의 세계가 한량없음을 보인 것이다. 그러나 많고 많은 중생의 세계가 한량없이 펼쳐져 있되 그 한량없는 존재는 있되 공하여 나의 한 생각인 온갖 것 온갖 법이며, 중생의 번뇌는 세계를 통해 연기한 마음이라 번뇌가 다함없되 본래 고요하여 다시 끊을 것이 없는 것이다.

이와 같이 사이 없는 평등한 지혜로 아는 마음과 알려지는 세계에 취할 모습이 없음을 살펴 번뇌가 지혜의 마음이 되면, 중생을 건네주되 한 중생도 실로 건네줌 받은 중생이 없는 것이다. 또한 저 중생세계가 한량없되 한량없는 저 세계는 비치되 고요한[照而寂] 반야 지혜를 떠나지 않고, 사이 없는 평등한 지혜를 떠나지 않는 세계 아닌 세계이다.

손톱 위의 흙은 볼 수 있지만 큰 땅의 흙은 다 볼 수 없고 헤아릴 수 없다. 그렇듯 세계가 끝없고 중생이 한량없어 윤회의 고통 속 뭇 삶들을 헤아릴 수 없으니, 누가 이 끝없는 세계와 중생의 차별을 알 수 있으며 누가 이 중생에게 해탈의 길을 보일 것인가.

오직 위없는 보디의 완성자 붇다가 보되 봄이 없이 한량없음을 보는 분이니, 『화엄경』(「수미정상게찬품」)은 다음과 같이 붇다를 찬탄한다.

위대하다, 지혜의 큰 빛 밝으신 이
용맹하고 위없는 큰 스승이시여.

뭇 헤매는 삶들 이롭게 하기 위해
고통받는 이 세간에 출현하셨네.

偉哉大光明　勇健無上士
爲利群迷故　而興於世間

붇다께선 큰 자비의 마음으로
여러 끝없이 많은 중생이
삼계의 길 가운데 윤회하면서
뭇 괴로움 받음 널리 살피네.

佛以大悲心　普觀諸衆生
見在三有中　輪迴受衆苦

여래 바르게 깨치신 분은
과거세나 미래나 현재세에
분별의 뿌리 길이 끊으셨으니
그러므로 붇다라 이름한다네.

正覺過去世　未來及現在
永斷分別根　是故說名佛

여래 바르게 깨치신 분과
여러 현성의 대중께서는
이 세간에 출현하시어
고통바다 빠져 있는 중생 건져
해탈의 즐거움을 주시네.

如來等正覺　及諸賢聖衆
出現於世間　能與衆生樂

사람과 하늘, 뭇 삶들이 사는 곳은 아홉 군데이니

이와 같이 들었다.

한때 붇다께서는 슈라바스티 국 제타 숲 '외로운 이 돕는 장자의 동산'에 계시면서 비구들에게 말씀하셨다.

"아홉 가지 중생이 사는 곳이 있다.

이는 중생들이 사는 곳이니, 어떤 것이 아홉인가?

어떤 중생은 몇 가지 몸에 몇 가지 생각이니, 하늘[deva]과 사람[manuṣya]이다.

어떤 중생은 몇 가지 몸에 한 생각이니, 브라흐마카이카하늘(Brahma-kāyika-deva)로서 맨 처음 나타난 것이다.

어떤 중생은 한 몸에 몇 가지 생각이니, 빛과 소리의 하늘[光音天]이다.

어떤 중생은 한 몸에 몇 가지 생각이니, 두루 깨끗한 하늘[遍淨天]이다.

어떤 중생은 한량없는 허공이니, 곧 빈 곳의 하늘[空處天]이다.

어떤 중생은 한량없는 앎이니, 앎의 곳 하늘[識處天]이다.

어떤 중생은 아무 있는 바 없음[無所有]이니, 곧 있는 바 없는 곳의 하늘[不用處天 無所有天]이다.

어떤 중생은 생각이 있기도 하고 없기도 하니, 생각 있기도 하고 생각 없기도 한 곳의 하늘[有想無想處天]이다.

여러 중생의 나는 곳의 이름이 아홉이 된다."

아홉 곳에 남을 떠나도록 당부하심

"이것을 비구들이여, 아홉 가지 중생이 사는 곳이라 한다.
뭇 삶의 무리들은 거기에 일찍 살았고 이미 살고 앞으로 살 것이다.
그러므로 비구들이여, 방편을 구해 이 아홉 곳 떠나야 한다.
이와 같이 비구들이여, 반드시 이렇게 배워야 한다."
그때에 비구들은 붇다의 말씀을 듣고 기뻐하며 받들어 행하였다.

• 증일아함 44 구중생거품(九衆生居品) -

• 해설 •

중생 사는 곳을 아홉으로 나누었으나, 이는 삼계의 중생 사는 곳을 사람
과 하늘세계로 나누어 보인 가르침이다.

처음 하늘과 사람이란 사람 세상과 욕계의 여섯 하늘[欲界六天]이다.

다음 세 하늘은 색계의 열여덟 하늘[色界十八天] 가운데 브라흐마하늘
은 첫째 선정의 하늘[初禪天]이고, 빛과 소리의 하늘은 둘째 선정의 하늘
[二禪天]이며, 두루 깨끗한 하늘은 셋째 선정의 하늘[三禪天]이다.

끝의 빈 곳의 하늘, 앎의 곳의 하늘, 있는 바 없는 곳의 하늘, 생각 있기도
하고 생각 없기도 한 곳의 하늘은 무색계의 네 하늘[無色界四天]이다.

붇다는 비구들에게 중생세계 가운데 지옥·아귀·축생·수라의 세계를
빼고 말해줌으로써 사람 세상 밑으로 더 떨어지지 않도록 깨우쳐주며, 다시
복락이 가득한 하늘세계 또한 떠나도록 가르치신다.

그것은 하늘의 복락도 다함이 있기 때문이니, 욕계하늘을 넘어선 색계하
늘에도 미묘한 하늘세계의 모습의 집착이 있고 무색계 하늘에도 공함의 집
착이 있기 때문이다.

곧 욕계하늘은 즐거운 곳이되 탐욕의 흐름[欲漏]이 있는 곳이며, 색계하늘은 거친 물질의 장애가 다해 영묘한 물질의 즐거움과 마음의 고요함이 있되 존재에 대한 집착[有漏]이 있는 곳이며, 무색계하늘은 온갖 물질의 장애가 다했으나 관념의 자취와 공함에 집착하는 마음[無明漏]이 있는 곳이므로 여래는 방편을 구해 이 아홉 곳을 떠나라고 가르치신다.

떠나서 가야 할 곳은 어디인가. 마음가는 곳이 사라지면[心行處滅] 보고 아는 이곳이 바로 니르바나의 땅이며, 모습에 모습이 없되 모습 없음도 없으면 빛깔·소리가 가득한 욕계의 땅이 바로 실상의 땅이 되는 것인가.

탐욕도 없고 빛깔도 없고 공함도 없는 그곳은 어디인가.

『마하지관』은 '한 빛깔 한 냄새도 중도실상 아님이 없다'고 말하니, 있음과 없음의 집착을 넘어서면 삼계의 이 세간에 모습 나투되 삼계에 머물지 않는 참사람의 거처를 알 수 있으리라.

『화엄경』(「승수미산정품」昇須彌山頂品)은 이 세간에 두루 다니되 걸림없는 여래의 몸을 들어 그 뜻을 이렇게 밝힌다.

붇다는 갖가지 여러 몸으로
세간에 두루 노닐어 다니시나
법계에 걸리는 바 없으시니
아무도 헤아려 알 수가 없네.

佛以種種身　遊行遍世間
法界無所礙　無能測量者

한 붇다의 세계에 삼천대천세계가 있나니

이와 같이 내가 들었다.

한때 붇다께서는 슈라바스티 국 제타 숲 '외로운 이 돕는 장자의 동산'의 카레리(Kareri-kuṭikā) 굴에 계시면서 큰 비구대중 천이백오십 사람과 함께 하셨다.

때에 많은 비구들은 식사를 마친 뒤 강당 위에 모여 서로 이야기했다.

"여러 어진 이들이여, 이것은 일찍 없던 일이오. 지금 이 하늘땅은 무엇을 말미암아 무너지고 무엇을 말미암아 이루어지는가. 중생이 사는 국토는 어떠한가."

그때 세존께서는 한가하고 고요한 곳에서 하늘귀로 들음을 사무쳐 여러 비구들이 식사 뒤에 강당 위에 모여 이런 말로 이야기하는 것을 들으셨다.

현성의 침묵과 법을 강론함, 두 가지 일 행함을 찬탄하심

그때 세존께서는 고요한 굴에서 일어나 강당으로 나아가 앉으셨다. 아시면서도 일부러 여러 비구에게 물으셨다.

"아까 의논한 것은 어떤 일들을 이야기하였는가."

여러 비구들은 붇다께 말씀드렸다.

"저희들은 식사 뒤에 법을 강설하는 곳에 모여 이렇게 이야기했습니다.

'여러 어진 이들이여, 이것은 일찍 없던 일이오. 지금 이 하늘땅은 무엇을 말미암아 무너지고 무엇을 말미암아 이루어지는가. 중생이 사는 국토는 어떠한가.'

저희들은 강당에 모여 이와 같은 일을 이야기했습니다."

붇다께서는 비구들에게 말씀하셨다.

"잘한 일이다, 참 잘한 일이다. 무릇 집을 나온 사람은 이 두 법[二法]을 반드시 행해야 한다.

첫째는 현성의 침묵[賢聖沈黙]이요, 둘째는 법의 말씀[法語]을 강론하는 것이다. 너희들도 강당에 모여 있으면서 또한 이와 같이 현성의 침묵을 행하고 법의 말씀을 강론해야 한다.

여러 비구들이여, 너희들은 여래가 하늘땅의 이루어지고 무너짐과 중생이 사는 나라와 성읍에 대해서 말하는 것을 듣고자 하는가."

때에 여러 비구들은 붇다께 말씀드렸다.

"그렇습니다, 세존이시여. 지금이 바로 그때입니다. 듣고저 바랍니다. 세존께서 말씀하시면 반드시 받들어 지니겠습니다."

한 붇다의 세계인 삼천대천세계를 말씀하심

붇다께서는 말씀하셨다.

"비구들이여, 자세히 듣고 자세히 들어 잘 사유해 생각하라. 너희들을 위해 말해주겠다."

붇다께서는 여러 비구들에게 말씀하셨다.

"한 해와 달이 네 천하를 두루 다니면서 밝은 빛으로 비추는 곳, 이와 같은 천 세계가 있다.

천 세계 가운데는 천의 해와 달, 천의 수메루 산왕, 사천의 천하, 사천의 큰 천하, 사천의 바닷물, 사천의 큰 바다, 사천의 용, 사천의 큰 용, 사천의 금시조, 사천의 큰 금시조, 사천의 악한 길, 사천의 큰 악한 길, 사천의 왕, 사천의 큰 왕, 칠천의 큰 나무, 팔천의 큰 지옥, 십천(十千)의 큰 산, 천의 야마왕, 천의 네 하늘왕, 천의 도리하늘, 천의 야마하늘, 천의 투시타하늘, 천의 변화가 자재한 하늘, 천의 타화자재하늘, 천의 브라흐마하늘이 있다. 이것이 소천세계(小天世界)이다.

하나의 소천세계와 같이 그곳에 소천세계 천 세계가 있다. 이것이 중천세계(中天世界)이다.

하나의 중천세계와 같이 그곳에 중천세계 천 세계가 있다. 이것이 삼천의 대천세계(大千世界)이다.

이와 같이 세계가 겹겹으로 두루 돌아 이루어지고 무너지며 중생의 사는 곳을 '한 붇다 세계'[一佛刹]라 한다."

한 네 천하의 수메루 산 세계를 말씀하심

붇다께서는 비구들에게 말씀하셨다.

"지금 이 큰 땅의 깊이는 십육만 팔천 요자나(yojana, 由旬, 1요자나는 약 1.3킬로미터)요, 그 가[邊]는 끝이 없으며, 땅은 물에서 그친다.

물의 깊이는 삼천삼십 요자나요, 그 가는 끝이 없으며, 물은 바람에서 그친다. 바람의 깊이는 육천사십 요자나요, 그 가는 끝이 없다.

비구들이여, 그 큰 바다의 물의 깊이는 팔만 사천 요자나요, 그 가는 끝이 없다. 수메루 산왕은 바닷물에 들어가기는 팔만 사천 요자나요, 바닷물 위에 나오기는 높이가 팔만 사천 요자나며, 뿌리를 내려 땅에 이었고 많은 굳은 땅이 있다.

그 산은 곧게 올라 굽은 곳이 없다. 갖가지 나무를 내 자라게 하니, 나무는 뭇 향기를 내며 향기는 산숲에 두루 퍼져 있다. 많은 여러 현성과 크게 신묘한 하늘들이 사는 곳이다.

그 산의 밑바탕에는 순수한 금모래가 있고 그 산의 네 면에는 사타(四埵)가 나오는데 높이는 칠백 요자나다. 섞인 빛깔이 사이사이 끼었는데 일곱 가지 보배로 이루어졌고, 사타는 비스듬히 밑으로 누워 바다 위까지 굽어져 있다.

또 수메루 산왕에는 일곱 가지 보배의 층계 길이 있다. 그 밑의 층계의 길의 넓이는 육십 요자나고, 길을 끼고 양쪽에는 일곱 겹의 보배담과 일곱 겹의 난간과 일곱 겹의 그물과 일곱 겹의 줄 선 나무가 있다.

금담에는 은문, 은담에는 금문, 수정담에는 유리문, 유리담에는 수정문, 붉은 구슬담에는 마노문, 마노담에는 붉은 구슬문, 자거담에는 뭇 보배문이 있다. 그 난간은 금난간에는 은나무[桃], 은난간에는 금나무, 수정난간에는 유리나무, 유리난간에는 수정나무, 붉은 구슬난간에는 마노나무, 마노난간에는 붉은 구슬나무, 자거난간에는 뭇 보배의 나무가 있다.

그 난간 위에는 보배 그물이 있는데, 금그물 밑에는 은방울을 달고, 은그물 밑에는 금방울을 달고, 유리그물에는 수정방울을 달고, 수정그물에는 유리방울을 달고, 붉은 구슬그물에는 마노방울을 달고, 마노그물에는 붉은 구슬방울을 달고, 자거그물에는 뭇 보배의 방울을 달았다.

그 금나무는 금뿌리 · 금가지에 은잎 · 은꽃 · 은열매요, 그 은나무는 은뿌리·은가지에 금잎·금꽃·금열매다.

그 수정나무는 수정뿌리·수정가지에 유리꽃과 잎이다. 그 유리나무는 유리뿌리·유리가지에 수정꽃과 잎이다. 그 붉은 구슬나무는 붉은 구슬뿌리와 가지에 마노꽃과 잎이다. 그 마노나무는 마노뿌리와 가지에 붉은 구슬꽃과 잎이다. 자거나무는 자거뿌리와 가지에 뭇 보배의 꽃과 잎이다.

그 일곱 겹 담은 담마다 네 문이 있고 문에는 난간이 있다. 일곱 겹의 담 위는 다 누각과 대관이 둘러있고, 그것을 둘러서는 동산과 목욕못이 있는데 뭇 보배의 꽃과 잎이 피어 있다.

보배나무는 줄을 지어 서 있고 꽃과 열매는 우거지고 향기로운 바람이 사방에서 일어나 사람의 마음을 기쁘게 한다. 오리·기러기·원앙 따위 다른 무리 기이한 새들 셀 수 없는 천 가지가 서로 어울려 운다.

또 수메루 산왕의 가운데 층계길은 그 넓이는 사십 요자나요, 길을 끼고 양쪽에는 일곱 겹의 보배담과 난간이 일곱 겹, 그물이 일곱 겹, 줄지어 선 나무가 일곱 겹이 있고, 나아가 셀 수 없는 뭇 새들이 서로 어울려 울어 그 아래 계단과 같다.

위에 난 층계길은 그 넓이는 이십 요자나요, 길을 끼고 양쪽에는 일곱 겹의 보배담과 난간이 일곱 겹, 그물이 일곱 겹, 줄지어 선 나무가 일곱 겹이 있고, 나아가 셀 수 없는 뭇 새들이 서로 어울려 울어 가운데 층계와 같다.

그 밑층계의 길에는 귀신이 머물고 있으니, 이름을 '가루다(garuḍa)의 발'이라 한다. 그 가운데 층계 길에도 귀신이 사니, 이름을 '머리 꾸미개 지닌 이'[持鬘]라 한다. 그 위 층계길에도 귀신이 사니, 이름을 '기뻐 즐거운 이'[喜樂]라 한다. 그 사타의 높이는 사만이천 요자나다."

수메루 산 위 욕계하늘·색계하늘·무색계하늘을 보이심

"네 하늘의 큰 왕[四天大王]이 사는 궁전에는 일곱 겹의 보배성과 난간이 일곱 겹, 그물이 일곱 겹, 줄지어 선 나무 일곱 겹과 모든 보배방울이 있고, 나아가 셀 수 없는 뭇 새들이 서로 어울려 울고 있는 것도 또한 이와 같다.

수메루 산 꼭대기에는 서른세하늘궁[三十三天宮]이 있다. 보배성이 일곱 겹, 난간이 일곱 겹, 그물이 일곱 겹, 줄지어 선 나무가 일곱 겹이 있고, 나아가 셀 수 없는 뭇 새들이 서로 어울려 우는 것 또한 다시 이와 같다.

서른세하늘을 지나 그 요자나를 곱절하면 야마하늘의 궁이 있고, 야마하늘의 궁을 지나 그 요자나를 곱절하면 투시타하늘의 궁이 있으며, 투시타하늘의 궁을 지나 그 요자나를 곱절하면 변화가 자재한 하늘의 궁이 있고, 변화가 자재한 하늘의 궁을 지나 그 요자나를 곱절하면 타화자재하늘의 궁이 있으며, 타화자재하늘의 궁을 지나 그 요자나를 곱절하면 브라흐마카이카하늘의 궁이 있고, 타화자재하늘과 브라흐마카이카하늘 가운데 하늘 만지는 궁이 있어 길이와 넓이가 육천 요자나다.

궁의 담은 일곱 겹, 난간이 일곱 겹, 그물이 일곱 겹, 줄지어 선 나무가 일곱 겹이 있고, 나아가 셀 수 없는 뭇 새들이 서로 어울려 우는 것 또한 이와 같다.

브라흐마카이카하늘의 궁을 지나 그 요자나를 곱절하면 빛과 소리하늘의 궁이 있고, 빛과 소리하늘을 지나 그 요자나를 곱절하면 두루 깨끗한 하늘의 궁이 있고, 두루 깨끗한 하늘을 지나 그 요자나를 곱절하면 과덕이 진실한 하늘의 궁이 있고, 과덕이 진실한 하늘을 지나 그 요자나를 곱절하면 생각 없는 하늘의 궁이 있고, 생각 없는 하늘을 지나 그 요자나를 곱절하면 지음 없는 하늘의 궁이 있고, 지음 없는 하늘을 지나 그 요자나를 곱절하면 뜨거움 없는 하늘의 궁이 있고, 뜨거움 없는 하늘을 지나 그 요자나를 곱절하면 선견하늘[善見天]의 궁이 있고, 선견하늘을 지나 그 요자나를 곱절하면 큰 선견하늘의 궁이 있다.

큰 선견하늘을 지나 그 요자나를 곱절하면 물질이 마쳐 다한 하늘[色究竟天]의 궁이 있다.

물질이 마쳐 다한 하늘을 지나 그 요자나를 곱절하면 '공한 곳의 하늘'·'앎의 곳의 하늘'·'있는 바 없는 곳의 하늘'·'생각 있기도 하고 생각 없기도 한 곳의 하늘'이 있다.

여기까지를 중생의 끝[衆生邊際], 중생의 세계[衆生世界]라 이름한다. 온갖 중생이 나고 늙고 병들어 죽음과 쌓임을 받고 존재를 받는 것도 이와 같음을 넘지 않는다.'

수메루 산 주변의 네 천하를 분별하심

붇다께서는 비구들에게 말씀하셨다.

"수메루 산 북쪽에 천하가 있으니 웃타라쿠루(Uttara-kuru)라 이름한다. 그 땅은 모나고 반듯하여 길이와 넓이가 일만 요자나요, 사람의 얼굴 또한 반듯하여 그 땅 형상을 본떴다.

수메루 산 동쪽에 천하가 있으니 푸르바비데하(Pūrva-Videha)라 이름한다. 그 땅은 둥글어서 길이와 넓이는 구천 요자나요, 사람의 얼굴도 또 둥글어 그 땅의 형상을 본떴다.

수메루 산 서쪽에 천하가 있으니 아파라고다니야(Apara-godānīya)라 이름한다. 그 땅의 모양은 반달과 같고 길이와 넓이는 팔천 요자나다. 사람의 얼굴 또한 그러하여 그 땅의 모양을 본떴다.

수메루 산 남쪽에 천하가 있으니 잠부드비파(Jambu-dvīpa)라 이름한다. 그 땅은 남은 좁고 북은 넓으며 길이와 넓이는 칠천 요자나다. 사람의 얼굴 또한 그러하여 이 땅의 형상을 본떴다.

수메루 산 북쪽은 하늘의 금으로 되어 있는데, 밝은 빛이 북방을 비춘다. 동쪽은 하늘의 은으로 되어 있는데, 밝은 빛이 동방을 비춘다. 수메루 산 서쪽은 수정으로 되어 있는데, 밝은 빛이 서방을 비춘다. 수메루 산 남쪽은 유리로 되어 있는데, 밝은 빛이 남방을 비춘다.

웃타라쿠루에는 큰 나무 왕이 있어 암라(āmra)라 이름한다. 둘레는 칠 요자나, 높이는 백 요자나, 가지와 잎은 사방으로 퍼져 오십 요자나다. 푸르바비데하에도 큰 나무왕이 있어 가란푸[伽藍浮]라 이름한다. 둘레는 칠 요자나, 높이는 백 요자나, 가지와 잎은 사방으로 퍼져 오십 요자나다.

아파라고다니야에도 큰 나무왕이 있어 틴두카(tinduka)라 이름한다. 둘레는 칠 요자나, 높이는 백 요자나, 가지와 잎은 사방으로 퍼져 오십 요자나다. 또 그 나무 밑에는 '돌소의 깃발'[石牛幢]이 있어 높이는 일 요자나다.

잠부드비파에도 큰 나무왕이 있어 잠부드비파라 이름한다. 둘레는 칠 요자나, 높이는 백 요자나, 가지와 잎은 사방으로 퍼져 오십 요자나다.

금시조왕과 용왕의 나무는 주리산포라[俱利睒婆羅]라 이름한다. 둘레는 칠 요자나, 높이는 백 요자나, 가지와 잎은 사방으로 퍼져 오십 요자나다. 아수라왕에 나무가 있는데 '좋은 그림'[善畫]이라 이름한다. 둘레는 칠 요자나, 가지와 잎은 사방으로 퍼져 오십 요자나다.

도리하늘에도 나무가 있어서, 이름을 '낮을 건넘'[晝度]이라 한다. 둘레는 칠 요자나, 높이는 백 요자나, 가지와 잎은 사방으로 퍼져 오십 요자나다.

수메루 산가에 산이 있어서, 카타라라 이름한다. 높이는 사만 이천 요자나, 길이와 넓이는 사만 이천 요자나요, 그 가는 넓고 멀며 뒤섞인 색깔이 사이사이 끼어 일곱 가지 보배로 되었다.

그 산은 수메루 산에 가기 팔만 사천 요자나이고, 그 사이에는 순전히 우트팔라(utpala) 꽃, 파드마(padma) 꽃, 쿠무다(kumuda) 꽃, 푼다리카(puṇḍarīka) 꽃만이 나 있으며, 갈대와 소나무와 대나무가 그 가운데 우거져 있다. 갖가지 향기를 내는데, 그 향기 또한 두루 가득하다.

카타라 산에 가기 멀지 않은 곳에 산이 있어서 이사다라(iṣādhara)라 이름한다. 높이는 이만 일천 요자나, 길이와 넓이는 이만 일천 요자나요, 그 가는 넓고 멀며 뒤섞인 색깔이 사이사이 끼어 일곱 가지 보배로 되었다.

카타라 산에 가기 사만 이천 요자나 그 사이에는 순전히 우트팔라 꽃ㆍ파드마 꽃ㆍ쿠무다 꽃ㆍ푼다리카 꽃만이 나 있으며, 갈대와 소나무와 대나무가 그 가운데 우거져 있다. 갖가지 향기를 내는데 그 향기 또한 두루 가득하다.

이사다라 산에 가기 멀지 않은 곳에 산이 있어서 수구타라[樹巨陀羅]라 이름한다. 높이는 일만 이천 요자나, 길이와 넓이는 일만 이천 요자나요, 그 가는 넓고 멀며 뒤섞인 빛깔이 사이사이 끼어 일곱 가지 보배로 되었다.

이사다라 산에 가기 이만 일천 요자나 그 사이에는 순전한 네 가지 뒤섞인 꽃이 나 있고, 갈대와 소나무와 대나무가 그 가운데 우거져 있으며, 갖가지 향기를 내는데 그 향기 또한 두루 가득하다.

수구타라 산에 가기 멀지 않은 곳에 산이 있어서 선견(善見, sudarśana)이라 이름한다. 높이는 육천 요자나, 길이와 넓이는 육천 요자나요, 그 가는 넓고 멀며 뒤섞인 색깔이 사이사이 끼어 일곱 가지 보배로 되었다.

수구타라 산에 가기 일만 이천 요자나 사이에는 순전한 네 가지 뒤섞인 꽃이 있고, 갈대와 소나무와 대나무가 그 가운데 우거져 있다. 갖가지 향기를 내는데 그 향기 또한 두루 가득하다.

선견산에 가기 멀지 않은 곳에 산이 있어서 '말먹이'[馬食]라 이름한다. 높이는 삼천 요자나, 길이와 넓이는 삼천 요자나요, 그 가는 넓고 멀며 뒤섞인 색깔이 사이사이 끼어 일곱 가지 보배로 되었다.

선견산에 가기 육천 요자나 그 사이에는 순전한 네 가지 뒤섞인 꽃이 있고, 갈대와 소나무와 대나무가 그 가운데 우거져 있다. 갖가지 향기를 내는데 그 향기 또한 두루 가득하다.

말먹이산에 가기 멀지 않은 곳에 산이 있어서 니밈다라(Nimiṃdhara)라 이름한다. 높이는 일천이백 요자나, 길이와 넓이는 일천이백 요자나요, 그 가는 넓고 멀며 뒤섞인 빛깔이 사이사이 끼어 일곱 가지 보배로 되었다.

말먹이산에 가기 삼천 요자나 그 사이에는 온갖 뒤섞인 꽃이 나 있고, 갈대와 소나무와 대나무가 그 가운데 우거져 있다. 갖가지 향기를 내는데 그 향기 또한 두루 가득하다.

니밈다라 산에 가기 멀지 않은 곳에 산이 있어서 조복(調伏)이라 이름한다. 높이는 육백 요자나, 길이와 넓이는 육백 요자나요, 그 가는 넓고 멀며 뒤섞인 빛깔이 사이사이 끼어 일곱 가지 보배로 되었다.

니밈다라 산에 가기 일천이백 요자나 그 사이에는 순전히 네 가지 뒤섞인 꽃이 나 있고, 갈대와 소나무와 대나무가 그 가운데 우거져 있다. 갖가지 향기를 내는데 그 향기 또한 두루 가득하다.

조복산에 가기 멀지 않은 곳에 산이 있어서 '금강둘레'[金剛圍, cakravāḍa]라고 이름한다. 높이는 삽백 요자나, 길이와 넓이는 삼백 요자나요, 그 가는 넓고 멀며 뒤섞인 빛깔이 사이사이 끼어 일곱 가지 보배로 되었다.

조복산에 가기 육백 요자나 그 사이에는 순전히 온갖 뒤섞인 꽃이 나 있고, 갈대와 소나무와 대나무가 그 가운데 우거져 있다. 갖가지 향기를 내는데 그 향기 또한 두루 가득하다.

큰 금강산(大金剛山, mahācakravāḍa)에 가기 멀지 않은 곳에 큰 바닷물이 있다. 그 바닷물의 북쪽 언덕에 큰 나무왕이 있어서 잠부드비파라 이름한다. 둘레는 칠 요자나, 높이는 백 요자나요, 가지와 잎은 사방으로 퍼져 오십 요자나다. 그 가는 빈 땅이다.”

수메루 산속 우거진 숲을 분별해보이심

“또 우거진 숲이 있으니 암라라 이름하는데, 길이와 넓이는 오십 요자나다.

또 우거진 숲이 있으니 쟌바[闍婆]라 이름하는데, 길이와 넓이는 오십 요자나다.

또 우거진 숲이 있으니 사라(sāla)라 이름하는데, 길이와 넓이는 오십 요자나다.

또 우거진 숲이 있으니 타라(tāla)라 이름하는데, 길이와 넓이는 오십 요자나다.

또 우거진 숲이 있으니 나다라(那多羅)라 이름하는데, 길이와 넓이는 오십 요자나다.

다시 우거진 숲이 있으니 '남자됨'[爲男]이라 이름하는데, 길이와 넓이는 오십 요자나다.

다시 우거진 숲이 있으니 '여자됨'[爲女]이라 이름하는데, 길이와 넓이는 오십 요자나다.

다시 우거진 숲이 있으니 '남자와 여자'[男女]라 이름하는데, 길이와 넓이는 오십 요자나다.

다시 우거진 숲이 있으니 산나(散那)라 이름하는데, 길이와 넓이는 오십 요자나다.

다시 우거진 숲이 있으니 찬다나(candana)라 이름하는데, 길이와 넓이는 오십 요자나다.

다시 우거진 숲이 있으니 쿠추라[佉誰羅]라 이름하는데, 길이와 넓이는 오십 요자나다.

다시 우거진 숲이 있으니 파나파라(波奈婆羅)라 이름하는데, 길이와 넓이는 오십 요자나다.

다시 우거진 숲이 있으니 비라(毗羅)라 이름하는데, 길이와 넓이는 오십 요자나다.

다시 우거진 숲이 있으니 샹나[香奈]라 이름하는데, 길이와 넓이는 오십 요자나다.

다시 우거진 숲이 있으니 '배가 됨'[爲梨]이라 이름하는데, 길이와 넓이는 오십 요자나다.

다시 우거진 숲이 있으니 '돌을 놓아둠'[安石留]이라 이름하는데, 길이와 넓이는 오십 요자나다.

다시 우거진 숲이 있으니 '달게 됨'[爲甘]이라 이름하는데, 길이와 넓이는 오십 요자나다.

다시 우거진 숲이 있으니 하리드루(Haridru)라 이름하는데, 길이와 넓이는 오십 요자나다.

다시 우거진 숲이 있으니 쟌부[毗醯勒, 閻逼]라 이름하는데, 길이와 넓이는 오십 요자나다.

다시 우거진 숲이 있으니 아말라(āmala)라 이름하는데, 길이와 넓이는 오십 요자나다.

다시 우거진 숲이 있으니 아마리(阿摩梨)라 이름하는데, 길이와 넓이는 오십 요자나다.

다시 우거진 숲이 있으니 내(奈)라 이름하는데, 길이와 넓이는 오십 요자나다.

다시 우거진 숲이 있으니 감자(甘蔗)라 이름하는데, 길이와 넓이는 오십 요자나다.

다시 우거진 숲이 있으니 갈대[葦]라 이름하는데, 길이와 넓이는 오십 요자나다.

다시 우거진 숲이 있으니 대[竹]라고 이름하는데, 길이와 넓이는 오십 요자나다.

다시 우거진 숲이 있으니 사라(舍羅)라 이름하는데, 길이와 넓이는 오십 요자나다.

다시 우거진 숲이 있으니 사라예(舍羅業)라 이름하는데, 길이와 넓이는 오십 요자나다.

다시 우거진 숲이 있으니 목과(木瓜)라 이름하는데, 길이와 넓이는 오십 요자나다.

다시 우거진 숲이 있으니 큰 목과[大木瓜]라 이름하는데, 길이와 넓이는 오십 요자나다.

다시 우거진 숲이 있으니 해탈의 꽃[解脫華]이라 이름하는데, 길이와 넓이는 오십 요자나다.

다시 우거진 숲이 있으니 참파카(campaka)라 이름하는데, 길이와 넓이는 오십 요자나다.

다시 우거진 숲이 있으니 바라라(婆羅羅)라 이름하는데, 길이와 넓이는 오십 요자나다.

다시 우거진 숲이 있으니 수마나(sumanas)라 이름하는데, 길이와 넓이는 오십 요자나다.

다시 우거진 숲이 있으니 바르시카(vārṣika)라 이름하는데, 길이와 넓이는 오십 요자나다.

다시 우거진 숲이 있으니 다라리(多羅梨)라 이름하는데, 길이와 넓이는 오십 요자나다.

다시 우거진 숲이 있으니 가야(gaya)라 이름하는데, 길이와 넓이는 오십 요자나다.

다시 우거진 숲이 있으니 포도(葡萄)라 이름하는데, 길이와 넓이는 오십 요자나다.

이것을 지나면 땅이 비었다. 그 빈 땅 가운데 다시 꽃못이 있으니, 길이와 넓이는 오십 요자나다. 다시 파드마 못·쿠무다 못·푼다리카 못이 있고, 그 가운데 독사가 가득 찼으며 각기 길이와 넓이는 오십 요자나다.

이것을 지나면 땅이 비었다. 그 빈 땅 가운데에는 큰 바닷물이 있으니, 유선나[欝禪那]라 이름한다. 이 물 밑에는 전륜왕의 길이 있고 그 넓이는 십이 요자나다.

길을 끼고 두 가에는 일곱 겹의 담, 일곱 겹의 난간, 일곱 겹의 그물, 일곱 겹의 줄지어 선 나무가 있고, 두루 돌아 꾸며졌는데 일곱 가지 보배로 되어 있다.

잠부드비파 땅에 전륜왕이 세상에 나타날 때에는 물이 저절로 물러가 그 길이 편편하게 나타난다.

바다에 가기 멀지 않은 곳에 산이 있으니, 유선[欝禪]이라 이름한다. 그 산은 단엄하고 나무가 우거지고 꽃과 열매가 불타듯 무성하고 뭇 향기가 풍긴다. 기이한 무리의 새와 짐승이 있지 않은 것이 없다.

유선산에 가기 멀지 않은 곳에 산이 있으니, 금벽(金壁)이라 이름한다. 그 가운데는 팔만의 바윗굴이 있고, 팔만의 코끼리왕이 이 굴 속에 산다. 그 몸은 온전히 하얗고 머리에는 섞인 빛깔이 있다. 입에는 여섯 이가 있고 이 사이에는 금으로 메워져 있다.

금벽산을 지나 또 산이 있으니 설산(雪山)이라 이름한다. 길이와 넓이는 오백 요자나, 깊이도 오백 요자나요, 동·서는 바다로 들어갔다.

설산 가운데 보배산이 있으니 높이는 이십 요자나다. 설산의 언덕이 나왔는데 높이는 백 요자나다."

아나바탑타 못을 분별해보이심

"그 산꼭대기에는 아나바탑타[Anavatapta, 阿耨達池] 못이 있는데, 길이와 넓이는 오십 요자나다. 그 물은 맑고 차며, 깨끗하여 더러움이 없다. 일곱 가지 보배의 섬돌과 일곱 겹의 난간, 일곱 겹의 그물, 일곱 겹의 줄지어 선 나무와 온갖 빛깔의 일곱 가지 보배로 모여 이루어졌다.

그 난간은 금난간에 은나무, 은난간에 금나무, 유리난간에 수정나무, 수정난간에 유리나무, 붉은 구슬난간에 마노나무, 마노난간에 붉은 구슬나무, 자거난간에 뭇 구슬로 되어 있다.

금그물에 은방울, 은그물에 금방울, 유리그물에 수정방울, 수정그물에 유리방울, 자거그물은 일곱 가지 보배로 되어 있다.

금다라나무는 금뿌리에 금가지, 은잎에 은열매요, 은다라나무는 은뿌리에 은가지, 금잎에 금열매다. 수정나무는 수정뿌리와 가지, 유리꽃과 열매다. 붉은 구슬나무는 붉은 구슬뿌리와 가지, 마노잎과 마노꽃과 마노열매다. 자거나무는 자거뿌리와 가지에 뭇 보배의 꽃과 열매다.

못 곁에는 다 동산과 목욕못이 있고 뭇 꽃들이 쌓여 있으며 갖가지 나무의 잎과 꽃과 열매가 우거져 있다. 갖가지 향기로운 바람이 향내 풍기어 사방에 퍼지고 갖가지의 다른 무리 여러 새들이 슬피 울며 서로 어울린다.

아나바탑타 못 바닥에는 금모래가 가득 차 있다. 그 못 네 가에는 다 계단이 있다. 금나무에는 은계단, 은나무에는 금계단, 유리나무에는 수정계단, 수정나무에는 유리계단, 붉은 구슬나무에는 마노계단, 마노나무에는 붉은 구슬계단, 자거나무에는 온갖 보배의 계단이 있다.

못을 두루 둘러 다 난간이 있고 네 가지 꽃을 피워내는데, 푸른빛·노란빛·붉은빛·흰빛이요, 뒤섞인 빛깔의 꽃이 사이사이에 섞여, 꽃은 수레바퀴와 같으며 뿌리는 수레바퀴통과 같고, 꽃 뿌리가 물을 내는데, 빛은 희기가 젖과 같으며 맛은 달기가 꿀과 같다.

아나바탑타 못 동쪽에는 강가아(Gaṅgā) 강이 있으니, 소의 입[牛口]에서 나와 오백 냇물을 거느리고 동쪽 바다로 들어간다.

아나바탑타 못 남쪽에는 신두(Sindhu) 강이 있다. 사자의 입에서 나와 오백 냇물을 거느리고 남쪽 바다로 들어간다.

아나바탑타 못 서쪽에는 바크슈(Vakṣu) 강이 있다. 말의 입에서 나와 오백 냇물을 거느리고 서쪽 바다로 들어간다.

아나바탑타 못 북쪽에는 시타(Śītā) 강이 있다. 코끼리의 입에서 나와 오백 냇물을 거느리고 북쪽 바다로 들어간다.

아나바탑타 궁 가운데는 다섯 기둥 집이 있어서, 아나바탑타 용왕은 늘 그 가운데서 산다."

아나바탑타의 뜻을 보이심

붇다께서는 말씀하셨다.

"어찌하여 아나바탑타라 이름하며 아나바탑타란 어떤 뜻인가.

이 잠부드비파에 있는 용왕은 모두 세 가지 걱정거리가 있는데, 오직 아나바탑타 용왕에게는 세 가지 걱정거리가 없다.

어떤 것을 셋이라 하는가. 첫째는 잠부드비파에 있는 모든 용은 다 뜨거운 바람을 받고 뜨거운 모래가 몸에 붙어 그 껍질과 살과 살 갗을 태우고, 또 골수를 태움으로써 괴로워하고 번민한다.

그러나 오직 아나바탑타 용만은 이런 걱정거리가 없다.

둘째는 잠부드비파에 있는 모든 용궁은 악한 바람이 사납게 일어 나 그 궁 안에 불면 보배로 꾸민 옷을 잃어버리고 용의 몸이 저절로 드러남으로써 괴로워하고 번민한다.

그러나 오직 아나바탑타 용왕만은 이런 걱정거리가 없다.

셋째는 잠부드비파에 있는 모든 용왕은 각기 궁 가운데서 서로 즐 겁게 놀 때, 큰 금시조가 궁에 들어와 덮쳐 잡으며, 처음 방편을 내 용을 잡아먹으려 한다. 그러면 여러 용은 겁내고 두려워하여 늘 타 오르는 번민을 품는다.

그러나 오직 아나바탑타 용만은 이런 걱정거리가 없다.

만일 금시조가 거기에 갈 생각을 내면, 곧 목숨을 마치게 된다. 그 러므로 아나바탑타라 이름한다.

설산과 설산의 코끼리와 나무왕을 분별해보이심

붇다께서는 비구들에게 말씀하셨다.

"설산의 오른쪽에 성이 있어서 바이샬리(Vaiśāli)라 이름한다. 그 성 북쪽에는 일곱 검은 산이 있고 일곱 검은 산 북쪽에는 향산이 있 다. 그 산에는 늘 노래와 악기소리 등 음악소리가 있다.

산에는 두 굴이 있는데 첫째를 낮[晝]이라 하고, 둘째를 좋은 낮 [善晝]이라 이름한다.

그것은 하늘의 일곱 가지 보배로 이루어졌고 부드럽고 향기롭고 깨끗하여 마치 하늘옷과 같다. 묘한 소리의 간다르바왕은 오백 간다르바를 거느리고 그 가운데 산다.

낮과 좋은 낮 두 굴의 북쪽에는 사라 나무왕이 있어서 이름을 '잘 머묾'[善住]이라 한다. 팔천 나무왕들이 있어 사면을 둘러쌌다. 잘 머묾 나무왕[善住樹王] 밑에는 코끼리왕이 있는데 또 잘 머묾이라 이름한다. 그는 이 나무 밑에 살면서 몸은 온전히 희고 일곱 곳에 편히 머무르면서 힘은 날아다닐 수 있다.

그 머리는 붉은 빛깔이요 뒤섞인 빛깔이 사이사이 나 있다. 여섯 이는 가늘고 부드러우며 그 이빨 사이는 금으로 메워져 있다. 팔천의 코끼리가 그를 에워싸 뒤따른다. 그 팔천의 나무왕 밑에도 팔천의 코끼리가 있는 것이 또한 다시 이와 같다.

잘 머묾 나무왕의 북쪽에는 큰 목욕못이 있는데 만다키니(Mandākinī)라 이름한다. 길이와 넓이는 오십 요자나요 팔천의 목욕못이 있어 그것을 둘러싸고 있다. 그 물은 맑고 시원하여 티끌의 더러움이 없다. 일곱 가지 보배의 해자로써 그 쌓인 섬돌을 둘렀다. 못에는 일곱 겹의 난간, 일곱 겹의 그물, 일곱 겹의 줄지어 선 나무가 있는데 다 일곱 가지 보배로 이루어져있다.

금난간에 은나무, 은난간에 금나무, 수정난간에 유리나무, 유리난간에 수정나무, 붉은 구슬난간에 마노나무, 마노난간에 붉은 구슬나무, 자거난간에 뭇 보배의 나무로 되어있다.

그 금그물 밑에는 은방울이 달렸고, 은그물 밑에는 금방울이 달렸다. 수정그물에는 유리방울이 달렸고, 유리그물에는 수정방울이 달렸다. 붉은 구슬그물에는 마노방울이 달렸고, 마노그물에는 붉은 구슬방울이 달렸으며, 자거그물에는 뭇 보배의 방울이 달렸다.

그 금나무는 금뿌리 · 금가지요, 은잎 · 은꽃 · 은열매다. 그 은나무는 은뿌리·은가지요, 금잎·금꽃·금열매다. 수정나무는 수정뿌리·수정가지요, 유리꽃과 유리열매다. 유리나무는 유리뿌리·유리가지요, 수정꽃과 수정열매다.

붉은 구슬나무는 붉은 구슬뿌리와 붉은 구슬가지요 마노꽃과 마노열매다. 마노나무는 마노뿌리와 마노가지요 붉은 구슬꽃과 붉은 구슬열매다. 자거나무는 자거뿌리와 자거가지요 여러 보배의 꽃과 열매다.

또 그 못 바닥에는 금모래가 깔려 있고 못을 두른 둘레에는 일곱 가지 보배의 계단 길이 있다. 금계단은 은발판이요, 은계단은 금발판이며, 수정계단은 유리발판이고, 유리계단은 수정발판이다. 붉은 구슬계단은 마노발판, 마노계단은 수정발판이요, 자거계단은 여러 보배의 발판이다. 계단을 낀 두 가에는 보배의 난간이 있다.

또 그 못 가운데에는 네 가지 꽃이 피어나는데, 푸른빛·노란빛·붉은빛·흰빛이요, 뭇 빛깔의 꽃이 사이에 섞여 꽃은 수레바퀴와 같으며 뿌리는 바퀴통과 같다. 꽃뿌리는 물을 내어 빛이 희기는 젖과 같고 맛은 달기가 꿀과 같다.

못 네 면에는 갖가지 동산과 우거진 숲과 목욕못이 있고, 온갖 꽃이 있는데, 나무는 맑고 시원하며 꽃과 열매는 풍성하다. 셀 수 없는 뭇 새들이 서로 어울려 우는 것 또한 이와 같다.

잘 머묾 코끼리왕이 노닐고자 하는 생각을 내어 못에 들어가 목욕할 때에는 곧 팔천의 코끼리왕을 생각한다. 때에 팔천의 코끼리왕도 스스로 생각한다.

'잘 머묾 코끼리왕은 지금 우리를 생각한다. 우리들은 코끼리왕 있는 곳으로 가야 한다.'

이에 뭇 코끼리들은 곧 나아가 그 앞에 선다. 때에 잘 머묾 코끼리왕[善住象王]은 팔천의 코끼리를 데리고 만다키니 못으로 간다. 그 여러 코끼리 가운데는 그 왕을 위해 일산[傘蓋]을 든 자도 있고, 보배부채를 잡아 코끼리왕을 부쳐주는 자도 있다. 그 가운데는 악기소리를 내 앞에서 이끄는 자도 있다.

때에 '잘 머묾 코끼리왕'은 못에 들어가 목욕하고 악기소리를 내 서로 같이 즐겁게 논다. 그리하여 어떤 코끼리는 코끼리왕을 위해 코를 씻는 자도 있고, 입을 씻고 머리를 씻고 이빨을 씻고 귀를 씻고 배를 씻고 등을 씻고 꼬리를 씻고 발을 씻는 자도 있다.

그 가운데는 꽃뿌리를 뽑아 그것을 씻어 왕에게 주어 먹게 하는 자도 있고, 그 가운데는 네 가지 꽃을 따서 왕위에 흩어 뿌리는 자도 있다.

그때에 '잘 머묾 코끼리왕'은 목욕하고 음식을 먹고 서로 같이 즐기기를 마친 뒤 곧 언덕 위에 나와 잘 머묾의 나무왕을 향해 선다. 그 때 팔천의 코끼리는 각기 그런 뒤에 못에 들어가 목욕하고 밥 먹고 서로 즐기기를 마친 뒤 돌아나와 코끼리왕 있는 곳으로 간다.

때에 코끼리왕은 팔천의 무리를 거느리고 앞에서 이끌고 뒤에서 따라 잘 머묾의 나무왕 있는 곳으로 간다. 그 가운데는 일산을 가지고 코끼리왕을 덮어주는 자도 있고 보배부채를 잡아 코끼리왕을 부쳐주는 자도 있다. 그 가운데는 악기소리를 내 앞에서 이끄는 자도 있다.

때에 '잘 머묾 코끼리왕'은 나무왕에게 나아가 앉고 눕고 걸어다니기를 마음에 노닐고 싶은 대로 한다. 그러면 다른 팔천의 코끼리들도 각기 나무 밑에 앉고 눕고 마음에 노닐고 싶은 대로 한다.

그 나무숲 가운데는 둘레가 여덟 길 되는 것도 있고, 둘레가 아홉 길, 열 길, 열다섯 길이 되는 것도 있다.

오직 '잘 머묾 코끼리왕'의 바라 나무왕만은 둘레가 열여섯 길이다. 그 팔천의 바라 나무의 가지와 잎이 떨어질 때 맑은 바람이 멀리서 불어와 떨어진 것들은 수풀 밖에다 놓는다.

또 팔천의 코끼리들이 대소변을 볼 때는 여러 라크샤 귀신들이 그것을 숲 밖으로 치운다."

붇다께서는 비구들에게 말씀하셨다.

"잘 머묾 코끼리왕의 큰 신묘한 힘이 있는 그 공덕이 이와 같다. 비록 축생이지만 복 받음이 이와 같다."

• 장아함 30-1 세기경(世記經) 염부제주품(閻浮提州品) 초반부

• 해설 •

한 붇다가 교화하는 세계를 삼천대천세계라 하니, 그 세계의 모습은 어떠한가. 이 세계관은 인도의 전통적 세계관을 연기론적으로 다시 해석한 교설이다. 한 작은 세계란 하나의 해와 달이 있는 세계이다. 그 세계의 중심에 수메루 산이 있고 수메루 산을 중심으로 네 가지 큰 섬이 있는데, 큰 땅은 물에서 그치고 물은 바람에서 그친다고 했으니, 물이 땅을 싸고 바람이 다시 물을 싸고 바람을 허공이 싸고 있는 지구의 형상을 신화적으로 재구성한 표현이다.

수메루 산 꼭대기에 여섯 욕계의 하늘이 있고 그 위에 색계의 브라흐마 하늘이 열리니, 이것이 한 단위 네 천하의 세계[一四天下]이다.

이 세계가 천 개가 모여 한 작은 하늘세계[小天世界]가 되니, 작은 하늘세계에는 천 개의 해와 달이 있다.

이 작은 하늘세계 천 개가 모여 가운데 하늘세계[中天世界]가 되고, 가운데 하늘세계 천 개가 모여 큰 하늘세계[大天世界]가 된다. 삼천대천세계란 한 사

천하의 세계가 세 번 거듭 천 배가 되는 세계이니 십억의 사천하를 말한다.

삼천대천세계의 크기가 색계 끝하늘 제사선천(第四禪天)의 크기와 같다고 했으며, 무색계하늘은 모습 없는 하늘이니 하나의 삼계가 바로 한 붇다의 교화처인 것이다.

이 크고 넓고 한량할 길 없는 삼천대천세계를, 다섯 쌓임과 열여덟 법의 영역으로 존재를 분류해 보인 가르침의 뜻을 따라 살펴보자.

한량없는 세계는 지금 중생의 한 생각인 세계이고 한 생각 마음은 있되 공한 마음이니, 중생의 세계는 펼치면 삼천대천세계이나 거두면 한 생각 공한 마음이다.

또 경은 수메루 산 가운데 갖가지 나무, 갖가지 샘물과 강, 갖가지 보배가 가득찬 것을 장엄하게 기술하고 있으니 이를 허황된 말이라고 할 것인가.

저 세계의 물질이 공하되 그 공함마저 공함을 알면 한 작은 티끌 속에서 한량없는 물질의 공덕을 볼 수 있고, 물질세계와 물질세계가 서로 하나되고 서로 들어가 겹치되, 겹치고 들어가는 모습의 자취가 없음을 알 수 있으니, 이는 결코 헛된 말이라 할 수 없으리라.

연기법의 세계관에서는 지극히 작은 것[極小]이 곧 지극히 큼[極大]이고 지극히 큰 것이 지극히 작음이라 온갖 법에 같고 다름의 모습 볼 수 없으니, 옛 스님[僧粲大師]의 다음 노래[『신심명』(信心銘)]를 들어보자.

진여의 법계에는 너와 내가 없으니
빨리 서로 응하려면 둘 아님만 말할지라
둘 아니면 모두 같아 싸지 못함 없으리니
시방의 지혜로운 이 이 종지에 모두 드네.

바른 법의 이 종지엔 빠르거나 느림 없어
지금 눈앞 한 생각이 기나긴 만 년이고
이 종지는 있거나 있지 않음 없어서

시방의 온갖 곳이 곧바로 눈앞이네.

지극히 작은 것이 큰 것과 서로 같아
크고 작은 온갖 경계 모두 잊어 끊었으며
지극히 크나큰 것이 작은 것과 서로 같아
그 온갖 것 끝과 겉을 전혀 볼 수 없어라.

眞如法界無他無自　要急相應唯言不二
不二皆同無不包容　十方智者皆入此宗
宗非促延一念萬年　無在不在十方自前
極小同大忘絶境界　極大同小不見邊表

『신심명』의 노래처럼 저 세계가 한량없고 세계 속 중생이 끝없지만 중생
과 세계가 모두 공해 한 생각 지혜를 떠나지 않으므로, 깨친 이의 삶에서는
시방이 눈앞이고 기나긴 겁이 한 생각이다.

그러므로 『화엄경』(「세주묘엄품」)은 여래가 모습 없는 법계의 몸과 마음
없는 지혜의 마음을 성취하여 온갖 중생의 마음 알지 못함이 없고 온갖 끝
없는 세계에 들어가지 못함이 없음을 다음과 같이 찬탄한다.

붇다의 지혜 허공같이 다함없으니
밝은 빛은 환히 빛나 시방에 두루하네.
중생의 마음의 행 모두 밝게 아시며
온갖 세간에 들어가지 않음이 없네.

佛智如空無有盡　光明照曜遍十方
衆生心行悉了知　一切世間無不入

이 세계에는 한량없는 하늘 무리와
신의 무리가 함께하고 있으니

이와 같이 내가 들었다.

한때 붇다께서는 사카족 나라 카필라바스투 숲속에서 큰 비구대중 오백사람과 함께 계셨는데, 그들은 다 아라한이었다. 다시 시방의 여러 신들과 묘한 하늘들이 모두 모여 와서 여래와 비구상가에 절하고 공경했다.

때에 네 '깨끗함에 머무는 하늘'[淨居天]은 곧 하늘에서 각기 스스로 생각하면서 말했다.

"지금 세존은 사카족 나라 카필라바스투 숲속에서 큰 비구대중 오백사람과 함께 계시는데, 그들은 다 아라한이다. 다시 시방의 여러 신들과 묘한 하늘신들이 모두 모여 와서 여래와 비구상가에 절하고 공경한다.

우리들도 지금 저기 세존 계신 곳에 함께 가서 각기 게송으로써 여래를 칭찬해야 한다."

때에 네 '깨끗함에 머무는 하늘'은 마치 힘센 장사가 팔을 굽혔다 펴는 짧은 무렵에 그 하늘에서 사라져 사카족 나라 카필라바스투 숲속에 이르렀다.

그때에 네 '깨끗함에 머무는 하늘'은 머리를 대 붇다의 발에 절하고 한쪽에 섰다.

여래와 비구상가를 여러 하늘들이 예경하자
'깨끗함에 머무는 하늘'이 다시 찬탄함

때에 한 '깨끗함에 머무는 하늘'은 곧 붇다 앞에서 게송으로써 찬
탄했다.

> 오늘 여기 비구대중이 모이니
> 여러 하늘과 신들 널리 모였네.
> 모두다 법을 위해서 모여 와
> 위없는 상가에 절하고자 하네.

이 게송을 마치고 한쪽에 물러나 섰다.
때에 한 '깨끗함에 머무는 하늘'은 또 게송을 지어 말했다.

> 비구들은 뭇 더러운 것들을 보면
> 마음 단정히 해 막아 보살피네.
> 탐욕은 바다가 강물 삼킴 같나니
> 지혜로운 이 아는 뿌리 보살피네.

이 게송을 마치고 한쪽에 물러가 섰다.
때에 한 '깨끗함에 머무는 하늘'은 다시 게송을 지어 말했다.

> 가시 끊고 애욕의 구덩이 고루고
> 또 무명의 깊은 구덩이 메우고
> 홀로 청정한 곳에 노니나니

마치 좋은 코끼리 길들임 같네.

이 게송을 마치고 한쪽에 물러나 섰다.
때에 한 '깨끗함에 머무는 하늘'은 또 게송을 지어 말했다.

붇다께 귀의하는 여러 사람들
끝내 악한 길에 떨어지지 않나니
이 사람 가운데의 몸을 버리고
하늘의 청정한 몸을 받으리.

그때에 한 '깨끗함에 머무는 하늘'이 이 게송을 말하고 나자, 세존
께서 옳다고 인정하셨다.
그들은 붇다의 발에 절하고 붇다를 세 번 돈 뒤 갑자기 나타나지
않았다.

한량없는 하늘세계와 하늘무리 · 귀신무리들의 모임을 말씀해주심
그들이 떠난 지 오래지 않아 붇다는 여러 비구들에게 말씀하셨다.
"지금 여러 하늘들이 많이 모였다. 지금 여러 하늘들이 많이 모였
다. 시방의 여러 신들과 묘한 하늘들이 여기 와서 여래와 비구상가
에 절하여 뵈옵지 않는 이가 없다.
여러 비구들이여, 과거의 여러 여래 · 지극히 참된 이 · 바르게 깨친
이들에게 또한 여러 하늘들이 크게 모인 것이 나의 오늘과 같았다.
미래의 여러 여래 · 지극히 참된 이 · 바르게 깨친 이들에게 여러
하늘들이 크게 모이게 되는 것이 나의 오늘과 같을 것이다.

여러 비구들이여, 지금 여러 하늘들이 크게 모였고, 시방의 여러 신들과 묘한 하늘들이 여기 와서 여래와 비구상가에 절하여 뵈옵지 않는 이가 없다. 이제 그 이름을 일컬어 그들을 위해 게송을 말하겠으니, 비구들은 알아야 한다."

　　여러 땅과 산골 의지한 여러 신들
　　그 모습 숨기고 감추었으니
　　드러내 보면 아주 두려웁도다.
　　몸에는 온전히 흰옷을 걸치니
　　맑고 깨끗해 더러운 때 없네.

　　하늘사람들 찬탄의 말을 듣고서
　　다 브라흐마하늘로 돌아갔으나
　　지금 내가 그 이름을 일컬으리니
　　차례차례 그릇되어 틀림없으리.

　　여러 하늘무리들 지금 왔으니
　　비구들이여, 너희는 알아야 한다.
　　이 세간 보통사람의 지혜로서는
　　백 가운데 하나도 볼 수 없으니
　　귀신의 무리 칠만이 되는 것을
　　무엇을 말미암아 볼 수 있으리.

　　만약 십만의 귀신을 본다고 해도

오히려 그 한쪽도 보지 못함인데

어찌 하물며 여러 귀신무리들이

온 세상에 두루 가득 있음이겠나.

　땅의 신에 칠천이 있고 라크샤(rakṣa)에 몇 가지가 있는데, 모두 신통이 있고 자기 모습 꼴과 빛깔 이름이 있는데, 기뻐하는 마음을 품고 비구대중이 있는 숲 속으로 왔다.

　어떤 설산의 신은 삼천의 귀신과 몇 가지의 라크샤를 거느리는데, 모두 신통이 있고 자기모습 꼴과 빛깔 이름이 있는데, 기뻐하는 마음을 품고 비구대중이 있는 숲속으로 왔다.

　어떤 사라신(舍羅神)은 삼천의 귀신과 몇 가지의 라크샤를 거느리는데, 모두 신통이 있고 자기모습 꼴과 빛깔 이름이 있는데, 기뻐하는 마음을 품고 비구대중이 있는 숲속으로 왔다.

　이들 일만 육천의 귀신과 몇 가지 라크샤들은 모두 신통이 있고 자기모습 꼴과 빛깔 이름이 있는데, 기뻐하는 마음을 품고 비구대중이 있는 숲속으로 왔다.

　또 비파밀신(毘波蜜神)은 말의 나라[馬國]에 있으면서 오백의 귀신을 거느리었는데, 그들은 다 신통과 위덕이 있다.

　또 쿰비라(Kumbhīra)신은 라자그리하 성의 비풀라(Vipula) 산에 있으면서 셀 수 없는 귀신을 거느리고 공경히 에워싸고 있었다.

　또 동방의 드리타라스트라(Dhṛta-rāṣṭra)하늘왕은 간다르바(gandharva)신을 거느리었는데 큰 위덕이 있고, 그 아들 아흔한 명이 있는데 다 인드라(Indra)라고 이름하여 큰 신력이 있었다.

　남방의 비루다카(Virūḍhaka)하늘왕은 여러 용[nāga]왕을 거느리었는데 큰 위덕이 있고, 그 아들 아흔한 명도 다 인드라라고 이름하여 큰 신력이 있었다.

서방의 비루퍅샤(Virūpākṣa)하늘왕은 여러 쿰반다(kumbhāṇḍa) 귀신을 거느리었는데 다 큰 위덕이 있고, 그 아들 아흔한 명이 있는데 다 인드라라 이름하여 큰 신력이 있었다.

북방 하늘왕의 이름은 바이쓰라바나(Vaiśravaṇa)로서 여러 라크샤를 거느리었는데 큰 위덕이 있고, 그 아들 아흔한 명도 다 인드라라 이름하여 큰 신력이 있었다.

이 네 하늘왕[四天王]은 세상을 보살펴 지켜주는 자로서 큰 위덕이 있어 몸으로 밝은 빛을 놓으면서 카필라 숲 가운데로 왔다.

하늘무리와 여러 왕, 간다르바 · 라크샤 · 아수라 여러 하늘들을 위해 진언을 말씀하심

그때에 세존은 그 허깨비처럼 거짓되고 허망한 마음을 항복하고자 하여 진언[呪]을 맺어 말씀했다.

"마마구구 루루라라 비루라비루라 전타나가 마세치 가니연두니 니연두 파나로 오호노노주 제바소모 마두라 지다라사나 건답바 나라주 사니사 시하 무련타라 비파밀다라 수진타라 나려니하 두부루 수지바적바."

이와 같이 여러 왕과 간다르바 및 라크샤는 다 신통이 있고, 자기 모습 꼴과 빛깔 이름이 있는데, 기뻐하는 마음을 품고, 비구대중이 있는 숲속으로 왔다.

그때 세존은 다시 진언을 맺어 말씀했다.

"아혜 나다슬 나두 비사리사하 대차사바제 제두뢰타 제바사하 야리야 가비라 섭바나가 아타(나)가마 천제가 이라바타 마하나가 비마나가다 타가다여 나가라사 바하사하 차기제 바제라제 바제 라제 비매대적촉 비하사바녕 아바바사 질다라 속화니나 구사다 아바유 나가라제아사 수발라 살제노아가 불타새 실라녕 바야우 라두바연루 소반누불두 사라누 가류루."

그때 세존은 아수라를 위해 진언을 맺어 말씀했다.

"기타 발사하제 삼물제 아수라 아실타 바연지 바삼바사 이제아 타 제바 마천지 가려묘 마아비마 아수라 타나비라타 비마질두루 수질제려 바라하려 무이련나바 사려아세 발려불 다라나 살비 비 루야나나미 살나미제 바려세여 라야발두루이하암바라미삼 마유 이 타나,발타야 비구나 삼미체 니발."

여러 하늘신과 다섯 신통 얻은 브라마나들을 위해
진언을 말씀하심

그때 세존은 다시 여러 하늘들을 위해 진언을 맺어 말씀했다.

"아부 제바비리 혜폐 제예바유 다타누발루누발루니 세제소미 야사아두 미다라바 가라나이바아라제바 마천제여 타사제사 가여 살비 나난다라바발나 이지반대 수지반나반대 야사비누 모타바나

아혜건대 비구나바미제바니 비노제보사가리 아혜지용미 나찰제
례부라식기대아타만타라바라 비전대소바니초제바 아타전타 부
라시지대 소려야소바니초제바아타소제야 부라시대 마가타바소
인도로아두석구부라대로 숙가가라마라나아대비마니바 오바제기
하 바라무하비바라미아니 살타마다아하려미사아니발수누 탄노
아 로여제사아혜발사 사마마하사마 마누사아 마누소다마 걸타파
두새아 타마누파두쇄아혜아라야제바아타려타야바사 파라마하
파라아타제바마천제야 차마두솔타,야마 가사니아 니람비람비절
제 수제나마이새 넘마라제 아타혜파라염미대 아혜제바제바사란
제아기 시호파 마아률타로야 오마 부부니바사원차바타모 아주타
아니수두니로야누 아두아라비사문이새."

이것은 이 육십종의 하늘이다.
그때 세존은 다시 육십팔 명의 다섯 신통[五神通] 얻은 브라마나
를 위해 진언을 맺어 말씀했다.

"라야리사야 하혜건대바니 가비라발두비지사누아두차모살제
앙기비지모니아두폐리야크샤가 시리사바하 야누아두범마 제바
제나바비지무니 아두구살리이니로마사라 앙기라야반사아루명
원두마하라야아구제루욱누아두류폐구살리 아루가릉이가이라 단
혜죄부부야복도로리새선타보
  아두제나가부바하이가야라야 다타아가도 바라만타누가목라야
아두인타라루미가부타로모 마가혜아칙상구비여아두혜란야가부
비리미여리 다타아가도 아혜바호라자미도로 다타아가도

바사불리수타라라여 다타아가도 이리야크샤마라여선아보 다타아가도 반사바여바리지시아라여 다타아가도 울아란마하라여편피바리마리수바혜대 나마아반지고마리라여아구사리타나바지두

시비라여시이니미니마하라여부바루 다타아가도 발타바리아라여구살리마제수시한제점 바리라여수타라루 다타아가도 아하인두루아두마라여여소리여타비지제보 아하비리사아두

항아야루바라목차야 모아이누아두일마야사 비나바차마라여하리건도 여비도발지여시수파나로 마소라여야사다우혜란야 소반나비수도치야 수라사파라비타 울타바하바새바하바바모사하사

탐부사대사법사사려라타 나마반지예다다라건답바 사하바살다제소비라여아혜건예 비구삼미 지바니지바니."

그때에 다시 일천 명의 다섯 신통 얻은 브라마나가 있었는데, 여래는 다시 그들을 위하여 진언을 맺어 말씀했다.

때에 이 세계의 으뜸가는 브라흐마왕과 여러 브라흐마하늘들에게는 다 신통이 있었다. 어떤 브라마나 어린이가 있어 이름을 '데사'라 하는데 큰 신통이 있었다.

다시 시방의 다른 브라흐마하늘왕이 있어 각기 권속에게 둘러싸이어 왔다. 다시 일천세계를 지나 큰 브라흐마왕이 있어 여러 대중이 세존 계신 곳에 있는 것을 보고 곧 권속에게 둘러싸이어 세존 계신 곳에 왔다.

마라 왕의 독한 마음을 조복하기 위해
게송으로 바른 법 의지하도록 당부해 말씀하심

그때에 마라의 왕은 여러 대중이 세존 계신 곳에 있는 것을 보고 해칠 독한 마음을 품고 스스로 생각했다.

'나는 여러 귀신군사를 거느리고 가서 저 대중이 둘러싼 것을 깨뜨려 다 가져와 남음이 없게 하리라.'

때에 그는 네 군사를 불러 손으로 수레를 치는데 소리는 우레와 같았다. 그래서 그것을 보는 여러 무리들은 놀라고 두려워하지 않음이 없었다. 큰 바람과 비를 놓고 번개와 천둥을 치면서 카필라 숲의 둘러싼 대중을 향했다.

붇다는 여러 비구와 이 법의 무리들을 좋아하는 이들에게 말씀하셨다.

"너희들은 알아야 한다. 오늘 마라의 무리들이 나쁜 마음을 먹고 오고 있다."

이에 게송으로 말씀하셨다.

　　너희들은 이제 마음을 공경히 해
　　거룩한 붇다의 법을 우뚝 세워서
　　마치 코끼리가 꽃덤불을 짓부수듯
　　이 마라의 무리들을 없애야 한다.

　　생각을 오롯이 해 방일함 없고
　　깨끗한 계율을 두루 갖추어
　　뜻을 안정해 스스로 생각하여

그 뜻과 마음을 잘 보살피라.

만약 바른 법 가운데 있으며
방일하지 않을 수 있는 사람은
곧바로 늙고 죽음의 땅을 건너서
모든 괴로움의 바탕 길이 다하리.

여러 제자들이 이 가르침 듣고서
부지런히 정진을 반드시 더해
뭇 탐욕들 뛰어넘고 건너게 되면
한 털도 기울여 움직이지 못하리.

이러한 대중이 가장 빼어나나니
큰 지혜로 좋은 이름 멀리 들리고
그 제자들은 모두다 용맹하여서
뭇 사람들의 공경함 받게 되리라.

여러 하늘과 귀신, 신통 얻은 선인들이 티끌과 때를 멀리 여읨

그때에 여러 하늘신들과 귀신과 '다섯 신통 얻은 선인들'[五通仙人]이 다 카필라 동산 가운데 모여 마라의 하는 짓을 보고, 이런 일이 일찍 없었음을 괴이하게 여기었다.

붇다가 이 법을 말씀하실 때 팔만 사천의 모든 하늘은 티끌을 멀리하고 때를 여의고 법의 눈이 깨끗해졌다.

그리고 여러 하늘과 용과 귀신과 아수라와 가루라와 긴나라와 마후라가와 사람과 사람 아닌 것들이 붇다의 말씀을 듣고 기뻐하며 받들어 행했다.

• 장아함 19 대회경(大會經)

• 해설 •

지금 세계를 아는 마음에 마음이 없고 알려지는바 세계가 있되 공하므로, 아는 마음은 세계에 두루한 마음이고 낱낱 세계와 세계는 서로 하나되고[相卽] 서로가 서로에 들어가는[相入] 세계이다.

그렇다면 지금 이 사람 세상 카필라바스투의 숲속이 어찌 카필라바스투에 갇힌 숲속일 것인가. 다함없는 세계와 통하는 숲속이고 저 한량없는 하늘세계 많고 많은 하늘무리들과 함께 통하는 숲속이다.

여기 사람 속에 하늘세계가 있고 지옥·아귀·축생·수라의 세계가 있으면 하늘세계 또한 그러하다.

이러한 막힘없고 가림없는 융통의 세계를 천태선사는 지옥·아귀·축생·수라·사람·하늘·성문·연각·보디사트바·붇다의 열 법계가 열 법계에 서로 통하고 서로 갖추어 백 법계가 되고, 백 법계가 다시 다섯 쌓임의 세간·중생세간·기세간을 갖추어 삼백의 법계가 되고, 삼백의 법계가 열 가지 이와 같은 진리[十如是]를 갖추어 삼천 법계가 된다 말한다.

이 삼천 법계는 있되 공하고 공하되 있는 중도의 세계라 삼천세계가 곧 지금 한 생각[現前一念]인 삼천계이니, 한 생각의 진실을 알면 온 법계의 진실을 아는 것이다.

열 가지 이와 같음[十如是]을 갖춘다고 함은 지금 연기하는 열 가지 법계의 법이 온갖 공한 원인[因]과 결과[果] 모습 없는 성품[性]과 거짓 있는 모습[相]을 갖추어 낱낱 법이 모두 법계의 진리 갖춤을 말한다.

하늘무리의 세계는 경전에서 욕계의 여섯 하늘[欲界六天], 색계의 열여덟 하늘[色界十八天], 무색계의 네 하늘[無色界四天]을 말하고 있다.

욕계의 네 하늘은 탐욕이 남아 있으나 복락이 넘치는 하늘로 네 하늘왕의 하늘[四天王天], 서른세하늘[三十三天], 야마하늘[夜摩天], 투시타하늘[兜率陀天], 즐거움이 변한 하늘[樂變化天], 타화자재하늘[他化自在天]이다.

색계의 열여덟 하늘[色界十八天]은 물질의 장애가 다하지 않은 네 가지 선정의 하늘[四禪天]이니, 영묘한 물질의 즐거움과 선정의 기쁨이 있으나 아직 존재의 집착[有漏]이 남아 있는 하늘이다.

무색계의 네 하늘[無色界四天]은 네 가지 모습이 공한 하늘[四空定天]이니, 물질의 장애가 없으나 아직 무명의 뿌리[無明漏]가 다 끊어지지 않은 하늘이다.

기존의 브라마나 사문들의 세계관에서 이 여러 하늘들은 사람들의 섬김 받는 하늘이고, 죽어서 가야 할 곳으로 우러름 받는 곳이지만, 붇다의 가르침에서 이 여러 하늘들은 해탈하지 못한 범부의 세계이며, 그 세계의 하늘 무리들은 비록 신통이 있으나 여래와 상가대중에게 귀의하여 가르침 받는 중생의 무리들인 것이다.

삼세의 시간 시방의 한량없는 세계에 하늘무리 신의 무리가 많고 많아 늘 사람의 삶과 함께하나, 그 온갖 업행과 사는 세계가 모두 연기된 세계이고 연기하는 업이라 있되 공하여 거짓 이름으로 있는 것이다.

그러므로 저 기쁨에 넘치는 하늘세계가 하늘 아닌 하늘인 줄 알고 저 고통이 가득한 지옥의 세계가 지옥 아닌 지옥인 줄 아는 자가, 지옥의 업과 지옥의 괴로운 세계를 떠날 뿐 아니라 하늘의 복락의 세계마저 취하지 않고 니르바나 해탈의 세계로 나아가는 자인 것이다.

모습에서 모습 떠난 지혜로 세간의 온갖 국토와 한량없는 중생을 모두 거두어 해탈의 땅에 이끄는 여래의 경계를 『화엄경』(「보살문명품」)은 이렇게 보인다.

여래의 다함없고 끝없는 지혜는
세간의 한량없는 모든 국토

그 온갖 것 다 따라 들어가나
지혜의 몸에는 물질이 없어서
저 중생이 볼 수 있음이 아니네.

世間諸國土 一切皆隨入
智身無有色 非彼所能見

모든 붇다의 지혜 자재하여서
삼세에 걸리는 바가 없도다.
이와 같은 붇다의 지혜의 경계
평등하기 저 허공과 같아라.

諸佛智自在 三世無所礙
如是慧境界 平等如虛空

한량없는 법계와 중생의 세계
마쳐 다하여 차별이 없네.
삼계의 위없는 인도자께선
그 온갖 것 모두 밝게 아시니
이것이 곧 여래의 경계이네.

法界衆生界 究竟無差別
一切悉了知 此是如來境

2) 욕계 · 색계 · 무색계의 차별

욕계 · 색계 · 무색계의 세 가지 세계가 있나니

이와 같이 내가 들었다.

한때 붇다께서는 카우삼비 국의 고실라라마 동산에 계셨다.

그때 고실라(Ghoṣila) 장자가 존자 아난다가 있는 곳으로 찾아와 머리를 대 그 발에 절하고 한쪽에 앉아 존자 아난다에게 말씀드렸다.

"말씀하신 갖가지 세계[界]란 어떤 것이 갖가지 세계입니까?"

삼계와 삼계 떠난 니르바나를 보임

존자 아난다가 고실라 장자에게 말하였다.

"세 가지 세계가 있소. 어떤 것이 그 세 가지냐 하면, 곧 욕계 · 색계 · 무색계요."

그때 존자 아난다가 곧 게송으로 말하였다.

욕계를 환하게 깨달아 알고
색계 또한 다시 그러하여
온갖 남음이 있음 모두 버리면
남음 없는 니르바나 얻게 되리.

이 몸이 어울려 합한 영역에서
길이 다해 남음 없음 깨쳐 얻으신
삼약삼붇다께서는 중생을 위해
근심 없고 때 떠난 구절 말씀했네.

존자 아난다가 이 경을 말하자, 고실라 장자는 기뻐하고 따라 기
뻐하면서 절하고 떠나갔다.

 • 잡아함 461 삼계경(三界經) ①

 • 해설 •

중생의 세계는 욕계 · 색계 · 무색계의 세 가지 세계[三界, tri-dhātu]이다.
욕계는 경계에 대한 탐욕이 있고 이성에 대한 음욕이 있는 세계로서, 지옥
· 아귀 · 축생 · 수라 · 인간과 욕계의 여섯 하늘이다.

색계는 탐욕의 얽매임을 떠났으나 아직 물질의 장애가 있는 세계로서 색
계의 열여덟 하늘이며, 무색계는 물질의 장애가 없으나 무명이 다하지 못해
공함에 머무는 마음이 남아 있는 세계이다.

삼계중생은 탐욕의 마음과 탐욕의 경계가 있고, 성냄의 마음과 물질의
장애가 있으며 무명의 마음과 머물 공함이 있는 세계이니, 취함이 있고 머
묾이 있으면 남음 없음[無餘]이 되지 못한다.

여래는 욕계 탐욕의 경계와 물질세계가 공함을 아시어 탐욕의 취함이 없
고, 색계의 묘한 물질[妙色]에도 막힘과 걸림이 없으며, 모습 없는 허공에
서도 머물 공함이 없으므로 남음 없음이 되신 분이다.

또한 삼계가 허망하여 마음 떠나지 않음을 아시되 이 마음마저 공함을
깨달아 위없는 보디를 이루시고, 삼계의 불난 집에 갇힌 중생에게 해탈의
길을 가르쳐주신다.

그래서 붇다를 '삼계의 위대한 인도자'[三界大導師]라 부르고, '세간을

건지는 크게 자비로운 이'[救世大悲者]라 부른다.

위없는 보디와 자비의 완성자 붇다가 깨달은 세계가 남음 없는 니르바나이고 진여의 세계이며, 그분의 해탈의 언어가 근심 없고 때 없는 말씀이다.

여래의 눈으로 보면 중생이 중생 아닌 중생이니 누구나 근심 없고 때 없는 말씀을 듣고 믿어 받아 행하면, 그가 니르바나의 길에 나아가는 큰 중생 마하사트바이고, 이미 깨달음의 땅에 서 있는 중생 보디사트바이다.

영가선사는 티끌 수 끝없는 세계 속에서 자아와 세계가 모두 공함을 깨달아야 무너짐 없는 선정과 지혜에 나아감을 다음과 같이 노래한다.

밝게 사무쳐보면 한 물건도 없음이여
사람도 없고 붇다 또한 없도다.
대천의 티끌 수 세계 바닷속 거품이요
온갖 성현 번갯불이 떨침과 같네.
설사 지옥의 쇠바퀴가 이마 위에 돈다 해도
선정 지혜 두렷 밝아 끝내 잃지 않으리.

了了見 無一物 亦無人兮亦無佛
大千沙界海中漚 一切聖賢如電拂
假使鐵輪頂上旋 定慧圓明終不失

어리석음으로 중생은 지옥 · 아귀 · 축생의 괴로움을 받나니

나는 들었다, 이와 같이.

한때 붇다께서 슈라바스티 국에 노니실 적에 제타 숲 '외로운 이 돕는 장자의 동산'에 계셨다.

그때 세존께서 여러 비구들에게 말씀하셨다.

"나는 이제 너희들을 위하여 어리석은 법[愚癡法]과 지혜로운 법 [智慧法]을 말해주겠다. 자세히 듣고 잘 사유해 생각하라."

어리석은 이의 세 가지 드러나는 모습을 말씀하심

그때 여러 비구들이 분부를 받아 들으니 붇다께서 말씀하셨다.

"어떤 것이 어리석은 법인가? 저 어리석은 사람은 세 가지 모습의 어리석은 나타남[標]과 어리석은 모양[像]이 있어서 곧 어리석음을 성취하고, 사람들도 그를 어리석다고 말한다.

어떤 것이 세 가지인가? 어리석은 사람은 나쁜 생각을 생각하고 나쁜 말을 말하며 나쁜 짓을 짓는다. 그러므로 어리석으며 사람들도 그를 어리석다고 말한다.

만약 어리석은 사람이 나쁜 생각을 생각하지 않고 나쁜 말을 말하지 않으며 나쁜 짓을 짓지 않는다면, 그는 어리석지 않고 사람들도 그를 어리석다고 말하지 않을 것이다.

그러나 어리석은 사람은 나쁜 생각을 생각하고 나쁜 말을 말하며 나쁜 짓을 짓는다. 그러므로 어리석으며 사람들도 그를 어리석다고 말한다."

어리석은 사람이 현재의 법에서 받는 세 가지 괴로움을 보이심

"그 어리석은 사람은 현재의 법 가운데서 몸과 마음이 곧 세 가지 근심과 괴로움을 받는다. 어떤 것이 어리석은 사람이 몸과 마음으로 곧 세 가지 근심과 괴로움을 받는 것인가?

어리석은 사람은 하는 일이 있거나 모여 앉아 있거나 길거리에 있거나 시장판에 있거나 네거리에 있으면서, 어리석은 사람에 서로 맞는 일을 말한다.

또 어리석은 사람은 산목숨 죽임과 도둑질과 삿된 음행을 행하고, 거짓말과 나아가 삿된 견해를 가지며, 또 다른 한량없는 악하여 착하지 않은 법을 성취한다. 만약 한량없이 악하여 착하지 않은 법을 성취한 사람이 있으면, 다른 사람들은 그것을 보고 나서 곧 그를 나쁘다고 말한다. 그 어리석은 사람은 이 말을 듣고 곧 이렇게 생각한다.

'만약 한량없이 악하여 착하지 않은 법을 성취하면, 다른 사람들은 그것을 보고서는 곧 그를 나쁘다고 말한다. 나 또한 이러한 한량없이 악하여 착하지 않은 법이 있으니, 만약 다른 사람들이 안다면 그들 또한 반드시 나를 나쁘다고 말할 것이다.'

이것을 어리석은 사람이 현재의 법에서 몸과 마음으로 '첫째 근심과 괴로움 받는 것'[受第一憂苦]이라 한다.

다시 그 어리석은 사람은 왕의 사람들이 죄인을 붙들어다 여러 가지로 괴롭게 다스리는 것을 본다. 곧 손을 끊고 발을 끊고 손과 발을 한꺼번에 끊으며, 귀를 자르고 코를 자르고 귀와 코를 한꺼번에 자르며, 어지럽게 쳐 가르며, 수염을 뽑고 머리를 뽑고 수염과 머리를 한꺼번에 뽑기도 한다.

때로 감옥에 가두고 옷으로 싸서 태우기도 하며, 긴 풀[沙雍草]로 묶어 불사르기도 하고, 쇠로 만든 나귀의 뱃속에 넣기도 하며, 쇠로 만든 돼지의 입안에 넣기도 하며, 쇠로 만든 호랑이의 입안에 넣고 태우기도 하며, 구리솥에 두기도 하고, 쇠솥에 넣어 삶기도 한다.

때로 덩이덩이로 끊기도 하고, 날카로운 꼬챙이로 찌르기도 하며, 갈고리에 꿰기도 하고, 쇠평상에 눕혀 끓는 기름을 쏟기도 하며, 쇠절구에 앉혀 쇠공이로 찧기도 한다.

때로 독한 용에 쏘이게도 하며, 채찍으로 갈기기도 하고, 지팡이로 때리기도 하며, 방망이로 치기도 하고, 산 채로 긴나무 끝에 꿰기도 하며, 목을 베어 나무에 매달기도 한다.

그 어리석은 이는 이것을 보고는 곧 이렇게 생각한다.

'만약 한량없이 악하여 착하지 않은 법을 성취하면 왕은 알고 붙들어다 이와 같이 괴롭게 다스린다. 나 또한 이러한 한량없이 악하여 착하지 않은 법이 있으니, 만약 왕이 알면 괴롭게 다스려 나를 고문하는 것도 이와 같을 것이다.'

이것을 어리석은 사람이 현재의 법 가운데 몸과 마음으로 '두 번째 근심과 괴로움 받는 것'[受第二憂苦]이라 한다.

다시 저 어리석은 사람은 몸의 악행을 행하고 입과 뜻의 악행을 행한다. 그는 어떤 때 병이 들어 괴로워하며 자리에 앉거나 눕고, 침대에 앉거나 누우며, 땅에 앉거나 누우면서, 몸으로 아주 심한 괴로움을 느끼고 나아가 목숨이 끊어지려 함에 이른다.

그때 그에게 있는 몸의 악행과 입과 뜻의 악행은 그의 위에 걸려 있게 되는데, 마치 해질 무렵에 해가 넘어가면 높은 산 그림자가 땅에 걸려 있는 것과 같다. 이와 같이 그에게 있는 몸의 악행과 입과 뜻의 악행은 그때 그의 위에 걸려 있게 된다.

그때 그는 곧 이렇게 생각한다.

'이것은 바로 나의 몸의 악행과 입과 뜻의 악행이 내 위에 걸려 있는 것이다. 나는 옛날 본래 복을 짓지 않고 악을 많이 지었다. 나는 있는 곳마다 악한 짓을 했고, 모질고 사납게 굴었으며, 도리 없는 짓을 했으며, 복을 짓지 않고, 착함을 짓지 않았고, 두려워할 줄 몰랐다. 따라서 만약 목숨이 돌아가고 의지할 곳이 있다면 나는 나쁜 곳으로 가 뉘우침을 내게 될 것이다. 뉘우침을 내고서는 어질지 않게 죽으며, 목숨을 잘 마치지 못하게 될 것이다.'

이것을 어리석은 사람이 현재의 법에서 몸과 마음으로 '세 번째 근심과 괴로움 받는 것'[受第三憂苦]이라 한다."

어리석은 사람이 악행을 짓고 목숨 마친 뒤 지옥에서 받는 괴로움을 비유로 보이심

"다시 저 어리석은 사람은 몸의 악행을 행하고 입과 뜻의 악행을 행한다. 그는 몸의 악행을 행하고 입과 뜻의 악행을 행한 뒤에는 이것을 인연하여 몸이 무너지고 목숨을 마치면 반드시 나쁜 곳에 이르러 지옥에 날 것이다.

이미 그곳에 나고서는 괴로움의 갚음을 받는데, 한결같이 좋아할 수 없고, 뜻에 즐거워할 수 없으며, 마음으로 생각할 수 없다. 만약 '한결같이 좋아할 수 없고, 뜻에 즐거워할 수 없으며, 마음으로 생각할 수 없는 곳이다'라고 이렇게 말한다면, 이것은 곧 지옥을 말한다.

왜 그런가. 그 지옥이란 한결같이 좋아할 수 없고, 뜻에 즐거워할 수 없으며, 마음으로 생각할 수 없는 곳이기 때문이다."

그때 한 비구가 곧 자리에서 일어나 가사 한 자락을 벗어 메고 두 손을 맞잡고 붇다께 말씀드렸다.

"세존이시여, 지옥의 괴로움은 어떻습니까?"

세존께서 답했다.

"비구여, 지옥의 괴로움은 이루 다 말할 수 없다. 다만 지옥의 괴로움이란 오직 괴로움만 있는 것이다."

비구가 다시 물었다.

"세존이시여, 비유로써 그 뜻을 나타내주실 수 있겠습니까?"

세존께서 답했다.

"비유로써 그 뜻을 나타낼 수 있다. 비구여, 비유하면 다음과 같다. 왕의 신하들은 도적을 붙잡아 크샤트리아 '정수리로 난 왕'이 있는 곳에 보내며 이렇게 말할 것이다.

'하늘왕이여, 이 도적은 죄가 있습니다. 하늘왕께서 다스리시길 바랍니다.'

크샤트리아 '정수리로 난 왕'이 신하들에게 명령할 것이다.

'너희들이 데리고 가서 이 죄인을 다스리되 아침에 창 백 개를 찔러라.'

왕의 신하들이 분부를 받고 곧 데리고 가서 그 죄를 다스리되, 아침에 창 백 개를 찔렀다. 그러나 그 사람은 여전히 살아 있었다. 크샤트리아 '정수리로 난 왕'이 물었다.

'그 사람은 어떻게 되었느냐?'

'하늘왕이여, 그 사람은 여전히 살아 있습니다.'

크샤트리아 '정수리로 난 왕'이 다시 말했다.

'너희들은 가서 한낮에 다시 창 백 개를 찔러라.'

신하들은 명령을 받고 한낮에 다시 창 백 개를 찔렀다. 그러나 그 사람은 여전히 살아 있었다. 크샤트리아 '정수리로 난 왕'이 다시 물었다.

'그 사람은 어떻게 되었느냐?'

'대왕이여, 그 사람은 여전히 살아 있습니다.'

'너희들은 가서 해질 때에 다시 창 백 개를 찔러라.'

신하들은 명령을 받고 해질 때에 다시 창 백 개를 찔렀다. 그러나 그 사람은 여전히 살아 있었다. 그러나 그 사람의 몸 온갖 곳이 뚫어지고 부서지고 문드러져 한 곳도 성한 곳이 없었으며, 마치 돈 구멍처럼 되었다.

크샤트리아 '정수리로 난 왕'이 다시 물었다.

'그 사람은 어떻게 되었느냐?'

왕의 신하들이 대답했다.

'하늘왕이여, 그 사람은 여전히 살아 있습니다. 그러나 그 사람의 몸 온갖 곳이 뚫어지고 부서지고 문드러져 한 곳도 성한 곳이 없으며, 마치 돈 구멍처럼 되었습니다.'

비구들이여, 어떻게 생각하느냐? 만약 그 사람이 하루에 삼백 번 창에 찔렸다면 그 사람은 이로 인하여 몸과 마음이 고통을 받아 아주 근심하고 괴로워하겠느냐?"

"세존이시여, 창에 한 번만 찔려도 오히려 아주 심한 괴로움을 받는데, 하물며 하루에 삼백 번 창에 찔리는 것이겠습니까? 그 사람의 몸과 마음이 어찌 고통을 받지 않겠으며, 아주 근심하고 괴로워하지 않겠습니까?"

이에 세존께서 손으로 팥알[小豆]만한 돌을 집어들고 말씀하셨다.

"비구들이여, 너희들은 내가 손으로 집어든 이 팥알만 한 돌을 보느냐?"

"봅니다, 세존이시여."

"비구들이여, 어떻게 생각하느냐? 내가 든 이 팥알만 한 돌과 저 설산을 견준다면 어느 것이 더 크냐?"

"세존이시여, 세존께서 손에 든 그 팥알만 한 돌을 저 설산과 견준다면 비록 그것을 백 곱, 천 곱, 백천만 곱을 하더라도 끝내 서로 미치지 못할 것입니다. 숫자를 헤아릴 수도 없고 셀 수도 없으며, 비유할 수도 없고 견줄 수도 없습니다. 다만 저 설산왕이 아주 크고 매우 클 뿐입니다."

세존께서 말씀하셨다.

"비구들이여, 만약 내가 손에 든 팥알만 한 돌을 저 설산과 견준다면 비록 그것을 백 곱, 천 곱, 백천만 곱을 하더라도 끝내 서로 미치지 못할 것이다. 수를 헤아릴 수도 없고 셀 수도 없으며, 비유할 수도 없고 견줄 수도 없다. 다만 저 설산왕이 아주 크고 매우 클 뿐이다.

이와 같이 비구들이여, 만약 이 사람이 하루에 삼백 번 창에 찔리고 이것으로 인하여 그 몸과 마음이 고통을 받아 아주 무거운 근심과 괴로움을 느낀다 하자. 그러더라도 그것을 지옥의 고통에 견준다면 비록 백 곱, 천 곱, 백천만 곱을 하더라도 끝내 서로 미치지 못할 것이요, 수를 헤아릴 수도 없고 셀 수도 없으며, 비유할 수도 없고 견줄 수도 없다. 다만 저 지옥은 아주 괴롭고 매우 괴로울 뿐이다."

지옥의 괴로움을 다시 자세히 말씀하심

"비구들이여, 어떤 것이 지옥의 괴로움인가?

중생이 지옥 가운데 나 이미 그곳에 태어나면 옥졸들은 곧 손으로 그를 붙잡고, 온통 타오르는 쇠도끼를 가지고 그 몸을 쪼개어 여덟 모를 만들기도 하고, 여섯 모를 만들기도 하며, 네모로 반듯이 만들기도 하고, 둥글게 만들기도 하며, 높이거나 낮추며, 좋게도 하고 나쁘게도 한다.

그는 이렇게 고문을 당해 고통이 닥쳐, 햇수가 매우 많아져 백천 년에 이르도록 한량없는 괴로움을 받는다. 아주 무겁고 심한 괴로움은 끝내 죽을 수도 없어서, 악하여 착하지 않은 업이 다 없어질 때까지 가니, 이것을 지옥의 괴로움이라 한다.

비구들이여, 어떤 것이 지옥의 괴로움인가?

중생이 지옥 가운데 나 이미 그곳에 태어나면, 옥졸들은 곧 손으로 그를 붙들고, 온통 타오르는 쇠대패를 가지고 그 몸을 깎아내는데 여덟 모를 만들기도 하고, 여섯 모를 만들기도 하며, 네모로 반듯이 만들기도 하고, 둥글게 만들기도 하며, 높이거나 낮추며, 좋게도 하고 나쁘게도 한다.

그는 이렇게 고문을 당해 고통이 닥쳐, 햇수가 매우 많아져 백천 년에 이르도록 한량없는 괴로움을 받는다. 아주 무겁고 심한 괴로움은 끝내 죽을 수도 없어서, 악하여 착하지 않은 업이 다 없어질 때까지 가니, 이것을 지옥의 괴로움이라 한다.

비구들이여, 어떤 것이 지옥의 괴로움인가?

중생이 지옥 가운데 나 이미 그곳에 태어나면, 옥졸들은 곧 손으로 그를 붙들고, 온통 타오르는 쇠창 위에 억지로 앉게 하고, 곧 쇠집게로 그 입을 벌려 온통 타오르는 쇠구슬을 입에 넣는다. 그러면 그 쇠구슬은 입술을 태우고 혀를 태우며, 잇몸을 태우고 목구멍을 태우며, 심장을 태우고 위를 태우면서, 몸을 따라 밑으로 내려간다.

그는 이렇게 고문을 당해 고통이 닥쳐, 햇수가 매우 많아져 백천 년에 이르도록 한량없는 괴로움을 받는다. 아주 무겁고 심한 괴로움은 끝내 죽을 수도 없어서, 악하여 착하지 않은 업이 다 없어질 때까지 가니, 이것을 지옥의 괴로움이라 한다.

비구들이여, 어떤 것이 지옥의 괴로움인가?

중생이 지옥 가운데 나 이미 그곳에 태어나면, 옥졸들은 곧 손으로 그를 붙들고, 온통 타오르는 쇠창 위에 억지로 앉게 하고, 곧 쇠집게로 그의 입을 벌려 끓는 구리 쇳물을 그 입에 부어 넣는다. 그러면 그 구리 쇳물은 입술을 태우고 혀를 태우며, 잇몸을 태우고 목구멍을 태우며, 심장을 태우고 위를 태우면서, 몸을 따라 밑으로 나온다.

그는 이렇게 고문을 당해 고통이 닥쳐, 햇수가 매우 많아져 백천 년에 이르도록 한량없는 괴로움을 받는다. 아주 무겁고 심한 괴로움은 끝내 죽을 수도 없어서, 악하여 착하지 않은 업이 다 없어질 때까지 가니, 이것을 지옥의 괴로움이라 한다.

비구들이여, 어떤 것이 지옥의 괴로움인가?

중생이 지옥 가운데 나 이미 그곳에 태어나면, 옥졸들은 곧 손으로 그를 붙들고, 온통 타오르는 쇠땅에 위를 보고 반듯이 눕게 하고,

네 활개를 벌려 다섯 곳을 묶고는 두 손과 두 발에 쇠못을 치고, 따로 쇠못 하나를 배에 못질한다.

그는 이렇게 고문을 당해 고통이 닥쳐, 햇수가 매우 많아져 백천 년에 이르도록 한량없는 괴로움을 받는다. 아주 무겁고 심한 괴로움은 끝내 죽을 수도 없어서, 악하여 착하지 않은 업이 다 없어질 때까지 가니, 이것을 지옥의 괴로움이라 한다.

비구들이여, 어떤 것이 지옥의 괴로움인가?

중생이 지옥 가운데 나 이미 그곳에 태어나면, 옥졸들은 곧 손으로 그를 붙들고, 온통 타오르는 쇠땅에 엎드리게 하고는 입에서 혀를 뽑아 백 개의 못을 쳐서 눌려 펴 주름 잡히거나 줄어듦이 없게 하는데, 마치 소가죽에 백 개의 못을 쳐서 눌려 펴 주름이나 줄어듦이 없게 하는 것과 같다. 이와 같이 중생이 지옥 가운데 나 이미 그곳에 태어나면, 옥졸들은 곧 손으로 그를 붙들고, 온통 타오르는 쇠땅에 엎드리게 하고는 입에서 혀를 뽑아 백 개의 못을 쳐서 눌려 펴 주름 잡히거나 줄어듦이 없게 한다.

그는 이렇게 고문을 당해 고통이 닥쳐, 햇수가 매우 많아져 백천 년에 이르도록 한량없는 괴로움을 받는다. 아주 무겁고 심한 괴로움은 끝내 죽을 수도 없어서, 악하여 착하지 않은 업이 다 없어질 때까지 가니, 이것을 지옥의 괴로움이라 한다.

비구들이여, 어떤 것이 지옥의 괴로움인가?

중생이 지옥 가운데 나 이미 그곳에 태어나면, 옥졸들은 곧 손으로 그를 붙들고, 머리에서 가죽을 벗겨 발까지 내려가거나 발에서 가죽을 벗겨 머리까지 올라온다. 그러고는 곧 온통 타오르는 쇠수레에 잡아매고 온통 타오르는 쇠땅 위에 끌어 가고 온다.

그는 이렇게 고문을 당해 고통이 닥쳐, 햇수가 매우 많아져 백천 년에 이르도록 한량없는 괴로움을 받는다. 아주 무겁고 심한 괴로움은 끝내 죽을 수도 없어서, 악하여 착하지 않은 업이 다 없어질 때까지 가니, 이것을 지옥의 괴로움이라 한다.

비구들이여, 어떤 것이 지옥의 괴로움인가?

중생이 지옥 가운데 나 이미 그곳에 태어나면, 옥졸들은 곧 손으로 그를 붙들고, 온통 타오르는 불덩어리를 들어 땅에 치게 하고, 또 다시 손으로 집어 그 몸에 쏟아 붓게 한다.

그는 이렇게 고문을 당해 고통이 닥쳐, 햇수가 매우 많아져 백천 년에 이르도록 한량없는 괴로움을 받는다. 아주 무겁고 심한 괴로움은 끝내 죽을 수도 없어서, 악하여 착하지 않은 업이 다 없어질 때까지 가니, 이것을 지옥의 괴로움이라 한다.

비구들이여, 어떤 것이 지옥의 괴로움인가?

중생이 지옥 가운데 나 이미 그곳에 태어나면, 옥졸들은 곧 손으로 그를 붙들고, 온통 타오르는 불산에서 오르내리게 한다. 그가 만약 발을 내리면 그 살갗과 살과 피는 곧 타서 없어지고, 그가 발을 들면 그 살갗과 살과 피는 옛처럼 살아난다.

그는 이렇게 고문을 당해 고통이 닥쳐, 햇수가 매우 많아져 백천 년에 이르도록 한량없는 괴로움을 받는다. 아주 무겁고 심한 괴로움은 끝내 죽을 수도 없어서, 악하여 착하지 않은 업이 다 없어질 때까지 가니, 이것을 지옥의 괴로움이라 한다.

비구들이여, 어떤 것이 지옥의 괴로움인가?

중생이 지옥 가운데 나 이미 그곳에 태어나면, 옥졸들은 곧 손으로 그를 붙들고, 온통 타오르는 쇠솥에 그의 몸을 거꾸로 들어 발을 위로 하고 머리를 밑으로 하여 솥 안에 집어넣는다. 그러면 그는 그 가운데서 오르고 내리기도 하고, 사방 네 모서리로 돌아 이르러 스스로 몸에서 거품이 생겨 그 몸을 얽매어 삶는다. 마치 콩이나 팥·완두콩[蘹豆]·쓴 콩[쓴豆]·겨자를 물이 많은 솥 안에 넣고 그 밑에서 아주 세게 불을 때면, 그 콩들은 그 가운데서 오르고 내리며 사방 네 모서리로 돌며, 스스로 낸 거품이 휘감아 삶기는 것과 같다. 이와 같이 중생이 지옥 가운데 나 이미 그곳에 태어나면, 옥졸들은 곧 손으로 그를 붙들고, 온통 타오르는 쇠솥에 그의 몸을 거꾸로 들어 발을 위로 하고 머리를 밑으로 하여 솥 안에 집어넣는다. 그러면 그는 그 가운데서 오르고 내리기도 하고, 사방 네 모서리로 돌아 이르러 스스로 몸에서 거품이 생겨 그 몸을 얽매어 삶는다.

그는 이와 같이 고문을 당해 고통이 닥쳐, 햇수가 매우 많아져 백천 년에 이르도록 한량없는 괴로움을 받는다. 아주 무겁고 심한 괴로움은 끝내 죽을 수도 없어서, 악하여 착하지 않은 업이 다 없어질 때까지 가니, 이것을 지옥의 괴로움이라 한다.

비구들이여, 어떤 것이 지옥의 괴로움인가?

그 지옥 가운데 또 지옥이 있어[彼地獄中地獄], 여섯 가지 괴로운 닿음[更樂]이라 이름한다. 만약 중생이 그곳에 태어나게 되어 이미 그곳에 태어난다 하자. 만약 눈으로 빛깔을 보아도 기쁘지 않고 마음에 들지도 않으면, 그것은 기뻐 좋아할 수 있는 것이 아니다.

뜻으로 온갖 경계에 대해 사랑함을 윤택하게 할 수 없으면, 이것은 사랑함을 윤택하게 할 수 없다. 뜻으로 온갖 경계에 대해 즐거워할 수 없으면, 이것은 즐거워할 수 있는 것이 아니다.

귀로 듣는 소리, 코로 맡는 냄새, 혀로 맛보는 맛, 몸으로 느끼는 닿음, 뜻으로 아는 법을 모두 기뻐할 수 없고 마음에 들지 않으면, 그것은 기뻐 좋아할 수 있는 것이 아니다.

뜻으로 사랑함을 더 윤택케 하지 못하면 사랑함을 윤택하게 할 수 없고, 뜻으로 온갖 경계에 대해 즐거워할 수 없으면 그것은 좋아 즐거워할 수 있는 것이 아니니, 이것을 지옥의 괴로움이라 한다.

비구여, 나는 너희들을 위하여 한량없는 방편으로써 저 지옥에 대하여 말하였고, 그 지옥의 일들을 말하였다.

그러나 이 지옥의 괴로움은 다 갖추어 말할 수는 없다. 다만 지옥에는 오직 괴로움만 있을 뿐이다."

축생에 태어나 받는 괴로움을 보이심

"비구들이여, 만약 어리석은 사람이 때로 지옥을 벗어나 축생에 태어나면, 축생 또한 매우 괴로운 것이다.

비구들이여, 어떤 것이 축생의 괴로움인가?

만약 어떤 중생이 축생 가운데 태어나면, 곧 그는 어두움 속에서 나서 어두움 속에서 자라고, 어두움 속에서 죽는다.

그것은 어떤 것인가? 곧 땅에 나는 벌레를 말한다.

어리석은 사람은 본래부터 먹을 것의 맛을 탐착하여 몸의 악행을 짓고, 입과 뜻의 악행을 짓는다. 그는 몸의 악행을 짓고, 입과 뜻의 악행을 지은 뒤에는, 그 인연 때문에 몸이 무너지고 목숨 마치면 축생 가운데 나니, 곧 어두움 속에서 나서 어두움 속에서 자라다가 어두움 속에서 죽는 것이다.

이것을 축생의 괴로움이라 한다.

비구들이여, 어떤 것이 축생의 괴로움인가?

만약 어떤 중생이 축생 가운데 나면 곧 그는 몸속에서 나서 몸속에서 자라고, 몸속에서 죽는다.

그것은 어떤 것인가? 곧 부스럼 벌레를 말한다.

어리석은 사람은 본래부터 먹을 것의 맛을 탐착하여 몸의 악행을 짓고, 입과 뜻의 악행을 짓는다. 그는 몸의 악행을 짓고, 입과 뜻의 악행을 지은 뒤에는, 그 인연 때문에 몸이 무너지고 목숨 마치면 축생 가운데 나니, 곧 몸속에서 나서 몸속에서 자라다가 몸속에서 죽는 것이다.

이것을 축생의 괴로움이라 한다.

비구들이여, 어떤 것이 축생의 괴로움인가?

만약 어떤 중생이 축생 가운데 나면, 곧 그는 물속에서 나서 물속에서 자라고, 물속에서 죽는다.

그것은 어떤 것인가? 곧 물고기·마카라(makara, 海獸)·거북·악어·바루니(바다뱀)·티미(timi, 고래)·티민갈라(timiṅgala, 큰 고래) 등을 말한다.

어리석은 사람은 본래부터 먹을 것의 맛을 탐착하여 몸의 악행을 짓고, 입과 뜻의 악행을 짓는다. 그는 몸의 악행을 짓고, 입과 뜻으로 악행을 지은 뒤에는, 그 인연 때문에 몸이 무너지고 목숨 마치면 축생 가운데 나니, 곧 물속에서 나서 물속에서 자라다가 물속에서 죽는 것이다.

이것을 축생의 괴로움이라 한다.

비구들이여, 어떤 것이 축생의 괴로움인가?

만약 어떤 중생이 축생 가운데 나면, 이로 썰어 생풀이나 생나무를 먹는다.

그것은 어떤 것인가? 곧 코끼리와 말·낙타·소·나귀·사슴·물소·돼지 따위이다.

어리석은 사람은 본래부터 먹을 것의 맛을 탐착하여 몸의 악행을 짓고, 입과 뜻의 악행을 짓는다. 그는 몸의 악행을 짓고, 입과 뜻으로 악행을 지은 뒤에는, 그 인연 때문에 몸이 무너지고 목숨 마치면 축생 가운데 나니, 곧 이로 씹어서 생풀이나 생나무를 먹는 것이다.

이것을 축생의 괴로움이라 한다.

비구들이여, 어떤 것이 축생의 괴로움인가?

만약 어떤 중생이 축생 가운데 나면, 사람의 대소변 냄새만 맡아도 곧 그리로 달려가 그것을 먹는데, 마치 뭇 남녀들이 음식 냄새를 맡고 곧 그리로 달려가, 이와 같이 이런 음식 저런 음식을 말하는 것과 같다. 이와 같이 비구들이여, 어떤 중생은 축생 가운데 나 사람의 대소변 냄새만 맡아도 곧 그리로 달려가 그것을 먹는다.

그것은 어떤 것인가? 곧 닭·돼지·개·승냥이·까마귀·구루라(拘樓羅)·구릉가(拘稜迦) 따위를 말한다.

어리석은 사람은 본래부터 먹을 것의 맛을 탐착하여 몸의 악행을 짓고, 입과 뜻의 악행을 짓는다. 그는 몸의 악행을 짓고, 입과 뜻으로 악행을 지은 뒤에는, 그 인연 때문에 몸이 무너지고 목숨 마치면 축생 가운데 나 오줌·똥의 더러움을 먹는 것이다.

이것을 축생의 괴로움이라 한다.

비구들이여, 나는 너희들을 위하여 한량없는 방편으로 저 축생을 말하고, 그 축생들의 일을 말하였다.

그러나 이 축생의 괴로움을 갖추어 다 말할 수는 없다. 다만 축생은 오직 괴로움만 있을 뿐이다.”

축생의 몸 벗어나 다시 사람 몸 받기 어려움을
눈먼 거북의 비유로 보이심

"비구들이여, 만약 어리석은 사람이 축생을 벗어나 다시 사람으로 태어난다면, 그것은 아주 크게 어려운 일이다. 왜 그런가. 저 축생들은 어짊과 옳음을 행하지 않고, 예법을 행하지 않으며, 묘하고 착한 일을 행하지 않기 때문이다. 저 축생들은 다시 서로 잡아먹는데, 강한 것은 약한 것을 잡아먹고, 큰 것은 작은 것을 잡아먹는다.

비구들이여, 비유하면 다음과 같다. 이 땅에서 그 가운데 물이 가득 차 있는데, 한 눈먼 거북이가 있어 수명이 한량없는 백천 년인데, 그 물 위에는 오직 구멍이 하나뿐인 작고 가벼운 나무 판때기가 바람에 불려 떠다닌다고 하자.

비구들이여, 어떻게 생각하느냐? 저 눈먼 거북이의 머리가 과연 그 작고 가벼운 나무 판때기의 하나뿐인 구멍 가운데 들어갈 수 있겠느냐?"

"세존이시여, 어쩌다 맞아 들어갈 수도 있겠지만, 다만 그것은 오래고 오래되어 매우 어려운 일입니다."

세존께서 말씀했다.

"비구들이여, 어떤 때 그 눈먼 거북이 한 백 년쯤 지난 뒤에 동방에서 와서 한 번 머리를 쳐들면, 그 구멍이 하나뿐인 작은 목판은 동풍에 불려 남방으로 옮겨간다.

어떤 때 그 눈먼 거북이 한 백 년쯤 지난 뒤에 남방에서 와서 한 번 머리를 쳐들면, 그 구멍이 하나뿐인 작은 목판은 남풍에 불려 서방으로 옮겨간다.

어떤 때 그 눈먼 거북이 한 백 년쯤 지난 뒤에 서방에서 와서 한 번 머리를 쳐들면, 그 구멍이 하나뿐인 목판은 서풍에 불려 북방으로 옮겨간다.

어떤 때 그 눈먼 거북이 북방에서 와서 한 번 머리를 쳐들면, 그 구멍이 하나뿐인 목판은 북풍에 불려 여러 곳으로 떠돈다.

비구들이여, 어떻게 생각하느냐? 저 눈먼 거북이의 머리가 과연 그 목판의 하나뿐인 구멍 가운데 들어갈 수 있겠느냐?"

비구들이 답했다.

"세존이시여, 어쩌다 맞아 들어갈 수도 있기는 하겠지만, 다만 오래고 오래되어 매우 어려운 일입니다."

세존께서 말씀했다.

"비구들이여, 이와 같이 저 어리석은 사람이 축생에서 벗어나 다시 사람으로 태어나는 것 또한 매우 어렵다. 왜 그런가. 저 축생들은 어짊과 옳음을 행하지 않고, 예법을 행하지 않으며, 묘하고 착한 일을 행하지 않기 때문이다. 저 축생들은 다시 서로 잡아먹는데, 강한 것은 약한 것을 잡아먹고, 큰 것은 작은 것을 잡아먹는다.

비구들이여, 만약 어리석은 사람이 축생을 벗어나 다시 사람으로 태어나더라도 그가 만약 집이 있게 되면, 작은 족성 낮은 신분으로 피폐하고 가난하며, 먹을거리가 적어도 먹을 것 얻기가 매우 어려울 것이다.

그것은 어떤 것인가? 곧 옥졸의 집, 기술자의 집, 손재주 좋은 집, 옹기장이의 집 등이다. 이와 같은 여러 무리들과 그 밖의 낮은 집은 피폐하고 가난하며, 먹을거리가 적어도 먹을 것을 얻기가 매우 어렵다.

이와 같은 집에 나서 이미 난 뒤에는 몸의 여섯 뿌리가 갖춰지지 않게 되고, 나쁜 빛깔에 염소 얼굴로서 못나고 더럽고 목숨이 짧기도 하며, 언제나 남의 부리는 바가 된다.

그는 몸의 악행을 짓고, 입과 뜻의 악행을 짓는다. 그는 몸의 악행을 짓고, 입과 뜻의 악행을 짓고서는, 이 인연 때문에 몸이 무너지고 목숨 마치며 도로 나쁜 곳으로 가서 지옥에 태어난다.

이는 마치 다음과 같다. 두 사람이 함께 도박을 하였는데, 그 가운데 한 사람은 처음으로 이런 짓을 한 자였는데, 그는 곧 종들을 잃고, 또 처자도 잃고, 다시 그 몸이 연기 나는 방 안에 거꾸로 매달리게 되었다. 그는 곧 이렇게 생각하였다.

'나는 먹지도 못하고 마시지도 못했다. 나는 처음으로 이런 짓을 하고도 곧 종들을 잃고 처자도 잃고, 다시 내 몸이 연기 나는 방 안에 거꾸로 매달리게 되었다.'

비구들이여, 이런 행이 매우 적은 것이지만, 그는 종들을 잃고 처자도 잃고 다시 자기 몸이 연기 나는 방 안에 거꾸로 매달리게 되었다.

비구들이여, 그는 이 짓을 해도 되는 행이라 하여 몸의 악행을 짓고, 입과 뜻의 악행을 지었다. 그는 몸의 악행을 짓고, 입과 뜻의 악행을 지은 뒤에는, 그 인연으로 몸이 무너지고 목숨 마치면 도로 나쁜 곳으로 가서 지옥 가운데 태어난다.

비구들이여, 이런 모든 행은 가장 사랑해서는 안 되는 것이요, 참으로 즐길 만한 것이 아니며, 뜻으로 생각할 만한 것이 아니다.

비구들이여, 어리석은 법을 낱낱이 갖추어 말해주지 않았는가?"

"그렇습니다. 세존이시여, 어리석은 법을 낱낱이 갖추어 말씀해주셨습니다."

• 중아함 199 치혜지경(癡慧地經) 전반부

　중생이 업을 지어 업을 받는 한량없는 모습이 두렵고 두렵다. 중생의 업의 바다가 넓어 끝없으니, 그 업의 갚음 불러들여 따름이 각기 같지 않다. 지옥업에 지옥의 과보요 축생업에 축생의 과보이며, 지옥업에 지옥의 세계요 축생업에 축생의 세계가 서로 응해 다함없고 다함없다.

　하룻밤 만 번 죽고 만 번 사는 저 지옥고통 어찌 헤아릴 수 있으며, 어두움 속에서 나 어두움 속에서 자라며 어두움 속에서 죽고, 몸속에서 나 몸속에서 자라고 몸속에서 죽는 축생의 삶을 어찌 말로 다 말할 수 있겠는가.

　기나긴 겁 윤회의 고통을 어떻게 벗어날 수 있겠는가. 그러나 업을 지음에 업의 과보가 있고 업의 바다를 따라 세계바다가 연기한다는 가르침에, 기나긴 겁 윤회의 고통 벗어날 해탈의 빛이 있다.

　저것을 인해 이것이 있고 이것을 인해 저것이 있으므로, 이것에도 이것이 없고 저것에도 저것이 없기 때문에 이것저것의 기나긴 굴레 벗어날 길이 있으며, 그림자에서 그림자를 붙잡고 허깨비에서 허깨비를 붙잡을 때 그림자인 줄 알고 허깨비인 줄 알면, 그림자와 그림자의 이어짐이 다하고 허깨비와 허깨비의 이어짐이 다하기 때문이다.

　아함의 가르침대로 다시 살펴보자.

　여섯 앎[六識]밖에 경계[六境]가 없고 경계 떠나 앎이 없으니, 중생의 업은 세계 속에서 일어나고 세계는 업을 따라 발현된다[循業發現].

　뜻의 어리석음 업이 몸과 입의 업을 일으키고, 몸과 입의 업이 다시 뜻의 업을 더욱 일으키며, 앞의 업이 뒤의 업을 일으키고 뒤의 업이 다시 그 뒤의 업을 일으키므로 앞과 뒤의 업은 실로 있는 것도 아니고 실로 없는 것도 아니다.

　업을 지어 업의 과보를 받지만 업이 이어짐도 아니고 끊어짐도 아니니, 업을 지어 업을 받는다는 가르침 속에 업을 짓는 자와 업 받는 자와 업이 공함을 보이는 뜻이 드러나 있고, 악업을 지어 악업의 과보 받는 고통의 세간 속에서 고통을 벗어날 해탈의 활로가 있다.

곧 지금 짓는 업의 힘으로 뒤에 이뤄질 업의 과보가 있다 함이 실은 업의 공성을 보임이니, 업이 공하지 않으면 업을 어찌 새로 지을 수 있고 지은 업을 없앨 수 있겠는가.

  『화엄경』(「십회향품」)은 다음과 같이 가르친다.

  > 온갖 세간에 있는 모든 것들은
  > 갖가지 업의 과보 각기 같지 않네.
  > 각기 서로 다른 갖가지 업의 과보는
  > 업의 힘으로 이루지 않음 없으니
  > 만약 업을 모두다 없애버리면
  > 그 모든 것 다 사라져 없어지리라.

  > 一切世間之所有　種種果報各不同
  > 莫不皆由業力成　若滅於業彼皆盡

  이렇듯 중생이 업을 지어 업을 받는다는 여래의 끝없는 가르침 속에서 도리어 업의 바다에서 벗어날 해탈의 길을 보여주심이 있으니, 업의 교설은 새로운 창조의 가르침이고 희망의 가르침이다.

  찰나에 죽고 찰나에 다시 살아나 고통을 받는 지옥불의 세계와 어두움에서 어두움으로 돌고 도는 축생의 세계라 해도, 그 온 곳을 찾고 그 간 곳을 찾으면 업과 세계가 온 곳은 어디이고 간 곳은 어디인가.

  「세계성취품」은 다시 가르친다.

  > 온갖 넓고 큰 모든 중생 세계의 땅은
  > 그림자 같고 허깨비 아지랑이 같아
  > 시방 어디에서 좇아온 곳 볼 수 없으며
  > 또한 오는 곳 없고 가는 곳도 없어라.

  > 一切廣大諸利土　如影如幻亦如焰

十方不見所從生 亦復無來無去處

경의 이 뜻을 영가선사의 「증도가」는 이렇게 노래한다.

실상을 증득하면 사람과 법이 없음이여
찰나에 아비지옥의 업을 없애버리네.
만약 거짓말로 중생을 속이는 것이라면
혀를 빼는 지옥의 과보 불러들여
티끌 세계 모래알 수 기나긴 겁을 지내리라.

證實相 無人法 刹那滅却阿鼻業
若將妄語誑衆生 自招拔舌塵沙劫

옛 선사[保寧勇] 또한, 중생의 업의 물결과 나고 죽음이 본래 공한 니르바나의 땅을 떠남이 없이 윤회의 물결 속에 뛰어들어 중생을 해탈의 저 언덕으로 이끄는 마하사트바의 삶을 이렇게 노래한다.

뿔을 이고 털을 쓰고서 이렇게 와
지옥 철위산을 다 부딪쳐 열도다.
잠부드비파에 사람 밟아죽임 셀 수 없으니
갑자기 코를 깊이 꿰어 끌어도 돌리지 않네.

戴角披毛伊麼來 鐵圍山岳盡衝開
閻浮踏殺人無數 驀鼻深穿拽不迴

지혜로운 사람은 악을 선으로 돌이켜
복과 즐거움을 누리나니

세존께서 다시 말씀하셨다.

"비구들이여, 그러면 어떤 것이 지혜로운 법인가? 저 지혜로운 사람은 세 가지 모습의 지혜로운 나타남과 지혜로운 모양이 있어서, 곧 지혜를 성취하고 사람들도 그를 지혜롭다고 말한다."

지혜로운 사람의 세 가지 드러나는 모습을 보이심

"어떤 것이 그 세 가지인가? 지혜로운 사람은 착한 생각을 생각하고, 착한 말을 말하며, 착한 행을 짓는다. 그러므로 지혜롭고 사람들도 그를 지혜롭다고 말하는 것이다.

만약 지혜로운 사람이 착한 생각을 생각하지 않고, 착한 말을 말하지 않으며, 착한 행을 짓지 않는다면, 그는 지혜롭지 않고 사람들도 그를 지혜롭다고 말하지 않을 것이다.

그러나 지혜로운 사람은 착한 생각을 생각하고, 착한 말을 말하며, 착한 행을 지으므로, 지혜로워지고 사람들도 그를 지혜롭다고 말한다."

현재의 법에서 받는 세 가지 즐거움을 보이심

"그 지혜로운 사람은 현재의 법에서 몸과 마음이 세 가지 기쁨과 즐거움을 받는다.

어떤 것이 지혜로운 사람이 현재의 법에서 몸과 마음이 곧 세 가지 기쁨과 즐거움을 받는 것인가?

지혜로운 사람은 하는 일이 있거나 모임이 있는 자리에서나 길거리에 있거나 시장판에 있거나 네거리에 있으면서도 지혜로운 사람에 서로 맞는 일을 말한다.

또 지혜로운 사람은 산목숨 죽임과 도둑질과 삿된 음행과 거짓말을 끊어 여의고, 나아가 삿된 견해를 끊으며, 바른 견해를 얻고, 또 다른 한량없이 착한 법을 성취한다. 만약 한량없이 착한 법을 성취하면, 다른 사람들이 그것을 보고 곧 칭찬한다.

그 지혜로운 사람은 이 말을 듣고 곧 이렇게 생각한다.

'만약 한량없이 착한 법을 성취하면 다른 사람이 그것을 보고 칭찬하는 것이다. 내게 또한 이런 한량없는 착한 법이 있으니, 만약 다른 사람이 이를 안다면 그들은 나를 칭찬할 것이다.'

이것을 지혜로운 사람이 현재의 법에서 그 몸과 마음으로 '첫 번째 기쁨과 즐거움을 받음'[受第一喜樂]이라 한다.

다시 그 지혜로운 사람은 왕의 신하가 온갖 방법으로 도적 다스리는 것을 본다. 곧 손을 끊고 발을 끊고 손과 발을 한꺼번에 끊으며, 귀를 자르고 코를 자르고 귀와 코를 한꺼번에 자르며, 어지럽게 쳐 가르며, 수염을 뽑고 머리를 뽑고 수염과 머리를 한꺼번에 뽑기도 한다.

때로 감옥에 가두고 옷으로 싸서 태우기도 하며, 긴 풀로 묶어 불 사르기도 하고, 쇠로 만든 나귀의 뱃속에 넣기도 하며, 쇠로 만든 돼지의 입안에 넣기도 하며, 쇠로 만든 호랑이의 입안에 넣고 태우기도 하며, 구리솥에 두기도 하고, 쇠솥에 넣어 삶기도 한다.

　때로 덩이덩이로 끊기도 하고, 날카로운 꼬챙이로 찌르기도 하며, 갈고리에 꿰기도 하고, 쇠평상에 눕혀 끓는 기름을 쏟기도 하며, 쇠 절구에 앉혀 쇠공이로 찧기도 한다.

　때로 독한 용에 쏘이게도 하며, 채찍으로 갈기기도 하고, 지팡이로 때리기도 하며, 방망이로 치기도 하고, 산 채로 긴나무 끝에 꿰기도 하며, 목을 베어 나무에 매달기도 한다.

　그 지혜로운 사람은 이것을 보고는 곧 이렇게 생각한다.

　'만약 한량없이 악하여 착하지 않은 법을 성취하면 왕은 알고 붙잡아 이와 같이 괴롭게 다스린다. 나에게는 이런 한량없이 악하여 착하지 않은 법이 없으니, 만약 왕이 알더라도 끝내 이와 같이 나를 괴롭게 다스리지는 않을 것이다.'

　이것을 지혜로운 사람이 현재의 법에서 몸과 마음으로 '두 번째 기쁨과 즐거움을 받음'[受第二喜樂]이라 한다.

　다시 그 지혜로운 사람은 몸의 묘한 행[身妙行]을 짓고, 입과 뜻의 묘한 행[口意妙行]을 짓는다. 그는 어떤 때 병이 들어 자리에 앉거나 눕고, 침대에 앉거나 누우며, 땅에 앉거나 누우면서, 몸으로 아주 심한 괴로움을 느끼고 나아가 목숨이 끊어지려 함에 이른다.

　그때 그에게 있는 몸의 묘한 행과 입과 뜻의 묘한 행은 그의 위에 걸려 있게 되는데, 마치 해질 무렵에 해가 넘어가면 높은 산 그림자가 땅에 걸려 있는 것과 같다.

　이와 같이 그에게 있는 몸의 묘한 행과 입과 뜻의 묘한 행은 그때 그의 위에 걸려 있게 된다.

그는 곧 이렇게 생각한다.

'이것은 바로 나의 몸의 묘한 행과 입과 뜻의 묘한 행이 내 위에 걸려 있는 것이다.

나는 옛날 본래 악을 짓지 않았고 복을 많이 지었다. 나는 어떤 곳에 있어도 악을 짓지 않았고, 모질고 사납게 굴지 않았으며, 도리 없는 일은 짓지 않았으며, 복을 지었고 착한 일을 지었고, 두려워할 줄 알았다. 따라서 만약 목숨이 돌아가고 의지할 곳이 있다면 나는 반드시 좋은 곳으로 가서 뉘우침을 내지 않을 것이다. 뉘우침을 내지 않고서는 어질게 죽고, 잘 목숨을 마칠 것이다.'

이것을 지혜로운 사람이 현재의 법에서 몸과 마음으로 '세 번째 기쁨과 즐거움을 받음'[受第三喜樂]이라 한다."

몸과 입과 뜻의 묘한 행으로 하늘에 나서
받는 즐거움을 비유로 보이심

"다시 그 지혜로운 사람은 몸의 묘한 행을 짓고, 입과 뜻의 묘한 행을 짓는다. 그는 몸의 묘한 행을 짓고, 입과 뜻의 묘한 행을 지은 뒤에는 이를 인연하여 몸이 무너지고 목숨을 마치면 반드시 좋은 곳에 올라 하늘 가운데 태어날 것이다.

이미 그곳에 태어나서는 즐거움의 갚음을 받는데, 한결같이 사랑할 만하고, 한결같이 즐거워할 만하며, 마음으로 생각할 만하다.

만약 그가 '한결같이 사랑할 만하고, 한결같이 즐거워할 만하며, 마음으로 생각할 만하다'라고 이렇게 말한다면, 이것은 곧 좋은 곳[善處]을 말한다.

왜 그런가. 그 좋은 곳은 한결같이 사랑할 만하고, 한결같이 즐거위할 만하며, 마음으로 생각할 만한 곳이기 때문이다."

그때 한 비구가 곧 자리에서 일어나 가사 한 자락을 벗어 메고 두
손을 맞잡고 붇다께 여쭈었다.

"세존이시여, 좋은 곳의 즐거움은 어떻습니까?"

"비구여, 좋은 곳의 즐거움은 이루 다 말할 수 없다. 곧 좋은 곳의
즐거움이라 함은, 다만 좋은 곳은 오직 즐거움만 있을 뿐이다."

"세존이시여, 비유로써 그 뜻을 나타내주실 수 있겠습니까?"

세존이 답하셨다.

"비유로써 그 뜻을 나타낼 수 있다. 비유하면 마치 전륜왕이 일곱
가지 보배와 네 가지 사람의 여의족[四如意足]을 성취한 것과 같다.

비구여, 어떻게 생각하느냐? 저 전륜왕이 일곱 가지 보배와 네 가
지 사람의 여의족을 성취하였다면 그는 이것으로 인해 그 몸과 마음
이 아주 큰 기쁨과 즐거움을 받겠느냐?"

비구가 대답하였다.

"세존이시여, 한 보배와 한 사람의 여의족만 성취하여도 오히려
아주 큰 기쁨과 즐거움을 받는데, 하물며 전륜왕이 일곱 가지 보배
와 네 가지 사람의 여의족을 성취한 것이겠습니까?

어떻게 아주 큰 기쁨과 즐거움을 받지 않을 수 있겠습니까?"

이에 세존께서는 손으로 팥알만 한 돌을 집어들고 말씀하셨다.

"비구들이여, 너희들은 내가 손으로 집어든 이 팥알만 한 돌을 보
느냐?"

"봅니다, 세존이시여."

"비구들이여, 어떻게 생각하느냐? 내가 쥐고 있는 이 팥알만 한

돌을 저 설산과 견준다면 어느 것이 더 크다고 하겠는가?"

비구들이 대답했다.

"세존이시여, 세존께서 손에 든 그 팥알만 한 돌을 저 설산과 견준다면 비록 그것을 백 곱, 천 곱, 백천만 곱을 하더라도 끝내 서로 미치지 못할 것입니다. 숫자를 헤아릴 수도 없고 셀 수도 없으며, 비유할 수도 없고 견줄 수도 없습니다. 다만 저 설산왕이 아주 크고 매우 클 뿐입니다."

세존께서 말씀하셨다.

"비구들이여, 만약 내가 손에 든 팥알만 한 돌을 저 설산과 견준다면 비록 그것을 백 곱, 천 곱, 백천만 곱을 하더라도 끝내 서로 미치지 못할 것이다. 수를 헤아릴 수도 없고 셀 수도 없으며, 비유할 수도 없고 견줄 수도 없다. 다만 저 설산왕이 아주 크고 매우 클 뿐이다.

이와 같이 비구들이여, 만약 전륜왕이 일곱 가지 보배와 네 가지 사람의 여의족을 성취하여, 그 사람의 몸과 마음이 받는 기쁨과 즐거움을 저 여러 하늘의 즐거움과 견준다면, 비록 전륜왕의 즐거움을 백 곱, 천 곱, 백천만 곱을 하더라도 끝내 서로 미치지 못할 것이다. 수를 헤아릴 수도 없고 셀 수도 없으며, 비유할 수도 없고 견줄 수도 없다. 좋은 곳인 하늘의 즐거움이라 하는 것은 다만 좋은 곳에는 오직 즐거움만 있을 뿐이다."

좋은 곳으로 가서 받는 즐거움의 일을 보이심

"비구들이여, 어떤 것이 좋은 곳의 즐거움[善處樂]인가?

늘 즐거운 그 좋은 곳이 있으니 여섯 가지 즐거운 닿음[六更樂]이라 이름한다. 만약 중생이 그 좋은 곳 가운데 태어나게 되어 이미 그

곳에 태어난다 하자.

만약 눈으로 빛깔을 보고 뜻으로 기뻐할 수 있으면 그것은 곧 기뻐할 수 있는 것이고, 뜻으로 사랑함을 더 윤택하게 할 것이면 그것은 곧 사랑함을 더 윤택하게 할 수 있는 것이다. 뜻으로 좋아 즐거워할 것이면 그것은 곧 좋아 즐거워할 수 있는 것이다.

귀로 듣는 소리, 코로 맡는 냄새, 혀로 보는 맛, 몸으로 느끼는 닿음, 뜻으로 아는 법도 모두 뜻으로 기뻐할 수 있으면 그것은 곧 기뻐할 수 있는 것이고, 뜻으로 사랑함을 더 윤택하게 할 것이면 그것은 곧 사랑함을 더 윤택하게 할 수 있는 것이다.

뜻으로 좋아 즐거워할 것이면 그것은 곧 좋아 즐거워할 수 있는 것이다.

이것을 좋은 곳의 즐거움이라 한다.

비구들이여, 나는 너희들을 위하여 한량없는 방편으로 저 좋은 곳을 말하였고, 그 좋은 곳의 일들을 말하였다.

그러나 이 좋은 곳의 즐거움은 다 갖추어 말할 수 없다.

다만 좋은 곳에는 오직 즐거움만 있을 뿐이다."

하늘의 좋은 곳에서 다시 사람 세상에 날 때
받는 즐거움과 복을 보이심

"비구들이여, 만약 지혜로운 사람이 때로 좋은 곳에서 내려와 사람 사이에 태어난다고 하자.

만약 집이 있다면 아주 크고 넉넉하고 즐거워 돈과 재물이 한량없고, 여러 가지 기르는 가축도 많으며, 거느리는 마을과 거두어들이는 땅과 곡식이 차 넘치고 또 갖가지 여러 생활도구도 넘칠 것이다.

그것은 어떤 집들인가? 곧 크샤트리아의 큰 장자의 집, 브라마나의 큰 장자의 집, 거사의 큰 장자의 집과 또 그 밖의 다른 집으로서, 그 집은 아주 크고 넉넉하며 즐거워 돈과 재물이 한량없고, 여러 가지 기르는 가축도 많으며, 거느리는 마을과 거두어들이는 땅과 곡식이 차 넘치고 또 갖가지 여러 생활도구도 넘친다.

그는 이와 같은 집에 태어나 몸은 단정하고 사랑스러우며 여러 사람들이 공경히 따르며, 큰 이름이 있고, 큰 위덕이 있어 많은 사람이 사랑하고 많은 사람이 생각한다.

그는 몸의 묘한 행을 행하고, 입과 뜻의 묘한 행을 행하고서는 그 인연 때문에 몸이 무너지고 목숨이 끝나면 다시 좋은 곳에 이르러 하늘 가운데 태어난다.

이는 마치 다음과 같다. 두 사람이 도박을 하였는데 그 가운데 한 사람은 처음으로 이런 짓을 하였으나 많은 돈과 재물을 얻었다.

그는 곧 생각하였다.

'나는 농사도 짓지 않았다. 그런데도 처음으로 이런 짓을 해서 많은 재물과 돈을 얻었다.'

비구들이여, 이 행은 매우 적은 것이지만 그는 많은 돈과 재물을 얻었다.

비구들이여, 이 행하는 것이란 몸의 묘한 행을 행하고, 입과 뜻의 묘한 행을 행하는 것이다. 그는 몸의 묘한 행을 행하고, 입과 뜻의 묘한 행을 행하고서는, 그 인연 때문에 몸이 무너지고 목숨이 끝나면 다시 좋은 곳에 이르러 하늘위에 태어난다.

비구들이여, 이런 여러 행은 가장 사랑할 만한 것이요. 가장 즐거워할 만한 것이며, 마음으로 생각할 만한 것이다.

비구들이여, 그러면 이제 지혜로운 사람의 법을 갖추어 다 말해주지 않았는가?"

"그렇습니다. 세존이시여, 지혜로운 사람의 법을 다 갖추어 말씀해주셨습니다."

어리석음 버리고 지혜로 나아가도록 당부하심

세존께서 다시 말씀하셨다.

"이것을 어리석은 사람의 법과 지혜로운 사람의 법이라 한다.

너희들은 어리석은 사람의 법과 지혜로운 사람의 법을 알아야 한다. 어리석은 사람의 법과 지혜로운 사람의 법을 알고서는 어리석은 사람의 법은 버리고, 지혜로운 사람의 법을 취해야 한다.

너희들은 반드시 이와 같이 배워야 한다."

붓다께서 이렇게 말씀하시자, 여러 비구들은 붓다의 말씀을 듣고 기뻐하며 받들어 행하였다.

• 중아함 199 치혜지경 후반부

• 해설 •

욕계의 세계는 지옥·아귀·축생·수라·인간·하늘의 세계이다. 곧 한량없는 고통을 받는 지옥·아귀·축생의 세계가 있고, 괴로움과 즐거움이 뒤얽혀 있는 사람 세상이 있고, 즐거움과 복이 넘치는 하늘세계가 있다.

붓다는 먼저 끝없이 악행만을 짓고 지혜와 복 닦을 줄 모르는 뭇 사람들을 깨우치기 위해, 악을 지어 지옥과 축생에서 받는 고통의 세계를 보이시어 악을 끊고 착함을 행하도록 하신다.

그러나 붓다의 가르침의 핵심이 지옥과 같은 괴로움의 세계를 떠나 하늘세계의 즐거운 곳에 나도록 하는 데 있는 것인가.

붇다는 악한 행위로 악함의 과보 받음과 착함을 지어 착함의 과보 받음을 보여서, 오르고 내리는 업의 길을 떠나 오르고 내림이 없는 해탈의 길에 나아가도록 이끄시고 있는 것이다.

그 뜻을 살펴보자. 어리석은 자, 지혜로운 자는 정해진 실체가 아니고, 지옥의 괴로운 세계와 하늘의 즐거운 세계도 닫힌 모습의 세계가 아니다.

붇다는 가르친다. 어리석은 자는 미혹의 업이 그를 어리석은 자가 되게 하는 것이니, 나쁜 생각·나쁜 말·나쁜 짓이 사람을 어리석은 사람이 되게 하고, 어리석은 자의 어리석은 몸과 입과 뜻의 나쁜 행위가 괴로움의 세계를 불러온다.

그러므로 몸과 입과 뜻의 행위를 진리의 업으로 돌이키면 어리석은 자는 곧 어리석은 자가 아니고, 저 지옥 같은 고통의 세계 또한 그의 삶의 과보로 오지 않는다.

지혜로운 자 또한 스스로 지혜로운 자가 되는 것이 아니라 미혹이 사라진 착한 생각·착한 말·착한 짓이 그를 지혜로운 자가 되게 하고, 지혜로운 이의 지혜로운 행위가 즐거운 세계를 불러들인다.

이렇듯 어리석은 자·잘못된 행위·고통의 세계가 서로 규정하는 것이고, 지혜로운 자·묘하고 착한 행위·즐거움의 세계가 서로 일으키는 것이니, 고통의 세계는 그릇된 행위의 산물이자 그 토대이며, 즐거움의 세계는 착하고 묘한 행위의 산물이자 그 토대인 것이다.

이처럼 업을 지어 업의 과보 받음을 통해 여래는 짓는 자·행위·세계가 모두 공함을 보이고 있다. 그러므로 자아·행위·세계가 모두 있되 공함을 바로 본 자가 나[六根]와 세계[六境]의 있는 모습에 머묾 없이 넓고 큰 마음[廣大心]으로 나고 죽음을 벗어나 세간의 뭇 삶들을 자비로 보살필 수 있는 것이다. 또 나와 세계가 공하되 없지 않음을 바로 본 자가 고요함에도 머묾 없이 고통 속에 있는 저 세계를 선정과 지혜의 힘으로 장엄함이 없이 장엄해 즐거움의 땅으로 바꾸어갈 수 있는 것이다.

붇다는 지옥의 고통의 세계와 하늘의 기쁨의 세계가 있다[有]는 말씀을 통해 있음이 있음 아닌 있음임[非有之有]을 보이시고, 행위의 갚음이 반드시 온다는 결정론적인 언어를 통해 원인 결과의 정함[定]이 정함 없는 정함[不定之定]임을 보이시니, 뉘라서 크신 성인 여래의 비밀한 뜻을 알 수 있을 것인가.

다음 『천수경』(千手經) 가운데 나오는 보디사트바의 크나큰 원에, 중생의 업과 세계가 모두 공함을 가르치는 여래의 비밀한 뜻이 온전히 드러나 있다.

> 칼산지옥 내가 가면 칼산 절로 무너지고
> 화탕지옥 내가 가면 화탕 절로 마르며
> 모든 지옥 내가 가면 지옥 절로 없어지고
> 아귀 세계 내가 가면 아귀 절로 배부르며
> 수라 세계 내가 가면 악한 마음 조복되고
> 축생 세계 내가 가면 지혜 절로 얻어지이다.
>
> 我若向刀山 刀山自催折
> 我若向火湯 火湯自枯渴
> 我若向地獄 地獄自消滅
> 我若向餓鬼 餓鬼自飽滿
> 我若向修羅 惡心自調伏
> 我若向畜生 自得大智慧

이와 같은 여래의 가르침을 따라 중생의 나고 죽음의 업과 한량없는 세계가 공한 줄 아는 보디사트바는 나고 죽음의 바다에 함께 머물며 고통받는 중생에게 보디의 길 열어주니, 『화엄경』(「십주품」)은 이렇게 말한다.

> 시방 온갖 한량없는 모든 중생은
> 흘러 굴러 나고 사라지는 모습 따르니
> 한 생각에 모두 밝게 통달하려 하므로

보디사트바는 이로써 첫 마음을 내네.

十方一切諸衆生　隨其流轉生滅相
欲於一念皆明達　菩薩以此初發心

내가 짓는 몸과 말과 뜻의 업으로써
걸림 없이 시방 중생세계에 널리 가
삼세가 모두 공적함 깨쳐 알려 하므로
보디사트바는 이로써 첫 마음을 내네.

欲以身語及意業　普詣十方無所礙
了知三世皆空寂　菩薩以此初發心

보디사트바는 용맹하게 붇다의 도 구해
나고 죽음에 머물되 지쳐 물림 없이
중생 위해 보디의 행 찬탄하여서
중생이 보디 따라 행하도록 하여
이와 같이 나고 죽음 속의 중생이
뒤로 물러나 구름이 없게 하도다.

菩薩勇猛求佛道　住於生死不疲厭
爲彼稱歎使順行　如是令其無退轉

어리석은 무리들은 하늘의 목숨이 다하고 나면
다시 지옥 · 아귀 · 축생에 떨어지나니

이와 같이 내가 들었다.

한때 붇다께서는 슈라바스티 국 제타 숲 '외로운 이 돕는 장자의 동산'에 계셨다. 그때 세존께서 여러 비구들에게 말씀하셨다.

"사람 세상 사백 년은 투시타하늘의 하루 낮 하룻밤이다. 이와 같이 삼십 일을 한 달, 열두 달을 한 해로 하여, 투시타하늘의 목숨은 사천 년이다.

그런데 어리석고 들음 없는 범부들은 거기서 목숨 마치면 지옥 · 축생 · 아귀 가운데 난다.

그러나 많이 들은 거룩한 제자들은 거기서 목숨을 마치더라도 지옥 · 축생 · 아귀 가운데 나지 않는다."

붇다께서 이 경을 말씀하시자, 여러 비구들은 붇다의 말씀을 듣고 기뻐하며 받들어 행하였다.

화락하늘에 나도 다시 삼악도에 떨어짐을 말씀하심

이와 같이 내가 들었다.

한때 붇다께서는 슈라바스티 국 제타 숲 '외로운 이 돕는 장자의 동산'에 계셨다. 그때 세존께서 여러 비구들에게 말씀하셨다.

"사람 세상 팔백 년은 화락하늘[化樂天, Nirrvāṇa-ratayaḥ-devaḥ]의 하루 낮 하룻밤이다. 이와 같이 삼십 일을 한 달, 열두 달을 한 해로 하여, 화락하늘의 목숨은 팔천 년이다.

그런데 어리석고 들음 없는 범부들은 거기서 목숨 마치면 지옥·축생·아귀 가운데 난다.

그러나 많이 들은 거룩한 제자들은 거기서 목숨을 마치더라도 지옥·축생·아귀 가운데 나지 않는다."

붇다께서 이 경을 말씀하시자, 여러 비구들은 붇다의 말씀을 듣고 기뻐하며 받들어 행하였다.

타화자재하늘에 나도 지혜 없으면
다시 세 악한 길에 떨어짐을 말씀하심

이와 같이 내가 들었다.

한때 붇다께서는 슈라바스티 국 제타 숲 '외로운 이 돕는 장자의 동산'에 계셨다. 그때 세존께서 여러 비구들에게 말씀하셨다.

"사람 세상 사백 년은 타화자재하늘의 하루 낮 하룻밤이다. 이와 같이 삼십 일을 한 달, 열두 달을 한 해로 하여, 타화자재하늘의 목숨은 일만 육천 년이다.

그런데 어리석고 들음 없는 범부들은 거기서 목숨 마치면 지옥·축생·아귀 가운데 난다.

그러나 많이 들은 거룩한 제자들은 거기서 목숨을 마치더라도 지옥·축생·아귀 가운데 나지 않는다."

붇다께서 이 경을 말씀하시자, 여러 비구들은 붇다의 말씀을 듣고 기뻐하며 받들어 행하였다.

• 잡아함 861 도솔천경(兜率天經)·862 화락천경(化樂天經)·863 타화자재천경
　(他化自在天經)

여기 투시타하늘[兜術天] · 화락하늘[化樂天] · 타화자재하늘[他化自在天]은 욕계 여섯 하늘[欲界六天] 가운데 세 하늘이다.

비록 그 세계가 즐거움이 가득하고 누리는 목숨과 복이 인간세상의 복락을 뛰어넘는다 해도, 그 세계는 얻음이 있으므로 잃음이 있고 오름이 있으므로 내림이 있으며, 탐욕의 마음과 탐욕의 경계가 다하지 않는다.

어리석은 자가 그 하늘의 세계를 탐착하고 하늘의 복락을 맛들여 즐기면, 도리어 하늘의 복이 다할 때 낮은 곳 악한 길에 떨어지게 된다.

그러나 중생의 업행과 업행의 경계, 아는 마음[能緣心]과 아는바 하늘의 경계[所緣境]가 공한 줄 깨달으면 그는 다시 물러나 떨어짐이 없고, 실로 복덕을 받아 누림이 없이[不受福德] 모습 없고 다함없는 복덕으로 세간을 윤택케 하고 세간을 복되게 할 것이다.

하늘의 복락을 취하지 않고 지옥세계의 고통에도 물듦 없이 모습에서 모습 떠난 지혜로 세간 건지는 지혜의 삶을 대혜종고선사(大慧宗杲禪師)는 '세간 소리 살피는 보디사트바'[觀世音菩薩]의 찬탄을 통해 이렇게 보인다.

관세음의 묘한 지혜의 힘이여,
세간의 괴로움을 건져주시네.
백 가지 꽃 피어 불타듯 하나
돌아보면 모두 볼 수 없도다.

觀音妙智力　能救世間苦
百華開爛漫　覿見沒可覿

세 가지 착하지 않음의 뿌리를 돌이켜
착함에 나아가면

이와 같이 들었다.

한때 붇다께서는 슈라바스티 국 제타 숲 '외로운 이 돕는 장자의 동산'에 계셨다.

그때 세존께서 여러 비구들에게 말씀하셨다.

"여기 세 가지 착하지 않음의 뿌리[不善根]가 있다. 어떤 것이 그 세 가지인가? 탐욕의 착하지 않음의 뿌리·성냄의 착하지 않음의 뿌리·어리석음의 착하지 않음의 뿌리다.

만약 비구에게 이 세 가지 착하지 않음의 뿌리가 있으면 세 갈래 나쁜 세계에 떨어질 것이다.

어떤 것이 그 세 가지인가? 지옥·아귀·축생이다. 이와 같이 비구들이여, 만약 이 세 가지 착하지 않음의 뿌리가 있으면 곧 세 갈래 나쁜 세계가 있게 되는 것이다."

착함의 뿌리로 가는 좋은 곳을 보이심

"비구들이여, 알아야 한다. 여기 세 가지 착함의 뿌리[善根]가 있다. 어떤 것이 그 세 가지인가?

탐내지 않는 착함의 뿌리[不貪善根]·성내지 않는 착함의 뿌리[不恚善根]·어리석지 않은 착함의 뿌리[不癡善根]이다. 이것을 비구에게 세 가지 착함의 뿌리가 있다고 하는 것이다.

만약 이 세 가지 착함의 뿌리가 있으면 곧 두 가지 좋은 곳이 있게 되고, 니르바나는 세 번째가 된다.

어떤 것이 그 두 가지 세계인가? 사람과 하늘이 그것이다. 이것을 비구들이여, '세 가지 착함의 뿌리가 있으면 이 좋은 곳에 난다'고 하는 것이다.

그러므로 여러 비구들이여, 너희들은 이 세 가지 착하지 않음의 뿌리를 여의고, 세 가지 착함의 뿌리를 닦아야 한다.

이와 같이 여러 비구들이여, 반드시 이렇게 배워야 한다."

그때 여러 비구들은 붇다의 말씀을 듣고 기뻐하며 받들어 행하였다.

• 증일아함 23 지주품(地主品) 八

• 해설 •

다섯 쌓임의 가르침으로 보면 마음 아닌 물질의 경계가 없고 물질의 경계 아닌 마음만의 마음이 없다.

세 가지 착하지 않은 행위의 뿌리로 지옥·아귀·축생의 세계가 있고, 물들고 어두운 세계로 인해 때 묻어 깨끗하지 않은 마음이 있는 것이니, 마음도 공하고 세계도 공한 것이다.

그러나 공함은 다만 없음이 아니라 공함의 뜻이 연기를 이루니, 탐냄 없는 크나큰 마음·성냄 없는 자비의 마음·어리석음 없는 지혜의 마음이 다시 사람과 하늘의 좋은 곳을 성취해준다. 악함과 착함을 뛰어넘은 넓고 큰 마음·때 묻음 없는 청정의 마음·지혜의 마음이 니르바나의 삶을 이루고 중생의 물든 세간을 해탈의 법계[解脫法界]로 바꾸어주는 것이다.

그렇다면 온갖 있음이 공한 줄 알되 그 공함도 공하여 머물 것이 없는 줄 아는 자가, 바로 '세 가지 착함의 뿌리 닦되 착함마저 넘어서라'는 여래의 뜻을 잘 받아 행하는 여래의 제자라 할 것이다.

　속뜀을 끊지 않고 거룩함에 머묾 없이 선과 악이 굽이치는 중생업의 바다에서 해탈의 한맛에 나아가는 자유인의 삶은 어떠한가.

　옛 사람[保寧勇]의 노래를 들어보자.

　　가도 없고 끝도 없으니 헤아려 앎을 쉬라.
　　바닷물결 가고 오되 본래 스스로 태평하네.
　　맑고 흐리고 얕고 깊으며 쓰고 싱거움에
　　한 가지 맛은 아주 분명하도다.

　　　無邊無際休斟酌　潮去潮來本自平
　　　清濁淺深幷苦淡　一般滋味逈分明

대혜선사[大慧杲]는 이렇게 노래한다.

　　홀로 앉았는데 뉘 알기 허락하랴.
　　푸른 산은 지는 해를 마주했네.
　　꽃은 반드시 밤을 이어 피나니
　　새벽 바람 불기를 기다리지 말라.

　　　獨坐許誰知　青山對落暉
　　　花須連夜發　莫待曉風吹

온갖 지어감과 모습 취함 사라져야
세 가지 세계 벗어나리

이와 같이 내가 들었다.

한때 붇다께서 카우삼비 국 고실라라마 동산에 계셨다.

그때 고실라 장자가 존자 아난다가 있는 곳으로 찾아와 머리를 대 그 발에 절한 뒤에 한쪽에 물러나 앉아 존자 아난다에게 말했다.

"갖가지 세계라고 말씀하셨는데, 어떤 것을 갖가지 세계라고 합니까?"

존자 아난다가 고실라 장자에게 대답하였다.

"세 가지 벗어나는 세계[出界]를 말하오. 어떤 것이 그 세 가지 벗어나는 세계냐 하면, 다음과 같소.

욕계(欲界)에서 벗어나 이르는 색계(色界), 색계에서 벗어나 이르는 무색계(無色界), 온갖 지어감[思]과 모습 취함[想]이 사라진 세계[滅界], 이것을 세 가지 벗어나는 세계라고 하오."

삼계 벗어나면 니르바나임을 다시 노래로 보임

곧 게송을 말하였다.

> 욕계에서 벗어날 줄 알아
> 색계마저 뛰어넘으면
> 온갖 행은 고요하나니

바른 방편 힘써 닦으라.
온갖 애욕 끊어 없애면
온갖 행이 사라져 다하고
온갖 남음 있음 바로 알면
다시는 물든 존재의 세계에
굴러 되돌아오지 않으리.

    존자 아난다가 이 경을 말하자, 고실라 장자는 그 말을 따라 기뻐
하면서 절하고 떠나갔다.

  • 잡아함 463 삼계경(三界經)③

  • 해설 •

    범부는 연기된 모습의 세계가 실로 있다는 굳센 집착으로 탐욕의 불길을
일으키므로 욕계의 경계를 벗어나지 못한다. 그러다가 저 탐욕의 경계가 실
로 있는 것이 아니라고 알면 탐욕의 불길이 가라앉아 욕계를 떠나 색계에
이르니, 첫째의 벗어남이다.

    색계의 하늘에서는 비록 탐욕의 경계에 대한 집착이 가라앉았으나 나
[我]라는 존재의 집착이 남아 있으면 다시 보는바 경계의 모습이 없지 않아
서 물질의 장애가 있게 된다.

    보는 나와 보여지는 미묘한 물질이 있는 세계에서 나라는 존재의 집착을
떠나면, 색계를 벗어나 모습 없는 세계의 공적함에 이르게 되어 색계를 벗어
나 무색계에 이르니, 두 번째 벗어남이다.

    무색계의 공적함에 다시 머물 모습을 두면 집착한바 공함과 티끌수 모래
알 같은 거짓 있음의 세계가 다시 서로 걸림이 되어, 방편을 세워 인연 따를
수[方便隨緣] 없게 된다.

    다시 그 공함에 대한 집착마저 벗어나야 거짓 있음을 무너뜨리지 않고

[不壞假名] 끊어져 없는 공도 집착하지 않는[不着斷滅] 참된 고요함에 이를 것이니, 이것이 무색계를 벗어나 온갖 지어감이 사라진 니르바나의 세계에 들어감이다.

이때 니르바나의 세계는 있음의 집착과 공함의 집착 두 가지 분별이 모두 쉬어 그친[息二邊分別止] 고요함의 세계이다.

그러므로 다시 있음에 떨어지지 않되 있음을 있음 아닌 묘용으로 굴려내며, 다시 공적함에 머물지 않되 온갖 지어감 속에서 지음 없이 늘 고요하니, 이것이 곧 남음 없음이요 사라져 다한 벗어남의 세계인 것이다.

중생의 업의 힘 때문에 한량없는 세계가 벌여지지만, 참으로 세계의 공성을 통달해 벗어난 이는, 늘 깨끗하여 때 묻음 없는 니르바나의 세계를 떠나지 않는다.『화엄경』(「화장세계품」華藏世界品)은 다음과 같이 보인다.

중생의 업의 힘으로 말미암아
많고 많은 세계를 내게 되니
모든 국토 바람바퀴 의지해 있고
물바퀴에 의지해 머물러 있네.

由衆生業力 出生多刹土
依止於風輪 及以水輪住

세계의 법이 모두 이와 같아
갖가지로 보는 것이 같지 않지만
실로는 모든 세계 남이 없고
또한 다시 사라져 무너짐 없네.

世界法如是 種種見不同
而實無有生 亦復無滅壞

낱낱의 마음의 생각 가운데

한량없는 세계를 나타내지만
붇다의 위신의 힘 때문에
깨끗하여 때 없음을 모두 보도다.

一一心念中　出生無量刹
以佛威神力　悉見淨無垢

저 한량없는 세계의 모습 끝없는 물질의 차별이 마음인 모습인 줄 알아
세계가 본래 청정함을 보는 자는 다시 세계의 차별의 모습에 닫히고 물듦
없이 세계를 정토로 장엄할 수 있으니, 「여래현상품」(如來現相品)은 이렇
게 말한다.

온갖 세간의 참된 인도자께서는
낱낱의 티끌 속 한량없는 몸이
다시 갖가지로 장엄된 세계 나투어
한 생각에 나고 사라짐 널리 보게 하니
온갖 모습에 걸림 없는 뜻을 얻어
스스로의 삶을 장엄하신 분이네.

一一塵中無量身　復現種種莊嚴刹
一念沒生普令見　獲無礙意莊嚴者

온갖 모든 붇다의 모임 가운데서
빼어난 지혜의 보디사트바는
모임 속 온갖 붇다들과 같이 앉아
각기 법을 듣고 큰 기쁨을 내서
곳곳에서 닦아 행함 한량없는 겁이네.

一切諸佛衆會中　勝智菩薩僉然坐
各各聽法生歡喜　處處修行無量劫

온갖 세계 가는 티끌 수 같은데
늘 몸의 구름 나타내 가득 채워서
널리 중생 위하여 큰 빛을 놓아
중생 따라 각기 법의 비를 내리어
세계 중생 마음에 맞도록 하네.

一切刹土微塵數　常現身雲悉充滿
普爲衆生放大光　各雨法雨稱其心

경의 가르침과 같이 세계의 모습 있음과 모습 없음을 뛰어넘은 참사람의
지혜의 빛을, 옛 사람[冶父川] 또한 이렇게 노래한다.

모습 있음과 구함 있음 모두다 허망하고
모습 없고 봄이 없음 치우쳐 마름에 떨어지네.
우뚝하고 빽빽한데 어찌 일찍 틈 있으랴.
한 길의 차가운 빛 큰 허공에 빛나네.

有相有求俱是妄　無形無見墮偏枯
堂堂密密何曾間　一道寒光爍大虛

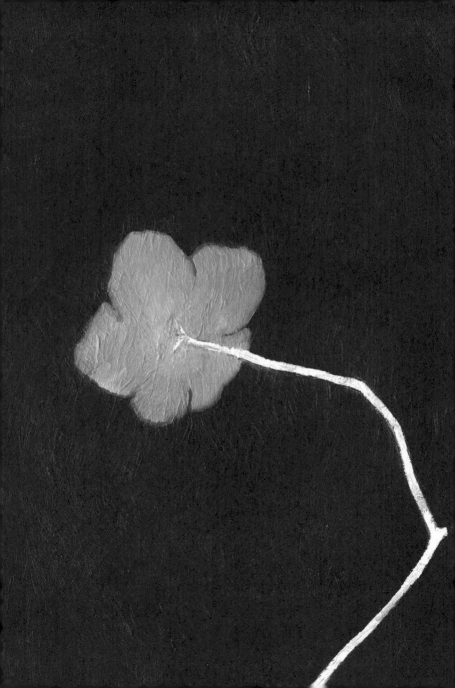

법보장 法寶章 6

세 가지 배움과 해탈의 실천

제4장

번뇌를 돌이켜 해탈을 실현하는 길
[圓成實相, 道諦]

"다섯 가지 막음[障]과 덮음[蓋]이 있어서,
마음에 번뇌를 일으키게 하고 지혜를 약하게 한다.
그것은 막고 걸리는 것으로, 밝음이 아니고
바른 깨달음이 아니어서 니르바나로 돌이켜 나아가지 못하게 한다.
어떤 것이 그 다섯 가지인가? 탐욕의 덮음 · 성냄의 덮음 ·
잠과 졸음의 덮음 · 들뜸과 뉘우침의 덮음 · 의심의 덮음을 말한다.
만약 일곱 갈래 깨달음의 법이라면,
가리지 않고 덮지 않아서 마음에 번뇌를 일으키지 않고
지혜를 더욱 늘려 키우며, 밝음이 되고 바른 깨달음이 되어
니르바나로 돌이켜 나아가게 한다.
어떤 것이 그 일곱 가지인가? 곧 생각의 깨달음 법 ·
법 가림의 깨달음 법 · 정진의 깨달음 법 · 쉼의 깨달음 법 ·
기쁨의 깨달음 법 · 선정의 깨달음 법 · 버림의 깨달음 법을 말한다."

연기법의 실상과 실상 그대로의 해탈의 삶

1. 해탈의 실천, 연기의 진리

붇다의 모든 가르침은 존재의 진실을 밝히고 부자유와 온갖 얽매임에 갇힌 중생을 자재와 해탈에 이르게 한다.

존재의 진실과 해탈이 이르지 못하게 하는 온갖 관념의 길[諸見]을 붇다는 '말할 것 없는 부질없는 법'[無記法]이라고 말씀하고, 그런 법으로 따지고 대드는 이들에게 답변하지 않으신다.

참된 말씀하는 이[眞語者, 實語者] 여래는 말할 것 없는 법을 말하지 않고 오직 말해야 할 것만을 말한다.

말해야 할 법은 중생의 고통의 원인과 결과를 밝히고 고통의 원인을 마쳐 다하는 해탈의 길을 보이고, 니르바나의 저 언덕을 말씀하는 것이다. 그것이 사제법(四諦法)이다.

사제법에 의하면 고통의 삶은 번뇌와 무명에 의해 일어나고 번뇌 또한 연기된 것이라 사라질 수 있다. 고통과 번뇌가 연기된 것이라 본래 공해 온갖 중생은 본래 진리의 땅에 서 있는 것이며, 고통의 현실을 돌이켜 해탈의 새로운 삶을 살 수 있는 것이다.

고통을 돌이켜 해탈을 실현함이란 사제의 법으로 보면 괴로움을 일으키는 집제(集諦)를 끊어 니르바나를 성취하는 실천, 곧 도제(道諦)를 행함이다.

아함경에서 도제는 네 곳 살핌[四念處], 여덟 가지 바른 삶의 길[八正道] 등 여러 실천법[道品]으로 제시되고, 여러 실천법들은 다시 계·정·혜(戒定慧)로 종합된다.

비록 해탈의 원인인 도제를 통해 니르바나가 이루어진다고 말하지만, 중생의 괴로움이 연기한 것이라 공하여 실로 끊어 없앨 것이 없다면, 도제의 실천이 실로 닦음이 아니고[非修] 니르바나의 구현이 실로 얻음이 아니다[非證].

연기법에서 원인은 원인의 결과가 결과로서 이루어졌을 때 결과에 대한 원인의 이름을 얻는다. 도제의 실천으로 니르바나가 구현된다고 말할 때도 니르바나의 결과가 결과로서 성취될 때 해탈의 실천이 니르바나의 원인의 이름을 얻는다.

번뇌 끊는 도제는 번뇌가 실로 있다고 해도 일어날 수 없고 번뇌가 실로 없다고 해도 일어날 수 없다. 그러므로 도제는 끊을 번뇌가 본래 니르바나되어 있는 곳[本涅槃, 本覺]에서 일어나 새로운 현실의 해탈[始覺]을 이룸 없이 이루는 행이다. 도제는 결국 중생의 고통이 공한 자기진실에서 일어나, 중생의 번뇌를 지혜로 돌이키고 번뇌를 해탈의 현실로 돌이키는 행으로 정의할 수 있다.

번뇌의 공성(空性)과 해탈의 길을 밝힌 사제법밖에 대승의 가르침이 없고 중국불교에서 여래선(如來禪)·조사선(祖師禪)의 행이 따로 없다.

사제법의 닦음 없고 얻음 없는 뜻을 『화엄경』은 '마음과 붇다와 중생, 이 세 가지 법이 차별이 없다'[心佛及衆生 是三無差別]고 가르치니, 화엄의 뜻을 다시 고찰해보자.

마음[心]은 아함에서 다섯 쌓임[五蘊]이라 말한 경험되는 현실법을 마음에 거두어서 보인 말이다. 곧 물질인 마음[名]과 마음인 물질[色]을 마음[心]으로 거두어보인 말이니, 인연으로 나는 모습[依他起相]이다.

중생[sattva, 衆生]은 마음의 물든 모습이니, 사제법에서 미혹[惑]과 업(業)에 얽매인 고통스런 삶[苦諦]이고, 유식불교(唯識佛敎)에서 말하는 '두루 번뇌에 집착된 모습'[遍計所執相]이다.

붇다[佛]는 마음의 실상이자 마음의 실상이 실현된 모습이니, 연기된 존재의 본래 원만히 이루어져 있는 진실의 모습[圓成實相]을 말한다.

마음[citta, 心]으로 표시된 세간법은 연기이므로 자기성품이 없는데, 자기성품이 없는 나와 내 것, 나와 너 가운데서 실로 있는 나와 내 것을 집착해서 얽매인 삶을 중생이라 이름한 것이다. 그러므로 중생은 실로 중생이 아니며 중생의 무명과 번뇌도 공한 것이다.

붇다(Buddha, 覺)는 연기의 진실이 실현된 모습이다. 그러므로 붇다는 중생의 자기해탈이고 속제(俗諦)의 자기진실의 실현일 뿐, 속제 밖의 진제(眞諦)가 아니다. 여래의 보디(bodhi)는 중생 번뇌의 있되 공한 참모습의 실현일 뿐 번뇌 끊고 새로 얻는 보디가 아니다.

중생의 번뇌와 고통의 공한 참모습이 '본래 니르바나되어 있는 삶의 바탕'[涅槃實際]이고, 그 니르바나의 진실한 모습이 생활 속에 실현된 모습을 붇다라 하므로 중생과 마음과 붇다는 차별이 없다.

'마음·붇다·중생이 차별 없다'는 화엄의 뜻으로 계·정·혜로 표현된 해탈의 실천을 살펴보자.

중생이 번뇌를 돌이켜 보디로 나아가는 행은 중생의 번뇌가 실로 있다고 해도 일어날 수 없고 실로 없다고 해도 일어날 수 없다. 또 해탈의 행이 실로 없다면 번뇌를 다하고 니르바나를 이룰 수 없고, 실로 있다면 실천의 원인이 다하고 해탈의 결과를 낼 수 없을 것이다.

니르바나의 과덕(果德)이 실로 있는 것이라면 니르바나는 실천주체의 해탈의 삶이 될 수 없을 것이고, 실로 없는 것이라면 니르바나는 중생의 고통과 번뇌의 공한 자기진실이 될 수 없을 것이고, 연기하는 속제의 실상이 될 수 없을 것이다.

이렇게 보면 서른일곱 갖가지 해탈의 실천, 계·정·혜 세 가지 배움[三學]의 법은 중생의 고통과 번뇌가 공하고 그 공함도 공한 곳에서 일어나는 지음 없는 행이고, 니르바나의 과덕은 실천행 너머의 결과가 아니라 지음 없되 지음 없음도 없는 행위 자체로 주어지는 것이다.

해탈의 인행(因行), 곧 사제법의 도제 없이 니르바나 멸제의 과덕이 이루어진다고 해도 안 되고, 해탈의 원인 너머에 니르바나의 결과가 있다고 해서도 안 된다.

사제법을 통해 원인과 결과의 차원에서 살폈던 실천[行]의 문제를, 다시 주체의 지혜[智]와 살피는바 진리[理]로 돌이켜 생각해보자.

아함경은 다섯 쌓임이 곧 중생의 존재라 가르친다. 다섯 쌓임으로 중생의 존재가 있으므로 그 존재가 공한 것[我空]이며, 다섯 쌓임의 모든 법 또한 연기된 것이라 그 법들[諸法]도 공한 것[法空]이다. 법에 실로 나라고 할 것이 없으므로 온갖 법은 찰나찰나 덧없으며, 덧없으므로 온갖 법은 또한 나 없는 것[法無我]이다.

다섯 쌓임의 이러한 공한 진실을 등지고 '나'[我]에서 '실로 있는 나'를 보고 덧없음[無常]에서 항상함[常]을 보므로 중생 아닌 중생이 중생의 고통스런 삶을 사는 것이다.

해탈의 출발은 삶의 실상에 믿음을 일으키고 해탈에 나아가려는 마음을 일으켜서, 다섯 쌓임의 진실을 다시 살펴 진실을 회복하는 것에서 비롯한다. 중생의 자기진실을 살피는 것[觀衆生]밖에 해탈의 길이 없다.

물든 다섯 쌓임으로서 중생이 다섯 쌓임을 돌이켜 살필 때 본래 니르바나되어 있는 다섯 쌓임의 실상[法性五蘊]이 살피는바 진리 [所觀理]이고, 비파사나(vipaśyanā)의 살핌은 지혜[能觀智]이다.

살피는 지혜는 살피는바 경계인 지혜이니, 살피는바 다섯 쌓임에 나 없고[無我] 덧없어[無常] 실로 얻을 것이 없고, 실로 살필 것이 없으면 지혜 또한 앎 없는 앎이 되고 하되 함이 없는 행이 된다.

마음을 일으켜 진리를 구하는 것이 아니라, 하고자 함[欲]의 방편으로 마음을 일으켜 지금 일으킨 그 마음이 아는 바[所知]로 인한 마음이라, 아는 바에 실로 알 것이 없음을 깨달으면 앎에도 앎이 없다. 앎에 앎 없음을 바로 보면 그것이 진실을 보는 지혜이다.

지혜가 진리를 비추지만, 진리가 살피는 마음을 지혜이게 하고, 다시 진리인 지혜는 해탈의 행으로 드러난다.

붇다의 세계관에서 진리를 구현하는 실천은 어떤 전제된 신적 절대성에 합일하거나 영적 내면성에 복귀하는 길이 아니다. 연기적 실천은 존재의 진실을 알고 존재의 진실 그대로 살아가는 것이니, 존재의 진실을 아는 것이 지혜[慧]이고, 진실 그대로 안정함이 선정[定]이고, 진실 그대로 살아가는 것이 계(戒)이다.

이 세 가지 행은 존재의 실상밖에 따로 있는 행이 아니니 세 가지 법은 셋이되 하나이다.

아는 마음[能緣心, 名]과 알려지는 것[所緣境, 色]으로 존재일반을 범주화하는 다섯 쌓임의 교설로 보면, 아는 마음은 알려지는 것으로 인해 마음이므로 마음이 공하고, 알려지는 것은 마음 밖에 홀로 있는 사물이 아니라 마음의 토대이자 마음인 사물이므로 알려지는 것도 공하다.

아는 마음과 알려지는 것에 얻을 것 없고 막힘없는 것이 선정이고, 아는 마음이 알되 앎이 없는 것이 지혜이며, 선정인 지혜가 앎 없되 앎 없음도 없고 함이 없되 함 없음도 없는 것이 해탈의 행이다.

진리를 살피는 지혜와 지혜의 바탕인 선정과, 선정과 지혜가 하나 된 계행은 보디사트바의 닦아감에서는 해탈의 원인인 계·정·혜 세 가지 배움이 되고, 여래의 성취된 보디와 니르바나(nirvāṇa)의 세계에서는 법신(法身)·반야(般若)·해탈(解脫)이 된다.

법신은 지혜가 비추는 진리이자 지혜와 행위의 바탕이니, 법신에서 일어난 지혜로 해탈의 행을 일으키되 해탈의 행이 다시 법신에 돌아가므로 진리[理]와 지혜[智]와 행(行)이 서로 다름없다.

옛 선사[唯勁禪師]는 이렇게 말한다.

지혜의 몸 법신을 따라 일어나고
행의 몸은 도로 지혜의 몸 잡아 나네.
지혜와 행 두 몸 융통해 둘 없어서
한 바탕에 돌아가 본래 평등하네.

智身由從法身起　行身還約智身生
智行二身融無二　還歸一體本來平

위 게송에서 지혜의 몸[智身]은 실상을 비추는 지혜이고, 법신은 지혜를 내는 진리의 바탕이다.

아함경의 다섯 쌓임의 가르침으로 보면 법신은 아는 마음[名]과 알려지는 경계[色]가 있되 공한 실상이다. 다섯 쌓임의 아는 마음은 경계를 따라 나는 마음이라, 그 마음은 알되 앎이 없으니 알되 앎 없는 이 마음이 지혜이다.

지혜가 실상을 비추지만 지혜는 법신의 고요함에서 일어나는 법신인 지혜이다. 지혜로 비추는 실상이 모습에 모습 없음[無相]이라 실상인 지혜는 앎에 앎 없는 지혜가 된다.

지혜가 앎에 앎 없되 앎 없음에 앎 없음도 없으므로, 실상인 지혜는 늘 하되 함이 없고[爲而無爲] 함이 없이 하는[無爲而爲] 해탈의 행이 되어 지혜와 행이 모두 법신의 고요함을 떠나지 않는다.

이 뜻을 유경선사의 게송은 지혜[智]와 행(行)이 융통해 한 바탕에 돌아간다고 말한다.

위 게송으로 다시 도제의 실천행을 살펴보자.

중생의 입장에서 해탈의 길은 계를 잘 지니고 어지러운 마음을 선정으로 다스리고 무명을 지혜로 다스려서 번뇌를 끊고 니르바나에 돌아간다고 말할 수 있다.

사제법에서 집제인 무명과 번뇌는, 모습에 모습 없는 실상[無相實相]을 등지고 모습에서 모습을 집착하여 일어난 것이므로 무명과 번뇌가 공한 것이다.

지혜는 모습에 물든 번뇌와 무명의 물든 앎을, 앎 없는 앎으로 돌이키는 행을 지혜라 이름하고, 연기하는 세간법이 원래 있되 고요한 실상에 부합되는 행을 선정이라 한다.

끊을바 번뇌와 무명이 실로 있는 것이 아니므로 번뇌 끊는 선정과 지혜 또한 실로 있는 법이 아니다. 곧 선정과 지혜가 중생의 자기실상에서 일어나 실상에 돌아가는 행이므로, 실로 선정과 지혜를 닦아서 번뇌를 끊고 닦아서 니르바나에 이른다고 해서는 안 된다.

계(戒) 또한 마찬가지다.

계는 그릇된 몸가짐을 거두어 악을 그치고[攝律儀], 주어진 상황 속에서 착한 법을 거두어 늘 착한 행을 지으며[攝善法], 나와 중생의 두 모습을 넘어서서 중생을 나의 삶에 거두는 행[攝衆生]을 말한다.

그러나 계 또한 본질적으로 사유하면 선정과 지혜가 하나된 행, 실상인 지혜 자체의 실천적 발현이니, 실로 계를 지니어 악을 끊는다고 말해서는 안 된다.

해탈의 실천과 실상의 관계를 대승경전에서 보이는 불성(佛性)의 세 가지 원인[三因]의 뜻으로 다시 살펴보자.

불성은 존재의 실상을 주체의 삶활동[心]을 잡아서 보인 뜻이니, 여기 내면 속에 있는 것이 아니고 절대적 실체가 아니다.

불성에 세 가지 원인의 뜻이 있다고 말하는 것은, 불성이 지혜와 행의 토대이되 지혜와 행으로 인해 발현됨을 보이기 위한 것이다.

세 가지란 진리의 바른 원인[正因], 바른 원인을 깨달아 아는 원인[了因], 깨닫도록 돕는 원인[緣因]의 세 가지다. 이것은 불성의 발현인 보디가 스스로 있는 진리의 세계가 아니라 세 가지 원인에 의해 성취됨을 말한다.

바른 원인의 불성[正因佛性]은 실상의 진리를 말하고, 바른 원인을 깨달아 아는 불성[了因佛性]은 실상을 비추는 지혜를 말하며, 깨달아 알게 돕는 불성[緣因佛性]은 번뇌를 돌이켜 실상에 돌아가게 하는 갖가지 방편의 행을 말한다.

진리 자체[正因]와 진리를 비추어 아는 지혜[了因]와 지혜를 도와 보디를 이루는 행[緣因]에 모두 불성의 이름이 붙는 것은, 세 가지 원인이 불성에서 일어나, 다시 불성을 드러내는 실천의 원인과 조건이 됨을 표현한 것이다. 깨치는 지혜를 요인(了因)이라 함은 바른 원인을 안다[了因]는 뜻이고, 깨닫게 하는 행을 연인(緣因)이라 함은 바른 원인[正因]을 깨쳐 아는 데 조건[緣]이 되는 행이라는 뜻이다.

계·정·혜 세 가지 배움으로 종합된 갖가지 실천법들은 불성의 뜻으로 보면, 불성에서 일어나 불성을 다시 깨달아 아는 지혜이며 깨닫게 하는 갖가지 실천행들이다. 그러므로 해탈의 과정은 실상을 비추는 지혜와 갖가지 해탈의 행이 불성을 밝히는 보디의 원인과 조건이 되어 다시 불성의 과덕을 이루어내는 실천적 과정이다.

원인과 조건으로 결과가 이루어짐은 원인과 조건과 결과가 모두 공함을 말하는 것이니, 불성의 과덕 곧 보디는 중생의 아는 마음이 알되 앎 없는 마음이 되고, 닦는 행이 닦음 없는 닦음이 되는 실천 그 자체로 주어진다.

『열반경』의 뜻으로 보면 바른 원인의 불성이 곧 '중도의 으뜸가는 공'[中道第一義空]이고, 바른 원인 깨치는 불성은 '실상을 비추는 지혜의 덕'[智德]이고, 바른 원인 깨닫도록 돕는 불성은 '번뇌를 끊는 덕'[斷德]이다.

이를 니르바나의 결과에서 보면 바른 원인[正因]은 법신이고, 바른 원인을 깨침[了因]은 반야이며, 바른 원인 깨닫도록 돕는 행[緣因]은 법신의 발현으로서 해탈이 된다.

니르바나와 보디를 얻도록 돕는 갖가지 실천행은 사제법의 도제인데, 닦아가는 보디사트바에게는 깨달음을 돕는 조건[緣因]이 된다. 그러나 법신의 진리처에서 보면 갖가지 도제의 실천법들은 법신인 지혜의 작용이고, 보디의 완성처에서 보면 해탈의 활동이 되는 것이다.

중생을 니르바나에 이끌기 위해 붇다가 가르치는 갖가지 실천법은 중생의 자기진실에서 일어나 불성의 공덕을 발현하는 행이 되는 것이니, 이 뜻을 천태선사(天台禪師)의 『금광명경현의』(金光明經玄義, 권6)는 다음과 같이 말한다.

어떤 것이 세 가지 불성인가.

붇다의 성품[佛性]에서 붇다란 깨달음을 이름한 것이고 성품이란 바뀌지 않음[不改]을 말한다. 바뀌지 않는다는 것은 항상함도 아니고 덧없음도 아님이다. 마치 흙 가운데 금의 곳간[金藏]과 같아 하늘마라[天魔]의 바깥길이 깨뜨릴 수 없는 것이니, 이것을 바른 원인의 불성[正因佛性]이라 말한다.

바른 원인 깨닫는 불성[了因佛性]이란 다음과 같다. 깨치는 지혜는 항상함도 아니고 덧없음도 아니어서 지혜가 진리와 서로 맞음[智與理相應]이다. 마치 사람이 금의 곳간을 잘 알면 이 지혜는 깨뜨리고 무너뜨릴 수 없는 것과 같으니, 이를 바른 원인 깨닫는 불성이라 한다.

바른 원인 깨닫도록 하는 불성[緣因佛性]이란 온갖 것이 항상함도 아니고 덧없음도 아니어서 공덕의 선근(善根)으로 깨치는 지혜를 도와 불성을 열어 드러내는 것이다. 이는 마치 풀의 더러움을 갈아 없애 금의 곳간을 꺼내는 것과 같으니, 이를 깨닫도록 하는 불성이라 한다.

불성의 세 가지 원인[三因]을 다시 십이연기(十二緣起)로 살펴보자. 십이연기의 법은 모두 연기이므로 공하여, 실로 남이 없고 사라짐이 없어서 십이연기가 진여의 진리[眞如實理]이다.

불성은 내면의 영적 실체이거나 초월적 절대성품이 아니라 십이 연기의 진여인 참모습이 곧 불성이며 법계이다.

십이연기의 여러 법들이 나되 남이 없음[生而無生]을 살피는 것 이 불성의 바른 원인을 깨치는 지혜[了因]이고, 지혜로 무명을 돌이 키는 갖가지 행은 지혜를 돕는 조건[緣因]이고 해탈의 행이다.

이런 뜻을 천태선사의 『마하지관』(摩訶止觀)은 이렇게 말한다.

만약 십이인연의 진여인 진리[十二緣眞如實相]를 모두 통해 살 피면, 이것이 바른 원인의 불성이고, 십이인연 살피는 지혜는 이 것이 바른 원인 깨치는 불성이며, 십이인연 살피는 마음이 여러 행을 갖추면 이것이 바른 원인 깨치도록 돕는 불성이다.

2. 영가선사의 풀이로 다시 살피는 계 · 정 · 혜 세 가지 배움

1) 영가선사 『선종집』에서 세 가지 배움의 뜻과 계의 실천

지혜를 성취한 보디사트바의 입장에서는 계(戒)란 진리인 지혜의 생활 속의 발현이고 선정인 지혜의 작용이다. 그러나 이제 처음 보 디의 마음을 내[初發心] 번뇌를 돌이켜 지혜에 나아가는 수행자는 계로써 생활의 업을 깨끗이 하고 그릇된 행을 그치지 않고는, 선정 이 이루어질 수 없고 선정이 아니면 지혜가 발현될 수 없다.

이 뜻을 더 깊이 살펴보면 계 · 정 · 혜 세 가지 배움은 중생의 번뇌 와 고통이 공한 곳에서 일어나 미혹을 반야로 돌이키고, 물든 업을 해탈의 행으로 돌이키며, 고통의 삶을 법신의 공덕의 몸으로 돌이키 는 행이다.

계 · 정 · 혜가 니르바나 세 덕의 원인이지만, 계 · 정 · 혜는 니르바나의 세 덕에서 연기하는 행이다.

방편문에서 보면, 계 · 정 · 혜 가운데서도 계로써 선정이 나고 선정으로 지혜가 난다고 말하지만, 계 · 정 · 혜가 법신의 진리땅에서 일어나는 것으로 보면 계행도 법신의 진리인 계행이고, 선정과 지혜도 법성인 반야에서 일어난 것이므로 계 · 정 · 혜에는 앞뒤가 없다.

곧 계는 선정과 지혜의 첫걸음이면서 선정과 지혜의 작용이 되는 것이다.

이런 계 · 정 · 혜 세 가지 배움의 뜻을 영가선사(永嘉禪師)의 『선종집』(禪宗集)을 통해 살펴보자.

영가선사의 『선종집』은 보통 『선종영가집』(禪宗永嘉集)으로 알려진 책이지만, 여기에서는 영가선사의 어록을 주석하면서 책 이름을 『영가선종집』(永嘉禪宗集)이라 부른 중국 명말 유계전등법사(幽溪傳燈法師)의 뜻에 따라 『선종집』이라 부르기로 한다.

『선종영가집』이란 '종파로 성립된 선종의 사람인 영가선사의 글모음'이라는 뜻이지만, 『영가선종집』은 '영가선사가 선의 종지를 보인 글'이라는 뜻을 담고 있다.

『선종집』은 선정을 사마타(śamatha, 止)라 하고, 지혜를 비파사나(vipaśyanā, 觀)라 하며, 선정과 지혜의 하나됨[定慧一體]을 우페크샤(upekṣā, 捨]라 한다.

『선종집』의 '사마타의 노래'[奢摩他頌]에서는 실천의 첫걸음으로서 계 · 정 · 혜를 다음과 같이 말한다.

　　수행자가 첫 바른 마음에 들어갈 때

세 가지를 반드시 두지 말아야 한다.
두지 말아야 할 첫째는 악한 행이니
세간 다섯 탐욕의 인연 생각함이요
두지 말아야 할 둘째는 착한 일이니
세간 여러 착한 일들 취해 생각함이며
두지 말아야 할 셋째는 어두움이니
착함과 악함을 가려 생각하지 않고
아득하고 어둡게 머물러 사는 것이다.

계 가운데는 세 가지를 갖춰야 한다.
첫째는 바른 몸가짐 거두는 계이니
온갖 악한 행을 끊어버림이요
둘째는 착한 법을 거두는 계이니
온갖 착한 일을 닦아 이룸이며
셋째는 유정을 요익케 하는 계이니
서원 세워 온갖 중생 널리 제도함이다.

선정 가운데는 세 가지를 알아야 한다.
첫째는 편안히 머무는 선정이니
묘한 성품 타고난 본래 그러함대로
본래 스스로 움직이지 않음이요
둘째는 이끌어 일으키는 선정이니
마음을 맑히고 고요하게 하여서
지혜의 빛 일으켜 밝음을 늘림이며

셋째는 일을 갖추어 이루는 선정이니
선정의 물이 맑게 고여 만상을 비춤이다.

지혜 가운데 세 가지를 알아야 한다.
첫째는 존재의 모습이 공한 지혜이니
다섯 쌓임이 내가 아니고
다섯 쌓임 속에 나 없는 것이
마치 거북털 토끼뿔과 같음을 앎이요
둘째는 존재를 내는 법이 공한 지혜이니
다섯 쌓임 등의 여러 법들이
조건을 빌려 실답지 않음이
거울 속 모습 물의 달과 같음을 앎이요
셋째는 공함도 공한 지혜이니
곧 경계와 지혜가 모두 공하되
이 공함 또한 공한 줄 앎이다.

　영가선사는 계의 뜻을 바른 몸가짐을 거둠[攝律儀], 착한 법 거둠
[攝善法], 중생 거둠[攝衆生]의 세 가지로 말하니, 악을 그치고 착함
을 행하며 중생을 요익되게 함이다.
　게송 가운데서 영가선사는 수행의 첫걸음과 첫마음에서 착함과
악함, 착함도 아니고 악함도 아닌 어두움을 모두 버려야 한다고 한
다. 이는 악한 일 저지름을 버려야 할 뿐 아니라, 착함과 악함의 실체
성에 갇혀 악을 끊고 착함을 행하는 것도 버려야 함을 말하는 것이
다. 다시 선과 악이 공하지만 선악이 공한 어두운 곳에 머묾까지 버

려야, 지음 없는 바른 계행과 바른 윤리적 실천행이 이루어짐을 보인 것이다. 곧 붇다의 계행의 가르침은 선악이 공한 줄 알되 공에 머묾 없이 악함을 끊음 없이 끊고 착함을 행함 없이 행하는 길임을 보인 것이다.

영가선사는 선정을 편안히 머무는 선정[安住定]·이끌어 일으키는 선정[引起定]·일을 갖추어 이루는 선정[辦事定], 이 셋으로 보인다. '편안히 머무는 선정'은 번뇌가 본래 고요한 본바탕에 편히 머묾을 말하고, '이끌어 일으키는 선정'은 지혜를 일으키는 선정이니, 닦아가는 이의 선정이다. '일을 갖추어 이루는 선정'이란 과덕에 이르른 선정이니, 선정이 지혜와 하나되어 바른 공덕의 행 이루는 선정이다. 세 가지 선정의 바탕은 하나이되 닦아감의 지위 따라 셋으로 분별한 것이다.

영가선사는 다시 지혜를 존재[人]가 공한 지혜, 법(法)이 공한 지혜, 공(空)도 공한 지혜로 말한다. 존재가 공한 지혜[人空慧]에서 존재가 공하다고 함[人空]은 온갖 존재(pudgala)가 다섯 쌓임 등 법으로 연기한 것이므로 공하여 다섯 쌓임 가운데 나 없음을 말하고, 법이 공함[法空]은 존재를 일으키는 법(dharma) 또한 조건을 빌려서 있는 것이라 실체 없음을 말한다.

존재와 법이 공함이란 존재와 법이 있되 있음 아님을 아는 것이다. 그러므로 지혜가 경계의 모습을 비추되 모습에 모습 없고 모습 없음도 없어서 취할 모습도 없고 취할 공의 모습도 없는 것이다.

이는 지혜가 경계를 비추되 실로 깨달아 알 바가 없음[無所了]을 말한다.

있음을 보되 있음이 없어 아는 지혜 또한 실로 있음을 벗어나고,

공함을 보되 공함이 없어서 아는 지혜 또한 공함을 벗어나면, 지혜
와 경계가 모두 있음과 없음을 벗어난다.

그 뜻을 게송은 지혜와 경계가 모두 공하되 공함도 공하다고 한
것이다.

이 구절은 진리인 지혜가 되고 지혜인 진리가 되어, 지혜[智]와 경
계[境]가 있되 있지 않아 동시에 부정되고[境智雙遮] 지혜와 경계
가 없되 없지 않아 동시에 긍정된[境智雙照] 중도의 모습을 말한 것
이다.

이와 같이 영가선사는 '사마타의 노래' 가운데서 계·정·혜 세
가지 배움의 기본 뜻을 말하고, 다시 계·정·혜의 뜻에 대해 계
(戒, śīla)란 '세 가지 업[三業]을 깨끗이 함'이고, 선정이란 사마타
(śamatha)이며, 지혜란 비파사나(vipaśyanā)라고 말하며, 선정과 지
혜가 둘이 없음을 우페크샤(upekṣā, 捨)라 말한다.

계에 대한 영가선사의 법문을 다시 살펴보자.

『선종집』은 먼저 '몸과 입과 뜻의 세 가지 업' 깨끗이 하는 계를
다음과 같이 말한다.

　　탐냄·성냄·삿된 견해는 뜻의 업[意業]이요, 거짓말·발림말·
　　두말·욕설은 입의 업[口業]이요, 산목숨 죽임·훔침·삿된 음행
　　은 몸의 업[身業]이다.
　　크나큰 도 구하려는 뜻을 세운 사람은 반드시 먼저 세 가지 업
　　을 깨끗이 닦아야 한다.
　　그런 뒤에라야 네 가지 몸가짐 가운데서 차츰 도에 들어가며,
　　나아가서는 여섯 아는 뿌리[六根]가 마주하는 것에 생각함[緣]을

따라 밝게 통달하여, 경계와 지혜가 모두 고요하여 묘한 뜻에 그 윽이 하나된다.

진리의 처소에서 보면 진리를 비추는 지혜의 행이 계가 된다. 그러나 수행자 입장에서 계를 말하면, 믿음을 내고 해탈의 행을 일으키려는 자는, 먼저 몸과 마음의 바른 율의(律儀)를 지키는 계로 업을 깨끗이 해야만 한다. 그래야 경계와 지혜가 함께 고요해져, 안정된 마음바탕에서 밝은 지혜가 나오고, 밝은 지혜를 따라 진여의 바다에 들어갈 수 있는 것이다.

첫 행을 일으키는 자에게는 계행이 실천의 첫걸음이 된다. 계를 통해 몸가짐을 바르게 함으로써 악을 그치고 어지러운 생활질서를 바로할 때 세 가지 업이 청정해져 경계를 향해 치달리는 마음이 쉬는 것이다.

다시 밖을 향해 불길처럼 치달리는 마음이 쉴 때 살피는 힘이 늘어나 저 경계에 취할바 모습 없음을 깨치게 되니, 그때 지혜는 진리인 지혜가 되고 지혜가 곧 선정인 지혜가 되는 것이다.

영가선사는 계·정·혜가 앞뒤가 없지만 실천과정에서 계가 첫걸음이 됨을 다음과 같이 보인다.

어떻게 몸의 업·입의 업·뜻의 업을 깨끗이 하는가.
(중략)
지혜로운 이는 법을 귀하게 여기고 몸을 낮게 여겨, 부지런히 지극한 도를 구해 형상의 목숨을 돌아보지 않으니, 이것을 몸의 업을 깨끗이 닦음이라 한다.

(중략)

또 지혜로운 이는 반드시 마음이 바름을 붙들어 진실한 말로 스스로 서며, 경을 외우고 붇다의 이름을 불러 말의 실상을 살펴 말에 두는 바가 없어서[言無所存] 말과 말 없음이 평등하니, 이것을 입의 업을 깨끗이 닦음이라 한다.

(중략)

또 지혜로운 이는 모든 법이 인연임을 바로 살펴 만 가지 미혹을 보내버리고 경계와 지혜를 같이 잊어[境智雙忘] 마음 근원이 깨끗해지니, 이것을 뜻의 업 깨끗이 닦음이라 한다.

이렇게 반드시 네 가지 몸가짐[四威儀]과 여섯 아는 뿌리[六根]의 마주함에 생각함[緣]을 따라 밝게 통달해야 하니, 도에 들어가는 차제가 그러한 것이다.

위에서 말한 바처럼 바른 계행으로 세 가지 업을 깨끗이 해 선정과 지혜를 발휘하지만, 계를 다만 선정과 지혜를 얻기 위한 방편으로 보아서는 안 된다. 계가 선정과 지혜의 첫걸음이지만, 계의 완성은 곧 진리인 지혜의 성취이며 선정과 지혜가 하나됨이니, 연기법의 실천에서 원인은, 늘 원인의 결과[因之果]와 서로 이루어주는 결과의 원인[果之因]이기 때문이다.

2) 『선종집』에서 선정과 지혜

영가선사가 말한 계의 뜻을 간략히 살펴보았는데, 『선종집』은 계가 선정과 지혜를 얻기 위한 첫바탕이 되고 보디를 향한 첫걸음이지만, 다시 계가 선정과 지혜의 발현이 됨을 말한다.

계를 떠난 선정·지혜가 없으므로 계·정·혜로 요약해 보인 붇다의 실천법은 선정과 지혜로 다시 요약해 보일 수 있다. 그렇다면 영가선사는 붇다가 가르치신 해탈의 실천 가운데 핵심이 되는 선정과 지혜에 대해서는 어떻게 말하고 있는가.

『선종집』 가운데 '사마타의 노래'·'비파사나의 노래'가 그에 대한 응답이니, 이제 그 게송을 살펴보기로 한다.

사마타를 보임

영가선사가 선정의 법을 보인 '사마타의 노래'는 다음과 같다.

꼭 맞게 마음을 쓸 때

꼭 맞되 마음씀이 없으니

마음 없이 꼭 맞게 쓰면

늘 쓰되 꼭 맞음이 없다.

恰恰用心時 恰恰無心用

無心恰恰用 常用恰恰無

대개 생각은 경계를 잊지 못하면

경계인 생각을 쉬지 못하고

경계는 생각을 쉬지 않으면

생각인 경계를 잊지 못한다.

티끌경계를 잊음은 생각을 쉬어야 잊고

생각이 쉼은 티끌경계를 잊어야 쉰다.

夫念非忘塵而不息 塵非息念而不忘

塵忘則息念而忘　念息則忘塵而息

티끌경계를 잊어서 생각을 쉼은
생각을 쉬되 쉬게 함이 없고
생각을 쉬어 경계를 잊음은
경계를 잊되 잊는 바가 없다.
경계 잊음에 잊는 바가 없으니
티끌경계를 보내버려 마주하지 않고
생각이 쉬는 것은 쉬게 함이 없으니
생각이 사라져서 앎이 아니다.
앎이 사라지고 마주함을 보내버리면
한결같이 그윽이 고요해 의지함 없으니
묘한 성품 타고난 그대로이다.

忘塵而息　息無能息　息念而忘　忘無所忘

忘無所忘　塵遣非對　息無能息　念滅非知

知滅對遣　一向冥寂　闃爾無寄　妙性天然

　사마타(śamatha)는 그침[止]으로 옮기니 이를 영가선사는 선정의 고요함으로 풀이한다. 어떻게 해야 번뇌의 흐름 쉬어 고요하게 되는가.

　게송에서 '꼭 맞게 마음을 쓸 때'란 눈이 빛깔을 보고 뜻이 법을 아는 것처럼 여섯 아는 뿌리[六根]가 여섯 객관 경계[六境]를 마주해 빛깔을 보고 소리를 들으며 법을 아는 것을 말한다.

　이때 보는 마음은 여기 있는 마음이 저 경계를 보는 것이 아니라 마음은 보여지는 경계에 의해 일어나는 마음이고, 경계는 마음밖에 닫힌 경계가 아니라 마음이 알 때 경계는 마음인 모습으로 주어진다. 경계는 마음인 경계라 있되 공하고 마음은 경계로 인한 마음이라 알되 앎이 없다. 마음이 경계를 알되 앎이 없으므로 게송은 그 뜻을 '마음이 경계에 꼭 맞되 마음씀이 없다'고 말한다.

알려지는바 경계가 있되 공하므로 경계인 마음은 알되 앎이 없지만, 알려지는바 경계가 공하되 있으므로 경계인 마음 또한 앎 없지만 앎 없음도 없다.

그러므로 경계를 알되 앎이 없이 알고, 늘 보고 듣되 봄이 없이 보고 들음 없이 들으면, 보고 듣는 경계에 실로 보는 것이 없고 듣는 것이 없으니, 그 뜻을 게송은 '마음 없이 쓰면 쓰되 꼭 맞음이 없다'고 노래한다.

위 사마타의 게송에서 마음 쉼은 억지로 번뇌를 끊어 쉼이 아니다. 게송은 마음이 경계인 마음이고 경계는 마음인 경계이므로 경계에 실로 알 것이 없음을 깨달을 때 경계를 아는 마음이 쉬게 되는 것을 가르친다.

마음은 경계인 마음이므로 경계가 공함을 알아 경계를 잊을 때 그 마음이 쉬고, 경계는 마음인 경계이므로 마음이 공한 마음인 줄 알아 생각에서 생각 떠날 때 티끌경계를 잊을 수 있는 것이다.

경계가 있되 있음 아니므로 경계를 잊되 잊는 바가 없으며, 마음이 마음 아니므로 생각을 쉬되 쉬게 함이 없다. 이렇게 마음에 마음 없고 모습에 모습 없음을 알아 생각을 쉬고 마주할 경계를 잊으면, 아는 자와 알려지는 경계가 함께 고요함[智境俱寂]이 된다.

그렇다면 어찌 선정(禪定)에 경계의 실상을 바로 보는 지혜 아닌 선정이 있겠는가.

선정은 지혜인 선정이고 사마타는 비파사나인 사마타인 것이다. 곧 사마타의 고요함은 비파사나의 비춤을 떠난 사마타가 없고, 비파사나는 사마타의 고요함 아닌 비파사나가 없는 것이다.

이제 사마타 없는 비파사나가 있을 수 없음을 영가선사의 말로 살펴보자.

비파사나를 보임

『선종집』은 사마타의 고요함 그대로의 비파사나를 다음과 같이 노래한다.

대개 경계는 지혜가 아니면 바로 알지 못하고

지혜는 경계가 아니면 생겨나지 않는다.

지혜가 나는 것은 경계를 알아야 나고

경계를 아는 것은 지혜가 나야 안다.

지혜가 나야 경계를 아니

경계를 알되 알 것이 없고

경계를 알아야 지혜가 나니

지혜가 나되 나게 함이 없다.

夫境非智而不了　智非境而不生

智生則了境而生　境了則智生而了

智生而了　了無所了　了境而生　生無能生

지혜가 나되 나게 함이 없으니

비록 지혜이되 있음 아니요
경계를 알되 알 것이 없으니
비록 경계이되 없음 아니다.
경계의 없음이 곧 없음 아니고
지혜의 있음이 곧 있음 아니니
있음과 없음 둘을 모두 비추면
묘한 깨침이 고요하도다.

生無能生　雖智而非有　了無所了　雖境而非無

無即不無　有即非有　有無雙照　妙悟蕭然

　비파사나(vipaśyanā)는 살핌[觀]으로 옮기니, 이를 영가선사는 지혜의 밝음으로 풀이한다. 지혜가 어떻게 되어야 밝게 경계를 알 수 있는가.

　지혜가 여기 있고 경계가 저기 있음이 아니라, 경계는 지혜인 경계이고 지혜는 경계인 지혜이다. 마음과 경계가 서로 의지해 있으므로 아는 마음에는 실로 앎이 없고 경계는 있되 공한 경계이니, 마음에 마음 없는 지혜가 아니면 경계의 진실을 알지 못하고, 경계의 모습이 모습 아닌 진실을 알지 못하면 지혜가 나지 않는다.

　아는바 경계가 있되 공하니 경계가 있되 있음 아님을 알아야 지혜라 이름하는 것이고, 아는 지혜가 알되 앎이 없으니 알되 앎이 없는 지혜가 나야 경계의 모습 아닌 진실이 드러난다.

　마음이 알되 앎 없음을 지혜라 하니 지혜는 나되 나게 함이 없고, 경계를 알되 알 것이 없음을 경계를 안다고 말하니 경계는 모습에 모습이 없다. 지혜는 알되 앎에 앎 없으니 있되 있음 아니고, 경계를 알되 알 것이 없으나 아는바 모습이 곧 모습 없음이니, 경계는 없되 없음이 아니다.

지혜와 경계가 모두 실로 있음이 아니므로 취하지 않고, 지혜와 경계가 모두 없음이 아니므로 버리지 않아야 한다.

눈이 빛깔을 볼 때 봄도 없고 봄 없음도 없으며 빛깔도 없고 빛깔 없음도 없으니, 지혜와 경계를 모두 취하지 않되 지혜와 경계를 모두 버리지 않음이 비파사나이다.

비파사나는 지혜와 경계의 있음과 없음을 모두 살리되[有無雙照] 있음과 없음을 모두 없애니[有無雙遮] 비파사나의 묘한 깨달음은 늘 고요한 것이다.

그렇다면 지혜와 경계를 모두 살리는[智境雙照] 비파사나의 밝음이 어찌 지혜와 경계가 모두 사라진[智境雙寂] 사마타의 고요함을 떠나, 따로 있는 밝음이겠는가.

비파사나는 늘 사마타인 비파사나이고, 지혜는 늘 선정인 지혜인 것이다.

3) 『선종집』에서 선정과 지혜의 하나됨

아는 지혜와 알려지는 경계가 모두 있되 있음 아니고 없되 없음 아니므로, 한결같이 고요함에만 머물면 그 사마타는 비파사나인 사마타가 되지 못하고, 한결같이 살펴 비춤에만 머물면 그 비파사나는 사마타인 비파사나가 되지 못한다.

우페크샤는 사마타와 비파사나가 평등함[捨]을 말하니, 우페크샤는 사마타의 고요하되 비춤[寂而照]과 비파사나의 비추되 고요함[照而寂]을 모두 막으므로 고요함도 아니고 비춤도 아니되[非寂非

照] 사마타의 고요함과 비파사나의 비춤을 모두 살린다.

영가선사가 『선종집』에서 보인 '우페크샤의 노래'[優畢叉頌]는
다음과 같다.

대개 선정과 어지러움이 가닥을 나누나
움직임과 고요함의 근원은 둘이 아니고
어리석음과 지혜가 길을 어긋나
밝음과 어두움의 바탕은 다르지 않네.

夫定亂分岐 動靜之源莫二
愚慧乖路 明闇之本非殊

뭇 헤매는 이들은 어두움을 따르고 밝음 등지며
고요함을 버리고 움직임을 구하지만
여러 깨친 이들은 움직임을 등지고 고요함 따르고
어두움을 버리고 밝음을 구한다.

群迷從暗而背明 捨靜以求動
眾悟背動而從靜 捨暗以求明

밝음이 나면 어리석음 돌이켜 지혜 이루고
고요함이 서면 어지러움 쉬고 선정 이루니
선정이 서는 것은 움직임을 등지기 때문이오.
지혜가 나는 것은 어두움을 버리기 때문이네.
어두움과 움직임은 번뇌의 울에 이어 묶이고
고요함과 밝음은 사물 밖으로 서로 달리네.

明生則轉愚成慧 靜立則息亂成定

定立由乎背動 慧生因乎捨暗

暗動連繫於煩籠 靜明相趨於物表

사물이 어리석게 하지 못함은

그 공이 지혜를 말미암고

번뇌가 어지럽게 하지 못함은

그 공이 선정을 말미암네.

선정과 지혜는 다시

고요함과 밝음을 서로 돕고

어리석음과 어지러움은

어두움과 움직임을 서로 얽매네.

움직이되 고요할 수 있는 자는

어지러움에 나아가 선정이고

어둡되 밝을 수 있는 자는

어리석음에 나아가 지혜이네.

物不能愚 功由於慧 煩不能亂 功由於定

定慧更資於靜明 愚亂相纏於暗動

動而能靜者 即亂而定也

暗而能明者 即愚而慧也

이와 같다면 어두움과 움직임의 바탕이 차별 없어

고요함과 밝음이 이로 말미암아 도에 합하고

어리석음과 어지러움의 근원이 다르지 않아

선정과 지혜가 여기에서 마루를 같이하네.

如是則暗動之本無差 靜明由茲合道

愚亂之源非異 定慧於是同宗

마루가 같음은 따짐이 없는 자비요

선정인 지혜는 고요하되 늘 비춤이니

고요하되 늘 비춤은 곧 둘을 다 줌이요

따짐 없는 자비는 곧 둘을 다 뺏음이네.

둘을 다 뺏으므로 우페크샤요

둘을 다 주므로 비파사나 사마타네.

宗同則無緣之慈 定慧則寂而常照

寂而常照則雙與 無緣之慈則雙奪

雙奪故優畢叉 雙與故毘婆奢摩

사마타이므로 비록 고요하되 늘 비추는 것이고

비파사나이므로 비록 비추되 늘 고요한 것이며

우페크샤이므로 비춤도 아니고 고요함도 아니네.

비추되 늘 고요하므로 속제를 말하되 곧 진제이고

고요하되 늘 비추므로 진제를 말하되 곧 속제이며

고요함이 아니고 비춤이 아니므로

비말라키르티는 바이샬리에서 입을 닫았네.

以奢摩他故 雖寂而常照 以毘婆舍那故 雖照而常寂

以優畢叉故 非照而非寂 照而常寂故說俗而即真

寂而常照故說真而即俗 非寂非照 故杜口於毘耶

영가선사는 위 우페크샤의 노래에서 먼저 선정과 어지러움, 움직임과 고요함이 둘이 아니지만, 사물의 실상을 깨치고 못 깨침에 따라 선정과 어지러움이 일어나고 밝음과 어두움이 일어남을 보인다.

그래서 우페크샤의 노래는, 사마타의 고요함을 세우는 것은 중생의 어지러움 때문에 세워지는 것이며, 비파사나의 밝음이 세워지는 것은 중생의 어두움 때문에 세워지는 것임을 먼저 밝힌다.

그러나 사마타로 어지러움을 쉬어 고요함을 얻고 비파사나로 어두움을 돌이켜 밝음을 얻으므로, 어지러움과 고요함 어두움과 밝음은 근원이 둘이 아닌 것이다.

중생이 보여지는바 모습이 실로 있는 모습인 줄 알고 모습 취하면 마음이 모습에 가리니, 고요함을 버리고 움직임을 구하는 것이고 밝음을 등지고 어두움을 따름이다.

모습이 모습 아님을 깨달아 마음이 모습에 가리지 않으면, 이는 여러 깨친 이들이 움직임을 버리고 고요함 따르며 어두움 버리고 밝음을 구하는 것이다.

중생은 모습에서 모습 떠나지 못해 번뇌의 울에 이어 묶이고 고요함과 밝음을 찾는 이들은 모습에 모습 없음을 깨달아 사물 밖으로 벗어나 달리게 되어 있다.

그러나 비록 움직임 버리고 고요함 따르며 어두움 버리고 밝음 따른다고 말하나, 모습이 곧 공해 모습 아니고 마음이 곧 공해 마음 아니니, 움직임과 고요함, 어두움과 밝음에 두 길이 있다 해서는 안 된다.

사마타가 다만 고요하기만 하면 그 사마타는 우페크샤인 사마타가 되지 못하고, 비파사나가 다만 밝기만 하면 비파사나는 우페크샤인 비파사나가 되지 못하니, 참으로 사마타 행하는 이는 어지러움에 나아가 선정이 되어야 하고, 참으로 비파사나 행하는 이는 어리석음에 나아가 지혜가 되어야 한다.

중생의 시끄러움은 원래 공한 시끄러움이다.

그러므로 사마타의 고요함은 시끄러움에서 시끄러움을 떠나고, 고요함에서 고요함에도 머물지 않는 고요함이다.

중생의 어리석음은 원래 공한 어리석음이다. 그러므로 비파사나의 밝게 비춤 또한 어리석음에 끊을 어리석음이 없음을 살피고, 지혜에 얻을 지혜의 모습 없음을 살피는 밝음이다.

어리석음과 지혜로움이 원래 공하므로 이를 '어두움과 밝음이 바탕에 차별 없다'고 말하고, 고요함과 움직임이 모두 공하므로 '고요함과 움직임이 근원을 같이한다'고 말한다.

사마타의 고요함 아닌 고요함은 고요하되 비추고, 비파사나의 비춤 아닌 비춤은 비추되 고요하다.

사마타는 비파사나인 사마타이고 비파사나는 사마타인 비파사나이니, 이 둘의 둘 아님을 우페크샤라 한다.

저 보여지는바 사물이 있되 공한 줄 알면 사물의 있음이 사마타의 고요함을 시끄럽게 하지 못하고, 다시 사물을 보는 마음이 마음 아닌 줄 알면 번뇌의 어두움이 비파사나의 밝음을 어리석게 하지 못한다.

사마타의 고요함이 고요함 아닌 고요함이므로 사마타가 비파사나의 밝음을 돕고, 비파사나의 밝음이 밝음 아닌 밝음이므로 비파사나가 사마타의 고요함을 돕는다.

그렇지 못하여 사물의 어지러움이 공한 줄 모르고 경계에 갇혀 그 마음이 어두우면, 어두운 마음이 경계의 시끄러움에 더욱 얽매이고 경계의 시끄러움이 그 마음을 더욱 어둡게 한다.

사마타이되 비파사나인 사람은 움직임 속에서 고요하고 어지러움 속에서 고요하며, 어두움 속에서 밝음이 나고 어리석음 속에서 지혜가 나니, 그에게는 선정밖에 지혜 없고 지혜밖에 선정이 없다.

사마타의 고요하되 비춤[寂而照]과 비파사나의 비추되 고요함[照而寂]이 둘 아님을 우페크샤라 하니, 우페크샤는 고요함도 아니고 비춤도 아니되[非寂非照] 고요하되 비춤과 비추되 고요함을 모두 살린다.

우페크샤의 고요함에 머물 고요함이 없고, 우페크샤의 밝게 비춤 또한 붙잡을 밝게 비춤이 없다. 그러므로 우페크샤의 선정과 지혜가 하나됨은 머묾 없는 해탈의 행[無住妙行]이 되고 따짐이 없는 자비[無緣慈悲]가 된다.

바이샬리 성에서 비말라키르티 거사[淨名居士]는 병으로 교화의 방편을 여니, 여러 보디사트바들이 찾아와 문병한다.

문병의 인연으로 거사는 여러 보디사트바들에게 '어떻게 보디사트바는 둘 아닌 법문[不二法門]에 들어갑니까'라고 묻는다.

둘이 아님은 진제와 속제가 둘 아님이고 말과 말 없음이 둘 아님이고 사마타와 비파사나가 둘 아님이니, 보디사트바들은 각기 좋아함을 따라 이 뜻을 말한다.

이에 '묘한 손 보디사트바'[妙手菩薩]는 말한다.

보디사트바의 마음과 성문의 마음이 둘이 되지만, 마음의 모습이 허깨비 변화와 같다고 살피면 보디사트바의 마음도 없고 성문의 마음도 없습니다. 이것이 둘이 아닌 법문[不二法門]에 들어감입니다.

또 '달처럼 높은 보디사트바'[月上菩薩]는 말한다.

어두움과 밝음이 둘이 되지만 어두움도 없고 밝음도 없으면 곧 둘이 없습니다. 왜냐하면 느낌과 모습 취함 없는 선정에 들면 어두움이 없고 밝음이 없고 온갖 밝은 모습 또한 이와 같기 때문입니다. 그 가운데 들어간 이라면 이것이 둘이 아닌 법문에 들어감입니다.

여러 보디사트바들이 둘이 아닌 법문을 말하고 나자, 만주쓰리 보디사트바(Mañjuśrī-bodhisattva, 文殊)에게 '어떤 것이 둘이 아닌 법문에 들어감인가'를 묻는다.
여기에 만주쓰리보디사트바는 이렇게 답한다.

내 뜻으로 보면 온갖 법에 말이 없고 말함이 없고 보임이 없고 실로 앎이 없어서 여러 묻고 답함을 떠나는 것이 둘이 아닌 법문에 들어감이오.

다시 만주쓰리보디사트바가 비말라키르티에게 '보디사트바의 둘이 아닌 법문에 들어감인가'를 물으니, 비말라키르티가 잠자코 말이 없었다[默言無言].
이와 같이 둘이 아닌 법문을 비말라키르티가 잠자코 말 없음을 보이니, 이 말 없음은 말 있음에 대한 말 없음이거나 모습 있음에 대한 모습 없음이 아니다. 거사는 입 다물어 말하지 않음으로 말과 말 없음, 사마타와 비파사나가 둘이 아님을 보인 것이다.

이에 만주쓰리가 찬탄해 말했다.

참 뛰어나고 뛰어나오. 나아가 문자가 아니고 말하지도 않아야 이것이 참으로 둘이 아닌 법문에 들어감이오.

비말라키르티의 말 없음은 비록 문자가 아니고 말 있음이 아니지만, 그 말 없음은 말함에도 머물지 않고 말 없음에도 머물지 않는 말 없음이다.

비말라키르티의 선정은 고요하되 늘 비추므로, 진제를 말하되 말 없음에도 머물지 않고 말함 없이 말한다. 비말라키르티의 지혜는 비추되 늘 고요하므로, 속제를 말하되 말 있음에 머물지 않고 말하되 말함이 없다.

비말라키르티가 바이샬리에서 입을 닫아[杜口] 말하지 않음은 말 없음에 떨어진 말하지 않음이 아니라, 고요함도 아니고 비춤도 아닌 우페크샤 가운데서, 말과 말 없음을 모두 막고 모두 살리는 말 없음이라 할 것이다.

그러므로 비말라키르티의 말 없음을 중생의 일상 말하고 듣는 생활밖에 따로 있는 높은 사람의 경계라고 말해서는 안 되니, 그 말 없음은 중생이 일상 대화하고 생활하는 삶의 진실일 뿐이다.

또한 앞에 말로 보인 여러 보디사트바들의 뜻이 틀리고 비말라키르티의 말 없음이 맞다 해서도 안 되니, 여러 보디사트바들은 각기 말을 일으켜 말과 말 없음이 둘이 아닌 법문을 보였고, 비말라키르티 거사는 말 없음으로 진제와 속제가 둘이 아닌 진실제를 보인 것이다.

이렇듯 진실제에 이미 속제와 진제가 둘이 없음이므로, 있음과 없음, 말과 말 없음이 분별되는 세속제를 떠나 진실제가 있는 것이 아니다.

그렇다면 저 건질바 중생에 중생의 모습을 보지 않는 자가 둘이 아닌 법문에 잘 들어간 보디사트바일 것이고, 일곱 붇다의 스승[七佛祖師]인 만주쓰리 보디사트바가 타고 온 금털사자[金毛師子]를 보되 보지 않는 자가 둘이 아닌 법문에 잘 들어간 자일 것이다.

설두중현선사(雪竇重顯禪師)는 비말라키르티의 '말 없음'에 대해 이렇게 노래[頌]한다.

안타깝다, 저 비말라키르티 늙은이
중생을 슬피 여겨 괜스레 걱정하네.
바이샬리에 병들어 누워 있으니
온몸이 아주 바짝 말라버렸네.
일곱 붇다 스승인 만주쓰리가 오니
한 방을 또 깨끗이 치워놓았네.
만주쓰리가 둘 아닌 법문 청해 물으니
그 당시에 곧바로 곤두박질쳐 넘어졌네.
곤두박질쳐 넘어지지 않음이여,
만주쓰리 금털사자 찾을 곳 없도다.

咄 這維摩老 悲生空懊惱
臥疾毗耶離 全身大枯槁

七佛祖師來 一室且頻掃

請問不二門 當時便靠倒

不靠倒 金毛師子無處討

3. 니르바나의 세 가지 덕과 계·정·혜의 세 가지 배움

1) 실천의 원인과 결과가 다름없고 계·정·혜가 서로 의지함을 보임

붇다의 가르침은 연기의 가르침이고, 해탈의 실천과 과덕 또한 연기로 이루어지는 인과의 뜻이다. 그런데 교설 속에서 해탈의 인행도 갖가지 법 갖가지 이름이 있고, 해탈의 과덕도 갖가지 법 갖가지 이름이 있으므로 배우는 이들에게 혼란이 있다.

사제법으로 보면 해탈의 행이란 집착과 번뇌 끊는 도제(道諦)의 행을 통해 니르바나의 멸제(滅諦)를 얻는 것이다. 이는 다시 계·정·혜 세 가지 배움의 실천으로 니르바나의 세 가지 덕을 얻는 것으로 달리 말할 수 있다.

니르바나의 세 덕과 계·정·혜 세 가지 배움을 먼저 원인과 결과가 서로 떠나지 않음의 측면에서 이야기해서, 연기법에서 원인과 결과가 상통함을 말하고 과덕 가운데 세 가지 덕과 인행 가운데 세 가지 배움이 서로 떨어지지 않음을 말해보기로 하자.

니르바나의 세 가지 덕은 법신·반야·해탈이고 사제법에서 니르바나의 진리[nirvāṇa-satya]는 멸제이다.

법신이 지혜가 비추는 진리의 실상을 말한다면, 반야는 법신에서 일어나는 진리인 지혜를 말한다. 해탈은 비추되 고요하고 고요하되 비추는 지혜가 막힘없는 행으로 드러남을 말한다.

막힘없는 해탈의 행은 짓되 지음 없는 행이니, 해탈의 행이 다시

고요하여 법신의 진리가 되는 것이다.

앞에서 『선종집』의 우페크샤의 노래를 통해 살핀 바처럼 선정과 지혜는 선정밖에 지혜가 없고 지혜밖에 선정이 없으며, 지혜는 진리인 지혜이다.

그러므로 닦아감의 원인에서 보면 계·정·혜의 실천으로 니르바나의 세 가지 덕이 성취되지만, 계·정·혜의 인행은 본래 갖춘 니르바나의 세 덕에서 일어나는 행이어야 한다. 곧 원인의 행이 결과를 온전히 드러내는 원인의 행이라면, 그 원인은 이미 결과를 안고 있는 원인이어야 한다.

보디사트바의 닦음이 중생의 번뇌가 본래 공해 니르바나되어 있는 곳에서 일어나는 닦음 없는 닦음이라면, 끊을 바 중생의 번뇌와 보디사트바의 닦아감이 니르바나의 세 덕을 떠나지 않는 것이다.

그러므로 붇다의 온전히 성취된 니르바나의 세 덕은 실로 얻음이 아니고, 니르바나에 나아가는 계·정·혜의 실천 또한 실로 닦음 있는 행이 아닌 것이다.

여래가 중생에게 가르치신 해탈의 행은 이처럼 본래 니르바나되어 있는 곳에서 니르바나에 나아가는 행이므로, 그 원인도 원만하고[因圓] 과덕도 원만한[果滿] 것이다.

고제의 괴로움의 삶과 집제의 괴로움 모아내는 원인이 모두 공하다면, 번뇌를 보디에 돌이키고 고통을 니르바나에 돌이키는 행에 어찌 실로 닦음이 있을 것이며, 니르바나의 세 덕이 어찌 번뇌를 끊고 새로 얻는 덕이겠는가.

니르바나의 세 덕을 번뇌 다한 여래의 경계에서 보면 여래의 법신과 보신과 화신에 다름 아니다.

여래의 과덕이란 중생과 세계의 진실을 깨쳐 그 실상을 온전히 실현함이니, 중생을 떠나 여래의 과덕이 없고 여래의 과덕을 떠나 보디사트바의 실천과 중생의 번뇌가 있는 것이 아니다.

곧 여래의 과덕과 중생의 번뇌의 땅과 보디사트바의 행이 그 바탕을 같이하니, 여래의 과덕인 법신·반야·해탈이 중생 번뇌를 떠나지 않고 보디사트바의 계·정·혜의 실천은 중생의 번뇌의 땅에서 일어나는 것이다.

니르바나는 계·정·혜의 실천으로 이룬 과덕이자 중생이 갖춘 본래의 진실이다. 니르바나의 세 덕을 다시 살펴보자.

세 덕은 하나인 법계[一法界]의 진실을 세 측면으로 나누어 보인 것이니, 니르바나의 세 덕에서 법신 없는 반야·해탈이 없고, 반야 없는 법신·해탈이 없으며, 해탈 없는 법신·반야가 없다.

그와 같이 중생의 실천이 바른 것이라면 선정 아닌 지혜와 계가 없고, 지혜 아닌 선정과 계가 없으며, 계 아닌 선정과 지혜가 없는 것이다.

사제(四諦)의 교설로 영가선사의 『선종집』 가운데 나오는 계·정·혜 세 가지 배움의 행을 다시 말해보자.

중생의 고제(苦諦)란 집제에서 일어난 것이니, 미혹에 의해 물든 업을 일으키고 물든 업에 의해 그 삶이 얽매이고 닫힌 것이 중생의 괴로움이다. 중생이란 말 자체가 고제를 나타낸다.

계·정·혜의 세 가지 배움은 무엇인가. 고제를 돌이켜 해탈의 삶을 이루는 실천이니, 괴로움을 끊는 길이 곧 도제이고 괴로움이 사라져 다한 것이 니르바나이다.

니르바나가 구현된 해탈된 삶을 붇다라 하고, 붇다의 세 가지 몸

[佛三身]이라 하며, 니르바나의 세 가지 덕[涅槃三德]이라 한다.

비록 중생의 괴로움을 끊고 니르바나의 세 덕을 얻는다 하지만, 중생의 고통과 번뇌가 본래 니르바나되어 있어 중생 속에 이미 니르바나의 덕이 갖춰져 있지 않으면 괴로움을 돌이켜 니르바나를 구현할 수 없는 것이다.

곧 중생의 미혹과 업과 고통이 본래 공하지 않다면 미혹과 업과 고통을 돌이켜 법신·반야·해탈에 나아갈 수 없는 것이다.

중생의 미혹과 업과 고통이 본래 공하되 그 공함도 공한 실상이 여래의 법신·보신·화신이고 법신·반야·해탈의 세 덕이다. 그러므로 미혹의 진실밖에 반야가 없고, 업의 진실밖에 해탈이 없으며, 고통스런 중생의 삶밖에 붇다의 법신이 없고 법계의 진리가 없다.

다시 중생의 고통을 돌이켜 해탈에 나아가는 계·정·혜 세 가지 배움의 실천은 중생 자신의 진실인 법신·반야·해탈에서 보면, 세 가지 배움의 실천은 또한 번뇌가 본래 공한 니르바나의 과덕의 땅에서 일어나는 행이므로 그 닦아 행함은 닦되 닦음 없는 실천이다.

이미 유명선사의 깨달음을 통해 살핀 바처럼 니르바나의 세 덕은 반야가 법신을 비추되 법신에서 반야가 나고, 법신인 반야가 해탈의 행으로 발현되며, 해탈의 행이 다시 법신의 고요함이 되는 것이다.

하나의 니르바나의 땅에 법신·반야·해탈이 있으므로, 법신 없는 반야·해탈이 없고, 반야 없는 법신·해탈이 없으며, 해탈 없는 법신·반야도 없는 것이다.

과덕으로서의 세 덕이 서로 떨어지지 않으므로 법신·반야·해탈에서 일어나 중생의 미혹과 업과 고통을 니르바나에 돌이키는 계·정·혜의 세 가지 배움에서도, 선정 없는 지혜와 계행이 없고, 지혜

없는 선정과 계행이 없으며, 계행 없는 선정과 지혜가 없다.

선정의 고요함은 있되 공한 존재의 진실에 부합된 실천이니, 니르바나의 법신의 덕이다. 선정 그대로의 지혜의 밝음은 공하되 있는 존재의 진실에 부합된 실천이니, 니르바나의 반야의 덕이다. 지혜 그대로의 계행은 덧없되 공하고 공하므로 덧없는 존재의 진실에 부합된 실천이니, 니르바나의 해탈의 덕이다.

이렇게 보면 중생의 미혹과 고통밖에 니르바나의 세 덕이 없고, 니르바나의 세 덕밖에 계·정·혜 세 가지 배움[三學]이 없으니, 계·정·혜 세 가지 배움은 미혹의 중생이 미혹의 진실인 반야의 덕을 다시 구현하는 행이고, 반야의 덕은 끝내 법신·해탈의 덕이 되는 것이다. 영가선사는 『선종집』에서 법신·반야·해탈의 하나됨으로 계·정·혜 세 가지 배움이 하나된 닦음 없는 닦음을 다음과 같이 보인다.

치우침 가운데 세 가지를 반드시 가려 버려야 한다.
첫째는 법신이 있으나 반야와 해탈이 없음이요
둘째는 반야가 있으나 해탈과 법신이 없음이며
셋째는 해탈이 있으나 법신과 반야가 없음이니
하나가 있고 둘이 없으므로 두렷하지 않고
두렷하지 않으므로 참성품이 아니다.

偏中三應須簡
一有法身無般若解脫 二有般若無解脫法身 三有解脫無法身般若
有一無二故不圓 不圓故非性

또 치우침 가운데 세 가지를 반드시 가려버려야 한다.

첫째는 법신과 반야가 있으나 해탈이 없음이요

둘째는 반야와 해탈이 있으나 법신이 없음이며

셋째는 해탈과 법신이 있으나 반야가 없음이니

둘이 있고 하나가 없으므로 두렷하지 않고

두렷하지 않으므로 참성품이 아니다.

又偏中三應須簡

一有法身般若無解脫 二有般若解脫無法身 三有解脫法身無般若

有二無一故不圓 不圓故非性

두렷함 가운데 세 가지를 반드시 갖추어야 한다.

두렷함 가운데 갖추어야 할 첫째는

법신이 어리석지 않으니 곧 반야이고

반야가 집착 없으니 곧 해탈이며

해탈이 고요하니 곧 법신인 것이다.

두렷함 가운데 갖추어야 할 둘째는

반야가 집착 없으니 곧 해탈이고

해탈이 고요하니 곧 법신이고

법신이 어리석지 않으니 곧 반야인 것이다.

두렷함 가운데 갖추어야 할 셋째는

해탈이 고요하니 법신이고

법신이 어리석지 않으니 반야이며

반야가 집착 없으니 해탈인 것이다.

圓中三應須具

一法身不癡即般若 般若無著即解脫 解脫寂滅即法身

二般若無著即解脫 解脫寂滅即法身 法身不癡即般若

三解脫寂滅即法身 法身不癡即般若 般若無著即解脫

　법신은 아는 자[六根]와 알려지는 것[六境], 앎[識] 자체가 하나
도 아니고 둘도 아니며 있음도 아니고 공함도 아닌 실상을 법신이라
하고 앎에서 앎을 떠날 때 반야라 한다.

　그러므로 법신이 고요하되 어두우면 법신이 아니니, 법신은 반야
인 법신이고 반야는 법신인 반야이다. 법신인 지혜는 밝되 고요하고
고요하되 밝으며, 있되 공하고 공하되 있으므로 함이 없는 행으로
주어지니, 머묾 없는 행이 되지 못한 반야는 반야가 아니다.

　반야의 막힘없음이 해탈의 행이나 해탈의 행 또한 하되 함이 없는
행이니, 해탈이 고요하여 다시 법신이 되지 않으면 참된 해탈이 아
니다.

　계 · 정 · 혜는 니르바나의 땅에서 일어나 중생의 고통의 삶을 법신
· 반야 · 해탈에 돌이키는 보디사트바의 행이니, 보디사트바의 지혜
와 선정은 법신인 반야 그대로의 선정과 지혜가 되어야 한다. 법신
의 고요함이 고요하되 비추므로 법신 그대로의 선정 또한 선정인 지
혜가 되어야 한다. 지혜는 막혀 있는 지혜가 아니라 알되 앎 없고 하
되 함 없는 지혜이므로, 지혜는 프라티목샤(prātimokṣa, 別解脫)의 행
이 되고, 상황상황 속에서 지을 바를 짓는 프라티목샤의 행은 다시
선정이 되고 지혜가 되어야 하는 것이다.

2) 지욱선사의 『종론』을 통해 계·정·혜를 다시 살핌

지금까지 긴 논의와 영가선사 『선종집』의 고찰을 통해 중생의 번뇌와 보디사트바의 계·정·혜의 실천, 여래의 니르바나의 과덕이 그 본원이 서로 다르지 않음을 살펴 보았다.

계·정·혜 세 가지 배움에 관한 이러한 논의를 지욱선사의 법문을 통해 다시 매듭지어보기로 한다.

계·정·혜의 실천행은 실상에서 일어나 해탈의 과덕에 이르므로 해탈의 바른 원인[正因]인 불성의 실상을 떠나지 않고 니르바나의 세 덕을 떠나지도 않는다.

또한 계와 선정, 지혜도 서로 떨어지지 않으니, 먼저 계·정·혜가 하나인 실상을 같이 바탕 삼음으로써 서로 다르지 않음을 보이는 『영봉종론』(靈峰宗論)의 법문을 읽어보자.

계·정·혜의 세 가지 배움은 붇다의 법 그 큰 벼리[大綱]이며, 괴로움을 벗어나는 긴요한 길[要徑]이다.

(중략)

계가 있으나 선정과 지혜가 없고, 선정이 있으나 계와 지혜가 없으며, 지혜가 있으나 계와 선정이 없으면 참된 계·정·혜가 아니다.

계가 있으나 선정과 지혜가 없으면 욕계하늘[欲天]에 떨어지고, 계와 선정이 있으나 지혜가 없으면 색계하늘·무색계하늘에 떨어진다. 선정이 있으나 계와 지혜가 없으면 흙과 나무, 쇠나 돌에 떨어지거나 또 허공에 흩어지고 녹아 가라앉게 된다.

선정과 지혜가 있으나 계가 없으면 삿된 마라 귀신에 떨어진다.

지혜가 있으나 계와 선정이 없으면 삼악도의 괴로움을 벗어나지 못한다.

어떤 이가 말한다.

"만약 그렇다면 옛 사람이 진리의 수레는 급하나 계가 느림을 취하는 것은 어디에 살게 되는가."

답한다.

"느린 것은 없지 않음을 말한 것이다. 호방한 사람이 진리의 수레에 급하나 계의 느림에 함께하면 악도에 떨어져서야 바야흐로 오르는 것이다. 이것이 어찌 진리의 수레와 계가 모두 급해 늘 붙다를 가까이해 물러섬이 없음과 같겠는가.

또 계를 인해 선정을 내고 선정을 인해 지혜를 발하는 것은 계를 급하게 해서 곧 진리를 급하게 하는 디딤돌이고 사다리이다.

만약 경교를 의지하되 이름과 이익의 근본을 위하고, 말귀 봄을 의탁해[托話頭] 면제받는 빼어난 명패[優免牌]를 삼으면 계 하나만 느리게 할 뿐 아니라 또 계를 없애버리니, 진리의 수레가 비록 그 형식[名]은 급하다 하나 그 내용[實]은 느린 것이다.

이는 아주 심하게 옛 사람의 핵심을 잘 가리는 마음[料揀之心]과 같지 않은 것이다.

여러 경론(經論)에서는 계와 진리의 수레인 선정·지혜를 네 구절로 가려보여, 계와 진리의 수레를 모두 빠르게 한다. 위『종론』의 법문처럼 어떤 이는 계를 느리게 하지만 선정·지혜·진리의 수레는 빠르다고 하나, 세 가지 배움의 바탕이 하나라 계가 느리면 곧 선정·지혜가 느리게 되는 것이다.

지욱선사는 『종론』에서, 계·정·혜가 하나인 실상의 바탕에서 일어남이라 '계가 진리의 수레가 되고 진리의 수레가 계가 됨'을 다음과 같은 문답으로 보인다.

묻는다

계(戒)와 진리의 수레[乘]의 느리고 급함을 네 구절로 가려보임[四句料揀]은 본래 경론에 나오는데, 마쳐 다함에서는 무엇으로 계를 삼고 무엇으로 진리의 수레를 삼습니까.

저 『대지도론』(大智度論)의 열 계[十戒]라면 곧 계가 진리의 수레가 되고, 『범망경』(梵網經)에서는 '잠깐 보디의 마음을 떠나면 가벼운 허물을 범하는 것이다'라고 하니, 이는 진리의 수레가 곧 계입니다.

또 네 가르침[四教]에 각기 계가 있고 진리의 수레가 있으니, 반드시 낱낱이 그 돌아감을 알고서 그런 뒤에 그 게으름과 빠름을 말하는 것이 어떠합니까.

답한다

진리의 수레와 계는 같이 한 성품을 의지하여 원래 다른 바탕이 아니다.

그러므로 깨닫게 함과 깨치는 지혜의 두 닦음[緣了二修] 또한 늘 서로 같은 것이니, 『범망경』과 『대지도론』에서 밝힌 것이 이것이다. 다만 중생이 미혹에 합함이 이미 오래라 사법과 진리의 두 장애에 가볍고 무거움이 있어 닦음의 때로 하여금 느림과 빠름을 나누게 한 것이다.

이것이 곧 성품에서 모든 업을 막는 것은 계가 되고 네 곳 살핌[四念處]의 살피는 지혜는 진리의 수레가 된 것이다.

그래서 장교(藏敎)와 통교(通敎)의 두 가르침에서 계는 일곱 대중의 몸가짐[七衆律儀]을 가리키고 진리의 수레는 나고 사라짐[生滅]과 남이 없음[無生]의 두 가지 살피는 지혜를 가리킨다.

각기 그 가르침에 나아가 스스로 사법의 장애는 무겁고 진리의 장애는 가벼움이 있어 살핌의 지혜를 닦을 수는 있지만 쉽게 성품 막는 허물[性遮]을 범하게 되니, 이를 진리의 수레는 빠르고 계는 느림[乘急戒緩]이라 이름한다.

또 스스로 진리의 장애는 무겁고 사법의 장애는 가벼움이 있어 계는 보살필 수 있지만 진리 살핌을 통달하지 못하니, 이를 계는 빠르고 진리의 수레는 느림[戒急乘緩]이라 말한다.

만약 사법과 진리 두 장애가 모두 가벼우면 곧 계와 진리의 수레가 함께 빠름[戒乘俱急]이 되고, 두 장애가 모두 무거우면 반드시 계와 진리의 수레가 같이 느림[戒乘俱緩]이 된다.

이것이 돌아감의 큰 가닥이다.

지금 이미 다 불성 있음을 듣고 또 계가 곧 온전한 성품이 일으킨바 '깨닫게 하는 불성'[緣因]이고, 진리의 수레가 온전한 성품이 일으킨바 '깨닫는 지혜의 불성'[了因]이며, 다시 온전한 닦음이 성품에 있음[全修在性]을 알면, 이것은 곧 계를 급하게 함이 진리의 수레를 급하게 함이고 진리의 수레를 급하게 함이 계를 급하게 함인 것이다.

그러니 어찌 세 가지 악한 길을 다시 거치어[再歷三途] 바야흐로 도 깨침을 얻을 것인가. 또 어찌 사람과 하늘의 길에 오래 막혀서[久滯人天] 진리의 바탕[眞際]에 돌아가지 못할 것인가.

위에서 살핀 바처럼 연기론의 세계관에서는 존재의 실상과 실천, 해탈의 원인과 과덕은 서로 떨어질 수 없다.

지욱선사는 중국 종파불교의 특성상 계·정·혜 세 가지 배움을 분리해 선(禪)·교(敎)·율(律)을 치우쳐 수행하면서 선사(禪師)·법사(法師)·율사(律師)가 그 돌아가는 곳마저 다름으로 생각하는 실천의 폐단을 제자 육정(六正)에게 보이는 글에서 다음과 같이 경책한다.

계(戒, śīla)는 붇다의 몸이고, 율(律, vinaya)은 붇다의 행, 선(禪, dhyāna)은 붇다의 마음, 교(敎, dharma)는 붇다의 말씀이다.

몸과 행이 있지만 마음과 말이 없으면 나무허수아비·꼭두각시일 뿐이다. 마음은 있고 몸과 말이 없으면 주인 없는 외로운 넋일 뿐이다.

말은 있고 몸과 마음이 없으면 바람의 울음소리 골짜기 메아리일 뿐이다. 또 몸과 마음이 있고 말이 없으면 갓난아기 어린아이일 뿐이다.

몸과 말이 있고 마음이 없으면 앵무새의 백 개의 혀일 뿐이다.

마음과 말이 있고 몸과 행이 없으면 낫기 힘든 병든 사람이 약을 남에게 팔아버림일 뿐이다.

이로 말미암아 살펴보면 선·교·율 삼종(三宗)을 과연 나눌 수 있겠는가.

그러나 스스로 행함[自行]에는 분명히 나눌 수 없지만, 남을 교화합[他他]에는 또 반드시 합할 것도 아니다.

카샤파는 일찍이 계 지님이 엄정하고 붇다의 법을 널리 통하지 않음이 아니지만 선(禪)으로 이름하고, 아난다는 일찍이 여섯 신통을 깊이 증득하고 묘한 계를 엄정하게 지니지 않음이 아니지만 교(敎)로 이름하며, 우팔리는 일찍이 붇다의 법을 널리 깨달아 알고 깊이 선정의 사유에 들어가지 않음이 아니지만 율(律)로 이름한다.

또 이쪽 땅의 율사로 다르마라크샤(Dharmarakṣa, 曇無讖) 등이 어찌 일찍이 선과 교를 갖추지 않았겠는가.

법사로 지자대사(智者大師) · 형계대사(荊溪大師) · 청량법사(淸凉法師) 등이 어찌 일찍이 선과 율을 갖추지 않았겠는가.

선사로 혜능(慧能) · 남악(南岳) · 백장(百丈) · 위산(潙山) 등이 어찌 일찍이 교와 율을 갖추지 않았겠는가.

끝세상 그 진실을 구하지 않고 그 이름을 구해 지식이 짧고 지혜가 어두우며 뜻이 작고 생각함이 가까운 이들은 이미 큰 보디의 씨앗이 없고, 또 진실하게 나고 죽음을 위하는 마음이 없어서 한 맛으로 물결을 따르고 이랑을 좇으니, 어찌 백 년의 살 꾀를 좇겠는가.

한 율사 · 법사 · 선사를 지어 이루면 어리석은 남녀 무리들의 절하고 공양함을 자랑삼아 떠들어대며 참으로 이 생을 뒤섞여 지내버릴 것이니, 어찌 다시 티끌 겁의 큰일을 다시 생각할 것인가.

그 근기가 점점 날카로운 이는 선 · 교 · 율의 겉껍질과 찌꺼기를 두루 싸서 망령되이 모아 크게 이룬다[集大成]고 말한다.

이는 선 · 교 · 율 세 가르침[三敎]의 모자가 되는 것이니, 도리어 한 법을 오롯이 해 오히려 작게 받아씀이 있는 것만 같지 못한 줄 아주 알지 못하는 것이다.

슬프다! 빠르고자 하나 이르지 못하고 작은 이익을 보아 큰일을 이루지 못하니, 사람들의 걱정거리가 사람들의 스승됨 좋아하는 데 있다.

눈앞의 이름 들림과 이로운 공양은 한 망아지가 벽 틈을 지나듯 빨리 흘러갈 뿐 아니라, 온 바탕을 내려놓고 깊이 벗어남의 길[岀要] 구하지도 못하니 사람을 속이는 것이 다만 스스로를 속임이 된 것이다.

나는 이런 꼴을 눈으로 차마 볼 수 없고 귀로 차마 들을 수 없어서, 오직 목숨 마치도록 깊은 산에서 정토(淨土)에 어서 나려 할 뿐이다.

육정(六正)은 수천 리를 찾아와서 선·교·율 세 가지 배움이 하나도 아니고 다름도 아닌 뜻 보여주길 구하니, 나고 죽음의 큰일을 이미 알았으면 나고 죽음이 아파할 것임을 확실히 해야 한다. 그리고 율사·법사·선사의 헛된 이름이 나고 죽음을 벗어나지 못하고 도리어 나고 죽음 늘려 키움을 확실히 해야 한다.

그리하여 이로 좇아 곧 반드시 머리를 파묻고 뜻을 괴롭게 해 세 법을 힘써 배워서 낱낱이 그 근원 바닥을 사무쳐서 다시 때의 바퀴자국[時轍] 덮지 말아야 할 것이로다.

지욱선사의 제자에 대한 위 경책을 어떻게 받아들여야 하는가. 선·교·율은 계·정·혜의 세 가지 배움이나, 세 가지 배움은 실상에 바탕을 두었으므로 셋이되 그 근원은 하나이다.

그러므로 선을 철저히 하면 교와 율이 철저해지지 않을 수 없고, 교를 철저히 하면 선과 율이 갖춰지지 않을 수 없으며, 율을 철저히 닦으면 선과 교가 따라오지 않을 수 없는 것이다.

그렇지 않고 선·교·율의 끝만 익히고서 모두 회통했다고 말하고, 선·교·율의 모자를 써서 자기를 높이는 것은 하나라도 깊이 공부해 나름대로 법의 이익 받아쓰는 것만 같지 못한 것이다.

선·교·율의 종지를 길이 통달치 못하고 겉만 익혀서 모두 통달한 종장이라 말하는 이는, 선·교·율의 뿌리에 이르지 못하고 잎과 가지에 앉아 있는 것이니 깊이 살필 일이다.

1 계·정·혜의 세 가지 배움과
다섯 가지 법의 몸

계·정·혜의 세 가지 배움을 니르바나에 이끄는 행으로 보면, 계·정·혜는 니르바나의 원인이 되고, 다섯 가지 법의 몸[五分法身]은 계·정·혜 실천의 과덕이 된다. 곧 계·정·혜·해탈·해탈지견의 법신은 도제(道諦)의 실천으로 성취한 니르바나의 과덕이 되지만, 원래 갖춘 니르바나의 과덕에서 해탈의 행이 일어난 것이므로 늘 원인과 결과는 서로 통한다.

다시 다섯 가지 법신 가운데서 원인과 결과를 나누어보면, 계·정·혜가 원인이 된다면 해탈과 해탈지견은 원인의 결과가 된다.

계·정·혜 안에서도 계로 인해 선정이 이루어지고 선정으로 지혜가 성취된다고 읽을 뿐 아니라, 지혜 아니면 선정이 없고 선정이 아니면 생활 속에서의 구체적 해탈의 행[別解脫, prātimokṣa]이 없다고 읽어야 하니, 원인과 결과는 동시적이다. 이런 관점으로 보면 계·정·혜·해탈·해탈지견은 모두 니르바나에 이끄는 실천행이자 니르바나의 과덕이 되고, 법신을 성취시키는 원인이자 법신의 과덕이며 법신의 발현으로 설명할 수 있다.

『비말라키르티수트라』(「방편품」)는 계·정·혜·해탈·해탈지견의 다섯 가지 법의 몸이 니르바나의 과덕이자 분다의 법신을 성취시키는 실천행이 됨을 이렇게 말한다.

분다의 몸[佛身]은 곧 법신이니 한량없는 공덕의 지혜를 좇아 나고, 계·정·혜·해탈·해탈지견을 좇아 나며, 큰 사랑·가엾이 여김·따라 기뻐함·평등함[慈悲喜捨]의 한량없는 마음을 좇아 나고, 보시·지계·인욕과 부드러움·부지런히 정진함·선정과 해탈의 사마디와 많이 들음과 지혜와 여러 파라미타를 좇아 나오.

방편을 좇아 나며 여섯 신통을 좇아 나고 세 밝음을 좇아 나며, 서른일곱 실천법[三十七道品]을 좇아 나고, 사마타와 비파사나를 좇아 나며, 열 가지 힘·네 두려움 없음·열여덟 함께하지 않는 법을 좇아 나고, 온갖 착하지 않은 법 끊음과 온갖 착한 법 모음을 좇아 나며, 진실을 좇아나고 방일하지 않음을 좇아 나오.

이와 같이 한량없이 청정한 법을 좇아 여래의 몸[如來身]을 내는 것이오.

1) 세 가지 배움 [三學]

세 가지 배움을 갖추면
기름 다해 불 꺼지듯 번뇌 다하리니

이와 같이 내가 들었다.

한때 붇다께서는 슈라바스티 국 제타 숲 '외로운 이 돕는 장자의 동산'에 계셨다.

그때 세존께서는 여러 비구들에게 말씀하셨다.

"세 가지 배움[三學]이 있다. 어떤 것이 그 세 가지인가?

더욱 위로 오르는 계의 배움[增上戒學]·더욱 위로 오르는 뜻의 배움[增上意學]·더욱 위로 오르는 지혜의 배움[增上慧學]이다."

그때 세존께서 곧 게송을 말씀하셨다.

세 가지 배움을 갖추는 것
이것이 비구의 바른 행이다.
더욱 위로 오르는 계와 뜻과 지혜
이 세 가지 법 부지런히 정진하라.

용맹스럽고 굳센 이 성에서
여러 아는 뿌리 늘 지켜 보살펴
낮과 같이 그 밤에도 이와 같고

밤과 같이 낮 또한 같게 하라.

앞과 같이 그 뒤도 이와 같고
뒤와 같이 앞 또한 이 같으며
위와 같이 그 아래도 이와 같고
아래 같이 위 또한 같게 하라.

이 같으면 한량없는 모든 사마디
온갖 모든 곳을 밝게 비추어
이것을 깨달음의 자취라 하니
으뜸가는 맑고 시원함 모아내네.

무명의 다툼을 버려 떠나고
그 마음이 잘 해탈하였으니
나는 세간을 바르게 깨친 이
지혜와 행을 모두 갖추었도다.

바른 생각 잊지 않고 머무르면
그 마음이 잘 해탈할 수 있어서
몸이 무너지고 목숨이 마치는 것은
등의 기름 다해 불이 꺼짐 같으리.

　붇다께서 이 경을 말씀하시자, 여러 비구들은 붇다의 말씀을 듣고
기뻐하며 받들어 행하였다.

　　• 잡아함 816 학경(學經)①

• 해설 •

계·정·혜 세 가지 배움 가운데 선정을 뜻의 배움[意學]이라고 한 것은 선정이 그냥 생각의 어지러움을 억지로 눌러 그치는 배움이 아니라, 뜻으로 살피는바 온갖 경계에 취할 모습이 없는 줄 깊이 알 때, 뜻의 어지러움을 쉬어 그칠 수 있기 때문이다.

밖의 도적을 막는 굳센 성(城)에서 여러 아는 뿌리 지켜 보살핌이 계를 배움[戒學]이라면, 아는 뿌리 보살펴 그 마음이 낮과 밤에 이와 같고, 앞과 뒤, 위와 아래가 다 이와 같음은 선정을 배움이다.

계의 성에서 아는 뿌리의 문[六根門]을 잘 보살펴 선정의 갖가지 방편을 닦으면, 한량없는 사마디가 온갖 곳을 밝게 비춤은 선정에서 지혜가 발휘됨이다.

계·정·혜 세 가지 배움이 갖춰지면 무명이 사라지고 마음이 해탈한다고 한 것은 계·정·혜의 배움으로 니르바나의 덕이 갖춰짐이다. 여래는 바로 니르바나의 덕을 온전히 실현한 분이니, 법신·반야·해탈의 덕이 갖춰지고 지혜와 행이 갖춰진 분[明行足]이다.

지혜는 세간의 참모습을 바로 깨칠 때 일어나고 지혜가 갖춰질 때 한량없는 자비의 행이 일어나는 것이니, 세간 깨침이 법신인 진리를 깨침이고 지혜와 행이 갖춰짐은 법신인 지혜와 지혜인 해탈의 작용이 갖춰짐이다.

붇다는 몸이 무너지고 목숨 마치는 것이 등의 기름 다해 불이 꺼짐 같다고 말씀하시니, 등의 불이 꺼지되 연(緣)으로 꺼진 것이라 실로 등불이 간 곳이 없음을 보이신 것이다. 등불이 꺼지되 가고 옴이 없는 것으로 마음 해탈한 이의 죽음에 실로 죽음 없음을 비유한 것이니, 지금 산 것이 저 등불처럼 인연으로 있음을 아는 이가 죽음에서 죽음 벗어남을 보이신 것이다.

프라티목샤의 배움 갖추면
지혜 · 선정 · 해탈 이루게 되니

이와 같이 내가 들었다.

한때 붇다께서는 슈라바스티 국 제타 숲 '외로운 이 돕는 장자의 동산'에 계셨다.

그때 세존께서 여러 비구들에게 말씀하셨다.

"두 가지 배움이 있다. 어떤 것이 그 두 가지인가?

곧 높은 몸가짐의 배움[上威儀學]과 높은 프라티목샤(prātimokṣa)의 배움이다."

몸가짐과 계의 배움으로 지혜 · 선정 · 해탈이
성취됨을 노래로 보이심

그때 세존께서 곧 게송을 말씀하셨다.

배우는 이가 계를 배울 때에
곧은 길대로 따라서 행하고
살핌을 오롯이 해 방편에 힘써
그 몸 스스로 잘 보살펴야 한다.

처음의 샘이 다한 지혜 얻으면
마쳐 다하여 앎이 없게 되나니

아는 것 없는 해탈을 얻게 되면
알고 봄을 이미 모두 건너게 되어
움직임 없는 해탈을 이루게 되어
모든 존재의 묶임 사라져 다하리.

그는 여러 아는 뿌리 모두 갖추어
모든 뿌리 고요하여 즐거웁나니
이 맨 뒤의 몸을 잘 지니어서
뭇 마라와 원수들을 꺾어 누르네.

붇다께서 이 경을 말씀하시자, 여러 비구들은 붇다의 말씀을 듣고
기뻐하며 받들어 행하였다.

• 잡아함 824 학경(學經) ①

• 해설 •

계는 실라(śīla)이니 계의 배움[戒學]은 여래의 삼장 가운데 주로 율장(律
藏, vinaya-piṭaka)의 가르침이다. 율장 가운데 낱낱 계의 조목을 프라티목
샤(prātimokṣa, 別解脫)라 한다.

여래가 제정하신 계는 먼저 여섯 아는 뿌리를 잘 보살펴 악을 그치고 착
함을 행하게 하므로 높은 몸가짐의 배움[上成儀學]이 되는 것이고, 낱낱 계
의 행을 구체적 상황 속에서 잘 지켜 선정과 지혜를 보살피면 차별된 상황
속에서 마음의 해탈이 이루어지므로 프라티목샤가 된다.

계로 인해 선정과 지혜가 나지만 선정과 지혜로 인해 해탈이 성취됨으로
계에 별해탈의 뜻이 있는 것이다.

경에서 해탈에 모습이 마쳐 다해 앎이 없다[究竟無知]고 한 것은, 보고

듣고 알되 아는 바[所知]에 실로 알 것이 없음을 바로 볼 때, 선정이 되고 지혜가 되어 알고 봄을 건너[知見已度] 움직임 없는 해탈[不動解脫] 이룸을 말한 것이다.

아는 바에 실로 알 것이 없고 아는 자[能知]가 공한 줄 알면, 경계와 아는 지혜가 모두 공하여[境智俱空] 앎에 앎이 없어서 보고 아는 가운데 알고 봄을 모두 건넌다[知見悉已度]. 앎에 앎이 없으면 사마타의 고요함이 되고, 사마타의 고요함일 때 앎 없이 알아 사마타인 비파사나가 늘 현전하니, 그의 삶이 어찌 고요하고 즐겁지 않겠는가.

『화엄경』(「광명각품」)은 선정과 지혜의 완성으로 온갖 존재를 건너 벗어나신 여래의 집착 없는 삶을 다음과 같이 말한다.

여래는 가장 자재하시사
세간 벗어나 의지함 없네.
온갖 공덕 모두 갖추시사
모든 존재 건너 벗어나셨네.

如來最自在 超世無所依
具一切功德 度脫於諸有

물듦 없고 집착하는 바 없고
모습 취함과 의지함 없으며
지혜의 바탕 헤아릴 수 없으니
여래의 공덕의 모습 보는 이는
그 누구나 모두 찬탄하도다.

無染無所著 無想無依止
體性不可量 見者咸稱歎

'무니' 또한 계와 사마디와 지혜로
저 언덕에 건넜으니

이와 같이 내가 들었다.

한때 붇다께서는 슈라바스티 국 제타 숲 '외로운 이 돕는 장자의 동산'에 계셨다.

그때 세존께서는 여러 비구들에게 말씀하셨다.

"계율의 배움은 복된 이익이 많고, 지혜에 머무르면 으뜸가는 해탈을 얻으며, 생각을 굳세게 하면 왕성하게 된다.

만약 비구가 계율의 배움으로 복된 이익을 얻고, 지혜로 으뜸가는 해탈을 얻으며, 굳센 생각으로 더욱 위로 오르게 되면, 세 가지의 배움을 만족하게 할 수 있다. 어떤 것이 셋인가. 더욱 위로 오르는 계율의 배움[增上戒學]·더욱 위로 오르는 뜻의 배움[增上意學]·더욱 위로 오르는 지혜의 배움[增上慧學]이다."

계 배움에 복과 이익 따름을 보이심

"여러 비구들이여, 어떤 것이 계를 배워 복된 이익[福利]이 따르는 것인가?

곧 큰 스승께서 여러 성문들을 위해 계를 제정하셨으니, 계는 상가를 거두고[攝僧] 지극하게 상가를 거두어, 믿지 않는 이는 믿게 하고, 믿는 이는 그 믿음을 더욱 늘어나게 하며, 악한 사람을 조복하고, 부끄러워할 줄 아는 사람은 즐겁게 머물 수 있게 한다.

그리고 현재의 법에서 샘이 있음[有漏]을 막아 보살펴, 미래세상에 바르게 번뇌 다스림[正對治]을 얻어, 범행(梵行)을 오래도록 머물게 하는 것이다.

큰 스승께서 이미 성문들을 위해 계를 제정하신 대로라면, 그것은 곧 상가를 거두고 지극하게 상가를 거두어, 믿지 않는 이는 믿게 하고, 믿는 이는 그 믿음을 더욱 늘어나게 하며, 악한 사람을 조복하고, 부끄러워할 줄 아는 사람은 즐겁게 머물 수 있게 하는 것이다.

그리고 현재의 법에서 샘이 있음을 막아 보살펴, 미래세상에 바르게 번뇌 다스림을 얻어, 범행을 오래도록 머물게 하는 것이다.

이와 같고 이와 같이 계를 배우는 사람은 굳센 계·항상한 계·늘 행하는 계·받아 지녀 배우는 계를 행하는 것이니, 이것을 비구가 계를 배워 얻는 복된 이익이라 한다.”

지혜가 높음이 됨을 보이심

“어떤 것이 지혜가 높음이 되는 것인가?

곧 큰 스승께서 여러 성문들을 위해 법을 설하시어 크게 슬피 여기고 가엾게 여기시며, 뜻으로써 이익되게 하심이니[義饒益], 편안히 위로하시고 안락하게 하시는 것을 말한다.

이와 같고 이와 같이 큰 스승께서 여러 성문들을 위해 법을 설하시어 크게 슬피 여기고 가엾게 여기시며, 뜻으로써 이익되게 하시고 안위해 안락케 하시는 것이다.

이와 같고 이와 같이 여래께서 설하신 이러저러한 법 이러저러한 곳에 대해 지혜로 살피면, 이것을 비구의 지혜가 높음이 된다고 하는 것이다.”

굳센 해탈과 선정으로 진리의 뜻이 더욱 높아짐을 보이심

"어떤 것이 해탈이 굳셈인가?

곧 큰 스승께서 여러 성문들을 위해 법을 설하시어 크게 슬피 여기고 가엾게 여기시며, 뜻으로써 이익되게 하심이니, 편안히 위로하시고 안락하게 하시는 것을 말한다.

이와 같고 이와 같이 이러저러한 법을 설하시니, 저 설한 법대로 이와 같이 하고 저 설한 곳대로 이와 같이 하면 해탈의 즐거움을 얻으니, 이것을 비구의 굳센 해탈이라고 이름한다.

어떤 것이 비구의 생각이 더욱 위로 오름[念增上]인가?

곧 계의 몸[戒身]을 아직 채우지 못한 사람은 마음을 오롯이 하고 생각을 매어 편히 머물고, 아직 살피지 못한 사람은 이러저러한 곳에 지혜로 생각을 매어[智慧繫念] 편안히 머물며, 이미 살핀 사람은 이러저러한 곳에 생각을 거듭하여 편안히 머문다[重念安住].

아직 법에 닿지 않은 사람[未觸法者]은 이러저러한 곳에서 해탈의 생각으로 편히 머물고, 이미 법에 닿은 사람[已觸法者]도 이러저러한 곳에서 해탈의 생각[解脫念]으로 편히 머무니, 이것을 비구의 바른 생각이 더욱 위로 오름이라고 하는 것이다."

계 · 정 · 혜 닦아 저 언덕 건너도록 게로써 당부하심

그때 세존께서 곧 게송을 말씀하셨다.

계율의 배움은 복된 이익 따르고
사유를 오롯이 해 사마디 닦으면
바른 지혜가 가장 높음이 되어서

현재의 생이 맨 뒤 끝이 되리라.

무니 또한 맨 뒤 끝의 몸을 지니고

마라를 항복해 저 언덕으로 건넜네.

붇다께서 이 경을 말씀하시자, 여러 비구들은 붇다의 말씀을 듣고 기뻐하며 받들어 행하였다.

• 잡아함 826 학경③

• 해설 •

여래가 제정하신 계를 잘 받아지니면 믿지 않는 자가 믿음을 내게 되고, 궁핍에 빠진 이들이 복된 이익을 얻는다. 그러나 계 지님만으로는 해탈에 나아가지 못하니, 여래가 니르바나의 뜻으로 중생을 요익케 하기 위해 자비로 설하신 법을 따라 지혜를 닦고 선정을 닦아야 굳센 해탈을 얻게 된다. 그러므로 경은 지혜가 가장 높음이 된다고 가르친다.

천태선사의 『마하지관』(摩訶止觀)과 『관심론』(觀心論) 등에서는 계를 배움과 여래가 가르친 진리의 수레를 의거해 지혜 배움을 네 구절[戒乘四句]로 경책하고 있다.

여기서 계(戒)는 여래가 제정하신 금한 계[禁戒]이고, 수레[乘]는 여러 가르침의 수레[敎乘]를 나타낸다.

첫째 계는 느슨하고 진리의 수레는 급함[戒緩乘急]이니, 계율은 잘 지키지 않지만 교법에 의거해 지혜를 여는 데만 마음쓰는 것을 말한다.

둘째 계는 급하고 진리의 수레는 느슨함[戒急乘緩]이니, 계 지키는 데는 열심이면서 지혜 배움에는 소홀히 함을 말한다.

셋째 계와 진리의 수레가 모두 급함[戒乘俱急]이니, 계 지킴과 지혜 배움에 모두 열심히 함이다.

넷째 계와 진리의 수레 모두 느슨함[戒乘俱緩]이니, 계 지킴과 지혜 배움에 모두 게으름이다.

계를 지니면 하늘과 사람의 몸을 얻지만, 법을 들어 지혜를 잘 행해야 보리의 성취가 있는 것이니, 계와 지혜에 모두 급한 이가 잘 행하는 이다.

천태선사의 『마하지관』은 지키고 깨뜨림이 있는 '모습의 계'[有相戒]만을 닦아서는 해탈할 수 없음을 이렇게 말한다.

지킴이 있고 깨뜨림이 있는 사법의 계[事戒] 세 가지를 계라고 이름한다. 이 모습 있는 계만으로는 샘이 있어서 지혜를 움직이지 못하고 번뇌를 벗어나지 못한다.

실로 지키고 깨뜨림이 없는 진리의 계[理戒] 세 가지를 진리의 수레라 이름한다. 진리의 수레는 샘이 없으니 지혜를 움직일 수 있고 번뇌를 벗어날 수 있다.

천태선사의 『관심론』 첫머리에는 계와 진리의 수레에 모두 게으른 뒷세상 수행자들을 이렇게 경책한다.

큰 스승께서 니르바나 드시려 함에
자애로운 어버이 자식에게 남기듯
우리에게 남긴 당부 있으셨으니
네 곳 살핌으로 도를 닦으며
늘 프라티목샤 의지해 머물라 했네.
우리들은 붇다의 자식이 못 돼
이 남기신 당부를 생각하지 않고
실천의 수레 느리어 안에 도 없고
계가 느리어 삼악도 두려워하네.

大師將涅槃　慈父有遺屬
四念處修道　常依木叉住

我等非佛子　不念此遺屬
乘緩內無道　戒緩懼三途

마음 살핌 묻지 않음을 말미암아
남들의 믿음 점점 얇도록 하니
검은 거위가 말하지 않으면
어찌 흰 거위의 은혜 갚을 것인가.
다만 밭이 좋지 않을 뿐만 아니라
평등한 씨앗이 없기 때문이니
법의 비가 만약 내리지 않으면
법의 씨앗 반드시 타서 없어지리라.

由不問觀心　令他信漸薄
烏鴉不施道　豈報白鴉恩
非但田不良　無平等種子
法雨若不降　法種必燋枯

각기 오는 세상 보디의 식량 없어서
세 가지 이익 잃고 괴롭게 되어
큰 법이 장차 무너지려 하니
슬프다, 이런 일을 바라봄이여
이와 같은 인연이 있기 때문에
반드시 관심론을 짓게 되었네.

各無來世糧　失三利致苦
大法將欲頹　哀哉見此事
爲是因緣故　須造觀心論

천태선사가 말한 마음 살핌[觀心]은 바로 선정과 지혜의 법이다. 천태선사는 계와 마음 살피는 법이 여래가 남기신 마지막 당부임을 보이어, 계에 게으르고 선정과 지혜의 실천에 게으른 이들을 경책하고 있다.

또 천태선사는 도의 법은 물음으로 인해 나는 것이고 물어서 바른 길을 갈 때만 길을 보이신 크신 스승의 은혜를 갚을 수 있음을 말한다.

이는 마치 거위왕을 따르는 검은 거위들이 거위왕의 공덕과 도를 말하지 않으면 흰 거위왕의 은혜 갚을 수 없는 것과 같다.

그러므로 여래가 제정하신 계를 지키고 마음 살핌의 법을 물어 그 법을 잘 행할 때 세간 중생의 마음밭에 법의 비[法雨]가 내려 법의 씨앗[法種]이 타지 않고 자라나 보디의 싹을 이룰 것이다.

2) 다섯 가지 법의 몸[五分法身]

공경히 머물러 다섯 가지 법의 몸 갖추어야 하나니

이와 같이 내가 들었다.

한때 붇다께서는 슈라바스티 국 제타 숲 '외로운 이 돕는 장자의 동산'에 계셨다. 그때 붇다께서 여러 비구들에게 말씀하셨다.

"공경히 머물러야 하고 늘 마음을 잡아매[繫心] 늘 두려워하고 삼가야 한다. 다른 사람의 자재하게 여러 범행 닦음을 따라, 위와 가운데와 아랫자리를 가려서 앉아라.

왜 그런가. 만약 어떤 비구가 공경히 머무르지 않고 마음을 잡아매지 않으며 두려워해 삼가지 않고, 다른 사람의 자재하게 여러 범행 닦음을 따라 위와 가운데와 아랫자리를 가려서 앉지 않고서, 바른 몸가짐[威儀]이 갖춰지도록 하려면 그럴 수가 없기 때문이다.

몸가짐을 갖추지 않고 법을 배워 원만하게 하려면 그럴 수 없는 것이다.

법을 배워 원만해지지 않았는데 계율의 몸[戒身]과 선정의 몸[定身]·지혜의 몸[慧身]·해탈의 몸[解脫身]·해탈지견의 몸[解脫知見身]을 갖추려고 하면 그럴 수 없는 것이다.

해탈지견이 원만하게 갖추어지지 않았는데, 남음 없는 니르바나를 얻으려고 하면 그럴 수 없는 것이다."

바른 몸가짐으로 공경히 머물러 다섯 가지 몸 갖추도록 당부하심

"이와 같이 비구들이여, 반드시 힘써 공경하고 마음을 잡아매며 두려워하고 삼가야 한다. 그리하여 다른 사람의 자재하게 여러 범행 닦음을 따라 위와 가운데와 아랫자리를 가려서 앉으면서, 바른 몸가짐을 갖추려고 한다면 이것은 그럴 수 있는 것이다.

몸가짐을 갖춘 뒤에 법을 배워 갖추려고 하면 이것은 그럴 수 있는 것이며, 법을 배워서 갖춘 뒤에 계율의 몸·선정의 몸·지혜의 몸·해탈의 몸·해탈지견의 몸을 갖추려고 하면, 이것도 그럴 수 있는 것이다.

해탈지견의 몸을 갖춘 뒤에 남음 없는 니르바나를 얻는다고 하면 이것은 그럴 수 있는 것이다.

그러므로 비구들이여, 반드시 힘써 공경하고 마음을 잡아매, 두려워하고 삼가며, 다른 사람의 자재하게 여러 범행 닦음을 따라 위와 가운데와 아랫자리를 가려서 앉고, 몸가짐을 갖추어야 하며, 몸가짐을 갖춘 뒤에 법을 배워 갖추어야 한다.

법을 배워서 갖춘 뒤에 계율의 몸·선정의 몸·지혜의 몸·해탈의 몸·해탈지견의 몸을 갖추어야 한다. 해탈지견의 몸을 갖추게 되면 남음 없는 니르바나를 얻게 되는 것이다.

비구들이여, 반드시 이와 같이 배워야 한다."

붇다께서 이 경을 말씀하시자, 여러 비구들은 붇다의 말씀을 듣고 기뻐하며 받들어 행하였다.

• 잡아함 1242 공경경(恭敬經)

여래의 법을 존중하고 상가의 대중을 공경하여 늘 공경하는 마음으로 상가와 세간 속에 잘 머무는 생활, 차례를 지키는 마음, 늘 두려워하는 마음은 무엇인가.

몸과 말과 뜻을 경계해 넘치지 않도록 보살핌이다.

마음을 잡아매라 하심[繫心]은 하나의 경계[一境]에 머무는 것이니, 뜻을 하나되게 해 지혜에로 나아감이다.

이는 계·정·혜 세 가지 배움의 방편에 부지런히 힘쓰는 생활을 보인다.

방편에 힘쓰는 것만으로는 아직 계·정·혜의 몸 이루어 해탈과 해탈지견을 갖출 수 없다.

마음을 한 경계에 잡아매, 경계에 경계가 없고 마음에 마음 없음을 알 때 계·정·혜의 방편은 계·정·혜의 몸[戒定慧身]이 된다.

붇다를 생각해[念佛] 마음을 붇다에 잡아매 선정을 닦아갈 때, 아는 마음과 붇다의 경계가 모두 공한 줄 알 때 지혜와 경계의 실체가 함께 사라져[境智雙遮] 사마타가 된다.

비파사나 없는 사마타가 없고 사마타밖에 비파사나가 없다. 그러므로 아는바 경계가 모습 없는 모습이 되고 아는 지혜가 앎 없는 앎이 될 때 마음은 사마타인 비파사나가 되고, 마음이 사마타인 비파사나가 될 때 해탈하고 해탈지견이 갖춰지는 것이다.

다섯 가지 진리의 몸[五分法身]을 이루는 실천의 발걸음, 그 첫발은 늘 삼가고 두려워하는 마음 공경히 머무는 생활이니, 첫걸음이 바르고 간절하지 않으면 끝내 니르바나의 해탈의 땅에 이르지 못하는 것이다.

누가 스스로 다섯 가지 법의 몸을 이루고
남을 위해 설법해주었는가

이와 같이 들었다.

한때 붇다께서는 라자그리하 성 칼란다카 대나무동산에서 큰 비구대중 오백 사람과 함께 계셨다.

푸르나(Pūrṇa) 또한 오백 명의 비구들을 거느리고 본디 태어난 곳에서 노닐고 있었다. 그때 세존께서는 라자그리하 성에서 구십 일 동안의 여름 안거를 마치고 차츰차츰 사람 사이에 계시면서 슈라바스티 국 제타 숲 '외로운 이 돕는 장자의 동산'으로 오셨다.

그때 많은 비구들도 각기 흩어져 사람들 사이에 있다가 세존 계신 곳으로 모였다.

그들은 이르른 뒤 머리를 대 발에 절하고 한쪽에 앉았다.

푸르나 비구가 아란야행과 설법행 잘 닦았음을 세존께 말씀드림

그때 세존께서 여러 비구들에게 물으셨다.

"너희들은 어느 곳에 있으면서 여름 안거를 했느냐?"

여러 비구들이 대답해 말했다.

"저희들은 본래 난 곳에 머물면서 여름 안거를 받았습니다."

"너희들이 태어난 곳 비구 가운데서 누가 다음 같은 행을 잘할 수 있었는가?

스스로 아란야(araṇya, 寂靜處)행을 잘할 수 있어서 아란야를 칭찬하였으며, 스스로도 밥 빌기[乞食]를 행하고 남들도 때를 어기지 않고 밥 빌도록 가르쳤으며, 스스로도 누더기 옷을 입고 남들도 누더기 옷을 입도록 가르쳤는가.

스스로 만족할 줄 아는 행[知足]을 닦고 또한 만족할 줄 아는 행을 칭찬하였으며, 스스로도 욕심 줄임[少欲]을 행하고, 또 욕심 줄이는 행을 칭찬하였는가?

또 스스로도 한가하고 고요한 곳을 좋아하고 남들도 한가하고 고요한 곳에 있도록 하였으며, 스스로도 그 바른 행을 지키고 남들도 그 바른 행을 지키도록 가르쳤는가?

자기 몸으로 계를 갖추어 청정하며 남들도 계행을 닦도록 가르쳤으며, 자기 몸으로 사마디를 성취하고 남들도 사마디를 행하도록 가르쳤으며, 자기 몸으로 지혜를 성취하고 남들도 지혜를 닦도록 가르쳤는가.

또 자기 몸으로 해탈을 성취하고 남들도 해탈을 행하도록 가르쳤으며, 자기 몸으로 해탈지견을 성취하고 다시 남들도 이 법을 행하도록 가르쳤으며, 몸소 교화하기를 싫증내지 않고 설법에 게으름이 없었는가?"

그러자 여러 비구들이 세존께 말씀드렸다.

"비구 푸르나 마이트라이니푸트라(Pūrṇa-maitrāyṇṇīputra, 滿願子)가 이 여러 비구들 가운데서 잘 교화할 수 있었습니다.

그는 자기 몸으로 아란야행을 닦고 또 아란야행을 칭찬하였으며, 자기 몸으로 누더기 옷을 입고 욕심 줄여 만족할 줄을 알았고, 용맹하게 정진하고 밥을 빌며, 한가하고 고요한 곳을 좋아하였으며, 계율·사마디·지혜·해탈·해탈지견을 성취하였습니다.

그는 다시 또 남들도 이런 법을 행하도록 가르쳤으며, 스스로 교화할 수 있어서 설법에 싫증이 없었습니다.”

그때 세존께서는 여러 비구들에게 미묘한 법을 말씀하셨다.

이때 비구들은 붇다의 설법을 듣고 곁에 조금 머물다가 이내 자리에서 일어나 붇다를 세 번 돌고 물러갔다.

사리푸트라 존자가 푸르나가 사마디 닦는 동산으로 찾아가서 만남

그때 사리푸트라는 세존께 가기 멀지 않은 곳에서 두 발을 맺고 앉아 몸과 마음을 바르게 하고 생각을 매어 앞에 두고 있다가 이렇게 생각하였다.

‘푸르나는 지금 시원스럽게 좋은 이익을 얻었다. 왜냐하면 여러 범행을 닦는 비구들이 그의 덕을 칭찬하였고 또 세존께서도 그 말을 옳다 하시면서 거스르지 않으셨기 때문이다.

나도 언젠가는 그와 서로 같이 보고 이야기해보아야겠다.’

그때 푸르나는 본래 나던 곳에서 두루 교화해 마치고 차츰 사람 사이에서 교화하다가 세존 계신 곳으로 와 머리를 대 발에 절하고 한쪽에 앉았다.

그때 세존께서는 차츰 그를 위해 설법하셨다. 푸르나는 그 설법을 듣고 나서 곧 자리에서 일어나 머리를 대 발에 절하고 물러갔다.

그는 니시다나를 오른쪽 어깨에 걸치고 낮에도 어두운 동산[晝闇園]으로 갔다.

그때 한 비구는 멀리서 푸르나가 니시다나를 오른쪽 어깨에 걸치고 그 동산에 이르른 것을 보고 곧 사리푸트라 있는 곳에 가서 말하였다.

"세존께서 늘 칭찬하시던 푸르나가 지금 막 여래 계신 곳에 와 붇다로부터 설법을 듣고는 지금 동산 가운데로 갔습니다.

존자께서는 이때인 줄 아셔야 합니다."

사리푸트라는 이 비구의 말을 듣고 곧 자리에서 일어나 니시다나를 오른쪽 어깨에 걸치고 그 동산으로 갔다. 그때 푸르나는 한 나무 밑에서 두 발을 맺고 앉아 있었으므로 사리푸트라도 한 나무 밑에 단정히 앉아 사유하였다.

이때 사리푸트라는 곧 자리에서 일어나 푸르나 있는 곳에 가 서로 같이 문안하고 한쪽에 앉았다.

**사리푸트라가 계와 지견 등 낱낱 행이 청정함으로
범행 닦을 수 있는가를 물음**

그때 사리푸트라가 푸르나에게 물었다.

"어떻소? 푸르나여, 세존을 말미암아 범행을 닦으려고[修梵行] 제자가 되었소?"

푸르나는 대답하였다.

"그렇습니다, 그렇습니다."

사리푸트라가 다시 물었다.

"세존으로 인해 청정한 계만을 닦을 수 있소?"

푸르나가 말했다.

"아닙니다."

사리푸트라가 말했다.

"여래 계신 곳[如來所]에서 마음의 청정함만을 말미암아 범행을 닦으려 하오?"

푸르나가 말했다.

"아닙니다."

사리푸트라가 말했다.

"여래 계신 곳에서 견해가 청정함만으로 범행을 닦으려 하오?"

"아닙니다."

"어떻소, 망설임이 없기 때문에 범행을 닦을 수 있소?"

"아닙니다."

"행함의 자취가 청정함만을 말미암아 범행을 닦을 수 있소?"

"아닙니다."

"어떻소? 도(道) 가운데 지혜로 청정함만을 닦으면 범행을 닦을 수 있소?"

"아닙니다."

"어떻소? 지견이 청정함만으로 범행을 닦을 수 있소?"

"아닙니다."

사리푸트라는 말하였다.

"내가 지금 물었던 것은 여래 계신 곳에서 범행을 닦을 수 있느냐 하는 것인데, 당신은 나에게 '그렇다'고 대답했소.

그런데 내가 다시 '지혜와 마음이 청정하거나 도와 지견이 청정함으로 범행을 닦을 수 있느냐'고 물으니, 당신은 다시 '아니다'라고 대답하였소.

그런데 당신은 지금 어떻게 여래 계신 곳에서 범행을 닦을 수 있었소?"

범행은 니르바나의 뜻과 하나된 행이므로
낱낱 행의 청정함만으로 범행 닦을 수 없음을 답함

푸르나는 대답하였다.

"계율의 청정한 뜻이 마음이 청정하게 할 수 있고, 마음의 청정한
뜻이 견해가 청정하도록 할 수 있고, 견해의 청정한 뜻이 망설임 없
음이 청정하도록 할 수 있고, 망설임 없이 청정한 뜻이 행의 자취가
청정하도록 할 수 있습니다.

행의 자취의 청정한 뜻이 도를 청정하도록 할 수 있고, 도의 청정
한 뜻[道淸淨義]이 지견을 청정하도록 할 수 있고, 지견의 청정한 뜻
이 니르바나의 뜻[涅槃義]에 들어가게 할 수 있습니다.

이것을 여래 계신 곳에서 범행을 닦을 수 있다고 하는 것입니다."

사리푸트라가 물었다.

"그대가 지금 말한 뜻은 어떤 뜻이오?"

푸르나가 말했다.

"제가 이제 비유를 들어 그 뜻을 풀이해보겠습니다. 지혜로운 사
람은 비유로써 이 뜻을 풀어서 지혜로운 이 스스로 깨우칩니다.

마치 오늘 프라세나짓 왕이 슈라바스티 성에서 브릿지 국까지, 두
나라 가운데 일곱 대의 수레를 펼쳐놓은 것과 같습니다. 프라세나짓
왕은 성을 나와 먼저 첫 번째 수레를 탑니다.

그리고 두 번째 수레에 이르면 곧바로 두 번째 수레를 타고 첫 번
째 수레를 버립니다. 조금 더 앞에 나아가서는 세 번째 수레를 타고
두 번째 수레를 버리며, 다시 조금 더 앞에 나아가서는 네 번째 수레
를 타고 세 번째 수레는 버립니다.

다시 조금 더 앞에 나아가서는 다섯 번째 수레를 타고 네 번째 수

레를 버리고, 다시 조금 더 앞에 나아가서는 여섯 번째 수레를 타고 다섯 번째 수레를 버리며, 다시 조금 더 앞에 나아가서는 일곱 번째 수레를 타고 여섯 번째 수레는 버리고 브릿지 국으로 들어갑니다.

프라세나짓 왕이 궁 안에 이르렀을 때 만약 어떤 사람이 '대왕께선 오늘 어떤 수레를 타고 이 궁에 이르셨습니까' 하고 묻는다면 그 왕은 어떻게 대답하겠습니까?"

사리푸트라가 대답하였다.

"어떤 사람이 묻는다면 반드시 이렇게 대답할 것이오.

'나는 슈라바스티 성에서 나와 먼저 첫 번째 수레를 타고 두 번째 수레까지 왔고, 다시 두 번째 수레를 버리고 세 번째 수레를 탔으며, 다시 세 번째 수레를 버리고 네 번째 수레를 탔고, 다시 네 번째 수레를 버리고 다섯 번째 수레를 탔다. 다시 다섯 번째 수레를 버리고 여섯 번째 수레를 탔고, 여섯 번째 수레를 버리고는 일곱 번째 수레를 타고 브릿지 국에 이르렀다.'

왜냐하면 다 앞 수레로 말미암아 두 번째 수레로 왔고, 더욱 펼쳐 굴러 서로서로를 인하여 그 나라에 이를 수 있었기 때문이오. 그러므로 만약 어떤 사람이 묻는다면 반드시 이렇게 대답할 것이오."

푸르나는 말하였다.

"계의 청정한 뜻[戒淸淨義] 또한 이와 같아서, 마음의 청정함[心淸淨]으로 말미암아 견해가 청정하게 되었고, 견해의 청정함으로 말미암아 망설임 없는 청정함에 이르게 되었으며, 망설임 없는 뜻[無猶豫義]으로 말미암아 행함의 자취가 청정함에 이르게 되었습니다.

행함의 자취의 청정함으로 말미암아 도가 청정함에 이르게 되었으며, 도의 청정함으로 말미암아 지견이 청정함에 이르게 되었고,

지견의 청정한 뜻으로 말미암아 니르바나의 뜻에 이를 수 있게 되어 여래 계신 곳에서 범행을 닦을 수 있게 된 것입니다.

왜냐하면 다음과 같습니다.

계율이 청정한 뜻은 곧 받음이 있는 들임[受入]을 상대한 모습인데, 여래께서는 받는 들임[受入]을 없애도록 말씀하셨고, 마음이 청정한 뜻 또한 곧 받음 있는 들임을 상대한 것인데, 여래께서는 받는 들임을 없애도록 말씀하셨습니다.

나아가 지견의 뜻 또한 받음이 있는 들임을 상대한 모습인데, 여래께서는 받는 들임을 없애도록 말씀하셨기 때문입니다.

이렇게 니르바나의 뜻에 이르게 되어서야 여래 계신 곳에서 범행을 닦을 수 있습니다."

여래가 보인 차제의 뜻이 니르바나와 하나된
차제의 뜻임을 칠층 다락으로 비유해 말함

"만약 계율의 청정함으로 여래 계신 곳에서 범행을 닦을 수 있다면 범부의 사람들도 니르바나[滅道]를 얻어야 할 것입니다. 왜냐하면 범부에게도 이 계법(戒法)이 있기 때문입니다.

세존께서 말씀하신 것은 차제로 도를 이루어서 니르바나에 이를 수 있다는 것이지 계율의 청정함만으로 니르바나에 이를 수 있다는 것은 아닙니다.

마치 어떤 사람이 칠층 다락 위에 오르려 한다면 반드시 차례대로 올라가야 하는 것과 같습니다.

계율이 청정한 뜻 또한 이와 같아 차츰 마음에 이르게 되고, 청정한 마음으로 말미암아 견해에 이르게 되며, 견해로 말미암아 망설임 없음에 이르게 되고, 망설임 없음으로 말미암아 깨끗한 행의 자취에 이르게 됩니다.

깨끗한 행의 자취로 말미암아 도에 이르게 되고, 깨끗한 도로 말미암아 지견에 이르게 되며, 깨끗한 지견으로 말미암아 니르바나에 이르게 되는 것입니다."

사리푸트라가 푸르나를 크게 찬탄함

그러자 사리푸트라가 곧 찬탄하였다.

"아주 잘 말하고, 잘 말했소. 이 뜻을 시원스럽게 말했소. 그대는 지금 무엇이라 이름하오? 여러 비구로서 범행 닦는 이들은 그대를 어떤 이름으로 부르오?"

푸르나는 대답하였다.

"제 지금 이름은 푸르나 마이트라야니푸트라이고, 어머니의 성은 마이트라야니(Maitrāyaṇī)입니다."

"아주 좋고, 아주 좋소. 푸르나여, 우리 현성의 법 가운데서 실로 아무도 짝할 이가 없겠소. 마음에 단이슬[甘露]을 품고 연설해 펼침이 다함이 없구려.

내가 지금 묻는 것은 깊고 깊은 뜻인데, 그대는 다 연설하였소. 설사 여러 범행 닦는 이들이 머리에 이고 온 세상을 다닌다 해도, 오히려 그 은혜를 갚지 못할 것이오. 누구든 찾아와 가까이하고 문안하는 이가 있다면 그는 시원스럽게 좋은 이익을 얻을 것이오. 나도 오늘 또한 이익을 얻었고 그 가르침을 받았소."

푸르나가 대답해 말하였다.

"참으로 좋으신 말씀입니다. 그대가 말씀하신 것과 같습니다. 그대는 지금 무엇이라 이름하며, 여러 비구들은 그대를 어떻게 부릅니까?"

"내 이름은 우파티샤(Upatiṣya)이고, 어머니의 이름은 사리(Śāri 舍利)이며 비구들은 나를 사리푸트라(Śāriputra)라고 부르오."

논의한 이가 사리푸트라 존자임을 알고
사리푸트라가 법의 큰 주인임을 말하고 찬탄함

푸르나가 말하였다.

"저는 지금 큰 어르신[大人]과 같이 논의하였군요. 또한 먼저 법의 큰 주인[法之大主]께서 여기에 오신 줄 몰랐습니다.

만약 존자 사리푸트라께서 여기 오신 줄을 알았다면 또한 그런 말들로 서로 같이 주고받지 않았을 것입니다. 존자께서 이 깊고 깊은 뜻을 물으시면, 곧 그때 달아났을 것입니다.

거룩하십니다. 사리푸트라께서는 붓다의 제자 가운데 가장 윗머리되신 분[最爲上首]으로 늘 단이슬 같은 법의 맛[甘露法味]으로 스스로 즐기는 분이십니다.

설사 모든 범행 닦는 이들이 존자 사리푸트라를 머리에 이고 온 세상을 다녀 한 해에서 또 다른 해에 이른다 해도, 잠깐 동안의 은혜조차 갚지 못할 것입니다. 어떤 중생이라도 존자께 찾아와 문안드리고 가까이 모신다면, 그는 시원스럽게 좋은 이익을 얻게 될 것입니다. 우리들 또한 시원스럽게 좋은 이익을 얻었습니다."

그때 두 어진 존자는 그 동산에서 함께 이와 같이 논의하였다. 그 두 사람은 서로의 말을 듣고 기뻐하며 받들어 행하였다.

• 증일아함 39 등법품(等法品) +

아란야(araṇya)는 고요한 곳이라는 뜻이지만, 아란야행이라고 하면 고요한 곳에 머물러 밥을 빌고 선정을 닦는 생활을 말한다.

아란야에 머물러 밥을 빌어 수행하는 비구는 네 가지 일에 머물러야 한다. 첫째는 바른 계에 머묾[住正戒]이고, 둘째는 바른 몸가짐에 머묾[住正威儀]이며, 셋째는 바른 생활방식에 머묾[住正命]이고, 넷째 바른 깨달음에 머묾[住正覺]이다.

한 철 여름 안거를 마친 뒤 세존이 비구들에게 대중 가운데서 누가 아란야행에 잘 머물러 '열두 가지 두타법'을 행하며 '다섯 가지 진리의 몸' 이루었는가 물으니, 여러 대중이 한 목소리로 푸르나 존자라고 답한다.

세존의 으뜸가는 제자 사리푸트라 존자가 푸르나를 만나 청정한 계와 범행, 도와 지견의 뜻을 물으니, 푸르나의 답 가운데 여래가 세운 차제와 점차의 뜻이 잘 드러나 있다.

여래는 니르바나의 길을 보이시는데 갖가지 방편의 문을 열고 차제의 실천법을 열어 해탈의 길을 보이신다.

그러나 차제와 차별의 방편은 낱낱이 고립된 방편이 아니라 니르바나의 땅에 이끌기 위한 실천의 방편이며 니르바나에 가게 하는 방편이므로 낱낱의 방편이 그 자체로서 목표가 될 수 없다.

청정한 계의 성취, 지혜의 청정함, 지견의 청정함도 그와 같다.

방편문에서 계와 지혜의 청정함은 니르바나의 길에 나아가고 니르바나의 땅에 이르름으로 범행의 이름을 얻고 계 · 정 · 혜 · 해탈 · 해탈지견의 몸을 얻는다.

계율의 청정함 · 마음의 청정한 뜻 · 지견의 뜻이 니르바나에 이르는 범행의 이름을 얻기 위해서는 경계에 대한 집착이 있고 실로 받음이 있는 들임[受入]을 없애야만 니르바나에 이르는 범행의 이름을 얻는다.

받음이 있는 들임이란 아는 자[根]와 알려지는 것[境]이 공한 줄 모르고 실로 아는 자가 경계에 물든 앎을 일으키는 것이니, 아는 자와 알려지는 것이 공한 줄 알아 알되 앎이 없어야 실체로서 받는 들임이 사라지게 된다.

아는 자와 알려지는 것이 공한 줄 모르면 낱낱 깨끗한 행이 니르바나의 행이 되지 못하고, 아는 자와 알려지는 것이 되어 있음 아닌 줄 알고 닦음을 일으키면 낱낱 차제의 행이 니르바나의 뜻과 다르지 않은 것이다.

푸르나의 뜻은 다음 비유와 같다.

차례대로 말[馬]을 갈아타고 가야 할 목적지에 이르름으로 태워주는 낱낱 여러 말들은 목적지에 이르게 하는 말이 되고, 칠층 계단의 차제가 있고 차례대로 칠층 계단을 밟아 가지만 맨 꼭대기에 오를 때 일곱 계단의 차제는 차제의 뜻이 사라지는 것이다.

푸르나의 차제 아닌 차제의 뜻 설명함을 사리푸트라 존자가 크게 인정하고 두 분 존자가 법의 기쁨 가운데서 서로를 찬탄하니, 모두 법왕의 집[法王家]에서 선정의 기쁨[禪悅]으로 지혜의 목숨을 깨달아 쓰는 법왕의 큰 아들[法王子]들이기 때문이다.

천태선사의 『마하지관』은 푸르나의 설한 법과 다름없이 세 가지 지관[三種止觀] 가운데 점차지관(漸次止觀)의 뜻을 다음과 같이 말한다.

점차지관 또한 처음에 실상(實相)을 알지만, 실상은 바로 이해하기 어려우므로 쉬운 행[易行]을 차츰 행하는 것이다.

먼저 삼귀의계(三歸依戒)를 닦고 삿됨을 뒤집어 바름에 향하고, 불[火]과 피[血]와 칼[刀]의 세 악한 길[三惡道]을 그치고 세 가지 착한 길에 이르른다.

다음 선정을 닦아 탐욕과 어지러움의 그물[欲散網]을 그치고, 색계와 무색계의 선정의 길을 통달하고, 다음 샘이 없는 지혜[無漏]를 닦아 삼계의 감옥[三界獄]을 그쳐 니르바나의 길에 이르른다.

그런 다음 자비를 닦아 스스로만의 깨달음을 그치고 보디사트바의 길을 통달한다. 뒤에 실상을 닦아 두 가의 치우침[二邊偏]을 그치고 늘 머무는 도에 통달한다.

이것이 처음에 낮다가 뒤에 깊어지는 점차지관의 모습이다.

점차지관의 뜻으로 보면 차제행을 닦되 차제의 행이 실상의 뜻과 하나되면 차제가 차제에 떨어지지 않고 니르바나에 이르는 방편이 된다. 그러나 차제의 닦음이 닦음 있는 닦음이 되면 그 차제행은 차제에 떨어져 실상에 돌아가지 못하고 니르바나에 돌아가지 못하니, 계행을 닦든 선정을 닦든 닦음에 닦음이 없어야 낱낱 행은 니르바나에서 일어나 니르바나에 돌아가는 행이 될 것이다.

점차 닦음[漸修]이 단박 깨침[頓悟]에 어긋나지 않는 뜻을, 옛 선사들의 법문으로 살펴보자.

대혜선사는 남양혜충국사의 뜻을 들어 다음과 같이 말한다.

당에 올라 혜충국사(慧忠國師)의 다음 말을 들어 보였다.

"점차를 말하는 것은 항상함에 돌아가 도에 합함[返常合道]이고, 단박 깨침을 논하는 것은 자취를 남기지 않음[不留朕迹]이다."

운문(雲門)은 말했다.

"망치를 들고 털이를 세우고 손가락 튕기는 시절을 만약 점검해온다 해도, 아직 자취 없음이 되지 못한다."

선사[大慧]가 '악' 한 외침을 하고 보였다.

"잠꼬대 말로 무엇 하려는가."

털이를 들어 올리고 손가락을 튕기며 말했다.

"경산(徑山, 大慧)이 지금 털이를 들고 손가락 튕기는데, 만약 이 속에서 자취를 찾으면 지옥 들어가는 것이 화살 쏘는 것과 같으리라."

여래도 현성의 계·사마디·지혜·해탈· 해탈지견을 얻어 위없는 보디 이루었나니

이와 같이 들었다.

한때 붇다께서는 바이샬리 성 밖 숲 가운데 계셨다. 그때 세존께 서는 여러 비구들에게 말씀하셨다.

"내가 옛날 아직 깨달음의 도를 이루지 못했을 때, 나는 저 '크게 두려운 산'[大畏山]을 의지해 머물러 있었다.

그때에 그 산은 욕심이 있거나 욕심이 없거나 거기 들어가는 사람 은 모두 두려워 옷의 털[衣毛]마저 일어섰다. 만약 날씨가 몹시 뜨거 울 때에 아지랑이가 뛰놀면 나는 몸을 드러내어 앉았다가 밤이 되어 서야 깊은 숲속에 들어갔다.

만약 다시 몹시 추운 날에 바람과 비가 섞여 내려 흐르면 낮에는 숲속에 들어갔다가 밤에는 한데 나와 앉았었다. 나는 그때에 바로 한 게송을 읊을 수 있었으니, 그것은 옛날 듣지도 보지도 못하던 것 이었다."

크게 두려운 산 가운데 밤이 되면
맑고 고요하게 편히 앉았나니
그 모습을 온전히 드러내는 것
이는 나의 다짐과 바람이어라.

성도 전 고행의 일을 보이심

"만약 내가 무덤 사이로 가게 되면 죽은 사람의 옷을 주워 내 몸을 덮었다. 그때에 그 안다 마을 사람들은 나뭇가지를 꺾어 내 귓구멍을 찌르기도 하고 콧구멍을 찔렀다. 또는 침을 뱉는 이도 있었고 오줌을 갈기는 이도 있었으며, 흙을 내 몸에 끼얹기도 하였다.

그러나 나는 그때 끝내 그 사람들에게 뜻을 일으키지 않았다. 그때에는 이런 평정한 마음[護心]이 있었다.

그때에는 외양간이 있어서 송아지 똥을 보면 곧 그것을 집어 먹었고, 송아지 똥이 없으면 큰 소똥을 집어 먹었다. 그때 나는 그것을 먹고 생각하였다.

'이제 나는 먹었으니 오늘은 날이 다하도록 먹지 않아도 된다.'

내가 이렇게 생각했을 때 저 하늘들은 내게 와서 말하였다.

'그대는 다시 먹음을 끊지 마시오. 만약 먹음을 끊으면 우리들이 단이슬로써 정기를 대주어 목숨을 붙들어드리겠소.'

그때에 나는 이렇게 생각하였다.

'나는 이제 먹음을 끊었는데, 무엇하러 저 하늘들로 하여금 단이슬을 보내어 내게 주도록 하겠는가. 지금 내 몸에 헛된 속임이 있게 될 것이다.'

이때에 나는 다시 생각하였다.

'지금부터는 깨와 쌀알을 먹자.'

그때부터 나는 하루에 깨 한 톨과 쌀 한 톨씩을 먹었다. 몸은 쇠약해서 뼈는 서로 이어 맞붙고 정수리에는 부스럼이 돋아 가죽과 살이 절로 떨어졌다.

그것은 마치 깨뜨려진 조롱박 같아서 내 머리꼴을 또한 이루지 않았다. 그때 또한 이와 같아 정수리에 부스럼이 생겨 가죽과 살이 절로 떨어졌다. 그것은 다 먹지 않았기 때문이었다.

깊은 물속에 별자리가 나타나는 것처럼 그때의 내 눈도 그와 같았다. 다 먹지 않았기 때문이었다.

마치 낡은 수레가 부서진 것처럼 내 몸도 모두 부서져 뜻대로 되지 않았다. 또 낙타 다리처럼 내 두 엉덩이도 이와 같았다.

내가 손으로 배를 어루만지면 곧 등뼈가 손에 대이고 또 등을 어루만지면 뱃가죽이 손에 대이었다. 몸이 이처럼 쇠약한 것은 다 먹지 않았기 때문이었다.

나는 그때에 깨 한 톨과 쌀 한 톨로 먹음을 삼았으나 끝내 이익됨이 없었고 또 그 가장 높은 법을 얻지 못하였다. 또 나는 대소변을 보려고 하면 곧 땅에 넘어져, 스스로 일어나지 못하였다.

그때에 저 하늘들은 그것을 보고 말하였다.

'이 사문 고타마는 벌써 니르바나에 들었다.'

다시 어떤 하늘은 이렇게 말하였다.

'이 사문은 아직 목숨 마치지 않았다. 지금 반드시 목숨 마칠 것이다.'

또 어떤 하늘은 이렇게 말하였다.

'이 사문은 또한 목숨 마치지 않았다. 이 사문은 진실로 아라한이다. 대개 아라한 법에는 이런 고행이 있다.'

나는 그때에 그래도 아직 신묘한 앎이 있어서 밖에서 오는 일들을 알 수 있었다.

나는 다시 생각하였다.

'지금 숨이 없는 선정[無息禪]에 들어가자.'

나는 곧 숨이 없는 선정 가운데 들어 '나고드는 숨'[出入息]을 세었다. 나는 그 나고 드는 숨을 세다가 어떤 기운이 귀에서 나오는 것을 깨달아 알았다. 이때 바람 소리가 마치 우렛소리 같았다.

나는 생각하였다.

'나는 지금 입을 막고 귀를 막고 숨을 나오지 못하게 하자.'

숨이 나오지 않자, 그때에 안 기운이 손과 다리로 좇아 나와, 바로 기운이 귀·코·혀에서 나오지 못하게 하였다.

그때에 안의 소리는 우레가 우는 것과 같았다. 나는 그때 이와 같아 내 신묘한 앎[神識]이 온몸을 따라 도는 것과 같았다.

나는 다시 생각하였다.

'나는 다시 숨이 없는 선정 가운데 들자.'

나는 곧 모든 구멍의 숨을 막았다. 내가 나고드는 숨을 막자, 곧 머리와 이마가 아팠다. 마치 어떤 사람이 송곳으로 머리를 쑤시는 것처럼, 나 또한 이와 같이 아주 괴롭게 머리가 아팠다.

그래도 나는 아직 신묘한 앎이 있었다. 나는 다시 생각하였다.

'나는 다시 좌선하여 숨[息]과 기(氣)가 드나들 수 없게 하자.'

나는 곧 드나드는 숨을 막았다. 그때에 모든 숨은 다 뱃속에 모였다. 그때의 내 숨은 더욱 아주 적어졌고, 마치 백정이 칼로 소를 죽이는 것처럼 나 또한 이와 같이 아주 큰 괴로움과 아픔에 시달렸다. 또한 건장한 두 사람이 약한 사람을 같이 붙잡아 불 위에 구우면 그 아픔과 고통이 아주 심해 견딜 수 없는 것처럼, 나 또한 이와 같이 고통은 이루 다 말할 수 없었다.

그래도 나는 아직 신묘한 앎이 있었다.

내가 그때 좌선할 때에는 내 형체는 사람 꼴이 아니었다. 그 가운데 어떤 사람이 나를 보고 이렇게 말하였다.

'이 사문은 얼굴빛이 아주 검다.'

또 어떤 사람은 이렇게 말하였다.

'이 사문의 얼굴빛은 마치려는 것 같다.'"

고행으로는 위없는 도 이룰 수 없음 반성하게 됨을 보이심

"비구들이여, 알아야 한다. 나는 여섯 해 동안 이렇게 고행하였다. 그러나 그 높은 법[上尊之法]을 얻지 못하였다. 그때에 나는 생각하였다.

'오늘은 과일 하나를 먹자.'

나는 곧 과일 하나를 먹었다. 내가 과일 하나를 먹은 그날도 몸이 쇠약하여 스스로 일어날 수 없었다. 나이 백이십 세가 되어 뼈마디가 흩어져 붙들어 지닐 수 없는 것과 같았다.

비구들이여, 알아야 한다. 그때의 과일 하나란 오늘의 작은 대추와 같았다. 그때에 나는 생각하였다.

'이렇게 하는 것은 도를 성취하는 근본이 아니다. 반드시 다른 길이 있을 것이다.'

나는 다시 생각하였다.

'나는 스스로 다음과 같이 옛날을 기억해본다. 내가 부왕의 나무 밑에 있을 때에 음욕과 욕심이 없어 온갖 악하여 착하지 않은 법을 버리고 첫째 선정에 노닐었고, 느낌과 살핌이 없는 둘째 선정에 노닐었으며, 생각이 청정해 뭇 생각이 없는 셋째 선정에 노닐었고, 다시 괴로움도 즐거움도 없어 생각이 청정한 넷째 선정에 노닐었다.

이것이 그 길일 수도 있다. 나는 이제 그 길을 찾아야겠다.'

나는 여섯 해 동안 괴로이 힘써 그 도를 구하였으나 얻지 못하였다.

때로 가시 위에 눕기도 하고 널판자나 쇠못 위에 눕기도 하며, 높이 걸린 새의 몸이 땅에서 멀리 떨어지듯, 두 다리를 위로 올리고 머리를 땅에 향하기도 하고, 다리를 꼬아 걸터앉기도 하였고, 수염과 머리를 길러 깎지 않기도 하였으며, 볕에 쪼이고 불에 굽기도 하였고, 한겨울에 얼음에 앉기도 하고 몸을 물에 빠뜨리기도 하였으며, 잠자코 말하지 않기도 하였다.

하루에 한 번 먹기도 하고 이틀·사흘·나흘, 나아가 이레에 한 번 먹기도 하였다. 때로 나물과 과일을 먹고 벼나 깨를 먹었으며, 풀뿌리와 나무 열매와 꽃 냄새를 먹기도 하고, 여러 가지 과일과 풀의 열매를 먹기도 하였었다.

때로는 옷을 벗고, 때로는 해진 옷을 입었으며, 때로는 띠풀옷 털옷을 입었고 때로는 사람털로 몸을 가리었으며, 때로는 머리를 기르고 남의 머리털을 가져다 머리 위에 얹기도 하였다.

이와 같이 비구들이여, 나는 옛날 이처럼 고행하였다. 그러나 네 가지 법의 근본[四法之本]을 얻지 못하였다.

어떤 것이 네 가지인가. 깨닫기 어렵고 알기도 어려운 현성의 계율[賢聖戒]과 깨닫기 어렵고 알기도 어려운 현성의 지혜[賢聖智慧]와 깨닫기 어렵고 알기도 어려운 현성의 해탈[賢聖解脫]과 깨닫기 어렵고 알기도 어려운 현성의 사마디[賢聖三昧]이다.

이것을 비구들이여, 네 가지 법이 있다고 한다.

나는 옛날 고행으로는 이 법의 요점을 얻지 못했다.”

계율·사마디·지혜·해탈을 구하기 위해 보디 나무 밑에 나아가심

"그때에 나는 다시 생각하였다.

'나는 지금 위없는 도[無上道]를 구해야 한다.'

어떤 것이 위없는 도인가. 네 가지 법으로 향하는 것, 이것을 말하니 현성의 계율과 현성의 사마디와 현성의 지혜와 현성의 해탈이다.

나는 다시 생각하였다.

'이처럼 쇠약한 몸으로는 그 위없는 도를 구할 수 없다.

얼마쯤 정미한 기운을 먹어 몸을 기르고 기운과 힘이 솟구친 뒤에야 도를 닦아 행할 수 있을 것이다. 정미한 기운을 먹어야 한다.'

때에 다섯 사람의 뒤에 비구된 이들이 나를 버리고 돌아가면서 말했다.

'이 사문 고타마는 그 성품과 행이 어지러워져 참된 법을 버리고 삿된 업으로 나아갔다.'

나는 그때에 곧 자리에서 일어나 동쪽을 향해 거닐면서 생각하였다.

'지나간 오래고 먼 옛날 강가아 강 모래알 수 같은 모든 붇다의 도를 이루신 곳은 어디 있는가.'

그때에 허공신이 하늘에서 내게 말하였다.

'어진 수행자여, 아셔야 하오. 과거의 강가아 강 모래알 수 같은 모든 붇다 세존들이 저 보디 나무의 시원한 그늘 밑에 앉아 깨달음을 이루셨소.'

나는 다시 생각하였다.

'어디 앉아 깨달음의 도를 얻으셨던가. 앉으셨던가, 서 계셨던가.'

그때에 하늘은 다시 내게 말하였다.

'과거 강가아 강 모래알 수 같은 붇다 세존들이 풀자리에 앉아 깨달음을 이루셨습니다.'

그때 내게서 멀지 않은 곳에서 길상(吉祥)이라는 브라마나가 곁에서 풀을 베고 있었다. 나는 그에게 가서 물었다.

'그대는 어떤 사람이오. 이름은 무엇이며 성은 무엇이오.'

브라마나는 대답하였다.

'내 이름은 길상이요, 성은 푸싱[弗星]입니다.'

나는 그때에 그에게 말하였다.

'좋은 일이요, 좋은 일이요. 이와 같은 성과 이름은 세상에 드무오. 성과 이름이 헛되지 않아 반드시 그 이름의 뜻을 이룰 것이오.

그리하여 이 현세로 하여금 상서롭게 하여 이익되지 않음이 없게 하고, 태어남·늙음·병듦·죽음을 아주 없앨 것이오. 그대의 성인 푸싱은 내 옛날 성과 같소. 내가 지금 구하려는 것은 그 풀을 조금 얻는 것이오.'

길상은 내게 물었다.

'고타마께서는 오늘 이 풀을 어디에 쓰려고 하십니까.'

나는 길상에게 대답하였다.

'나는 지금 그것을 나무 밑에 깔고 앉아 네 가지 법을 구하고자 하오. 어떤 네 가지냐 하면, 현성의 계율과 현성의 사마디와 현성의 지혜와 현성의 해탈이오.'"

청정한 사마디의 마음으로 마음과 지혜가 해탈하였음을 보이심

"비구들이여, 알아야 한다. 그때에 길상은 몸소 풀을 가지고 나무 밑에 가서 깔았다. 나는 그 위에 앉아 몸을 바르게 하고 뜻을 바르게 하여, 두 발을 맺고 앉아 생각을 매어 앞에 두었다.

그때에 나는 탐욕의 뜻이 풀리고 온갖 악하여 착하지 않은 법이 없어지고 다만 느낌과 살핌이 있어 마음이 첫째 선정에 노닐었고, 다음에는 느낌과 살핌이 모두 없어져 마음이 둘째·셋째 선정에 노닐었으며, 평정한 생각이 청정해지고 근심과 기쁨이 모두 없어져 마음이 넷째 선정에 노닐었다.

그때에 나는 이 청정한 마음[淸淨之心]으로 말미암아 모든 번뇌를 없애고 두려움 없음을 얻어 스스로 셀 수 없는 오랜 목숨[宿命]의 일을 알았다.

나는 곧 스스로 셀 수 없는 세간의 일을 기억하였다.

곧 일·이·삼·사·오·열·스물·서른·마흔·쉰·백·천·백천 만 생과 이루는 겁, 무너지는 겁과 셀 수 없는 이루어진 겁, 셀 수 없는 무너진 겁과 셀 수 없는 이루고 무너지는 겁 동안에, 나는 일찍이 여기서 죽어 저기서 났고 저기서 죽어 여기 와서 나는 등 비롯 없는 근본과 끝의 인연이 생긴 곳을 알았고, 이와 같은 셀 수 없는 세간의 일을 기억하였다.

나는 다시 청정하여 더러움이 없는 하늘눈[淸淨天眼]으로 중생들의 나는 이와 죽는 이, 좋은 세계와 좋은 몸, 나쁜 세계와 나쁜 몸, 좋은 모습과 못난 모습이 모두 그 행의 근본을 따른다는 것을 알았다.

내가 안 중생의 모습은 다음과 같다. 곧 어떤 중생은 몸으로 악한 행을 짓고 업과 뜻으로 악한 행을 지어, 현성을 비방하고 삿된 업의 근본을 지어, 삿된 소견과 서로 어울림으로 몸이 무너지고 목숨을 마친 뒤에는 지옥에 태어난다.

또 어떤 중생은 몸과 입과 뜻의 행이 착하여 현성을 비방하지 않고 바른 소견과 서로 맞음으로 몸이 무너지고 목숨을 마친 뒤에는 사람 세상에 태어나니, 이것을 이 중생은 몸과 입과 뜻의 삿된 업이 없다고 하는 것이다.

나는 사마디의 마음[三昧之心]이 청정하여 더러움이 없어서, 샘 있음이 다하고 샘이 없음[無漏]을 이루어 마음이 해탈[心解脫]하고 지혜가 해탈[慧解脫]하였다.

그래서 나고 죽음은 이미 다하고 범행은 이미 서고 지을 바를 이미 지어 다시는 태의 몸 받지 않을 줄 진실 그대로 알고, 곧 위없는 바르고 참된 도를 이루었다.

비구들이여, 만약 비구들이나 어떤 사문이나 브라마나로서 모든 세계를 밝게 알도록 한다면, 그 세계로서 내가 과거에 일찍이 가지 않은 곳이 없었다. 다만 한 깨끗함에 머무는 하늘[淨居天] 위에서 이 세상에 다시 오지 않은 것은 내놓는다.

또 어떤 사문이나 브라마나들이 가서 나야 할 곳에도 내가 나지 않는 곳이 있다면, 그것은 옳지 않은 것이다. 이미 깨끗함에 머무는 하늘[淨居天]에 나고서는 다시는 이 세상에 오지 않았다."

네 가지 법으로 해탈지견 이루도록 당부하심

"그대들은 이미 현성의 계율을 얻었고 나도 그것을 얻었다.
현성의 사마디를 그대들은 얻었고 나 또한 그것을 얻었다.
현성의 지혜를 그대들은 얻었고 나 또한 그것을 얻었다.
현성의 해탈을 그대들은 얻었고 나 또한 그것을 얻었다.
현성의 해탈지견을 그대들은 얻었고 나 또한 그것을 얻었다.
그래서 뒤의 몸 받는 근본을 끊고 나고 죽음이 길이 다해 다시는 뒤의 태의 몸 받지 않을 것이다. 그러므로 여러 비구들이여, 방편을 구해 네 가지 법을 성취하도록 하라.

왜 그런가. 만약 비구로서 이 네 가지 법을 얻으면 도를 이룸이 어렵지 않기 때문이다.

내가 오늘날 위없는 바르고 참된 보디[無上正眞覺, anuttara-samyak-saṃbodhi]를 이룬 것도 다 이 네 가지 법으로 말미암아 과덕을 이룬 것이다.

이와 같이 비구들이여, 반드시 이렇게 배워야 한다."

그때에 비구들은 붇다의 말씀을 듣고 기뻐하며 받들어 행하였다.

• 증일아함 31 증상품(增上品) 八

• 해설 •

이 경에는 붇다가 보디 나무 아래서 위없는 보디를 이루기 전 행한 고행의 과정과 다섯 명의 초기 제자들이 고타마 붇다를 떠나는 모습이 기술되어 있다. 또한 밥을 굶고 헐벗으며 드나드는 숨을 막고 물에 들어가고 불에 드는 고행의 생활이 해탈의 원인이 되지 못함을 강조하고 있다.

해탈의 원인은 결과로 성취된 보디의 세계, 연기의 실상에서 일어난 원인이 아니면 결과의 원인이 될 수 없다. 원인은 결과가 이루어짐으로써 결과의 원인됨이 이루어지는 것이니, 원인과 결과는 서로가 서로를 이루어주는 결과이다.

네 가지 법은 현성의 계율·지혜·사마디·해탈이다. 지금 중생의 번뇌를 다해 해탈을 이루어주는 네 가지 법은 진리의 원인이 되지만 진리에서 일어난 행이다. 곧 지혜로써 연기의 실상을 통달하지만 연기의 진실을 통달한 앎이 지혜이고 지혜 그대로의 사마디가 선정이고 지혜와 선정의 삶이 계이고 해탈이다.

지금 붇다의 해탈의 삶이 그 지혜와 선정, 삶의 진리성을 검증하는 것이니, 중생 또한 붇다의 삶에서 검증된 계와 선정, 지혜와 해탈을 통해서만 붇다가 깨친 진리의 집에 함께 들어갈 수 있는 것이다.

여래의 삶을 통해 밝혀진 니르바나의 세 가지 덕 그대로의 계와 선정, 지혜가 다시 니르바나의 세 가지 덕을 구체적인 현실의 덕으로 성취시키는 것이니, 니르바나의 해탈과 관계없는 고행을 영겁을 행한들 '니르바나의 성'[涅槃城]에는 들지 못한다.

본래의 니르바나만이 고통 속의 중생을 현실의 니르바나에 이끌고, 본래의 해탈만이 구체적인 생활의 해탈을 현실 역사 속에 성취시켜주는 것이다. 중생의 고통과 번뇌가 본래 니르바나되어 있으므로 니르바나의 성은 가깝고 가깝다. 그러나 중생의 몸가짐이 어지럽고 뜻이 어둡고 시끄러우면 어지러움과 어두움을 선정의 고요함과 지혜의 밝음에로 돌이키는 방편의 수레가 없으면 니르바나의 성은 멀고 멀다.

니르바나의 성에 이르는 방편의 그 첫 수레가 계행(戒行)이니, 계행이 없으면 선정과 지혜가 날 수 없고 별해탈의 행이 다시 이루어질 수 없다.

고려말 부암무기선사(浮庵無寄禪師)의 『석가여래행적송』(釋迦如來行蹟頌)은 다음과 같이 계의 뜻과 그 공덕을 말해준다.

또 보디사트바는 사백 가지의 계율이 있고, 비구는 이백오십 가지의 계율이 있으며, 비구니는 오백 가지의 계율이 있고, 삼천 가지 몸가짐의 계율[三千威儀戒]과 팔만 가지 세세한 행에 대한 계율[八萬細行戒]이 있다.

이러한 여러 가지 계율은 세 가지 묶음으로 모을 수가 있다.

첫째 바른 몸가짐 거두는 계율[攝律儀戒]이란 악은 떠나지 않음이 없음을 말하고, 둘째 착한 법을 거두는 계율[攝善法戒]이란 착함은 쌓지 않음이 없음을 말하며, 셋째 중생을 거두는 계율[攝衆生戒]이란 중생은 건네주지 않음이 없음을 말한다.

이러한 온갖 계율은 처음 마음을 낸 범부가 갖추어 지니기 어려운데,

하물며 지금은 계를 지님이 견고한 시대가 이미 칠백팔십여 년이나 지나갔다. 그러므로 시대가 혼탁하고 근기가 낮으며 장애가 두텁고 믿음이 엷어서 계를 지니기가 어려우니, 비록 갖추어 지니지는 못한다 해도 다만 외우기만 하는 것도 우러를 일이다.

또 오직 삼귀의와 다섯 가지 계[五戒]만을 지녀 목숨이 다하도록 깨뜨리지 않아도 크게 아름다운 일이다. 그렇지 못하면 이레, 나아가 하루라도 괜찮다.

왜 그런가. 『관무량수불경』(觀無量壽佛經)에서 '하루 낮 하룻밤 동안 사미계를 지니면, 목숨을 마친 뒤 곧 극락세계의 중품 가운데 가서 태어난다'고 말한 것과 같다. 또한 위에서 이끌어보인 바와 같이 도리하늘신이 이레 동안 삼귀의를 암송하여 낮아 못남을 돌이켜 빼어남을 얻었기 때문이다.

계라고 하는 것은 금하는 것이고 억누르는 것이니, 정욕을 금지하는 것이 마치 원숭이에 족쇄를 채운 것과 같고, 몸과 입을 억누르는 것이 마치 말에게 재갈을 물리는 것과 같다.

『대지도론』(권 13)에서 이렇게 말한다.

"매우 심한 병에는
계가 좋은 약이 되고,
크게 두렵고 무서움 가운데
계가 지켜 보살펴줌이 되며,
죽음의 어두움 속에서는
계가 밝은 등불이 되고,
세 가지 악한 길 가운데서는
계가 벗어나는 다리가 되며,
다섯 가지 두려움의 바다 가운데서는
계가 바다 건너는 큰 배가 된다."

또 『화엄경』에서는 이렇게 말한다.

"마치 사람이 집을 이루고자 하면 먼저 그 터를 정리함과 같이, 보디사트바 또한 그러하여 갖가지 만행을 닦고자 하면 먼저 실라(śīla, 戒)를 깨끗이 한다."

살바다의 『비나야 비바사』(vinaya-vibhāṣa)에는 '처음 계율을 받은 사람은 붇다와 나란히 평등하다'고 하였고, 또 어떤 경에서는 '계를 받은 사람은 여섯 갈랫길[六道] 가운데에서 태어나는 곳을 따라 모두 왕이 된다'고 하였으며, 또 '앉아서 받고 일어서서 깨뜨리더라도 오히려 받지 않는 것보다 낫다'고 하였다.

그러므로 계율의 공덕은 다 갖추어 말할 수 없다. 널리 보임은 『범망경』과 『능엄경』 등의 경전과 여러 비나야(vinaya, 律藏) 가운데 설함과 같으니, 자세히 알려 하면 그것들을 찾아 자세히 보길 청한다.

부암선사가 이토록 '계 지님'을 강조한 것은 고려말 선(禪)의 높은 강령만을 외치며 '생활상의 바른 행 지님'을 가볍게 여기는 시대불교의 병폐와도 관련이 있을 것이다.

그러나 그 끝은 현성의 사마디에 이르고 지혜에 이르고 해탈에 이르기 위한 계 지킴이고 사마디와 지혜에서 현전하는 해탈의 행으로 나의 삶을 장엄하기 위함이니, 계 지킴이 계 지킴 자체로 목표가 되면 니르바나에 가기 멀어진다. 니르바나는 가깝고 가깝지만 생각을 움직여 구하면 그 자리가 넘어지고 거꾸러지는 자리이다.

『화엄경』(「범행품」) 또한 사마디와 지혜·해탈의 행이 모두 하나인 니르바나의 행임을, 보디사트바의 원을 통해 다음과 같이 가르친다.

부지런히 잘 행하는 보디사트바는

이미 여래의 빼어난 사마디 얻고
모든 법의 참모습에 잘 들어가
지혜가 더욱 늘어나고 자라나서
믿는 마음 수메루 산처럼 움직임 없이
널리 중생의 공덕의 곳간을 짓네.

已獲如來勝三昧　善入諸法智增長
信心不動如須彌　普作群生功德藏

자비 마음 넓고 커 중생에 두루해
다 온갖 지혜 빨리 이루기를 바라며
늘 집착 없고 의지함 없는 곳에서
모든 번뇌 떠나 자재함 얻기 바라네.

慈心廣大遍衆生　悉願疾成一切智
而恒無著無依處　離諸煩惱得自在

2 서른일곱 가지 해탈의 실천

• 이끄는 글 •

서른일곱 여러 실천법들의 차제의 뜻과 샘이 없는 뜻

1) 서른일곱 실천법들의 네 가지 뜻

붇다의 가르침에서 번뇌와 고통의 현실을 돌이켜 니르바나에 나아가게 하는 해탈의 실천은 일반적으로 서른일곱 실천법[三十七道品]으로 정리된다.

그런데 왜 붇다는 니르바나의 세 가지 덕을 이루고 해탈과 해탈지견을 얻게 하는 실천을, 계·정·혜의 세 가지 배움으로 요약해 보이고, 다시 이를 서른일곱의 법으로 늘리어 말씀하셨는가.

수행자들은 이를 어떻게 받아들여 행해야 하는가. 여러 다른 이름을 지니고 수행의 방향이 다른 여러 실천법들을, 어떻게 수행자 스스로 자신의 처지와 병통에 맞게 조화롭게 채택하여 수행해야 할 것인가.

그 대답을 우리는 먼저 천태선사의『마하지관』에 나오는 '여러 실천법을 알맞게 조화함'[道品調適]이라는 항목의 해설을 통해서 살펴보기로 한다.

『마하지관』은 실천관행을 '열 가지 수레의 살피는 법'(十乘觀法)으로 정리하면서 '현전의 한 생각'[現前一念]밖에 실상을 살피는 지혜와 살펴야 할 부사의경계(不思議境界, 所觀境)가 없음을 바로 보이고 뒤에 아홉 문을 열어 갖가지 방편문을 풀이한다.

'실천법의 조화'에 관해서는 이렇게 말한다.

여러 실천법[道品]에는 네 가지 뜻이 있다.

첫째는 실천법의 자기 부분[當分]이고, 둘째는 실천법들이 서로 거둠[相攝]이고, 셋째는 지위를 잡아 분별함[約位]이고, 넷째는 서로가 서로를 내는 모습[相生]이다.

첫째 실천법의 자기 부분을 밝힘은 다음과 같다.

다른 여러 실천법들을 반드시 갖추지 않고도 바야흐로 도를 얻을 수 있으니, 세 가지 네 법[三四, 네 곳 살핌·네 가지 바른 끊음·네 가지 여의족]과 두 가지 다섯 법[다섯 가지 진리의 뿌리, 다섯 가지 진리의 힘]과 홑의 일곱 법[單七, 일곱 깨달음 법], 외짝의 여덟 가지 법[隻八, 여덟 가지 바른 길] 그 자체 자기 부분이 도인 것이다.

그러므로 '반드시 네 곳 살핌[四念處] 의지해 도를 얻어야 한다'고 말하고, 또 '네 곳 살핌 이것이 바로 도량이다'라고 말하며, 또 '네 곳 살핌 이것이 마하야나다'라고 말한다.

네 곳 살핌이 이미 그러하니 다른 실천법 또한 그러하다. 이것은 실천법의 자기 부분을 보인 것으로 고루어 맞출 것이 없다.

두 번째 실천법이 서로 거둠[相攝]을 밝히는 것은 다음과 같다.

이는 네 곳 살핌의 한 법이 다 다른 여러 실천법들을 거두는 것과 같으니 『석론』(釋論, 大智度論)의 글을 이끌어 말해보자.

『석론』에서는 그 뜻을 '네 곳 살핌이 이미 다른 여러 실천법들을 거두니, 다른 실천법 또한 네 곳 살핌을 거둔다'고 말한다.

이것이 서로 거두는 실천법의 모습이니 또한 고루어 맞출 것이 아니다.

세 번째 지위를 잡아 여러 실천법을 보이는 것[約位]은 다음과 같다.

네 곳 살핌이 그 지위에 해당하고, 네 가지 바른 끊음[四正斷]은 따뜻함의 지위[煖位]이고, 여의족은 정수리의 지위[頂位]이며, 다섯 가지 진리의 뿌리[五根]는 참음의 지위[忍位]이고, 다섯 가지 진리의 힘[五力]은 세간의 으뜸가는 지위[世第一位]이며, 여덟 가지 바른 길은 진리 보는 지위[見諦位]이고, 일곱 깨달음 법은 도 닦음의 지위[修道位]가 됨과 같다.

이것이 지위를 잡아 보임이니 또한 고루어 맞출 것이 아니다.

넷째 서로 낸다는 것[相生]은 다음과 같다.

곧 네 곳 살핌이 바른 끊음을 낼 수 있고, 바른 끊음이 여의족을 낼 수 있으며, 여의족이 다섯 가지 진리의 뿌리를 내고, 다섯 가지 진리의 뿌리가 다섯 가지 진리의 힘을 내며, 다섯 가지 진리의 힘이 일곱 깨달음 법을 내고, 일곱 깨달음 법으로 여덟 가지 바른 길에 들어선다고 함과 같다.

이것이 교묘하게 잘 고루어 맞춤이다.

계·정·혜 등이 다 바른 길이라 이름하나 '청정한 마음[淸淨心]이 늘 하나되면 곧 반야를 볼 수 있다'고 함은 이것이 서로 내는 것이고 또한 고루어 맞춤이다.

이것을 반드시 의지해야 하는 까닭은 무엇인가. 위에서 비록 법의 치우침을 깨뜨리고[破法偏] 통하고 막힘을 알았다고[識通塞] 해도, 만약 여러 실천법들을 고루어 맞추지 않으면 어찌 빨리 참된 법[眞法]과 서로 맞을 수 있겠는가.

참된 법을 샘이 없음[無漏]이라 이름하는데 여러 실천법들은 곧 샘이 있다. 샘이 있음이 샘이 없음의 방편[無漏方便]이 될 수 있지만 방편이 맞는 곳을 잃으면[方便失所] 진리를 알기 어렵다.

마치 술을 빚는데 효소의 따뜻함이 알맞아야 물을 변화시켜 술을 이루고, 누룩이 그 알맞은 도수를 잃으면 맛이 이루어지지 않는 것과 같다.

『대론』(大論, 智度論)은 말한다.

"서른일곱 실천법이 이것은 도 행하는 법이고 니르바나의 성에는 세 문이 있다. 세 문은 니르바나의 가까운 원인이고 여러 실천법들은 먼 원인이다. 이런 뜻 때문에 반드시 여러 실천법들을 고루어 맞추어야 하는 것이다."

서른일곱 실천법은 각기 중생의 병통에 따르는 실천의 강조점이 다르다. 다섯 가지 진리의 뿌리가 믿음[信]을 세워주는 실천이라면, 네 곳 살핌은 바른 견해[知見]를 세워주는 실천법이고, 네 가지 여의족은 선정[定]을 강조하는 실천법이다.

그러므로 이 모든 법이 연기이므로 공하고 모습 없음에 바탕을 두고 닦음 없이 닦는 행을 잘 조화시켜 병통을 다스려 '선정과 지혜를 평등히 지님'[定慧等持]에 이르러야 여러 실천법들이 니르바나의 가까운 원인을 지을 수 있는 것이다.

서른일곱 실천법에 닦는 모습이 있으면 보디의 샘이 없는 방편이 되지 못하나, 닦는 방편을 조화하되 닦음의 자취를 떠나면 샘이 있고 지음 있는 실천법이 샘이 없고 지음 없는 진실한 행의 방편이 되고 니르바나의 문이 될 수 있는 것이다.

2) 서른일곱 실천법이 마하야나가 됨을 보임

붇다가 보이신 서른일곱 실천법밖에 마하야나(mahāyāna, 大乘)의 길이 있고 최상승선(最上乘禪)이 따로 있다고 말하는 이들과 달리, 천태선사의 『마하지관』은 여기에 대해 '이 실천법이 마하야나이고 보디사트바의 도이다'라고 말한다.

『마하지관』 가운데 천태의 이 뜻에 반대하는 견해와 그에 대한 답변이 나오고 있다.

이 문답은 본 아함경의 해석의 입장과 관련된 문답이다.

필자의 아함 해석의 입장은 천태선사 『마하지관』의 뜻과 같이 아함의 기본 교설이 모든 대승교설의 뿌리이고, 대승교설은 아함교설의 시대적 해석이라는 관점이다.

『마하지관』에서는 서른일곱 실천법이 초기 불교 이승(二乘)의 교설인데 '왜 이를 보디사트바의 도라 말하는가'라는 반론을 보이고 그에 대해 천태선사의 뜻을 답하고 있다.

『마하지관』의 문답을 들어보자.

묻는다
여러 실천법들은 이승의 법인데 어떻게 이것이 보디사트바의 도입니까.

답한다

『대론』도 이런 물음을 꾸짖고 있다.

누가 이런 말을 했는가. 삼장의 가르침[三藏敎]과 마하야나가 다 이런 말을 하지 않는다. 그런데 어찌 홀로 '이것이 소승의 법이다'라고 말하는가.

비말라키르티는 말한다.

여러 실천법들이 선지식이니
이로 인해 바른 깨침 이루네.
여러 실천법들이 도량이고
또한 이것이 마하야나네.

道品善知識　由是成正覺
道品是道場　亦是摩訶衍

『열반경』도 이렇게 말한다.

"여덟 가지 바른 길을 닦을 수 있으면 곧 불성(佛性)을 보니 제호(醍醐)를 얻었다고 말한다."

『대집경』(大集經)도 말한다.

"서른일곱 실천법이 곧 보디사트바의 보배횃불 다라니이다."

이와 같은 경들이 다 실천법[道品]을 밝히고 있는데 어느 때 홀로 이것이 소승이겠는가.

만약 『대경』(大經, 涅槃經)의 말이라면 다음과 같다.

"서른일곱 실천법은 '이것이 니르바나의 원인이나 큰 니르바나의 원인이 아니다'라고 하지만, 한량없는 아승지겁 동안 보디의 법을 도우니 이것이 큰 니르바나의 원인이다."

실천법밖에 따로 실천법이 없으니, 네 가지 진리[四諦]밖에 다섯째 진리[第五諦]가 없는 것과 같다.

한 가지의 괴로움과 괴로움 모아냄이 손톱 위의 흙과 같다면, 괴로움과 괴로움 모아냄에 한량없는 모습이 있음을 분별하는 것은 시방의 땅과 같다.

하나의 서른일곱 실천법을 곧바로 밝히면 니르바나의 원인이 되지만, 다시 한량없음의 서른일곱 도를 돕는 법[助道法]이 있으니 큰 니르바나의 원인이라 말한다. 어떻게 한량없는가.

네 가지 괴로움 끊는 길의 진리[四種道諦]가 있기 때문이고, 네 가지의 네 진리[四種四諦]에 열여섯 문이 있기 때문이다.

또 샘이 있는 실천법[有漏道品]에는 욕계의 스물두 실천법(서른일곱 가운데 일곱 갈래 깨달음 법, 여덟 가지 바른 길을 뺀 실천법)이 있고, 색계정에 이르기 전에 서른여섯 실천법(일곱 갈래 깨달음 법의 기쁨의 깨달음 법을 뺀 실천법)이 있으며, 첫째 선정에 서른일곱 실천법이 있으니, 다 샘이 있는 실천법으로 젖과 같다[如乳].

삼장교의 실천법은 삭힌 젖과 같고[如酪], 통교(通敎)의 실천법은 날버터와 같으며[如生酥], 별교(別敎)의 실천법은 삭힌 버터와 같고[如熟酥], 원교(圓敎)의 실천법은 제호와 같다[如醍醐].

『대경』의 글의 뜻이 여기에 합하니, 실천법밖에 따로 돕는 법이 있는 것이 아니다.

어떤 이는 '서른일곱 실천법이 돕는 도[助道]이다'라고 하고, 어떤 이는 '바로 도[正道]이다'라고 한다.

『대론』에서는 '이것이 보디사트바의 도이다'라고 하니, 이 글은 '바로 도임'[正道]을 말한 것과 같다.

비말라키르티는 '여러 실천법이 선지식이 되어 이로 인해 바른 깨침 이룬다'고 하니, 이 글은 '돕는 도임'[助道]을 말한 것과 같다."

번뇌를 끊어 니르바나를 이루는 실천법이 사제의 도제이니, 니르바나의 원인으로서 서른일곱 실천법밖에 다른 실천법이 없고 도제가 없다.

다만 그 닦음이 끊고 얻음이 있으면 작은 수레의 실천[hīnayāna]이 되지만, 그 닦음이 닦음 없는 닦음이 되면 서른일곱 실천법이 곧 마하야나가 되고 보디사트바의 도가 되는 것이다. 그러므로 서른일곱 실천법밖에 따로 대승(大乘)과 최상승(最上乘)이 있다고 말하면 안 된다.

3) 서른일곱 실천법이 크나큰 니르바나의 원인이 됨을 보임

끊어야 할 중생의 병통이 있고 '병통을 치유하기 위한 방편의 법인 서른일곱 실천법 닦아서 니르바나의 성에 이른다'고 읽으면, 서른일곱 법은 샘이 없는 법[無漏法]이 되지 못하고 니르바나의 바른 원인이 되지 못한다.

그러나 서른일곱 실천법으로 병통이 다해서, 닦음에 닦는 모습이 없어지면, 서른일곱 실천법은 샘이 있음이 되기도 하고 샘이 없음이 되기도 한다.

이처럼 끊을 병통이 있고 병통을 끊기 위한 닦음으로서 서른일곱 법이 있다고 보면 여러 실천법[道品]들은 삼계 안의 선정이 되고 닦음에 닦음 있는 법이 된다.

그러나 서른일곱 실천법을 통교의 닦되 닦음 없음[修而無修]으로
보거나 별교의 '닦음 없이 닦음'[無修而修]이나 원교의 '닦음도 아
니고 닦음 아님도 아님'[不修不修]으로 보면, 서른일곱 실천법은 샘
이 없는 법[無漏法]이 되고 하나가 한량없는 법이 되어 크나큰 니르
바나의 원인이 된다.

『마하지관』은 서른일곱 실천법의 샘이 있음과 샘이 없음에 대해
다시 다음과 같이 말한다.

또 만약 서른일곱 실천법이 샘이 있음이라 말한다면, 어떻게 일
곱 깨달음 법이 진리를 보는 지위[見諦位] 다음, 도 닦음의 지위
[修道位]라고 말하겠는가.

『법화경』은 말한다.

"샘이 없는 다섯 가지 진리의 뿌리[無漏五根]와 다섯 가지 진리
의 힘[五力]이 도 깨닫는 재물이다."

지위를 잡아보면 여덟 가지 바른 길이 맨 뒤인데, 어떻게 여덟
가지 바른 길이 일곱 갈래 깨달음 법 앞에 있는가.

이는 반드시 세 구절로 분별해야 한다. 세 구절이란 첫째 '서른
일곱 실천법이 다 샘이 있는 법이다'라고 함이고, 둘째 '다 샘이
없는 법이다'라고 함이며, 셋째 '샘이 있기도 하고 샘이 없기도 한
법이다'라고 함이다.

샘이 있다는 첫째 구절은 『대론』에서 다음과 같이 말함과 같다.

"여덟 가지 바른 길을 닦으면 처음의 착한 샘이 있는 다섯 쌓임
[善有漏五陰]을 얻는다."

'착한 샘이 있는 다섯 쌓임'이란 곧 지혜의 불이 일어나는 따뜻

한 법[煖法]이다. 따뜻한 법 얻기 전에도 오히려 여덟 가지 바른 길을 닦을 수 있는데 어떻게 삿된 길을 닦겠는가.

처음 스승으로부터 법을 받아 마음을 매어[繫心] 기억해 생각하면 이를 네 곳 살핌[四念處]이라 한다.

이 법을 구하기 위해 부지런히 행하면 이를 바르게 힘씀[正勤]이라 하고, 한 마음 가운데서 닦아가면 이를 여의족(如意足)이라 한다.

다섯 착한 뿌리가 나면 이를 다섯 가지 진리의 뿌리[五根]이라 한다. 진리의 뿌리가 늘어나 자라면 다섯 가지 진리의 힘[五力]이라 한다.

도의 작용을 분별하면 이를 일곱 갈래 깨달음 법[七覺支]이라 하고, 안온하게 도 가운데서 행하면 이를 여덟 가지 바른 길[八正道]이라 한다.

이와 같이 닦을 수 있으면 '착한 샘이 있는 다섯 쌓임'을 얻을 수 있다. 이것은 여러 실천법들이 다 샘이 있음이 됨 보인 것인 줄 알아야 한다.

'실천법이 다 샘이 없다'는 것은 곧 진리를 보고 사유하면[見諦思惟] 행하는바 여러 실천법은 한결같이 샘이 없는 것이니 『법화경』에서 말한 그 뜻이 여기에 있다.

'샘이 있기도 하고 없기도 함'에 대해서는 지금껏 비록 샘이 있음 가운데서 '여덟 가지 바른 길' '일곱 깨달음 법'을 닦을 수 있다고 말했지만, 아직 글의 증거가 있지 않았다.

그렇지만 『비바사론』에 이렇게 말하고 있다.

"만약 여덟 가지 바른 길이 일곱 깨달음 법 뒤에 있다면 또한 이

것이 샘이 있음을 얻는 것이고 또한 이것이 샘이 없음을 얻는 것이다."

왜 그런가. 여덟 가지 바른 길을 의지해 진리 봄[見諦]에 들어가면 곧 이것 또한 샘이 없음이 된다.

만약 여덟 가지 바른 길이 일곱 깨달음 법 앞에 있다면 한결같이 이는 샘이 없음이니 이것은 알 수 있을 것이다.

『비바사론』의 글을 이끌어 두 뜻을 증명해 이루었다.

또한 샘이 있기도 하고 샘이 없기도 함은 지위를 상대한 뜻이다.

병통 다스리는 대치의 뜻으로 보면 서른일곱 실천법이 닦음이 있고 끊음이 있으므로 샘이 있음이 되고 지위가 없지 않으며 한 실천법이 다른 실천법을 일으킴이 있다.

지위를 잡아보면 여덟 가지 바른 길은 이미 도 가운데 행함[道中行]이 되므로 일곱 깨달음 법 뒤에 있어야 한다.

만약 여덟 가지 바른 길이 일곱 깨달음 법 앞에 있다면 닦음 없고 샘이 없는 법으로서 여덟 가지 바른 길을 말하고 있는 것이다.

여덟 가지 바른 길에 의지해 진리 봄의 지위에 들어가면 이는 닦되 닦음 없음이니 샘이 없음의 뜻이 되기 때문이다.

여덟 가지 바른 길이 일곱 깨달음 법 뒤에 있으면 이는 차제가 있고 샘이 있는 법으로서 여덟 가지 바른 길을 보임이지만, 여덟 가지 바른 길은 도를 보아 안온하게 도 가운데 행함이니, 여기서 여덟 가지 바른 길은 샘이 있음이 되기도 하고 샘 없음이 되기도 하는 것이다.

곧 일곱 깨달음 법의 샘이 있는 법으로 여덟 가지 바른 길을 일으키면 여덟 가지 바른 길은 중도의 길로 안온하게 행하는 것이니, 바로 샘이 있기도 하고 없기도 한뜻이 되는 것이다.

서른일곱 실천법은 도제로서 니르바나의 원인이라 말한다. 그러나 그 실천에 닦음이 있고 끊음이 있고 얻음이 있으면 샘이 있음이 되어 큰 니르바나의 원인이 되지 못한다.

서른일곱 실천법의 닦음에 닦음 없을 때 그 실천은 샘이 없음이 되고 남음 없음이 되고 니르바나의 원인이 된다.

곧 서른일곱 여러 법에 여러 법의 모습이 없고 한 법에 한 법의 모습이 없으므로, 한 법과 여러 법에 취할 닦는 모습이 없어야 서른일곱 법이 니르바나의 원인이 된다.

『화엄경』(「수미정상게찬품」)은 붇다의 보디에 실로 깨쳐 얻을 것이 없음을 알아, 닦아 행함에 닦음 없고 얻음 없을 때 법계의 행[法界行]이 됨을 다음과 같이 말한다.

> 진실에 대해 진실을 보고
> 진실이 아닌 것에 대해서
> 진실이 아님을 보게 되면
> 이와 같음이 마쳐 다한 앎이니
> 그 때문에 붇다라 이름하네.
>
> 於實見眞實　非實見不實
> 如是究竟解　是故名爲佛
>
> 붇다의 법은 깨칠 것 없으니
> 이것을 알면 법을 깨침이라 하네.
> 모든 붇다 이와 같이 닦으사

한 법도 얻을 것이 없으시네.

佛法不可覺　了此名覺法
諸佛如是修　一法不可得

하나 때문에 여럿임을 알고
여럿 때문에 하나임을 알면
모든 법은 의지함이 없어서
다만 화합함을 좇아 일어난 것이네.

知以一故衆　知以衆故一
諸法無所依　但從和合起

　세간의 모든 법이 인연으로 난 것이라 모습에 모습 없는 진제를
보아[見諦] 번뇌를 끊음 없이 끊으면 서른일곱 실천법의 행이 모두
샘이 없는 행이 되고, 마하야나의 행이 되는 것이다. 약은 독을 없애
기 위함이고 여래의 온갖 법과 온갖 지혜는 오직 중생의 헛된 무명
을 돌이키기 위함이다.
　「야마궁중게찬품」또한 이렇게 말한다.

세간에 아가타의 좋은 약이
온갖 독 없앨 수 있음 같나니
지혜 있음 또한 이 같아
지혜 없음을 없앨 수 있네.

如阿伽陀藥　能滅一切毒
有智亦如是　能滅於無智

1) 여러 가지 실천법을 모아 말함[總說]

서른일곱 실천법으로 다섯 쌓임에서 나와
내 것 떠나야 하니

이와 같이 내가 들었다.

한때 붇다께서는 슈라바스티 국 제타 숲 '외로운 이 돕는 장자의 동산'에 계셨다. 그때에 세존께서는 가사를 입고 발우를 가지고 슈라바스티 성으로 들어가 밥을 비셨다.

다시 가사와 발우를 지니고 돌아오시어 대중에게도 말하지 않고 시자에게도 알리지 않으신 채, 오직 홀로 따르는 이 없이[獨一無二] 서쪽 나라로 가시어 사람 사이에 노닐어 다니셨다.

때에 안다 숲에 있던 어떤 비구는, 세존께서 대중에게도 말하지 않고 시자에게도 알리지 않으신 채 오직 홀로 따르는 이 없이 가시는 것을 멀리서 보았다.

그는 보고서는 존자 아난다에게 가서 말했다.

"존자여, 아셔야 합니다. 세존께서는 대중에게도 말하지 않고 시자에게도 알리지 않으신 채, 오직 홀로 따르는 이 없이 나가시어 노닐어 다니십니다."

때에 아난다는 그 비구에게 말하였다.

"만약 세존께서 대중에게도 말하지 않고 시자에게도 알리지 않으신 채 오직 홀로 따르는 이 없이 나가 노닐어 다니신다면, 아무도 따라가지 않아야 하오.

왜냐하면 오늘 세존께서는 고요함에 머무시려 적은 일거리마저 없애려 하시기 때문이오."

그때에 세존께서는 북쪽으로 노닐어 다니시다가 밤사 국의 파타 마을에 이르렀다. 그곳은 사람들이 그 숲을 지키고 있었는데, 그 숲 속 한 밧다사라 나무 밑에 계셨다.

때에 여러 비구들이 아난다 있는 곳에 가서 말하였다.

"지금 세존께서 어느 곳에 계신다고 들으셨는지요."

아난다가 대답했다.

"지금 내가 들으니 세존께서는 북으로 밤사 국 파타 마을에 가시어 사람들이 지키는 숲속의 밧다사라 나무 밑에 계신다고 하오."

"존자는 아십시오. 우리들은 세존님을 뵙지 못한 지 이미 오래되었습니다. 만약 수고를 꺼리지 않으신다면 우리들을 가엾이 여기어 세존 계신 곳에 같이 가주시면 좋겠습니다."

홀로 따르는 이 없이 북쪽 숲으로 가신 세존을,
아난다와 상가대중이 찾아뵈니 서른일곱 실천법을 보이심

아난다는 때인 줄 알고 잠자코 허락하였다.

그때 존자 아난다는 많은 비구들과 함께 밤을 지내고, 이른 아침에 가사를 입고 발우를 가지고 슈라바스티 성으로 들어가 밥을 빌었다. 밥을 빈 뒤에 절에 돌아와 자리끼를 거두어 들고 가사와 발우를 가지고 서쪽으로 나가 사람 사이에 노닐어 다녔다.

거기서 다시 북으로 밤사 국 파타 마을의 사람들이 지키는 숲속으로 들어갔다.

존자 아난다는 많은 비구들과 함께 가사와 발우를 놓고 발을 씻은 뒤에 세존 계신 곳에 나아가 그 발에 머리 숙여 절하고 한쪽에 앉았다.

그때에 세존께서는 많은 비구들을 위하여 설법해 가르쳐보여, 이롭게 하고 기쁘게 하셨다[示敎利喜].

그때에 그 자리에 있던 어떤 비구는 이렇게 생각하였다.

'어떻게 알고 어떻게 보아야 빨리 흐름이 다하게 될까.'

그때에 세존께서는 그 비구가 마음으로 생각하는 바를 아시고 여러 비구들에게 말씀하셨다.

"만약 어떤 비구가 이 자리에서 '어떻게 알고 어떻게 보아야 빨리 흐름이 다하게 될까' 하고 생각한다면, 나는 이미 그 법을 이렇게 설했다.

여러 '쌓임'을 잘 살펴야 함이니, 곧 '네 곳 살핌[四念處]·네 가지 바르게 끊음[四精勤]·네 가지 선정[四如意足]·다섯 가지 진리의 뿌리[五根]·다섯 가지 진리의 힘[五力]·일곱 갈래 깨달음 법[七覺支]·여덟 가지 바른 길[八正道]'이다.

나는 이미 이와 같은 법을 말하여 여러 '쌓임'을 살피게 했다.

그런데 아직도 잘 행하는 사람으로 부지런히 하고자 하지 않고 부지런히 즐겨하지 않으며, 부지런히 생각하지 않고 부지런히 믿지 않으면서 스스로 게으르면, 그는 더욱 나아가 모든 흐름 다함을 얻지 못한다.

그러나 만약 어떤 잘 행하는 사람으로 내가 말한 법으로 여러 '쌓임'을 잘 살피어 부지런히 하고자 하고, 부지런히 즐겨하며, 부지런히 생각하고, 부지런히 믿는다면 그는 빨리 모든 흐름을 다할 수 있을 것이다."

다섯 쌓임에서 나와 내 것을 보면 끝내
모든 흐름 다할 수 없음을 보이심

"어리석고 들음 없는 범부는 물질에서 '나'라고 함을 보나니, 만약 '나'를 보면 이것을 '지어감'이라 한다.

그 지어감은 무엇이 원인이며[因], 무엇이 모아내며[集], 무엇으로 나며[生], 무엇으로 구르는가[轉]. 무명의 닿음[無明觸]으로 애착을 내니, 애착을 인연하여 그 지어감을 일으킨다.

그 애착은 무엇이 원인이며, 무엇이 모아내며, 무엇으로 나며, 무엇으로 구르는가. 그 애착은 '느낌'이 원인이요, 느낌이 모아내며, 느낌으로 나고, 느낌으로 구른다.

그 느낌은 무엇이 원인이며, 무엇이 모아내며, 무엇으로 나며, 무엇으로 구르는가. 그 느낌은 '닿음'이 원인이요, 닿음이 모아내며, 닿음으로 나며, 닿음으로 구른다.

그 닿음은 무엇이 원인이며, 무엇이 모아내며, 무엇으로 나며, 무엇으로 구르는가. 그 닿음은 '여섯 들임'[六入]이 원인이요, 여섯 들임이 모아내며, 여섯 들임으로 나며, 여섯 들임으로 구른다.

그 여섯 들임은 덧없고 변함이 있어 마음의 인연이 일으키는 법이고, 그 닿음의 느낌과 지어감의 느낌 또한 덧없고 변함이 있어 마음의 인연으로 일으키는 법이다.

이렇게 살피면서도 어리석은 이는 물질을 '나'라고 본다.

물질을 '나'라고 보지 않더라도 물질을 '내 것'이라고 보며, 물질을 '내 것'이라고 보지 않더라도 물질은 '나' 안에 있다고 보며, 물질은 '나' 안에 있다고 보지 않더라도 '나'는 물질 안에 있다고 본다.

'나'는 물질 안에 있다고 보지 않더라도 느낌을 '나'라고 보며, 느낌을 '나'라고 보지 않더라도 느낌은 '내 것'이라고 본다.

느낌을 '내 것'이라고 보지 않더라도 느낌은 '나' 안에 있다고 보며, 느낌은 '나' 안에 있다고 보지 않더라도 '나'는 느낌 안에 있다고 본다.

'나'는 느낌 안에 있다고 보지 않더라도 모습 취함을 '나'라고 보며, 모습 취함을 '나'라고 보지 않더라도 모습 취함을 '내 것'이라고 본다. 모습 취함을 '내 것'이라고 보지 않더라도 모습 취함은 '나' 안에 있다고 보며, 모습 취함은 '나' 안에 있다고 보지 않더라도 '나'는 모습 취함 안에 있다고 본다.

'나'는 모습 취함 안에 있다고 보지 않더라도 지어감을 '나'라고 보며, 지어감을 '나'라고 보지 않더라도 지어감을 '내 것'이라고 본다. 지어감을 '내 것'이라고 보지 않더라도 지어감은 '나' 안에 있다고 보며, 지어감은 '나' 안에 있다고 보지 않더라도 '나'는 지어감 안에 있다고 본다.

'나'는 지어감 안에 있다고 보지 않더라도 앎을 '나'라고 보며, 앎을 '나'라고 보지 않더라도 앎을 '내 것'이라고 본다.

앎을 '내 것'이라고 보지 않더라도 앎은 '나' 안에 있다고 보며, 앎은 '나' 안에 있다고 보지 않더라도 '나'는 앎 안에 있다고 본다.

'나'는 앎 안에 있다고 보지 않더라도 다시 끊어짐의 견해를 지어 있음의 견해[有見]를 부수고, 끊어짐의 견해[斷見]를 지어 있음의 견해를 부수지 않더라도 '나'라는 교만을 떠나지 못한다.

'나'라는 교만을 떠나지 못하면 다시 '나'를 보고, '나'를 보면 그 것은 곧 지어감이다.

그 지어감은 무엇이 원인이며, 무엇이 모아내며, 무엇으로 나며, 무엇으로 구르는가.

그것은 앞에서 말한 바와 같으며, 나아가 '나'라는 거만 또한 그러하니, 이와 같이 알고 이와 같이 보면 샘이 다함[漏盡]을 빨리 얻게 된다.”

붇다께서 이 경을 말씀하시자, 여러 비구들은 붇다의 말씀을 듣고 기뻐하며 받들어 행하였다.

• 잡아함 57 질루진경(疾漏盡經)

[해설]

이 경에서 붇다는 서른일곱 갖가지 실천법이 중생의 각기 다른 근기와 취향, 각기 앓고 있는 병통의 차이에 따라 그 방편의 문이 달리 세워졌지만, 모든 방편이 연기의 실상에 대한 바른 살핌과 바른 살핌을 통한 삶의 해탈과 휴식에 있음을 보이고 있다.

붇다는 가르친다. 여래의 교설 가운데 번뇌 끊어 해탈을 이루게 하는 갖가지 실천법의 이름이 벌이어 있지만, 그 실천법의 다양함은 중생의 병통의 다양함에 따른 것일 뿐 실천이 돌아가는 곳은 다섯 쌓임을 잘 살핌에 있는 것이라고.

서로 의지해 있는 물질과 앎활동은 연기이므로 공하니 물질과 앎활동이 어우러진 존재 자체가 공하다. 존재[我]와 존재를 이루는 모든 법[諸法]이 다 공하므로 '나'는 다섯 쌓임의 법을 떠나지 않지만 다섯 쌓임의 법 속에 '내'가 있는 것이 아니니, 물질과 앎활동 속에 '나'가 있는 것도 아니고 나 속에 다섯 쌓임의 법이 있는 것도 아니다.

붇다의 많은 실천법은 오직 다섯 쌓임의 공성(空性)을 통달하여 '나'와 '내 것'의 집착을 떠나 번뇌 흐름이 다한 니르바나에 이르름인 것이니, 약이 많고 많은 것은 번뇌의 병이 깊고 번뇌의 병이 많기 때문이다.

그렇다면 서른일곱 실천법의 닦아감과 지어감 가운데 지음 없음을 바로 보는 자가, 방편을 의지하되 방편의 배를 버리고 저 언덕에 건너간 자인 것이다. 방편이 실로 있는 방편이 아닌 줄 알아 방편을 실상인 방편으로 쓰는 자가, 방편 안에서 방편을 버리고 진실의 땅에 이르는 자인 것이니, 수행 자체로 자랑거리 삼는 자들은 한 번 돌이켜볼 일이다.

여래가 보이신 갖가지 실천법, 갖가지 범행은 서로 다툼이 없어 끝내 여래의 보디의 땅에 모두 돌아가는 법이니, 『화엄경』(「명법품」明法品)은 이 뜻을 다음과 같이 말한다.

> 바른 생각 하고자 함은 굳세어서
> 스스로 부지런히 힘써 나아가
> 이 세간의 모습에 의지함 없고
> 물러나 두려워함이 아주 없이
> 다툼 없는 행으로 깊은 법에 들면
> 시방 모든 붇다께서 다 기뻐하시네.
>
> 念欲堅固自勤勵　於世無依無退怯
> 以無諍行入深法　十方諸佛皆歡喜
>
> 밤낮으로 게으름 없이 힘써 닦아
> 삼보 씨앗 끊어짐이 없도록 하고
> 닦은바 온갖 희고 깨끗한 법을
> 여래의 땅에 모두 회향하도다.
>
> 晝夜勤修無懈倦　令三寶種不斷絕
> 所行一切白淨法　悉以迴向如來地

하나로 도에 들어감이 있어서
니르바나 얻게 하나니

이와 같이 들었다.

한때 붇다께서는 슈라바스티 국 제타 숲 '외로운 이 돕는 장자의 동산'에 계셨다.

그때 세존께서 여러 비구들에게 말씀하셨다.

"하나로 도에 들어감[一入道]이 있어서 중생들의 지어감[行]을 깨끗이 하고 시름과 근심을 없애, 여러 번뇌가 없이 큰 지혜를 얻어 니르바나의 과덕을 이루게 한다. 곧 반드시 다섯 덮음[五蓋]을 없애 네 곳 살핌[四意止, 四念處] 사유하는 것을 말한다.

어떤 것을 하나로 도에 들어감이라고 하는가? 곧 마음을 오롯이 해 하나로 함[專一心]이니, 이것을 하나로 도에 들어감이라고 말한다.

어떤 것을 도라 하는가? 곧 현성의 여덟 가지 바른 길[八品道]이니, 첫째는 바른 견해[正見]요, 둘째는 바른 뜻[正思惟]이며, 셋째는 바른 말[正語]이요, 넷째는 바른 행위[正業]이며, 다섯째는 바른 생활[正命]이요, 여섯째는 바른 정진[正精進]이며, 일곱째는 바른 생각[正念]이요, 여덟째는 바른 선정[正定]이다.

이것을 '하나로 도에 들어감'이라고 말한다."

도에 들어가는 뜻을 보이시고 다섯 덮음 없앰과 네 곳 살핌을 말씀하심

"어떻게 다섯 덮음을 없애는 것인가? 다섯 덮음은 탐욕의 덮음[貪欲蓋]·성냄의 덮음[瞋恚蓋]·들뜸과 뉘우침의 덮음[掉悔蓋]·졸음과 잠의 덮음[睡眠蓋]·의심의 덮음[疑蓋]이니, 이것을 '다섯 덮음 없애야 한다'고 하는 것이다.

어떻게 네 곳 살핌을 사유하는가?

여기서 비구가 스스로 안의 몸[內身, 六根]을 살펴 나쁜 생각을 없애버려 시름과 근심이 없게 하고, 스스로 밖의 몸[外身, 六境]을 살펴 나쁜 생각을 없애버려 시름과 근심을 없게 하며, 스스로 안팎의 몸[內外身, 六識]을 살펴 나쁜 생각을 없애버려서 근심을 없애는 것이다.

안의 느낌[內痛, 內受]을 살펴 스스로 즐거워하고, 밖의 느낌[外受]을 살피고 안팎의 느낌[內外受]을 살피는 것이다.

안의 마음[內心, 六根]을 살펴 스스로 즐거워하고 밖의 마음[外心, 六境]을 살피고 안팎의 마음[內外心, 六識]을 살피는 것이다.

안의 법[內法]을 살피고 밖의 법[外法]을 살피며 안팎의 법[內外法]을 살펴 스스로 즐거워하는 것이다."

네 곳 살핌 가운데 몸 살핌[身念處]을 자세히 보이심

"어떻게 비구는 안의 몸을 살펴 스스로 즐거워하는가?

비구가 이 몸을 살피되 그 성질의 행함[性行]을 따라 머리에서 발끝까지, 발끝에서 머리까지, 이 몸 가운데 있는 것이 다 깨끗하지 않아서 탐낼 것이 못 된다고 살핀다.

다시 이 몸을 살피되 몸 가운데 털·손톱·발톱·이·가죽·살·힘줄·뼈·골수·뇌·기름덩이·창자·밥통·심장·간·지라·콩팥 따위를 모두 살펴 알고, 또 똥·오줌·받는 장기[生藏]·삭히는 장기[熟藏]·눈물·침·콧물·혈맥·지방·쓸개 따위를 다 살피어 하나도 탐낼 것이 없다고 아는 것이다.

이와 같이 여러 비구들은 그 몸을 살피어 스스로 즐거워하면서 나쁜 생각을 버리고 시름과 근심을 없애야 한다.

또 비구는 그 몸을 돌이켜 살펴 '이 몸에 흙의 요소가 있는가, 물·불·바람의 요소가 있는가'라고 이와 같이 그 몸을 살핀다.

또 비구는 그 몸을 살피어 여러 영역을 분별하여 '이 몸에는 네 가지 요소[四界]가 있다'고 살핀다.

마치 교묘하게 소를 도살하는 사람이나 그 백정의 제자가 소를 가를 때 마디를 갈라 스스로 살피기를 '이것은 다리이고 이것은 심장이며, 이것은 뼈이고 이것은 머리이다'라고 보는 것과 같다.

이와 같이 그 비구도 이 영역을 분별하여 이 몸을 살피되 '이 몸에는 흙의 요소와 물·불·바람의 요소가 있다'고 살핀다.

이와 같이 비구는 그 몸을 살피어 스스로 즐거워한다.

다시 비구는 이 몸을 살피되 '이 몸에는 여러 구멍이 있어서 더러운 것을 흘려낸다'고 살핀다.

어떤 사람이 대밭이나 갈대숲을 보는 것처럼, 비구도 '이 몸에는 여러 개의 구멍이 있어서 여러 더러운 것을 흘려낸다'고 살핀다.

다시 비구는 죽은 시체를 살피되 '죽은 지 하루·이틀·사흘·나흘·닷새·엿새·이레가 지나 그 몸이 퉁퉁 부어터지고 냄새나는 더러운 것이다'라고 살핀다. 다시 스스로 이 몸도 저 시체와 다름이 없어 '나의 몸도 이 걱정거리 면하지 못한다'고 살핀다.

다시 비구는 시체를 살펴 까마귀·까치·독수리가 쪼아 먹는 것을 보거나, 호랑이·이리·개·벌레·짐승무리들이 씹어 먹는 것을 보고서는 다시 자기 몸도 저것과 다름이 없어 '내 몸도 저렇게 되는 근심을 면하지 못하리라'고 살핀다.

이것을 '비구가 몸을 살피어 스스로 즐거워한다'고 하는 것이다.

다시 비구는 시체를 살펴 시체의 절반은 뜯어 먹히고 나머지는 땅에 흩어져 있어 냄새나고 깨끗하지 않음을 보고, 다시 제 몸이 그것과 다름이 없어 '내 몸도 이 법을 떠나지 못한다'고 살핀다.

다시 시체를 살펴 살은 다 없어지고 오직 뼈만 남아 피로 더럽혀 있는 것을 살피고는 또 '이 몸도 저 몸과 다름이 없다'고 살핀다.

이와 같이 비구는 이 몸을 살핀다.

다시 비구는 시체의 힘줄이 얽혀 나뭇단 같음을 살피고서 '자기 몸도 그것과 다름이 없다'고 살핀다. 이와 같이 비구는 이 몸을 살핀다.

다시 비구는 시체의 뼈마디가 나뉘어 흩어져 다른 곳에 흩어지고, 손뼈·다리뼈가 각기 한곳에 있고, 장딴지뼈·허리뼈·엉덩이뼈·팔뼈·어깨뼈·옆구리뼈·등뼈·이마뼈·해골들이 각기 흩어져 있는 것을 살피고 나서, 또 이 몸도 그것과 다름이 없어 '나도 이 법을 면하지 못하며, 내 몸 또한 무너져 없어질 것이다'라고 살핀다.

이와 같이 비구는 몸을 살펴 스스로 즐거워한다.

다시 비구는 시체의 흰 빛과 흰 구슬빛을 살피고서, 자기 몸도 그것과 다름이 없어 '나도 이 법을 면하지 못할 것이다'라고 살핀다.

이것을 '비구가 스스로 몸을 살핀다'고 하는 것이다.

다시 비구는 시체의 뼈가 시퍼렇게 멍든다고 생각해 탐낼 것이 없음을 보고, 재나 흙과 그 빛깔이 같아 분별할 수 없음을 본다.

이와 같이 비구는 그 몸을 살펴 나쁜 생각을 버리고 시름과 근심이 없게 한다.

'이 몸은 덧없어서 나뉘고 흩어지는 법[無常分散法]이다.'

이와 같이 비구는 안의 몸을 살피고 밖의 몸을 살피며 안팎의 몸을 살피어 있는 바가 없음을 안다."

네 곳 살핌 가운데 느낌 살핌[受念處]을 갖추어 보이심

"어떻게 비구는 안의 느낌을 살피는가?

비구가 즐거운 느낌을 얻을 때는 곧 스스로 '나는 즐거움을 느끼고 있다'고 깨달아 알고, 괴로운 느낌을 얻을 때는 '나는 괴로움을 느끼고 있다'고 스스로 깨달아 안다. 괴롭지도 않고 즐겁지도 않은 느낌을 얻을 때에는 곧 '나는 괴롭지도 않고 즐겁지도 않음을 느끼고 있다'고 스스로 깨달아 안다.

먹는 즐거움의 느낌을 얻을 때에는 곧 '나는 먹는 즐거운 느낌을 느끼고 있다'고 스스로 깨달아 알고, 먹는 괴로운 느낌을 얻을 때에는 곧 '나는 먹는 괴로운 느낌을 느끼고 있다'고 스스로 깨달아 안다. 먹는 괴롭지도 않고 즐겁지도 않은 느낌을 얻을 때에는 곧 '나는 먹는 괴롭지도 않고 즐겁지도 않은 느낌을 느끼고 있다'고 스스로 깨달아 안다.

먹지 않는 즐거운 느낌을 얻을 때에는 곧 '나는 먹지 않는 즐거운 느낌을 느끼고 있다'고 스스로 깨달아 알고, 먹지 않는 괴로운 느낌을 얻을 때에는 곧 '나는 먹지 않는 괴로운 느낌을 느끼고 있다'고 스스로 깨달아 안다. 먹지 않는 괴롭지도 않고 즐겁지도 않은 느낌을 얻을 때에는 곧 '나는 먹지 않는 괴롭지도 않고 즐겁지도 않은 느낌을 느끼고 있다'고 스스로 깨달아 안다.

비구는 이와 같이 안의 느낌을 스스로 살핀다.

다시 비구는 즐거운 느낌을 얻을 때에는 괴로운 느낌을 얻지 않는다. 그때 '나는 즐거운 느낌을 느낀다'고 스스로 깨달아 알고, 괴로운 느낌을 얻을 때에는 즐거운 느낌을 얻지 않는다. 그때 '나는 괴로운 느낌을 느낀다'고 스스로 깨달아 안다.

괴롭지도 않고 즐겁지도 않은 느낌을 얻을 때에는 괴로움도 없고 즐거움도 없으니, '나는 괴롭지도 않고 즐겁지도 않은 느낌을 느낀다'고 스스로 깨달아 안다.

그는 익히어 내는 법[習法]을 살펴 스스로 즐거워하고, 또 법이 다함을 살피며, 또 익힘을 다하게 하는 길을 살핀다.

느낌이 앞에 나타나 있을 때에는 그것을 알 수 있고 볼 수 있으나, 그 근본을 사유하면 의지하는 바가 없으므로[無所依倚] 스스로 즐거워한다.

그래서 세간이라는 생각[世間想]을 일으키지 않고 그 가운데서 두려워하지도 않는다. 두려워하지 않기 때문에 곧 니르바나를 얻게 된다. 그리하여 '나고 죽음이 이미 다하고, 범행은 이미 서고, 지을 바를 이미 지어 다시는 뒤의 있음을 받지 않는다'는 것을 진실 그대로 안다.

이와 같이 비구는 안의 느낌을 살펴 어지러운 생각을 없애어 시름과 근심이 없고, 밖의 느낌을 살피고 안팎의 느낌을 살펴 어지러운 생각을 버려 시름과 근심이 없다.

이와 같이 비구는 안팎으로 느낌을 살핀다."

네 곳 살핌 가운데 마음 살핌[心念處]을 갖추어 보이심

"어떻게 비구는 마음과 마음의 법을 살피어 스스로 즐거워하는 것인가? 여기에서 비구는 애욕의 마음[愛欲心]이 있으면 곧 애욕의 마음이 있는 줄을 스스로 깨달아 알고, 애욕의 마음이 없으면 곧 애욕의 마음이 없는 줄을 스스로 깨달아 안다.

성내는 마음[瞋恚心]이 있으면 곧 성내는 마음이 있는 줄을 스스로 깨달아 알고, 성내는 마음이 없으면 성내는 마음이 없는 줄을 스스로 깨달아 안다.

어리석은 마음[愚癡心]이 있으면 곧 어리석은 마음이 있는 줄을 스스로 깨달아 알고, 어리석은 마음이 없으면 곧 어리석은 마음이 없는 줄을 스스로 깨달아 안다.

사랑해 생각하는 마음[愛念心]이 있으면 곧 사랑해 생각하는 마음이 있는 줄을 스스로 깨달아 알고, 사랑해 생각하는 마음이 없으면 곧 사랑해 생각하는 마음이 없는 줄을 스스로 깨달아 안다.

받아들이는 마음[受入心]이 있으면 곧 받아들이는 마음이 있는 줄을 스스로 깨달아 알고, 받아들이는 마음이 없으면 곧 받아들이는 마음이 없는 줄을 스스로 깨달아 안다.

어지러운 마음[亂心]이 있으면 곧 어지러운 마음이 있는 줄을 스스로 깨달아 알고, 어지러운 마음이 없으면 곧 어지러운 마음이 없는 줄을 스스로 깨달아 안다.

흩어져 떨어지는 마음[散落心]이 있으면 곧 흩어져 떨어지는 마음이 있는 줄을 스스로 깨달아 알고, 흩어져 떨어지는 마음이 없으면 곧 흩어져 떨어지는 마음이 없는 줄을 스스로 깨달아 안다.

널리 두루하는 마음[普遍心]이 있으면 곧 널리 두루하는 마음이 있는 줄을 깨달아 알고, 널리 두루하는 마음이 없으면 곧 널리 두루하는 마음이 없는 줄을 스스로 깨달아 안다.

큰 마음[大心]이 있으면 곧 큰 마음이 있는 줄을 스스로 깨달아 알고, 큰 마음이 없으면 큰 마음이 없는 줄을 스스로 깨달아 안다.

한량없는 마음[無量心]이 있으면 곧 한량없는 마음이 있는 줄을 스스로 깨달아 알고, 한량없는 마음이 없으면 곧 한량없는 마음이 없는 줄을 스스로 깨달아 안다.

사마디의 마음[三昧心]이 있으면 곧 사마디의 마음이 있는 줄을 스스로 깨달아 알고, 사마디의 마음이 없으면 곧 사마디의 마음이 없는 줄을 스스로 깨달아 안다.

해탈하지 못한 마음[未解脫心]이면 곧 해탈하지 못한 마음인 줄을 스스로 깨달아 알고, 이미 해탈한 마음[解脫心]이면 곧 이미 해탈한 마음인 줄을 스스로 깨달아 안다.

이와 같이 비구는 마음의 모습[心相]을 살펴 그 뜻을 그친다. 익히 어내는 법[習法]을 살피고 법이 사라져 다함[盡法]을 살피고, 익히 어냄을 다하는 법[習盡之法]을 살피며, 이와 같은 법 사유함을 살피고서 스스로 즐거워한다.

알 수 있고, 볼 수 있으며, 사유할 수 있고, 사유할 수 없는 것에 의지하는 바가 없으니[無所猗], 세간이라는 생각[世間想]을 일으키지 않는다. 이미 세간의 생각을 일으키지 않으면 곧 두려움이 없어지고, 이미 두려움이 없어지면 곧 남음이 없고, 이미 남음이 없으면 곧 니르바나에 이르게 된다.

그리하여 '나고 죽음은 이미 다하고, 범행은 이미 서고, 지을 바를 이미 지어 다시는 뒤의 있음을 받지 않는다'는 것을 진실 그대로 안다.

이와 같이 비구는 안으로 스스로 마음을 살펴[內觀心] 마음의 뜻이 그친다. 그리하여 어지러운 생각을 없애 시름과 근심이 없다. 밖으로 마음을 살피고[外觀心] 안팎으로 마음을 살펴[內外觀心] 마음의 뜻이 그친다[心意止].

이와 같이 비구는 마음에서 마음의 모습을 살펴 뜻이 그친다."

네 곳 살핌에서 법 살핌[法念處]을
일곱 갈래 깨달음 법으로 자세히 보이심

"어떻게 비구는 법에서 법의 모습을 살펴 뜻이 그치는가. 비구가 생각의 깨달음 법[念覺意]을 닦되 살핌[觀]을 의지하고, 욕심 없음[無欲]을 의지하며, 사라져 다함[滅盡]을 의지하여 온갖 나쁜 법[惡法]을 다 버린다.

법 가림의 깨달음 법[法覺意]·정진의 깨달음 법[精進覺意]·생각의 깨달음 법[念覺意]·쉼의 깨달음 법[猗覺意]·사마디의 깨달음 법[三昧覺意]·보살핌의 깨달음 법[護覺意]을 닦되, 살핌[觀]을 의지하고 욕심 없음[無欲]을 의지하며 모두 사라져 다함[滅盡]을 의지하여 모든 나쁜 법을 버린다.

이와 같이 비구는 법에서 법의 모습을 살펴 그 뜻이 그친다.

다시 비구는 애욕에서 해탈하여 악하여 착하지 않은 법[惡不善法]을 버리고, 느낌[覺]이 있고, 살핌[觀]이 있으며, 편안한 생각이 있어 첫째 선정[初禪]에서 스스로 즐거워한다.

이와 같이 비구는 법에서 법의 모습을 살펴 그 뜻이 그친다.

다시 비구는 느낌이 있음[有覺]을 버리고 살핌이 있음[有觀]을 버리며 안의 기쁜 생각을 내어 하나의 뜻을 오롯이 해 느낌도 없고 살핌도 없음을 이루어 생각이 편안하고 기쁘고 안온해 둘째 선정[二禪]에서 즐거워한다.

이와 같이 비구는 법에서 법의 모습을 살펴 그 뜻이 그친다.

다시 비구는 생각[念]을 버리고 보살핌을 닦아서 늘 스스로 몸의 느낌을 깨달아 알고, 여러 성현들이 구하는 바를 즐거워하며, 보살피는 생각이 청정하여 셋째 선정[三禪]을 행한다.

이와 같이 비구는 법에서 법의 모습을 살펴 그 뜻이 그친다.

다시 비구는 괴롭고 즐거운 마음을 버려 근심도 없고 기쁨도 없으며, 괴로움도 없고 즐거움도 없이 보살피는 생각이 청정해 넷째 선정[四禪]을 즐긴다.

이와 같이 비구는 법에서 법의 모습을 살펴 그 뜻이 그친다.

그는 익혀내는 법[習法]을 행하고 사라짐의 법[盡法]을 행하며, 익히어냄 다하는 법[習盡法]을 행하여 스스로 즐거워하며, 곧 법에서 법을 살펴 뜻을 그침[得法意止]이 눈앞에 나타난다.

알 수 있고 볼 수 있는 것에서 어지러운 생각을 없애버려, 의지하는 바가 없으므로 세간이라는 생각[世間想]을 일으키지 않는다.

이미 세간의 생각을 일으키지 않으면 곧 두려움이 없어지고, 이미 두려움이 없어지고 '나면 나고 죽음은 이미 다하고, 범행은 이미 서고, 지을 바를 이미 지어 다시는 뒤의 있음을 받지 않는다'는 것을 진실 그대로 안다.

여러 비구들이여, 하나로 도에 들어감[一入道]에 의해 중생들은 청정함을 얻고, 시름과 근심을 멀리 여의며, 다시는 탐욕을 기뻐하는 생각이 없고, 곧 지혜를 얻어 니르바나의 과덕을 얻는다.

이것을 다섯 덮음을 없애고 네 곳 살핌을 닦는다고 하는 것이다."

그때 여러 비구들은 붇다의 말씀을 듣고 기뻐하며 받들어 행하였다.

• 증일아함 12 일입도품(壹入道品) 一

• 해설 •

이 경에서 '하나로 도에 들어감'이란, 여래가 보인 서른일곱 실천법이 각기 그 자체대로 행함 속에 실상을 보아 도에 돌아가게 하는 샘이 없고 지음 없는 뜻[無漏無作義]이 있음을 보인 것이다.

여러 실천법은 들어가는 문을 따라 그 이름이 달라졌지만, 니르바나의 성에 들어가면 각기 다른 이름이 사라져 하나로 도에 들어간다.

다시 경은 여러 실천법들이 병통을 다스리는 대치의 뜻[對治義]이 있고 하나의 실천법이 다른 실천행 일으키는 차제와 방편의 뜻이 있음을 보인다.

그러나 차제와 방편의 법도 끝내 보디의 도에 귀결되는 것이니, 네 곳 살핌과 일곱 깨달음 법의 다른 법을 닦아도 모두 하나로 도에 들어가 여덟 바른 삶의 길에 안온하게 행하게 되는 것이다.

그렇게 되면 여덟 가지 바른 길은 다만 방편이 아니라 중도실상을 깨달은 이의 바른 삶이 된다.

이처럼 여러 실천법들이 하나인 도의 길이지만 그 안에 병통을 다스리는 대치의 뜻이 있고 방편의 뜻이 있으니, 다섯 덮음을 치유하려면 네 곳 살핌을 잘 사유해야 한다.

특히 탐욕이 많은 중생은 몸 살핌의 법을 쓰고, 세간의 모습에 집착하는 이들은 느낌 살핌의 법을 쓰며, 성냄이 많은 이들은 마음 살핌의 법을 쓰고, 법에 대해 잘 분별하지 못한 이들은 법 살핌에 일곱 깨달음 법을 써야 한다.

그러므로 네 곳 살핌의 법이 일곱 깨달음 법을 일으키고, 일곱 깨달음 법이 네 가지 선정을 일으키며, 끝내 하나로 도에 들어가 니르바나의 덕을 성취하는 것이다.

네 곳 살핌의 법을 안의 법, 밖의 법, 안팎의 법이라 말하는 것은 마음과 느낌과 법이 모두 안의 여섯 아는 뿌리[六根], 밖의 여섯 경계[六境], 안과 밖이 어우러져 일어나는 여섯 앎[六識]의 법임을 나타낸다.

마음으로 보면 온갖 법이 마음이고, 몸의 물질로 보면 온갖 법이 물질로 표현되지만, 그 온갖 법의 모습에는 의지할바 모습이 없어서 마음의 모습, 느낌·몸·법의 모습 없는 참모습을 살피면 그 뜻이 그치게 된다.

살피는 바가 공하므로 살핌에 살핌이 없어서 아는 마음과 알려지는 법이 함께 공하지만, 알되 앎 없는 마음이 바른 생각·바른 지혜·바른 살핌이 된다. 곧 살피는바 네 곳의 모습에서 모습 떠나 니르바나의 덕을 성취하면 늘 여덟 바른 삶의 길 가운데서 안온하고 편안히 중도의 길을 가게 된다.

번뇌가 번뇌를 내듯 법의 약이 법의 약을 이어서 내지만, 번뇌가 다해 법의 약이 다하면 본래의 니르바나의 땅에서 늘 안온히 살 것이다.

그렇다면 돌아가야 할 본래의 니르바나의 땅은 어디인가. 살피는바 몸과 느낌, 마음과 법, 이 나고 사라지는 세간의 땅밖에 저 언덕 니르바나의 고요함이 있는 것인가.

안과 밖의 마음, 안과 밖의 몸에서 얻을 것 없음을 알아 마음과 몸의 모습에서 뜻이 그치면, 그가 이 몸과 마음 떠나지 않고 보디에 머물러 얽매임 없는 해탈의 사람이 되는 것이니, 『화엄경』(「광명각품」)은 말한다.

세간법의 그 성품 본래 공적하여
안과 밖에서 모두 해탈하면
온갖 망령된 생각을 떠나니
같이함 없는 법 이와 같도다.

其性本空寂　內外俱解脫
離一切妄念　無等法如是

몸과 마음 바로 살피는 이는

몸과 마음이 다 평등하여
안과 밖에서 모두 해탈하리니
기나긴 겁 바른 생각에 머물러
집착 없고 얽매이는 바 없으리.

身心悉平等　內外皆解脫
永劫住正念　無著無所繫

뜻이 깨끗해 그 빛 밝은 이
행하는 바 물들어 집착 없네.
지혜의 눈 두루하지 않음 없이
넓고 크게 중생 이롭게 하리.

意淨光明者　所行無染著
智眼靡不周　廣大利衆生

마음으로 세간을 분별하지만
이 마음은 있는 바 없네.
여래는 이 법을 아시었으니
이 같아야 붇다의 몸 볼 수 있네.

心分別世間　是心無所有
如來知此法　如是見佛身

2) 여러 실천법을 나누어 말함[別說]

① 네 곳 살펴 생각함[四念處]

• 이끄는 글 •

네 곳 살펴 생각함[四念處]이 서른일곱 실천법에서 연기의 실상을 살피는 비파사나(vipaśyanā, 觀行)의 기초가 된다. 곳[處]은 살피는바 경계[所觀境]이니 몸·느낌·마음·법[身受心法]이고, 생각[念]은 살피는 지혜[能觀智]이다.

네 곳 살필 때 살피는 생각은 살피는 곳인 지혜이니, 살피는 곳에서 헛된 집착[遍計所執]이 사라지면 살피는 생각[念]이 바른 생각, 바른 견해가 되므로 네 곳 살핌이 여러 실천법의 기초가 된다.

살핌에는 경계에 대한 집착과 병통을 '마주해 다스리는 살핌'[對治觀]이 있고, 살피는바 경계의 연기실상을 바로 살펴 중도의 지견을 세우는 '실상을 바로 살핌'[實相觀]이 있다.

살피는바 경계인 네 곳[四處]에서 몸[身]은 다섯 쌓임에서 물질[色]이고, 느낌과 마음은 느낌[受]과 앎[識]이고, 법(法)은 모습 취함[想]·지어감[行]의 두 법이므로 네 곳 살핌은 바로 다섯 쌓임의 실상을 살피는 것이다.

또 다섯 쌓임의 몸은 여기 공간 속에 있는 덩어리로서의 몸을 말하는 것이 아니다. 붇다는 살펴야 할 몸을 보이면서 여섯 아는 뿌리[六根]·여섯 바깥 경계[六境]·가운데 여섯 앎[六識]을 안의 몸[內身, 六根]·밖의 몸[外身, 六境]·안팎의 몸[內外身, 六識]으로 표현하고 있으니, 몸·느낌·마음·법을 살핌이란 바로 다섯 쌓임[陰]·열두 들임[入]·열여덟 법의 영역[界]의 공한 실상을 살핌이다.

지금 살펴지는바[所觀] 쌓임[蘊]과 들임[入], 법의 영역[界]은 살피는 생각[能觀念]인 경계이고, 다섯 쌓임·열두 들임·열여덟 법의 영역은 지금 한 생각을 떠나지 않는다. 그러므로 네 곳 살핌이란 바로 '지금 눈앞의 한 생각'[現前一念]의 있되 공하고 공도 공한 실상[圓融三諦]을 바로 살핌이다.

이는 천태선사의 『마하지관』과 『관심론』에서 생각으로 부사의경계인 한 생각을 바로 돌이켜 살피는 뜻과 다르지 않다.

이처럼 '현전하는 한 생각'[現前一念]의 남이 없는 실상을 바로 살피는 것밖에 따로 관행이 세워질 것이 없지만, 중생의 망집이 몸과 느낌, 마음과 법을 따라 달리 일어나므로 그 대치하는 관행 또한 집착 따라 세워지는 것이다.

대치관으로 보면 몸에 대해서는 깨끗하다는 집착에 대해 '깨끗하지 않다는 살핌'을 닦게 하고, 느낌에 대해서는 즐거운 느낌을 취하고 괴로운 느낌 버리는 집착에 대해 '온갖 느낌이 괴롭다는 살핌'을 닦게 한다.

또 마음에 대해서는 항상하다는 집착을 깨기 위해 '덧없다는 살핌'을 닦게 하고, 법에 대해서는 '나가 있다는 집착'을 깨기 위해 '나 없다[無我]는 살핌'을 닦게 한다.

지금 여섯 아는 뿌리[六根]와 알려지는 경계[六境]가 어울려 여섯 앎[六識]이 날 때, 아는 뿌리와 경계는 지금 아는 활동 속에서 아는 자[見分]와 알려지는 것[相分]으로 주어지니, 주체는 안의 마음[內心]이라 하고 객체는 밖의 마음[外心]이라 하며 앎활동 자체는 안과 밖의 마음[內外心]이라 한다.

　몸·느낌·법 또한 마찬가지다. 실상의 살핌은 안과 밖과 안팎의 마음이 모두 공해 얻을 것 없음을 살핌이다.

　먼저 마주해 다스림[對治]의 살핌을 보기로 한다.

　천태선사의 『법계차제초문』은 네 곳 살핌[四念處, catvāri smṛty-upasthāna]에서 대치관의 뜻을 다음과 같이 말한다.

　　첫째 몸을 살핌[身念處]이니, 머리 등 여섯 부분은 네 큰 요소[四大]와 다섯 아는 뿌리[五根]가 거짓 화합한 것이므로 '몸'[身]이라 한다. 이 가운데 몸을 살피는 지혜가 '생각'[念]이 되고, 안의 몸에서 다섯 가지 깨끗하지 못함[不淨]을 보아서 깨끗하다[淨]는 뒤바뀐 생각을 깨뜨리면 이것이 곧 '살피는 곳[處]'이다.

　　밖의 몸과 안팎의 몸을 살피는 것 또한 이와 같으니, 이것이 '몸 살펴 생각함'[身念處]이다.

　　둘째 느낌을 살핌[受念處]이니, 여섯 가지 닿음[六觸]을 인연해 여섯 느낌[六受]이 나고, 여섯 느낌을 좇아 괴로움·즐거움·괴롭지도 않고 즐겁지도 않음의 세 가지 느낌이 나므로 이를 '느낌'[受]이라 이름한다. 이 가운데 느낌을 살피는 지혜를 '생각'[念]이라 하고, 세 가지 느낌이 모두 괴로움[苦]임을 밝게 통달해서 즐거움[樂]이라는 뒤바뀐 생각을 깨뜨리는 것이 '살피는 곳'이다.

　　밖의 느낌과 안팎의 느낌을 살피는 것 또한 이와 같으니, 이것이 '느낌 살펴 생각함'[受念處]이다.

　　셋째 마음을 살핌[心念處]이니, 여섯 앎 활동[六識]이 여러 경계[諸塵]를 알아 분별하고 붙잡아 생각하는 것을 '마음'[心]이라

한다. 이 가운데 안의 마음[內心] 살피는 지혜를 '생각'[念]이라 하고, 마음이 조건[緣]을 좇아 생겨서 찰나에도 머물지 않고 생각 생각 나고 사라짐을 사무쳐 알아, 항상하다[常]는 뒤바뀐 생각을 깨뜨리는 것을 '살피는 곳'이라 한다.

밖의 마음[外心]과 안팎의 마음[內外心]을 살피는 것 또한 이와 같으니, 이것이 '마음 살펴 생각함'[心念處]이다.

넷째 법을 살핌[法念處]이니, 모습 취함[想]과 지어감[行]의 두 가지 쌓임[二陰]과 세 가지 함이 없는 법[三無爲法]을 '법'이라 한다. 이 가운데 법 살피는 지혜를 '생각함'[念]이라 한다. 온갖 법을 통달하면 나와 내 것을 끝내 얻을 것이 없으니, 나 없음[無我]으로 나[我]라는 뒤바뀐 생각을 깨뜨리면 '살피는 곳'이다.

밖의 법[外法]과 안팎의 법[內外法]을 살피는 것도 이와 같으니, 이것이 '법을 살펴 생각함'[法念處]이다.

붇다의 교설에서 네 곳 살핌은 주로 대치의 관점에서 범부들의 네 가지 뒤바뀜[四顚倒]을 깨뜨리는 데 주안점을 둔다.

그러나 깨끗하다는 집착 때문에 깨끗하지 않다는 살핌을 세우면 치우친 수행자는 다시 깨끗하지 않다는 집착에 떨어지고, 즐겁다는 집착 때문에 괴롭다는 살핌을 세우면 치우친 수행자는 다시 괴롭다는 집착에 떨어진다.

나아가 항상하다는 집착 때문에 덧없음의 살핌 세우면 덧없음을 집착하고, 나 있다는 집착 때문에 나 없음의 살핌 세우면 나 없음을 집착한다.

그러나 여래의 뜻은 병을 다스리기 위해 살핌을 세운 것이라 번뇌의 병과 살핌의 약이 함께 다해야, 온갖 견해와 관념의 때가 사라진 실상의 땅[實際理地]에 이르게 된다.

대치관의 입장에서도 여래가 네 곳 살핌을 세운 것은 범부의 네 가지 뒤바뀜[凡夫四顚倒]과 치우친 수행자의 네 가지 뒤바뀜[二乘四顚倒]을 모두 깨뜨리는 데 그 뜻이 있다.

『법계차제초문』은 말한다.

만약 성문경 가운데 '생각하는 곳'[念處] 밝힘이라면 다만 네 가지 뒤바뀜[四顚倒] 깨뜨리는 것으로 생각하는 곳을 삼지만, 만약 마하야나(mahā-yāna) 가운데서 '생각하는 곳' 밝힘이라면 곧 '여덟 가지 뒤바뀐 견해 깨뜨림'을 말해 '생각하는 곳'을 삼는다.

그러므로 『대품경』은 말한다.

"만약 깊이 네 가지 살펴 생각할 곳 살피면 이것이 진리의 도량에 앉는 것[坐道場]이다."

『마하지관』은 네 곳 살핌이 바로 법계인 온갖 법의 진실 살피는 것임을 다음과 같이 몸 살핌[身念處]의 뜻을 풀이해 보인다.

만약 법의 성품을 살피면 인연으로 생기므로 한 가지가 온갖 가지이며, 한 물질[一色]이 온갖 물질[一切色]이 된다.

만약 법의 성품이 공하므로 온갖 물질이 한 물질이라면 곧 하나의 공함[一空]이 온갖 것의 공함[一切空]이 된다.

만약 법의 성품이 거짓 있음[假]이므로 한 물질이 온갖 물질이라면 곧 하나의 거짓 있음[一假]이 온갖 거짓 있음[一切假]이 된다.

만약 법의 성품이 중도이므로 하나도 아니고 온갖 것도 아니지만 하나[一]와 온갖 것[一切]을 같이 비춘다면, 또한 공함도 아니고 거짓 있음도 아니지만 공함과 거짓 있음을 같이 비춘다고 이름한다.

그러면 온갖 것은 공함도 아니고 거짓 있음도 아니지만[非空非假] 공함과 거짓 있음을 같이 살펴 비추는 것[雙照空假]이다.

한 법계[佛界]만 그런 것이 아니라 아홉 법계의 물질[九法界色, 지옥에서 보디사트바의 법계까지 아홉 법계의 물질]이 곧 공하고 거짓 있음이고 중도가 됨도 또한 다시 이와 같다.

이것을 몸 살핌[身念處]이라 한다.

연기의 실상에서 보면 안의 몸[內身]만 몸이 아니라 여섯 아는 뿌리[六根] · 여섯 경계[六境] · 여섯 앎[六識]이 모두 몸[一切色]이라 온갖 것은 안의 몸 · 밖의 몸 · 안팎의 몸으로 표현된다. 그리고 그 몸은 연기된 것이라 공하므로 하나가 연기의 있음이면 온갖 것이 그러하며, 하나가 공하면 온갖 것이 모두 공하며, 하나가 중도이면 온갖 것 온갖 몸이 공함도 아니고 있음도 아니되 공함과 있음을 모두 살리는 중도이다.

다시 몸과 물질로 보인 온갖 법은 마음으로 보면 안의 마음 · 밖의 마음 · 안팎의 마음으로 표현된다. 그 마음 또한 공함과 거짓 있음을 모두 막고 모두 살리는 마음이다.

『마하지관』은 다시 말한다.

만약 법성의 마음을 살피면 인연이 법을 내 한 가지가 온갖 가지이고, 한 마음이 온갖 마음이다.

법성이 공하므로 온갖 마음이 한 마음이고, 하나가 공하면 온갖 것이 공하다.

법성이 거짓 있음이므로 한 마음이 온갖 마음이고, 하나가 거짓 있음이면 온갖 것이 거짓 있음이다.

법성이 중도이므로 하나도 아니고 온갖 것이 아니며, 공함도 아니고 거짓 있음도 아니나, 공함과 거짓 있음을 모두 비춘다.

아홉 법계의 마음 또한 다시 이와 같으니, 이것을 마음 살핌[心念處]이라 한다.

이처럼 실상의 살핌에서 보면 살피는바 몸·느낌·마음·법이 모두 공함과 있음을 모두 막되[雙遮空假] 공함과 있음을 모두 비추는 [雙照空假] 중도인 법이다.

몸·느낌·마음·법은 곧 다섯 쌓임이고 다섯 쌓임은 지금 눈앞의 한 생각[現前一念]밖에 없으니, '지금 눈앞의 한 생각이 어디서 오는 가'를 살펴서 생각에서 생각 떠나되 생각 없음에서 생각 없음마저 떠나는 그 사람이, 네 곳 살핌에서 중도실상을 바로 살피는 사람이다.

다섯 덮음을 끊고 네 곳 살핌을 닦아야
온갖 걸림과 막힘을 뛰어넘으리니

이와 같이 내가 들었다.

한때 붇다께서는 파탈리푸트라(Pāṭaliputra) 닭숲정사[鷄林精舍]에 계셨다.

그때 세존께서 여러 비구들에게 말씀하셨다.

"너희들을 위해 네 곳 살핌[四念處] 닦음을 말해주겠다. 어떤 것이 네 곳 살핌을 닦는 것인가?

만약 비구들이여, 여래·공양해야 할 분·바르게 깨친 분·지혜와 행을 갖추신 분·잘 가신 이·세간을 잘 아시는 분·위없는 스승·잘 길들이는 장부·하늘과 사람의 스승·붇다 세존께서 세상에 나오시어 바른 법을 연설하시면, 처음 말도 좋고 가운데 말도 좋으며 뒤의 말도 좋아서, 좋은 뜻과 좋은 맛이 온전히 원만하고 깨끗해 범행(梵行)을 나타내 보이실 것이다."

수행자는 먼저 몸과 마음의 바른 율의 지켜야 함을 보이심

"만약 좋은 종족의 남자와 여인이 붇다에게서 법을 들으면 깨끗한 믿음의 마음을 얻어 이와 같이 닦아 배울 것이다.

집에 있으면서도 함께 어울려 탐욕을 즐기는 허물과, 번뇌의 맺어 묶음을 보아, 비고 한가한 곳[空閑處]에 살기를 좋아하여 집을 나와[出家] 도를 배우며, 집에 있는 것을 즐기지 않을 것이다.

그리하여 집 아닌 곳[非家]에 살면서, 한결같이 청정하고자 하면 그 몸과 목숨이 다할 때까지 온전히 원만하고 청정하며 범행이 맑아 깨끗할 것이다.

그래서 생각한다.

'나는 수염과 머리를 깎고 가사를 걸치고서 바른 믿음으로 집 아닌 데로 집을 나와 도를 배우리라.'

이렇게 사유하고는 곧 재물과 친족을 버리고 수염과 머리를 깎고 가사를 걸치고서 바른 믿음으로 집 아닌 데로 집을 나와 도를 배운다.

그리하여 몸의 행을 바로 하고 입의 네 가지 허물[四過]을 막아 보살피며, 바른 생활이 청정하여 현성의 계를 익히며, 모든 아는 뿌리의 문[根門]을 지켜 마음을 보살펴 지키며 생각을 바르게 한다.

그래서 눈이 빛깔을 볼 때도 그 형상을 취하지 않는다.

만약 눈의 뿌리에서 바른 몸가짐 아닌 데[不律儀]에 머무르면 세간의 탐욕과 근심, 악하여 착하지 않은 법이 늘 마음에서 새어나온다.

그러나 지금 바르게 행하는 이는 눈에서 바른 몸가짐[律儀]을 일으키고, 귀·코·혀·몸·뜻에서 바른 몸가짐을 일으키는 것 또한 다시 이와 같다.

그는 현성의 바른 계율을 성취함으로써 '여러 아는 뿌리의 문'을 잘 거두어, 오고 가고 두루 돌아다니며, 살펴봄과 굽히고 펴며 앉고 누움과, 자고 깨며 말하거나 말없이 잠잠함에서 모두 지혜에 머물러[住智] 지혜를 바르게 한다."

다섯 덮음을 끊고 안의 몸 바르게 살피게 하심

"그는 이와 같이 거룩한 계를 성취하여, 모든 아는 뿌리의 문을 지켜 보살피고 바른 지혜와 바른 생각으로 고요히 세간을 멀리 떠나, 빈 곳이나 나무 밑, 고요한 방에 홀로 앉아 몸을 바로 하고 생각을 바로 하여 마음을 묶어 편안히 머무르며, 세간의 탐욕과 근심을 끊고 탐욕을 떠나 깨끗이 탐욕을 버린다.

또 세간의 성냄의 덮음[瞋恚蓋]·잠과 졸음의 덮음[睡眠蓋]·들뜸과 뉘우침의 덮음[掉悔蓋]·의심의 덮음[疑蓋]을 끊고, 성냄·잠과 졸음·들뜸과 뉘우침·의심의 덮음을 떠나, 성냄·잠과 졸음·들뜸과 뉘우침·의심의 덮음을 깨끗이 없애버린다.

그리하여 마음의 지혜의 힘을 약하게 하고, 여러 막힘과 걸리는 모든 장애로서 니르바나에 나아가지 못하게 하는 다섯 덮음[五蓋]의 번뇌를 끊어 없앤다.

바르게 행하는 이는 안의 몸[內身]에서 몸을 살피는 생각에 머물러, 방편에 꾸준히 힘써 바른 지혜와 바른 생각으로 세간의 탐욕과 근심을 조복한다.”

안의 몸과 같이 바깥의 몸, 안팎의 몸, 느낌·마음·법 살핌도 그와 같아야 함을 보이심

“이와 같이 바깥의 몸과 안팎의 몸에서 몸을 살피는 생각에 머묾과 느낌[受]·마음[心]·법(法)에서 법 등을 살피는 생각에 머무는 것 또한 이와 같이 말한다.

이것을 비구가 네 곳 살핌을 닦는 것이라 한다.”

붇다께서 이 경을 말씀하시자, 여러 비구들은 듣고 기뻐하며 받들어 행하였다.

• 잡아함 636 비구경(比丘經)

여래의 설법은 한량없고 끝이 없어
늘 네 곳 살핌을 보이시니

이와 같이 내가 들었다.

한때 붇다께서는 슈라바스티 국 제타 숲 '외로운 이 돕는 장자의 동산'에 계셨다.

그때 세존께서는 여러 비구들에게 말씀하셨다.

"마치 어떤 사람이 네 가지의 강한 활을 가지고 큰 힘과 방편으로 사라 나무 그림자를 쏘면 빨리 지나가 걸림이 없는 것과 같다.

이와 같이 여래의 네 성문(聲聞)은 더욱 위로 오르는 방편과 날카로운 근기와 지혜로써 백 년의 목숨이 다하도록 여래의 가르침을 잘 받아 지닌다.

그리하여 여래 계신 곳에서 백 년 동안 설법하고 가르쳐주면, 다만 밥 먹고[食] 글 쓰고[寫] 잠잘 때[睡眠]를 내놓고는 그 가운데 늘 말하고, 늘 들어서, 날카롭고 밝은 지혜로 여래의 말씀하신 것을 끝까지 받아 지녀 모든 막힘과 걸림이 없어 여래께 두 번 묻지 않게 된다."

끝없는 여래 설법의 요점이 네 곳 살핌임을 보이심

"여래의 법 설하심은 끝이 없는 것이다. 그러니 법을 들어 목숨을 다해 백 세에 목숨이 마쳐도, 오히려 여래의 법 설하심은 다할 수 없다.

반드시 알아야 한다. 여래가 말씀하신 것은 한량이 없고 끝이 없어서, 그 설법의 이름[名]과 구절[句]과 말마디의 맛[味] 또한 한량이 없고 끝이 없으니, 곧 네 곳 살핌을 말한다.

어떤 것이 네 가지인가? 몸을 살핌[身念處]과 느낌[受]·마음[心]·법(法)을 살핌이다."

붇다께서 이 경을 말씀하시자, 여러 비구들은 붇다의 말씀을 듣고 기뻐하며 받들어 행하였다.

• 잡아함 612 궁경(弓經)

• 해설 •

중생의 삶은 눈이 빛깔을 보고 귀가 소리를 들으며 뜻이 법을 아는 열두 들임[十二入]의 장이고, 아는 마음과 알려지는 경계가 서로 어울리는 다섯 쌓임의 세계이다. 그러므로 중생의 아는 마음이 경계에 물들고 경계가 마음에 닫히면 중생의 본래 고요하고 밝은 삶은 다섯 덮음의 동요하는 삶 막힘과 걸림의 삶이 된다.

여래 위없는 스승이 세간에 출현하시어 중생의 다섯 덮음을 끊도록 법의 약을 주시니, 바로 '네 곳 살핌'이다. 네 곳 살핌은 아는 마음이 경계인 마음이고 경계가 마음인 경계이므로, 지금 몸과 마음·느낌·법을 바로 살피어 아는 마음과 알려지는 모습에서 모습을 넘어서서 마음의 해탈, 지혜의 해탈 이루게 하는 실천이다.

그러나 살핌이 사마타인 살핌이 되기 위해서는 먼저 세간 탐욕의 집을 나와 몸과 입의 허물을 막아 보살펴야 하니, 이것이 계의 방편이다. 또한 모든 아는 뿌리의 문을 지켜 마음이 흩어지지 않게 보살펴 지켜야 하니 선정의 방편이며, 생각을 바르게 해야 하니 지혜의 방편이다.

계·정·혜의 방편의 힘이 갖춰지면 몸·느낌·마음·법 살핌이 사마타인 비파사나가 되고 비파사나인 사마타가 되어, 그는 자고 깨며 말하거나 말 없음에서 늘 지혜에 머물러 다섯 덮음을 끊어 없애고 세간의 근심과 탐욕을 조복받는다.

왜 그럴 수 있는가. 눈이 빛깔을 볼 때 빛깔을 아는 눈뿌리에서 몸 살핌으로 깨끗하다는 집착을 떠나고, 눈이 보고 귀가 들어 취하는 사물의 모습에서 법 살핌으로 취할 모습이 없음을 바로 보면, 마음에서 마음을 떠나 마음 살핌이 갖춰지고 느낌에서 느낌을 떠나 느낌 살핌이 갖춰지게 되기 때문이다.

여래가 늘 설하는 네 곳 살핌의 법은 다만 대치의 방편이 아니니, 살피는 바 네 곳이 곧 다섯 쌓임이고 다섯 쌓임의 실상은 법성의 비어 고요한 집[法性空寂舍]이 되기 때문이다.

법성의 고요한 집은 남이 없고 사라짐이 없는 법계의 진리[法界理]이니, 법계의 진리에서 설함 없이 설하는 여래의 언설은 끝이 없고 마침이 없는 것이다.

몸·느낌·마음·법의 사라짐 없는 실상의 땅에서 설하는 여래의 설법이 끝이 없고, 네 곳 살핌의 번뇌 깨뜨려 니르바나에 이끄는 실천의 힘과 작용 또한 넓고 크니, 『마하지관』은 이렇게 말한다.

이와 같이 네 곳 살핌의 힘과 작용[念處力用]은 넓고 넓어서, 뜻이 대승과 소승을 겸하고 여덟 뒤바뀜[八倒]을 함께 깨뜨린다.

붇다께서 니르바나에 드실 때 사방 네 쌍의 우거진 나무, 시든 나무 그 한가운데서 니르바나에 드셨다 하니, 여래는 우거짐과 시듦을 같이 드러내고[雙顯榮枯] 우거짐과 시듦을 같이 부정하여[雙非榮枯] 그 가운데서 니르바나에 드심이다. 또한 이를 도량에 앉으심[坐道場]이라고 말하고 마하야나(mahāyāna, 大乘)라 말하며 법계(法界)라 말한다. 이처럼 넓음을 겸한 뜻, 그 모습은 어떠한가.

법성인 물질[法性色]은 실로 깨끗함이 아닌데, 범부들이 함부로 헤아려 깨끗하다고 하므로 이것을 뒤바뀜이라 한다.

실로 깨끗하지 않음이 아닌데 치우친 수행자들이 함부로 헤아려 깨끗하지 않다고 하므로 이것을 뒤바뀜이라 한다.

지금 물질의 쌓임[色種, 色陰]이 곧 공함을 살피면 온갖 것이 곧 공하며 공함 가운데 깨끗함이 없는데 어떻게 물들어 집착할 것인가.

이것을 범부가 깨끗하다 헤아리는 뒤바뀜[淨顚倒]을 깨뜨려 마름의 살핌[枯念處]이 이루어짐이라 이름한다.

지금 물질의 쌓임이 곧 거짓 있음[假]임을 살피면 온갖 것이 거짓 있음[一切假]이라 이름과 모습 분별함이 사무쳐 다할 수 없다. 거짓 있는 지혜가 늘 깨끗하여 앎 없는 티끌 수 미혹에 물들지 않으니, 어떻게 공(空)에 걸리어 사라져 없어짐을 취해 물질이 깨끗하지 않다 말하겠는가.

이것을 이승의 깨끗하지 않다는 뒤바뀜[不淨顚倒]을 깨뜨려 우거짐의 살핌[榮念處]이 이루어짐이라 이름한다.

이것을 또 여덟 가지 뒤바뀜을 함께 깨뜨려[八倒俱破] '시듦과 우거짐을 같이 세움'[枯榮雙立]이라 말한다.

붇다가 몸이 깨끗하지 않다는 살핌을 세우고 마음이 덧없다는 살핌을 세운 뜻은 몸이 깨끗하다는 범부의 뒤바뀜과 마음이 항상하다는 중생의 뒤바뀜을 깨기 위한 것이다. 그러므로 범부의 뒤바뀜이 사라지면 깨끗하지 않다는 살핌과 덧없다는 살핌도 지양되어야 한다.

참된 실상은 깨끗함과 깨끗하지 않다함, 항상함과 덧없음의 뒤바뀜이 모두 사라질 때 현전하는 것이니, 여덟 가지 뒤바뀜이 사라지면 네 살피는 곳인 몸·느낌·마음·법이 실상이 되고, 그 실상의 살핌이 니르바나가 되고 비밀장(秘密藏)이 된다.

『마하지관』은 다시 말한다.

물질의 본바탕[色本際]이 공함도 아니고 거짓 있음도 아님을 살피면, 곧 온갖 것이 공함도 아니고 거짓 있음이 아님이다.

공함이 아니기 때문에 치우친 수행자들의 깨끗하지 않다는 뒤바뀜[不

淨倒]이 아니고, 거짓 있음이 아니기 때문에 범부들의 깨끗하다는 뒤바꿈[淨倒]이 아니다.

깨끗하다는 뒤바꿈이 아니므로 우거진 나무가 아니고, 깨끗하지 않는다는 뒤바꿈이 아니므로 마른 나무가 아니다.

마름도 아니고 우거짐도 아니면 곧 두 치우친 가가 아니니[非二邊], 가도 없고 가운데도 없음을 '가운데 사이'[中間]라고 말한다. 붇다는 이 진리를 아셨으므로 니르바나라 말하고, 또한 깨끗함도 아니고 깨끗하지 않음도 아니어서 여덟 가지 뒤바꿈이 나지 않으니 니르바나라고 말한다.

이와 같은 니르바나를 비밀장이라 말한다.

여러 자식들을 비밀장 가운데 편히 두고 붇다 스스로 그 가운데 머무시므로 들어감이라고 말한다.

법성인 느낌[法性受]은 본래 즐거움이 아닌데 범부의 사람들이 함부로 헤아려 즐겁다 하니, 이것을 즐겁다는 뒤바꿈[樂顚倒]이라 한다.

실로 괴로움이 아닌데 치우친 수행자들이 함부로 헤아려 괴로움[苦顚倒]이라 한다.

지금 느낌의 쌓임이 곧 공함을 살피면 온갖 것이 공하여 공함 가운데는 즐거움이 없으니 어떻게 물듦을 내겠는가. 이렇게 되면 범부의 즐겁다는 뒤바꿈을 깨뜨려 '마름의 살핌'[枯念處]이 이루어진다.

느낌의 쌓임이 거짓 있음임을 살피면 온갖 것이 다 거짓 있음이라 받는 바가 없기 때문에[以無所受] 여러 느낌들을 받는 것이다. 그러면 이름과 들음을 분별해도 싫어함과 두려움을 내지 않으니 어떻게 이를 버리어 공에 빠져 끊어 없애겠는가.

치우친 수행자들의 괴롭다는 뒤바꿈을 깨뜨려 '우거짐의 살핌'[榮念處]이 이루어지니, 이것을 두 가지 뒤바꿈(범부의 우거짐, 이승의 마름)을 같이 깨뜨려 마름과 우거짐을 같이 세움이라 한다.

느낌의 본바탕이 공함도 아니고 거짓 있음도 아님을 살피면, 공함이 아니므로 마름이 아니고, 거짓 있음이 아니므로 우거짐이 아니어서 치우친 뒤바뀜이 나지 않는다.

이를 니르바나라 하고 가운데 사이의 치우침 없는 진리[中間理]가 드러나니 비밀장이라 한다.

다 위에 말함과 같다.

법성인 마음[法性心]은 본래 항상함이 아닌데 범부가 함부로 헤아려 항상하다고 하니 이것을 '항상함의 뒤바뀜'[常顚倒]이라 한다.

법성은 실로 덧없음이 아닌데 치우친 수행자들은 함부로 헤아려 덧없다고[無常顚倒] 한다. 지금 마음의 쌓임이 공함을 살피면 온갖 것이 곧 공하다. 공함 가운데는 항상함이 아니니 어떻게 마음이 생각생각 서로 잇는다고 말할 것인가.

이것을 범부의 항상하다는 뒤바뀜을 깨뜨려 '마름의 살핌'을 이룸이라 말한다.

마음이 거짓 이름이면 온갖 것이 다 거짓 있음이다. 마음이 만약 덧없이 흘러간다면 어떻게 한량없는 마음의 모습[無量心相]을 분별할 수 있겠는가.

이것을 치우친 수행자의 덧없음의 뒤바뀜을 깨뜨려 '우거짐의 살핌'[榮念處]을 이룸이라 말한다.

또 마음이 곧 공함도 아니고 거짓 있음도 아님을 살피면 공하지 않으므로 덧없음이 아니고 거짓 있음이 아니므로 항상함도 아니다.

우거짐도 아니고 마름도 아니어서 '치우친 가의 뒤바뀜'[邊倒]이 나지 않으니 니르바나에 들어감이라 한다.

중도의 진리[中道理]가 나타나므로 비밀장이라 이름하니, 여러 자식들을 그 안에 편안히 두고 스스로 또한 그 가운데 들어가신다.

법성인 법[法性法]은 본래 나[我] 있음이 아니지만 범부의 사람들은 함부로 헤아려 나가 있다고[我顚倒] 한다.

본래 나 없음이 아닌데 치우친 수행자들은 함부로 헤아려 나 없음이라

[無我顚倒] 한다.

지금 법성이 곧 공함을 살피면 온갖 것이 다 공하여 공함 가운데 나가 없다. 이것을 범부의 뒤바뀜을 깨뜨려 '마름의 살핌'을 이룸이라 말한다.

법성이 곧 거짓 있음임을 살피면 온갖 것이 다 거짓 세워진 것이라 자재하여 막힘이 없이 나의 뜻[我義]이 갖춰진다. 이것을 치우친 수행자의 뒤바뀜을 깨뜨려 '우거짐의 살핌'[榮念處] 이룸이라 말한다.

법의 본바탕이 공함도 아니고 거짓 있음도 아님을 살피면 공하지 않으므로 나 없음[無我]이 아니고, 거짓 있음이 아니므로 나[我]가 아니다.

치우친 가의 뒤바뀜[邊倒]이 나지 않으니 니르바나에 들어감[入涅槃]이라 말하고, 중도의 진리[中道理]가 나타나니 비밀장이라 말한다.

『화엄경』(「세주묘엄품」世主妙嚴品) 또한 우거짐과 시듦 등 여래의 끝없는 방편을 통해 중도의 진실을 보게 되면 니르바나의 땅에 이르게 됨을, 이렇게 노래한다.

여래의 끝없는 큰 방편은
널리 시방의 국토에 응하네.
붇다의 깨끗하고 밝은 빛 만나면
모두 여래의 몸을 보게 되리라.

無邊大方便　普應十方國
遇佛淨光明　悉見如來身

사리푸트라의 죽음을 슬퍼 말고
스스로와 법에 귀의해 네 곳 살펴 생각하라

이와 같이 내가 들었다.

한때 붇다께서는 라자그리하 성 칼란다카 대나무동산에 계셨다.

그때 존자 사리푸트라는 마가다 국 나다칸타 마을에서 병으로 니르바나에 들었다.

춘다(Cunda) 사미(沙彌)가 살펴드리고 공양하였는데, 존자 사리푸트라가 병으로 니르바나에 들자, 존자 사리푸트라를 공양한 뒤에 남은 사리(舍利)를 거두어가지고 가사와 발우를 지니고 라자그리하 성에 이르렀다.

가사와 발우를 거두어들고 발을 씻은 뒤에 존자 아난다가 있는 곳으로 가 존자 아난다의 발에 절하고 나서, 한쪽에 물러서서 존자 아난다에게 말했다.

"존자시여, 아셔야 합니다. 저의 화상 존자 사리푸트라께서는 이미 니르바나에 드셨습니다. 저는 그분의 사리와 가사와 발우를 가지고 왔습니다."

다섯 가지 법의 몸과 진리의 행은 나고 죽음이 아님을 보이심

그러자 존자 아난다는 춘다 사미의 말을 듣고, 붇다께서 계신 곳으로 가서 붇다께 말씀드렸다.

"세존이시여, 저는 지금 온몸이 찢어질 것 같고, 사방이 캄캄하고 아득하며, 말문이 막혀버렸습니다.

춘다 사미가 제게 찾아와 이렇게 말했습니다.

'화상 사리푸트라께서 이미 니르바나에 드시어, 그분의 사리와 가사와 발우를 가지고 왔습니다.'"

붇다께서 말씀하셨다.

"어떠냐? 아난다여, 저 사리푸트라가 받은 바 계의 몸[戒身]을 가지고 니르바나에 들었느냐? 선정의 몸[定身]·지혜의 몸·해탈의 몸[解脫身]·해탈지견의 몸[解脫知見身]을 가지고 니르바나에 들었느냐?"

아난다가 붇다께 말씀드렸다.

"아닙니다, 세존이시여."

붇다께서 아난다에게 말씀하셨다.

"만약 저 법(法)을 내가 스스로 알아 평등하고 바른 깨달음[等正覺]을 이루고서 말한 것, 곧 네 곳 살핌[四念處]·네 가지 바른 끊음[四正斷]·네 가지 자재한 선정[四如意足]·다섯 가지 진리의 뿌리[五根]·다섯 가지 진리의 힘[五力]·일곱 갈래 깨달음 법[七覺支]·여덟 가지 바른 길[八正道]를 가지고 니르바나에 들었느냐?"

아난다가 붇다께 말씀드렸다.

"아닙니다. 그러나 세존이시여, 비록 받은 바 계의 몸에서부터 나아가 여러 가지 실천의 법에 이르기까지 어느 것도 가지고 니르바나에 드시지 않으셨습니다.

그러나 존자 사리푸트라께서는 계를 지니고 많이 들었으며, 욕심 줄여 만족할 줄 아셨고, 늘 멀리 여읨[遠離]을 행하시고, 방편에 꾸준히 힘썼으며, 생각을 거두어 편안히 머물고, 한 마음으로 선정에 드셨습니다[一心正受]. 그리하여 날래고 빠른 지혜 · 깊고 날카로운 지혜 · 벗어나는 지혜 · 분별하는 지혜 · 큰 지혜 · 넓은 지혜 · 깊고 깊은 지혜 · 비할 바 없는 지혜의 보배를 성취하시어, 보이고 가르치며, 비추고 기쁘게 하며, 착함을 기뻐하시고, 잘 칭찬하면서 대중을 위해 설법하셨습니다.

그러므로 세존이시여, 저는 법 때문에 그리고 법을 받는 이[受法者]를 위해서 시름하고 근심하며 괴로워하는 것입니다."

사리푸트라의 죽음을 슬퍼 말고 덧없는 법의 실상 살피게 하심

붇다께서 아난다에게 말씀하셨다.

"너는 시름하고 근심하거나 괴로워하지 말라. 왜 그런가. 앉거나 일어나거나 짓거나 함이 있으면 무너지고야 마는 법이니, 어떻게 무너지지 않을 수 있겠느냐?

무너지지 않도록 한다는 것은 그럴 수 없는 것이다.

나는 앞에 이미 말했다.

'온갖 사랑해 생각하는 갖가지 여러 물건들과 마음에 드는 일 그 온갖 것은 다 어긋나 떠나는 법이라 늘 보존할 수 없다.

비유하면 큰 나무의 뿌리 · 줄기 · 가지 · 잎 · 꽃 · 열매가 우거진 데서 큰 가지가 먼저 부러지는 것과 같고, 큰 보배산에서 큰 바위가 먼저 무너지는 것과 같이, 여래의 대중권속에서 저 큰 성문[大聲聞]이 먼저 파리니르바나(parinirvāṇa)에 든 것이다.

만약 그곳에 사리푸트라가 머물고 있었다면, 그곳에서 내가 해야 할 일은 없었다. 그처럼 그곳에서 나는 공허하지 않았으니, 그건 사리푸트라가 있었기 때문이다.

내가 앞에 이미 말했기 때문에 너는 지금 아난다여, 내가 앞에 말한 대로 해야 한다.

사랑해 생각하고 갖가지 마음에 드는 것들은 다 헤어지는 법이므로, 너는 이제 너무 근심하고 시름해 다치지 마라."

스스로와 법을 섬으로 삼아 네 곳 살핌 닦도록 당부하심

"아난다여, 알아야 한다. 여래도 오래지 않아 또한 가게 될 것이다.

그러므로 아난다여, 스스로[自]를 섬[洲]으로 삼아 스스로를 의지하고, 법을 섬으로 삼아 법을 의지하며, 다른 것을 섬으로 삼지 말고 다른 것을 의지하지 말아야 한다."

아난다가 붇다께 여쭈었다.

"세존이시여, 어떤 것이 스스로를 섬으로 삼아 스스로를 의지하는 것입니까?

어떤 것이 법을 섬으로 삼아 법을 의지하는 것입니까?

어떤 것이 다른 것을 섬으로 삼지 않고 다른 것에 의지하지 않는 것입니까?"

붇다께서 아난다에게 말씀하셨다.

"비구라면 몸에서 몸 살피는 생각으로 방편에 꾸준히 힘써 바른 지혜와 바른 생각으로 세간의 탐욕과 근심을 조복한다. 이와 같이 바깥의 몸과 안팎의 몸, 느낌·마음·법에서 법 등을 살피는 생각 또한 이와 같이 말한다.

아난다여, 이것을 '스스로를 섬으로 삼아 스스로를 의지하고, 법을 섬으로 삼아 법을 의지하며, 다른 것을 섬으로 삼지 말고 다른 것을 섬으로 삼아 의지하지 말라'고 하는 것이다."

붇다께서 이 경을 말씀하시자, 여러 비구들은 붇다의 말씀을 듣고 기뻐하며 받들어 행하였다.

• 잡아함 638 순다경(純陀經)

• 해설 •

세존보다 먼저 파리니르바나에 든 사리푸트라의 소식을 듣고 너무 크게 슬퍼하고 아파하는 아난다에게 세존은 네 곳 살핌으로 정진하여 스스로 연기의 진실을 보아 무너짐 없는 믿음의 세계로 나아가도록 가르치신다.

세존의 물음 가운데 사리푸트라가 다섯 가지 진리의 몸[五分法身] 네 곳 살핌 등 여러 실천법을 가지고 니르바나 하였는가를 물으시니, 이 뜻은 무엇일까.

이는 사리푸트라가 비록 니르바나에 들었지만 사리푸트라가 곧 다섯 가지 진리의 몸이고 사리푸트라가 곧 네 곳 살피는 지혜라, 진리의 몸[法身]과 연기의 실상 살피는 지혜의 목숨[慧命]에는 가고 옴이 없고, 나고 사라짐이 없음을 보이신 것이다.

네 곳 살펴 살피는바 경계에 나도 없고 나 없음도 없으며 항상함도 없고 덧없음도 없음을 깨달으면, 그가 바로 나고 사라짐이 없는 법계의 집[法界家]에서 참된 항상함을 누리는 자이다.

크신 성문 사리푸트라 존자는 덧없음의 바람을 타고 파리니르바나에 들었으나, 그는 실로 본래 적멸되어 있는 진리의 땅을 떠나지 않으니, 그 무엇을 슬퍼하며 그 어떤 것에 망설임을 일으키고 의심을 일으킬 것인가.

그가 바로 길이 무너짐이 없는 믿음의 땅에 이미 들어서, 여래의 위없는 보디를 짊어지고 나아가는 자이며, 기나긴 겁 여래를 떠나지 않고 여래의 참된 교화를 늘 도와 드날릴[助揚眞化] 참사람인 것이다.

아니룻다여, 어떤 공덕을 닦아 익혀
큰 덕과 신묘한 힘을 이루었소

이와 같이 내가 들었다.

한때 붓다께서는 슈라바스티 국 제타 숲 '외로운 이 돕는 장자의 동산'에 계셨다.

그때 존자 사리푸트라 · 존자 마하목갈라야나 · 존자 아난다 · 존자 아니룻다도 슈라바스티 국에 있었다.

그때 존자 마하목갈라야나는 존자 아니룻다가 있는 곳으로 찾아가 서로 같이 문안하고 위로한 뒤에 한쪽에 앉았다.

그때 존자 마하목갈라야나가 존자 아니룻다에게 물었다.

"어떤 공덕을 닦아 익히고 많이 닦아 익혀서 이런 큰 덕과 신묘한 힘을 이루었소?"

네 곳 살핌으로 탐욕과 근심 없앰을 보임

존자 아니룻다가 존자 마하목갈라야나에게 말했다.

"저는 네 곳 살핌을 닦아 익히고 많이 닦아 익혀, 이러한 큰 덕과 신묘한 힘을 이루었습니다.

어떤 것이 네 가지냐 하면, 다음과 같습니다. 안의 몸[內身]에서 몸을 살펴 마음을 매어 머물고, 방편에 부지런히 힘써 바른 생각과 바른 앎으로 세간의 탐욕[貪]과 근심[憂]을 없앴습니다.

바깥의 몸[外身]과 안팎의 몸[內外身]에서도 그와 같이 살피고,

안의 느낌[內受]·바깥의 느낌[外受]·안팎의 느낌[內外受],

안의 마음[內心]·바깥의 마음[外心]· 안팎의 마음[內外心],

안의 법[內法]·바깥의 법[外法]·안팎의 법[內外法]에서 법 등을 살펴 마음을 매어 머물고, 방편에 부지런히 힘써 바른 생각과 바른 앎으로 세간의 탐욕과 근심을 없앴습니다."

네 곳 살핌으로 성취되는 공덕과 신묘한 힘을 보임

"이것을 네 곳 살핌을 닦아 익히고 많이 닦아 익히면, 이러한 큰 덕과 신묘한 힘 이루는 것이라 합니다. 그래서 저는 적은 방편으로도 천 개의 수메루 산을 다 살필 수 있습니다.

마치 눈 밝은 사람이 높은 산꼭대기에 올라 일 천의 사라나무 숲을 내려다보는 것과 같습니다.

제가 네 곳 살핌을 닦아 익히고 많이 닦아 익혀 이러한 큰 덕과 신묘한 힘을 이루어 적은 방편으로도 일 천 수메루 산을 다 볼 수 있는 것도 이와 같습니다.

이와 같이 존자 마하목갈라야나여, 저는 네 곳 살핌을 닦아 익히고 많이 닦아 익혀 이 큰 덕과 신묘한 힘을 이룬 것입니다."

그때 두 존자[正士]는 서로 같이 논의를 마치고 각기 자리에서 일어나 떠나갔다.

• 잡아함 538 목련소문경(目連所問經)

아난다여, 저는 네 곳 살피어 큰 신통의 힘을 이루고 세간의 탐욕과 근심 없앴소

이와 같이 내가 들었다.

한때 붇다께서는 슈라바스티 국 제타 숲 '외로운 이 돕는 장자의 동산'에 계셨다.

그때 존자 사리푸트라·존자 마하목갈라야나·존자 아난다·존자 아니룻다는 슈라바스티 국 '손으로 판 목욕 못'[手成浴池]가에 있었다.

그때 존자 아난다가 존자 아니룻다 있는 곳에 찾아가, 서로 같이 문안하고 위로한 뒤에 한쪽에 앉았다.

존자 아난다가 존자 아니룻다에게 물었다.

"어떤 공덕을 닦아 익히고 많이 닦아 익혀 이와 같은 큰 덕[大德]과 큰 힘[大力], 큰 신통의 힘[大神通]을 성취하셨소?"

네 곳 살핌으로 큰 덕과 힘, 신통 갖춤을 말함

존자 아니룻다가 존자 아난다에게 말했다.

"저는 네 곳 살핌을 닦아 익히고 많이 닦아 익혀, 이와 같은 큰 덕과 큰 힘, 큰 신통의 힘을 성취하였습니다.

어떤 것이 네 가지냐 하면, 곧 이렇습니다. 안의 몸에서 몸을 살피는 생각[身觀念處]으로 마음을 매어 머물러, 방편에 부지런히 힘써 생각을 바로 하고 앎을 바로 하여 세간의 탐욕과 근심을 없앴습니다.

이와 같이 바깥의 몸·안팎의 몸, 안의 느낌·바깥의 느낌·안팎의 느낌, 안의 마음·바깥의 마음·안팎의 마음, 안의 법·바깥의 법·안팎의 법에서 법 등을 살피는 생각으로 마음을 매어 머물고, 방편에 부지런히 힘써 세간의 탐욕과 근심을 없앴습니다."

네 곳 살핌으로 하늘눈의 신통과 큰 위덕 얻음을 다시 말함

"이와 같이 존자 아난다여, 저는 이 네 곳 살핌을 닦아 익히고 많이 닦아 익혀, 적은 방편으로 하늘이나 사람의 눈보다 깨끗한 하늘눈[天眼]으로 여러 중생들의 죽는 때와 태어나는 때, 좋은 몸[好色]과 나쁜 몸[惡色], 높은 몸[上色]과 낮은 몸[下色], 좋은 곳[善趣]과 나쁜 곳[惡趣] 등, 그 업을 따라 태어남 받는 것을 다음과 같이 다 진실 그대로 봅니다.

'이 여러 중생들은 몸의 나쁜 행과 입과 뜻의 나쁜 행, 현성을 비방함, 삿된 견해의 인연으로 몸이 무너지고 목숨 마치고는 지옥 가운데 태어나게 될 것이다.

또 이와 같은 중생들은 몸의 좋은 행과 입과 뜻의 좋은 행, 현성을 비방하지 않음과 바른 견해의 인연으로 몸이 무너지고 목숨 마치고는 하늘위에 태어나게 될 것이다.'

비유하면 마치 눈 밝은 사람이 네거리에 머물러 여러 사람들이 오고 가는 것과 앉고 눕는 것을 보는 것처럼, 저 또한 그와 같아서 네 곳 살핌을 닦아 익히고 많이 닦아 익혀, 이러한 큰 덕과 큰 힘, 신통의 힘을 성취함으로써 여러 중생들이 죽는 때와 나는 때, 좋은 곳과 나쁜 곳에 태어남을 이렇게 볼 수 있습니다.

'이와 같은 중생들은 몸의 나쁜 행과 입과 뜻의 나쁜 행, 현성을 비방함, 삿된 견해의 인연으로 지옥 가운데 태어나며, 이와 같은 중생들은 몸의 좋은 행과 입과 뜻의 좋은 행, 현성을 비방하지 않음과 바른 견해의 인연으로 몸이 무너지고 목숨 마치고는 하늘위에 태어나게 될 것이다.'

　이와 같이 존자 아난다여, 저는 네 곳 살핌을 닦아 익히고 많이 닦아 익혀, 이러한 큰 덕과 큰 힘, 신통의 힘을 성취한 것입니다."

　두 존자[正士]는 서로 같이 논의하고서는 각기 자리에서 일어나 떠나갔다.

　• 잡아함 539 아난소문경(阿難所問經)

　• 해설 •

　세존의 성문제자 가운데 네 곳 살핌으로 크나큰 신통과 사마디를 얻은 분은 아니룻다 존자이다.

　그는 육체의 눈[肉眼]이 멀었지만 하늘눈[天眼]을 얻어 천 개의 수메루 세계를 다 볼 수 있으니, 소천세계(小天世界)를 모두 볼 수 있는 신통이 다 네 곳 살핌의 수행으로 얻은 것이다.

　그래서 붓다의 가장 높은 제자들인 사리푸트라와 목갈라야나, 아난다와 같은 존자들도 네 곳 살핌에 관해서는 아니룻다에게 그 뜻을 물어서 네 곳 살핌의 도를 넓혀주고 있는 것이다.

　아니룻다 존자가 말한 하늘눈의 신통이 다만 장애 밖의 사물을 보는 눈인가. 아니룻다의 하늘눈은 보는 인식능력을 키우고 넓혀서 얻은 하늘눈이 아니라, 사마디에서 일어난 지혜의 눈[慧眼] 법의 눈[法眼]이니, 저 세계를 보되 봄이 없고 봄이 없이 끝없는 세계를 잘 살펴볼 수 있는 눈이다.

　그러므로 아니룻다 존자는 몸의 눈[肉眼]이 멀었지만 하늘눈으로 장애 밖의 세계를 볼 수 있을 뿐 아니라, 지혜의 눈 법의 눈으로 여래의 진리의 눈을 세간에 열어주는 것이다.

곧 아니룻다 존자는 네 곳 살핌을 통해 보여지는바 세계가 공한 줄 알아 보는 나의 눈과 보여지는 세계가 둘이 아닌 사마타(śamatha)를 이루고, 보는 나와 보여지는 세계가 공하되 공도 공해 거짓 있음인 줄 알아 사마타인 비파사나를 이루게 되어 세계를 봄이 없이 보는 것이다.

아니룻다 존자의 하늘눈은 사마타의 지혜눈이니, 저 끝없는 세계를 보되 한 티끌도 본 바가 없고, 아니룻다 존자의 하늘눈은 비파사나의 법의 눈이니, 봄이 없이 여기 앉아 천 개의 수메루 세계를 보고 한량없는 중생의 업보의 차별을 보는 것이다.

그러니 네 곳 살핌을 어찌 히나야나(hīnayāna)의 작은 수레라 말할 것인가. 이 법이 마하야나(mahāyāna), 가장 높은 진리의 수레[最上乘]인 것이다.

비구들이여, 안온한 니르바나에 머물려면
네 곳 생각함을 닦아 익혀야 하오

이와 같이 내가 들었다.

한때 붇다께서는 슈라바스티 국 제타 숲 '외로운 이 돕는 장자의 동산'에 계셨다.

그때 존자 아니룻다는 슈라바스티 국 소나무숲정사[松林精舍, Salalāgāraka-vihāra]에 있었다.

그때 많은 비구들이 존자 아니룻다 있는 곳에 찾아와 서로 같이 문안하고 위로한 뒤에 한쪽에 앉아 존자 아니룻다에게 물었다.

"만약 비구가 배움의 지위[學地]에 있으면서 위로 안온한 니르바나에 머물기를 구한다면, 거룩한 제자는 어떻게 닦아 익히고 많이 닦아 익혀야 이 법과 율에 의해 모든 흐름[諸漏]이 다함을 얻을 수 있습니까?

그리하여 샘이 없이[無漏] 마음이 해탈하고[心解脫] 지혜가 해탈하여[慧解脫], 현재의 법에서 스스로 증득한 줄을 알아 '나의 태어남은 이미 다하고 범행은 이미 서고, 지을 바를 이미 지어 다시는 뒤의 있음을 받지 않는다'고 스스로 알 수 있겠습니까?"

네 곳 살핌으로 마음의 해탈과 지혜의 해탈 얻을 수 있음을 보임

존자 아니룻다가 여러 비구들에게 말했다.

"만약 비구가 배움의 지위에 있으면서 위로 안온한 니르바나에 머물기를 구한다 합시다. 그러면 거룩한 제자는 어떻게 닦아 익히고 많이 닦아 익혀야 이 법과 율에 의해 모든 흐름이 다함을 얻을 수 있을까요? 그래서 샘이 없이 마음이 해탈하고 지혜가 해탈하여, 현재의 법에서 스스로 증득한 줄을 알아 '나의 태어남은 이미 다하고 범행은 이미 서고, 지을 바를 이미 지어 다시는 뒤의 있음을 받지 않는다'고 스스로 알 수 있을까요?

그렇다면 네 곳 살핌에 머물러야 하오. 어떤 것이 네 가지인가 하면, 다음과 같소.

곧 안의 몸에서 몸을 살펴 생각함과 느낌·마음·법에서 법 등을 살펴 생각함이오. 이와 같이 네 곳 살핌을 닦아 익히고 많이 닦아 익히면, 이 법과 율에서 모든 흐름 다할 수 있고, 샘이 없이 마음이 해탈하고 지혜가 해탈하게 되오.

그리하여 현재의 법에서 스스로 증득한 줄을 알아 '나의 태어남은 이미 다하고 범행은 이미 서고, 지을 바를 이미 지어 다시는 뒤의 있음을 받지 않는다'고 스스로 알 수 있소."

그때 여러 비구들은 존자 아니룻다의 말을 듣고 함께 기뻐하면서, 제각기 자리에서 일어나 떠나갔다.

• 잡아함 542 유학누진경(有學漏盡經)

• 해설 •

배움의 지위에 있는 수행자는 어떤 사람인가. 붇다와 붇다의 가르침에 믿음을 내고 연기의 세계관에 지혜의 눈을 열었지만, 아직 번뇌의 흐름이 다하지 못한 수행자이다. 그가 어떻게 해야 온갖 흐름을 다하고 마음의 해탈과 지혜의 해탈을 얻을 수 있겠는가.

아니룻다 존자는 네 곳 살핌으로 닦아 익혀 네 곳의 실상을 살펴 생각하면 여래의 다르마(dharma, 法)와 비나야(vinaya, 律)에서 해탈을 얻을 수 있다고 답한다. 지금 한 생각 마음을 돌이켜 마음이 공한 줄 알면 마음이 항상하다는 집착을 넘어서고, 마음이 공하되 거짓 있는 줄 알면 마음이 덧없다는 집착을 넘어선다.

마음을 돌이켜 살펴 나되 남이 없음을 바로 보면 마음이 해탈하고, 남이 없되 남이 없이 나는 줄 알아 공함에 머물지 않으면 지혜가 해탈한다.

마음 살핌과 같이 몸·느낌·법 또한 그러하니, 살피는바 네 곳의 법에서 실로 있음을 뛰어넘고 실로 없음을 뛰어넘으면, 그가 바로 현재의 법에서 니르바나에 들어간 자[入涅槃]이고 여래의 도량에 앉은[坐道場] 자이다.

『화엄경』(「수미정상게찬품」)은 몸[身]에서 몸 없음[無身]을 보아 봄[見]에서 봄을 떠나면 붇다의 위없는 몸을 보아 해탈할 수 있음을 다음과 같이 보인다.

> 범부는 밝게 깨친 지혜가 없으니
> 붇다께서 바른 법에 머물게 하네.
> 모든 법은 머무는 바가 없으니
> 이를 깨치면 자기 몸 볼 수 있으리.
>
> 凡夫無覺解　佛令住正法
> 諸法無所住　悟此見自身
>
> 몸 아닌 데서 거짓 몸을 말하고
> 일어남 아니지만 일어남 나투니
> 몸이 없고 또한 봄도 없으면
> 이것이 붇다의 위없는 몸이네.
>
> 非身而說身　非起而現起
> 無身亦無見　是佛無上身

지금 노사나 붇다를 뵙고
그 무엇도 무너뜨릴 수 없는
깨끗한 믿음 거듭 늘리네.
붇다의 지혜 끝이 없으사
연설하심 다할 수 없네.

今見盧舍那　重增淸淨信
佛智無邊際　演說不可盡

「보현행품」 또한 이렇게 말한다.

세간의 갖가지 여러 몸에서
온갖 몸의 진실 밝게 알아
이와 같이 몸의 법을 안다면
모든 붇다의 몸을 얻게 되리라.

世間種種身　一切悉了知
如是知身法　則得諸佛身

② 네 가지 바른 끊음[四正斷]

• 이끄는 글 •

네 가지 바르게 힘씀[四正勤]은 네 가지 바르게 끊음[四正斷]이라고 하니, 바르게 힘쓰는 행은 악함 끊는 것이 그 실천의 내용이 되기 때문이다.

또 악함을 끊고 착함을 내기 위해 힘써 행하므로 이 행을 힘씀과 끊음으로 이름한다. 악함을 끊고 착함을 내야 하는 것은 선악이 공하되 선악이 공한 곳에서 선악이 늘 새롭게 연기하기 때문이니, 악은 늘 끊음 없이 끊고 선은 늘 지음 없이 지어야 하는 것이다.

천태선사의 『마하지관』은 여러 실천법들이 각기 그 법에서 대치하는 실천의 내용이 있어서 차제가 아니지만 사람 때문에 차제가 세워짐을 다음과 같이 말한다.

만약 깊이 네 곳 살핌[四念處]을 행할 수 있으면 이것이 도량에 앉음[坐道場]이고 이것이 마하야나이며 이것이 두 그루 사라 나무 사이에서 니르바나에 들어감이라, 비롯함과 마침이 갖추어져 다시 다른 법 닦을 것이 없다.

만약 들어가지 못한 자는 다시 다른 실천법을 행해야 하는데, 부지런히 네 곳 살핌을 행하면 바르게 힘씀[正勤]이라 한다.

있음에 물든 견사혹(見思惑)이 본디 일어나 있으면 이미 생긴 악[已生惡]이라 하는데, 그 악이 곧 공함을 살펴 이미 생긴 악을 생기지 않도록 하므로 부지런히 정진함이다.

공에 빠져 일으키는 티끌수 미혹[塵沙惑]과 중도의 진실에 어두운 무명혹(無明惑)은 아직 나지 않은 악[未生惡]이라 하는데, 그 악(아직 나지 않은 악)이 곧 거짓 있음이며 곧 중도임을 살펴 아직 생기지 않은 악을 생기지 않도록 하므로 부지런히 정진함이다.

힘을 다하고 정성을 다해 네 가지 사마디[四種三昧]를 행하여 이 두 악을 막으면 일체지(一切智)이니 이미 생긴 선[已生善]이라 한다. 이 선은 쉽게 생기므로 니르바나의 도를 쉽게 얻는다고 말한다.

차별지인 도종지(道種智)와 중도지혜인 일체종지(一切種智)를 아직 생기지 않은 선[未生善]이라 하는데 이 분별의 지혜는 일어나기 어렵다. 공한 지혜가 이미 났으면 부지런히 늘려 키우고, 중도의 지혜가 아직 나지 않았으면 열어낸다. 세 가지 살핌이 사이가 없도록 하는 것은 이것이 다만 두 지혜를 내기 위함일 뿐이다.

이것이 곧 네 가지 바르게 힘씀이 또한 도를 깨달을 수 있으므로 한 마음으로 부지런히 정진하면 삼보디(saṃbodhi, 正覺)를 얻는다고 말하는 것이니 다른 법이 필요치 않다.

천태선사는 위 풀이에서 착한 법과 악한 법을 다만 중생이 짓는 선악의 행이 아니라, 행위를 일으키는 미혹을 잡아 끊어야 할 세 가지 미혹[三惑]을 악이라 하고 얻어야 할 세 가지 지혜[三智]를 착함이라 한다.

모습에 물든 감성적 미혹·이성적 미혹[見思惑]이 탐욕의 뿌리가 되므로 집착된 모습과 탐욕이 공함을 살펴 그 악을 깨뜨려야 한다.

공에 빠진 미혹[塵沙惑]이 티끌 수 경계를 등지는 허물을 일으키니 공도 공해 거짓 있음이 일어남을 살펴 공하다는 집착을 깨뜨리며, 무명의 미혹[無明惑]은 중도의 진실을 살펴 그 미혹의 악을 깨뜨려야 한다.

아직 일어나지 않은 공에 빠진 미혹은 지금 없지만 거짓 있음으로 있는 것이라 그 악을 거짓 있음으로 살펴 일어나지 않게 함이다.

이미 생긴 악이든 아직 나지 않은 악이든 악이 공하므로 악을 끊을 수 있지만 악이 다만 공하지 않으므로 악은 늘 일어나지 않게 해야 한다. 또 이미 지은 선이든 아직 짓지 않은 선이든, 선이 공하므로 지은 선에 머물지 않아야 하고 선이 다만 공하지 않으므로 늘 새롭게 선을 지어야 한다.

『법계차제초문』은 악을 끊음과 착한 일 지어감에 대해, 다음과 같이 네 가지 바르게 힘씀, 곧 바르게 끊음을 말한다.

네 가지 바르게 힘씀에서 첫째는 이미 생긴 악한 법을 끊어 없애기 위해 한 마음으로 부지런히 정진함이다. 둘째는 아직 생기지 않은 악한 법은 생기지 않도록 하기 위해 한 마음으로 부지런히 정진함이다. 셋째는 아직 생기지 않은 착한 법은 나게 하기 위해 한 마음으로 부지런히 정진함이다. 넷째는 이미 생긴 착한 법은 늘려 키우기 위해 한 마음으로 부지런히 정진함이다.

첫째, 이미 생긴 악한 법을 끊어 없애기 위해 한 마음으로 부지런히 정진함이란 다음과 같다. 네 가지 살필 곳[四念處]을 살펴 생각할 때 만약 게으른 마음이 일어나 다섯 가지 덮음 등 모든 번뇌가 마음을 덮어 믿음 등의 다섯 가지 착한 뿌리를 여의게 될 때, 이와 같은 악이 이미 일어났으면 끊기 위해 한 마음으로 부지런히 정진하여 방편으로 끊어 없애 다하도록 하는 것이다.

둘째, 아직 생기지 않은 악한 법을 생기지 않도록 한 마음으로 부지런히 정진함이란 다음과 같다. 네 가지 살필 곳을 살펴 생각할 때 게으른 마음과 다섯 가지 덮음 등 온갖 번뇌와 악한 법이 비록 생기지 않았으나, 뒤에 생겨서 믿음 등의 다섯 착한 뿌리를 막을까 걱정하여, 지금 생기지 않도록 하기 위해 한 마음으로 부지런히 정진해서 방편으로 막고 그쳐서 생기지 않게 하는 것이다.

셋째, 아직 생기지 않은 착한 법을 생기게 하려고 한 마음으로 부지런히 정진함이란 다음과 같다. 네 가지 살필 곳을 살펴 생각할 때 믿음 등 다섯 착한 뿌리[五根]가 아직 생기지 않은 것을 생기도록 하려고 한 마음으로 부지런히 정진해서 방편으로 닦아 익혀 믿음 등의 다섯 착한 뿌리가 생기도록 하는 것이다.

넷째, 이미 생긴 착한 법을 늘려 키우기 위해 한 마음으로 부지런히 정진함이란 다음과 같다. 네 가지 살필 곳을 살펴 생각할 때 믿음 등 다섯 착한 뿌리가 이미 생겼으면 늘려 키우기 위해 한 마음으로 부지런히 정진해서 방편으로 닦아 익혀 믿음 등의 착한 뿌리가 물러나 없어지지 않고 더욱 늘어나 자라도록 함이다.

이 네 가지를 통틀어 '바르게 힘씀'[正勤]이라고 하는 것은 삿된 도를 깨뜨려 바른 도 가운데서 부지런히 행하므로 '바르게 힘씀'이라 이름한다.

네 가지 바른 끊음은 모두
바르게 깨치신 이의 말씀이니

이와 같이 내가 들었다.

붇다께서는 슈라바스티 국 제타 숲 '외로운 이 돕는 장자의 동산'
에 계시면서 여러 비구들에게 말씀하셨다.

"네 가지 바른 끊음이 있다. 어떤 것이 넷인가.

첫째는 끊으려 함으로 끊음[斷斷]이요, 둘째는 율의로 끊음[律儀
斷]이요, 셋째는 따라 보살펴 끊음[隨護斷]이요, 넷째는 닦아 끊음
[修斷]이다."

네 가지 끊음의 실천 내용을 갖추어 보이심

"어떤 것이 끊으려 함으로 끊음인가.

만약 비구가 이미 일어난 악하여 착하지 않은 법을 끊으려는 마
음을 내어 방편에 부지런히 힘써 거두어들이고, 아직 일어나지 않은
악하여 착하지 않은 법은 일어나지 않게 하려는 마음을 내어 방편에
부지런히 힘써 거두어들인다 하자.

그리고 아직 생기지 않은 착한 법은 일어나게 하려는 마음을 내어
방편에 부지런히 힘써 거두어들이고, 이미 생긴 착한 법은 더욱 닦
아 익히려는 마음을 내어 방편에 부지런히 힘써 거두어들인다 하자.
그러면 이것을 끊으려 함으로 끊음이라 한다.

어떤 것이 율의로 끊음인가. 만약 비구가 눈을 잘 보살펴 은밀히

조복하여 나아가고, 이와 같이 귀·코·혀·몸·뜻을 잘 보살펴 은밀히 조복하여 나아가면 이것을 율의로 끊음이라 한다.

어떤 것이 따라 보살펴 끊음인가. 곧 비구가 이러저러한 여러 진실한 사마디의 모습[眞實三昧相]을 잘 지켜 보살펴 지니는 것이다.

사마디의 모습이라 함은 죽은 시체가 퍼렇게 된다는 생각, 부풀어 오른다는 생각, 고름이 나온다는 생각, 무너진다는 생각, 벌레들이 끝없이 먹는다는 생각[食不盡相]이니, 이런 생각을 닦아 익혀 지키고 보살펴, 물러나 사라지지 않게 하면 이것을 따라 보살펴 끊음이라 한다.

어떤 것이 닦아 끊음인가. 만약 비구가 네 곳 살핌을 닦으면 이것을 닦아 끊음이라 한다."

게송으로써 네 가지 끊음 닦도록 당부하심

그때에 세존께서는 곧 게송을 말씀하셨다.

끊으려 함으로 끊음과 율의로 끊음
따라 보살펴 끊음과 닦아서 끊음
이 네 가지 거룩하고 바른 끊음은
올바로 깨친 이의 말씀이시니
비구가 이 방편을 힘써 행하면
모든 흐름을 다할 수 있게 되리라.

붇다께서 이 경을 말씀하시자, 여러 비구들은 그 말씀을 듣고 기뻐하며 받들어 행하였다.

• 잡아함 879 사정단경(四正斷經)

비구들이여, 방일함이 없이 네 가지 바른 끊음 닦으라

이와 같이 들었다.

한때 붇다께서는 슈라바스티 국 제타 숲 '외로운 이 돕는 장자의 동산'에 계셨다.

그때 세존께서 여러 비구들에게 말씀하셨다.

"비구들이여, 알아야 한다. 여러 좁쌀처럼 흩어진 작은 나라의 왕들과 여러 큰 나라의 왕들은 모두 와서 다 전륜왕에게 붙어 가까이 한다. 그것은 전륜왕이 거기에서 가장 존귀하고 가장 높기 때문이다. 이 또한 이와 같아서 서른일곱 실천법[三十七道品] 가운데에서 방일하지 않은 법[無放逸法]이 으뜸이다."

방일하지 않는 으뜸가는 행으로 네 가지 끊음 닦도록 당부하심

"그러므로 방일하지 않는 비구는 네 가지 바른 끊음[四意斷]을 닦는다. 이에 대해서는 이렇게 말할 수 있다.

비구들은 아직 생기지 않은 나쁜 법은 방편을 구해 생기지 못하게 하고, 마음이 멀리 떠나지 않고 늘 없애고자 한다.

이미 생긴 나쁜 법은 방편을 구해 생기지 못하게 하고, 마음이 멀리 떠나지 않고 늘 없애고자 한다.

아직 생기지 않은 착한 법은 방편을 구해 생기게 하고, 이미 생긴 착한 법은 거듭 늘려 많아지게 하며, 끝까지 잊거나 잃지 않도록 갖추어 닦아 행해 마음의 뜻으로 잊지 않는다.

이와 같이 여러 비구들이여, 네 가지 바른 끊음을 닦아야 한다.

이와 같이 여러 비구들이여, 반드시 이렇게 배워야 한다.”

그때 여러 비구들은 붇다의 말씀을 듣고 기뻐하며 받들어 행하였다.

• 증일아함 26 사의단품(四意斷品) 二

• 해설 •

저 언덕에 건너갈 배와 노가 준비되어 있다 해도 힘써 노 저어 배를 몰지 않으면 저 언덕에 이르를 수 없다.

여래가 갖가지 해탈의 실천법을 갖추어 설해도 듣고서 믿어 부지런히 받아 행하지 않으면 사마디와 지혜를 얻을 수 없으니, 방일하지 않는 행을 여래는 강조하신다. 방일하지 않는 행은 서른일곱 실천법 가운데 네 가지 바르게 힘씀에 거두어지고, 네 가지 바른 끊음에 거두어진다.

미혹과 악한 행위가 공하므로 미혹과 악을 끊을 수 있고, 미혹과 악이 다만 공하지 않아 늘 새로운 미혹과 악이 날 수 있으므로 새로운 악과 미혹을 지혜와 착한 일로 돌이켜내야 한다.

끊으려 함으로 끊음[斷斷]은, 바로 뜻을 일으켜 악을 끊고 선을 짓는 끊음을 말한다.

율의로 끊음[律儀斷]은 여섯 아는 뿌리를 잘 보살펴 지켜 악을 조복함이니, 마음가짐·몸가짐을 바로 하여 계를 지님이다.

따라 보살펴 끊음[隨護斷]은 사마디(samādhi)를 보살펴 지켜서 탐욕의 허물과 성냄을 일으키지 않음이다. 몸이 깨끗하지 않다는 살핌으로 온갖 탐욕의 허물을 떠남이며 자비의 살핌으로 성냄을 떠남이니 선정의 행으로 악을 떠남이다.

닦아 끊음[修斷]은 몸·느낌·마음·법 네 곳의 연기의 진실을 바로 살펴 온갖 미혹과 탐욕을 끊어 떠남이니 지혜로 악을 떠남이다.

이 네 가지 바른 끊음이 계·정·혜 세 가지 배움을 모두 거두고 있으니, 이 여래의 거룩한 가르침 따라 바르게 끊음의 방편을 행하면 흐름 다해 여래의 도량에 앉게 될 것[坐道場]이다.

온갖 법의 참모습이 항상함이 없되 끊어짐이 없는 줄 아는 이가 참으로 방일하지 않는 행에 나아갈 수 있으니, 『화엄경』(「십회향품」)은 보디사트바의 물러섬이 없는 정진을 다음 같이 가르친다.

> 바른 법에 믿음 굳센 보디사트바는
> 사의할 수 없는 겁에 도를 닦아 행해
> 정진은 굳세고 마음은 걸림 없어
> 뭇 삶들 이익되게 하기 위하여
> 모든 붇다 공덕의 법 늘 구하네.
>
> 不思議劫修行道　精進堅固心無礙
> 爲欲饒益群生類　常求諸佛功德法
>
> 용맹하게 정진하는 힘을 갖추고
> 지혜는 환히 밝고 뜻은 깨끗해
> 널리 온갖 중생들 건져주므로
> 그 마음 온갖 장애 잘 견디어 참아
> 기울거나 흔들려 움직임 없네.
>
> 勇猛精進力具足　智慧聰達意淸淨
> 普救一切諸群生　其心堪忍不傾動

③ 네 가지 자재한 선정[四如意足]

네 가지 바르게 힘씀으로 진리의 도량에 앉지 못했다면 이것은 진실하게 힘쓰지 않았기 때문이니, 다시 하고자 함의 뜻을 일으켜 네 가지 자재한 선정[四如意足]을 닦아가야 한다.

『법계차제초문』은 이렇게 말한다.

네 가지 자재한 선정이란 첫째 하고자 함의 여의족, 둘째 정진의 여의족, 셋째 마음의 여의족, 넷째 사유의 여의족이다.

첫째 하고자 함의 여의족[欲如意足]이니, 하고자 함을 주로 하여 선정을 얻어 끊는 행을 이루고 뜻대로 갖추는 신통[如意足]을 닦으면, 이것을 '하고자 함의 여의족'이라 말한다.

둘째 정진의 여의족[精進如意足]이니, 정진을 주로 하여 선정을 얻어 끊는 행을 이루고 뜻대로 갖추는 신통을 닦으면, 이것을 '정진의 여의족'이라 말한다.

셋째 마음의 여의족[心如意足]이니, 마음을 주로 하여 선정을 얻어 끊는 행을 이루고 뜻대로 갖추는 신통을 닦으면, 이것을 '마음의 여의족'이라 말한다.

넷째 사유의 여의족[思惟如意足]이니, 사유를 주로 하여 선정을 얻어 끊는 행을 이루고 뜻대로 갖추는 신통을 닦으면, 이것을

'사유의 여의족'이라 말한다.

이것들을 통틀어 모두 '뜻대로 갖춤'[如意]이라고 하는 것은 다음과 같다.

네 곳 살핌[四念處] 가운데서 실다운 지혜를 밝혔고, 네 가지 바른 힘씀 가운데서는 바른 정진을 밝혀서 정진과 지혜가 늘어나 많아졌다.

하지만 선정의 힘이 미약하니 네 가지 선정을 얻어 마음을 거둠으로 지혜와 선정의 힘[智定力]이 평등하게 되어 바라는 바를 다 얻으므로 '뜻대로 모두 갖춤'[如意足]이라 한다.

지혜와 선정의 힘이 평등하여[智定力等] 번뇌의 묶음을 끊을 수 있으므로 '끊는 행을 이룬다'고 한다.

마음은 사유의 바탕이고 사유는 마음의 작용이니, 위 천태선사의 풀이에서 마음을 주로 하여 정진함은 마음의 사마타를 주로 닦음이요, 사유를 주로 함은 비파사나의 사유를 주로 닦음이다.

왜 한 길[一道, eka-marga] 한 수레[一乘, eka-yāna]인 해탈의 법에 이름이 달라지고 방편의 문이 달라지는가.

중생의 병이 다르고 그 근기가 다르므로 방편의 문이 달라지는 것이니, 들뜸의 병이 깊은 사람은 마음의 여의족 사마타로 닦아 나아가 그 사마타를 비파사나인 사마타가 되게 해야 하고, 가라앉음의 병이 무거운 사람은 사유의 여의족 비파사나로 닦아 나아가 그 비파사나를 사마타인 비파사나가 되게 해야 한다.

『마하지관』은 바르게 힘씀[正勤] 다음에 네 가지 여의족 세운 뜻을 다음과 같이 말한다.

만약 네 가지 바르게 힘씀으로도 니르바나에 들어가지 못하는
자는 반드시 부지런하지 않아 마음이 지나치게 흩어져 움직인 것
이니, 반드시 좋은 고요함[善寂]에 들어가야 한다.

마음의 성품을 깊이 살피면 높은 선정[上定]이라 한다. 높은 선
정 가운데서 여의족을 닦는 것이니, 하고자 함·정진·마음·사유
의 여의족이다.

하고자 함이란 '그 법에 오롯이 향함이니 또한 그 법을 장엄함
[莊嚴彼法]'이라 한다.

선정 가운데 살피는 지혜는 마치 깊은 방 가운데서 등이 사물을
비추어 밝게 함과 같다. 비추어 밝히므로 끊음의 행이 이루어져
여의족을 닦는다.

정진의 여의족이란 그 법을 성취하여 법의 성품이 움직이지 않
아서 고요히 정진함이니, 사이가 없고 뒤섞임이 없이 끊음의 행을
성취하여 여의족을 닦는다.

마음의 여의족이란 바르게 머묾이니, 그 법을 관찰하여 한 마음
가운데서 생각하여[一心中緣] 한곳에 그 생각을 묶으면 이루지
못할 일이 없으니[制之一處 無事不辦] 끊음의 행이 이루어져 여
의족을 닦는다.

사유의 여의족이란 잘 분별할 수 있음이다. 그 법의 방편을 이
와 같이 사유하여 움직여 흩어지지 않게 하면 선정의 사유[定思
惟]가 되므로 끊음의 행이 이루어져 여의족을 닦는다.

이와 같이 선정의 마음[定心]을 닦아 들어갈 수 있으면 반드시
다른 법을 닦을 것이 없다.

하고자 함으로 끝내 그 하고자 함과
사유가 다한 해탈의 땅에 이르니

이와 같이 내가 들었다.

한때 붇다께서는 카우삼비(Kauśāmbī) 국 고실라라마(Ghoṣilā-rāma) 동산에 계셨고, 존자 아난다도 거기 있었다.

때에 어떤 브라마나가 존자 아난다 있는 곳에 가서 서로 같이 문안하고 위로한 뒤에, 한쪽에 앉아 존자 아난다에게 물었다.

"무엇 때문에 사문 고타마 있는 곳에서 범행을 닦습니까?"

존자 아난다는 브라마나에게 말하였다.

"끊기 위해서요."

다시 물었다.

"존자는 어떤 것을 끊으시오?"

"탐욕의 애착[貪愛]을 끊소."

"존자 아난다여, 어떤 것을 의지해 애착을 끊을 수 있습니까?"

해탈의 실천에서도 하고자 함을 통해 하고자 함이 지양됨을 보임

"브라마나여, '하고자 함'[欲]을 의지해 애착을 끊소."

"존자 아난다여, 그러면 어찌 끝이 없는 것이 아닙니까?"

"브라마나여, 끝이 없는 것이 아니오.

이와 같이 끝이 있고, 끝이 없는 것이 아니오."

"존자 아난다여, 어떻게 끝이 있고, 끝이 없는 것이 아닙니까?"

"브라마나여, 나는 이제 그대에게 묻겠소. 마음대로 내게 대답해 보시오.

브라마나여, 어떻게 생각하오.

그대는 먼저 오고자 함이 있어서 정사에 온 것이 아니오?"

"그렇습니다, 아난다여."

"이와 같소, 브라마나여. 이미 이 정사에 이르렀으니, 그 오고자 함은 쉬지 않았소?"

"그렇습니다. 존자 아난다여, 정진하고 방편을 쓰고 구상해서 이 정사에 왔습니다."

다시 물었다.

"이미 이 정사에 이르렀으니 그 정진과 방편과 구상은 쉬지 않았소?"

"그렇습니다."

하고자 함으로 선정이 이루어지면 하고자 함이 쉬게 됨을 보임

다시 브라마나에게 말하였다.

"이와 같소. 브라마나여, 여래 · 공양해야 할 분 · 바르게 깨친 분께서도 알고 보시는 바로, 네 가지 자재한 선정[四如意足]을 말씀하시어, 일승(一乘)의 도(道)로 중생을 깨끗하게 하고 괴로움과 번민을 없애며 근심과 슬픔을 끊어버리시오.

무엇이 넷인가 하면 다음과 같소. 하고자 함의 선정[欲定]을 분명히 행해 뜻대로 되는 선정[如意足]을 성취함과, 정진의 선정[精進定] · 마음의 선정[心定] · 사유의 선정[思惟定]을 분명히 행해 자재한 선정을 성취함이오.

이와 같이 거룩한 제자는 하고자 함의 선정을 닦아 분명히 행해 자재한 선정을 성취하여, 떠남을 의지하고 탐욕 없음을 의지하며, 벗어남에 의지하고, 사라짐을 의지하여 버림에 향하고 애착을 끊게 되오. 그 애착이 끊어지면 그 하고자 함 또한 쉬게 되오.

정진의 선정, 마음의 선정, 사유의 선정을 닦아 분명히 행해 자재한 선정을 성취하여, 떠남을 의지하고 탐욕 없음을 의지하며, 벗어남에 의지하고, 사라짐을 의지하여 버림에 향하고 애착을 끊게 되오. 그 애착이 끊어지면 사유의 선정 등이 곧 쉬게 되오.

브라마나여, 어떻게 생각하오. 이것이 끝이 아니오?"

브라마나는 말하였다.

"존자 아난다여, 이것은 곧 끝이요, 끝이 아님이 아닙니다."

그때에 브라마나는 존자 아난다의 말을 듣고 기뻐하고 따라 기뻐하면서 자리에서 일어나 떠나갔다.

• 잡아함 561 바라문경(婆羅門經)

• 해설 •

하고자 함은 그 법에 오롯이 향해 그 법을 장엄함이라 하니, 바로 탐욕의 애착 끊어짐을 향해 애착 없음으로 삶을 장엄함이다.

본래 끊을 것도 없고 얻을 것도 없지만 보디의 마음을 내 번뇌와 의심을 뛰어넘으려는 간절한 뜻을 일으키지 않으면, 어떻게 본래 끊을 것 없이 본래 니르바나되어 있는 진리의 땅을 알 수 있겠는가.

그러므로 존자 아난다는 묻는 브라마나에게 하고자 함을 의지해 애착을 끊어 애착 다한 곳이 이르른다 말한 것이다.

정진의 여의족은 하고자 함의 뜻을 일으켜 부지런히 좋은 방편을 써서 힘써 나아감이니, 탐욕이 넘치는 사람은 몸이 깨끗하지 않다는 살핌으로 방

편을 써 나아가고, 어리석은 사람은 모든 법이 인연으로 일어나 있되 공함
살피는 방편을 써 나아가면, 번뇌와 어리석음이 다해 마음이 고요해진다.

번뇌 사라져 마음 바탕이 고요함이 마음의 여의족이고, 마음이 안정되면
잘 분별하는 지혜가 드러나되 늘 마음의 고요함을 떠나지 않으니 이것이 사
유의 여의족이다.

네 여의족 그 뜻대로 되는 신통의 세계는 모습의 움직임에 따라 흔들리
는 번뇌가 사라져 모습이 모습 아닌 모습으로 드러나는 지혜와 지혜인 선정
의 세계일 뿐, 번뇌를 끊고서 얻는 신묘한 곳이 아니다.

그곳은 함이 다하되 함 없음마저 다해 온갖 하고자 함이 함 없는 함이 되
는 곳이니, 그곳이 곧 하고자 함의 끝이고 여래의 도량에 앉음이다.

『화엄경』(「십회향품」)은 온갖 있음에 갇힌 하고자 함이 끝날 때 비로소
온갖 세간 거두는 보디사트바의 넓고 큰 마음이 됨을 다음과 같이 보인다.

> 모든 존재의 곳 끊어 남음 없으면
> 저 진여와 같이 잘 회향하리라.
> 진여가 온갖 곳에 두루하듯이
> 이와 같이 모든 세간 널리 거두리.
>
> 斷諸有處悉無餘　如彼眞如善廻向
> 譬如眞如遍一切　如是普攝諸世間

머리와 옷에 붙은 불을 끄듯이
네 가지 자재한 선정으로 덧없음의 불 꺼야 하나니

이와 같이 내가 들었다.

한때 붇다께서는 슈라바스티 국 제타 숲 '외로운 이 돕는 장자의 동산'에 계셨다.

그때 세존께서 여러 비구들에게 말씀하셨다.

"마치 어떤 사람이 있어 불이 머리나 옷을 태우는 것과 같나니, 어떻게 꺼야 하겠느냐."

비구들은 붇다께 말씀드렸다.

"세존이시여, 반드시 더욱 하고자 함[增上欲]을 일으켜 은근한 방편으로 서둘러 꺼야 합니다."

붇다께서는 비구들에게 말씀하셨다.

"머리나 옷이 타는 것은 오히려 잠깐 잊는다 하더라도 덧없음의 타는 불은 다 끊어야 한다."

덧없음의 불은 네 가지 자재한 선정으로 꺼야 함을 보이심

"덧없음의 불을 끊으려 하면 '하고자 함의 선정'을 닦아 지어감[行]을 끊어, 뜻대로 되는 선정[如意足]을 성취해야 한다.

어떤 법의 덧없음을 끊어야 하는가. 곧 물질의 덧없음을 끊어야 하고, 느낌·모습 취함·지어감·앎의 덧없음 끊어야 함을 말한다.

그러므로 '하고자 함의 선정'을 닦아 지어감을 끊어, 뜻대로 되는 선정을 성취해야 한다.

'하고자 함의 선정'과 같이 물질·느낌·모습 취함·지어감·앎의 덧없음을 끊어야 하므로, '정진의 선정'을 닦아 지어감을 끊어, 뜻대로 되는 선정을 성취해야 하고, '마음의 선정' '사유의 선정'으로 닦아 지어감을 끊어, 뜻대로 되는 선정을 성취해야 한다."

붇다께서 이 경을 말씀하시자 여러 비구들은 붇다의 말씀을 듣고 기뻐하며 받들어 행하였다.

• 잡아함 179 욕정경(欲定經)

• 해설 •

하고자 함의 왕성한 뜻이 아니면 번뇌의 불 덧없음의 불을 끌 수 없고 하고자 하는 뜻의 끝에 이를 수 없다.

덧없음의 불이 무너짐의 괴로움[壞苦]이고 흘러감의 괴로움[行苦]이니, 어떻게 덧없음의 불을 끌 수 있는가. 덧없음이 나 없음의 덧없음인 줄 깨달아야 하니, 나고 사라지되 실로 남이 없고 사라짐이 없음을 알면 모든 법이 늘 머물러 있음도 없고[無有常住], 일어나고 사라짐도 없음[亦無起滅]을 알아 늘 선정이 된다.

모든 법이 일어나고 사라짐이 없음을 알면 마음의 선정[心定]이 되고, 늘 머물러 있음도 없음을 알면 사유의 선정[思惟定]이 되니, 마음의 선정과 사유의 선정이 함께하면 그가 바로 여의족의 안락과 행복의 삶을 사는 자이다.

『화엄경』(「초발심공덕품」初發心功德品)은 삼세로 이어가는 온갖 법의 덧없음이 실로 옴이 없고 감이 없음을 알면 온갖 법을 무너뜨림이 없이 풍요와 자재의 삶[如意足]이 구현됨을 이렇게 보인다.

그 마음이 청정해 의지함 없고
비록 깊은 법 살피되 취함 없어서

이같이 한량없는 겁 사유해가면
삼세 가운데 집착할 것 없네.

其心淸淨無所依　雖觀深法而不取
如是思惟無量劫　於三世中無所著

그 마음이 굳세어 막을 길 없이
붇다의 보디에 힘차게 나아간다면
그 무엇에도 막힘과 걸림 없으리.
묘한 도 간절히 구해 미혹 없애니
법계에 두루 다녀도 힘들다 않네.

其心堅固難制沮　趣佛菩提無障礙
志求妙道除蒙惑　周行法界不告勞

중생을 널리 깨우치려면
네 가지 사마디의 신통 닦아야 하니

이와 같이 들었다.

한때 붇다께서는 슈라바스티 국 제타 숲 '외로운 이 돕는 장자의 동산'에 계시면서 여러 비구들에게 말씀하셨다.

"네 가지 자재한 사마디의 신통[四神足]이 있다.

어떤 것이 네 가지인가.

자재한 사마디로 지어감이 다한 신통[自在三昧行盡神足]이고, 마음의 사마디로 지어감이 다한 신통[心三昧行盡神足]이다.

정진의 사마디로 지어감이 다한 신통[精進三昧行盡神足]이며, 깨우침의 사마디로 지어감이 다한 신통[誠三昧行盡神足]이다."

사마디의 네 가지 신통을 분별해 보이시고 사마디 닦도록 하심

"그 어떤 것을 자재한 사마디로 지어감이 다한 신통이라 하는가. 곧 여러 사마디가 있어 자재한 뜻의 하고자 함과 마음의 즐거워함으로 몸을 가볍고 편안하게 하여, 몸을 아주 작게 숨길 수 있음이니, 이 것을 첫 번째의 신통이라 한다.

그 어떤 것을 마음의 사마디로 지어감이 다한 신통이라 하는가. 곧 마음의 아는 법이 시방에 두루 차서 석벽을 다 지나지만 걸림이 없는 것이니, 이것을 마음의 사마디로 지어감이 다한 신통이라 한다.

그 어떤 것을 정진의 사마디로 지어감이 다한 신통이라 하는가.

곧 이 사마디는 게으름이 없고 두려움이 없어 용맹한 뜻이 있는 것이니, 이것을 정진의 사마디로 지어감이 다한 신통이라 한다.

그 어떤 것을 깨우침의 사마디로 지어감이 다한 신통이라 하는가. 여러 사마디가 있어 중생들의 마음속 생각을 알아서, 나는 때와 사라지는 때를 모두 알며, 탐내는 마음이 있음과 없음, 성내는 마음이 있음과 없음, 어리석은 마음이 있음과 없음을 잘 안다. 또한 빠른 마음이 있음과 없음, 어지러운 마음이 있음과 없음, 적은 마음이 있음과 없음, 큰 마음이 있음과 없음, 헤아리는 마음이 있음과 없음, 고요한 마음이 있음과 없음, 해탈한 마음이 있음과 없음을 모두 안다.

이것을 깨우침의 사마디로 지어감이 다한 신통이라 한다.

이와 같이 비구들이여, 이 네 가지 자재한 사마디의 신통이 있으니, 만약 모든 중생들의 마음속 생각을 알고자 하면, 이 네 가지 자재한 사마디의 신통을 닦아야 한다.

이와 같이 여러 비구들이여, 반드시 이렇게 배워야 한다."

그때에 여러 비구들은 붇다의 말씀을 듣고 기뻐하며 받들어 행하였다.

• 증일아함 29 고락품(苦樂品) 七

• 해설 •

사마디와 지혜의 작용으로서의 신통만이 바른 신통이다.

네 가지 자재한 선정[四如意足]이라고 하면 신통의 인행인 선정과 지혜를 말하고, 네 가지 사마디의 신통[四神足]이라 하면 선정의 과덕으로서 신통을 말한다.

아는 뿌리와 알려지는 경계가 모두 공함을 깨친 지혜와 나라는 모습 너라는 모습에 머묾 없는 바른 선정이 없이 천리 밖의 소리를 듣고 남의 마음을 아는 것은 사마디의 신통이 아니다.

네 가지 신통의 첫째는 몸이 자재한 신통이고, 둘째는 스스로의 마음의 아는 작용이 자재한 신통이며, 셋째는 사마디의 행에 물러섬이 없고 게으름이 없는 신통이고, 넷째는 다른 중생의 마음을 아는 신통이다.

이 네 가지는 몸과 마음 세계의 공성을 통달하여 얻은 신통이므로 사마디의 신통이라 하니, 중생이 본래 몸과 마음 세계가 융통하여 걸림 없는 법계의 신통장(神通藏)에 이미 있는 것이다.

다만 우리 중생은 스스로 닫힘 없고 막힘없는 신통의 곳간[神通藏] 가운데서 가림을 두고 막힘을 두어 그 신통을 보지 못하고 쓰지 못할 뿐이다.

본래 갖춘 신통의 힘을 온전히 쓰는 분다와 사만타바드라[普賢]와 같은 큰 보디사트바의 경계를 『화엄경』(「보현삼매품」普賢三昧品)은 다음과 같이 보인다.

> 사만타바드라는 늘 갖가지의 몸으로
> 법계에 두루 다녀 가득 채우네.
> 사마디의 신통과 방편의 힘으로
> 중생 위해 두렷한 음성 널리 설하여
> 들어가는 온갖 곳에 걸림이 없네.
>
> 普賢恒以種種身　法界周流悉充滿
> 三昧神通方便力　圓音廣說皆無礙
>
> 온갖 세계 속 여러 분다의 처소에
> 갖가지 사마디로 신통 나투니
> 낱낱 신통 온갖 곳에 모두 두루하여
> 시방국토에 빠뜨린 곳이 없도다.
>
> 一切刹中諸佛所　種種三昧現神通
> 一一神通悉周遍　十方國土無遺者

④ 다섯 가지 진리의 뿌리[五根]

• 이끄는 글 •

네 가지 법의 수[法數]로 보인 실천법을 설하고 다시 다섯 수로 실천법을 벌여 보인 것은 여래의 진리의 도량에 앉지 못한 중생에게 믿음의 뿌리를 다시 내게 해 니르바나의 성에 이끌기 위함이리라.

다섯 가지 뿌리의 뜻은 무엇이고 네 가지 자재한 선정 다음에 다섯 가지 진리의 뿌리를 보이신 여래의 뜻은 무엇인가.

먼저 『법계차제초문』의 풀이를 살펴보자.

첫째 믿음의 뿌리[信根, śraddhendriya]이니, 바른 도[正道]와 돕는 방편의 도법[助道法]을 믿는 것을 '믿음의 뿌리'라 한다.

둘째 정진의 뿌리[進根, vīyendriya]이니, 바른 도와 여러 도를 돕는 착한 법을 행할 때 부지런히 구하여 쉬지 않는 것을 '정진의 뿌리'라 한다.

셋째 생각의 뿌리[念根, smṛtīndriya]이니, 바른 도와 여러 도를 돕는 착한 법을 생각하여 다시 다른 헛된 생각이 없는 것을 '생각의 뿌리'라 한다.

넷째 선정의 뿌리[定根, samādhīndriya]이니, 마음을 거두어 바른 도와 여러 도를 돕는 착한 법 가운데 두고, 서로 맞아 흩어지지 않으면 이것을 '선정의 뿌리'라 한다.

다섯째 지혜의 뿌리[慧根, prajñendriya]이니, 바른 도와 여러 도를 돕는 착한 법을 위하여, 덧없음 등 열여섯 행[十六行]을 살피면 이것을 '지혜의 뿌리'라 한다.

이 다섯 가지를 통틀어 모두 '뿌리'라고 한 것은 생기게 한다는 뜻이다. 수행자가 이미 네 가지 자재한 선정을 얻어 지혜와 선정이 안온하면 믿음 등 다섯 가지 착한 법이 거짓인 듯 참인 듯 저절로 생겨난다. 비유하면 그늘과 빛이 알맞게 어울리면 온갖 씨앗에 다 뿌리가 나는 것과 같으므로 '뿌리'라 한 것이다.

천태선사의 위의 풀이로 보면 다섯 가지 진리의 뿌리에는 네 가지 자재한 선정을 얻으면 저절로 다섯 가지 진리의 뿌리가 생긴다는 뜻과, 선정과 지혜의 힘이 굳세지 못한 중생에게 다시 믿음의 뿌리를 세워서 선정과 지혜를 닦도록 하는 자비방편의 뜻이 함께 있다.

천태선사의 『마하지관』은 말한다.

만약 니르바나에 들어가지 못하면 다섯 가지 진리의 뿌리를 닦아야 한다. 삼제의 진리[三諦]가 삼세 붇다를 내는 산실[佛母]이 됨을 믿으면 온갖 열 가지 힘, 두려움 없음, 해탈과 사마디를 낼 수 있다. 그렇게 해서 다만 네 곳 살핌을 닦으면 다른 법을 구할 것이 없으니 이것을 믿음의 뿌리라 한다.

나아감[進]이란 믿음[信]으로 모든 법을 거두는 것이니, 모든 법을 믿기 때문에 곱절이나 정진을 북돋을 수 있는 것이다.

생각[念]이란 다만 바른 도와 돕는 도를 생각해 삿됨과 망령됨이 들어오지 못하게 하는 것이다. 또 이 법은 정진하여 닦는 것이고 이 법은 잊지 않아야 하므로[不忘故] 생각의 뿌리라 이름한다.

선정[定]이란 한 마음이 고요하여 정진을 행함이다. 또 이 법은 생각함이 거두는 것이고 이 법을 잊지 않으면 움직이지 않으므로 선정의 뿌리라 한다.

지혜[慧]란 네 곳 살핌의 지혜[念處之慧]로서 선정의 법에 거두어지는 것[定法所攝]이다. 안의 성품이 스스로 비추어 다른 것을 따라 아는 것이 아니니 이것을 지혜의 뿌리라 한다.

다만 이 다섯 가지 진리의 뿌리를 닦으면 또한 도에 들어가 마하야나(mahāyāna)를 이룰 수 있다.

위 천태선사의 『마하지관』의 풀이로 보더라도 네 가지 법의 수의 실천법을 세우고 그 위에 다시 다섯 뿌리를 세운 것은 다시 믿음을 굳건히 해 네 곳 살핌을 닦도록 해 마하야나에 들도록 함이다.

비록 서른일곱 실천법이 차제로 베풀어지고 있되, 낱낱 내용을 따라 들어가면 그 법을 통해 다 마하야나에 이르고 니르바나의 성에 드는 것이니, 모든 실천법의 방편과 차제 속에 차제 아닌 뜻이 있음을 알아야 한다.

진리의 뿌리가 보디의 땅에 깊이 뿌리 내려 바른 생각이 물러섬이 없으면 모든 붇다가 기뻐하는 참사람이 됨을 『화엄경』(「명법품」)은 이렇게 말한다.

마음이 보디의 땅에 머물러서
뭇 복된 일을 늘 닦아 모으며
방일하지 않고 굳센 지혜를 심어

생각과 그 뜻을 바르게 하여
언제나 바른 뜻 잊지 않으면
시방의 모든 붇다 기뻐하시리.

心住菩提集衆福　常不放逸植堅慧
正念其意恒不忘　十方諸佛皆歡喜

시방의 붇다께서 기뻐하시사
정진을 더욱 더 굳세게 하여
복과 지혜 닦아 행해 도법 도우면
모든 지위 들어가 뭇 행을 깨끗이 하고
여래께서 말씀하신 원을 만족케 하리.

佛歡喜已堅精進　修行福智助道法
入於諸地淨衆行　滿足如來所說願

비구들이여, 어떤 것이 다섯 가지 진리의 뿌리인가

이와 같이 내가 들었다.

한때 붇다께서는 슈라바스티 국 제타 숲 '외로운 이 돕는 장자의 동산'에 계시면서 여러 비구들에게 말씀하셨다.

"다섯 가지 뿌리[五根]가 있다. 어느 것이 다섯인가.

곧 믿음의 뿌리[信根]·정진의 뿌리[精進根]·생각의 뿌리[念根]·선정의 뿌리[定根]·지혜의 뿌리[慧根]이다."

다섯 가지 진리의 뿌리 가운데 믿음과 정진의 뿌리를 풀이하심

"어떤 것이 믿음의 뿌리인가. 만약 비구가 여래 계신 곳에서 깨끗한 믿음의 마음을 일으켜 그 뿌리가 굳세어, 다른 사문과 브라마나, 여러 하늘과 마라, 브라흐만과 그 밖의 세간 그 누구라도 그 마음을 무너뜨릴 자가 없으면, 이것을 믿음의 뿌리라 한다.

어떤 것이 정진의 뿌리인가. 다음과 같이 행해감이다.

이미 생긴 악하여 착하지 않은 법을 끊으려고 하고자 함[欲]을 내어, 방편으로 마음을 거두어 더욱 나아가며, 아직 생기지 않은 악하여 착하지 않은 법은 일어나지 않게 하고자 함을 내어, 방편으로 마음을 거두어 더욱 나아간다.

아직 생기지 않은 착한 법은 일어나도록 하고자 함을 내어, 방편으로 마음을 거두어 더욱 나아가며, 이미 생긴 착한 법은 붙들어 잊지 않게 닦아 익혀 넓혀 늘리려고 하고자 함을 내어, 방편으로 마음을 거두어 더욱 나아간다.

이렇게 하면 이것을 정진의 뿌리라 한다."

생각의 뿌리·선정의 뿌리·지혜의 뿌리를 풀이하심

"어떤 것이 생각의 뿌리인가. 만약 비구라면 안의 몸[內身, 六根]에서 몸을 살피어 머무르되 방편을 은근히 해 바른 생각과 바른 지혜로 세간의 탐욕과 근심을 조복한다.

밖의 몸[外身, 六境], 안팎의 몸[內外身, 六識], 느낌·마음·법에서 법 등을 살피는 생각에 머무르는 것 또한 이와 같이 말한다.

이것을 생각의 뿌리라 한다.

어떤 것이 선정의 뿌리인가. 만약 비구라면 욕심과 악하여 착하지 않은 법을 떠나서 느낌[覺]과 살핌[觀]이 있으며, 욕계의 악을 떠남에서 기쁨과 즐거움을 내[離生喜樂地, 初禪] 첫째 선정에 머무르고, 둘째 선정, 셋째 선정 나아가서는 넷째 선정에 갖추어 머무른다. 이것을 선정의 뿌리라 한다.

어떤 것이 지혜의 뿌리인가. 만약 비구라면 '괴로움의 진리'를 진실 그대로 알고, '괴로움 모아냄의 진리', '괴로움 사라짐의 진리', '괴로움을 없애는 길의 진리'를 진실 그대로 안다. 이것을 지혜의 뿌리라 한다."

붓다께서 이 경을 말씀하시자, 여러 비구들은 붓다의 말씀을 듣고 기뻐하며 받들어 행하였다.

• 잡아함 647 분별경(分別經)

다섯 가지 진리의 뿌리는 여래를 향한
보디의 마음으로 일으키는 행이니

이와 같이 내가 들었다.

한때 붇다께서 슈라바스티 국 제타 숲 '외로운 이 돕는 장자의 동산'에 계셨다.

그때 세존께서 여러 비구들에게 말씀하셨다.

"다섯 가지 진리의 뿌리가 있다. 어떤 것이 그 다섯 가지인가?

곧 믿음의 뿌리 · 정진의 뿌리 · 생각의 뿌리 · 선정의 뿌리 · 지혜의 뿌리이다."

모든 공덕에 지혜가 바탕이 됨을 말씀하심

"어떤 것을 믿음의 뿌리라고 하는가? 만약 거룩한 제자가 여래에게 보디의 마음[菩提心]을 내어 얻는 깨끗한 믿음의 마음, 이것을 믿음의 뿌리라고 한다.

어떤 것을 정진의 뿌리라고 하는가? 여래에게 보디의 마음을 내어 일으키는 정진의 방편[精進方便], 이것을 정진의 뿌리라고 한다.

어떤 것을 생각의 뿌리라고 하는가? 여래에게 보디의 마음을 내어 일으키는 살핌의 생각, 이것을 생각의 뿌리라고 한다.

어떤 것을 선정의 뿌리라고 하는가? 여래에게 처음 보디의 마음을 내어 일으키는 사마디[三昧], 이것을 선정의 뿌리라고 한다.

어떤 것을 지혜의 뿌리라고 하는가? 여래에게 처음 보디의 마음을 내어 일으키는 지혜, 이것을 지혜의 뿌리라고 한다.

이 여러 공덕은 다 지혜를 윗머리로 하니, 비유하면 집은 마룻대를 윗머리로 하는 것과 같다."

붇다께서 이 경을 말씀하시자, 여러 비구들은 붇다의 말씀을 듣고 기뻐하며 받들어 행하였다.

• 잡아함 659 혜근경(慧根經) ⑥

• 해설 •

믿음의 뿌리[信根]는 여래와 여래가 설한 연기의 진리에 믿음 굳세어 무너뜨릴 수 없음이고, 정진의 뿌리[精進根]는 굳건한 믿음으로 방편을 행해 미혹과 번뇌 악한 행을 끊고 늘 착한 법 지어감을 말한다.

생각의 뿌리[念根]는 안과 가운데 밖의 몸과 마음, 느낌과 법을 살펴 온갖 취함과 물듦 떠나는 행이니, 몸과 느낌, 마음과 법 이 네 곳의 실상을 살핌이다. 선정의 뿌리[定根]는 네 곳 살핌으로 탐욕을 떠나고 물질의 걸림을 떠나 네 가지 선정 갖춤이다.

지혜의 뿌리[慧根]는 네 곳 살핌으로 지혜가 일어나 괴로움에 괴로움의 실체 없고 괴로움 모아냄에 실로 끊을 것 없음을 알아, 여덟 가지 바른 길의 행을 안온히 행해 니르바나에 이르름이니, 사제의 진리를 바르게 보고 알아 행함이다.

그러므로 지혜로써 네 곳을 살피고 사제법을 살피는 것이 온갖 실천의 바탕이 되니, 경은 이 뜻을 '여러 공덕은 다 지혜를 윗머리로 하는 것이 집에 마룻대가 윗머리되는 것과 같다'고 한다.

네 곳 살핌의 진실한 행밖에 다섯 가지 진리의 뿌리를 따로 세울 것이 없으니, 중생이 이미 여래의 도량에 앉아 있음을 믿고, 네 곳 살핌[四念處]의 행을 지음 없이 지어가는 것이 다섯 가지 진리의 뿌리를 행함이다.

비구들이여, 진리의 뿌리 갖춘 사람은
온전한 일 이루나니

이와 같이 내가 들었다.

한때 붓다께서 슈라바스티 국 제타 숲 '외로운 이 돕는 장자의 동산'에 계시면서 여러 비구들에게 말씀하셨다.

"다섯 가지 진리의 뿌리가 있다. 어떤 것이 다섯인가. 곧 믿음의 뿌리 · 정진의 뿌리 · 생각의 뿌리 · 선정의 뿌리 · 지혜의 뿌리이다."

다섯 가지 진리의 뿌리를 풀이하심

"어떤 것이 믿음의 뿌리인가. 만약 비구가 여래 계신 곳에서 깨끗한 믿음의 마음을 일으켜 그 뿌리가 굳세어, 다른 사문과 브라마나, 여러 하늘과 마라, 브라흐만과 그 밖의 세간 그 누구라도 그 마음을 무너뜨릴 자가 없으면, 이것을 믿음의 뿌리라 한다.

어떤 것이 정진의 뿌리인가. 다음과 같이 바른 행에 나아감이다.

곧 믿음 일으킨 비구는 이미 생긴 악하여 착하지 않은 법을 끊으려고 하고자 함을 내어, 방편으로 마음을 거두어 더욱 나아가며, 아직 생기지 않은 악하여 착하지 않은 법은 일어나지 않게 하고자 함을 내어, 방편으로 마음을 거두어 더욱 나아간다.

아직 생기지 않은 착한 법은 일어나도록 하고자 함을 내어, 방편으로 마음을 거두어 더욱 나아가며, 이미 생긴 착한 법은 붙들어 잊지 않게 닦아 익혀 넓혀 늘리려고 하고자 함을 내어, 방편으로 마음을 거두어 더욱 나아간다. 이것을 정진의 뿌리라 한다.

어떤 것이 생각의 뿌리인가. 만약 비구라면 안의 몸에서 몸을 살펴어 머무르되 방편을 은근히 해 바른 생각과 바른 지혜로 세간의 탐욕과 근심을 조복한다.

밖의 몸, 안팎의 몸, 느낌·마음·법에서 법 등을 살피는 생각에 머무르는 것 또한 이와 같이 말한다. 이것을 생각의 뿌리라 한다.

어떤 것이 선정의 뿌리인가. 만약 비구라면 욕심과 악하여 착하지 않은 법을 떠나서 느낌과 살핌이 있으며, 욕계의 악을 떠남에서 기쁨과 즐거움을 내 첫째 선정에 머무르고, 둘째 선정, 셋째 선정 나아가서는 넷째 선정에 갖추어 머무른다. 이것을 선정의 뿌리라 한다.

어떤 것이 지혜의 뿌리인가. 만약 비구라면 '괴로움의 진리'를 진실 그대로 알고, '괴로움 모아냄의 진리', '괴로움 사라짐의 진리', '괴로움을 없애는 길의 진리'를 진실 그대로 안다. 이것을 지혜의 뿌리라 한다."

여래의 깨달음이 다섯 가지 진리의 뿌리를
진실대로 살펴서 이루어졌음을 보이심

"비구들이여, 만약 내가 이 믿음의 뿌리에서 믿음 뿌리의 모아냄과 믿음 뿌리의 사라짐, 믿음의 뿌리 사라지게 하는 길의 자취를 진실 그대로 알지 못하였다면, 나는 끝내 여러 하늘과 마라와 브라흐만, 사문과 브라마나 가운데서 벗어나고 떠나, 마음이 뒤바뀜을 떠나지 못하였을 것이고, 또한 위없고 바른 깨달음을 이루지 못하였을 것이다.

믿음의 뿌리에서와 같이 정진의 뿌리·생각의 뿌리·선정의 뿌리

·지혜의 뿌리에 있어서 또한 이와 같이 말한다.

비구들이여, 나는 이 믿음의 뿌리를 바른 지혜로 진실 그대로 살펴고, 믿음 뿌리의 모아냄·믿음 뿌리의 사라짐·믿음의 뿌리 사라지게 하는 길의 자취를 바른 지혜로 진실 그대로 살펴고, 여러 하늘과 마라와 브라흐만, 사문과 브라마나들 가운데서 벗어나고 떠나, 마음이 뒤바뀜을 떠나 위없고 바른 깨달음을 이루었다.

믿음의 뿌리에서와 같이 정진의 뿌리·생각의 뿌리·선정의 뿌리·지혜의 뿌리에 있어서 또한 이와 같이 말한다."

진리의 뿌리 행하는 실천의 인연을 따라
해탈의 지위가 차별됨을 보이심

"만약 비구가 그 다섯 뿌리를 더욱 밝고 날카롭게 하여 온전히 갖추면, 그는 아라한을 얻어 아라한의 해탈을 같이 이룬다.

만약 약하거나 모자라면 몸의 증득[身證]만을 이루고, 그보다 더 약하거나 모자라면 도 보는 것[見道]만을 얻는다.

그보다 더 약하거나 모자라면 믿음의 해탈[信解脫]을 얻고, 그보다 더 약하거나 모자라면 한 번 남을 받는 지위[一種]를 얻고, 그보다 더 약하거나 모자라면 한 번 가고 오는 사크리다가민이 된다.

그보다 더 약하거나 모자라면 사람의 집과 하늘의 집에 나는 지위[家家, 一來向]를 얻는다.

그보다 더 약하거나 모자라면 지혜의 흐름에 들어선 일곱 존재[七有]를 얻는다. 그보다 더 약하거나 모자라면 법의 행[法行]을 얻고, 그보다 더 약하거나 모자라면 믿음의 행[信行]을 얻는다.

이것을 비구의 진리의 뿌리[根]인 파라미타(pāramitā)·인연으로 과덕을 아는[知果] 파라미타 · 과덕[果]의 파라미타 · 인연으로 사람을 아는[因緣知人] 파라미타라 한다.

이와 같이 온전히 실천행을 갖춘 사람은 온전한 일을 이루고, 모자라 적은 사람은 모자라고 적은 일을 이룰 것이니, 저 모든 진리의 뿌리는 헛되어 과덕 없는 것이 아니다.

만약 이 모든 진리의 뿌리가 없는 사람이면 그는 범부 숫자라고 나는 말한다.”

붇다께서 이 경을 말씀하시자, 여러 비구들은 붇다의 말씀을 듣고 기뻐하며 받들어 행하였다.

- 잡아함 653 광설경(廣說經)

• 해설 •

다섯 가지 진리의 뿌리를 온전히 갖추어 니르바나의 자리에 앉아 길이 중생을 니르바나의 땅에 이끄시는 분은 위없는 스승 붇다이시니, 가르침을 따라 다섯 가지 진리의 뿌리 갖추어가면 믿음을 이루어 차츰 지혜의 흐름에 들어간다.

경에서 아라한(arhat)부터 설해진 차제를 믿음에서부터 다시 말해보자.

먼저 믿음의 뿌리가 굳세어지면 ‘믿음을 따르는 행’[隨信行]이 이루어지고 차츰 연기의 법을 따르는 실천[隨法行]이 이루어진다.

다시 삼보와 계에 대한 믿음이 굳세어 무너뜨릴 수 없게 되고, 연기의 진리에 대한 이해가 깊어지면 지혜의 흐름에 들어선[入流] 일곱 존재가 된다.

지혜의 흐름에 들어서서 다섯 가지 진리의 뿌리 행함이 차츰 깊어지면 사크리다가민을 향해가는 지위로서 사람의 집과 하늘의 집에 가서 나는 지위[家家, 一來向]가 된다. 더욱 나아가면 하늘세계로 한 번 가서 사람의 집에 다시 오는 사크리다가민[一往來]이 되고, 더욱 행하면 한 번 남을 받고 오지 않는 지위[一種]가 되니 하늘세계는 탐욕 없는 세계를 말한다.

그 위에 믿음의 해탈[信解脫]과 도를 보는 지위[見諦], 몸으로 증득하는 지위[身證], 더 배울 것 없는 아라한으로 차제가 올라간다.

이와 같이 차제는 본래 번뇌가 공하고 나고 죽음이 공한 곳에서 차츰 중생의 집착이 사라지므로 실천행이 깊어짐을 실체론적 언어로써 세워 보인 차제라 실로 있는 차제가 아니다.

그 뜻을 이 경은 '온전히 갖춘 사람은 온전한 일을 이루고 모자라 적은 사람은 적은 일을 이룬다'고 말하고, 『금강경』은 '온갖 현성이 모두 함이 없는 법[無爲法]으로써 차별이 있다'고 말한다.

아예 믿음의 뿌리가 없으면 그를 범부라 하니, 범부란 건네줄 뗏목과 나룻배가 없이 고통바다에 빠져 헤매는 자라 할 것이다.

그러나 범부의 번뇌와 고통이 본래 공하여 범부 또한 이미 진리의 땅에서 있음을 보면 중생이 여래장 법의 곳간 속에 있는 중생[理卽]이니, 범부에서 아라한, 아라한에서 붇다로 올라가는 차제는 본래 이루어진 니르바나의 땅에서 니르바나를 새롭게 이루는 과정 아닌 과정인 것이다.

중생의 번뇌와 집착 따라 믿음의 지위와 사크리다가민·아나가민·아라한의 지위를 말해도, 실상과 하나된 여래의 지혜의 경계는 허공과 같아 비할 수 없는 것이니, 『화엄경』(「여래출현품」如來出現品)은 말한다.

열 가지 힘 갖춘 크신 영웅 세존은
이 세간에서 빼어나 위없으시니
허공과 같아 같이할 자 없도다
그 경계는 넓고 커서 헤아릴 수 없고
그 공덕은 뭇 사람들 가운데 으뜸가
세존께선 이 세간 뛰어나셨네.

十力大雄最無上　譬如虛空無等等
境界廣大不可量　功德第一超世間

⑤ 다섯 가지 진리의 힘[五力]

진리의 뿌리 다음에 진리의 힘을 말한 것은 무엇 때문인가. 진실한 바탕은 반드시 작용을 갖추기 때문이니, 다섯 가지 진리의 힘이란 진리의 뿌리가 늘어나 자라고 굳세어지므로 나타나는 지혜의 작용을 말한다.

『법계차제초문』은 이렇게 보인다.

다섯 가지 진리의 힘의 첫째는 믿음의 힘[信力]이니, 바른 도와 여러 도를 돕는 법을 믿을 때 만약 믿음의 뿌리가 늘어나 자라면, 의혹을 막을 수 있고 모든 삿된 믿음과 번뇌를 깨뜨리므로 '믿음의 힘'이라 한다.

둘째 정진의 힘[精進力]이니, 바른 도와 여러 도를 돕는 법을 행할 때 만약 정진의 뿌리가 늘어나 자라면, 갖가지 몸과 마음의 게으름을 깨뜨리고 출세간의 일을 이루어 갖추므로 '정진의 힘'이라 한다.

셋째 생각의 힘[念力]이니, 바른 도와 여러 도를 돕는 법을 생각할 때 생각의 뿌리가 늘어나 자라면, 모든 삿된 생각을 깨뜨리고 온갖 출세간의 바른 생각의 공덕[正念功德]을 성취하므로 '생각의 힘'이라 한다.

넷째 선정의 힘[定力]이니, 마음을 거두어 바른 도와 여러 도를 돕는 법에 둘 때 만약 선정의 뿌리가 늘어나 자라면, 모든 어지러운 생각을 깨뜨려 여러 사법과 진리의 선정[事理禪定]을 일으키므로 '선정의 힘'이라 한다.

다섯째 지혜의 힘[慧力]이니, 바른 도와 여러 도를 돕는 법을 위하여 덧없음 등의 열여섯 가지 행[十六行]을 살필 때 만약 지혜의 뿌리가 늘어나 자라면, 삼계의 견해의 미혹[見惑]과 지어감의 미혹[思惑]을 막아서 참된 샘이 없는 지혜[眞無漏]를 일으키므로 '지혜의 힘'이라 한다.

이 다섯 가지를 통틀어 모두 '힘'이라 한 것은 모든 샘이 있는 [有漏] 착하지 못한 법을 깨뜨려, 출세간의 착한 일[出世善事]을 이루어 갖추므로 '힘'이라 한다.

진리의 뿌리에 다시 힘[力]이라는 이름을 붙여 새롭게 실천법을 말한 것은 진리의 뿌리가 구체적 실천의 작용으로 발휘됨을 보인 것이니, 다섯 가지 법의 방편이 굳세어져 삿됨을 깨뜨려 바름과 착한 법 드러냄이다.

『마하지관』은 다섯 가지 진리의 뿌리[五根] 밖에 진리의 힘을 세운 뜻을 이렇게 보인다.

만약 니르바나에 들어가지 못하면, 다섯 가지 진리의 힘을 나아가 닦아서 뿌리[根]를 늘려 키워서 모든 번뇌를 막으니 이를 진리의 힘이라 한다.

믿음의 힘은 여러 의심을 깨뜨려서 움직일 수 있는 자가 없는 것이다.

정진의 힘은 게으름을 없애 본래의 서원[本所願]과 같이 해 다 성취함이다.

생각의 힘은 삿된 생각을 깨뜨려 번뇌에 무너뜨려지지 않음이다.

선정의 힘은 흩어져 어지러움을 깨뜨려 시끄러움을 멀리 떠남 이다.

비록 말하는 것이 있어도 첫째 선정을 장애하지 않고, 잘 좋은 느낌과 살핌에 머물지만 둘째 선정을 장애하지 않으며, 마음이 기 쁨을 내지만 셋째 선정을 장애하지 않고, 중생을 교화하나 넷째 선정을 장애하지 않는다.

모습 있는 네 가지 선정의 법을 막지만 실로 여러 선정을 막지 않으며[妨四禪法不妨諸定], 또한 선정을 버리지도 않고 선정에 따라가지도 않으니[不捨定亦不隨定], 이를 선정의 힘이라 한다.

지혜는 삿된 집착을 깨뜨려서 온갖 집착과 온갖 지혜를 같이 비추어 갖추니[一切執一切慧雙照具足], 이를 지혜의 힘이라 한다.

이와 같은 다섯 가지 힘을 마하야나(mahāyāna)라 한다.

위의 선정의 힘을 풀이함에서 네 가지 선정을 막지만 여러 선정을 막지 않음이란, 네 가지 선정의 모습에 머물지 않되 늘 시끄러움 속에서 고요함을 이룸이니, 이는 선정에서 선정의 고요한 모습을 떠남이다.

지혜의 힘을 풀이함에서 온갖 집착과 지혜를 같이 비추어 갖춤[雙照具足]이란 온갖 집착이 본래 공해서 온갖 집착의 실상이 지혜임을 비추어 갖춤이니, 집착을 끊지 않고 지혜 이룸을 말한 것이다.

다섯 가지 진리의 힘을 알고 이루어야 하니

이와 같이 내가 들었다.

한때 붇다께서는 슈라바스티 국 제타 숲 '외로운 이 돕는 장자의 동산'에 계시면서 여러 비구들에게 말씀하셨다.

"다섯 가지 진리의 힘[五力]이 있다. 어떤 것이 그 다섯인가.

첫째, 믿음의 힘이다.

둘째, 정진의 힘이다.

셋째, 생각의 힘이다.

넷째, 선정의 힘이다.

다섯째, 지혜의 힘이다.

믿음의 힘이란 네 가지 무너지지 않는 깨끗한 믿음[四不壞淨]인 줄 알아야 한다.

정진의 힘이란 네 가지 바른 끊음[四正斷]인 줄 알아야 한다.

생각의 힘이란 네 곳 살핌[四念處]인 줄 알아야 한다.

선정의 힘이란 네 가지 선정[四禪]인 줄 알아야 한다.

지혜의 힘이란 네 가지 거룩한 진리[四聖諦]인 줄 알아야 한다."

붇다께서 이 경을 말씀하시자, 여러 비구들은 붇다의 말씀을 듣고 기뻐하며 받들어 행하였다.

• 잡아함 675 당지오력경(當知五力經)

다섯 가지 진리의 힘이 배움의 힘이 되는 것이니

이와 같이 내가 들었다.

한때 붇다께서 슈라바스티 국 제타 숲 '외로운 이 돕는 장자의 동산'에 계셨다.

그때 세존께서 여러 비구들에게 말씀하셨다.

"다섯 가지 진리의 힘이 있다. 어떤 것이 그 다섯인가.

믿음의 힘·정진의 힘·생각의 힘·선정의 힘·지혜의 힘이다.

어떤 것을 믿음의 힘이 곧 배움의 힘[學力]이라고 하는가? 여래 계신 곳에서 잘 믿음에 들어가되 그 뿌리가 굳세어, 여러 하늘과 마라, 브라흐만, 사문과 브라마나, 그밖에 그들과 법을 같이하는 이들이 무너뜨릴 수 없는 것이다.

어떤 것을 정진의 힘이 곧 배움의 힘이라고 하는가? 네 가지 바른 끊음을 말한다.

어떤 것을 생각의 힘이 곧 배움의 힘이라고 하는가? 네 곳 살핌을 말한다.

어떤 것을 선정의 힘이 곧 배움의 힘이라고 하는가? 네 가지 선정을 말한다.

어떤 것을 '스스로 부끄러워하는 힘'[慚力]이 곧 배움의 힘이라고 하는가? 두려워해 부끄러워함[羞恥]을 말한다.

곧 온갖 악하여 착하지 않은 법과 여러 번뇌의 작용[數]을 일으키기 때문에 모든 존재의 타오르는 괴로운 갚음[果報]으로 미래세상에서 태어남·늙음·병듦·죽음·근심·슬픔·괴로움의 번민을 받을까 부끄러워하는 것이다.

이것을 스스로 부끄러워하는 힘이 곧 배움의 힘이라고 한다.

어떤 것을 '남에 대한 부끄러움의 힘'[愧力]이 곧 배움의 힘이라고 하는가? 곧 여러 부끄러워해야 할 일을 부끄러워하고, 여러 악하여 착하지 않은 법과 번뇌의 작용을 일으켜, 모든 존재의 타오르는 괴로운 갚음으로 미래세상에서 태어남·늙음·병듦·죽음·근심·슬픔·괴로움의 번민을 받을까 부끄러워하는 것이다.

이것을 '남에 대한 부끄러움의 힘'이 곧 배움의 힘이라고 한다.

어떤 것을 지혜의 힘이 곧 배움의 힘이라 하는가? 곧 거룩한 제자는 지혜에 머물러 세간의 나고 사라짐 살피는 지혜를 성취하고, 현성의 벗어나 여읨[賢聖出厭離]으로 반드시 괴로움 바로 다함을 성취하는 것이다.

이것을 지혜의 힘이 곧 배움의 힘이라고 하는 것이다."

붇다께서 이 경을 말씀하시자, 여러 비구들은 붇다의 말씀을 듣고 기뻐하며 받들어 행하였다.

• 잡아함 679 광설학력경(廣說學力經)

• 해설 •

뿌리 없는 작용이 없고 작용 없는 뿌리가 없다. 진리의 뿌리가 굳건하지 못해 진리의 힘이 나오지 않는 이는, 도리어 그 진리의 힘에 더욱 정진의 행을 더해[加行] 그 뿌리를 늘리어 키우면 진리의 뿌리가 다시 진리의 힘을 담보할 것이다.

진리의 힘이 진리의 뿌리[五根]의 작용이 되지만 다시 다섯 가지 진리의 힘[五力]이 뿌리를 더욱 굳건히 하므로, 붇다는 진리의 힘이 곧 배움의 힘[學力]이라고 하신 것이니, 뿌리와 작용이 어찌 앞과 뒤가 있을 것인가.

니르바나의 뜻에 깊은 믿음과 방편을 갖추어 진리의 땅에 깊이 뿌리내린 보디사트바는 온갖 닦는바 행을 보디에 회향하여 더욱 깊은 믿음과 지혜의 힘을 발휘하는 것이니, 『화엄경』(「십회향품」)은 그러한 삶의 모습을 다음과 같이 말한다.

보디사트바는 니르바나의 뜻에
교묘한 방편과 믿음을 얻어
모든 붇다 빼어난 법 알 수 있으니
뭇 착한 업들 평등하게 회향하고서
여러 중생 여래와 같도록 바라네.

菩薩於義得善巧　能知諸佛最勝法
以衆善業等迴向　願令庶品同如來

이같이 진실한 붇다의 법의 아들은
여래의 법의 교화를 따라 나서
이와 같이 보디에 잘 회향하므로
세간의 의혹을 모두 없애버리네.

如是眞實諸佛子　從於如來法化生
彼能如是善迴向　世間疑惑悉除滅

⑥ 일곱 갈래 깨달음의 법[七覺支]

• 이끄는 글 •

세간의 높은 왕에게 일곱 보배가 있듯 위대한 법왕(法王, dharma-rāja)이신 여래께 일곱 보배가 있으니 일곱 갈래 깨달음 법[七覺支]이다.

『법계차제초문』은 일곱 해탈의 보배에 대해 다음과 같이 말한다.

일곱 갈래 깨달음 법이란 다음과 같다.

첫째 법 가림의 깨달음 법[擇法覺分]이니, 지혜로 모든 법을 살필 때 참과 거짓을 잘 가려서 모든 헛되고 거짓된 법을 그릇 취하지 않으므로 '법 가림의 깨달음 법'[dharma-pravicaya-saṃbodhyaṅga]이라고 한다.

둘째 정진의 깨달음 법[精進覺分]이니, 정진하여 모든 도법을 닦을 때 잘 밝게 깨달아 알아, 쓸데없는 괴로운 행을 그릇 행하는 일이 없이 늘 부지런한 마음을 참된 법 가운데 두어 행하므로 '정진의 깨달음 법'[vīrya-saṃbodhyaṅga]이라 한다.

셋째 기쁨의 깨달음 법[喜覺分]이니, 만약 마음으로 법의 기쁨[法喜]을 얻으면 이 기쁨이 뒤바뀐 법을 의지해서 생겨난 것이 아님을 잘 밝게 깨달아 알아, 기뻐함이 참된 법에 머무른 기쁨[住眞法喜]이 되므로 '기쁨의 깨달음 법'[prīti-saṃbodhyaṅga]이라 한다.

넷째 없앰의 깨달음 법[除覺分]이니, 여러 견해와 번뇌를 끊어 없앨 때 여러 헛되고 거짓된 것만 없앰을 잘 밝게 깨달아 알아, 참되고 바른 진리의 착한 뿌리[眞正善根]는 줄어들지 않게 하므로 '없앰의 깨달음 법'이라 한다.

다섯째 버림의 깨달음 법[捨覺分]이니, 만약 보고 생각하여 집착하는 경계를 버릴 때, 버리는바 경계[所捨之境]가 헛되고 거짓되어 진실하지 않음을 잘 밝게 깨달아 알아 길이 따라 생각하지 않으면, 이것이 '버림의 깨달음 법'[upekṣā-saṃbodhyaṅga]이다.

여섯째 선정의 깨달음 법[定覺分]이니, 모든 선정을 일으킬 때 이 모든 선정마저 헛되어 거짓된 것임[諸禪虛假]을 잘 밝게 깨달아 알아, 견해와 애착의 헛된 생각[見愛妄想]을 내지 않으면 이것이 '선정의 깨달음 법'[samādhi-saṃbodhyaṅga]이다.

일곱째 생각의 깨달음 법[念覺分]이니, 만약 출세간의 도를 닦을 때 늘 선정과 지혜가 균등하게 해야 함[定慧均平, 定慧等持]을 잘 밝게 깨달아 안다. 그리하여 마음이 가라앉을 때[若心沈沒]는 반드시 법 가림·정진·기쁨의 깨달음 법 등 쓸 것을 생각하여 이 세 가지 깨달음의 법을 살펴 일으키고, 마음이 들뜰 때[若心浮動]는 없앰·버림·선정의 깨달음의 법 등 쓸 것을 생각하여 이 세 가지 깨달음 법으로 거둔다.

그러므로 생각의 깨달음 법은 늘 두 가지 넘치는 것 사이에 있어서 잘 알맞게 고루는 것[調和中適]이니, 이것이 '생각의 깨달음 법'[smṛti-saṃbodhyaṅga]이다.

이 일곱 가지를 통틀어 모두 '깨달음의 법'[覺分, saṃbodhyaṅga]이라 하는 것은 배울 것이 없는 이[無學]가 이 일곱 가지 일을 실

답게 깨달아 니르바나에 이르는 것이므로 통틀어 '깨달음의 법'
[覺分, saṃbodhyaṅga]이라 한다.

천태선사는 일곱 깨달음 법을 풀이하며 선정의 법도 인연의 법이
라 취할 모습이 없어서[虛假] 선정의 법에도 맛들여 취하면 허망함
을 이루게 된다고 말하니, 선정의 맛을 탐착하여 선정을 내면의 명
상과 동일시하는 선정주의자들을 경책함이다.
그리고 생각[念, smṛti]의 깨달음 법을 비파사나의 살피는 생각으
로만 정의하지 않고, 선정과 지혜 균등히[定慧均平] 하는 법을 생각
의 깨달음 법이라 정의한다. 곧 수행자가 비파사나 없는 사마타에
빠질 때에는 법 가림·정진·기쁨의 법으로 대치하고, 사마타 없는
비파사나에 빠질 때는 다시 없앰·버림·선정의 법으로 다스려 '사
마타와 비파사나가 한때에 갖추어지도록 하는 것'[止觀俱行, 定慧等
持]이 생각의 깨달음 법이 되는 것이다.
『마하지관』은 다시 말한다.

만약 니르바나에 들어가지 못하면 일곱 깨달음 법을 고루 써야 한
다. 마음이 들떠 움직일 때[心浮動時]는 없앰의 깨달음 법[除覺分]으
로 몸과 입의 거침을 없애고, 버림의 깨달음 법[捨覺分]으로 살피는
지혜[觀智]를 버리고 고요한 마음[定覺分]으로 선정에 들어간다.
만약 마음이 가라앉을 때[心沈沒時]는 정진·법 가림·기쁨의
법으로 마음을 일으켜야 한다.
생각의 깨달음 법은 들뜨고 가라앉는 두 곳[兩處]을 함께 통해
생각함이다.

이 일곱 깨달음 법을 닦으면 곧 도에 들어간다.

『대지도론』에 말한다.

만약 다섯 가지 덮음을 떠나

일곱 깨달음 법 오롯이 닦고

도에 들어가지 못한다는 것

이런 일은 있을 수 없는 것이다.

若離五蓋　專修七覺

不得入者　無有是處

천태선사의 풀이로 보면 일곱 깨달음의 법이란 사마타와 비파사나에 방편의 뜻을 더해 가르친 것이니, 사마타와 비파사나같이 행함[止觀俱行]밖에 일곱 깨달음의 법이 없는 것이다.

『화엄경』(「십회향품」) 또한 선정과 지혜가 둘이 없는 행을 이렇게 가르친다.

보디의 법 잘 행하는 보디사트바

그 마음은 넓고 커서 끝이 없으며

참는 힘에 잘 머물러 움직임 없네.

선정은 깊고 깊어 늘 밝게 비추며

지혜는 미묘하여 사의할 수 없네.

其心廣大無邊際　忍力安住不傾動

禪定甚深恒照了　智慧微妙難思議

전륜왕의 일곱 보배처럼 여래께도
일곱 해탈의 보배가 있나니

나는 들었다, 이와 같이.

한때 붇다께서는 슈라바스티 국에 노니시면서 제타 숲 '외로운 이 돕는 장자의 동산'에 계셨다.

그때 세존께서는 여러 비구들에게 말씀하셨다.

"만약 전륜왕이 세상에 나올 때에는 곧 일곱 보배[七寶]가 세상에 나옴을 알아야 한다. 어떤 것이 일곱인가.

금수레보배[金輪寶] · 코끼리보배[象寶] · 말보배[馬寶] · 신령한 구슬보배[神珠寶] · 옥 같은 여인보배[玉女寶] · 곳간 맡는 신하의 보배[主藏臣寶] · 군대 맡는 신하의 보배[主兵臣寶]이다.

만약 전륜왕이 세상에 나올 때에는 이 일곱 보배가 세상에 나옴을 알아야 한다.

이와 같이 여래 · 집착 없는 이 · 바르게 깨친 분이 세상에 나올 때에도 또한 일곱 갈래 깨달음 법의 보배가 세간에 나옴을 알아야 한다. 어떤 것이 일곱인가.

생각의 깨달음 법 보배[念覺支寶] · 법 가림의 깨달음 법[擇法覺支] · 정진의 깨달음 법[精進覺支] · 기쁨의 깨달음 법[喜覺支] · 쉼의 깨달음 법[息覺支] · 선정의 깨달음 법[定覺支] · 평정의 깨달음 법 보배[捨覺支寶]이니, 이것을 일곱 보배라 한다.

이와 같이 여래 · 집착 없는 이 · 바르게 깨친 분이 세상에 나올 때에 또한 이 일곱 갈래 깨달음 법의 보배가 세간에 나옴을 알아야 한다.”

붇다께서 이렇게 말씀하시니, 여러 비구들은 붇다의 말씀을 듣고 기뻐하며 받들어 행하였다.

• 중아함 58 칠보경(七寶經)

• 해설 •

세간의 일곱 보배가 있기 때문에 전륜왕이라 이름할 수 있는 것처럼 해탈의 일곱 보배가 없다면 여래는 법의 왕[法王]이라 이름할 수 없다.

세간에 해탈의 일곱 보배 나타나면 그것은 법왕(法王, dharmarāja)이신 여래가 세간에 오셨다는 징표이다.

일곱 갈래 깨달음의 법은 여래의 가르침이지만 여래 또한 일곱 해탈의 보배로 여래가 되었다. 세간의 일곱 보배는 세간에 물질의 풍요와 복락의 즐거움 위력과 권세를 안겨주지만, 법왕의 일곱 보배는 니르바나의 안온함과 해탈의 기쁨을 안겨준다.

세간의 보배는 집착하면 탐욕을 기르고 육체적 생명에 탐착을 일으키지만, 여래의 일곱 보배는 따라 행하면 탐욕을 떠나 법의 몸[法身]을 기르고 무명을 떠나 지혜의 생명[慧命]을 늘려 기른다.

세간의 보배는 함이 있고 모습 있는 복락을 안겨주지만, 여래의 일곱 보배는 선정의 기쁨[禪悅] 법의 즐거움[法樂]을 안겨준다.

세간의 보배는 재물에 대한 집착을 길러주지만, 여래의 일곱 보배는 다함없는 법의 재물을 채워주고 길이 다하지 않는 진리생명의 곳간[法界藏]에 중생을 이끌어들인다.

여래의 일곱 보배를 얻어 쓰는 자, 그가 여래의 법의 자리에 여래와 같이 편히 앉아, 마르지 않는 생명의 공덕을 길이 쓰는 자이다.

일곱 갈래 깨달음의 법이 장애와 덮음 없애
니르바나에 나아가게 하나니

이와 같이 내가 들었다.

한때 붓다께서 슈라바스티 국 제타 숲 '외로운 이 돕는 장자의 동산'에 계셨다.

그때 세존께서 여러 비구들에게 말씀하셨다.

"다섯 가지 막음[障]과 덮음[蓋]이 있어서, 마음에 번뇌를 일으키게 하고 지혜를 약하게 한다. 그것은 막고 걸리는 것으로, 밝음이 아니고 바른 깨달음이 아니어서 니르바나에 돌이켜 나아가지 못하게 한다.

어떤 것이 그 다섯 가지인가? 탐욕의 덮음[貪欲蓋]·성냄의 덮음[瞋恚蓋]·잠과 졸음의 덮음[睡眠蓋]·들뜸과 뉘우침의 덮음[掉悔蓋]·의심의 덮음[疑蓋]을 말한다.

이러한 다섯 가지 덮음은 가리고 덮어서 마음에 번뇌를 일으키게 하고 지혜를 약하게 한다. 그것은 막고 걸리는 것으로, 밝음이 아니고 바른 깨달음이 아니어서 니르바나에 돌이켜 나아가지 못하게 한다."

다섯 덮음 없애 니르바나에 나아가게 하는
일곱 갈래 깨달음 법을 보이심

"만약 일곱 갈래 깨달음의 법이라면, 가리지 않고 덮지 않아서 마음에 번뇌를 일으키지 않고 지혜를 더욱 늘려 키우며, 밝음이 되고 바른 깨달음이 되어 니르바나에 돌이켜 나아가게 한다.

어떤 것이 그 일곱 가지인가? 곧 생각의 깨달음 법·법 가림의 깨달음 법·정진의 깨달음 법·쉼의 깨달음 법·기쁨의 깨달음 법·선정의 깨달음 법·버림의 깨달음 법을 말한다.

이와 같은 일곱 갈래 깨달음의 법은 가리지 않고 덮지 않아서 마음에 번뇌를 일으키지 않으며 지혜를 더욱 늘려 키우며, 밝음이 되고 바른 깨달음이 되어 니르바나에 돌이켜 나아가게 한다."

그때 세존께서 곧 게송을 말씀하셨다.

탐욕의 덮음, 성냄의 덮음과
잠과 졸음, 들떠 뉘우침과 의심
이 다섯 가지 가리는 덮음은
여러 번뇌를 늘리고 자라게 한다.

이 다섯 가지가 세간을 덮으므로
깊이 집착하여 건널 수 없으며
중생의 눈을 막고 가려버리므로
바른 도를 보지 못하도록 한다.

만약 일곱 깨달음의 법을 얻으면
곧바로 비추어 밝힐 수 있으니
오직 이 진리인 참된 말씀은
바르게 깨치신 분의 말씀이네.

생각의 깨달음 법을 머리로 하여
법 가림으로 바르게 사유해가서
정진 쉼 기쁨과 사마디 버림의 법
이와 같은 일곱 갈래 깨달음의 법
무니께서 보이신 바른 길이니
바르게 깨치신 분을 따라 행하면
나고 죽음의 두려움 벗어나리라.

붇다께서 이 경을 말씀하시자, 여러 비구들은 붇다의 말씀을 듣고 기뻐하며 받들어 행하였다.

• 잡아함 707 장개경(障蓋經)

• 해설 •

일곱 갈래 깨달음의 법 가운데 법 가림·정진·기쁨의 법은 비파사나의 법이고, 쉼·버림·선정의 법은 사마타의 법이며, 생각의 깨달음 법은 사마타와 비파사나를 모두 거두는 법이다.

생각의 깨달음 법은 사마타도 비파사나도 아닌 중도의 생각 아닌 생각이니, 이 법으로 때로 사마타의 방편을 쓰고 때로 비파사나의 방편을 쓴다.

중도의 바른 생각에 서서 사마타와 비파사나를 함께 행하는 이[止觀俱行]는 사마타 아닌 사마타를 쓰므로 쉬되 쉼이 없고, 비파사나 아닌 비파사나를 쓰므로 살피되 살핌이 없다.

다섯 덮음 가운데 탐욕의 덮음과 성냄의 덮음은 사마타와 비파사나를 함께 써서 그치고, 잠과 졸음은 법 가림과 정진·기쁨의 비파사나행으로 다스리며, 들떠 뉘우침과 의심은 쉼과 선정·버림의 사마타행으로 다스린다.

이처럼 일곱 깨달음 법이 다섯 덮음과 가림을 모두 없애 니르바나의 땅에 이끄니, 이미 저 언덕에 잘 가신 이, 바르게 깨치신 분 따라 행하면 우리 중생 또한 니르바나의 성에 함께 들어, 나고 죽음의 두려움 벗어나는 것이다.

여래를 따라 일곱 깨달음 법 따라 행하는 이가 곧 보디사트바이니,『화엄경』(「십회향품」)은 생각에 생각 없는[於念無念] 사마타와 생각 없는 생각[無念之念]의 비파사나를 써서 니르바나에 들어가는 보디사트바의 길을 다음과 같이 말한다.

보디사트바는 이 생각할 수 없고
말할 수 없음에 비록 머물지만
그 가운데 생각과 말 다할 것 없네.
보디사트바가 이 생각할 수 없고
말할 수 없는 곳에 들어가게 되면
생각과 생각 아님이 다 고요하도다.

菩薩住是不思議　於中思議不可盡
入此不可思議處　思與非思皆寂滅

이와 같이 모든 법의 성품 사유해
온갖 업의 차별을 통달해 아니
있는바 존재의 집착 다 없어져서
움직일 수 없는 공덕에 머무르네.

如是思惟諸法性　了達一切業差別
所有我執皆除滅　住於功德無能動

우리도 일곱 갈래 깨달음의 길을 말하는데
우리와 사문 고타마는 무엇이 다른가

이와 같이 내가 들었다.

한때 붓다께서는 슈라바스티 국 제타 숲 '외로운 이 돕는 장자의 동산'에 계셨다.

때에 많은 비구들은 이른 아침에 가사를 입고 발우를 들고 밥을 빌러 슈라바스티 성으로 들어가다가 이렇게 생각하였다.

'오늘은 너무 일러 밥 빌 때가 되지 않았다. 우리는 우선 바깥길의 수행자들이 있는 정사에 들러보자.'

여러 많은 비구들은 곧 바깥길 수행자들의 정사에 들어가 서로 같이 문안 인사하고 위로한 뒤에 한쪽에 앉았다.

여러 바깥길 수행자들이 비구들에게 물었다.

"사문 고타마는 제자들을 위해 이렇게 설법한다고 들었소.

'다섯 덮음을 끊어라. 마음을 덮으면 지혜가 시들고 막혀 걸림거리가 되어 니르바나에 돌이켜 가지 못할 것이다.

네 곳 살핌에 머무르고 일곱 가지 깨달음의 법을 닦으라.'

우리들 또한 다시 여러 제자들을 위해 '다섯 덮음을 끊어라. 마음을 덮으면 지혜가 시들고 막혀 걸림거리가 되어 니르바나에 돌이켜 가지 못할 것이다'라고 설하오.

우리들도 같이 잘 설법할 수 있는데, 우리와 사문 고타마에게는 어떤 다름이 있겠소?"

때에 많은 비구들은 바깥길 수행자의 말을 듣고 마음이 즐겁지 않아 도리어 꾸짖고 자리에서 일어나 떠났다.

끊을 번뇌와 닦는 실천의 구체적인 내용 되물어야 함을 깨우치심

그들은 슈라바스티 성에 들어가 밥을 빌고는 정사에 돌아와, 가사와 발우를 거두어 들고 발을 씻은 뒤, 붇다 계신 곳에 가서 붇다의 발에 머리를 대 절하고 한쪽에 물러앉아, 바깥길 수행자들이 말한 것을 세존께 갖추어 말씀드렸다.

그때에 세존께서는 여러 비구들에게 말씀하셨다.

"그 바깥길 수행자들이 이런 말을 할 때, 너희들은 도로 이렇게 물었어야 했다.

'여러 바깥길 수행자들이여, 다섯 덮음에는 열 가지가 있어야 하고, 일곱 갈래 깨달음 법에는 열네 가지가 있어야 하오.

어떤 것이 다섯 덮음의 열 가지며, 일곱 갈래 깨달음 법의 열네 가지인가?'

이렇게 물었다면 저 바깥길 수행자들은 곧 놀라 흩어졌을 것이다.

그 바깥길 수행자들에게 법을 말하면, 그들은 성내고 교만하며 헐뜯고 미워하여, 차마 하지 못할 마음이 생기거나, 잠자코 머리 숙인 채 할 말을 잃고 생각에 잠길 것이다.

왜 그런가. 여래나 성문들로서 이 법을 듣는 사람을 내놓고는, 나는 아직 여러 하늘이나 마라, 브라흐만, 사문이나 브라마나, 하늘이나 사람무리 가운데서 내 말을 듣고 기뻐하면서 따르는 사람을 보지 못하였기 때문이다."

다섯 덮음의 열 가지 내용을 분별하심

"비구들이여, 어떤 것이 다섯 덮음의 열 가지인가. 곧 '안의 탐욕'과 '바깥 탐욕'이 있는 것이다.

저 안의 탐욕은 곧 덮음이니, 지혜도 아니요 바른 깨달음도 아니어서 니르바나에 돌이켜 나아가지 못한다.

저 바깥 탐욕도 곧 덮음이니, 지혜도 아니요 바른 깨달음도 아니어서 니르바나에 돌이켜 나아가지 못한다.

곧 성냄에는 성내는 모습이 있다. 만약 성냄과 성내는 모습이라면 곧 덮음이니, 지혜도 아니요 바른 깨달음도 아니어서 니르바나에 돌이켜 나아가지 못한다.

또 졸음이 있고 잠이 있다. 저 졸음과 저 잠은 곧 덮음이니, 지혜도 아니요 바른 깨달음도 아니어서 니르바나에 돌이켜 나아가지 못한다.

또 들뜸[掉]이 있고 뉘우침[悔]이 있다. 저 들뜸과 저 뉘우침은 곧 덮음이니, 지혜도 아니요 바른 깨달음도 아니어서 니르바나에 돌이켜 나아가지 못한다.

또 착한 법을 의심함이 있고 착하지 않은 법을 의심함이 있다. 저 착한 법을 의심하는 것과 저 착하지 않은 법을 의심하는 것은 곧 덮음이니, 지혜도 아니요 바른 깨달음도 아니어서 니르바나에 돌이켜 나아가지 못한다.

이것을 '다섯 덮음의 열 가지'라 한다."

일곱 갈래 깨달음 법의 열네 가지 내용을 분별하심

"어떤 것이 일곱 갈래 깨달음 법의 열네 가지인가.

'안의 법'에 마음이 머무름이 있고, '바깥 법'에 마음이 머무름이 있다.

그 안의 법[內法]에 생각이 머무르는 것[心念住]은 곧 생각의 깨달음 법이니, 그것은 지혜요 바른 깨달음으로서 니르바나에 돌이켜 나아간다.

그 바깥 법[外法]에 생각이 머무르는 것도 곧 생각의 깨달음 법이니, 그것은 지혜요 바른 깨달음으로서 니르바나에 돌이켜 나아간다.

또 착한 법을 가림이 있고 착하지 않은 법을 가림이 있다. 그 착한 법을 가리는 것은 곧 법 가림의 깨달음 법이니, 그것은 지혜요 바른 깨달음으로서 니르바나에 돌이켜 나아간다.

그 착하지 않은 법을 가리는 것도 곧 법 가림의 깨달음 법이니, 그것은 지혜요 바른 깨달음으로서 니르바나에 돌이켜 나아간다.

또 정진으로 착하지 않은 법을 끊음이 있고 정진으로 착한 법을 자라게 함이 있다.

그 착하지 않은 법을 끊는 정진은 곧 정진의 깨달음 법이니, 그것은 지혜요 바른 깨달음으로서 니르바나에 돌이켜 나아간다.

그 착한 법을 자라게 하는 정진은 곧 정진의 깨달음 법이니, 그것은 지혜요 바른 깨달음으로서 니르바나에 돌이켜 나아간다.

또 기쁨[喜]이 있고 기뻐하는 곳[喜處]이 있다. 그 기쁨은 곧 기쁨의 깨달음 법이니, 그것은 지혜요 바른 깨달음으로써 니르바나에 돌이켜 나아간다.

그 기뻐하는 곳 또한 기쁨의 깨달음 법이니, 그것은 지혜요 바른 깨달음으로서 니르바나에 돌이켜 나아간다.

또 몸의 쉼[身猗息]이 있고 마음의 쉼[心猗息]이 있다.

그 몸이 쉼은 곧 쉼의 깨달음 법이니, 그것은 지혜요 바른 깨달음으로서 니르바나에 돌이켜 나아간다.

마음이 쉼도 곧 쉼의 깨달음 법이니, 그것은 지혜요 바른 깨달음으로서 니르바나에 돌이켜 나아간다.

또 선정[定]이 있고 선정의 모습[定相]이 있다.

그 선정은 곧 선정의 깨달음 법이니, 그것은 지혜요 바른 깨달음으로서 니르바나에 돌이켜 나아간다.

선정의 모습도 곧 선정의 깨달음 법이니, 그것은 지혜요 바른 깨달음으로서 니르바나에 돌이켜 나아간다.

또 착한 법을 버림[捨善法]이 있고 착하지 않은 법을 버림[捨不善法]이 있다. 착한 법을 버림은 곧 버림의 깨달음 법이니, 그것은 지혜요 바른 깨달음으로서 니르바나에 돌이켜 나아간다.

착하지 않은 법을 버림도 곧 버림의 깨달음 법이니, 그것은 지혜요 바른 깨달음으로서 니르바나에 돌이켜 나아간다.

이것을 '일곱 갈래 깨달음 법의 열네 가지'라 한다."

붇다께서 이 경을 말씀하시자, 여러 비구들은 그 말씀을 듣고 기뻐하며 받들어 행하였다.

• 잡아함 713 전취경(轉趣經)

• 해설 •

세간의 뛰어난 의사가 병의 원인을 진단하고 병 다스리는 약을 처방하여 병을 낫게 하듯, 세간 중생의 큰 의왕[大醫王]이신 세존도 중생의 번뇌의 병 그 원인을 잘 진단하시고 무명과 번뇌의 병을 다스리는 해탈의 법약을 잘 쓰신다.

세존은 세간법의 진실을 등지게 하는 무명과 니르바나를 장애하는 다섯 가지 덮음의 열 가지 모습을 잘 진단하고, 다시 다섯 가지 덮음의 병을 다스리는 일곱 갈래 깨달음 법의 열네 가지 법을 잘 가르쳐 중생을 니르바나에 이끄신다.

안의 법에 바르게 머무는 생각은 안의 여섯 뿌리가 공한 줄 알아 알되 앎이 없는 것이고, 밖의 법에 바르게 머무는 생각은 밖의 여섯 경계가 공한 줄 알아 아는 바에 취할 것이 없는 것이니, 두 법이 모두 바른 생각으로 니르바나의 길이다.

이처럼 세존의 법과 율 그리고 바깥길이 똑같이 해탈을 말하고 니르바나를 말한다 해도, 해탈의 원인이 아닌 행으로 해탈의 과를 말하고, 니르바나를 등진 중생의 병을 바로 진단하지 못하고 구체적인 해탈의 법을 설하여주지 못하면, 그 법은 니르바나의 과덕에 이끌지 못한다.

비록 같은 이름을 써도 이름에 맞는 진실한 내용과 구체적인 실천의 방편이 없다면 그 바깥길의 가르침이 어찌 위없는 스승 큰 의왕의 진단과 처방에 같을 수 있겠는가. 진단과 처방이 진실과 맞지 않는데 어떻게 중생의 병을 나아 해탈의 땅에 이끌 것인가.

바른 치유의 행은 병을 일으키는 원인을 거슬러 해탈에 이끄는 실천 속에서만 일어날 수 있으니, 『화엄경』(「여래현상품」)은 본래 병 없는 곳에 앉아 중생의 고통과 병을 치유하시는 여래의 행을 다음과 같이 찬탄한다.

삼계의 큰 의왕이신 세존께서는
중생이 바른 법에 의심 있으면
널리 그 의심을 모두 끊게 하시고
넓고 큰 믿음과 앎 다 내도록 하네.
중생의 끝없고 한량없는 괴로움
널리 모두다 끊어 없애주시고
모든 붇다의 편안하고 즐거움을

중생이 모두 얻도록 하여주시네.

衆生有疑皆使斷 廣大信解悉令發
無邊際苦普使除 諸佛安樂咸令證

「광명각품」 또한 다음과 같이 찬탄한다.

중생은 미혹하여 바른 길 잃고
삿된 길 늘 다니며 어두운 집 드네.
그들 위해 바른 법의 등불을 켜서
길이 중생의 밝은 비춤 되어주시니
이것이 크신 인도자의 행이시네.

衆生迷惑失正道 常行邪徑入闇宅
爲彼大然正法燈 永作照明是其行

일곱 갈래 깨달음의 법이
차례로 일어나 함께 갖춰지나니

이와 같이 내가 들었다.

한때 붇다께는 슈라바스티 국 제타 숲 '외로운 이 돕는 장자의 동산'에 계셨다.

그때 어떤 비구가 붇다께서 계신 곳에 와 머리를 대 발에 절한 뒤에 한쪽에 물러나 앉아서 붇다께 말씀드렸다.

"세존께서는 깨달음 법의 갈래[覺分]라고 말씀하셨는데, 세존이시여, 어떤 것을 깨달음 법의 갈래라고 합니까?"

붇다께서 그 비구에게 말씀하셨다.

"깨달음 법의 갈래라 함은 일곱 가지 도의 법[七道品法]을 말하는 것이다. 그런데 비구들이여, '일곱 갈래 깨달음 법'[七覺支]은 차례로 일어나는 것이니, 그것을 닦아 익혀서 원만하게 갖추는 것이다."

그 비구가 붇다께 여쭈었다.

"세존이시여, 어떻게 깨달음 법[覺支]이 차례로 일어나 그것을 닦아 익혀 원만히 갖춥니까?"

네 곳 살핌의 깨달음 법[念覺分]을 따라
일곱 갈래 깨달음 법이 따라 갖춰지게 됨을 보이심

붇다께서 그 비구에게 말씀하셨다.

"만약 비구가 안의 몸[內身]에서 몸 살핌에 머물고, 그가 안의 몸에서 몸 살핌에 머물 때, 마음을 거두어 생각을 매어 잊지 않으면, 그는 그때 생각의 깨달음 법[念覺支]이라는 방편으로 닦아 익히고, 생각의 깨달음 법이라는 방편으로 닦아 익힌 뒤에는 닦아 익힘을 원만히 갖추게 된다.

생각의 깨달음 법을 원만히 갖춘 뒤에 법을 뽑아 가리고 분별하고 헤아리면, 이때 법 가림의 깨달음 법[擇法覺支]이라는 방편으로 닦아 익히고, 방편으로 닦은 뒤에는 닦아 익힘을 원만히 갖추게 된다.

이와 같이 정진·쉼·기쁨·선정의 깨달음 법을 닦아 익혀 원만히 갖추게 되고, 나아가 버림의 깨달음 법[捨覺支]을 닦아 익혀 원만히 갖추게 된다.

안의 몸에서 몸 살피는 생각에 머무르는 것과 같이, 바깥의 몸[外身]과 안팎의 몸[內外身], 느낌[受]·마음[心]·법(法)에서 법 등을 살피는 생각에 머무름에서도, 그때 마음을 오롯이 해 생각을 매어 잊지 않으면, 생각의 깨달음 법이라는 방편으로 닦아 익혀 그 닦아 익힘을 원만히 갖추게 된다.

이처럼 법 가림·정진·쉼·기쁨·선정·버림의 깨달음 법에서도 또한 이와 같이 말한다.

이와 같이 머물면 차례로 깨달음 법이 일어날 것이고, 차례로 일어난 뒤에는 닦아 익힘을 원만히 갖추게 된다."

붇다께서 이 경을 말씀하시자, 여러 비구들은 붇다의 말씀을 듣고 기뻐하며 받들어 행하였다.

• 잡아함 733 칠도품경(七道品經)

네 곳 살핌에서 살피는바 네 곳이 곧 다섯 쌓임의 법이고 열두 들임·열여덟 법의 영역이라면 네 곳 살핌을 떠나 다른 법이 세워질 수 없으니, 일곱 갈래 깨달음이 또한 네 곳 살핌밖에 다른 법이라 할 수 없다.

다만 네 곳을 바르게 살펴 나[我]와 나 없음[無我], 항상함[常]과 덧없음[無常]에 머물지 않는 한 생각으로 생각의 깨달음 법이 갖춰지면, 마음의 들뜸과 가라앉음을 따라 법 가림·정진·쉼·기쁨·선정·버림의 깨달음 법을 씀이 없이 써서 들뜸과 가라앉음의 병을 치유하여 선정과 지혜가 평등함에 이르게 하는 것이다.

번뇌와 다섯 덮음이 있되 공하므로 들뜸의 병을 사마타의 약을 써서 치유하되 실로 씀이 없고, 잠과 졸음 등 가라앉음의 병을 비파사나의 약을 써서 치유하되 실로 씀이 없다.

그러므로 차례로 따라 나는 일곱 깨달음 법의 차제 가운데 차제 없으며, 차제가 없되 중생의 병 따라 갖가지 실천법을 차제를 따라 일으킴 없이 일으키는 것이다.

법의 약을 일으키되 일으킴 없으면 닦음이 온통 본래 고요한 성품이 되는 것이고[全修卽性], 일으킴 없이 일으키면 온전히 진여의 성품이 닦음을 일으키는 것이다[全性起修].

그러므로 본래 니르바나되어 있는 법계의 집[法界家]에 앉아 닦음 없이 닦아가는 자, 그가 일곱 갈래 깨달음 법 닦아 익힘을 원만히 갖추는 자인 것이다.

비구들이여, 저 일곱 갈래 깨달음의 법
잘 설하는 사리푸트라께 하직하고 가라

이와 같이 들었다.

한때 붇다께서는 사카족 카필라바스투의 니그로다 동산에서 큰 비구대중 오백 사람과 함께 계셨다.

그때에 많은 비구들은 세존 계신 곳에 와 머리를 대 발에 절하고 한쪽에 앉았다.

"저희들은 북방으로 가서 노닐고자 합니다."

세존께서는 말씀하셨다.

"때를 알아서 하라."

세존께서는 다시 말씀하셨다.

"너희들은 사리푸트라 비구에게 하직하였느냐."

여러 비구들은 대답했다.

"아닙니다, 세존이시여."

그때 세존께서 비구들에게 말씀하셨다.

"너희들은 가서 사리푸트라 비구에게 하직하라. 왜냐하면 사리푸트라 비구는 늘 여러 범행 닦는 이들을 위해 법을 가르치고 깨우쳐 주며 또 설법함에 싫증냄이 없기 때문이다."

그때 세존께서 여러 비구들을 위해 미묘한 법을 설하시자 여러 비구들은 법을 듣고서는 곧 자리에서 일어나 붇다의 발에 절하고 붇다를 세 번 돌고 물러갔다.

북방에서 설할 법을 묻자
다섯 쌓임·일곱 갈래 깨달음 법·여덟 가지 바른 길로 답함

그때에 사리푸트라는 '사카 절' 가운데 노닐고 있었다. 많은 비구들은 사리푸트라 있는 곳에 가서 같이 서로 문안하고 한쪽에 앉았다.

그때 여러 비구들이 사리푸트라에게 말했다.

"우리는 북방의 사람들 사이에 가서 노닐려고 지금 세존께 하직하였습니다."

사리푸트라는 말하였다.

"그대들은 알아야 하오. 북방 사람들과 사문이나 브라마나들은 모두 총명하여 그 지혜는 따르기 어렵소. 또 그들은 와서 시험해보기를 좋아하오. 만약 그들이 그대들에게 와서 '여러 어진 이들이여, 무엇을 주장하는가'고 묻는다면 그대들은 무어라고 대답하겠소."

비구들은 대답하였다.

"만약 사람들이 와서 묻는다면 저희들은 반드시 이런 뜻으로 대답하겠습니다.

'물질은 덧없는 것이고, 덧없으면 괴로움이요, 괴로움이면 나가 없고, 나가 없으면 공함이오. 물질이 공하고 나가 없으면, 그것은 공한 것이니, 이와 같음이 지혜로운 이가 보는 것이오.

느낌·모습 취함·지어감·앎 또한 덧없고 괴로우며 공하여, 나가 없소. 그것이 참으로 공하면 그것은 나가 없고 공한 것이오. 이와 같음이 지혜로운 이가 배우는 것이오.

이 다섯 가지 쌓임은 다 공하고 고요하오.

그것은 인연으로 모인 것으로서 모두 없어짐에 돌아가 오래 머무르지 못하오.

그리고 여덟 가지 바른 길과 또 따라야 할 것에 일곱 가지 법이 있소. 우리 스승의 말씀은 바로 이것을 말하오.'

만약 크샤트리아나 브라마나나 사람들이 와서, 우리들이 주장하는 뜻을 물으면 우리는 이런 뜻으로 대답하겠습니다."

이때 사리푸트라는 여러 많은 비구들에게 말하였다.

"그대들은 마음의 뜻을 굳게 가져 가볍게 들어보이지 마시오."

이때 사리푸트라는 비구들을 위해 미묘한 법을 갖추어 말해주고 곧 자리에서 일어나 떠났다.

여덟 가지 바른 길과 일곱 갈래 깨달음의 법을 갖추어 보임

여러 비구들이 아직 멀리 가지 않았을 때, 사리푸트라는 비구들에게 말하였다.

"여덟 가지 바른 길과 일곱 갈래 깨달음의 법을 어떻게 행하여야 하오."

여러 비구들은 말하였다.

"저희들이 멀리서 온 것은 그 뜻을 듣고자 함입니다. 말씀해주시길 바랍니다."

사리푸트라는 말하였다.

"만약 한 마음으로 바른 견해[正見]를 늘 생각하면, 생각의 깨달음 법[念覺意]이 어지럽지 않은 것이오.

바른 다스림[等治]이란 한 마음으로 온갖 법을 생각함이니, 법 가림의 깨달음 법[擇法覺意]이오.

바른 말[正語]이란 몸과 뜻으로 정진함이니, 정진의 깨달음 법[精進覺意]이오.

바른 업[正業]이란 온갖 좋은 법을 낼 수 있는 것이니, 기쁨의 깨달음 법[喜覺意]이오.

바른 생활[正行]이란 현성의 재물에 만족할 줄 알고 집과 재물을 모두 버리고 몸을 편안히 하는 것이니, 쉼의 깨달음 법[猗覺意]이오.

바른 방편[正方便]이란, 성현의 네 가지 진리[四諦]를 얻어 모든 묶음을 다해 없앰이니, 선정의 깨달음 법[定覺意]이오.

바른 생각[正念]이란, 네 가지 뜻의 그침[四意止]으로 몸에 굳셈 없어서 모두 공해 나 없음[皆空無我]을 살핌이니, 보살핌의 깨달음 법[護覺意]이오.

바른 사마디[正定]란 얻지 못한 이를 얻게 하고 건너지 못한 이를 건너게 하고 증득하지 못한 이를 증득하게 하는 것이오.

만약 어떤 사람이 와서 이 뜻에 대해 '어떻게 여덟 가지 도와 일곱 갈래 법을 닦아야 하느냐'고 물으면, 그대들은 그렇게 대답하여야 하오.

왜냐하면, 만약 비구로서 이 여덟 가지 바른 길과 일곱 갈래 깨달음 법을 닦으면 샘이 있는 마음이 곧 해탈하기 때문이오."

거듭 일곱 갈래 깨달음 법의 과덕을 말해
잘 닦아 행하도록 당부함

"나는 그대들에게 거듭 말하오. 그 어떤 비구가 여덟 가지 바른 길과 일곱 갈래 깨달음 법을 사유하고 닦아 행하면, 그는 두 가지 결과를 이루어 여우 같은 의심이 없이 아라한을 얻을 것이오.

또 이런 일들은 제쳐두고 만약 많이 행할 수 없어, 하룻동안이라도 그 여덟 가지 바른 길과 일곱 갈래 깨달음 법을 행하면, 그 복은 헤아릴 수 없어서 아나가민(anāgāmin)이나 아라한(arhat)이 될 것이오.

그러므로 여러 어진 이들이여, 반드시 방편을 구해 이 여덟 가지 바른 길과 일곱 갈래 깨달음 법을 행하면 도를 얻음에 다시 여우 같은 의심이 있지 않게 될 것이오."

그때에 비구들은 사리푸트라의 말을 듣고 기뻐하며 받들어 행하였다.

• 증일아함 41 막외품(莫畏品) 四

• 해설 •

비구대중이 안거를 마치고 멀리 노닐어 다님은 이 산천 저 산천을 기웃거리며 세간 풍속을 구경하기 위해 다님이 아니다.

머물러 있음의 선정을 다시 돌아다님 속의 선정으로 그 수행을 점검하기 위함이며, 여래의 위없는 깨달음의 법을 세간의 대중에게 널리 전하기 위함이며, 세간에 복밭의 인연을 지어주기 위함이다.

세존께서 하직인사 하러 온 대중에 사리푸트라의 설법을 듣고 가도록 권유하시니, 세간의 위없는 법의 왕[法王]이 법왕의 맏아들[長子]에게 교화의 큰 임무를 맡기심이다.

사리푸트라는 다시 먼길 떠나는 비구대중에게 세간에 나가 대중을 교화할 법의 종지를 물으니, 그들은 다섯 쌍임의 법과 일곱 깨달음 법, 여덟 가지 바른 길로 답한다.

사리푸트라 존자가 그 종지를 일곱 갈래 깨달음 법과 여덟 가지 바른 길이 둘 아님으로 요약해 점검해주니, 법의 장수[法將]라도 진리의 갑옷과 진리의 무기를 제대로 갖추지 못하면 번뇌의 도적이 들끓고 사견의 가시가 우거진 세간의 들판에 나서지 못하기 때문이다.

사리푸트라 존자가 북방으로 떠나는 비구들에게 일곱 갈래 깨달음 법이 바로 여덟 가지 바른 길이 된다고 가르친 뜻은 무엇일까.

그것은 일곱 갈래 깨달음 법을 오롯이 행해야만 여덟 가지 바른 길에 안온히 행하는 것이며, 크고 곧은 길[大直道] 여덟 가지 바른 길에 안온히 가는 것으로써만 일곱 갈래 깨달음 법의 진리성이 검증되기 때문이다.

곧 일곱 갈래 깨달음 법과 여덟 가지 바른 길은 서로 인과를 이루니, 생각의 깨달음 법으로 바른 견해를 이룰 뿐 아니라, 바른 견해를 늘 생각하는 것이 생각의 깨달음 법을 어지럽지 않게 하는 것이다.

네 곳을 살펴 네 곳의 있음에서 있음을 벗어나고 없음에서 없음을 벗어나 중도에 서면 이것이 바른 견해이니, 바른 견해일 때만 생각의 깨달음 법이 어지럽지 않은 것이다.

있음에서 있음을 벗어나므로 사마타(śamatha)가 되고, 없음에서 없음을 벗어나므로 비파사나(vipaśyanā)가 되며, 있음 없음 떠난 바른 견해가 몸과 말과 뜻의 업 일상생활로 펼쳐진 것이 바른 말·바른 업·바른 생활·바른 방편·바른 사마디이니, 일곱 갈래 깨달음 법이 바로 여덟 가지 바른 길이 되는 것이다.

이미 나와 너의 실로 있는 모습을 떠나고 있음과 없음의 두 모습을 떠나 중도의 길에 안온하게 걸어가면, 그가 이미 여래의 진리의 땅에 들어선 자이니 어찌 다시 뒤로 물러나 무명과 탐욕의 땅에 되돌아올 것인가. 그가 바로 다시 뒤로 돌아오지 않는 자, 아나가민이고 늘 배움 없이 배우는 자 아라한인 것이다.

⑦ 여덟 가지 바른 길[八正道]

• 이끄는 글 •

여덟 가지 바른 길은 치우침 없는 삶의 길로서 연기의 실상 그대로의 삶을 말한다. 여덟 가지 바른 길 가운데 첫째가 바른 견해이니, 바른 견해가 여덟 행의 마루가 된다.

온갖 법은 연기이므로 실로 있음이 아니고 실로 없음이 아니니, 중도의 진실 그대로 있음과 없음의 두 치우침에 머물지 않는 견해가 바른 견해이다.

사제의 법을 바로 살펴 고제와 집제가 연기이므로 공한 줄 알면 괴로움이 실로 있다는 견해를 떠나고, 연기로 있는 줄 알면 괴로움이 실로 없다는 견해를 떠난다.

끊을바 번뇌에서 두 치우친 견해를 떠나면 도제의 닦음에서도 실로 닦음과 실로 닦지 않음의 두 치우침을 떠나니 이것이 바른 견해이다. 이 바른 견해가 말과 입과 뜻의 업으로 발현되면 여덟 가지 바른 길이 된다.

『법계차제초문』은 말한다.

여덟 가지 바른 길의 첫째는 바른 견해[正見, samyak-dṛṣṭi]이니, 만약 샘이 없는 열여섯 행[無漏十六行]을 닦으면 사제를 보는 것이 분명해지므로 '바른 견해'라 한다.

둘째는 바른 사유[正思惟, samyak-saṃkalpa]이니, 만약 사제를 볼 때 샘이 없는 마음과 서로 맞으면 바른 사유가 움직여 일어나 깨달아 알고 헤아려서, 더욱 늘어나고 자재하여 니르바나에 들어가게 하므로 '바른 사유'라 한다.

셋째는 바른 말[正語, samyak-vāc]이니, 샘이 없는 지혜로써 네 가지 삿된 생활[四種邪命]을 버리고 말하는 행위[口業]를 거두어, 온갖 바른 말 가운데 머물면 이것이 '바른 말'이다.

넷째는 바른 행위[正業, samyak-karmānta]이니, 샘이 없는 지혜로써 몸의 온갖 삿된 행위를 없애어 깨끗하고 바른 몸의 행위 가운데 머물면 이것을 '바른 행위'라 한다.

다섯째는 바른 생활[正命, samyag-ājīva]이니, 샘이 없는 지혜로써 몸·입·뜻으로 짓는 세 가지 활동 가운데, 다섯 가지 삿된 생활[五種邪命]을 없애고 깨끗하고 바른 생활 가운데 머물면 이것이 '바른 생활'이다.

어떤 것이 다섯 가지 삿된 생활인가.

첫째는 이익됨[利養]을 위해 거짓으로 속여 이상한 모습과 기특한 것을 나타내는 것이다.

둘째는 이익됨을 위해 스스로의 공덕을 말하는 것이다.

셋째는 이익됨을 위해 얼굴 모습이나 길흉을 점쳐 다른 이에게 그 법을 말하는 것이다.

넷째는 이익됨을 위해 소리를 높이고 몸가짐을 나투어 다른 이가 존경하고 두려워하도록 하는 것이다.

다섯째는 이익됨을 위해 자기가 받은 공양을 떠벌려서 남의 마음을 움직이는 것이다.

이 다섯 가지는 삿된 인연으로 살아가는 것[邪命]이므로 이것이 '삿된 생활'이다.

여섯째는 바른 정진[正精進, samyak-vīrya]이니, 샘이 없는 지혜와 서로 맞아 부지런히 정진하여 니르바나의 길을 닦으면 이것이 '바른 정진'이다.

일곱째는 바른 생각[正念, samyak-smṛti]이니, 샘이 없는 지혜와 서로 맞아 바른 도와 여러 돕는 법을 생각하므로 '바른 생각'이라 한다.

여덟째는 바른 선정[正定, samyak-samādhi]이니, 샘이 없는 지혜와 서로 맞아 선정에 들어가므로 '바른 선정'이라 한다.

이 여덟 가지를 통틀어 '바른 길'이라고 하는 것은 '바름'은 삿되지 않음을 뜻으로 삼으니, 지금의 이 여덟 가지 법이 치우치거나 삿됨에 의지하여 행하지 않으므로 모두 바르다고 한 것이다.

모두 니르바나로 통해 이르게 하므로 '길'[道]이라 한다.

또한 『마하지관』은 온갖 법의 있되 있음 아닌 공제(空諦)와 없되 없음 아닌 가제(假諦)가 둘이 없는 중도실상 그대로의 삶의 길이 여덟 가지 바른 길이 됨을 다음과 같이 말한다.

앞의 여러 실천법으로 만약 니르바나에 들어가지 못하면 여덟 가지 바른 길을 닦아야 한다.

다시 세간 벗어난 높고 높은 바른 견해[正見]로 공제(空諦)·가제(假諦)·중도제(中道諦)의 세 진리[三諦理]를 살피는 것이고, 바른 사유[正思惟]로 이 살핌을 일으켜 움직이는 것이다.

법의 참모습 그대로 말해[如法相說] 나와 남을 같이 이익되게 하면 곧 바른 말[正語]이다.

만약 검은 업이면 검은 과보를 얻고, 흰 업이면 흰 과보를 얻으며, 섞인 업이면 섞인 과보를 받으며, 희지도 않고 검지도 않은 업이면 희지도 않고 검지도 않은 과보를 얻는 것은 소승을 잡아 알 수 있도록 한 것이다.

공에 머물 공이 없고 있음에 취할 있음이 없다. 그러므로 지금 공에 빠짐[沉空]은 검은 업이고, 거짓 있음을 내면[出假] 흰 업이고, 둘을 겸하면 섞인 업이고, 중도가 희지도 않고 검지도 않은 업이라고 말하면 공함과 있음이 둘 아님을 모르니 다 삿된 생활[邪命]이라고 한다.

만약 업이 업을 다할 수 있으면[業能盡業] 바른 업[正業]이라고 한다. 여기 의지해 행하면 바른 업이라 하니 바른 업은 두 가지 치우친 가[二邊]에 끌리지 않는다.

남이 이익 얻음을 보고도 마음이 번뇌로 괴로워하지 않고, 자기의 이익에 대해서도 늘 그치어 만족할 줄 알면 이것이 바른 생활[正命]이다.

바른 진리[正諦]에 잘 들어가면 바른 정진[正精進]이라 한다.

마음이 움직여 잃지 않고 바르고 곧아 잊지 않으면 바른 생각[正念]이라 한다.

바르게 머물러 분명히 안정하면 바른 선정[正定]이라 한다.

이 여덟 가지 바른 길로 인해 진리에 들어갈 수 있으니 『대경』(大經)은 말한다.

"만약 여덟 가지 바른 길을 닦을 수 있으면 곧 제호를 얻는다."

여덟 가지 바른 길이 바로 니르바나의 덕인 제호(醍醐)의 맛이라면, 여덟 가지 바른 길은 다만 방편의 길이 아니고 연기의 중도실상 그대로의 해탈의 도이다.

여덟 가지 바른 길의 첫머리 바른 견해와 바른 사유가 중도의 진리를 살핌이니, 있음에서 있음을 벗어나면 공제를 살핌이요, 없음에서 없음을 벗어나면 가제를 살핌이며, 있음과 없음의 두 치우침을 모두 벗어나면 중도제를 살핌이다. 그러므로 말 있음에서 말 있음을 벗어나고 말 없음에서 말 없음을 벗어나면 바른 말이다.

악업에 악의 과보가 있고 선업에 선의 과보가 있다고 하는 것은 인과가 없지 않음을 잡아 말한 것이니, 소승 아비다르마의 견해로 보인 것이다.

있음에서 있음을 벗어나면 있음 아닌 있음을 세우되 있음 아닌 있음에도 머물지 않으니, 있음이 곧 공한 줄 알면 공함이 곧 거짓 있음이 되고 곧 중도가 되는 것이다.

그러므로 공에 빠지면 악이고 거짓 있음을 세우면 선이라고 한다면, 이는 연기중도를 모르는 삿된 생활이 된다. 업이 곧 업 아님을 알아 업을 짓되 지음 없어서, 있음과 없음에 머물지 않아야 바른 업이 되고 바른 생활이 된다.

중도의 진리란 중생의 삶인 다섯 쌓임의 실상이며, 다섯 쌓임이 곧 네 곳 살핌에서 살피는바 네 곳이다.

서른일곱 실천법에서 모든 관행의 기초는 네 곳 살핌이고, 네 곳 살핌이 다시 실천법[道品]의 마지막인 여덟 가지 바른 길의 바른 견해가 된다. 그러므로 서른일곱 차별된 실천법의 설정은 차제의 지위가 아니다.

『마하지관』은 다시 말한다.

　이와 같은 여러 실천법들은 마주하는 지위[對位]가 아니다. 그러므로 다만 첫 마음에서 법성의 진리[法性理]를 살피면 곧 갖출 수 있다.

　『대론』(大論)은 말한다.

　"네 곳 살핌 가운데의 네 가지 정진[四種精進]을 네 가지 바르게 힘씀[四正勤]이라 하고, 네 가지 선정의 마음[四種定心]을 네 가지 뜻대로 되는 선정[四如意足]이라 한다."

　다섯 가지 착한 진리의 뿌리가 나면 진리의 뿌리[根]라 하고, 뿌리가 늘어나 자라면 진리의 힘[力]이라 한다.

　네 곳 살핌의 도의 작용을 분별하면 일곱 깨달음 법[七覺支]이라 하고, 네 곳 살핌으로 안온하게 길 가운데 행하면 여덟 가지 바른 길이라 한다. 그러므로 알아야 한다. 첫 마음에서 도를 행하면서, 서른일곱 실천법을 써서 지관(止觀)을 고루어 기르면 네 가지 사마디[四種三昧]로 보디사트바의 지위에 들어가는 것이다.

　이와 같은 서른일곱 실천법들은 큰 니르바나의 가까운 원인[近因]이고 다른 여러 실천법들은 먼 원인[遠因]이라 한다.

　지금 이 뜻을 비유로 나타내보자.

　씨앗을 땅에 심어 싹과 촉이 처음 열려 뿌리를 내려 아래로 향하면, 가지와 잎은 위로 퍼지고 그 꽃은 피어 우거져 열매를 맺고 다시 씨를 이룬다.

　법성인 법계[法性法界]는 큰 땅이 되고, 네 곳 살핌은 씨앗이 되며, 네 가지 바르게 힘씀은 싹을 냄이고, 다섯 가지 진리의 뿌리는 뿌리를 냄이며, 다섯 가지 진리의 힘은 줄기와 잎이 늘어나 자람과 같으며, 일곱 깨달음 법은 꽃이 핌과 같고, 여덟 가지 바른 길은 열매 맺음과 같다.

열매 맺으면 동륜왕의 지위[銅輪位]에 들어가 남이 없는 법인[無生忍]을 증득하니, 또한 보배의 처소에 이르름이라 하고 또한 비밀장에 들어감[入秘密藏]이라 한다.

또한 제호(醍醐)를 얻었다 하고 불성을 보았다[見佛性]고 하며, 또한 법의 몸[法身]이 여덟 가지 모습[八相]을 드러내 붇다를 지음이라 한다.

비말라키르티(Vimalakīrtii, 淨名) 거사가 '실천법이 선지식이니 이로 말미암아 바른 깨침 이룬다'고 함이 이것을 말한 것이다.

만약 도의 나무[道樹]를 통해 풀이하면 『대품반야』(大品般若)에서 다음과 같이 밝힌 것과 같다.

"세 가지 악한 길을 떠나면 잎의 이익[葉益]이라 말하고, 사람과 하늘의 몸을 얻으면 꽃의 이익[華益]이라 말하며, 네 가지 도의 과덕을 얻으면 열매의 이익[果益]이라고 한다."

그러나 이 말씀도 치우쳐 공(空)에 나아가 풀이함일 뿐이니 다음 뜻을 살펴보자.

"이승의 지위를 벗어나면 잎의 이익[葉益]이고, 신통의 몸을 얻으면 꽃의 이익이고, 차별의 지혜인 도종지를 갖추면 열매의 이익이다."

이런 뜻은 치우쳐 거짓 있음[假]에 나아가 풀이함일 뿐이니 다음 뜻을 살펴보자.

"두 치우침의 묶음[二邊縛, 空假二縛]을 벗어나면 잎의 이익이고, 법성의 몸[法性身]을 받으면 꽃의 이익이고, 불성에 증득해 들어가면 열매의 이익이다."

이것 또한 치우쳐 중도[中]에 나아가 풀이함일 뿐이다.

만약 세 가지 살핌[三觀]을 모두 거둠에 나아가 말하면 '연기가 곧 공함은 잎의 이익이고 곧 거짓 있음은 꽃의 이익이며 곧 중도인 것은 열매의 이익이다'라고 할 수 있다.

천태선사의 실천법에 관한 대승적 풀이로 보면, 네 곳 살핌은 본래 갖춘 법성의 땅 여래장의 밭에 뿌린 실천의 씨앗이고, 여덟 가지 바른 길은 해탈의 열매가 된다.

그렇다면 서른일곱 실천법으로서 여덟 가지 바른 길은 해탈의 원인이지만 여러 실천법의 결과로서 바른 행이므로 또한 해탈의 과덕이 된다.

해탈 니르바나의 원인이면서 니르바나의 과덕인 팔정도의 뜻이 바로 붇다의 사제법에서 도제(道諦)의 뜻이다. 그러나 이 도제가 짓되 지음 없으면[無作道諦] 멸제인 도제인 것이다. 곧 사제법에서 끊을바 고제(苦諦)가 공해 본래 니르바나되어 있는 곳이 바로 법성인 법계의 큰 땅[法界大地]이니, 원인과 결과를 함께 머금고 있는 여덟 가지 바른 길 또한 행하되 행함이 없고 짓되 지음 없는 실천의 길인 것이다.

해탈의 원인이면서 과덕인 지음 없는 여덟 가지 바른 길밖에 한마음의 세 살핌[一心三觀]이 없고 두렷이 융통한 삼제[圓融三諦]의 진리가 없는 것이다.

무명을 돌이켜 밝음이 되면
여덟 가지 바른 길로 해탈에 나아가니

이와 같이 내가 들었다.

한때 붇다께서는 슈라바스티 국 제타 숲 '외로운 이 돕는 장자의 동산'에 계시면서 여러 비구들에게 말씀하셨다.

"만약 비구에게 모든 악하여 착하지 않은 법이 생기면, 비구여 그 온갖 것은 다 무명이 뿌리가 되고, 무명이 모으며, 무명이 내고, 무명이 일으킨다.

왜 그런가. 무명(無明, avidyā)이란 바로 알지 못하는 것으로, 착함과 착하지 않음을 진실 그대로 알지 못하고, 죄의 있음과 없음, 낮은 법과 높은 법, 물듦과 물들지 않음, 분별함과 분별하지 못함, 인연으로 일어남[緣起]과 인연으로 일어나지 않음[非緣起]을 진실 그대로 알지 못하는 것이다.

진실 그대로 알지 못하므로 삿된 견해를 일으키고, 삿된 견해를 일으키면 삿된 뜻·삿된 말·삿된 행위·삿된 생활·삿된 방편·삿된 생각·삿된 선정을 일으킨다."

지혜의 밝음으로 여덟 가지 바른 길이 일어나
해탈이 구현됨을 보이심

"만약 온갖 착한 법이 생기면 그 온갖 것은 다 밝음[明, vidyā]이 뿌리가 되고, 밝음이 모으고, 밝음이 내며, 밝음이 일으킨다.

밝음은 착함과 착하지 않은 법을 진실 그대로 아는 것이니, 죄의 있음과 없음, 가까이할 것과 가까이하지 않을 것, 낮은 법과 빼어난 법, 물듦과 깨끗함, 분별 있음과 분별 없음, 인연으로 일어남과 인연으로 일어나지 않음을 다 진실 그대로 알면 그것이 바른 견해이다.

바른 견해[正見]가 바른 뜻[正思惟]·바른 말[正語]·바른 행위[正業]·바른 생활[正命]·바른 방편[正精進]·바른 생각[正念]·바른 선정[正定]을 일으킨다.

바른 선정이 일어나면 거룩한 제자는 탐냄·성냄·어리석음에서 바르게 해탈하고, 탐냄·성냄·어리석음에서 바르게 해탈하면 그 거룩한 제자는 바른 지견[正知見]을 얻는다.

그리하여 '나의 태어남은 이미 다하고 범행은 이미 서고, 지을 바를 이미 지어 뒤의 있음 받지 않는다'고 스스로 안다."

붇다께서 이 경을 말씀하시자, 여러 비구들은 붇다의 말씀을 듣고 기뻐하며 받들어 행하였다.

• 잡아함 750 무명경(無名經)②

• 해설 •

연기의 진실을 바로 보지 못함을 짐짓 무명(無明)이라 이름했으니, 무명 또한 실로 난 곳이 없어 허깨비와 같다. 연기의 진실을 바로 봄을 밝음[明]이라 했으니, 무명과 밝음은 그 바탕이 둘이 아니다.

연기의 진실을 바로 보면 무명이 곧 밝음이니, 무명이 밝음이면 그것을 바른 견해라 하고 여덟 가지 바른 길이라 한다.

그러므로 무명을 끊고 밝음을 얻는다 하면 여래의 중도의 길이 아니니 영가선사(永嘉禪師)는 말한다.

그대 보지 못하는가.

배움 끊고 함이 없는 한가로운 도인은

헛된 생각 끊지 않고 참됨 또한 구하잖네.

무명의 참성품이 곧바로 불성이요

허깨비의 공한 몸이 곧바로 법신이네.

君不見

絶學無爲閑道人 不除妄想不求眞

無明實性卽佛性 幻化空身卽法身

『화엄경』(「광명각품」) 또한 번뇌의 흐름을 끊고 여래의 보디가 따로 있
는 것이 아니므로 여래에게도 취할 여래의 모습이 없음을 알아야 여래를 따
라 보디에 나아갈 수 있음을 이렇게 말한다.

만약 실로 바르게 깨친 붇다가

해탈해 모든 번뇌 떠나서

온갖 세간 집착 않는다 보면

그것은 도의 눈 깨침 아니네.

若有見正覺 解脫離諸漏

不著一切世 彼非證道眼

만약 위없는 보디 이룬 붇다께

취할 바탕과 모습 없음을 알아

닦아 익혀서 밝게 깨달아 알면

이 사람은 빨리 붇다 이루게 되리.

若有知如來 體相無所有

修習得明了 此人疾作佛

세간의 바른 견해와 세간 벗어난 바른 견해가 있나니

이와 같이 내가 들었다.

한때 붇다께서는 슈라바스티 국 제타 숲 '외로운 이 돕는 장자의 동산'에 계셨다. 그때에 어떤 자늣소니 브라마나는 붇다 계신 곳에 와서 그 발에 머리를 대 절하고, 세존과 얼굴 맞대 서로 문안하고 위로한 뒤에 한쪽에 물러앉아 붇다께 말씀드렸다.

"고타마시여, 바른 견해라 하시는데, 어떤 것이 바른 견해입니까."

붇다께서는 브라마나에게 말씀하셨다.

"바른 견해에는 두 가지가 있소. 어떤 바른 견해는 세속의 견해로 샘이 있고 취함이 있어, 좋은 곳[善處]으로 돌이켜 향하는 것이오.

어떤 바른 견해는 성인의 세간을 벗어나는 견해로 샘이 없고 취하지 않아 바로 괴로움을 다하고 괴로움의 끝으로 돌이켜 향하오."

세간의 바른 견해와 세간 벗어난 바른 견해를 갖추어 보이심

"어떤 것이 세속의 바른 견해로서 샘이 있고 취함이 있어 좋은 곳으로 향하는 것이오?

그 바른 견해는 '보시가 있고 말함이 있고 깨끗한 지킴이 있으며, 나아가서는 뒤의 있음 받지 않는다고 스스로 아는 것'이오.

브라마나여, 이것을 세속의 바른 견해로서, 샘이 있고 취함이 있어 좋은 곳으로 향한다고 하는 것이오.

어떤 것이 성인의 바른 견해로 세간을 벗어나 샘이 없고 취하지 않아 괴로움의 끝에 돌이켜 향하는 것이오?

거룩한 제자는 괴로움을 괴로움이라 사유하고, 괴로움 모아냄·사라짐·없애는 길을 없애는 길 등이라 사유하여, 샘이 없는 사유[無漏思惟]와 서로 맞아 법을 가리어 분별하여 깨달음을 구하고 교묘한 방편과 지혜로 살피오.

이것을 성인의 바른 견해로 세간을 벗어나 샘이 없고 취하지 않아, 바로 괴로움을 다하고 괴로움의 끝으로 돌이켜 향하는 것이라 하오.

바른 견해와 같이 바른 뜻·바른 말·바른 행위·바른 생활·바른 방편·바른 생각·바른 선정 또한 다시 이와 같이 말하오."

붇다께서 이 경을 말씀하시자, 자눗소니 브라마나는 그 말씀을 듣고 기뻐하고 따라 기뻐하며 자리에서 일어나 떠나갔다.

• 잡아함 789 생문경(生聞經)

• 해설 •

사제법에서 괴로움과 괴로움 모아냄의 진리를 잘 살피면, 괴로움 일으키는 원인과 괴로움의 결과가 실로 있다 해도 안 되고 실로 없다 해도 안 된다.

원인으로 결과가 났으므로 괴로움이 없는 것이 아니지만, 원인 아닌 원인으로 연기된 결과이므로 괴로움 자체가 있되 공한 것이다.

사제의 원인과 결과를 잘 살펴 나쁜 행의 원인을 끊어 좋은 곳으로 향하면 이는 속제(俗諦)의 바른 견해이다.

한 걸음 더 나아가 사제의 인과가 공함을 알아, 본래 괴로움이 공한 곳에서 닦음 없이 바른 길을 닦아 니르바나에 나아가면, 그는 승의제(勝義諦)의 바른 견해이고 성인의 견해로 세간을 벗어남이라 한다.

그는 괴로움을 끊되 끊음이 없고 번뇌 끊는 행을 닦되 닦음이 없으니, 그가 바로 본래의 니르바나의 땅에 서서 괴로움의 끝으로 향하는 자이다.

온갖 법이 인연으로 나므로 실로 남이 없어서 번뇌에 끊음이 없고 보디에 얻음이 없는 것이니, 중도의 바른 견해를 무어라 말할까.

『화엄경』(「현수품」)의 한 게송의 뜻을 잘 살펴보자.

인연으로 난 것에 남이 없으니
모든 붇다의 법신은 몸이 아니네.
법의 성품 늘 머묾 허공 같으니
그 뜻을 설하는 지혜도 이와 같아라.

因緣所生無有生　諸佛法身非是身
法性常住如虛空　以說其義光如是

어떻게 해야 어미와 자식이 있고 없는
세 가지 두려움을 끊을 수 있습니까

이와 같이 내가 들었다.

한때 붓다께서는 슈라바스티 국 제타 숲 '외로운 이 돕는 장자의 동산'에 계셨다.

그때 세존께서 여러 비구들에게 말씀하셨다.

"어머니와 자식이 없는 두려움과, 어머니와 자식이 있는 두려움은 어리석고 들음 없는 범부들이 말한 것이니, 실로 어머니와 자식이 없는 두려움과, 어머니와 자식이 있는 두려움을 알지 못한다."

범부들의 '어머니와 자식이 없는 세 가지 두려움'을 보이심

"여러 비구들이여, '세 가지 어머니와 자식이 없는 두려움'이 있으니, 어리석고 들음 없는 범부들이 말한 것이다.

어떤 것이 그 세 가지인가? 비구들이여, 어떤 때 전쟁과 흉악한 어지러움이 일어나 국토를 해치고, 사람들이 흐름을 따라 물결처럼 휘돌면, 자식은 그 어머니를 잃고 어머니는 그 자식을 잃는다.

이것을 '첫 번째 어머니와 자식이 없는 두려움'이라 하니, 어리석고 들음 없는 범부들이 말한 것이다.

다시 비구들이여, 어떤 때 큰불이 갑자기 일어나 성읍과 마을을 태울 때, 사람들은 내달려 뛰다가 어머니와 자식이 서로 잃어버린다.

이것을 '두 번째 어머니와 자식이 없는 두려움'이라 하니, 어리석고 들음 없는 범부들이 말한 것이다.

다시 비구들이여, 어떤 때 산속에 큰비가 와 큰물이 흘러내려 마을이 떠내려갈 때, 사람들이 내달려 뛰다가 어머니와 자식이 서로 잃어버린다.

이것을 '세 번째 어머니와 자식이 없는 두려움'이라 하니, 어리석고 들음 없는 범부들이 말한 것이다.

그러나 이러한 두려움은 '어머니와 자식이 있는 두려움'인데, 어리석고 들음 없는 범부들은 도리어 이것을 '어머니와 자식이 없는 두려움'이라고 한다.

그들은 어떤 때 전쟁과 흉악한 어지러움이 일어나 국토를 해쳐 사람들이 흐름 따라 물결처럼 휘돌아, 어머니와 자식이 서로 잃어버리더라도, 때로는 거기서 어머니와 자식이 서로 만날 수도 있다. 그러므로 이것을 '첫 번째 어머니와 자식이 있는 두려움'이라 하는데, 어리석고 들음 없는 범부들은 어머니와 자식이 없는 두려움이라고 말한다.

다시 큰불이 갑자기 일어나 성읍과 마을을 태울 때, 사람들이 내달려 뛰다가 어머니와 자식이 서로 잃어버리더라도, 서로 다시 볼 수가 있다. 이것을 '두 번째 어머니와 자식이 있는 두려움'이라 하는데, 어리석고 들음 없는 범부들은 어머니와 자식이 없는 두려움이라고 말한다.

다시 산속에 큰비가 와 큰물이 흘러내려 마을이 떠내려갈 때, 사람들이 내달려 뛰다가 어머니와 자식이 서로 잃어버리더라도 이내 서로 볼 수도 있다.

이것을 '세 번째 어머니와 자식이 있는 두려움'이라 하는데, 어리석고 들음 없는 범부들은 어머니와 자식이 없는 두려움이라 한다."

바르게 깨친 분이 말한 '어머니와 자식이 없는 세 가지 두려움'을 보이심

"비구들이여, '세 가지 어머니와 자식이 없는 두려움'이 있으니, 이것은 내가 스스로 깨달아 삼보디(saṃbodhi, 正覺)를 이룬 뒤에 말한 것이다. 어떤 것이 그 세 가지인가?

비구들이여, 자식이 만약 늙을 때 어머니가 '자식아, 너는 늙지 마라. 내가 너를 대신해주겠다'라고 말할 수 없고, 또 그 어머니가 늙을 때도 자식이 '어머니, 늙지 마십시오. 제가 대신 늙겠습니다'라고 말할 수 없다. 이것을 '첫 번째 어머니와 자식이 없는 두려움'이라 하니, 내가 스스로 깨달아 삼보디를 이룬 뒤에 말한 것이다.

다시 비구들이여, 어떤 때 자식이 병이 나면 어머니가 '자식아, 앓지 말라. 내가 너를 대신해주겠다'라고 말할 수 없고, 또 그 어머니가 병이 났을 때도 자식이 '어머니, 앓지 마세요. 제가 어머니를 대신해드리겠습니다'라고 말할 수 없다. 이것을 '두 번째 어머니와 자식이 없는 두려움'이라 하니, 내가 스스로 깨달아 삼보디를 이룬 뒤에 말한 것이다.

다시 어떤 때 자식이 죽을 때 어머니가 '자식아, 죽지 마라. 내가 지금 너를 대신해주겠다'라고 말할 수 없고, 또 그 어머니가 죽을 때도 자식이 '어머니, 죽지 마세요. 제가 어머니를 대신해드리겠습니다'라고 말할 수 없다.

이것을 '세 번째 어머니와 자식이 없는 두려움'이라 하니, 내가 스스로 깨달아 삼보디를 이룬 뒤에 말한 것이다."

범부와 여래가 본 세 가지 두려움 끊는
여덟 가지 바른 길을 보이심

그러자 비구들이 붇다께 말씀드렸다.

"어떤 길과 자취가 있어서 닦아 익히고 많이 닦아 익혀, 앞의 세 가지 어머니와 자식이 있는 두려움을 끊고, 뒤의 세 가지 어머니와 자식이 없는 두려움을 끊을 수 있겠습니까?"

붇다께서 비구들에게 말씀하셨다.

"길이 있고 자취가 있어 그 세 가지 두려움을 끊을 수 있다. 어떤 길과 어떤 자취가 있어 닦아 익히고 많이 닦아 익혀 앞의 세 가지 어머니와 자식이 있는 두려움을 끊고, 뒤의 세 가지 어머니와 자식이 없는 두려움을 끊을 수 있겠는가?

그것은 여덟 가지 거룩한 길[八聖道分]이니, 바른 견해·바른 뜻·바른 말·바른 행위·바른 생활·바른 방편·바른 생각·바른 선정이다."

붇다께서 이 경을 말씀하시자, 여러 비구들은 붇다의 말씀을 듣고 기뻐하며 받들어 행하였다.

• 잡아함 758 외경(畏經)

• 해설 •

세속 사람들이 '어머니와 자식이 없는 두려움'은 전쟁·큰불·물난리로 부모와 자식이 있다가 없어지는 두려움이므로 '어머니와 자식이 없는 두려움'은 '어머니와 자식이 있는 두려움'이다.

그에 비해 위없는 붇다가 지적하신 '어머니와 자식이 없는 두려움'은 부모 자식이 함께 보고 살아도 서로 늙음을 대신할 수 없고 병을 대신할 수 없으며 죽음을 대신할 수 없는 두려움이니, 부모 자식이 비록 '있어도 없는 두려움'이다.

두 가지 두려움에서 벗어나는 길은 무엇인가.

바른 견해·바른 삶의 길이 벗어나는 길이니, 온갖 존재가 있어도 실로 있음 아님을 바로 보면 갑자기 없어짐과 사라짐의 상황이 닥쳐도 절망하고 좌절하지 않을 것이다. 또한 바른 견해로 몸이 몸 아님을 이미 보았다면, 죽음과 병 덧없음의 운명 앞에 좌절하지 않을 것이다.

바른 견해로 있음에서 있음을 벗어나되 공함에 빠지지 않는 자, 그가 애착과 집착을 벗어나고 상실과 소멸의 두려움에서 벗어나, 참으로 사람과 세상에 대한 크나큰 사랑의 삶을 살아갈 수 있는 자이다.

『화엄경』(「십회향품」) 또한 연기의 진실 바로 볼 때만 있음과 없음, 가짐과 못 가짐의 고통과 두려움에서 벗어날 수 있음을 이렇게 말한다.

온갖 모든 법은 인연으로 생겨나
그 바탕의 성품 있음과 없음 아니네.
이와 같이 존재의 진실 아는 이는
법을 내는 인연과 일어난 것에
마쳐 다해 그 가운데 집착함 없네.

一切諸法因緣生　體性非有亦非無
而於因緣及所起　畢竟於中無取著

온갖 중생이 갖가지 말하는 곳에
그 가운데 마쳐 다해 얻을 바 없어
이름과 모습 분별인 줄 깨달아 알면
모든 법에 나 없음을 밝게 알도다.

一切衆生語言處　於中畢竟無所得
了知名相皆分別　明解諸法悉無我

강의 두 언덕에 닿지 않고 가운데
걸리지 않는 나무가 바다에 이르듯

이와 같이 들었다.

한때 붇다께서는 마가다 국에 계시면서 큰 비구대중 오백 사람과 함께 차츰 강가에 이르셨다.

그때 세존께서는 강물 가운데 큰 나무가 물에 떠내려가는 것을 보시고 곧 물가의 한 나무 밑에 앉으셨다.

그때 세존께서 여러 비구들에게 말씀하셨다.

"너희들은 나무가 물에 떠내려가는 것을 보느냐?"

여러 비구들이 붇다께 말씀드렸다.

"그렇습니다, 보고 있습니다."

중도행을 강물에 흐르는 나무의 비유로 보이심

세존께서 말씀하셨다.

"만약 이 나무가 이쪽 언덕에도 닿지 않고 저쪽 언덕에도 닿지 않으며, 가운데서 가라앉지도 않고 또 언덕 위에 있지도 않으며, 사람에게 잡히지도 않고 사람 아닌 킴나라(kiṃnara)에게 붙잡히지도 않으며, 물에 소용돌이치지 않고 또 썩지도 않는다 하자.

그러면 곧 이 나무는 차츰 바다에 이르게 될 것이다. 왜 그런가. 바다는 여러 강의 근원이기 때문이다.

너희 비구들 또한 이와 같다. 만약 이쪽 언덕에 닿지 않고 저쪽 언덕에도 닿지 않으며, 가운데서 가라앉지도 않고 언덕 위에 있지도 않으며, 사람이나 사람 아닌 킴나라에게 붙잡히지도 않고, 물에 소용돌이치지 않으며 또 썩지도 않는다면, 곧 차츰 니르바나의 처소에 이르게 될 것이다.

왜 그런가. 니르바나란 바른 견해 · 바른 뜻 · 바른 말 · 바른 행위 · 바른 생활 · 바른 방편 · 바른 생각 · 바른 선정으로서, 이것이 니르바나의 근본이기 때문이다."

소 치는 이 난다가 여래의 비유의 법문을 듣고 출가함

그때 어떤 소 치는 사람이 있었는데, 난다(Nanda)라고 이름하였다. 그는 지팡이를 짚고 서 있었다.

이때 그 소 치는 사람이 이런 말씀을 멀리서 듣고 차츰 세존 계신 곳에 와서 섰다.

그때 소 치는 사람이 세존께 말씀드렸다.

"저는 지금 또한 이쪽 언덕에도 닿지 않고 저쪽 언덕에도 닿지 않으며, 가운데서 가라앉지도 않고 언덕 위에 있지도 않으며, 사람이나 사람 아닌 킴나라에게 붙잡히지도 않으며, 물에 소용돌이치지 않고 또 썩지 않으니, 차츰 니르바나의 처소에 이르게 될 것입니다.

세존께서는 제가 도를 따라 함께해 사문이 되도록 들어주시길 바랍니다."

세존께서 말씀하셨다.

"너는 지금 주인에게 그 소를 돌려준 뒤에야 사문이 될 수 있을 것이다."

소 치는 사람 난다가 대답했다.

"이 소는 송아지를 슬피 생각하므로 스스로 집으로 돌아갈 것입니다. 세존께서는 도를 따라 살도록 들어주시길 바랍니다."

세존께서 말씀하셨다.

"이 소는 비록 제집으로 돌아가겠지만 그래도 반드시 네가 가서 돌려주어야 한다."

이때 소 치는 사람은 그 분부를 받고 직접 가서 소를 돌려준 뒤에 붇다 계신 곳에 돌아와 세존께 말씀드렸다.

"지금 이미 소는 돌려주었습니다. 세존께서 제가 사문이 되도록 들어주시길 바랍니다."

이때 여래께서는 곧 그가 사문이 되도록 들어주시고, 구족계(具足戒)를 주셨다.

나무와 두 언덕과 강과 바다로 보인 비유의 뜻을 풀이해 말씀하심

그때 어떤 다른 비구가 세존께 말씀드렸다.

"무엇이 이쪽 언덕이고 무엇이 저쪽 언덕이며, 무엇이 가운데 가라앉음이고 무엇이 언덕 위에 있는 것입니까.

무엇이 사람에게 붙잡히는 것이고 무엇이 사람 아닌 킴나라에게 붙잡히는 것이며, 무엇이 물에 소용돌이치는 것이고 무엇이 썩지 않는 것입니까?"

붇다께서 비구에게 말씀하셨다.

"이쪽 언덕이란 몸이요, 저쪽 언덕이란 몸이 사라진 것이며, 가운데 가라앉는다는 것은 욕망과 애욕이요, 언덕 위에 있다는 것은 다섯 가지 욕망이다.

사람에게 붙잡힌다는 것은 어떤 좋은 종족의 사람이 '이 공덕과 복으로 국왕이나 대신이 되어지이다'라고 서원을 세우는 것이다.

사람 아닌 킴나라에게 붙잡힌다는 것은 어떤 비구가 이렇게 서원하는 것이다.

'네 하늘왕의 하늘[四王天]에 태어나 범행을 닦아지이다. 이제 이 공덕으로 여러 하늘나라에 태어나지이다.'

이것을 사람 아닌 것에 붙잡히는 것이라 한다.

물에 소용돌이친다는 것, 이것은 바로 삿된 의심이다.

썩는다는 것은 삿된 견해·삿된 뜻·삿된 말·삿된 행위·삿된 생활·삿된 방편·삿된 생각·삿된 선정이니 이것이 바로 썩는다는 것이다."

난다가 아라한을 이룸

이때 난다 비구는 한가하고 고요한 곳에서 지내며 스스로 닦아 정진했다. 좋은 종족의 사람들이 수염과 머리를 깎고 집을 나와 도를 배우는 것은 위없는 범행을 닦는 것이다.

그는 그 뜻대로 범행을 닦아, '태어남이 이미 다하고 범행은 이미 서고, 지을 바를 이미 지어 다시는 뒤의 있음을 받지 않음'을 알아, 그 자리에서 곧 아라한을 이루었다.

그때 난다는 붇다의 말씀을 듣고 기뻐하며 받들어 행하였다.

· 증일아함 43 마혈천자문팔정품(馬血天子問八政品) 三

· 해설 ·

사제법의 도제(道諦)인 여덟 가지 바른 길과 멸제(滅諦)인 니르바나를 강물에 흐르는 나무와 바다로 보인 여래의 비유가 참으로 미묘하다.

강물이 이미 그 흐름이 바다에 닿아 있는 강물이듯, 여덟 가지 바른 길 또한 중도인 실상에서 일어난 실천의 길이니, 그 길은 끝내 실상의 땅에 돌아가고 니르바나에 돌아가는 길이다.

강에 흐르는 나무는 두 언덕에 닿지 않아야 하지만, 두 언덕을 버리지 않아야 강물 따라 저 큰 바다에 이를 수 있는 것이다.

그처럼 모습 있는 이쪽[此岸]과 모습 없는 저쪽[彼岸]을 취하지 않되 두 가[兩邊]를 버리지 않아야, 참으로 치우침 없는 중도의 행으로 니르바나의 저 바다에 이를 수 있는 것이다.

중도의 길은 앎에서 앎을 벗어나되 앎 없음에도 머물지 않는 견해이다.

세간의 복락을 취하는 마음, 하늘에 나려는 생각, 법에 대한 의심과 망설임은 흐르는 강물 가운데서 섬에 막히거나 소용돌이에 휘말리거나 사람이나 사람이 아닌 것에 붙잡힘이니, 생각 있음과 없음, 있음도 아니고 없음도 아닌 그 온갖 막힘과 걸림이 없어야 니르바나의 바다에 이르게 된다.

이쪽저쪽에 머물지 않되 가운데에도 머물지 않고 곧장 앞으로 나아가는 자, 그는 다함없는 진여의 바다[眞如海] 가운데서 감이 없이 니르바나로 가는 자이니, 여래의 여덟 가지 바른 길 따라 행하는 자, 그는 이미 여래로부터 보디(bodhi)의 언약을 얻은 자이다.

소 치는 이 난다는 여래를 따라 집 아닌 데로 집을 나와 사문이 되어 범행을 받아 행하자 바로 아라한을 이루었다. 그러니 그는 여래의 비유의 말씀을 알아듣는 그때 이미 스스로 니르바나의 땅에 서 있음을 알아들은 것이고, 알아듣는 그때 여래로부터 니르바나의 길에 물러섬이 없는 사람 아라한의 사람으로 언약된 것이다.

화엄회상(「입법계품」)의 선지식 또한 여래의 법에 바른 믿음 일으킨 구도자 선재를 다음과 같이 언약하고 격려한다.

탐냄과 성냄 어리석음과
교만과 미혹에 덮히지 않는

이와 같은 모든 중생들은
붇다의 묘한 법 알 수 있으리.

非是貪恚癡 憍慢惑所覆
如是衆生等 能知佛妙法

붇다의 경계는 고요하여
성품 깨끗해 분별 떠났으니
모든 있음 집착 않는 이는
이 법의 성품 알 수 있으리.

佛境界寂靜 性淨離分別
非著諸有者 能知此法性

3 여섯 가지 파라미타의 행으로 실천법을 다시 보임

• 이끄는 글 •

1) 여섯 파라미타행이 서로 거둠을 말함

붇다가 가르치신 서른일곱 갖가지 실천법[道品]을 경전의 말씀을 따라 살핀 다음, 여섯 파라미타행으로 여래의 해탈의 실천을 다시 말한다.

여섯 파라미타[ṣaḍ-pāramitā, 六波羅密], 열 파라미타행[daśa-pāramitā, 十波羅密]이 이미 아함에 두루 설해졌고 파라미타라는 말이 이미 갖춰졌으니, 여섯 파라미타행이 대승에서 따로 말해졌다고 해서는 안 된다. 비록 대승에서 보디사트바의 행으로 파라미타를 설하고 있으나, 이는 여래의 기본 교설을 다시 보디사트바의 능동적 실천행으로 기술한 것일 뿐이다.

『법계차제초문』은 다음과 같이 파라미타의 뜻을 풀이한다.

네 가지 넓은 서원 다음에 여섯 파라미타를 밝히는 것은 다음과 같다. 보디사트바의 도는 원(願)과 행(行)이 서로 붙드니 이미 크나큰 원[大願]을 내었으면 반드시 행을 닦아야 한다.

지금 여섯 파라미타란 곧 보디사트바의 바른 행의 근본이다. 이런 까닭에 『법화경』에서는 '보디사트바의 도를 구하는 사람을 위하여 그에 알맞게 여섯 파라미타를 설한다'고 하였다.

그러므로 네 가지 넓은 서원 다음에 파라미타를 말하는 것이다.

'다나(dāna, 布施)·실라(śīla, 戒) 나아가 프라즈냐(prajñā, 般若)'는 모두 다른 나라 말이다. 아래에 따로 풀이하는 가운데 각각 이름을 옮길 것이다.

이 여섯 가지를 모두 '파라미타'라고 하는 것은 서쪽나라 말인데 중국에서 번역한 경론이 많아서 모두 같지 않다. 지금은 간략히 세 가지 번역만 보이겠다.

'일을 마쳐 다함'[事究竟]이라고 옮기기도 하고, 때로 '저 언덕에 건너감'[度彼岸]이라고도 옮기기도 하고, 때로 '건네줌이 끝없음'[度無極]이라고 옮기기도 한다.

보디사트바가 이 여섯 법을 닦으면 통교(通教)와 별교(別教)의 두 가지 인과와 온갖 스스로 행하고 남을 교화하는 일을 마쳐 다 할 수 있으므로 '일을 마쳐 다함'이라 한다.

이 여섯 법을 타면 '두 가지 나고 죽음의 이 언덕'[二種生死此岸]으로부터 '두 가지 니르바나의 저 언덕'[二種涅槃彼岸]에 이르므로 '저 언덕에 건너감'이라 한다.

이 여섯 법을 닦으면 '통교와 별교의 두 가지 사법과 진리'[通別二種事理]와 '모든 법의 넓고 멂'[諸法之曠遠]을 건널 수 있으므로 '건네줌이 끝없다'[度無極]고 한다.

만약 다르게 풀이함[別釋]에 의하면 세 가지 번역이 각각 주장하는 것이 있고, 만약 통해 풀이함[通解]에 의하면 세 번역이 비록 뜻을 달리함이 있지만 같아서 다름이 없는 것이다.

이미 앞 장에서 살핀 것처럼 서른일곱 실천법들도 모두 병통에 대치하는 방편의 뜻이 있고 또한 실상을 바로 살펴 행하는 중도행의 뜻이 있다. 또한 각기 자기 실천행으로 치유하는 그 실천만의 고유한 효용[當分]이 있고, 여러 실천법[道品]들이 서로 일으키고[相由] 서로 거두는[相攝] 뜻이 있다.

여섯 파라미타의 행 또한 각 파라미타에 대치의 뜻이 있고, 온전히 불성의 실천적 발현으로서 실상의 뜻이 있으며, 서로 거둠의 뜻이 있고, 파라미타를 행하는 한 생각[一心]에 파라미타의 행 전체를 다 갖추어 머금는 뜻[俱萬行]이 있다.

『마하지관』은 다음과 같이 말한다.

돕는 도[助道]가 한량없으나 앞의 통함과 막힘의 뜻[通塞意] 가운데서 아낌·탐냄·성냄·게으름 등 여섯 가지 가림[六蔽]을 잡아 막음[遮]을 밝히고, 여섯 파라미타를 맞게 써서 다스리는 것으로 돕는 도를 논하였다.

만약 사람이 네 가지 사마디[四種三昧]를 닦으며 여러 실천법을 알맞게 고루어도 해탈이 열리지 않으면, 아끼고 탐내는 마음이 갑자기 일어나 살피는 마음[觀心]을 쳐서 움직여, 몸과 목숨 재물을 지켜 보살펴서 집착할 것이다.

또 탐내는 느낌[貪覺]이 모습 취함[想]을 생각하면 반드시 탐욕의 생각이 일어나니, 비록 짓는 뜻[作意]으로 막아 그치지만 아껴 탐냄은 더욱 생겨난다.

이때에는 반드시 '다나'의 버림을 써서 다스려야 한다.

사마디를 닦을 때 계 깨뜨리는 마음[破戒之心]이 갑자기 일어나면 몸가짐이 거칠고 사나워져 다시 믿어 지닐 수 없게 되고, 몸과 입이 어긋나 정해진 법도를 부딪혀 범하면 깨끗하게 금한 것을 깨끗이 하지 못하게 하여 사마디가 일어나기 어렵다.

이때에는 반드시 실라 파라미타(śīla-pāramitā, 持戒)로 다스려야 한다.

사마디를 닦을 때 성이 나 불쑥 자주 화내면 늘 원한을 내게 되고, 모진 욕설과 두말로 옳고 그름을 따져 헤아리면 이 독이 사마디를 가로막는다.

이때에는 반드시 참음[忍, kṣānti]을 닦아 다스려야 한다.

사마디를 닦을 때 함부로 놓아 지내 게으르고 몸과 입과 뜻을 멋대로 하여 빈 들판에 풀어놓은 듯해 스스로 부끄러워함과 남부끄러움이 없다 하자. 그러면 엄하게 매듭짓지 못해 마치 송곳으로 뚫어 불을 낼 때 뜨거워지기 전에 자주 그침과 같게 된다.

일이 게으른 사람은 세간의 업무도 오히려 이루지 못하는데 하물며 사마디의 문이겠는가. 이때에는 반드시 정진(精進, vīrya)을 써서 다스려야 한다.

사마디를 닦을 때 흩어져 어지러워 안정되지 못해 몸이 팽이[獨落]와 같고 입이 봄개구리[春蛙] 같으며 뜻이 바람 앞의 등[風燈]과 같으면 흩어져 달아나므로 법이 앞에 나타나지 않는다.

이때에는 반드시 선정(禪定, dhyāna)을 써서 다스려야 한다.

사마디를 닦을 때 어리석고 미혹해서 끊어짐과 항상함[斷常]의 두 가지 치우침을 헤아려 집착해서 나[我, ātman]·사람[人,

pudgala] · 중생(衆生, sattva) · 목숨[壽, jīva]이 있다고 하여, 닿는
일마다 담장 대하듯 해[觸事面牆] 나아가고 그침이 늘 짧으면 중
생의 바람[物望]에 맞출 수 없고 뜻의 생각함이 어둡고 못나 지혜
로운 마음이 아니다.

이때에는 반드시 지혜(智慧, prajñā)를 써서 다스려야 한다.

『마하지관』의 위의 풀이는 곧 낱낱 마음의 병통과 생활의 장애에
따라 여섯 파라미타행으로 여섯 가지 가림을 상대해 다스리는 뜻[對
治義]을 보이고 있다.

그러나 하나의 파라미타행이 파라미타라 이름하려면 그 낱낱 행이
다 연기의 진실을 보는 지혜와 함께하는 행이 되어야 하고, 낱낱 행
이 도를 돕고 각기 대치하는 뜻이 있지만 낱낱 돕는 파라미타의 행이
다른 파라미타를 거두고 온갖 파라미타 거두는 행이 되어야 한다.

『마하지관』은 다시 파라미타행이 서로 갖추고 거두는 뜻[相攝義]
을 이렇게 말한다.

여러 가림들이 마음을 덮는 데에도 또한 두텁고 엷음이 있다.
엷은 자는 마음이 움직이고 몸과 입이 꼭 움직이지는 않으나, 두
터운 자는 몸과 입이 움직이면 마음이 반드시 먼저 움직인다.

안의 병이 이미 강하면 그 모습이 밖으로 드러나는 것이다.

만약 마주해 다스려서 없애면 이것은 병에 맞는 것이지만, 만
약 마주해 다스려도 병이 낫지 않으면 반드시 네 가지 싣단타
[catvāra-siddhānta, 四悉壇], 곧 세간 중생의 좋아함을 따름[隨樂,
世界悉壇], 중생의 마땅함을 따름[隨宜, 爲人悉壇], 중생의 병을

따라 다스림[隨病, 對治悉壇], 으뜸가는 뜻을 따름[隨義, 第一義悉壇]의 네 가지 따름을 의지해 돕는 도를 더욱 돌이켜 써야 한다.

만약 하나의 탐내 아낌을 다스리는 데 어떤 때는 다나파라미타 닦음을 좋아하기도 하고, 어떤 때는 파라미타 닦음을 좋아하지 않기도 하며, 어떤 때 좋다는 마음이 나고 때로는 좋지 않다는 마음이 나기도 한다.

어떤 때 다나파라미타를 닦아 아낌의 때를 깨뜨리고 어떤 때는 깨뜨리지 않으며, 어떤 때 다나파라미타를 닦아 도와 열기도 하고 열지 않기도 한다. 그러니 반드시 알맞음을 잘 가늠해 때로 마주해 다스리고 때로 돌이켜 굴리며, 때로 겸하고 때로 으뜸가는 뜻[第一義]을 써야 한다.

다른 파라미타를 닦아 다스림 또한 이와 같다.

돕는 여섯 파라미타[助六度]에 의해 한 일만 풀린다고 하면 도를 도울 수 없으니, 반드시 이 도움의 도가 부사의하여 온갖 법 거둠[攝一切法]을 살펴야 한다.

뒤에 말함과 같다.

어떤 이는 이렇게 말한다.

"여섯 파라미타를 말하면 이는 통교(通敎)이고, 열 파라미타를 말하면 통교의 종지[通宗]이다."

이는 반드시 그럴 수 없으니 『대경』(大經, 涅槃經)은 '여섯 파라미타가 곧 불성이다'라고 밝히고, 『대품반야경』도 '이것이 마하야나이다'라고 말한다. 하나의 파라미타도 오히려 여러 법을 거두는데 어찌 하물며 여섯 파라미타이겠는가.

만약 열고 합하는 뜻을 얻으면 버리고 취함이 없다. 선정에

는 원(願)과 방편지[智]와 힘[力]이 있어서 프라니다나파라미타
(praṇidhāna-pāramitā, 願波羅密)를 열어내고, 신통의 힘이 있어서
발라파라미타(bala-pāramitā, 力波羅密)를 열어내어 디야나파라미
타를 지킨다.

프라즈냐[般若, prajñā]에는 도종지(道種智)가 있어서 우파야파
라미타(upāya-pāramitā, 方便波羅密)를 열어내고, 또 일체종지(一
切種智)가 있어서 즈냐나파라미타(jñāna-pāramitā, 智波羅密)를
열어낸다. 일체지(一切智)는 근본을 지키어 프라즈냐의 이름을
받는다.

이처럼 나누면 열이 되고 묶으면 여섯이 되니, 어찌 넓고 간략
함으로 대승과 소승을 판단하겠는가.

천태선사의 지적처럼 여섯 파라미타를 말하면 작은 실천의 수레
[小乘]이고 열 파라미타를 말하면 큰 실천의 수레[大乘]라 할 수 없
으며, 여섯 파라미타만을 말하면 가르침[敎]이고 열 파라미타를 말
해야 종지[宗]가 되는 것이 아니다.

선정은 지혜인 선정이니 선정에 머물 선정의 공한 모습이 없으면,
선정에 원(願)과 방편지(方便智)와 갖가지 방편으로 인연 따르는 힘
이 갖춰지는 것이고, 지혜 또한 그런 것이다.

한 지혜가 온갖 지혜의 이름을 갖추니, 앎에 앎 없는 지혜의 바탕
이 일체지이고, 앎에 앎 없으면 앎 없음도 없어서 일체지가 방편지
인 도종지를 갖추고, 중도의 지혜인 일체종지를 갖추어 한 지혜에
갖가지 이름이 세워지기 때문이다.

또한 선정이 만행을 갖추고 다른 파라미타 또한 한 법이 온갖 파

라미타를 갖추니, 파라미타가 파라미타 아닌 파라미타라 낱낱 행이 실상 그대로의 행[如實行]이기 때문이다.

2) 『팔천송반야경』을 통해 파라미타행이 해탈의 인행이자 과덕임을 살핌

위에서 살핀 바처럼 여섯 가지 열 가지 파라미타행은 곧 실상 그대로의 지혜의 발현이고 법계 그대로의 실천[稱法界行]이라 파라미타행이 보디사트바를 이루고 여래의 보디를 이루게 하는 것이다.

『팔천송반야경』을 통해서, '파라미타'라는 보디의 인행과 여래의 과덕이 서로 융통한 뜻을 자세히 살펴보자.

연기법에서 온갖 법[一切法]은 다섯 쌓임[五蘊]·열두 들임[十二入]·열여덟 법의 영역[十八界]으로 표시된다. 연기되는 존재의 참모습밖에 해탈의 행이 없고 해탈의 과덕이 없으니, 연기중도의 실상을 깨달음으로써 중생의 물든 앎[識]은 프라즈냐가 되고 미혹에 갇힌 사트바(sattva)는 보디사트바가 된다.

보디사트바의 지혜가 다섯 쌓임과 온갖 법의 진실을 깨달을 뿐 아니라, 법의 진실을 깨닫는 행이 중생을 보디사트바가 되게 한다.

보디사트바의 파라미타행은 법계의 실상 그대로의 행이며 법계인 지혜이다. 다섯 쌓임이 한량없으므로 프라즈냐파라미타가 한량없는 것이며 다섯 쌓임이 곧 공덕의 곳간이므로 실상 그대로의 프라즈냐파라미타가 공덕의 곳간이 되는 것이다.

『팔천송반야경』은 다음과 같이 말한다.

파라미타행이 법계의 실상 그대로의 행임을 밝힘

붇다께서 수부티에게 말씀하셨다.

"온갖 법은 분별할 것이 없으니, 프라즈냐파라미타 또한 이와 같음을 알아야 하며, 온갖 법은 무너짐이 없으니 프라즈냐파라미타 또한 이와 같음을 알아야 하며, 온갖 법은 다만 이름을 빌린 것일 뿐이니 프라즈냐파라미타 또한 이와 같음을 알아야 하며, 온갖 법은 말 때문에 있는 것이니 프라즈냐파라미타 또한 이와 같음을 알아야 한다.

이 말 또한 있는 바도 없고 머무는 곳도 없으니 프라즈냐파라미타 또한 이와 같음을 알아야 하며, 온갖 법은 비어 거짓 있음[虛假]으로 씀을 삼으니 프라즈냐파라미타 또한 이와 같음을 알아야 하며, 온갖 법은 헤아릴 수 없으니 프라즈냐파라미타 또한 이와 같음을 알아야 한다.

물질은 헤아릴 수 없으니 프라즈냐파라미타 또한 이와 같음을 알아야 하며, 느낌·모습 취함·지어감·앎[受想行識]도 헤아릴 수 없으니 프라즈냐파라미타도 이와 같음을 알아야 한다.

온갖 법은 모습이 없으니 프라즈냐파라미타 또한 이와 같음을 알아야 하며, 온갖 법은 서로 통달한 모습이니 프라즈냐파라미타 또한 이와 같음을 알아야 하며, 온갖 법은 본래 청정하니 프라즈냐파라미타 또한 이와 같음을 알아야 하며, 온갖 법은 말이 없으니 프라즈냐파라미타 또한 이와 같음을 알아야 한다.

온갖 법은 사라짐과 같으니[同於滅] 프라즈냐파라미타 또한 이와 같음을 알아야 하며, 온갖 법은 니르바나와 같으니[如涅槃] 프라즈냐파라미타 또한 이와 같음을 알아야 한다.

온갖 법은 오지도 않고 가지도 않고 생겨나는 바도 없으니 프라즈냐파라미타 또한 이와 같음을 알아야 하며, 온갖 법에는 너와 내가 없으니 프라즈냐파라미타 또한 이와 같음을 알아야 하며, 현성(賢聖)은 끝내 청정하니 프라즈냐파라미타 또한 이와 같음을 알아야 하며, 온갖 짐을 버렸으니[捨一切擔] 프라즈냐파라미타 또한 이와 같음을 알아야 한다.

무슨 까닭인가? 물질은 모습이 없고 곳이 없으니 자기성품이 없기 때문이고, 느낌·모습 취함·지어감·앎 또한 모습이 없고 정한 곳이 없으니 자기성품이 없기 때문이다."

(중략)

"온갖 법에는 번뇌의 뜨거움이 없으니 프라즈냐파라미타 또한 이와 같음을 알아야 하며, 온갖 법은 물듦이 없고 떠남도 없으니 프라즈냐파라미타 또한 이와 같음을 알아야 한다.

왜 그런가. 물질은 있는 바가 없으므로 물듦이 없고 떠남도 없으며, 느낌·모습 취함·지어감·앎 또한 있는 바가 없으므로 물듦이 없고 떠남이 없기 때문이다."

(중략)

"온갖 법의 성품[一切法性]은 깨끗하니 프라즈냐파라미타 또한 이와 같음을 알아야 하고, 온갖 법은 묶임이 없으니 프라즈냐파라미타 또한 이와 같음을 알아야 하며, 온갖 법이 바로 보디라 붇다의 지혜로써 깨달으니, 프라즈냐파라미타 또한 이와 같음을 알아야 하며, 온갖 법은 공하여 모습 없고 지음 없으니 프라즈냐파라미타 또한 이와 같음을 알아야 한다.

온갖 법은 약(藥)이니 그 가운데 자비의 마음이 으뜸이라 프라즈냐파라미타 또한 이와 같음을 알아야 하며, 온갖 법은 깨끗한 모습[梵相]이고 자비로운 모습[慈相]이라 허물이 없고 성냄도 없으니 프라즈냐파라미타 또한 이와 같음을 알아야 한다.”

(중략)

“큰 바다는 끝없으니 프라즈냐파라미타 또한 이와 같음을 알아야 하며, 허공은 끝이 없으니 프라즈냐파라미타 이와 같음을 알아야 하며, 해가 비춤은 끝없으니 프라즈냐파라미타 또한 이와 같음을 알아야 한다.

물질은 모습을 떠났으니 프라즈냐파라미타 또한 이와 같음을 알아야 하며, 느낌 · 모습 취함 · 지어감 · 앎은 모습을 떠났으니 프라즈냐파라미타 또한 이와 같음을 알아야 하며, 온갖 소리는 끝없으니 프라즈냐파라미타 또한 이와 같음을 알아야 하며, 모든 성품은 끝이 없으니[諸性無邊] 프라즈냐파라미타 또한 이와 같음을 알아야 한다.”

(중략)

“한량없는 착한 법을 모으니 프라즈냐파라미타 또한 이와 같음을 알아야 하며, 온갖 법의 사마디는 끝이 없으니 프라즈냐파라미타도 이와 같음을 알아야 한다.

붇다의 법은 끝이 없으니 프라즈냐파라미타 또한 이와 같음을 알아야 하며, 법은 끝이 없으니 프라즈냐파라미타 또한 이와 같음을 알아야 하며, 공은 끝이 없으니 프라즈냐파라미타 또한 이와 같음을 알아야 하며, 마음과 마음의 작용의 법[心心數法]은 끝이 없으니 프라즈냐파라미타 또한 이와 같음을 알아야 하며, 모든 마음이 행하는 바가 끝이 없으니 프라즈냐파라미타 또한 이와 같음을 알아야 한다.

착한 법은 헤아릴 수 없으니 프라즈냐파라미타 또한 이와 같음을 알아야 하며, 착하지 않은 법도 헤아릴 수 없으니 프라즈냐파라미타 또한 이와 같음을 알아야 하며, 사자의 외침과 같으니 프라즈냐파라미타 또한 이와 같음을 알아야 한다."

(중략)

"(왜 프라즈냐파라미타가 끝이 없는가.)

물질은 큰 바다와 같고 느낌·모습 취함·지어감·앎도 큰 바다와 같으며, 물질은 허공과 같고 느낌·모습 취함·지어감·앎도 허공과 같으며, 물질이 수메루 산처럼 장엄하고 느낌·모습 취함·지어감·앎도 수메루 산처럼 장엄하며, 물질이 햇빛과 같고 느낌·모습 취함·지어감·앎도 햇빛과 같으며, 물질은 소리처럼 끝없고 느낌·모습 취함·지어감·앎도 소리처럼 끝없기 때문이다.

물질은 중생의 성품과 같이 끝없고 느낌·모습 취함·지어감·앎도 중생의 성품과 같이 끝없으며, 물질은 땅과 같고 느낌·모습 취함·지어감·앎도 땅과 같으며, 물질은 물과 같고 느낌·모습 취함·지어감·앎도 물과 같으며, 물질은 불과 같고 느낌·모습 취함·지어감·앎도 불과 같으며, 물질은 바람과 같고 느낌·모습 취함·지어감·앎도 바람과 같기 때문이다.

물질은 허공과 같고 느낌·모습 취함·지어감·앎도 허공과 같으며, 물질은 착한 모습 쌓음[集善相]을 떠나고 느낌·모습 취함·지어감·앎도 착한 모습 쌓음을 떠나며, 물질은 어울려 합하는 법[和合法]을 떠나고 느낌·모습 취함·지어감·앎도 어울려 합하는 법을 떠나기 때문이다."

(중략)

"물질이 사마디이므로 끝없고 느낌·모습 취함·지어감·앎도 사마디이므로 끝이 없으며, 물질과 물질의 모습 여읨과 물질의 성품과 물질의 한결같음이 붇다의 법이고, 느낌·모습 취함·지어감·앎과 느낌·모습 취함·지어감·앎의 여읨과 느낌·모습 취함·지어감·앎의 성품과 느낌·모습 취함·지어감·앎의 한결같음이 바로 붇다의 법이다.

물질의 모습[色相]이 끝이 없고 느낌·모습 취함·지어감·앎의 모습 또한 끝없으며, 물질의 공함[色空]은 끝이 없고 느낌·모습 취함·지어감·앎의 공함도 끝이 없으며, 물질도 마음이 행하는 바[心所行]이므로 끝이 없고 느낌·모습 취함·지어감·앎도 마음이 행하는 바이므로 끝이 없다.

물질 가운데 착함과 착하지 않음을 얻을 수 없고, 느낌·모습 취함·지어감·앎 가운데 착함과 착하지 않음을 얻을 수 없으며, 물질은 무너뜨릴 수 없고 느낌·모습 취함·지어감·앎도 무너뜨릴 수 없으며, 물질은 사자의 외침[師子吼]이고 느낌·모습 취함·지어감·앎도 사자의 외침이다.

그러므로 프라즈냐파라미타 또한 이와 같음을 반드시 알아야 한다."

위 『팔천송반야경』의 가르침은 무엇인가.

연기법에서는 존재의 진실밖에 해탈의 실천은 없다. 다섯 쌓임의 실상이 모습에 모습 없어서 끝이 없고 다함없으므로 파라미타의 행 또한 끝이 없고 다함없다.

곧 붇다의 교설에서 다섯 쌓임은 마음·물질[名色, nāma-rūpa]이 서로 의지해 연기함을 보이는 교설이니, 마음은 물질인 마음이고 물질은 마음인 물질이라 마음에 마음이 없고 물질의 모습에 모습 없음을 가리킨다.

다섯 쌓임은 있되 공하고 공함도 공하므로 다섯 쌓임에서 집착 떠나면 다섯 쌓임이 곧 중도의 진실이다.

보디사트바의 파라미타행은 곧 다섯 쌓임의 진실 그대로의 행이니, 물질과 느낌·모습 취함·지어감·앎이 곧 중도라 다함없고 지음 없으므로 프라즈냐파라미타 또한 다함없고 지음 없다.

다섯 쌓임이 있되 공해 다함없고 끝이 없으므로 프라즈냐파라미타도 다함없고 끝이 없는 것이다.

실상 그대로의 파라미타행이 보디사트바의 이름 세워냄을 밝힘

보디사트바의 파라미타행이 온갖 법의 진실 그대로의 행이므로, 온갖 법인 열여덟 법의 영역을 떠나서도 프라즈냐파라미타가 없고 열여덟 법의 영역 그 닫힌 모습에도 프라즈냐파라미타가 없다.

안의 여섯 뿌리, 밖의 여섯 경계, 가운데 여섯 앎이 실로 있음이 아니므로 취할 것이 없고, 실로 없음이 아니므로 버릴 것이 없음을 온전히 깨달아 쓰는 곳에 보디사트바의 이름이 세워지고 파라미타의 행이라는 이름이 세워진다.

『팔천송반야경』은 이 뜻을 다음과 같이 말한다.

수부티가 붇다께 여쭈었다.

"세존이시여, 저는 보디사트바를 얻을 수도 없고 볼 수도 없는

데, 어떤 보디사트바들에게 프라즈냐파라미타를 가르칠 수 있겠습니까?

세존이시여, 저는 보디사트바의 법이 오고 감을 보지 못하는데, 보디사트바에게 글자를 만들어놓고 이것이 보디사트바라고 하니, 저는 의심스럽고 후회됩니다.

세존이시여, 또 보디사트바라는 글자에는 정해진 것도 없고 머무는 곳도 없습니다. 왜냐하면 이 글자에는 있는 바가 없기 때문입니다. 있는 바 없음에도 또한 정해짐이 없고 머무는 곳이 없습니다.

만약 보디사트바가 이런 일을 듣고도 놀라지 않고 두려워하지 않고 실망하지 않고 물러서지 않는다면, 이러한 보디사트바는 끝내 물러나 구름이 없는 지위[不退轉地]에 머물지만 이 머묾에도 머무는 바가 없다고 알아야 합니다.

다시 세존이시여, 보디사트바가 프라즈냐파라미타를 행할 때에는 물질 가운데 머물러서도 안 되고, 느낌·모습 취함·지어감·앎 가운데 머물러서도 안 됩니다.

왜냐하면 물질 가운데 머물면 물질의 행을 지음이 되고, 느낌·모습 취함·지어감·앎 가운데 머물면 느낌·모습 취함·지어감·앎의 행을 지음이 되기 때문입니다.

만약 머물러서 짓는 법[作法]을 행하면 프라즈냐파라미타를 받아들일 수도 없고, 프라즈냐파라미타를 익힐 수도 없으며 프라즈냐파라미타를 갖추지 못하니, 그렇게 되면 일체지(一切智, sarva-jñā)를 이룰 수 없습니다.

왜냐하면 물질에는 받아 생각할 것이 없고, 느낌·모습 취함·

지어감·앎에도 받아 생각할 것이 없기 때문입니다. 물질에 받아들일 것이 없다면 이것은 물질이 아니며, 느낌·모습 취함·지어감·앎에 받아들일 것이 없다면 느낌·모습 취함·지어감·앎이 아니니, 프라즈냐파라미타 또한 받아들일 것이 없습니다.

보디사트바는 이와 같이 프라즈냐파라미타를 배우고 실천해야 하니, 이것을 '보디사트바의 모든 법 받아들이지 않는 사마디'[諸法無受三昧]가 넓고 커서 한량없고 정함 없음이라고 하니, 성문이나 프라테카붇다는 결코 이 사마디를 깨뜨릴 수 없습니다.

왜냐하면 이 사마디는 모습으로써 얻을 수 없기 때문입니다.

이 사마디가 모습으로써 얻을 수 있는 것이라면 스레니카 (śreṇika, 先尼) 브라마나가 사르바즈냐(sarvajñā, 一切智)에 대하여 믿음을 내지 않았을 것입니다. 스레니카 브라마나는 헤아림이 있는 지혜로써 이 법 가운데 들어와서는 물질을 받지 않고 느낌·모습 취함·지어감·앎도 받지 않았으니, 이 브라마나는 들음이 없었고 봄이 없었습니다.

이 지혜는 안의 물질[內色, 六根]로도 보지 못하고, 이 지혜는 밖의 물질[外色, 六境]로도 보지 못하며, 이 지혜는 안팎이 겹쳐지는 물질[內外色, 六識]로도 보지 못하고, 이 지혜는 안팎의 물질을 떠나서도 보지 못합니다.

이 지혜는 안의 느낌·모습 취함·지어감·앎으로도 보지 못하고, 이 지혜는 밖의 느낌·모습 취함·지어감·앎으로도 보지 못하며, 이 지혜는 안팎이 겹쳐지는 느낌·모습 취함·지어감·앎으로도 보지 못하고, 이 지혜는 안팎의 느낌·모습 취함·지어감·앎을 떠나서도 보지 못합니다.

이 지혜는 스레니카 브라마나가 믿어 안 일체지로서, 모든 법의 참모습[諸法實相]을 얻었으므로 해탈을 얻으며, 해탈을 얻고 나서는 모든 법 가운데 취함도 없고 버림도 없으며, 나아가 니르바나에 대해서도 취함도 없고 버림도 없었습니다.

세존이시여, 이것을 보디사트바의 프라즈냐파라미타라고 하니, 프라즈냐파라미타는 물질을 받아들이지도 않고 느낌·모습 취함·지어감·앎을 받아들이지도 않습니다.

비록 물질을 받아들이지 않고 느낌·모습 취함·지어감·앎을 받아들이지 않더라도, 붇다의 열 가지 힘[十力]과 네 가지 두려움 없음[四無所畏]과 열여덟 가지 함께 하지 않는 법[十八不共法]을 갖추지 않고서는 끝내 중도에서 파리니르바나에 이르지 않습니다.

거듭 다시 세존이시여, 보디사트바가 프라즈냐파라미타를 행할 때에는 반드시 이와 같이 생각해야 합니다.

'무엇이 프라즈냐파라미타인가? 누구의 프라즈냐파라미타인가? 만약 법을 얻을 수 없으면 이것이 곧 프라즈냐파라미타인가?'

만약 보디사트바가 이와 같이 생각하고 살필 때 놀라지 않고 두려워하지 않고 실망하지 않고 물러서지 않는다면, 이 보디사트바는 프라즈냐파라미타의 행을 떠나지 않았다고 알아야 합니다."

이때 사리푸트라가 수부티에게 말했다.

"만약 물질이 물질의 자기성품을 여의고, 느낌·모습 취함·지어감·앎이 느낌·모습 취함·지어감·앎의 자기성품을 여의며, 프라즈냐파라미타가 프라즈냐파라미타의 자기성품을 여의었다면, 왜 보디사트바가 프라즈냐파라미타행을 떠나지 않는다고 말합니까?"

수부티가 말했다.

"이와 같이 사리푸트라시여, 물질이 물질의 성품을 여의고, 느낌 · 모습 취함 · 지어감 · 앎은 느낌 · 모습 취함 · 지어감 · 앎의 성품을 여의고, 프라즈냐파라미타가 프라즈냐파라미타의 성품을 여의어서 이 법들은 모두 자기성품을 여의고[皆離自性], 떠날 성품의 모습 또한 여의었기[性相亦離] 때문입니다."

사리푸트라가 말했다.

"만약 보디사트바가 이 가운데서 배운다면 일체지를 성취할 수 있겠습니까?"

수부티가 말했다.

"그렇습니다, 사리푸트라여. 만약 보디사트바로서 이와 같이 배우는 이라면 일체지를 성취할 수 있습니다. 왜냐하면 온갖 법은 남이 없고 이루어짐도 없기 때문입니다. 만약 보디사트바로서 이와 같이 행하는 이라면 곧 일체지에 가까워진 것입니다."

이때 수부티가 사리푸트라에게 말했다.

"보디사트바가 만약 물질의 행[色行]을 행하면 모습을 행함이 되고, 물질의 행을 일으켜내도 모습을 행함이 되며, 물질의 행을 없애도 모습을 행함이 되고, 물질의 행을 떠나버려도 모습을 행함이 되며, 물질의 행을 비워도 모습을 행함이 되고, '이러한 행을 내가 행한다'고 해도 또한 모습을 행함이 됩니다.

느낌 · 모습 취함 · 지어감 · 앎의 행을 행하여도 모습을 행함이 되고, 앎의 행[識行]을 일으켜내도 모습을 행함이 되며, 앎의 행을 없애도 모습을 행함이 되고, 앎의 행을 떠나버려도 모습을 행함이 되며, 앎의 행을 비워도 모습을 행함이 되고, '이러한 행을 내가 행한다'고 해도 모습을 행함이 됩니다.

만약 이와 같이 생각하되 '이와 같이 행하는 자가 프라즈냐파라미타를 행한다'고 해도 모습을 행함이 됩니다.

이러한 보디사트바는 방편을 잘 알지 못한다고 알아야 합니다."

사리푸트라가 수부티에게 말했다.

"이제 보디사트바가 어떻게 행하는 것을 프라즈냐파라미타를 행한다고 할 수 있겠습니까?"

수부티가 말했다.

"만약 보디사트바가 물질을 행하지 않아서 물질의 생겨남[色生]을 행하지 않고, 물질의 없앰[色滅]을 행하지 않으며, 물질의 떠남을 행하지 않고, 물질의 비움을 행하지 않으며, 느낌·모습 취함·지어감·앎을 행하지 않아서 앎의 생겨남을 행하지 않고, 앎의 없앰을 행하지 않으며, 앎의 떠남을 행하지 않고, 앎의 비움을 행하지 않으면 이것이 프라즈냐파라미타를 행하는 것입니다.

'프라즈냐파라미타를 행한다'고도 생각하지 않고, '행하지 않는다'고도 생각하지 않으며, '행하기도 하고 행하지 않기도 한다'고도 생각하지 않고, '행하는 것도 아니고 행하지 않는 것도 아니다'라고도 또한 생각하지 않으면 이것을 프라즈냐파라미타를 행함이라고 합니다.

왜냐하면 온갖 법을 받아들임이 없기 때문이니, 이것을 '보디사트바의 모든 법 받아들임 없는 사마디가 넓고 커서 한량없고 정함이 없음'이라 하니, 성문이나 프라테카붇다는 결코 이 사마디를 무너뜨릴 수 없습니다. 보디사트바가 이 사마디를 행하면 빨리 아누타라삼약삼보디를 얻습니다."

경의 가르침에 의하면 연기의 실상을 깨달은 실상인 지혜가 프라
즈냐가 된다. 이 지혜는 다섯 쌓임의 중도인 진실을 온전히 사는 행
이므로, 물질을 취해도 물질을 버려도 프라즈냐가 아니며, 마음을
취해도 마음을 버려도 프라즈냐가 아니다.

이 지혜는 물질을 떠나고 느낌·모습 취함·지어감·앎을 떠나되
물질이 물질 아니므로 떠날 성품의 모습 또한 떠나는 것이다. 이 지
혜는 아는 자[根, 內]도 아니고 앎[識, 中]도 아니며 알려지는 것[境,
外]도 아니나, '안과 밖' '안과 밖이 겹치는 앎'을 떠나서도 얻지 못
한다.

그러므로 다섯 쌓임을 없애거나 취하거나, 떠난다 하거나 비운다
하거나, 함이 있다 하거나 함이 없다 하거나, 파라미타를 행함이 되
지 못하고 모습을 행함이 된다. 중도의 진실 그대로 다섯 쌓임의 실
로 있음과 실로 없음, 생겨남과 없어짐을 모두 행하지 않아야 프라
즈냐파라미타를 행함이 되는 것이다.

여섯 파라미타가 보디사트바의 스승임을 밝힘

파라미타가 파라미타가 아니고 다섯 쌓임의 실상 그대로가 파라
미타이므로, 다섯 쌓임의 진실을 행하는 자가 파라미타를 행하는 자
이니 보디사트바도 공하고 파라미타도 공하다.

그러나 존재의 진실을 온전히 사는 파라미타행으로 중생이 보디
사트바가 되고 보디사트바로 인해 파라미타가 세간에 해탈의 행으
로 나오는 것이다.

보디사트바가 보디사트바가 아니고 여래가 여래가 아니라 실상
인 지혜가 미혹의 사트바를 보디사트바가 되게 하고, 프라즈냐 파라

미타와 여섯 파라미타가 여래를 출생시키고 중생의 무명을 아누타라삼약삼보디로 성취시키는 것이다.

그러므로 여섯 파라미타가 이 세간을 밝히는 횃불이고 중생의 집이고 섬이며 붇다를 내는 곳이니, 『팔천송반야경』의 가르침을 통해 이 뜻을 살펴보자. 경은 말한다.

붇다께서 수부티에게 말씀하셨다.

"만약 보디사트바가 아누타라삼약삼보디를 얻고자 한다면 반드시 옳은 스승을 가까이해야 한다."

수부티가 붇다께 여쭈었다.

"세존이시여, 무엇이 보디사트바의 옳은 스승입니까?"

붇다께서 수부티에게 말씀하셨다.

"모든 붇다 세존이 바로 보디사트바의 옳은 스승이다. 왜냐하면 보디사트바를 가르쳐 프라즈냐파라미타에 들어가게 하기 때문이다. 수부티여, 이것을 보디사트바의 옳은 스승이라 한다.

다시 수부티여, 여섯 파라미타가 보디사트바의 옳은 스승이며, 여섯 파라미타가 보디사트바의 큰 스승이며, 여섯 파라미타가 보디사트바의 길이며, 여섯 파라미타가 보디사트바의 밝은 빛이며, 여섯 파라미타가 보디사트바의 횃불이다.

수부티여, 과거의 모든 붇다도 여섯 파라미타를 좇아 생겼으며, 미래의 모든 붇다도 여섯 파라미타를 따라 생길 것이며, 현재 시방의 헤아릴 수 없는 아승지 세계의 모든 붇다도 다 여섯 파라미타를 따라 생긴다.

또한 삼세 모든 붇다의 사르바즈냐(sarvajñā, 一切智)도 다 여섯 파라미타를 따라 생긴다. 왜 그런가. 모든 붇다는 여섯 파라미타를 행하여 네 가지 거두는 법[四攝法]으로써 중생을 거두시니, 곧 보시[布施]·부드러운 말[愛語]·남을 이롭게 하는 행[利行]·함께 일함[同事]으로 아누타라삼약삼보디를 얻기 때문이다.

수부티여, 그러므로 알아야 한다.

여섯 파라미타는 큰 스승이고 아버지고 어머니며 집이고 귀의처이며 섬이고 구원자이며 마쳐 다한 길이니, 여섯 파라미타는 모든 중생을 이익되게 한다.

그러므로 보디사트바가 자신의 깊은 지혜가 밝고 분명하여 남의 말에 따르지 않고 남의 법을 믿지 않으며 온갖 중생의 의심을 끊고자 한다면, 이 프라즈냐파라미타를 배워야 한다.”

프라즈냐 행하는 모습을 밝힘

존재의 진실을 깨친 이의 행위에 파라미타의 이름을 붙일 뿐 아니라, 파라미타의 행으로 인해 미혹의 사트바가 보디사트바가 되고 미혹의 사트바가 아누타라삼약삼보디를 이루는 것이니, 파라미타가 온갖 붇다를 출생시키는 붇다의 스승이고 보디사트바의 횃불이다.

그렇다면 파라미타의 모습은 어떠한가. 경은 말한다.

“세존이시여, 어떤 모습이 프라즈냐파라미타입니까?”

“수부티여, 걸림이 없는 모습이 프라즈냐파라미타이다.”

“세존이시여, 프라즈냐파라미타가 걸림 없는 모습인 것처럼 온갖 법도 걸림이 없는 모습이라고 할 인연이 있습니까?”

“있다, 수부티여. 프라즈냐파라미타가 걸림이 없는 모습인 것처럼, 온갖 법 또한 걸림이 없는 모습이다. 왜냐하면 수부티여, 온갖 법은 모습을 여의었으며, 온갖 법은 공한 모습이기 때문이다.

그러므로 수부티여, 프라즈냐파라미타 또한 모습을 여의었고 공한 모습이며 온갖 법도 모습을 여의었고 공한 모습인 줄 알아야 한다."

"세존이시여, 만약 온갖 법이 모습을 여의고 공한 모습이라면 어떻게 중생은 더러움과 깨끗함이 있습니까? 왜냐하면 모습을 여읜 법은 더러움도 없고 깨끗함도 없으며, 공한 모습의 법도 더러움이 없고 깨끗함도 없기 때문입니다.

모습을 여읜 법, 공한 모습의 법으로 아누타라삼약삼보디를 얻을 수 없으며, 모습 여읨을 떠나고, 공한 모습을 떠나서도 아누타라삼약삼보디를 얻을 수 있는 법은 없습니다.

세존이시여, 제가 지금 이 뜻을 어떻게 이해해야 합니까?"

"수부티여, 내가 도리어 너에게 물을 터이니 네 뜻에 따라 답하라. 수부티여, 네 뜻에 어떠한가. 중생은 윤회의 기나긴 밤 동안 나와 나의 것에 집착하는가, 그렇지 않는가?"

"그렇고 그렇습니다. 세존이시여, 중생은 기나긴 밤 동안 나와 나의 것에 집착합니다."

"수부티여, 네 뜻에 어떠한가. 나와 나의 것은 공한가, 그렇지 않은가?"

"세존이시여, 나와 나의 것은 공합니다."

"수부티여, 네 뜻에 어떠한가. 중생은 나와 나의 것으로써 나고 죽음 속에 오가느냐, 그렇지 않느냐?"

"그렇고 그렇습니다. 세존이시여, 중생은 나와 나의 것 때문에 나고 죽음을 오갑니다."

"수부티여, 이와 같은 중생을 더러움이 있다고 하니 중생이 받아들이는 바와 집착한 바를 따르기 때문이다. 그러나 이 가운데에는 실로 더러움이 없고 또한 더러움을 받는 사람도 없다.

수부티여, 만약 온갖 법을 받지 않는다면 곧 내가 없고 나의 것이 없으니 이것을 깨끗함이라 한다. 그러나 이 가운데에는 실로 깨끗함이 없고 깨끗함을 받는 사람도 없다.

보디사트바가 이와 같이 행하면 프라즈냐파라미타를 행한다고 한다."

"세존이시여, 만약 보디사트바가 이와 같이 행하면 물질을 행하지 않고, 느낌[受]·모습 취함[想]·지어감[行]·앎[識]을 행하지 않습니다.

만약 보디사트바로서 이와 같이 행하는 이는 온갖 세간의 하늘과 사람, 아수라도 항복케 할 수 없습니다. 세존이시여, 만약 보디사트바로서 이와 같이 행하는 이는 모든 성문·프라테카붇다가 행하는 바를 뛰어넘어 더 빼어남이 없는 곳[無勝處]에 머뭅니다.

세존이시여, 더 빼어날 것 없는[無勝] 보디사트바는 밤낮으로 프라즈냐파라미타에 서로 맞는 생각을 행하여 아누타라삼약삼보디에 가까이 가 빨리 아누타라삼약삼보디를 얻습니다."

인행(因行)인 파라미타와 과덕(果德)인 보디에
두 모습이 없음을 보임

경의 말씀처럼, 보디사트바의 창조적 실천인 파라미타행이 중생을 보디사트바가 되게 하고, 중생의 무명을 지혜로 밝히며 이 세간에 여래를 출생시킨다. 그러나 보디의 과덕에서 보면 여섯 파라미타행은 여래의 보디의 땅 니르바의 땅에서 일어난 보디의 작용이며 해탈의 행이 되는 것이다.

파라미타행으로 아누타라삼약삼보디를 얻지만 보디사트바의 파라미타행이 온전히 위없는 보디의 현실적 발현이 됨을, 경은 다음과 같이 말한다.

붇다께서 수부티에게 말씀하셨다.

"만약 보디사트바가 이와 같이 프라즈냐파라미타를 배우면 곧 번뇌의 마음을 내지 않고, 인색한 마음을 내지 않으며, 계를 깨뜨리는 마음을 내지 않고, 화내는 마음을 내지 않으며, 게으른 마음을 내지 않고, 어지러운 마음을 내지 않으며, 어리석은 마음을 내지 않는다.

수부티여, 보디사트바는 이와 같이 배워 여러 파라미타를 모두 거둔다.

수부티여, 비유하면 예순두 가지 잘못된 견해[六十二見]가 모두 몸이 있다는 견해[身見] 가운데 거두어지는 것과 같다. 수부티여, 보디사트바는 프라즈냐파라미타를 배울 때 여러 파라미타를 거두니, 비유하면 사람이 죽을 때 목숨의 뿌리[命根]가 사라지기 때문에 모든 아는 뿌리[諸根]가 사라지는 것과 같다.

이와 같이 수부티여, 보디사트바는 프라즈냐파라미타를 배워 여러 파라미타를 모두 거둔다. 그러므로 수부티여, 보디사트바가 만약 모든 파라미타를 거두고자 하면, 반드시 프라즈냐파라미타를 배워야 한다. 보디사트바가 프라즈냐파라미타를 배우면 곧 온갖 중생 가운데서 가장 우두머리가 된다.

수부티여, 네 뜻에 어떠한가. 삼천대천세계의 중생이 정녕 많은가, 그렇지 않은가.”

“세존이시여, 잠부드비파 중생도 오히려 많은데 하물며 삼천대천세계이겠습니까?”

“수부티여, 이 많은 중생들이 모두 보디사트바가 되고 만약 한 사람이 목숨이 다하도록 옷가지와 먹고 마실 것, 잠자리와 의약품을 공양한다면 수부티여, 네 뜻에 어떠한가. 이 사람은 이 인연으로 얻는 복이 많겠느냐, 그렇지 않겠느냐?”

“참으로 많고 많습니다, 세존이시여.”

“수부티여, 만약 어떤 보디사트바가 손가락을 한 번 튕기는 동안 프라즈냐파라미타를 닦아도 이 복이 그것보다 더 많다. 이와 같이 수부티여, 프라즈냐파라미타는 여러 보디사트바를 크게 이익되게 하며, 아누타라삼약삼보디를 돕는다.

그러므로 수부티여, 만약 보디사트바가 아누타라삼약삼보디를 얻기를 바라고 온갖 중생 가운데서 위없는 이가 되고자 하고, 온갖 중생을 위해 구호자가 되려 하고, 붇다의 법을 갖추려 한다 하자.

그리고 붇다께서 행하는 곳을 얻고자 하고, 붇다께서 노니는 바를 얻고자 하며, 붇다의 사자 같은 외침을 얻고자 하고, 삼천대천세계의 큰 모임에서 법을 강설하고자 한다 하자.

그러면 반드시 프라즈냐파라미타를 배워야 한다.

수부티여, 나는 보디사트바가 프라즈냐파라미타를 배워서 이와 같이 갖춰진 이익 얻지 못하는 것을 보지 못했다.”

(중략)

"세존이시여, 이 보디사트바는 또한 성문의 이익까지 갖춥니까?"

"수부티여, 보디사트바는 또한 성문의 이익을 갖춤까지 배우지만, 다만 성문의 법 가운데에 머물기를 원하지 않고 모든 공덕을 다 갖추고자 한다. 반드시 모두다 알 수 있지만 다만 그 가운데 머물지 않고 이와 같이 생각한다.

'나는 또한 반드시 이 성문의 공덕까지 설하여 중생을 교화하리라.'

만약 보디사트바로서 이와 같이 배우는 이는 온갖 세간의 하늘과 사람, 아수라를 위하여 복밭이 될 수 있으니, 성문·프라테카붇다의 복밭보다 훨씬 뛰어나게 된다.

보디사트바로서 이와 같이 배우는 이는 사르바즈냐(sarvajñā)에 가까워져 프라즈냐파라미타를 버리지 않고 프라즈냐파라미타를 떠나지 않는다.

보디사트바가 이와 같이 프라즈냐파라미타를 행하는 것을 사르바즈냐에서 물러나지 않는다고 이름하고, 성문·프라테카붇다의 지위를 멀리 하고 아누타라삼약삼보디에 가까워진다고 말한다.

이 보디사트바가 만약 '이것은 프라즈냐파라미타며 이러이러한 프라즈냐파라미타로 사르바즈냐를 얻을 것이다'라고 생각한다면 이와 같음 또한 분별이므로 프라즈냐파라미타를 행하는 것이 아니다.

만약 보디사트바가 프라즈냐파라미타를 분별하지 않고, 프라즈냐파라미타를 보지 않아서 '이것이 프라즈냐파라미타며, 이러이러한 프라즈냐파라미타로 사르바즈냐를 얻을 것이다'라고 말하지 않으면, 이와 같음 또한 보지 않고 듣지 않고 느끼지 않고 알지 않는 것이니 곧 프라즈냐파라미타를 행하는 것이다."

(중략)

이때 인드라하늘왕이 만다라 꽃을 만들어서 한 움큼 가득히 쥐어 붓다 위에 뿌리고 이와 같이 말했다.

"세존이시여, 만약 아누타라삼약삼보디의 마음을 내는 사람이 있다면 그가 붓다의 법을 다 갖추고 일체지 갖추기를 바라오며, 스스로 그러한 법[自然法]을 갖추고 샘이 없는 법 갖추기를 바랍니다.

세존이시여, 저는 그러면 한 생각이라도 아누타라삼약삼보디의 마음을 낸 사람으로 하여금 물러서게 할 생각은 내지 않겠습니다. 세존이시여, 저는 나고 죽음 가운데 모든 번뇌가 있음을 보아서, 한 생각이라도 보디사트바로 하여금 뒤로 물러서게 할 생각은 내지 않겠습니다.

저 또한 아누타라삼약삼보디를 위하여 반드시 부지런히 수행하고 정진하겠습니다.

왜냐하면 이 사람들이 다음과 같은 이런 마음을 내면 온갖 세간 사람들을 크게 이익되게 하기 때문입니다.

'나는 스스로 건넘을 얻었으니 반드시 아직 건너지 못한 사람을 건네주리라.

나는 스스로 벗어남을 얻었으니 아직 해탈하지 못한 사람을 해탈시키며, 나는 스스로 안온함을 얻었으니 아직 안온치 못한 사람을 안온케 하고, 나는 스스로 니르바나에 들었으니 니르바나에 들지 못한 사람을 니르바나에 들게 하리라.'

세존이시여, 만약 어떤 사람이 처음 보디의 마음을 낸 보디사트바를 따라 기뻐하고, 여섯 파라미타를 행하는 보디사트바나 물러나 구름이 없는 지위[Avinivartaniya, 不退轉地]의 보디사트바, 한 생만 있으면 성불하는 지위[一生補處]의 보디사트바를 따라 기뻐한다면, 이 사람은 얼마만 한 복덕을 받을 수 있겠습니까?"

"카우시카여, 수메루 산은 오히려 헤아릴 수 있어도 이 사람이 따라 기뻐하는 복덕은 헤아릴 수 없다. 카우시카여, 삼천대천세계는 오히려 재고 헤아릴 수 있어도 이 사람이 따라 기뻐하는 복덕은 헤아릴 수 없다."

(중략)

인드라하늘왕이 붇다께 말씀드렸다.

"세존이시여, 만약 이 여러 마음을 따라 기뻐하지 않는 사람이 있다면 이는 마라에 붙잡힌 것이니, 이 사람은 마라의 권속임을 알아야 합니다.

이 여러 마음을 따라 기뻐하지 않는다면 이 사람은 마라왕의 하늘에서 목숨이 다해 이 세상에 태어난 것임을 알아야 합니다.

왜냐하면 이 여러 마음이 다 모든 마라의 일을 깨뜨릴 수 있기 때문이니, 이 사람이 따라 기뻐하는 복덕은 반드시 아누타라삼약삼보디에 회향해야 합니다.

만약 아누타라삼약삼보디의 마음을 낸 사람이라면 붇다를 버리지 않고, 법을 버리지 않고 상가를 버리지 않습니다. 이런 까닭에 이 여러 마음에 따라 기뻐함을 내야 합니다."

"그렇고 그렇다, 카우시카여. 이 여러 마음을 따라 기뻐하는 사람이 있다면 이 사람은 빨리 붇다를 만나 뵙게 될 줄 반드시 알아야 한다. 이 사람은 따라 기뻐하는 복덕의 선근 때문에 태어나는 곳마다 항상 공양과 공경과 존중과 찬탄을 얻는다.

모든 나쁜 음성은 듣지 않고 또한 온갖 악도 가운데 떨어지지 않고 항상 하늘에 태어난다.

무슨 까닭인가. 이 사람의 따라 기뻐함은 한량없고 끝없는 중생을 이익되게 하고자 하기 때문이다.

이 따라 기뻐하는 마음은 점점 늘어나고 자라 아누타라삼약삼보디에 이를 수 있으니, 이 사람이 아누타라삼약삼보디를 얻는 때에는 반드시 셀 수 없이 많은 중생을 제도하게 된다.

카우시카여, 이러한 까닭에 이 사람이 이 여러 마음을 따라 기뻐함은 한량없고 끝없는 중생을 이익되게 하는 선근이기 때문에 따라 기뻐하는 것이다."

(중략)

수부티가 붇다께 여쭈었다.

"세존이시여, 이 마음이 허깨비와 같다면 어떻게 아누타라삼약삼보디를 얻을 수 있습니까?"

"수부티여, 네 뜻에 어떠한가. 너는 이 사람의 마음이 허깨비와 같다고 보느냐, 그렇지 않느냐?"

"보지 않습니다, 세존이시여. 저는 이 마음이 허깨비와 같다고 보지 않습니다."

"네 뜻에 어떠한가. 만약 이 허깨비도 보지 않고 허깨비와 같은 마음도 보지 않는다면, 허깨비를 떠나고 허깨비와 같은 마음을 떠나서 다시 아누타라삼약삼보디를 얻을 수 있는 법이 있다고 보느냐?"

"보지 않습니다, 세존이시여. 허깨비를 떠나고 허깨비와 같은 마음을 떠나서 다시 아누타라삼약삼보디를 얻는 법을 보지 않습니다. 세존이시여, 만약 제가 다른 법을 보지 않는다면 어떤 법이 있다거니 또는 없다거니 할 수 있겠습니까?

세존이시여, 만약 법이 마쳐 다해 모습을 떠난 것이라면 있음이나 없음에 있지 않습니다. 만약 법이 마쳐 다해 모습을 떠났다면 이 법은 아누타라삼약삼보디를 얻지 않습니다.

세존이시여, 있는 바 없는 법 또한 아누타라삼약삼보디를 얻지 않습니다. 그러므로 프라즈냐파라미타는 마쳐 다해 모습을 떠났습니다. 만약 법이 마쳐 다해 모습을 떠났다면[畢竟離] 이와 같은 법은 닦아 익힐 수 없고 다른 법을 낼 수 없으니, 프라즈냐파라미타는 마쳐 다해 모습을 떠났기 때문입니다.

세존이시여, 프라즈냐파라미타가 마쳐 다해 모습을 떠났다면 어찌 아누타라삼약삼보디를 얻을 수 있겠습니까. 아누타라삼약삼보디 또한 마쳐 다해 모습을 떠났다면 어떻게 떠남으로 떠남을 얻을 수 있겠습니까?[云何以離得離]"

붇다께서 말씀하셨다.

"참으로 옳다, 수부티여. 프라즈냐파라미타는 마쳐 다해 모습 떠났고 아누타라삼약삼보디 또한 마쳐 다해 모습 떠났다. 이러한 까닭에 아누타라삼약삼보디를 얻을 수 있는 것이다.

수부티여, 만약 프라즈냐파라미타가 마쳐 다해 모습 떠난 것이 아니라면 곧 프라즈냐파라미타가 아니다. 이와 같이 수부티여, 프라즈냐파라미타를 떠나서 아누타라삼약삼보디를 얻는 것이 아니지만 또한 떠남으로 떠남을 얻는 것도 아니다."

파라미타와 여래의 보디가 실상 그대로의 행임을 밝힘

위에서 경의 가르침을 살핀 바처럼, 보디사트바의 파라미타행은 연기의 실상에서 일어나 연기의 실상에 돌아가고 위없는 보디에 돌아가는 행이니, 원인이 되는 파라미타행과 위없는 붓다의 보디에는 두 모습이 없다.

왜인가. 파라미타와 위없는 보디가 모두 모습에 모습 없는 법의 실상을 바탕으로 하기 때문이다.

그러므로 여래의 진실이 법의 실상이고 보디사트바가 향해 나아가는 곳이고 보디사트바의 파라미타행이 일어나는 곳이다. 경은 다시 말한다.

이때 다르모가타(Dharmodgata, 法起) 보디사트바가 사다프라라파 보디사트바에게 다음과 같이 말했다.

"잘 행하는 이여, 모든 붓다는 좇아온 곳이 없고 가서 이르는 곳이 없다. 왜냐하면. 모든 법의 한결같음은 움직이지 않기 때문이다. 모든 법의 한결같음이 곧 여래이다.

잘 행하는 이여, 남이 없고 옴도 없으며, 감이 없고 사라짐이 없는 것이 곧 여래이다. 실제(實際)는 옴도 없고 감도 없으니 실제가 곧 여래이다. 공은 옴도 없고 감도 없으니 공함이 곧 여래이다.

모습 끊어짐[斷]은 옴도 없고 감도 없으니, 끊어짐이 곧 여래이다. 모습 여읨[離]은 옴도 없고 감도 없으니, 모습 여읨이 곧 여래이다. 사라짐[滅]은 옴도 없고 감도 없으니, 사라짐이 곧 여래이다. 허공의 성품[虛空性]은 옴도 없고 감도 없으니, 허공의 성품이 곧 여래이다.

잘 행하는 이여, 이 모든 법을 떠나서는 여래가 없으니, 이 모든 법의 한결같음과 모든 여래의 한결같음은 모두다 하나라 둘이 없으며 다름도 없다.

잘 행하는 이여, 이 한결같음은 오직 하나이지 둘도 없고 셋도 없으며, 모든 수를 떠나 실로 있는 바가 없다.

잘 행하는 이여, 비유하면 늦봄에 해가 한낮에 쨍쨍 내리쬘 때 들판에서 아지랑이가 움직이는 것을 보고 어리석은 사람이 그것을 쫓아 물을 얻겠다고 하는 것과 같다.

잘 행하는 이여, 네 뜻에 어떠한가. 이 물은 어디로부터 오는가? 동쪽의 바다로부터 오는가, 아니면 남·서·북쪽의 바다로부터 오는가?"

사다프라라파 보디사트바가 큰 스승에게 말씀드렸다.

"아지랑이 가운데는 물도 없는데, 하물며 오는 곳과 가는 곳이 있겠습니까? 다만 이것은 어리석은 사람이 지혜가 없으므로 물이 없는 곳에서 물이라는 생각을 일으킨 것이지 실제로 물은 없습니다."

(중략)

"잘 행하는 이여, 만약 어떤 사람이 여래의 몸과 음성에 대해 탐착을 내면 이러한 사람들은 모두 붇다에게 가고 오는 모습이 있다고 분별하게 되니, 이러한 것들은 마치 어리석은 사람이 지혜가 없어서 물이 없는 곳에서 물이라는 생각을 내는 것과 같음을 알아야 한다. 왜냐하면 모든 붇다 여래는 물질의 몸[色身]으로써 볼 수 없고 모든 붇다 여래는 법의 몸[法身]이기 때문이다.

잘 행하는 이여, 모든 법의 참모습은 옴도 없고 감도 없으며 붇다 여래 또한 이와 같다.

잘 행하는 이여, 비유하면 환술사가 허깨비로 코끼리를 탄 병사와 말 탄 병사와 수레를 탄 병사와 걷는 병사를 만들어도 사실은 옴도 없고 감도 없는 것과 같다.

모든 붇다가 옴도 없고 감도 없는 것 또한 이와 같음을 반드시 알아야 한다.

잘 행하는 이여, 어떤 사람이 꿈 속에서 한 분, 두 분, 열 분, 스무 분, 오십 분, 백 분 혹은 그보다 더 많은 여래를 보았을지라도 깨고 나면 한 분의 여래도 볼 수 없으니 잘 행하는 이여, 네 뜻에 어떠한가. 이 모든 여래는 어디서 오셨다가 어느 곳에 이르는가?"

사다프라라파가 큰 스승이신 다르모가타 보디사트바에게 말씀드렸다.

"꿈에는 정해진 법이 없어 모두가 허망합니다."

"잘 행하는 이여, 여래께서는 온갖 법이 꿈처럼 허망하다고 설하신다. 만약 어떤 사람이 모든 법이 꿈처럼 허망함을 알지 못하여 물질의 몸[色身]과 이름자와 언어와 글귀에 탐착을 낸다면 이러한 사람들은 모두다 붇다에게 오고 감이 있다고 분별하게 된다.

이것은 모든 법의 참모습을 알지 못하기 때문이니, 만약 어떤 사람이 붇다에게서 오고 감을 분별한다면, 이 사람은 바로 지혜 없는 범부로서 자주 나고 죽음을 받아 여섯 갈래 세계를 오고 가면서, 프라즈냐파라미타를 떠나고 붇다의 법을 떠나게 됨을 반드시 알아야 한다.

잘 행하는 이여, 만약 붇다께서 설하신 바, 온갖 모든 법이 허망하여 꿈과 같음을 참답게 안다면, 이 사람은 법에 대해서 온다거나 간다거나 생긴다거나 사라진다고 분별치 않는다.

만약 분별하지 않으면 이 사람은 모든 법의 참모습으로써 여래를 살펴볼 것이다. 만약 모든 법의 참모습으로써 여래를 아는 이라면 이 사람은 여래가 온다거나 간다고 분별하지 않을 것이다.

만약 이와 같이 모든 법의 모습을 알면 이 사람은 프라즈냐파라미타를 행하여 아누타라삼약삼보디에 가까워진 것이다. 이 사람을 참된 붇다의 제자[眞佛弟子]라고 이름하니, 사람들의 믿음 어린 보시를 헛되이 받지 않아서 그는 세상의 복밭[世界福田]이 될 것이다."

(중략)

"잘 행하는 이여, 비유하면 바다 가운데에 있는 갖가지 진귀한 보배가 동쪽에서 온 것도 아니고 남·서·북방과 네 모서리[四維]와 위아래 어느 곳에서도 오지 않는 것과 같다.

중생의 복덕은 인연의 바다가 이 보배를 내기 때문에 원인 없이 있는 것은 아니지만 보배가 사라질 때 또한 시방 그 어디에도 이르는 것이 아니다. (중생의 복덕은) 여러 인연이 합하면 있는 것이고, 뭇 인연이 사라지면 없는 것이다.

잘 행하는 이여, 모든 여래의 몸 또한 이와 같다. 정한 법이 없으므로 시방 그 어디로부터 오는 것이 아니나 또한 원인이 없이 있는 것도 아니다. 본래 행한 업의 과보로써 생기는 것이니, 여러 가지 연(緣)이 합하면 있고, 여러 가지 연이 사라지면 없다."

(중략)

"잘 행하는 이여, 비유하면 거문고의 소리는 좇아온 곳도 없고

[無所從來] 가서 이르는 곳이 없는 것[去無所至]과 같다.

거문고 소리는 여러 인연에 속하는 것이니 줄이 있고 몸통이 있고 젓대가 있고 사람이 손으로 그것을 탐이 있으면 여러 연이 합하여 곧 소리가 있는 것이니, 이 소리는 줄로부터 나는 것도 아니고 몸통이나 젓대나 손으로부터 나는 것도 아니다. 여러 인연이 합하면 곧 소리가 있으나 좇아오는 곳이 없으며 여러 연이 흩어지면 사라지지만 이르는 곳이 없다."

(중략)

"잘 행하는 이여, 여래의 몸 또한 이와 같이 여러 인연에 속하는 것이다. 헤아릴 수 없는 복덕으로 이루어진 바이므로 한 인연이나 한 복덕을 좇아 생겨난 것이 아니나 또한 인(因)도 없고 연(緣)도 없이 있는 것은 아니다.

여러 연이 합함으로써 있지만 좇아오는 곳이 없고 여러 연이 흩어지면 사라지지만 가서 이르는 곳도 없다."

(중략)

"잘 행하는 이여, 이와 같이 모든 여래의 오고 가는 모습을 살펴야 하며 또한 이와 같이 모든 법의 모습을 살펴야 한다.

잘 행하는 이여, 그대가 만약 이와 같이 모든 여래와 온갖 법이 옴도 없고 감도 없으며[無來無去] 생김도 없고 사라짐도 없음을 [無生無滅] 살핀다면, 반드시 아누타라삼약삼보디에 이를 것이며 또한 프라즈냐파라미타의 방편을 밝게 통달할 것이다."

1) 보시 파라미타

• 이끄는 글 •

여섯 파라미타의 첫머리는 다나파라미타(dāna-pāramitā, 布施波羅蜜)이니, 다나는 '널리 베풂'이다. 널리 베풂의 생활은 있음에서 있음을 버리고 없음에서 없음을 버리는 베풂의 삶이므로, 있음을 있음으로 붙들어 쥐고 없음의 허무에 절망하는 삶에서는 그 다나의 파라미타가 나올 수 없다.

나의 몸, 내가 가진 재물, 지금 있는 것에 실로 붙들어 쥘 실체가 없음을 깨달아 있음에서 실로 있음을 버릴 때 이를 적극적인 뜻으로 베풂의 삶이라 한다. 그러므로 베풂은 지혜 없는 베풂이 없고 선정 없는 베풂이 있을 수 없다.

다나파라미타의 뜻을 『법계차제초문』은 다음과 같이 말한다.

첫째 다나파라미타이니, 다나(dāna)는 여기 말로는 보시(布施)이다. 만약 안에 믿는 마음이 있고 밖으로 복밭[福田]이 있고 재물이 있어서, 이 세 가지 일이 화합할 때 마음에 버림의 법[捨法]을 내 아끼고 탐냄을 깨뜨릴 수 있으니, 이것이 다나이다.

보시는 두 가지가 있으니, 첫째는 재물보시[財施]이고 둘째는 법보시[法施]이다.

재물보시는 먹을거리·옷가지·밭·집·여섯 짐승·심부름꾼

·보배 등 온갖 자신이 가진 것과 생활도구와 처자와 나아가 몸과 목숨까지 남에게 주어 남의 재물이 되게 하는 것이다.

그러므로 몸을 버림도 재물보시에 속한다고 한다. 남이 필요한 바를 따라 모두 베풀어줄 수 있으면 다 재물보시라 한다.

법보시는 만약 모든 붇다와 선지식으로부터 세간과 출세간의 좋은 법 설함을 듣거나, 경론 가운데서 듣거나, 스스로 살피는 행으로 알거나, 그 법을 깨끗한 마음으로 사람들을 위해 연설하면 모두 법보시라 한다.

보디사트바가 바탕이 곧고 깨끗한 마음으로 이 두 보시를 행하므로 '다나'라 한다.

'파라미타'는 옮기면 앞과 같다. 만약 보디사트바가 보시 가운데 다섯 가지 마음을 갖추어 닦을 수 있으면 이때 보시를 파라미타라 한다. 무엇이 다섯인가?

첫째는 보시의 실상을 앎[知施實相]이요, 둘째는 자비의 마음을 일으킴[起慈悲心]이다.

셋째는 큰 원을 냄[發願]이요, 넷째는 회향(廻向)이며, 다섯째는 방편을 갖춤[具足方便]이다.

첫째 무엇을 '보시의 실상을 안다'고 하는가?

만약 보시할 때 베푸는 사람[施人], 받는 사람[受人]과 재물(財物)의 세 가지 일이 모두 공하여 얻을 수 없으면, 실상의 바른 살핌[實相正觀]에 들어간다. 그러면 버리는 바가 없는 법[無所捨法]으로써 다른 사람이 필요로 하는 것을 따라주어 버리어 아끼지 않을 수 있으니 이것이 '보시의 실상을 아는 것'이다.

둘째 무엇을 '자비의 마음을 일으킴'이라 하는가?

만약 보디사트바가 비록 보시의 실상이 있는 바 없음을 알더라도, 크나큰 자비를 일으켜 이로 인하여 온갖 즐거움을 주고 온갖 괴로움을 없애려 한다면 이것이 '자비의 마음을 일으킴'이다.

셋째 무엇을 '큰 원을 낸다'고 하는가?

보시할 때 이 보시로 인하여 위없는 깨달음의 과덕[無上佛果] 얻기를 원하며, 범부나 성문·프라테카붇다·보디사트바의 삼승(三乘)의 과보를 구하지 않으면 이것이 '크나큰 원을 내는 것'이다.

넷째 무엇을 '회향'이라 하는가?

보시하는 바를 따라 이 보시의 공덕을 돌려 사르바즈냐로 향하고 온갖 중생에게 보시하면 이것이 '회향'이다.

다섯째 무엇을 '방편을 갖춤'이라 하는가?

곧 보시의 한 가지 법[布施一法]에서 돌이켜 굴려 온갖 붇다의 법에 통달하여 여러 행을 두루 닦으면, 이것이 '방편을 갖춤'이다.

보디사트바로서 만약 이 다섯 마음을 다 갖출 수 있는 이는 이 때 베푸는 바를 따라, 닦아 행하는 원인 가운데서 결과를 말하니[因中說果], 또한 '일을 마쳐 다함'[事究竟], '저 언덕에 건너감'[度彼岸], '건네줌이 끝없음'[度無極]이라고 한다.

이런 까닭으로 보디사트바가 보시 행하는 것을 다나파라미타를 행함이라 한다. 만약 위없는 보디의 깨달음의 과덕에 이르면 바야흐로 이것이 '다나파라미타를 갖추어 이룸'이다.

보시가 해탈의 문을 여는 파라미타가 되기 위해서는 주는 자와 받는 자, 주는 물건이 모두 공한 실상을 알아 크나큰 자비심으로 나와 너, 나와 세계를 함께 해탈의 땅에 이끌기 위해 베풂 없이 베풀어야 한다.

보시를 통해 탐내 아낌의 때를 여의고 지혜의 문에 들어가는 것이지만, 보시행은 늘 나라는 모습에 나라는 모습이 공한 실상에서 일어나는 것이니, 진리의 살핌이 보시에 함께할 때만 보시하는 원인 가운데서 해탈의 결과를 말할 수 있는 것[因中說果]이다.

천태선사의 『마하지관』은 있음에서 있음을 버리고 없음에서 없음을 버려 늘 머무는 진리의 몸[常住法身]과 지혜의 목숨[慧命], 법의 재물[法財]에 깨달아 들어갈 때, 참으로 원인 속에 해탈의 결과가 이미 있는 진리의 보시가 이루어짐을 다음과 같이 말한다.

서른일곱 여러 실천법 가운데도 각기 '버림의 깨달음 법'[捨覺分]이 있으니 바로 다나(dāna, 布施)에 거두어진다.

만약 인연으로 남[因緣生]을 가르치는 삼장교(三藏敎)에서 버림의 깨달음 법이라면, 비록 진리에 온전히 들지는 못하지만 이 법 또한 몸과 목숨 재물을 버리는 것이다.

『대론』(大論)은 말한다.

"네 가지 한량없는 마음 가운데 사랑과 슬피 여김, 따라 기뻐함[慈悲喜]은 중생에게 이익됨이 있지만, 버림[捨]은 어떤 것이 이익되는가. 버림은 여섯 파라미타를 갖추어 널리 중생을 이익되게 할 수 있으니 이것을 크게 이익됨[大益]이라 한다."

또 버림은 등의 기름과 같아서 밝은 빛을 늘릴 수 있다. 그러므로 다나파라미타가 버림의 깨달음 법 거둠을 알아야 한다.

만약 나되 남이 없음[生而無生]을 가르치는 통교(通敎)의 '버림의 깨달음 법'이라면, 몸과 목숨, 재물을 버리는 것이 허깨비 같고 변화와 같아 주는 자·주는 것·받는 자 이 세 가지 일[三事]이 다 공하지만, 이 버림의 법 또한 다나파라미타에 거두어진다.

만약 남이 없되 남[無生而生]을 가르치는 별교(別教)의 '버림의 깨달음 법'이라면, 몸과 목숨, 재물 가운데서 공에 빠져 앎 없음[無知]을 버리니, 이 버림 또한 다나파라미타에 거두어진다.

만약 남과 남 없음이 모두 없음[無生無生]을 가르치는 원교(圓教)의 '버림의 깨달음 법'이라면, '열 가지 법계의 몸'[十法界色身]을 버리고 '열 가지 법계의 이어 지탱하는 목숨'[十法界連持之命]을 버리며, '열 가지 법계의 의지해 사는 세계'[十法界依報]를 버린다. 이와 같은 몸과 목숨은 다 두 치우친 가에 들어가지 않는다[不入二邊].

왜인가. 다음과 같다. 재물은 여섯 경계의 티끌이라 한다. 만약 여섯 경계[六塵]의 버릴 것을 헤아리면, 앞의 사람[前人]에게 줄 것이 있게 되고 자기 몸[己身]이 있게 된다. 이와 같이 베푸는 자는 여섯 경계의 있음의 치우침[有邊]에 들어가는 것이다.

만약 주는 자·주는 것·받는 자, 이 세 가지 일이 다 공하다고 하면 곧 없음의 치우침[無邊]에 떨어진 것이다.

지금 재물이 곧 공함을 살피면 있음[有]에 들지 않고, 재물이 곧 거짓 있음임을 살피면 공에 들지 않는다.

둘이 아닌 버림[不二之捨]은 나고 죽음[生死]과 뒤때[後際]가 평등하니, 늙음·병듦·죽음을 떠나면 '무너짐 없이 늘 머묾'[不壞常住]을 얻는다.

있음의 치우침[有邊]은 나고 죽음으로 앞때[前際]에 속하고, 공함의 치우침[空邊]은 니르바나이니 뒤때에 속한다.

이 두 가지가 다 공하여 얻을 수가 없으므로 '평등하다'고 말한다.

'늙고 죽음을 떠난다'는 것은 앞때가 공하므로 '덩어리 있는 몸의 나고 죽음'[分段生死]을 떠난 것이고, 뒤때가 공하므로 '변화가 자재한 몸의 나고 죽음'[變易生死]을 떠난 것이다.

두 가지 나고 죽음을 길이 벗어나게 되므로 떠난다고 말한 것이다.

'무너짐 없이 늘 머묾을 얻는다'는 것은 이것이 중도의 법성[中道法性]으로 모든 붇다가 스승 삼는 것이다.

법이 항상하므로 모든 붇다 또한 항상하니, 이 늘 머무는 재물[常住財]은 허물어 덜 수 없고, 늘 머무는 몸[常住身]은 얽매 묶을 수 없으며, 늘 머무는 목숨[常住命]은 끊어져 사라지지 않는다.

이렇게 되면 '마쳐 다한 다나파라미타'를 이루어 스스로 장엄하게 된다.

그러므로 『금강반야』(金剛般若)는 말한다.

"아침과 낮, 저녁에 다 강가아 강 모래알 수 몸으로 보시해도 반야경의 한 네 구절 게송 받아 지님만 못하다."

그러므로 진리의 살핌으로 두렷이 버려서[圓捨] 여러 실천법을 알면 온갖 도법이 다나파라미타에 거두어진다는 것을 알아야 한다.

이와 같은 실천법들의 '버림의 깨달음 법'에 대해서도 진리의 살핌은 깊고 미묘하여 사법의 행[事行]을 따로 두지 않는다고 한다. 그리하여 삼장교 가운데 사법의 보시는 크고 맹렬하여 살을 깎아 등을 만들고[剜燈], 비둘기를 건지기 위해 살을 떼어 비둘기와 바꾸며[救鴿], 나라와 처자를 버리는 일이 크지만, 진리의 살핌에는 온전히 이런 일이 털끝만큼도 없다고 한다.

사법의 보시가 크다고 함과 진리의 살핌에는 보시의 모습이 없다고 함, 이 두 가지가 다 허물이 있다.

지금 사법의 다나파라미타가 탐내고 아끼는 마음의 가림[慳蔽]을 도와 깨뜨려서, 진리의 살핌[理觀] 이루게 됨을 밝히겠다.

그러니 어찌 사법의 보시와 진리의 살핌이 서로 떨어질 수 있겠는가.

만약 어떤 사람이 비록 실상(實相)을 알고 '두렷이 버리는 살핌'[圓捨之觀]을 알아 가슴을 만지며 행을 논한다 하자.

그렇다 해도 구체적인 일에 가서는 아끼는 마음이 베푸는 마음을 이기어 재물을 굳게 보살펴 한 털끝도 버리지 못하고, 남을 위해 힘들게 애쓰는 것을 사양하고 꺼리며, 몸을 저울질하고 힘을 헤아려서 자기 몸을 굽혀 남을 이루어주지 못하고 목숨을 탐해 아낀다 하자. 그러면 어찌 죽음과 다투어 삶을 양보할 수[諍死讓生] 있겠는가.

닿는 일마다 아끼고 집착하여 때려 쳐도 움쩍하지 않으니, 알기만 하고 행하지 않으면 이와 같은 무거운 가림을 무엇으로 깨뜨릴 수 있으며, 세 가지 해탈의 문[三解脫門]을 무엇으로 열 수 있겠는가.

천태선사의 다나파라미타의 해석에서는 몸과 목숨, 재물을 베풀어주도록 하는 삼장교의 가르침과, 주되 실로 줌이 없고 받되 받음이 없음을 보이는 통교의 가르침과, 줌이 없이 주고 받음 없이 받음을 말하는 별교의 가르침을 말한다. 그런 뒤 '늘 머무는 법성의 몸·목숨·재물'[常住法性身命財]에 깨달아 들어가, 줌과 줌 없음을 모두 넘어서서 다함없는 진리의 생명과 법의 재물로 보시하는 원교의 보시를 다시 말한다.

그러나 끝에 진리의 살핌이 구체적인 보시행이 없는 관념의 살핌이 아님을 다시 말하여, 주되 실로 줌이 없음을 살피는 진리의 눈으로 늘 이웃과 세상에 보시하는 생활에 나아가도록 가르친다.

주는 자와 받는 자, 주는 물건이 있되 공한 실상에 대한 진리의 살핌이 없는 베풂은 자칫 주고받는 행위의 걸림과 집착을 벗어나지 못해 함이 있고 구함이 있는 복락의 세계에 빠질 것이다.

그에 비해 실로 남에게 구체적인 도울 거리로 베풂이 없이 진리의 베풂만을 주장하는 것은 관념의 신기루를 붙들고 보시를 말하는 자인 것이다.

사법의 행이 없이는 진리의 살핌이 이루어지지 못하고 진리의 살핌이 없으면 끝내 해탈문에 들어갈 수 없는 것이니, 그 뜻을 천태선사는 '사법의 보시가 기름이 되어 도의 밝음을 도와 늘리어 세 가지 해탈의 문을 열어 불성을 볼 수 있는 것이다'라고 말한다.

거사여, 지혜와 자비 갖춘
진리의 보시가 가장 뛰어나나니

나는 들었다, 이와 같이.

한때 붇다께서는 슈라바스티 국에 노니시면서 제타 숲 '외로운 이 돕는 장자의 동산'에 계셨다.

그때에 수닷타(Sudatta) 거사는 붇다 계신 곳에 가서 머리를 숙여 절하고, 물러나 한쪽에 앉았다. 세존께서 물으셨다.

"거사의 집은 보시를 행하는가."

수닷타 거사는 대답하였다.

"그렇습니다, 세존이시여. 집에서 보시를 행합니다. 다만 아주 거칠어서 좋은 것을 보시할 수는 없습니다. 곧 겨밥과 시래깃국과 생강나물 한 쪽일 뿐입니다."

보시에 믿음과 정성이 함께할 때
좋은 공덕의 갚음이 있게 됨을 보이심

세존께서 말씀하셨다.

"거사여, 거친 음식을 보시하거나 묘한 음식을 보시하거나 다같이 좋은 갚음을 얻는다.

만약 거친 것을 보시하면서 믿음으로 보시하지 않고, 일부러 보시하지 않으며, 손수 보시하지 않고, 스스로 가서 보시하지 않으며, 사유하며 보시하지 않고, 믿음으로 말미암아 보시하지 않으며, 업(業)

제4장 번뇌를 돌이켜 해탈을 실현하는 길 931

의 과보(果報)를 살펴 보시하지 않는다 하자. 그러면 다음과 같은 좋지 못한 갚음 받게 된다는 것을 살펴야 한다.

곧 마음으로 좋은 집 얻지 못하고, 좋은 수레를 얻지 못하며, 좋은 옷 얻지 못하고, 좋은 먹을거리 얻지 못하며, 좋은 오욕의 공덕 얻지 못한다. 왜 그런가. 지극한 마음으로 보시하지 않았기 때문이니, 거사여, 갚음을 받는 것이 이와 같음을 알아야 한다.

거사여, 만약 거친 것을 보시하되, 믿음으로 보시하고 일부러 보시하며, 손수 보시하고 스스로 가서 보시하며, 사유하면서 보시하고, 믿음으로 말미암아 보시하며, 업의 과보를 살펴 보시한다 하자. 그러면 이와 같이 갚음 받음을 살펴야 한다.

곧 마음으로 좋은 집 얻을 수 있게 되고, 좋은 수레 얻게 되며, 좋은 옷 얻게 되고, 좋은 먹을거리 얻게 되며, 좋은 오욕의 공덕 얻게 된다. 왜 그런가. 지극한 마음으로 보시하였기 때문이니, 갚음 받음이 이와 같음을 알아야 한다.

거사여, 만약 묘한 것을 보시하되, 믿음으로 보시하지 않고, 일부러 보시하지 않으며, 손수 보시하지 않고, 스스로 가서 보시하지 않으며, 사유하며 보시하지 않고, 믿음으로 말미암아 보시하지 않으며, 업의 과보를 살펴 보시하지 않는다 하자. 그러면 이와 같이 좋지 못한 갚음 받음을 살펴야 한다.

곧 마음으로 좋은 집 얻지 못하고, 좋은 수레를 얻지 못하며, 좋은 옷 얻지 못하고, 좋은 먹을거리 얻지 못하며, 좋은 오욕의 공덕 얻지 못한다. 왜 그런가. 지극한 마음으로 보시하지 않았기 때문이니, 거사여, 갚음을 받는 것이 이와 같음을 알아야 한다.

거사여, 만약 묘한 것을 보시하되, 믿음으로 보시하고 일부러 보시하며, 손수 보시하고 스스로 가서 보시하며, 사유하면서 보시하고, 믿음으로 말미암아 보시하며, 업의 과보를 살펴 보시한다 하자. 그러면 이와 같이 갚음 받음을 살펴야 한다.

곧 마음으로 좋은 집 얻게 되고, 좋은 수레 얻게 되며, 좋은 옷 얻게 되고, 좋은 먹을거리 얻게 되며, 좋은 오욕의 공덕 얻게 된다.

왜 그런가. 지극한 마음으로 보시하였기 때문이니, 갚음을 받음이 이와 같음을 알아야 한다."

옛날 브라마나 수람의 보시를 보기로 들어
구함이 없는 보시 공덕을 보이심

"거사여, 지난 옛날에 브라마나인 큰 장자가 있어, 이름을 수람(隨藍)이라 하였다. 그는 아주 크게 넉넉하고 즐거워, 재산은 한량이 없고, 다스리는 마을과 거둬들이는 땅, 여러 진기한 보배가 많았으며, 목축과 산업은 헤아릴 수 없었다.

그가 보시를 행하는 그 모습은 이러하였다.

곧 팔만 사천의 금 발우에 부순 은을 가득 담아 이와 같은 큰 보시를 행하고, 팔만 사천의 은 발우에 부순 금을 가득 담아 이와 같은 큰 보시를 행하며, 팔만 사천의 금 발우에 부순 금을 가득 담아 이와 같은 큰 보시를 행하고, 팔만 사천의 은 발우에 부순 은을 가득 담아 이러한 보시를 행하였다.

팔만 사천의 코끼리를 보배구슬로 가꾸고 꾸며 흰 베로 그 위를 덮어 이와 같은 큰 보시를 행하고, 팔만 사천의 말을 보배구슬로 가꾸고 꾸며 흰 베와 가는 금을 늘어뜨려 이와 같은 큰 보시를 행하였다.

또 팔만 사천의 소[牛]를 옷줄로 매고 옷으로 덮어 젖을 짜서 모두 한 섬의 젖을 얻어 이와 같은 큰 보시를 행하고, 팔만 사천의 여인이 모습이 단정하여 보는 사람은 다 기뻐하는데, 여러 가지 보배와 구슬목걸이로 꾸미어 갖추고 이와 같은 큰 보시를 행하였다.

그런데 하물며 다시 그 밖의 입에 녹는 먹을거리이겠는가.

거사여, 만약 브라마나 수람이 이와 같은 큰 보시를 행하더라도, 만약 다시 어떤 이가 잠부드비파에 가득한 범부들에게 밥을 보시하면, 이것은 그의 보시보다 아주 빼어난 것이다.

거사여, 만약 브라마나 수람이 이와 같은 큰 보시를 행하고, 또 어떤 이가 잠부드비파에 가득 찬 범부들에게 밥을 보시하더라도, 만약 다시 한 스로타판나(srotāpanna)에게 밥을 보시하면, 이것은 저 보시보다 아주 빼어난 것이다.

거사여, 만약 브라마나 수람이 이와 같은 큰 보시를 행하고, 또 잠부드비파에 가득 찬 범부들에게 밥을 보시하며, 백 스로타판나에게 밥을 보시하더라도, 만약 다시 어떤 이가 한 사크리다가민(sakṛdāgāmin)에게 밥을 보시하면, 이것은 저 보시보다 아주 빼어난 것이다.

거사여, 만약 브라마나 수람이 이와 같은 큰 보시를 행하고, 또 잠부드비파에 가득 찬 범부들에게 밥을 보시하며, 백 스로타판나·백 사크리다가민에게 밥을 보시하더라도, 만약 다시 어떤 이가 한 아나가민(anāgāmin)에게 밥을 보시하면, 이것은 저 보시보다 아주 빼어난 것이다.

거사여, 만약 브라마나 수람이 이와 같은 큰 보시를 행하고, 또 잠부드비파에 가득 찬 범부들에게 밥을 보시하며, 백 스로타판나·백 사크리다가민·백 아나가민에게 밥을 보시하더라도, 만약 다시 어떤 이가 한 아라한(arhat)에게 밥을 보시하면, 이것은 저 보시보다 아주 빼어난 것이다.

거사여, 만약 브라마나 수람이 이와 같은 큰 보시를 행하고 또 잠부드비파에 가득 찬 범부들에게 밥을 보시하며, 백 스로타판나·백 사크리다가민·백 아나가민·백 아라한에게 밥을 보시하더라도, 만약 다시 어떤 이가 한 프라테카붇다(pratyekabuddha, 獨覺)에게 밥을 보시하면, 이것은 저 보시보다 아주 빼어난 것이다.

거사여, 만약 브라마나 수람이 이와 같은 큰 보시를 행하고, 또 잠부드비파에 가득 찬 범부들에게 밥을 보시하며, 백 스로타판나·백 사크리다가민·백 아나가민·백 아라한·백 프라테카붇다에게 밥을 보시하더라도, 만약 다시 어떤 이가 한 여래·집착 없는 이·바르게 깨친 분에게 밥을 보시하면, 이것은 저 보시보다 아주 빼어난 것이다.

거사여, 만약 브라마나 수람이 이와 같은 큰 보시를 행하고, 또 잠부드비파에 가득 찬 범부들에게 밥을 보시하며, 백 스로타판나·백 사크리다가민·백 아나가민·백 아라한·백 프라테카붇다에게 밥을 보시하더라도, 만약 어떤 이가 집[房舍]를 지어 사방의 비구 대중[四方僧伽]에게 보시하면, 이것은 저 보시보다 아주 빼어난 것이다."

지혜로운 이에게 보시함에 빼어난 공덕이 있으나, 스스로 삼보에 귀명하고 사랑을 행하고 지혜를 행함이 더욱 빼어남을 보이심

"거사여, 만약 브라마나 수람이 이와 같은 큰 보시를 행하고, 또 잠부드비파에 가득 찬 범부들에게 밥을 보시하며, 백 스로타판나·백 사크리다가민·백 아나가민·백 아라한·백 프라테카붇다에게 밥을 보시하고, 집을 지어 사방의 비구들에게 보시한다 하자.

그렇더라도 만약 다시 어떤 이가 기뻐하는 마음으로 삼보인 붇다와 다르마와 비구상가에 귀명하고, 또 계를 받으면, 이것은 저 보시보다 아주 빼어난 것이다.

거사여, 만약 브라마나 수람이 이와 같은 큰 보시를 행하고, 또 잠부드비파에 가득 찬 범부들에게 밥을 보시하며, 백 스로타판나·백 사크리다가민·백 아나가민·백 아라한·백 프라테카붇다에게 밥을 보시하고, 집을 지어 사방의 비구들에게 보시하며, 다시 기뻐하는 마음으로 삼보인 붇다와 다르마와 비구상가에 귀명하고, 또 계를 받는다 하자.

그렇더라도 만약 어떤 이가 저 온갖 중생을 위하여 소젖을 짜는 동안이라도 사랑하는 마음을 행하면, 이것은 저 보시보다 아주 빼어난 것이다.

거사여, 만약 브라마나 수람이 이와 같은 큰 보시를 행하고, 또 잠부드비파에 가득 찬 범부들에게 밥을 보시하며, 백 스로타판나·백 사크리다가민·백 아나가민·백 아라한·백 프라테카붇다에게 밥을 보시하고, 집을 지어 사방의 비구들에게 보시하며, 기뻐하는 마음으로 삼보인 붇다와 다르마와 비구상가에 귀명하고, 또 계를 받으며, 그 온갖 중생을 위하여 소젖을 짜는 동안이라도 사랑하는 마음을 행한다 하자.

그렇더라도 만약 어떤 이가 온갖 모든 법은 덧없고 괴로우며 공하고 스스로 아는 신묘함이 아니라고[非神] 살피면, 이것은 저 보시보다 아주 빼어난 것이다."

온갖 지혜와 범행 통달하여 스스로와 남을 모두
해탈시키는 여래의 행이 보시행의 완성임을 보이심

"거사는 어떻게 생각하느냐. 옛날의 브라마나로서 큰 장자인 수람이 다른 사람이라 생각하느냐. 그렇게 생각하지 말라.

왜 그런가. 그가 곧 이 나인 줄 알아야 한다. 나는 옛날 브라마나인 큰 장자로서 이름을 수람이라 하였다.

거사여, 나는 그때에 스스로를 요익되게 하고 남을 요익되게 하였으며, 또 많은 사람을 요익되게 하였고, 세간을 가엾이 여기었으며, 하늘을 위하고 사람을 위하여 뜻과 요익됨을 구하고, 안온과 즐거움을 구하였다. 그때에는 법을 연설하였으나 마쳐 다함에 이르지 못하였고, 희고 깨끗한 법[白淨法]을 마쳐 다하지 못하였으며, 범행을 마쳐 다하지 못하였고, 끝내 범행을 마쳐 다하지 못하였다.

그때에는 남과 늙음, 병듦과 죽음, 울음과 근심과 슬픔을 떠나지 못하였고, 또한 온갖 괴로움을 벗어나지 못하였다.

거사여, 나는 지금 세상에 나와, 여래·집착 없는 이·바르게 깨친 분·지혜와 행 갖춘 분·잘 가신 이·세간을 아는 분·위없는 스승·법에 이끄는 이·하늘과 사람의 스승으로 붙다 세존이라 부른다.

나는 지금 스스로를 요익되게 하고 남을 요익되게 하며, 또한 많은 사람을 요익되게 하고, 세간을 가엾이 여기며, 하늘을 위하고 사람을 위하여 뜻과 요익됨을 구하고, 안온과 즐거움을 구한다.

나는 지금 법을 연설하여 마쳐 다함에 이르렀고, 희고 깨끗한 법을 마쳐 다하고, 범행을 마쳐 다하며, 범행을 마쳐 다해 끝냈다.

나는 이제 이미 남과 늙음, 병과 죽음, 울음과 근심과 슬픔을 떠났고, 나는 이제 이미 온갖 괴로움을 벗어났다."

붇다께서 이렇게 말씀하시자 수닷타 거사와 여러 비구들은 붇다의 말씀을 듣고 기뻐하며 받들어 행하였다.

• 중아함 155 수달다경(須達多經)

• 해설 •

설사 악한 사람에게라도 한 그릇 밥이나 한 벌 옷을 베풀면 보시에는 보시에 맞는 갚음이 있다. 그러나 악한 사람에게보다는 착한 사람에게 행한 보시의 공덕이 크고, 착한 사람보다는 지혜를 행하는 사람에게 행하는 보시가 그 공덕이 더욱 크다.

아라한을 이룬 많은 수행자에게 보시하더라도 사방의 비구상가에 방을 지어 잘 수행해 아라한을 이루게 한 공덕과, 지혜의 완성자 붇다에 행하는 보시의 공덕이 크다.

붇다에게 바치는 보시 공양의 공덕보다 스스로 진리와 상가에 귀의하고 지혜와 자비를 행하는 것이 그 공덕이 크다는 것은 무슨 뜻인가.

설사 붇다에게 보시한다 해도 보시하는 나가 있고 보시 받는 붇다의 모습이 있는 보시의 공덕은 모습 있고 함이 있는 보시가 된다.

주되 줌이 없고 받되 받음 없는 보시의 실상을 잘 알아, 나와 사람, 나와 세계의 공한 실상에 돌아가 모습에서 모습 떠나 보시 행하는 공덕이 큼을 그렇게 가르쳐 보인 것이리라.

그러므로 위없는 보디를 완성하여 나[ātman]라는 모습 취함, 사람[pudgala]이라는 모습 취함, 중생[sattvā]이라는 모습 취함이 없이 한량없는 중생을 니르바나에 이끌되, 건네줌 받는 중생의 모습 취함 일으키지 않는 여래의 보시행이 보시행의 완성이 되는 것이다.

그것은 곧 여래가 있음과 없음을 떠난 진리의 몸[常住法身], 항상함과 덧없음이 없는 지혜의 목숨[常住慧命]에 들어가, 늘 끊어짐이 없고 무너짐이 없는 법의 재물[常住法財]로 중생 아닌 중생을 보디와 해탈의 공덕으로 성취시켜주기 때문이다.

대왕이여, 바깥길 수행자들에게도 보시해야 하오

이와 같이 들었다.

한때 붇다께서는 슈라바스티 국 제타 숲 '외로운 이 돕는 장자의 동산'에 계셨다.

그때 프라세나짓 왕이 세존 계신 곳에 와 머리를 발에 대 절하고 한쪽에 앉아 말씀드렸다.

"여래께서는 참으로 이런 말씀이 있으셨습니까?

'나에게 보시하면 복 얻음이 많고 다른 이에게 보시하면 복 얻음이 적다. 나의 제자에게 보시하고 다른 이에게는 보시하지 말라.'

만약 어떤 사람이 이렇게 말한다면 그것은 여래의 법을 헐뜯는 것이 아닙니까?"

여래가 가르친 보시의 행이 치우치고 닫힌
보시행이 아님을 보이심

세존께서 왕에게 말씀하셨다.

"'오직 내게만 보시하고 남에게는 보시하지 말라'는 그런 말이 내게는 없소. 대왕이여, 아셔야 하오.

나에게는 늘 이런 말이 있소.

'만약 비구가 발우 가운데 남은 것이라도 물에 던져 부드럽게 꿈틀대는 벌레들이 그것을 먹게 해도 오히려 복을 받는데, 하물며 사

람에게 보시하는데 복을 받지 않겠는가?'

다만 대왕이여, 나에게 이런 말이 있소.

'계율을 지키는 이에게 보시하는 것은 복이 더 많아 계율을 범하는 이에게 보시하는 것보다 빼어나다.'"

그때 프라세나짓 왕이 붇다 앞으로 나아와 말씀드렸다.

"그렇습니다, 세존이시여. 계율을 지키는 이에게 보시하는 것은 계율을 범하는 이에게 보시하는 것보다 그 복이 곱절이나 많을 것입니다."

악을 선으로 돌리고 삿된 견해를 바른 견해로 돌리는 것이 여래의 환술임을 보이심

왕은 다시 말씀드렸다.

"니르그란타 즈냐타푸트라(Nirgrantha-jñātaputra)는 제게 와서 말하였습니다.

'사문 고타마는 환술(幻術)을 알아 세상 사람들을 돌려 굴릴 수 있다.'

세존이시여, 이 말이 맞습니까, 그릅니까?"

세존께서는 말씀하셨다.

"그렇소. 대왕이여, 조금 전 말씀하신 대로 나는 환술의 법이 있어 세상 사람들을 돌려 굴릴 수 있소."

왕이 말씀드렸다.

"어떤 것을 돌려 굴리는 환술법이라 합니까?"

세존께서는 말씀하셨다.

"산목숨 죽이는 이는 그 죄가 헤아리기 어렵지만, 산목숨 죽이지 않는 이는 복 받음이 한량없소.

도둑질을 하는 이는 죄 얻음이 한량없지만, 도둑질하지 않는 이는 복 받음이 한량없소.

음탕한 짓을 하는 이는 죄 얻음이 한량없지만, 음탕한 짓을 하지 않는 이는 복 받음이 한량없소.

삿된 견해를 가진 이는 죄 얻음이 한량없지만, 바른 견해를 가진 이는 복 받음이 한량없소. 내가 아는 환술의 법[幻法]이란 바로 이것을 말하오."

이때 프라세나짓 왕이 세존께 말씀드렸다.

"만약 세간의 사람이나 마라(māra), 악한 마라의 하늘, 형상이 있는 무리들이 이 환술을 깊이 안다면 그들은 큰 행복을 얻을 것입니다.

지금부터 뒤로는 저 바깥길 수행자나 배움 다른 이들이 내 나라에 들어오는 것을 들어주지 않겠습니다.

그리고 세존의 사부대중께서 늘 저의 궁중에 머무르시길 청합니다. 늘 필요로 하는 것을 따라 공양하겠습니다."

**가림 없이 널리 보시하되 바른 지혜 행하는 이에게
보시함이 빼어남을 가르치심**

세존께서는 대왕에게 말씀하셨다.

"그런 말 마시오. 왜냐하면 축생의 무리에게 보시하여도 오히려 그 복을 받고 계율을 범하는 이에게 보시하여도 그 복을 받소. 더구나 계율을 지키는 이에게 보시한다면 그 복은 한량이 없을 것이오.

바깥길 수행자들에게 보시해서 일억의 복을 받는다면, 스로타판나·사크리다가민·아나가민·아라한·프라테카붇다 및 붇다에게 보시하면 그 복은 이루 헤아릴 수 없을 것이오.

그러므로 대왕께선 반드시 마음을 내어 미래·과거의 여러 붇다와 그 성문제자들을 공양하도록 하시오.

　이와 같이 대왕이시여, 반드시 이렇게 배워야 하오."

　그때 여러 비구들은 붇다의 말씀을 듣고 기뻐하며 받들어 행하였다.

• 증일아함 47 선악품(善惡品) 三

• 해설 •

　법계의 평등한 모습 그대로의 해탈의 삶을 사는 여래의 가르침에 어찌 치우친 보시·가림이 있는 보시·두 모습이 있는 보시가 있을 것인가. 가림이 없이 보시하도록 가르치시되 보시의 공덕에 차별 아닌 차별이 없지 않음을 말씀하시니, 이는 모습에 모습 없는 평등함 가운데 차별 아닌 차별의 모습이 없지 않은 법계의 진실 그대로의 행을 보이신 것이다.

　어찌 악인에게 행한 보시와 선한 사람, 지혜의 완성자에게 행한 보시가 무차별적으로 같을 수 있겠는가.

　그리고 세간의 신통을 추구하는 자들의 환술은 사람의 눈을 속이는 거짓이지만, 여래의 환술[如幻行]은 해탈의 묘용이다.

　여래의 환술은 세간 온갖 법이 허깨비처럼[如幻] 공한 줄 알아, 악한 사람을 선한 사람이 되게 하고, 삿된 견해 가진 이를 바른 견해 갖도록 하며, 보시하지 않아 복 받음이 없는 이들을 돌이켜 보시의 공덕으로 한량없는 복락을 받도록 한다.

　여래의 환술은 중생의 무명을 여래의 보디로 돌이킨다. 그러므로 여래의 이 환술을 아는 자는 온갖 법이 공한 곳에서 공도 공한 진실의 모습[實相]을 볼 수 있다. 그는 허깨비이므로 원래 공해 없앨 것 없는 곳에서 허깨비 같은 이 몸을 돌이켜, 금강의 무너지지 않는 몸[金剛不壞身]을 이룰 것이다.

저 사자 장자는 여래를 바라보는 그 자리에서
법의 눈이 깨끗해졌나니

이와 같이 들었다.

한때 붇다께서는 라자그리하 성의 칼란다카 대나무동산에 계셨다.

이때 사자(師子, siṃha) 장자가 사리푸트라 있는 곳에 가 머리를 대 발에 절하고 한쪽에 앉아 말했다.

"존자께서 저의 초청을 받아주시길 바랍니다."

사리푸트라는 잠자코 그 청을 받아주었다.

장자는 존자가 잠자코 청을 받아주는 것을 보고 곧 자리에서 일어나 그 발에 절하고 물러갔다.

그는 다시 마하목갈라야나(Mahāmaudgalyāyana) · 레바타(Revata) · 마하카샤파(Mahākāśyapa) · 아니룻다(Aniruddha) · 카타야나(Kātyāyana) · 푸르나(Pūrṇa) · 우파리(Upāli) · 수부티(Subhūti) · 라훌라(Rāhula) · 쿤티(Kunti) 사미 등 이러한 윗머리 제자들 오백 명을 초청하였다.

사자 장자가 여러 윗머리 제자들을 초청해 공양함

이때 사자 장자는 곧 자기 집으로 돌아가 갖가지 아주 맛난 먹을 거리들을 마련해 갖추고, 좋은 자리를 펴고는 말했다.

"때가 되었습니다. 여러 참된 분들인 아라한들께서는 살펴보지 않음이 없으십니다. 지금 먹을거리를 이미 마련했습니다. 한번 돌아

보시려 지금 집에 와주시길 바랍니다."

그때 여러 큰 성문들은 각기 세 가사[三衣]를 입고 발우를 가지고 성으로 들어가 장자 집에 이르렀다.

장자는 여러 존자들이 이미 앉은 것을 보고 손수 헤아려 갖가지 먹을거리를 돌렸다. 여러 거룩한 대중이 공양 마친 것을 보자 깨끗한 물을 돌리고 흰 베 한 벌씩을 보시하였다. 그리고 앞으로 나아가 축원을 받았다.

이때 존자 사리푸트라는 장자를 위하여 아주 묘한 법을 설하고는 곧 자리에서 일어나 떠나, 고요한 방으로 돌아갔다.

세존께서 라훌라에게 보시행의 갚음을 물으심

이때 라훌라는 세존 계신 곳에 이르러 머리를 발에 대 절하고 한 쪽에 앉았다.

세존께서 물으셨다.

"너는 지금 어디서 오느냐?"

라훌라가 대답했다.

"사자 장자가 오늘 와 초청했습니다."

붇다께서 말씀하셨다.

"어떠했느냐, 라훌라여. 음식은 좋았느냐, 좋지 못했느냐? 부드러웠느냐, 거칠었느냐?"

라훌라는 대답하였다.

"음식은 아주 좋았고 또 아주 넉넉했습니다. 지금 이 흰 베도 그에게서 받은 것입니다."

붇다께서 라훌라에게 말씀했다.

"상가대중은 몇 사람이나 갔고, 그 윗머리는 누구였느냐?"

라홀라는 말씀드렸다.

"화상 사리푸트라께서 윗머리셨습니다. 그리고 여러 신묘한 덕이 있는 제자 오백 명이 갔습니다."

세존께서는 말씀하셨다.

"어떠냐? 라홀라여, 그 장자는 복 받음이 많겠느냐?"

라홀라는 세존께 말씀드렸다.

"그렇습니다, 세존이시여. 그 장자가 복의 갚음을 얻는 것이 이루 말할 수 없을 것입니다. 한 명의 아라한에게 보시해도 그 복은 끝이 없는데, 하물며 크게 신묘한 하늘과 사람들이 공경해 받드는 분들이겠습니까? 그 자리의 오백 명은 모두 참된 분[眞人]들이십니다.

그러니 그 복을 어찌 헤아릴 수 있겠습니까?"

**지혜로운 이에게 보시함이 빼어나지만, 개인에 대한 보시보다
상가대중에 대한 보시가 빼어남을 바다의 비유로 보이심**

세존께서는 라홀라에게 말씀하셨다.

"지금 오백 아라한에게 보시하는 공덕에서 만약 대중 가운데서 상가의 차례를 따라 한 빼어난 사문을 청해 공양한다고 하자.

이 대중 가운데서 뽑힌 사람에게 공양한 복을 오백 아라한에게 공양한 복과 견주어 헤아린다면, 그 복이 백 곱·천 곱·몇 억만 곱이나 되어 비유로써 견줄 수도 없다.

왜 그런가. 대중 가운데 뽑힌 사람에게 공양하는 복은 헤아리기 어려우니, 단이슬의 '사라져 다한 곳'을 얻었기 때문이다.

라홀라여, 알아야 한다. 만약 어떤 사람이 스스로 다짐해 말하기

를 '내 반드시 이 강의 모든 물을 마시겠다'고 한다면 그 사람이 과연 그렇게 할 수 있겠는가?"

라훌라는 붇다께 말씀드렸다.

"그럴 수 없습니다, 세존이시여. 왜냐하면 이 잠부드비파는 아주 넓고 크기 때문입니다. 이 잠부드비파에는 네 개의 큰 강이 있습니다. 곧 강가아(Gaṅgā) · 신두(Sindhu) · 시타(Śītā) · 바크슈(Vakṣu)이고, 그 하나하나의 강에는 오백 개의 강이 딸려 있습니다.

그러니 그 사람은 끝내 그 물을 마셔 다하도록 할 수 없습니다.

만약 마시려 한다면 헛되이 수고할 뿐 끝내 일은 이루지 못할 것입니다."

"그러나 그가 다시 이렇게 말한다 하자.

'나에게는 방편의 인연이 있어서 여러 물을 마셔 다하게 할 수 있다.'

어떻게 그 물을 모두 마실 수 있다 하는가?

이때 그는 곧 이렇게 생각한다.

'나는 바닷물을 마셔야 한다. 왜냐하면 온갖 모든 흐름은 다 바다로 돌아가기 때문이다.'

어떠냐? 라훌라여, 그 사람은 과연 그 모든 물을 마실 수 있겠는가?"

라훌라가 붇다께 말씀드렸다.

"이와 같은 방법이라면 그 사람은 그 물들을 마셔 다하도록 할 수 있습니다. 왜냐하면 온갖 모든 흐름은 다 바다로 돌아가기 때문입니다. 이런 인연으로 말미암아 그 사람은 물을 마셔 다할 수 있습니다."

세존께서는 말씀하셨다.

"그렇다. 라훌라여, 온갖 개인에게 하는 보시는 저 강의 흐름과 같다. 그래서 복을 얻기도 하고 얻지 못하기도 한다.

그러나 상가대중은 저 큰 바다와 같다. 왜냐하면 흐르는 강은 반드시 물을 바다에 들이고서 곧 본디 이름을 없애고 다만 큰 바다라는 이름만 있기 때문이다.

라훌라여, 이것 또한 그와 같다. 지금 이 열 사람은 모두 상가대중 가운데서 나와서, 대중이 아니면 이루어지지 못한다[非衆不成].

그 열 사람이란 무엇인가? 스로타판나로 향하는 이·스로타판나를 얻은 이·사크리다가민으로 향하는 이·사크리다가민을 얻은 이·아나가민으로 향하는 이·아나가민을 얻은 이·아라한으로 향하는 이·아라한을 얻은 이·프라테카붇다 그리고 붇다이다.

이 열 사람은 모두 상가대중 가운데를 말미암고 홀로 스스로 서 있는 것이 아니다[非自獨立].

라훌라여, 이런 방편으로 상가대중 가운데서 가린 사람[衆中差者]은 그 복이 한량없음을 아는 것이다. 그러므로 라훌라여, 만약 옳게 행하는 남자와 여인이 그 헤아릴 수 없는 복을 구하고 싶다면 저 거룩한 상가대중을 공양하여야 한다.

라훌라여, 알아야 한다. 마치 어떤 사람이 버터[酥]를 물에 넣으면 곧 엉겨 널리 퍼지지 않지만, 만약 기름을 물에 넣으면 곧 물 위에 두루 가득해지는 것과 같다.

그러므로 라훌라여, 거룩한 대중의 비구상가 공양할 것을 생각해야 한다.

이와 같이 라훌라여, 반드시 이렇게 배워야 한다."

사자 장자에게 다시 가림 없는 보시, 거룩한 대중에 대한
보시의 빼어난 공덕을 다시 말씀하심

그때 사자 장자는 '여래께서는 상가대중에게 보시하는 복을 찬탄해 말씀하시고 다른 복은 찬탄해 말하지 않는다'는 소문을 듣게 되었다.

어느 다른 때 장자는 세존 계신 곳에 가서 머리를 발에 대 절하고 한쪽에 앉아 말씀드렸다.

"여래께서는 상가대중에게 보시하는 복은 찬탄해 말씀하시고 따로 사람을 청하는 복은 찬탄하지 않으신다는 소문을 마침 들었습니다. 지금부터 뒤로는 늘 거룩한 상가[聖衆]에 공양하겠습니다."

세존께서는 말씀하셨다.

"나는 '거룩한 상가대중에게만 공양하고 다른 사람에게는 공양하지 말라'고 그렇게 말하지 않았다. 지금 축생에게 보시해도 오히려 그 복을 받는데, 하물며 다른 사람이겠느냐? 다만 내가 말한 것은 그 복의 많고 적음이다.

왜 그런가. 여래의 거룩한 대중은 공경할 만하고 귀히 여길 만하며 세간의 위없는 복밭이기 때문이다.

지금 이 대중 가운데는 네 부류의 과덕에 향하는 이[四向]와 네 부류의 과덕을 얻은 이[四果], 그리고 성문의 수레[聲聞乘]를 얻은 이, 프라테카붇다의 수레[緣覺乘]를 얻은 이, 그리고 붇다의 수레[佛乘]를 얻은 이가 있다.

만약 잘 행하는 남자와 여인이 이 세 수레[三乘]의 교법을 얻으려고 하거든 상가대중 가운데를 따라 구하라. 왜냐하면 세 수레의 교법은 모두 상가대중 가운데서 나오기 때문이다.

장자여, 나는 이 인연의 뜻을 살피므로 이렇게 말한 것일 뿐이다. 또한 나는 사람들에게 '거룩한 대중에게만 보시하고 다른 사람에게는 보시하지 말라'고 가르치지 않았다."

장자는 말씀드렸다.

"그렇습니다. 세존의 가르침과 분부대로 지금부터 뒤로는 복업을 지으려 하면 거룩한 상가에 공양해야 하되 사람을 가려 보시하지는 않겠습니다."

그때 세존께서는 장자에게 미묘한 법을 말씀해주시어 기뻐하는 마음을 내게 하셨다. 장자는 그 설법을 듣고 곧 자리에서 일어나 머리를 발에 대 절하고 물러갔다.

그리고 사자 장자는 복된 업[福業]을 베풀어 세우려고 하였다.

여래께 가림 없는 보시의 뜻을 말씀드리니 여래께서 찬탄해주심

그때 여러 하늘이 장자에게 와서 말하였다.

"이 자는 스로타판나로 향하는 사람이요, 이 자는 스로타판나를 얻은 사람이다. 여기에 보시하면 복 얻음이 많고 여기에 보시하면 복 얻음이 적을 것이다."

그때 그 하늘사람은 곧 찬탄하는 게송으로 말했다.

여래는 가려 보시함 찬탄하니
덕 있는 모든 이들께 보시하라.
여기에 보시하면 복 얻음 많아
좋은 밭이 싹을 잘 냄과 같으리.

그러나 사자 장자는 잠자코 대답하지 않았다.

그때 하늘사람은 다시 장자에게 말하였다.

"이 자는 계율을 지키는 사람이요, 이 자는 계율을 범한 사람이다. 이분은 스로타판나로 향하는 사람이요, 이분은 스로타판나를 얻은 사람이며, 이분은 사크리다가민으로 향하는 사람이요, 이분은 사크리다가민을 얻은 사람이다.

이분은 아나가민으로 향하는 사람이요, 이분은 아나가민을 얻은 사람이며, 이분은 아라한으로 향하는 사람이요, 이분은 아라한을 얻은 사람이다. 이분은 성문의 수레이고, 이분은 프라테카붇다의 수레이며, 이분은 붇다의 수레이다.

여기에 보시하면 복 얻음이 적고, 여기에 보시하면 복 얻음이 많을 것이다."

그때 장자는 잠자코 대답하지 않았다. 왜 그렇게 한 것인가. 다만 가리지 말고 보시하라는 여래의 가르침을 기억하였기 때문이다.

장자는 어느 다른 때 다시 세존 계신 곳에 나아가 머리를 발에 대절하고 한쪽에 앉아 말씀드렸다.

"저는 세존의 말씀을 기억하고 거룩한 상가대중을 청해 공양하려고 하는데, 어떤 하늘이 저에게 찾아와 이렇게 말했습니다.

'이 자는 계율을 지키는 사람이요, 이 자는 계율을 범한 사람이다. 이분은 스로타판나로 향하는 사람이요, 이분은 스로타판나를 얻은 사람이며, 이분은 사크리다가민으로 향하는 사람이요, 이분은 사크리다가민을 얻은 사람이다.

이분은 아나가민으로 향하는 사람이요, 이분은 아나가민을 얻은 사람이며, 이분은 아라한으로 향하는 사람이요, 이분은 아라한을 얻은 사람이다. 이분은 성문의 수레이고, 이분은 프라테카붇다의 수레이며, 이분은 붇다의 수레이다.

여기에 보시하면 복 얼음이 적고, 여기에 보시하면 복 얼음이 많을 것이다.'

그리고 또 다음 게송을 읊었습니다.

　　여래는 가려 보시함 찬탄하니
　　덕 있는 모든 이들께 보시하라.
　　여기에 보시하면 복 얼음 많아
　　좋은 밭이 싹을 잘 냄과 같으리.

이때 저는 다시 이렇게 생각했습니다.

'여래의 가르치심을 어길 수 없다. 어찌 마음을 내 가려서 보시하겠는가?'

그리하여 끝내 옳고 그르다는 마음과 높고 낮다는 뜻이 없었습니다. 이때 저는 다시 이렇게 생각하였습니다.

'나는 온갖 중생무리들에게 다 보시해야 한다. 보시 받는 그대가 스스로 계율을 잘 지키는 자이면 받는 복이 끝없을 것이요, 만약 계율을 범한 자이면 스스로 그 재앙을 받을 것이다.

다만 중생을 가엾이 여기자. 그들은 먹지 않으면 목숨을 건지지 못한다.'"

붇다가 장자에게 말씀하셨다.

"아주 잘 말하고, 잘 말했다. 장자여, 그 지어감이 '크고 넓은 다짐'[弘誓]을 넘어서는구나. 보디사트바의 보시는 그 마음이 늘 평등하다[心恒平等].

장자여, 알아야 한다. 만약 보디사트바가 보시하는 날에 여러 하늘들이 찾아와 이렇게 말할 수 있을 것이다.

'좋은 종족의 사람이여, 아십시오. 이 자는 계율을 지키는 사람이요, 이 자는 계율을 범한 사람이오. 이 사람에게 보시하면 복 얻음이 많고, 이 사람에게 보시하면 복 얻음이 적을 것이오.'

그러나 보디사트바는 끝내 이런 마음이 없다.

'이 사람에게 보시해야 하고 이 사람에게는 보시하지 않아야 한다.'

그렇게 보디사트바는 마음을 굳게 가져 옳고 그르다는 생각이 없고, 또 '이 자는 계율을 지킨다'고 말하지도 않고, '이 자는 계율을 범하였다'고도 말하지 않는다.

그러므로 장자여, 평등하게 은혜로이 보시할 것[平等惠施]을 늘 생각하라. 그러면 기나긴 밤 가운데 복 얻음이 한량없을 것이다."

여래의 온몸을 바라보고는 그 자리에서
장자의 법의 눈이 열려 깨끗해짐

이때 사자 장자는 여래의 가르침을 생각하고 그윽이 여래를 바라보면서 그 마음이 흔들리지 않았다. 그래서 그 자리에서 곧 법의 눈[法眼]이 깨끗해졌다. 사자 장자는 곧 자리에서 일어나 머리를 세존의 발에 대 절하고 물러갔다.

장자가 떠난 지 오래지 않아 세존께서는 여러 비구들에게 말씀하셨다.

"이 사자 장자는 평등한 보시를 생각하기 때문에, 여래를 머리에서 발끝까지 그윽이 바라보고 그 자리에서 곧 법의 눈이 깨끗해졌다."

그때 세존께서는 비구들에게 말씀하셨다.

"나의 우파사카 가운데 으뜸가는 제자로서 평등하게 보시하는 이는 바로 사자 장자 이 사람이다."

그때 여러 비구들은 붇다의 말씀을 듣고 기뻐하며 받들어 행하였다.

・증일아함 48 십불선품(十不善品) 五

・**해설**・

악한 자・선한 자・지혜로운 자에 보시함에 따라 보시의 공덕이 차별이 없지 않지만, 보시하는 자는 가림이 없는 마음・분별이 없는 마음으로 보시해야 한다.

무리 가운데서 으뜸가는 지혜로운 분께 보시하는 것이 지혜가 온전히 성취되지 못한 대중에게 보시한 것보다 그 공덕이 빼어나다. 그러나 상가 가운데 빼어난 분께 보시하는 것도 상가대중 모두를 지혜의 공덕으로 성취케하는 보시여야 하니, 법을 공경하고 지혜를 공경하며 사방상가[四方僧伽]를 공경하는 마음으로 보시해야 그 공덕이 넓고 커서 다함없다.

뛰어난 개인에게 보시하는 것은 강물과 같고, 사방에 열려진 법의 공동체에 보시하는 것은 마치 저 넓고 큰 바다와 같다.

나와 내 것에 실로 머물 모습과 붙잡아 쥘 모습이 없으므로 나와 내 것이 공한 실상대로 사는 것이 보시의 모습이므로 잘 여래의 보디에 나아가는 자는 보시 공덕의 크고 작음에 다시 물든 마음을 내어 보시하지 않아야 한다.

모습에 모습 떠나되 모습 없음마저 떠나며 보시 공덕의 깊음을 구하지 않는 보시가 진리의 모습 그대로 평등한 보시이며 가림이 없는 보시이다. 그러므로 평등한 보시, 가림이 없는 보시를 잘 행하는 자, 그는 보시행을 통해 차별 없는 법계의 진리에 들어가는 것이다.

여래에게 가림 없는 보시법문을 듣고 여래의 거룩한 모습 바라보는 그

자리에서 사자 장자가 바로 법의 눈이 깨끗해졌으니, 그가 다나파라미타의
행으로 일체지(一切智, sarvajna)의 바다[薩婆若海]에 들어간 자이다.

『화엄경』(「십회향품」) 또한 버림과 베풂을 통해 나와 너가 함께 해탈의
언덕에 오르게 하는 보디사트바의 행을, 이렇게 가르친다.

> 보디사트바는 한량없는 백천 겁에
> 곳곳에 두루 다니며 베풀어주네.
> 여러 중생 가르치고 이끌어줌으로
> 위없는 언덕에 모두 뛰어오르게 하네.
>
> 彼於無量百千劫 處處周行而施與
> 因以敎導諸群生 悉使超昇無上岸
>
> 삼세 모든 붇다 회향하신 것처럼
> 보디사트바 또한 이 같은 업 닦아
> 사람 잘 다루시는 세존의 행하심
> 모두 다 따라 배워 저 언덕 이르르네.
>
> 如三世佛所迴向 菩薩亦修如是業
> 調御人尊之所行 悉皆隨學到彼岸

2) 지계 파라미타

실라파라미타(śīla-pāramitā, 持戒波羅蜜)는 계행 지님의 파라미타이니, 여섯 아는 뿌리[六根]를 잘 보살펴 몸과 입과 뜻의 업에서 악을 막고 선을 행하도록 하며 선정과 지혜가 일어나도록 하는 행이다. 계 지님이 파라미타의 이름을 얻기 위해서는 죄업이 본래 공하여 실로 계를 깨뜨릴 것이 없고 계를 실로 지킬 것 없는 실라의 실상[戒實相]을 알고 지음 없이 계행을 지어야 한다.

『법계차제초문』은 다음과 같이 재가의 계[在家戒]와 출가의 계[出家戒], 계의 공한 실상[戒體]과 계 지님의 모습[戒相]을 말한다.

둘째 실라파라미타이니, '실라'(śīla)는 여기 말로 '착함[善]을 좋아함'이다. 착한 길[善道] 행하기를 좋아하여 스스로 놓아 지내지 않음을 실라라고 한다. 때로 계를 받고 착함을 행하거나 계를 받지 않고 착함을 행하는데 이것을 다 실라라고 한다.

실라를 간략히 말하면 두 가지가 있다.

첫째 재가의 실라와 둘째 출가의 실라이다.

재가의 실라란 삼보에 귀의함[三歸] · 다섯 가지 계[五戒] · 여덟 계[八齋戒]를 말한다. 출가의 실라란 출가한 사미 · 사미니의 열 가지 계와 식차마나(Śikṣamānā, 學法女)의 여섯 가지 법의 계, 큰 비구·비구니의 구족계(具足戒), 나아가 삼천 가지 몸가짐[三千威儀]과 팔만의 율행(律行)이다.

만약 보디사트바의 열 가지 무거운 계[十重戒]와 마흔여덟 가지 가벼운 계[四十八輕]라면 곧 재가와 출가에 통하여 함께 지키는 계이다. 만약 보디사트바가 바탕이 곧고 깨끗한 마음으로 이와 같은 계를 지니면 모두 '실라'라 한다.

파라미타는 옮기면 앞과 같다. 만약 보디사트바가 두 가지 실라에 머무르며 다섯 가지 마음[五種心]을 갖추어 닦을 수 있으면 이때의 실라를 파라미타라 한다.

무엇 등이 다섯인가? 첫쩨는 실라의 실상[尸羅實相]을 아는 것이니, 죄란 얻을 수 없지만 착한 길 행하기를 좋아하여 스스로 놓아지내지 않음이다.

나머지 네 가지 자비의 마음 일으킴[起慈悲心], 원을 냄[發願], 회향(廻向), 방편을 갖춤[具足方便]은 다나파라미타 가운데 분별한 것과 같다.

보디사트바가 만약 이 다섯 마음을 갖추어 닦을 수 있으면, 지니는바 계를 따라 착함을 행하여 원인 가운데 과덕을 말해[因中說果] 모두 세 가지 뜻을 갖춘다. 이런 까닭으로 보디사트바가 계를 지니는 것을 실라파라미타를 행한다고 한다. 만약 위없는 보디의 과덕에 이르면 바야흐로 이것이 실라파라미타를 갖추어 이룸이다.

삼귀의(三歸依) 다음에 다섯의 계[五戒, pañca śīlāni]를 밝히는 것은 다음과 같다.

『대지도론』은 말한다.

'붇다를 큰 의왕이라 생각하고 법은 먹어야 할 약이라고 생각하며, 상가는 병든 사람 보살펴주는 것이라 생각하며, 계는 약을 먹을 때 금해야 할 것으로 생각하라.'

이제 삼귀의 다음에 여러 계율들을 밝히는 뜻이 여기에 있다.

그러므로 붇다께서는 보디의 도를 이루신 바로 뒤 트라푸샤(Trapuṣa)와 발리카(Bhallika) 등 재가제자들을 위하여 삼귀계를 주고 나서, 곧 다섯 계를 주어서 '우파사카'가 되도록 하였다.

만약 재가의 붇다의 제자가 다섯 계를 깨뜨리면 '깨끗한 믿음의 사람'[淸信士女]이 아니다. 그러므로 경은 말한다.

'다섯 계는 세상에서 가장 큰 금해 꺼리는 것이니, 만약 다섯 계를 범하면 하늘에 있어서는 다섯 별을 어기는 것이며, 땅에 있어서는 다섯 멧부리를 어기는 것이며, 세상에 있어서는 다섯 제왕을 어기는 것이며, 몸에 있어서는 오장을 어기는 것이다.'

이와 같이 무릇 세간에서 어기고 범하는 것이 한량없다. 만약 출세간을 잡아보면 다섯 계를 범한 이는 다섯 가지 법신[五分法身]과 온갖 붇다의 법을 깨뜨림이 된다.

왜 그런가. 다섯 계는 온갖 대승과 소승계의 근본이기 때문이다. 만약 다섯 계를 범하면 다시 대승이나 소승계를 받을 수 없다. 만약 이를 굳게 지키면 곧 '다섯의 큰 베풂'[五大施]이 이루어진다.

이 다섯을 모두 통틀어 '계'라고 이름한 것은 '막아 그친다'는 뜻이니, 나쁜 몸가짐[惡律儀]과 아직 짓지 않은 잘못을 막고, 세 가지 업이 일으키는 악을 그치므로 '막아 그친다'고 한다.

다섯 계의 첫째는 산목숨 죽이지 않는 계[不殺生戒]이니, 왜 산목숨 죽임이라 이름하는가? 만약 실로 이것이 중생임을 알고, 죽여서 그 목숨을 빼앗으려는 마음을 내어 몸의 업을 일으켜 이미 지으면, 이것을 죽임의 죄라고 한다.

이런 일을 하지 않는 것을 산목숨 죽이지 않는 계라 한다. 그밖에 묶고 가둔다든지 채찍으로 때리는 등은 죽이는 방편이 되나 바로 죽임의 죄는 아니다.

둘째는 훔치지 않는 계[不偸盜戒]이니, 무엇을 훔침이라 하는가? 남의 물건임을 알고 훔칠 마음을 일으켜 그 물건을 취하여 본래의 있던 곳으로부터 옮겨 자신에 속하게 하는 것을 훔침이라 말한다.

만약 이런 일을 짓지 않으면 훔치지 않는 계라 이름한다. 그밖에 훔치려 하거나 손으로 잡았지만 아직 그 본 곳을 떠나지 아니한 것 등은 훔침의 방편이 되나 바로 훔침의 죄는 아니다.

셋째는 삿된 음행을 하지 않는 계[不邪婬戒]이니, 무엇을 삿된 음행이라 하는가? 만약 여인으로 부모, 형제, 자매, 부인의 아이이거나, 세간 왕의 법이 지켜 보살피는 여인을 범하는 것, 자기 부인이라도 하루의 금하는 계법을 받고 있거나, 아이를 배거나 젖먹이가 있는 여인을 범하거나, 옳은 곳이 아닌 데서 이와 같이 범하는 것을 삿된 음행이라 한다.

이와 같은 일을 짓지 않는 것을 삿된 음행을 하지 않는 계라 말한다. 그밖에 희롱하는 말 또는 물건을 서로 주고받는 것, 손을 잡거나 몸을 만지는 등 아직 음행에 이르지 아니한 것은 모두 삿된 음행의 방편이 되나 바로 삿된 음행의 죄는 아니다.

넷째는 거짓말하지 않는 계[不妄語戒]이니, 무엇을 거짓말이라 하는가? 깨끗하지 않은 마음으로 남을 속이고 진실을 숨겨 덮기 위하여 다른 말을 만들어 입의 업 짓는 것을 거짓말이라 한다.

이와 같은 일을 짓지 않는 것을 거짓말하지 않는 계라 한다.

거짓말의 죄는 말의 소리[言聲]를 좇아 서로 이해하는 데서 일어나는 것이니, 만약 서로 말을 알아듣지 못했다면 비록 진실되지 않은 말이라도 모두다 거짓말의 방편이 되며, 바로 거짓말의 죄라고 하지는 않는다.

다섯째는 술을 마시지 아니하는 계[不飮酒戒]이니, 무엇을 술이라 하는가? 술에는 세 가지가 있으니 곡주·과일주·약주이다. 마르거나 습하거나 만든 술이 흐리거나 맑거나, 이와 같은 술들은 사람의 마음을 움직여 흩어지게 하여 서른여섯 가지의 실수를 일으킨다. 만약 술을 마시지 않으면 이것을 술을 마시지 아니하는 계라 한다.

이 다음 반드시 재가의 우파사카·우파시카의 '하루 낮 하루 밤에 지켜야 할 여덟 가지 계'를 밝혀야 하고, 출가한 사미·사미니의 열 가지 계, 식차마나의 여섯 가지 법의 계, 비구·비구니의 열 가지 계, 율장 가운데 다섯 편[五篇] 일곱 모임의 모습[七聚相], 나아가 보디사트바의 열 가지 무거운 계[十重戒], 마흔여덟 가벼운 계[輕戒]와 삼천 가지 몸가짐, 팔만의 가는 몸가짐[細行]을 밝혀야 한다.

이 가운데서 다 차제로 간략히 과목(科目)을 보여 큰 성인이 거친 계로부터 작은 계에까지 계를 제정하신 뜻을 보아야 하지만, 일이 더욱 번거롭고 많아 갖추어 보이기 어렵다.

지금은 요점만을 따라서 여러 선정과 지혜의 법문 과목의 차제를 보이고, 이 여러 계 가운데 구체적인 계의 항목은 아래 제6권에 이르러 따로 다시 또 필요에 따라서 보일 것이다.

실라가 파라미타가 되려면 앞의 다나파라미타에서 말한 바와 같이 다섯 가지 마음을 갖추어야 한다. 다섯 가지 마음 갖춤이란 실라의 실상을 알고 자비의 마음을 일으킴이며, 크나큰 원을 내고 회향함이고 여러 방편을 갖춤이다.

죄업이 공(空)해 원래 청정하되 선악의 업이 끊어져 없는 것이 아니므로 늘 악을 끊음 없이 끊고 선을 지음 없이 지어 중생을 요익케 함이 실라의 실상[戒實相]을 아는 것이다.

실라의 실상을 알면 곧 중생의 실상을 아는 것이다. 그러면 넓고 큰 마음으로 저 중생을 위해 머묾 없는 마음의 자비를 행하여야 하니, 이것이 자비의 마음 일으킴[起慈悲心]이다.

다시 크나큰 실라의 한 법 가운데서 저 중생과 함께 계의 실상 깨달아 해탈에 이르를 원을 일으켜[發願], 갖가지 방편 갖추고[具足方便] 공덕을 중생에 회향하고 법계에 회향하는 것이 실라파라미타이다.

실라가 파라미타의 행이 될 때 파라미타의 원인 가운데서 해탈의 과덕을 말할 수 있으니, 『마하지관』은 그 뜻을 다음과 같이 보인다.

설사 깨닫지 못한다 하면 반드시 스스로 진리의 살핌인 여러 실천법[理觀道品]에 바른 업·바른 말·바른 생활이 있음을 사유해야 하니, 이것은 실라가 거두는 법에 속한다.

만약 인연으로 남[緣起生]을 보이는 삼장교(三藏敎)의 바른 업 등이라면, 몸가짐을 삼가 보살펴 바른 몸가짐을 깨뜨리지 않고 빠뜨리지 않으며 뚫리지 않게 하고 뒤섞이지 않게 함이다.

만약 나되 남 없음[生而無生]을 보이는 통교(通敎)의 바른 업 등이라면, 몸과 입을 얻지 않으므로 사법 그대로 참됨이 되니, 이것이 '도를 따르는 집착 없음'[隨道無着] 등의 계이다.

만약 남이 없되 남[無生而生]을 보이는 별교(別敎)의 바른 업 등이라면, 이는 지혜로 찬탄하는 자재함 등의 계이다.

만약 '남이 없이 남'과 '나되 남이 없음'이 모두 자취 없음을 보이는 원교(圓敎)의 바른 업 등이라면, 다 법성(法性)을 살피는 것이니 이것이 '평등한 계를 갖춤'[具足等戒]이다.

비말라키르티[淨名] 거사가 '이와 같음(모든 법을 다 망령되이 보지만 모든 법이 공하여 꿈과 같고 불꽃과 같으며 물 가운데 달과 같고 거울 속 모습과 같아서 망상으로 나는 것임)을 알 수 있으면 이것을 계율 받듦[奉律]이라 한다[其知此者 是名奉律]'고 하니, 곧 이 뜻이다.

진리 살핌의 계[理觀之戒]는 마음에 갖추어진 것이라고 비록 이렇게 알고서는, 몸과 입을 많이 허물어뜨리면 금생의 업이 거칠고 사나워짐이거나 앞세상의 업이 가로막음인 것이다.

그렇게 되고서 참회를 얻지 못하면 나의 사마디를 덮어 해탈의 문이 열리지 못할 것이다.

이 일을 생각하고 나서는 반드시 스스로 슬피 여기고 깊이 바꿀 마음을 내야 한다. 그리하여 오늘부터 비롯하여 서로 이어 허물어 뜨리는 마음을 끊고, 금한 계 지니기를 다짐하고 하는 일에 한 점의 물듦이 없도록 보살펴 지니며, 계 아껴 살피기를 물에 빠진 이가 몸을 뜨게 하는 주머니를 쥐는 것 같이 해야 한다.

　그래야 끝내 몸을 온전히 해 계가 덜어지지 않는 것이다.

　붇다의 과거 몸인 '독한 용'이 자고 있을 때 땅꾼이 껍질 벗기는 것을 그대로 두어 제몸의 껍질을 주어 개미를 온전히 살리고, 수타소마(Sutasoma) 왕이 사슴발 왕[鹿足王]에게 나라를 잃고 잡혀 죽게 되었어도 거지에게 보시할 약속 지키고 해탈의 게(偈)를 읊음이 스스로 계를 지니어 남을 교화함[自戒化他]이다.

　법을 찬탄하고 법 찬탄하는 이를 찬탄하여 큰 다짐[大誓]을 움직이지 않게 하고, 붇다의 이름을 불러 증명을 삼고 건져줌을 삼아, 마음의 정성이 붇다께서 깨끗한 계의 빛 놓아줌을 느끼어 얻게 되면[感佛放淨戒光] 계를 허물어뜨린 자가 깨끗한 계의 빛에 닿을 때 그 빛이 과거 · 현재 두 세상의 죄가 없어지도록 한다.

　그러면 곧 진리의 살핌[理觀]과 바른 업이 서로 맞게 되는 것이다[正業相應]. 이는 낱낱이 반드시 풀이해 내야 하는 것이지만, 사법과 진리가 이미 원만해지면 계 지님을 끝내 마쳐 다해 세 가지 해탈문[三解脫門]에 들어가 불성을 보게 된다.

　이것을 등불의 기름을 도와서 도의 밝음[道明]을 늘리는 것이라 한다.

　『마하지관』 또한 계 지키고 깨뜨릴 것이 없는 진리의 계, 실상의 계를 사유하더라도 몸과 입의 업이 허물어지면 반드시 참회해서 진리의 살핌과 바른 업이 서로 응해야 해탈의 문에 들게 됨을 말한다.

　실상의 계를 말하고 본래 청정함을 말하면서 악업을 함부로 짓는 자, 그는 다시 그 악업을 치유할 곳이 없는 것이다.

그러나 바른 업을 짓되 계의 실상을 살펴 짓되 지음 없음을 아는 자, 그는 지금 바른 계행 지음을 떠나지 않고 세 가지 해탈의 문에 들어서고 실라파라미타를 닦는 원인의 행[因行] 가운데서 니르바나의 과덕을 쓰는 자이다.

　영가선사의 「증도가」 또한 여래의 뜻을 다한 가르침[了義敎]에서는 죄가 본래 공한 업의 실상을 깨달으면 실상의 계 모두 갖추게 됨을, 다음과 같이 노래한다.

　　　용시 비구가 무거운 죄를 범하고
　　　죄업이 본래 남이 없음 깨치고서
　　　일찍이 보디 이루고 지금까지 있었네.

　　　勇施犯重悟無生　早時成佛于今在

　　　사자의 외침 두려움 없는 설법이여
　　　어리석기 쇠가죽 같음 아주 슬퍼하네.
　　　범한 죄 무거워 보디 막는 것만 알고
　　　여래께서 비결 여시는 것 보지 못하네.

　　　獅子吼　無畏說　深嗟懞憧頑皮麤
　　　祇知犯重障菩提　不見如來開秘訣

바른 몸가짐 지키지 못하면
진실 그대로 알고 보지 못하니

이와 같이 내가 들었다.

한때 붇다께서는 슈라바스티 국 제타 숲 '외로운 이 돕는 장자의 동산'에 계시면서 여러 비구들에게 말씀하셨다.

"바른 몸가짐 아닌 것[不律儀]과 바른 몸가짐[律儀]이 있으니, 자세히 듣고 잘 사유하라. 너희들을 위하여 말해주겠다.

어떤 것이 바른 몸가짐 아닌 것인가. 눈의 아는 뿌리[眼根]가 바른 몸가짐 아닌 것에 거두어지면 눈의 앎[眼識]이 그 빛깔을 집착하게 되는 것이다.

빛깔을 집착하기 때문에 괴로움의 느낌을 내고, 괴로움의 느낌 때문에 그 마음을 하나되게 하지 못하며, 그 마음을 하나되게 하지 못하므로 '진실 그대로 알고 봄'[如實知見]을 얻지 못한다.

진실 그대로 알고 봄을 얻지 못하므로 의혹을 떠나지 못하며, 의혹을 떠나지 못하기 때문에 다른 것을 말미암아 그릇되어 늘 괴로움에 머무르게 머문다.

귀·코·혀·몸·뜻에 있어서도 또한 다시 이와 같으니, 이것을 바른 몸가짐 아닌 것이라 한다."

바른 몸가짐으로 지혜 갖춰짐을 보이심

"어떤 것이 바른 몸가짐인가. 눈의 아는 뿌리가 바른 몸가짐에 거두어지면, 눈의 앎이 빛깔을 가려 알아도 마음은 물들어 집착하지 않게 되는 것이다.

마음이 물들어 집착하지 않게 되면 늘 즐거움의 느낌에 머무르고, 마음이 즐거움에 머무르면 그 마음을 늘 하나되게 하고, 그 마음을 하나되게 하고서는 진실 그대로 알고 보며, 진실 그대로 알고 보고서는 모든 의혹을 떠난다.

모든 의혹을 떠나면 다른 것을 말미암아 잘못을 저지르지 않고 늘 안락하게 머무른다.

귀·코·혀·몸·뜻에 있어서도 또한 다시 이와 같으니, 이것을 바른 몸가짐이라 한다."

붇다께서 이 경을 말씀하시자, 여러 비구들은 붇다의 말씀을 듣고 기뻐하며 받들어 행하였다.

• 잡아함 277 율의불율의경(律儀不律儀經)

• 해설 •

바른 몸가짐과 존재를 진실 그대로 알고 봄은 앞과 뒤가 없다. 바른 몸가짐으로 아는 뿌리를 잘 보살펴서 선정이 나오고 지혜가 나오지만, 지혜가 아니면 선정이 될 수 없고 선정이 아니면 바른 몸가짐을 지킬 수 없다.

여래가 설하신 금한 계의 모습[戒相]은 어떤 것인가. 여래는 위없는 보디의 지혜로 삶의 실상을 통찰해서 여섯 아는 뿌리[六根]와 알려지는바 여섯 경계[六境]에 취할 모습이 없음을 보신다.

그리하여 취할 모습이 없는 곳에서 취함을 일으키는 중생의 업을 경계해서 계의 모습을 세워 다시 선정과 지혜에 돌아가게 한 것이다.

계의 모습 없는 실상과 구체적 상황[事] 속에서 지키는 계의 모습은 바탕과 작용의 성격을 띤다.

지혜로써 지키고 깨뜨릴 것이 없는 계의 실상, 있되 공한 존재의 실상을 바로 보지 못하면 바른 몸가짐이 나올 수 없고, 바른 몸가짐이 아니면 경계를 향해 치달리는 마음이 쉬지 못하므로 사마디가 나올 수 없다.

다시 사마디의 고요한 마음이 아니면 존재의 있되 공한 진실을 진실 그대로 알지 못한다.

이렇게 보면 계가 모든 공덕의 뿌리이며 지혜의 산실이니, 몸과 입과 뜻의 업을 함부로 놓아 지내서는 안 된다. 계와 선정이 지혜를 보살펴 내고, 지혜의 비춤이 모습에서 모습 떠나 지혜인 사마디[卽慧之定]를 이루어내며, 모습 없음에 머묾 없는 사마디인 지혜[卽定之慧]가 다시 바른 몸가짐과 해탈의 행을 일으켜내니, 무엇이 앞이고 무엇이 뒤인가.

『화엄경』(「초발심공덕품」) 또한 때묻음 없는 범행, 넓고 큰 마음의 행을 잘 닦을 때 일체지(一切智, sarvajna)가 성취됨을 다음과 같이 보인다.

갖가지로 묘한 공덕 사유하여서
위없는 으뜸의 업 잘 닦으면
모든 빼어난 행 늘 버리지 않고
나고 사라지는 법 오롯이 생각해
온갖 것 아는 지혜 이루게 되리.

種種思惟妙功德　善修無上第一業
於諸勝行恒不捨　專念生滅一切智

계율 지니면 바른 법이 일어나고
사람들은 좋은 곳에 가서 나리니

이와 같이 들었다.

그때에 붇다께서는 슈라바스티 국 제타 숲 '외로운 이 돕는 장자의 동산'에 계시면서 비구들에게 말씀하셨다.

"때로 왕의 위엄이 두루하지 않으면 도적이 다투어 일어나고, 도적이 다투어 일어나면 마을의 집이나 성읍의 사람들은 모두다 없어지고 사라지게 될 것이다.

때로 배고파 주림을 만나면 목숨을 마치는 이도 있으니, 만약 그 중생이 배고파 주림을 만나 목숨을 마치면 그들은 모두 세 가지 나쁜 세계에 떨어질 것이다.

지금 이 정진하는 비구 또한 다시 이와 같다.

만약 계를 지님이 줄고 적어지면 그때에는 나쁜 비구가 다투어 일어나고, 나쁜 비구가 이미 다투어 일어나 나쁜 짓 하면 바른 법은 차츰 시들고 그른 법을 더욱 늘릴 것이다.

그렇게 그른 법이 이미 늘어나면 그 가운데 중생들은 모두 세 가지 나쁜 세계에 떨어질 것이다.

또 만약 때로 왕의 위엄이 멀리 떨치면 도적은 곧 숨을 것이요, 왕의 위엄이 멀리 떨치면 도시나 마을의 사람들은 불꽃처럼 일어날 것이다.

지금 이 정진하는 비구 또한 다시 이와 같다.

만약 계 지님을 온전히 갖추면 그때에는 계율을 범하는 비구는 차츰 시들어, 바른 법은 일어나 융성하고 그른 법은 시들 것이다.

그러면 그 가운데 중생들은 목숨을 마친 뒤에는 모두 하늘위와 사람 가운데 날 것이다. 그러니 비구들이여, 계율 갖출 것을 생각하여 바른 몸가짐과 예절을 빠뜨리거나 줄어들지 않도록 해야 한다.

이와 같이 비구들이여, 반드시 이렇게 배워야 한다."

그때에 여러 비구들은 붇다의 말씀을 듣고 기뻐하며 받들어 행하였다.

• 증일아함 51 비상품(非常品) 五

• 해설 •

계행은 법신인 반야의 작용이 되지만 실천의 원인[因行]에서 보면 계의 그릇이 다시 선정의 물을 새지 않게 하고 지혜의 달이 비치게 한다.

몸가짐을 바르게 하는 계법[攝律儀戒]은 계 지키는 한 개인으로 하여금 몸가짐이 단정하고 말과 뜻이 바른 건강한 인품을 이루게 한다. 또한 중생을 거두어 요익되게 하는 바른 사회적 실천행[攝衆生戒]은 한 공동체가 건강하게 자기질서를 유지하며 함께 사는 구성원이 서로 돕고 서로의 성장을 보장하는 건전한 사회를 이루게 할 것이다.

붇다의 상가 또한 계법이 온전히 지켜짐으로 해서 상가가 선정과 지혜의 집단이 되는 것이며, 위아래의 질서와 서로 사이의 화합이 이루어져 진리의 공동체로 이 세간에 전승되고 유지되는 것이다.

계법을 지키지 않으면 그 비구는 바른 법을 지키지 못하고 탐욕과 번뇌에 시달리는 비구가 될 것이며, 상가 또한 궁핍의 세간 속에 복밭이 되지 못하고 오탁의 역사 속에 진리의 깃발이 되지 못하며, 고통바다 헤메는 중생을 건질 해탈의 나룻배가 되지 못할 것이다.

바른 지혜와 바른 계법으로 삶의 청정을 이루면 스스로 해탈의 도를 이루고 이웃과 함께하는 뭇 사람들을 기쁘게 하며, 위없는 보디에 머물러 중생에게 법의 못[法池]이 된다.

『화엄경』(「십회향품」)은 이렇게 말한다.

> 온갖 업이 늘 고요하고 청정한
> 저 보디사트바 세간에 머물되
> 안과 밖의 온갖 법을 집착 않으니
> 바람이 허공을 가되 걸림 없듯이
> 마하사트바 마음씀 또한 그러하네.
>
> 彼諸菩薩處於世 不著內外一切法
> 如風無礙行於空 大士用心亦復然
>
> 중생에게 있는 몸의 업 청정하면
> 온갖 언어에 허물과 잃음이 없어
> 마음은 늘 여래를 향해 돌아가
> 모든 붇다들을 다 기쁘게 하리.
>
> 所有身業皆清淨 一切語言無過失
> 心常歸向於如來 能令諸佛悉歡喜
>
> 마음이 늘 청정해 허물 떠나면
> 두려움 없이 세간에 널리 들어가
> 여래의 위없는 도에 이미 머물러
> 다시 삼계 속 큰 법의 못이 되리.
>
> 心常清淨離諸失 普入世間無所畏
> 已住如來無上道 復爲三有大法池

바른 계와 지혜의 공덕이 잘 늙음에 이르게 하니

이와 같이 내가 들었다.

한때 붓다께서는 슈라바스티 국 제타 숲 '외로운 이 돕는 장자의 동산'에 계셨다. 어떤 하늘사람이 얼굴 모습이 아주 아름다웠는데, 그는 새벽에 붓다 계신 곳에 와 그 발에 머리를 대 절하였다.

그때 그의 몸의 여러 밝은 빛이 제타 숲 '외로운 이 돕는 장자의 동산'을 두루 비추었다.

때에 그 하늘사람은 게송으로 붓다께 여쭈었다.

　어떻게 잘 늙음에 이르게 되며
　어떻게 잘 바른 행 세워내며
　어떤 것이 사람의 보배가 되고
　어떤 것을 도적이 빼앗지 못합니까.

그때에 세존께서는 게송으로 대답하셨다.

　바른 계로 잘 늙음에 이르게 되며
　깨끗한 믿음이 행을 잘 세워내며
　지혜가 사람들의 보배가 되고
　공덕은 도적이 빼앗지 못하네.

때에 그 하늘사람은 다시 게송으로 말하였다.

오래도록 브라마나 보아왔더니
온전한 니르바나 얻으셨어라.
온갖 두려움을 모두 이미 벗어나
길이 세간 은혜 애착 뛰어나셨네.

그 하늘사람은 붇다의 말씀을 듣고 기뻐하고 따라 기뻐하면서, 붇다 발에 머리를 대 절하고 이내 사라져 나타나지 않았다.

• 잡아함 1015 지계지로경(持戒至老經)

• 해설 •

계행으로 바른 몸가짐을 지니지 못하고 말과 뜻을 보살피지 못하면 그 삶에 좋은 이름이 들리지 못하고 추하게 늙음을 맞이하게 된다.

그러므로 잘 늙음에 이르려는 이, 계행을 지니어 몸과 입과 뜻을 깨끗이 보살펴야 한다.

계로 인해 선정이 나고 계로 인해 지혜가 나며 지혜일 때 무너짐 없는 진리의 바탕[眞實際]에 돌아간다.

진리의 바탕 그 가운데 있는 다함없는 공덕과 법의 재물은, 모습에 모습 없는 법의 공덕이므로 죽음이 앗아가지 못하고 도적이 빼앗지 못하며 하늘이 덮지 못하고 땅이 싣지 못한다.

그 공덕을 등지면 범부라 하고, 그 공덕의 진실을 믿고 공덕의 땅에 나아가는 이가 보디사트바이며, 그 공덕을 온전히 쓰되 법신의 고요함을 떠나지 않는 이가 위없는 스승[anuttara, 無上士] 붇다이시다.

계를 잘 지니어 여래를 따라 진여의 바다[眞如海]에 들어가는 이의 공덕을 그 누가 깨뜨리며 앗아갈 것인가.

재물 바라서 집을 나온 사문의 모습
늙은 소가 꼬리 끄는 것 같아라

이와 같이 내가 들었다.

한때 붓다께서는 슈라바스티 국 제타 숲 '외로운 이 돕는 장자의 동산'에 계셨다.

때에 많은 비구들은 코살라 국 사람사이 한 숲 가운데 머물렀다.

그들은 떠들고 노닥거리며 날이 다하도록 어지럽게 흩어져 마음이 안정하지 못하고, 여러 아는 뿌리의 문[諸根門]을 함부로 놓아 여섯 경계에 치달리고 있었다.

바른 계행 거두지 못하는 비구대중을 하늘신이 나무람

때에 그 숲속에 살던 하늘신이 이 비구들이 바른 몸가짐[律儀]을 거두지 못하는 것을 보고 마음이 즐겁지 못해 게를 말하였다.

여기 이곳엔 먼저 고타마의
바르게 사는 제자 무리들이 있어
덧없음의 마음으로 밥을 빌고
덧없음으로 평상과 자리끼 받고
세간의 덧없음을 살피기 때문에
괴로움의 끝 마쳐 다함 얻었네.

이제 아주 기르기 어려운 무리들
그 사문들이 머물러 살고 있으며
곳곳에서 먹을거리를 구하려고
남의 집을 널리 두루 돌아다니네.

재물을 바라 집을 나왔으므로
참된 사문의 바른 뜻이 없으니
상가티를 몸에 걸쳐 늘어뜨린 것
늙은 소가 꼬리를 끄는 것 같네.

그때에 비구가 하늘신에게 말하였다.
"그대는 우리들을 미워하려 하오."

비구들이 하늘신의 깨우침 듣고 정진해 아라한을 이룸
때에 그 하늘신이 다시 게송을 말하였다.

그 족성과 이름 가리킴 아니고
또한 어떤 사람 일컬음도 아니네.
저 흐트러진 대중 모두를 향해
그 옳지 않은 이를 말한 것이네.

성글게 흘리는 모습 나투는 이들
방편으로 그 허물 말한 것이니
부지런히 닦아 정진하는 이들은

귀의하여 공경히 모셔 절하네.

　그 여러 비구들은 하늘신의 권함을 받은 뒤에, 사유에 오롯이 정
진하여 모든 번뇌를 끊고 아라한을 얻었다.

　• 잡아함 1343 종근문경(縱根門經)

　• 해설 •

　선정과 지혜 닦지 않고 떼지어 다니며 밥을 빌고 먹을 것 구하는 비구대
중의 모습을 보고, 보는 사람들이 얼굴 찡그리면 어찌 하늘신인들 꾸짖지
않겠는가.

　단정히 앉아 말 없이 사마디 닦고 입을 열면 거룩한 법을 말하는 상가대
중이라면 사람이 기뻐하고 날짐승·길짐승도 공경하는데 어찌 저 하늘신들
이 기뻐하고 공경하지 않겠는가.

　거룩한 침묵과 여래의 법 설함으로 살아가는 수행자가 사마디를 닦으면
하늘신도 합장하고 서서 그 닦는 힘을 거들어 더욱 북돋워주고, 법을 설하
면 하늘[deva, 天]과 용[nāgā, 龍], 간다르바·아수라까지 고요히 귀 기울여
그 법 들으리라.

3) 인욕 파라미타

• 이끄는 글 •

우리가 사는 이 중생의 세간은 늘 사람 사이의 다툼이 있고 어려움이 있으며 욕된 경계가 밀어닥치므로 사바세계라 하니, 사바(sabhā)란 견디고 참음[堪忍]이다.

참음은 안으로 성냄과 원한이 일어나는 것을 참아[生忍] 나지 않게 함과, 밖으로 고통을 주는 법을 알아 추위·더위·목마름·배고픔들을 참음[法忍]이 있다.

참아야 할 경계가 실로 있지 않음을 알아 참으면 참된 참음이 없으니, 이것이 참된 법의 참음[法忍, dharma-kṣānti]이고, 남이 없는 법의 참음[無生法忍]이다.

『법계차제초문』은 욕됨 참음을 다음과 같이 말한다.

> 셋째는 찬티파라미타이니, '찬티'(kṣānti)는 여기 말로 '욕됨을 참음'[忍辱]이다. 안의 마음이 바깥의 욕된 경계를 편안히 참을 수 있으므로 인욕이라 한다. 인욕에는 두 가지가 있다. 하나는 '나는 것을 참음'[生忍]이고, 둘은 '법을 참음'[法忍]이다.
>
> 무엇을 '나는 것을 참음'이라 하는가? 나는 것을 참음에도 두 가지가 있다.
>
> 하나는 공경하고 공양하는 가운데 잘 참아서 집착하지 않고 교

만함을 내지 않음이다.

둘째는 꾸짖고 화내고 때리고 해치는 가운데 잘 참아서 성냄과 원한·괴로움을 내지 않는 것이다. 이것이 '나는 것을 참음'이다.

무엇이 법을 참음인가? 법을 참음에 두 가지가 있다.

첫째는 마음의 법이 아닌 것[非心法]이니, 곧 춥고 덥고 비오고 바람 불고 배고프고 목마르며 병들고 늙고 죽는 것 등을 말한다.

둘째는 마음의 법[心法]이니, 성내고 근심하고 시름하며 의심하고 음욕과 교만을 냄과 여러 삿된 견해 등이다.

보디사트바는 이 두 법에 대하여 잘 참아 움직이지 않으니, 이를 '법을 참음'이라 한다.

보디사트바는 바탕이 곧고 깨끗한 마음으로 이 두 가지 참음을 닦으니 이것이 '찬티'이다.

파라미타는 이름을 옮기면 앞과 같다. 만약 보디사트바가 찬티 가운데 머물러 다섯 마음[五種心]을 갖추어 닦으면 이때 찬티를 파라미타라 한다. 무엇이 다섯인가.

첫째 '참음의 실상을 아는 것'[知忍實相]이니, 비록 참는 마음 [能忍心]과 욕된 일[所辱事]은 (실체가 없어) 얻을 수 없으나, 안의 나는 것과 밖의 법 두 가지 욕된 경계를, 따라 마주하여 마음이 잘 참아 움직이지 않는 것이다.

나머지 자비의 마음을 일으킴, 원을 냄[發願], 회향, 방편을 갖춤 등 네 가지 마음은 다나파라미타 가운데서 분별한 것과 같다.

보디사트바가 만약 이 다섯 마음을 갖추어 닦아 참는 일을 따라 원인의 행[因行] 가운데서 과덕을 말할 수 있게 되면, 파라미타의 세 가지 뜻[三義]을 갖추게 된다.

이런 까닭에 보디사트바가 욕됨 참음을 닦으면 바로 찬티파라미타(kṣānti-pāramitā)를 행함이라 한다. 만약 위없는 보디의 깨달음의 과덕에 이르면 바야흐로 이 '찬티파라미타를 갖추어 이룬 것'이다.

화내는 마음을 억지로 참으면 욕됨 참음이 아니다. 참는바 욕된 경계가 실로 얻을 것이 없음을 알아서 참는 마음 실로 낼 것이 없음을 알 때가 참된 법의 참음이 되고 남이 없는 법인[無生法忍]이 된다.
　또한 남이 없는 법인일 때 욕됨을 참는 실천의 걸음 가운데서 세 가지 해탈의 문[三解脫門]을 말하고 니르바나의 덕을 말할 수 있게 되니, 이것이 원인의 행 가운데서 과덕을 말할 수 있음[因中說果]이다.
　『마하지관』은 다음과 같이 말한다.

　위와 같이 계를 닦아도 니르바나에 들어가지 못하면 반드시 다시 이 여러 실천법에 각기 생각의 뿌리[念根]·생각의 힘[念力]·생각의 깨달음 법[念覺分]·바른 생각[正念] 등이 있음을 사유해야 한다.
　이것이 곧 참음의 뜻으로 찬티파라미타에 거두어진다.
　만약 인연으로 남[因緣生]을 말하는 삼장교의 바른 생각 등이라면 이는 '눌러서 참음'[伏忍]이다.
　나되 남이 없음[生而無生]을 보이는 통교의 바른 생각 등이라면 이것은 '부드럽게 따르는 참음'[柔順忍]이다.
　남이 없되 남[無生而生]을 보이는 별교의 바른 생각 등이라면 이는 '남이 없는 참음'[無生忍]이다.
　나되 남이 없음과 남이 없이 남이 모두 없음[無生無生]을 보이는 원교의 바른 생각 등이라면 이는 '고요함의 참음'[寂滅忍]이다.

만약 어떤 사람이 생각의 힘이 곧고 강하면 성냄의 적이 들어오지 못하는 것이다. 그런데 들어온다면 바르게 생각함이 없거나 생각하는 힘이 강하지 못해 성냄의 가림[瞋蔽]이 일어나게 되는 것이다.

금세에 일어난 것이거나 앞세상에서 일어난 것이기도 하며, 이는 행을 같이하는 선지식[同行善知識]·밖에서 보살피는 선지식[外護善知識]에 대해 성냄이거나 또는 현재의 일[現事]에 성냄이며, 옛날의 미움을 따라 생각함이기도 하다.

어떤 때 처음 일어남이 자잘하기도 하고 어떤 때는 크게 솟아오르기도 하는데, 만약 성냄의 독을 함부로 놓아두면 공덕을 기울여 쓸어 없애 남음이 없게 될 것이다.

설사 성냄이 스스로 있지 않다[不自在] 해도 뱀이 자기 꼬리를 씹는 것과 같이 성냄이 백천 법문을 가로막을 수 있으니, 어찌 함부로 놓아두어 꾸짖지 않을 수 있겠는가.

반드시 이는 다만 이해하기만 하고 참는 힘이 없기 때문임을 알아야 한다. 이미 알고서는 깊이 바꾸어 뉘우치는 마음을 내고 큰 서원을 일으켜야 한다. 낮춤[卑]을 강이나 바다처럼 하면 더럽고 흐린 것들이 다 돌아가게 되고, 굽힘[屈]을 다리처럼 하면 사람과 말들이 밟고 지나간다.

반드시 힘들고 괴로움을 참아내면 마치 화살받이 나무가 뭇 화살이 쏟아져 와도 원한이 없는 것과 같을 것이다. 이는 마치 푸르나(Pūrṇa) 존자가 서방으로 교화를 떠나며, '욕설을 받게 되면 손찌검 받지 않은 것을 기뻐하고, 칼을 맞으면 빨리 니르바나에 든 것을 기뻐하겠다'고 함과 같을 것이다.

아무 까닭이 없이 괴롭힘을 받아도 참음의 힘이 더욱 성해지면 마치 쇠를 닦고 거울을 가는 것과 같을 것이다.

욕됨을 참는 선인은 강한 욕됨이나 부드러운 욕됨에 모두 편안하여 스스로 참고 남을 교화한다.

법을 찬탄하고 찬탄하는 이를 찬탄하는 자는 큰 다짐을 움직이지 않게 하고, 붇다의 이름을 불러 증명을 삼고 건져줌을 삼아, 붇다께서 참음의 빛[忍光]을 놓아주면 과거·현재 두 세상의 성냄의 장애와 무거운 죄가 녹아 없어진다. 그리하여 사법과 진리의 참음에 모든 생각[諸念]이 서로 응하게 되어 모든 거스르는 경계에서 참는 힘이 성취된다.

이것이 구체적인 일 가운데서 참는 사법의 기름[事油]이 도의 밝음[道明]을 도와 늘어나게 하는 것이다.

천태선사에 의하면 진리를 살펴 남이 없는 법인[無生法忍]을 뜻으로 이해한다고 해도, 구체적 욕됨의 경계에서 참음의 힘이 강하지 못하면 참음이 파라미타로서의 참음이 되지 못한다.

바다처럼 마음을 낮추면 더럽고 깨끗한 뭇 시냇물이 다 돌아가 한 맛되고, 다리처럼 그 몸을 굽히면 사람과 말이 다 의지해 걸어가게 될 것이다.

일상의 생각생각[諸念]이 사법의 참는 경계와 진리의 참음에 모두 응해야, 참음의 힘이 기름처럼 도의 빛[道明]을 더욱 밝게 해서, 니르바나의 원인이 되는 참음의 파라미타 가운데서 니르바나 과덕의 공덕을 말할 수 있게 되는 것이다.

비구들이여, 남의 뉘우침 받아주지 않고서
성냄에 머물러 있지 말라

이와 같이 내가 들었다.

한때 붓다께서는 슈라바스티 국 제타 숲 '외로운 이 돕는 장자의 동산'에 계셨다.

그때에 세존께서는 이른 아침에 가사를 입고 발우를 가지고 슈라바스티 성에 들어가 밥을 비셨다.

밥 빌기를 마치고 정사에 돌아와 가사와 발우를 거두어 들고 발을 씻은 뒤에 니시다나를 들어 오른 어깨에 메고 안다 숲으로 들어가, 니시다나를 펴고 한 나무 밑에 앉아 낮 사마디에 드셨다.

그때에 제타 동산에서 두 비구가 서로 다투었는데, 한 사람이 꾸짖어도 한 사람은 잠자코 있었다. 그 꾸짖던 사람은 곧 뉘우치고 그에게 사과하였다. 그런데도 그 비구는 그 뉘우침을 받아주지 않았다. 그 뉘우침을 받아주지 않기 때문에 정사 가운데 많은 비구들이 서로 같이 권하고 말리느라 높은 소리를 내 시끄러웠다.

싸운 뒤 사과를 받아들이지 않는 비구의 허물을 꾸중하심

그때에 세존께서는 사람 귀보다 뛰어난 깨끗한 하늘귀로써 제타 동산의 시끄럽고 높은 소리를 들으셨다.

그 소리를 듣고 선정에서 깨어나 정사에 돌아가 대중 앞에 자리를 펴고 앉아 비구들에게 말씀하셨다.

"나는 오늘 이른 아침에 밥을 빌고 돌아와 안다 숲으로 들어가 낮 사마디에 들었다가, 정사 가운데서 높고 큰 소리로 어지럽고 시끄럽게 떠드는 것을 들었다. 그것은 누구냐."

비구들은 말씀드렸다.

"이 정사 가운데서 두 비구가 서로 다투었는데, 한 비구는 꾸짖었으나 한 비구는 잠자코 있었습니다. 그래서 꾸짖던 비구는 이내 뉘우치고 사과하였으나, 그가 받아주지 않았기 때문에, 여러 사람들이 권하고 말리느라 크고 높은 소리를 내어 시끄러웠습니다."

붇다께서는 말씀하셨다.

"그 어떤 비구가 어리석게도 남이 뉘우치고 사과하는데 그것을 받아주지 않았는가. 남이 뉘우치는 것을 받아주지 않으면 그는 어리석은 사람이다. 그는 긴 밤 동안에 이익되지 않는 괴로움을 받을 것이다."

인드라하늘왕의 보기를 들어 욕됨 참음의 행을 보이심

"비구들이여, 지난 세상에 인드라하늘왕 카우시카는 서른세하늘들이 같이 다투었을 때 게송으로써 가르치고 깨우쳐 말하였다.

남에게 대해 해칠 마음 없으면
성냄 또한 얽매어 묶지 못하니
원한을 품어 오래 지내지 말고
성냄에 머물러 있지 말아라.

비록 다시 성내는 마음 치밀어도
거친 말로 그것을 뱉어내지 말고

그 사람의 흠집을 열어 제쳐서
남의 단점 빈틈을 들추지 말며
늘 스스로를 잘 막아 보살펴서
바른 뜻으로 안을 살펴보아라.

성내지 않고 또한 해침이 없이
언제나 현성들과 함께 하여라.
만약 악한 사람과 함께 있으면
모질고 굳셈 산의 돌과 같으리.

화 치밀어도 스스로 누를 수 있으면
풀려 달리는 마차를 누름과 같네.
나는 이를 말을 잘 몬다고 말하니
고삐 잡은 이를 말하는 것 아니네.

붇다께서는 비구들에게 말씀하셨다.

"인드라하늘의 카우시카는 서른세하늘의 자재한 왕이 되었어도, 늘 욕됨 참음을 행하고, 또 참음 행하는 이를 찬탄하였다.

너희들 비구들은 바른 믿음으로 집 아닌 데로 집을 나와 도를 배운다. 그러니 언제나 욕됨 참음을 행하고 또 참는 이를 찬탄해야 한다. 반드시 이렇게 배워야 한다."

붇다께서 이 경을 말씀하시자, 여러 비구들은 그 말씀을 듣고 기뻐하며 받들어 행하였다.

• 잡아함 1108 득안경(得眼經)

서로 다툴 때 남의 꾸짖음 듣고서 대꾸하지 않았으니, 그 비구는 싸울 때는 성냄을 눌러 참았으나 꾸짖던 비구의 사과를 받아들이지 않으니, 마음속 깊이 원한과 성냄이 남아 있는 것이다.

마음속에 원한의 마음 풀지 않으니 그가 어찌 참으로 욕됨 참은 이라 하겠는가.

세존께서 보기로 들어보인 인드라하늘왕은 욕됨 참음의 공덕으로 하늘왕이 된 것이리라.

욕됨을 참고 솟구치는 화를 잘 참는 이가 말을 잘 모는 이이니, 세간에서 가장 잘 말을 모는 장부는 붇다 세존이시다. 그러므로 세존을 세간의 영웅[世雄]이라 하고 잘 고루어 다루는 장부[調御丈夫]라고 이름하는 것이다.

『화엄경』(「십행품」)은 세존의 인욕행을 따라 해탈의 저 언덕에 가려는 보디사트바의 행을 이렇게 가르친다.

참는 힘 부지런히 닦아 저 언덕 이르르니
참을 수 있음이 가장 빼어나 고요한 법이네.
그 마음이 평등해 움직여 흔들리지 않으니
이는 끝없는 지혜 갖춘 이가 행하는 도이네.

忍力勤修到彼岸　能忍最勝寂滅法
其心平等不動搖　此無邊智所行道

중생의 온갖 상황 조건들 다 살피어
먼저 그들 뜻 보살펴 다툼 없게 하고
널리 중생에게 안온한 곳을 보이니
이는 방편 갖춘 이가 행하는 도이네.

一切機緣悉觀察　先護彼意令無諍
普示衆生安隱處　此方便者所行道

영가선사 또한 늘 선정 속에서 욕됨 참는 보디사트바행을 다음과 같이 노래한다.

남의 헐뜯음에 그대로 따르고
남의 그르다 함 그대로 맡김이여
횃불 잡아 하늘 태우듯 스스로 지치리.
비방 들음을 단이슬 마시듯이 하면
모두 녹여 부사의함에 단박 들리라.

從他謗 任他非 把火燒天徒自疲
我聞恰似飮甘露 銷融頓入不思議

남의 욕설이 공덕이라 살피면
이것이 곧 나에게 선지식이 되리라.
비방함으로 원수 친함 내지 않으면
남이 없는 자비와 참음의 힘을
어찌 따로 나타내 보일 것인가.

觀惡言 是功德 此卽成吾善知識
不因訕謗起寃親 何表無生慈忍力

비구들이여, 원한으로는 원한이 쉬지 않나니

이와 같이 들었다.

한때 붇다께서는 카우삼비 국의 고실라라마 동산에 계셨다.

그때에 카우삼비 비구는 늘 싸워 다툼을 좋아하여 여러 악행을 범하고, 얼굴 맞대고 따져 말하며 때로 칼이나 막대기를 휘둘렀다.

그때 세존께서는 맑은 아침에 그 비구 있는 곳에 가셨다. 그곳에 이르러서 세존께서 여러 비구들에게 말씀하셨다.

"너희 비구들은 부디 싸워서 다투지 말고 서로 시비하지 말라.

여러 비구들이여, 같이 어울려 하나되어야 한다. 한 스승을 같이 섬기는 벗으로, 물과 젖처럼 하나되어야 하는데, 왜 싸워 다투느냐?"

그때 카우삼비 비구가 말씀드렸다.

"세존께서는 이런 일에 걱정하지 마시길 바랍니다. 저도 이런 도리를 스스로 걱정하고 이런 허물에 그 죄를 잘 알고 있습니다."

세존께서는 말씀하셨다.

"너희들은 어떠냐, 왕을 위해 도를 행하느냐. 누구를 두려워해서 도를 행하느냐, 세상이 험하기 때문에 도를 행하느냐."

여러 비구들은 대답했다.

"아닙니다, 세존이시여."

세존께서는 말씀하셨다.

"너희들은 어찌 나고 죽음을 떠나 함이 없는 도를 구하려 하기 때문에 도를 행함이 아니겠는가. 그러나 다섯 쌓임의 몸[五陰之身]은 참으로 보전할 수 없는 것이다."

여러 비구들이 대답했다.

"그렇습니다, 세존이시여. 세존의 말씀대로라면 저희 좋은 종족의 사람들이 집을 떠나 도를 배우는 것은 함이 없는 도를 구해 다섯 쌓임의 몸을 없애려 해서 이 때문에 도를 배웁니다."

세존께서는 말씀하셨다.

"여러 비구들이여, 도를 행하면서 서로 다투지 말라.

주먹으로 치지도 말고 얼굴 맞대 시비하지 말고, 모진 소리로 서로 욕하지 마라. 너희들은 반드시 이 행을 성취하여 한 법을 같이하고 한 스승을 같이해서 배워야 한다.

이 여섯 가지 법을 행하고 몸과 입과 뜻의 행을 행하고 여러 범행을 닦는 이에게 공양을 행해야 한다."

여러 비구들이 대답했다.

"그것은 저희들의 일입니다. 세존께서 이런 일을 걱정하시지 않아도 됩니다."

세존께서는 카우삼비 비구에게 말씀하셨다.

"어찌하여 이 어리석은 사람들아, 너희들은 여래의 말을 믿지 않느냐. 그래서 '여래께서는 이런 일 걱정하지 마십시오'라고 말하는 것이다. 그러니 너희들은 스스로 그 삿된 견해의 갚음을 받을 것이다."

싸움 좋아하는 카우삼비 비구를 꾸짖으시고, 옛 '긴 목숨 왕'의 인욕행을 보이심

세존께서 그 비구에게 거듭 말씀하셨다.

"지나간 오래고 먼 옛날, 이 슈라바스티 성에 왕이 있었는데, 이름을 '긴 목숨 왕'[長壽王]이라 하였다. 그는 총명하고 지혜로워 알지 못하는 일이 없었고, 게다가 칼 쓰는 법에 밝았다.

그러나 보물이 모자라 곳간이 차는 일이 없었고 재물은 줄어들었으며, 네 가지 군사도 다시 많지 않았고 신하와 돕는 이들이 자꾸 줄어들었다.

그때에 바라나시 국에는 왕이 있었는데 브라흐마닷타라고 하였다. 그는 용맹스럽고 아주 건강하여 항복하지 않음이 없었고, 돈과 재물, 일곱 보배가 곳간에 가득했으며, 네 가지 군사도 모자라지 않았고, 신하와 돕는 이들도 많았다.

그때에 그는 생각하였다.

'저 긴 목숨 왕은 신하와 돕는 이들도 없고 재물도 모자라며 진기한 보물도 없다. 나는 지금 가서 그 나라를 치겠다.'

그때 브라흐마닷타는 곧 군사를 일으켜 그 나라를 가서 쳤다.

긴 목숨 왕은 브라흐마닷타가 군사를 일으켜 그 나라를 치러 온다는 말을 듣고 곧 이렇게 방침[方計]을 세웠다.

'나는 지금 비록 일곱 가지 보배와 신하와 돕는 이들과 네 가지 군사가 없고, 저 왕은 비록 군사가 많지만, 지금 나는 한 사람의 힘[一夫之功]으로도 저 많은 군대를 쳐부수어 헤아릴 수 없는 중생을 죽일 수 있다. 그러나 한 세상의 영화를 위해 긴 세상[永世]의 죄를 지을 수는 없다.

내가 지금 이 성을 나와 다른 나라로 가서 살아, 싸워 다툼이 없게 하는 것이 좋겠다.'"

긴 목숨 왕은 쳐들어온 바라나시 왕을 대적치 않고 깊은 산속으로 들어감

"그때에 긴 목숨 왕은 신하와 돕는 이들에게 알리지 않고, 첫째 부인과 한 사람만을 데리고 슈라바스티 성을 나와 깊은 산속으로 들어갔다.

그때에 슈라바스티 성의 신하와 돕는 이들과 주민들은 긴 목숨 왕이 보이지 않자 곧 사신을 보내 브라흐마닷타 왕에게 이렇게 말하도록 했다.

'대왕께서 이 땅에 오시기를 바랍니다. 지금 긴 목숨 왕은 어디 있는지를 모르겠습니다.'

그래서 브라흐마닷타 왕은 '카시'로 와서 그 나라를 다스렸다.

그때에 긴 목숨 왕의 둘째 부인은 아이를 배어 곧 낳을 때가 되었다. 이 무렵 그 부인은 이렇게 꿈을 꾸었다.

'슈라바스티 성에서 아이를 낳는데, 해가 뜰 때에 네 가지 군사가 모두 손에 다섯 자 되는 칼을 들고 둘러싸고 있었다. 그 가운데서 홀로 아이를 낳아도 아무도 돕는 사람이 없었다.'

이런 꿈의 모습을 보고 놀라 깨어나 이런 인연을 긴 목숨 왕에게 말씀드렸다.

왕은 부인에게 말하였다.

'나는 지금 이 깊은 산속에 있소. 무슨 까닭으로 저 슈라바스티 성안 도시 가운데서 아이를 낳겠소. 그대가 지금 낳고자 하면 사슴처

럼 낳게 될 것이오.'

부인은 말하였다.

'만약 제가 이렇게 낳지 못하면 바로 죽을 것입니다.'

긴 목숨 왕은 이때 이 말을 듣고서는 곧 그날 밤에 옷을 갈아입고 사람을 데리지 않고 슈라바스티 성으로 들어갔다.

때에 긴 목숨 왕에게는 한 신하가 있어 선화(善華)라고 하였는데, 그는 작은 볼일이 있어 성을 나오다가, 성으로 들어오는 긴 목숨 왕을 보았다. 그 선화 대신은 왕을 그윽이 보다가 못 본 채 버려두고 갔다. 그러고는 한숨 쉬고 눈물을 흘리면서 오던 길을 돌아서 갔다.

왕은 대신을 좇아가다가 가려진 곳에 이르러 말하였다.

'부디 입 밖에 내지 말라.'

대신은 대답하였다.

'대왕의 분부대로 하겠습니다. 대왕께서는 무슨 분부가 있으십니까.'

왕은 말하였다.

'나의 옛 은혜를 생각해주면 좋은 갚음이 있을 것이다.'

'대왕이여, 무엇이나 시키시면 저는 그대로 하겠습니다.'

긴 목숨 왕이 말했다.

'내 부인이 어젯밤 꿈에 성안에서 아이를 낳았다. 또 네 가지 군사가 둘러쌌는데 매우 단정한 사내아이를 낳았다. 만약 꿈대로 낳지 못하면 이레 안에 목숨을 마치게 될 것이다.'

대신이 대답했다.

'저는 왕의 분부대로 그 일을 해내도록 하겠습니다.'

이렇게 말하고 각기 떠났다.

이때 대신은 브라흐마닷타 왕에게 가서 말하였다.

'이레 안으로 대왕의 군대인 코끼리군사·말군사·수레군사 및 걷는 병사가 얼마나 되는가를 보고 싶습니다.'

브라흐마닷타 왕은 곧 곁에 있는 신하들에게 명령하였다.

'바로 뛰어난 군사들을 재촉해 선화의 말대로 하라.'

선화 대신은 이레 안으로 곧 군사들을 모아 슈라바스티 성안에 두었다. 그 부인은 이레 안에 그 성으로 왔다. 그때 선화 대신은 멀리서 부인이 오는 것을 보고 말하였다.

'잘 오셨습니다, 어진 부인이여. 지금이 바로 그때입니다.'

때에 그 부인은 네 가지 군사들을 보고 기쁜 마음을 품고 좌우의 사람들에게 분부하여 큰 장막을 펼쳤다. 해 뜰 때가 되어 그 부인은 사내아이를 낳았다. 단정하기 세상에 짝이 없었다.

부인은 아기를 안고 산으로 돌아갔다.

긴 목숨 왕은 멀리 아기를 안고 오는 부인을 보고 말하였다.

'그 아이가 오래 살아 받는 목숨이 끝이 없어지이다.'

부인은 말하였다.

'왕께서 아기 이름을 지어주시길 바랍니다.'

왕은 곧 이름을 지어 '오래 사는 이'[長生]라고 하였다.

그때 '오래 사는 이' 태자는 나이가 여덟 살이 되어가고 있었다.

아버지 긴 목숨 왕이 작은 볼일이 있어 슈라바스티 성에 갔다.

그때에 긴 목숨 왕의 옛날 신하 겁비(劫比)는 성으로 들어오는 긴 목숨 왕을 만나자, 머리에서 발까지 깊이 보고는, 곧 브라흐마닷타 왕에게 가서 말하였다.

'대왕께서는 아주 방일하십니다. 지금 긴 목숨 왕이 이 성에 있습

니다.'

왕은 매우 성을 내어 곧 좌우 사람에게 명령하여 긴 목숨 왕을 빨리 잡아오도록 하였다.

그때 좌우의 대신들은 겁비를 데리고 가서 사방으로 찾았다. 때에 겁비는 멀리서 긴 목숨 왕을 보고 곧 눈으로 가리키며 대신들에게 말하였다.

'이 사람이 긴 목숨 왕이오.'

그들은 곧 나아가 긴 목숨 왕을 잡아 브라흐마닷타 왕 있는 곳에 가서 말했다.

'대왕이여, 긴 목숨 왕이 이 사람입니다.'

이 나라 백성들은 모두 긴 목숨 왕이 잡혔다는 말을 듣고 알았다. 때에 그 부인도 긴 목숨 왕이 브라흐마닷타 왕에게 붙잡혔다는 말을 듣고 생각하였다.

'나는 이제 살아서 무엇하겠는가. 차라리 대왕과 함께 목숨을 한 때에 같이하겠다.'

부인은 그 태자를 데리고 슈라바스티 성으로 들어가면서 태자에게 말하였다.

'너는 지금 다시 살길을 찾아라.'

오래 사는 이 태자는 그 말을 듣고도 잠자코 말하지 않았다. 그 부인은 곧장 브라흐마닷타 왕 있는 곳에 갔다. 왕은 그가 오는 것을 멀리서 보고 기뻐 뛰면서 스스로 이기지 못했다.

곧 대신들에게 명령하여 부인과 긴 목숨 왕을 끌고 네거리에 가서 몸을 네 동강이 내라고 하였다.

때에 여러 대신들은 왕의 명령을 받고 긴 목숨 왕과 부인을 데리고 가 몸을 뒤로 묶어 슈라바스티 성을 돌면서 만백성들이 모두 보게 하였다. 그때 백성들은 그것을 보고 마음으로 아파하지 않는 이가 없었다.

오래 사는 이 태자도 대중 가운데 있다가 그 부모를 저자에 끌고 가서 죽이려는 것을 보았다. 그러나 얼굴빛이 변하지 않았다."

긴 목숨 왕은 죽으면서 아들에게 원한으로 원한 갚지 말도록 당부함

"때에 긴 목숨 왕은 오래 사는 이 태자를 돌아보면서 말하였다.

'너는 남의 긴 것도 보지 말고 짧은 것도 보지 말라.'

곧 이 게송으로 말하였다.

원한으로는 원한이 쉬지 않나니
옛날부터 이러한 법이 있었다.
원한이 없으면 원한을 이기니
이 법은 끝내 없어지지 않는다.

때에 대신들은 서로 말했다.

'이 긴 목숨 왕은 아주 어리석고 미혹하다. 오래 사는 이 태자가 어떤 사람이기에 우리들 앞에서 그런 게송을 말하는가.'

그때 긴 목숨 왕은 그 신하들에게 말하였다.

'나는 어리석고 미혹하지 않다. 다만 이 가운데서 지혜로운 사람만이 내 말을 밝게 알 것이다. 여러 어진 이들이여, 알아야 한다. 내 한 사람의 힘으로도 이 백만 무리들을 깨뜨릴 수 있다.

그러나 나는 다시 생각하였다. 그렇게 되면 이 중생의 무리들로 죽은 자들이 셀 수 없을 것이다. 내 한몸 때문에 여러 세상을 거치며 죄를 받을 수는 없다.

  원한으로는 원한이 쉬지 않는다. 옛날부터 이러한 법이 있었다. 원한이 없으면 원한을 이기니, 이 법은 길이 없어지지 않는다.'

  때에 그 여러 신하들은 긴 목숨 왕과 그 부인을 끌고 네거리로 가서 몸을 네 동강이 낸 채 그대로 버려두고 제각기 있던 곳에 돌아갔다.

  오래 사는 이 태자는 해질녘 섶풀을 주워 모아 부모를 다비해드리고 떠났다.

  그때에 브라흐마닷타 왕은 높은 다락 위에서 어린아이가 긴 목숨 왕과 그 부인을 화장하는 것을 보고 좌우 신하들에게 명령하였다.

  '저 애는 반드시 긴 목숨 왕의 친척일 것이다. 너희들은 빨리 가서 잡아 오라.'

  그때 여러 신하들이 잡으러 갔는데, 채 이르기 전에 아이는 이미 달아났다.

  오래 사는 이 태자는 이렇게 생각하였다.

  '저 브라흐마닷타 왕은 우리 부모를 죽이고 또 우리나라에 살고 있다. 나는 지금 부모의 원수를 갚아야겠다.'

  오래 사는 이 태자는 곧 거문고 타는 이에게 가서 말하였다.

  '나는 지금 거문고 타기를 배우고 싶습니다.'

  거문고 타는 이는 물었다.

  '너의 성은 무엇이며, 부모는 어디 계시는가.'

  아이는 대답하였다.

  '내게는 부모가 없습니다. 나는 본래부터 이 슈라바스티 성에 살

았었는데 부모는 일찍 죽었습니다.'

거문고 타는 이는 대답했다.

'배우고 싶으면 배우라.'

비구들이여, 알아야 한다. 오래 사는 이 태자는 곧 거문고 타기와 노랫가락을 배웠다. 그는 원래 총명하여 며칠이 지나지 않아 거문고 타기와 노랫가락을 모르는 것이 없었다.

때에 오래 사는 이 태자는 거문고를 안고 브라흐마닷타 왕 있는 곳에 가서 코끼리 외양간에 있으며 아무도 없을 때에 홀로 거문고를 타면서 또 맑은 노래를 불렀다.

브라흐마닷타 왕은 높은 다락 위에서 거문고와 노랫소리를 듣고 곁의 사람들에게 물었다.

'이 어떤 사람이 코끼리 외양간에서 홀로 거문고를 타고 노래를 부르면서 노는가.'

신하는 대답하였다.

'이 슈라바스티 성에 사는 어떤 아이가 홀로 거문고를 타고 노래를 부르면서 놀고 있습니다.'

때에 왕은 시자에게 말하였다.

'너는 이 아이에게 명령하여 여기 와서 놀도록 하라. 나는 그것을 보고 싶다.'

그 시자는 곧 아이를 불러 왕 있는 곳으로 오게 하였다.

브라흐마닷타 왕은 아이에게 물었다.

'네가 어젯밤에 저 코끼리 외양간에서 거문고를 탔는가.'

'그렇습니다, 대왕이시여.'

브라흐마닷타 왕이 말했다.

'너는 지금 내 곁에 있으면서 거문고를 타면서 노래하고 춤추어라. 나는 너에게 입을 옷과 먹을거리를 대주겠다.'

비구들이여, 알아야 한다. 그때에 오래 사는 이 태자는 브라흐마닷타 왕 앞에서 거문고를 타면서 노래하고 춤추었는데, 그것은 매우 뛰어나고 아름다웠다.

그때 브라흐마닷타 왕은 거문고 소리를 듣고 아주 기쁜 마음을 품고 오래 사는 이 태자에게 말하였다.

'나와 같이 내 보물 곳간을 지켜야 한다.'

오래 사는 이 태자는 왕의 분부를 받은 뒤로는 한 번도 실수가 없었고, 늘 왕의 뜻을 따라 먼저 웃어 보이고 뒤에 말하여 늘 왕의 뜻을 알아차렸다.

그때 왕이 다시 명령하였다.

'뛰어나고 뛰어나다. 너는 사람됨이 아주 총명하다. 지금 다시 이 궁 안의 일을 분부하니 그럴 수 있겠느냐? 네가 이 일을 모두 알아하라.'

오래 사는 이 태자는 그때부터 궁 안에 있으면서 풍류하는 여인들에게 거문고를 가르치고, 또 코끼리와 말 타기를 가르쳐 알지 못하는 일이 없었다.

그때에 브라흐마닷타 왕은 동산으로 나가 서로 같이 즐겁게 놀고 싶어 오래 사는 이에게 명령하여 보배깃털로 만든 수레를 멍에 지워 차리라 하였다. 오래 사는 이 태자는 왕의 명령을 받고 곧 깃털로 만든 수레를 차리고, 금과 은으로 된 안장과 굴레를 코끼리에 씌웠다.

그는 왕에게 돌아와 말씀드렸다.

'수레를 꾸미어 차렸습니다. 왕은 때를 아십시오.'

브라흐마닷타 왕은 보배깃털로 만든 수레를 타고 오래 사는 이를 시켜 몰게 하고, 네 가지 군사를 거느렸다. 오래 사는 이 태자는 수레를 몰고 앞서 가면서 언제나 대중을 떠나 있었다.

왕은 물었다.

'지금 군사들은 어디 있는가.'

오래 사는 이 태자는 대답하였다.

'저 또한 군사들이 지금 어디 있는지 모르겠습니다.'

'잠깐 멈춰라. 내 몸이 몹시 피로하여 조금 쉬고 싶다.'

오래 사는 이 태자는 곧 수레를 멈추고 왕을 쉬게 하였다. 그 무렵 군사들은 아직 도착하지 않았다."

**오래 사는 이 태자는 무릎 위에 자는
브라흐마닷타 왕을 죽이지 않고 용서하여 왕과 화해함**

"비구들이여, 알아야 한다. 그때에 브라흐마닷타 왕은 곧 태자 무릎을 베고 잠이 들었다.

오래 사는 이 태자는 왕이 잠든 것을 보고 생각하였다.

'이 왕은 내게 큰 원수다. 내 부모를 죽이고 게다가 우리나라에서 산다. 지금 원수를 갚지 않으면 또 언제 갚겠는가. 나는 지금 이 목숨 뿌리를 끊겠다.'

태자는 오른손으로 칼을 빼고 왼손으로 그 머리카락을 잡았다.

그러다가 다시 생각하였다.

'아버지께서 목숨 마치실 때에 내게 이렇게 말씀했다.

〈오래 사는 이 태자야, 알아야 한다. 남의 긴 것도 보지 말고 짧은 것도 보지 말라.〉

다시 이 게송을 말씀했다.

원한으로는 원한이 쉬지 않나니
옛날부터 이러한 법이 있었다.
원한이 없으면 원한을 이기니
이 법은 끝내 없어지지 않는다.

나는 지금 이 원한을 버리겠다.'

그러고는 곧 칼을 도로 꽂았다. 이렇게 두 번 세 번 되풀이하다가 다시 생각하였다.

'이 왕은 내게 큰 원수다. 내 부모를 죽이고 게다가 우리나라에 산다. 지금 이 원수를 갚지 않으면 또 언제 원수를 갚겠는가. 내가 지금 바로 이 목숨뿌리를 끊어야 원수를 갚음이라 할 것이다.'

그때에 다시 기억해 생각했다.

'너 오래 사는 이 태자야, 남의 긴 것도 보지 말고 짧은 것도 보지 말라.'

또한 부왕에게는 이러한 당부가 있었다.

'〈원한으로는 원한이 쉬지 않나니, 옛날부터 이러한 법이 있었다. 원한이 없으면 원한을 이기니, 이 법은 끝내 없어지지 않는다.〉 나는 지금 이 원한을 버려야 한다.'

그는 곧 칼을 도로 꽂았다.

그때에 브라흐마닷타 왕은 긴 목숨 왕의 아들 오래 사는 이 태자가 자기를 잡아 죽이려는 꿈을 꾸고 몹시 놀라 이내 깨었다.

오래 사는 이 태자는 말하였다.

'대왕은 왜 이처럼 놀라 깨십니까.'

브라흐마닷타 왕은 대답하였다.

'아까 내가 잠을 자는데 꿈에 긴 목숨 왕의 아들 오래 사는 이 태자가 칼을 빼어 나를 죽이려고 하였다. 그 때문에 놀라 깨었다.'

오래 사는 이 태자는 생각하였다.

'지금 이 왕은 이미 내가 오래 사는 이 태자인 줄을 안다.'

곧 오른손으로 칼을 빼고 왼손으로 그 머리카락을 잡고 왕에게 말하였다.

'내가 바로 긴 목숨 왕의 아들 오래 사는 이 태자요. 왕은 내게 큰 원수요. 내 부모를 잡아 죽이고 게다가 우리나라에 살고 있소. 지금 원수를 갚지 않으면 언제 갚겠소.'

왕은 오래 사는 이에게 말하였다.

'지금 내 목숨은 네 손에 있다. 용서해 내 목숨 보전해주길 바란다.'

오래 사는 이가 대답했다.

'나는 왕을 살릴 수 있지만 왕은 내 목숨을 보전해주지 않을 것이오.'

왕이 오래 사는 이에게 말했다.

'나를 살려다오. 나는 결코 너를 죽이지 않을 것이다.'

이때에 오래 사는 이 태자와 왕은 서로 목숨을 살려 끝내 서로 해치지 않기를 다짐하였다.

비구들이여, 알아야 한다. 그때 오래 사는 이 태자는 왕을 살려주었다.

왕은 오래 사는 이에게 말하였다.

'태자는 도로 나를 위해 보배깃털 수레를 차려주길 바란다. 성으로 돌아가자.'

이때 태자는 보배깃털 수레를 차렸다. 두 사람은 함께 수레를 타고 곧장 슈라바스티 성으로 돌아왔다.

때에 브라흐마닷타 왕은 여러 신하를 모아 말하였다.

'만약 그대들이 긴 목숨 왕의 아들을 본다면 어떻게 하겠는가.'

그 가운데 어떤 대신이 대답하였다.

'팔다리를 끊겠습니다.'

다른 한 대신이 대답하였다.

'몸을 세 동강이 내겠습니다.'

또 다른 한 대신이 대답하였다.

'잡아 죽이겠습니다.'

오래 사는 이 태자는 왕 곁에 앉아 몸과 마음을 바로하고 다시 나올 말을 생각하고 있었다.

때에 왕은 몸소 손으로 오래 사는 이 태자를 잡고 여러 사람들에게 말하였다.

'이 사람이 긴 목숨 왕의 아들 오래 사는 이 태자이다. 그대들은 감히 다시는 그런 말을 말라. 왜냐하면 오래 사는 이 태자는 내 목숨을 살려주었고 나 또한 이 사람의 목숨을 살려주어야 하기 때문이다.'

여러 신하들은 이 말을 듣고 일찍이 없었던 일이라고 찬탄하면서 말했다.

'이 왕과 태자는 참으로 놀랍다. 원수에 대해서 원수를 갚지 않을 수 있다니.' "

**오래 사는 이 태자로부터 긴 목숨 왕의 이야기를 듣고
브라흐마닷타 왕은 참으로 참회하고 본국으로 돌아감**

"때에 브라흐마닷타 왕은 오래 사는 이에게 물었다.

'너는 나를 죽였어야 했는데 왜 나를 놓아주고 죽이지 않았는가.
무슨 까닭이 있는지 듣고자 한다.'

오래 사는 이가 대답하였다.

'대왕이여, 잘 들으십시오. 아버지께서 목숨 마치려 하실 때 이렇
게 말씀했습니다.

〈너는 남의 긴 것도 보지 말고 짧은 것도 보지 말라.〉

또 이렇게 말씀했소.

〈원한으로는 원한이 쉬지 않나니, 옛날부터 이러한 법이 있었다.
원한이 없으면 원한을 이기니, 이 법은 끝내 없어지지 않는다.〉

이때에 여러 신하들은 부왕의 이 말을 듣고 모두 서로 말했습니다.

〈이것은 미치고 미혹된 말이다.〉

그러고는 여럿이 말했습니다.

〈오래 사는 이란 어떠한 사람인가.〉

긴 목숨 왕은 대답하였습니다.

〈그대들은 알아야 한다. 이 가운데 지혜로운 사람은 이 말을 밝게
이해할 것이다.〉

나는 아버지의 이 말씀을 기억하였기 때문에 왕의 목숨을 살린 것
입니다.'

브라흐마닷타 왕은 이 말을 듣고, 그가 한 일이 매우 기특하다 하

고 일찍 없던 일이라 찬탄하면서 말했다.

'돌아간 아버지의 가르침과 분부를 지켜 빠뜨림이 없구나.'

왕은 다시 태자에게 말하였다.

'네가 지금 말한 뜻을 나는 아직 이해하지 못하겠다. 나를 위해 그 뜻을 말해 이해하게 하라.'

오래 사는 이 태자는 대답하였다.

'대왕께서는 잘 들으십시오. 제가 말씀드리겠습니다.

브라흐마닷타 왕께서 긴 목숨 왕을 잡아 죽였을 때에, 만약 긴 목숨 왕에게 본래부터 아주 가까웠던 신하들이 있었다면 그들도 왕을 잡아 죽일 것입니다. 또 만약 브라흐마닷타 왕의 신하가 있다면 그들은 또 긴 목숨 왕의 신하를 죽일 것입니다.

이것이 원한으로 원한은 끝내 끊어지지 않는다는 것입니다. 만약 원한을 끊어지게 하려면 오직 남에게 갚지 않는 것뿐입니다. 나는 지금 이런 뜻을 살피기 때문에 왕을 해치지 않은 것입니다.'

이때에 브라흐마닷타 왕은 이 말을 듣고 뛸 듯한 기쁨을 품고 스스로 이기지 못해 이렇게 말했다.

'이 왕태자는 아주 총명하여 이 뜻을 널리 연설할 수 있구나.'

브라흐마닷타 왕은 곧 오래 사는 이 태자를 향해 참회하였다.

'긴 목숨 왕을 죽인 것은 내 죄다.'

그리고는 왕관을 벗어 오래 사는 이에게 씌워주고 다시 딸을 주어 아내로 삼게 하고는, 슈라바스티 국과 백성들을 돌려주어 오래 사는 이로 하여금 다스리게 하였다.

그리고 왕은 곧 바라나시로 돌아가 그 나라를 다스렸다.”

비구들에게 옛 왕들의 이야기를 보기로 들어
욕됨을 참고 화합하기를 당부하심

"비구들이여, 알아야 한다. 그렇듯 옛날의 여러 왕들에게는 이런 늘 바른 법[常法]이 있어서, 비록 이렇게 나라를 다투는 일이 있어도 서로 견디고 참아 서로 해치지 않았다.

하물며 너희들은 비구로서 믿음이 굳세어 집을 나와 도를 배우면서, 탐냄과 성냄과 어리석은 마음을 버려야 하는데, 지금 다시 다투어 서로 어울려 따르지 않고 참을 줄을 모르며 뉘우쳐 고치지 않는구나.

여러 비구들이여, 이런 인연으로 싸움이란 옳지 않은 줄을 알아야한다. 한 스승을 같이하는 벗으로, 물과 젖처럼 같이 하나되어 부디서로 싸워 다투지 말라."

그때에 세존께서는 곧 이 게송을 말씀하셨다.

싸움이 없고 다투는 일이 없이
사랑의 마음으로 가엾이 여겨
온갖 중생을 괴롭히지 않는 것
모든 붇다가 기리는 바이네.

"그러므로 여러 비구들이여, 반드시 욕됨 참음을 닦아 행해야 한다. 이와 같이 비구들이여, 반드시 이렇게 배워야 한다."

그때에 카우삼비 비구는 세존께 말씀드렸다.

"세존께서는 이런 일 걱정하지 마시길 바랍니다. 저희들이 스스로 이 법을 밝게 알아 할 것입니다. 세존께서 걱정하셔서 비록 이런 말씀이 있으시지만 그 일은 그렇게 걱정할 것이 아닙니다."

이때 세존께서는 곧 버리고 떠나 브릿지로 가셨다.

• 증일아함 24 고당품(高幢品) 八 전반부

• 해설 •

다투기 좋아하고 싸우기를 좋아하며 폭력행사를 마다하지 않는 카우삼비 비구의 일로, 세존은 다툼 없이 화합하고 욕됨 참는 수행자의 길을 가르치시는데 '긴 목숨 왕'[長壽王]의 옛일로 깨우치신다.

나라와 백성을 빼앗긴 긴 목숨 왕이 나라 잃은 뒤 태어난 아들 '오래 사는 이'[長生]에게 마지막 죽으면서 원수를 원수로 갚지 말라 당부한다.

그 아들이 처음 원수 갚기 위해 나라를 뺏은 브라흐마닷타 왕에게 칼을 빼들었다가 아버지의 말대로 원수 갚지 않음으로써 보복의 악순환이 끝난 옛일을 들어, 세존께서는 욕됨 참는 행을 보이신다.

이는 되갚아야 할 욕된 경계에 실로 원수 갚아야 할 모습 얻을 것이 없음을 통달해 원한의 마음을 쉬는 것이니, 법에 남이 없음[無生]을 알아 원한 갚는 마음을 참는 행[法忍]이다.

이 행은 바로 참음의 실상[忍實相]을 알아 욕됨을 참음 없이 참는 것이니, 이는 참는 그 자리에서 해탈의 문에 들어서는 큰 사람의 경계이고, 파라미타 원인의 행[因行] 가운데 니르바나의 공덕을 말할 수 있는 보디사트바의 경계이다.

안의 마음[內心] 바깥 경계[外境]가 둘이 없으므로 욕됨의 경계와 참는 마음이 공한 줄 알아 성냄을 일으키지 않는 남이 없는 법인[無生法忍]과 다툼 없는 사마디[無諍三昧] 또한 서로 앞뒤가 없다.

다툼 없는 사마디로 남이 없는 법인을 성취하고, 남이 없는 법인을 이룬 이가 다툼 없는 사마디를 이루는 것이다.

영가선사는 다툼 없는 선정의 고요함으로, 온갖 욕됨을 참는 크나큰 해탈의 사람의 삶을 다음과 같이 노래한다.

> 남이 없는 법인 얻은 참된 수행자는
> 들이대는 칼 만나도 언제나 편안하고
> 독이 든 약 마셔도 그 마음 한가롭네.
> 그러므로 우리 스승 사카무니 붇다께선
> 연등 붇다 뵙고서 보디 언약 받으신 뒤
> 오랜 겁에 욕됨 참는 큰 선인 되셨도다.

> 縱遇鋒刀常坦坦　假饒毒藥也閑閑
> 我師得見燃燈佛　多劫曾爲忍辱仙

샤카무니 붇다의 과거생 인욕행을 따라 세간의 온갖 욕됨을 참는 파라미타는 눈앞의 욕됨과 영화의 경계가 허깨비 같고 꿈과 같음을 깨쳐 몸을 가르는 칼과 몸에 발라주는 분을 모두 평등하게 볼 수 있는 이의 삶의 모습이니, 야부(冶父) 선사는 이렇게 말한다.

> 보되 눈앞에 법이 없음이여
> 버들 푸르고 꽃 붉게 함에 따르고
> 듣되 귓가에 들음 없음이여
> 꾀꼬리 우짖고 제비 재잘댐에 맡기네.

> 目前無法　從敎柳綠花紅
> 耳畔無聞　一任鶯吟燕語

비구들이여, 욕됨 참아 화합하며
높은 사람의 법 행하는가

그때에 브릿지 국에는 좋은 종족의 사람들인 아니룻다·난디·킴빌라 등 세 수행자가 있었다. 이 세 수행자들은 같이 규칙을 정하였다.

만약 어떤 사람이 밥을 빌러 나가면 그 뒤에 머무는 사람은 땅을 쓸고 물을 뿌려 깨끗이 하여 일마다 빠뜨림이 없었다.

밥을 얻어 오는 사람은 밥을 나누어 같이 먹게 하는데, 넉넉하면 좋지만 모자라면 뜻에 따라 같이했다.

남은 것이 있으면 그릇 가운데 쏟아두고 갔다.

또 만약 다시 맨 뒤에 밥을 빌어 오는 이가 넉넉하면 좋지만 모자라면 그릇에 있는 밥을 가져다 발우에 두었다.

그러고는 다시 물병을 가져다 다시 한곳에 두고, 곧 날마다 방을 청소하였다.

다시 한가하고 고요한 곳에 있으며 몸과 마음을 바로하고 생각을 매어 앞에 두고 묘한 법을 생각하였다. 그리고 다시 그 사람들은 끝내 서로 말하지 않고 각기 고요하게 지냈다.

그때에 존자 아니룻다가 '탐욕은 깨끗하지 않다는 생각'[欲不淨想]을 사유하여, 생각이 기쁘고 편안하게 되어 첫째 선정에 노닐었다.

그러면 난디와 킴빌라도 아니룻다의 마음속 생각을 알고 곧 '탐욕은 깨끗하지 않다는 생각'을 사유하여, 생각이 기쁘고 편안하게 되어 첫째 선정에서 노닐었다.

만약 다시 존자 아니룻다가 둘째 선정, 셋째 선정, 넷째 선정을 사유하면 존자 난디와 킴빌라도 둘째 선정, 셋째 선정, 넷째 선정을 사유하였다.

또 만약 존자 아니룻다가 '공한 곳' '앎의 곳' '있는 바 없는 곳' '생각이 있기도 하고 없기도 한 곳'을 사유하면, 존자 난디와 킴빌라도 '공한 곳' '앎의 곳' '있는 바 없는 곳' '생각이 있기도 하고 없기도 한 곳'을 사유하였다.

만약 또 존자 아니룻다가 '느낌과 모습 취함이 아주 사라진 선정'을 생각하면, 존자 난디와 킴빌라도 '느낌과 모습 취함이 아주 사라진 선정'을 생각하였다.

이와 같은 여러 법들을 여러 어진 이들은 이렇게 사유하였다.

세 존자가 브릿지에서 사마디를 닦고 있는 곳에 세존께서 찾아가심

그때에 세존께서는 사자국(師子國)으로 가셨다. 그때 그 동산지기는 세존이 오시는 것을 멀리서 보고 말하였다.

"사문은 이 구역 안으로 들어오지 마시오. 왜냐하면 이 동산에는 세 좋은 종족의 사람이 있기 때문이오. 그들의 이름은 아니룻다·난디·킴빌라이니 부디 시끄럽게 하지 마시오."

이때에 존자 아니룻다는 깨끗한 하늘눈과 하늘귀의 신통으로, 동산지기가 세존에게 이렇게 말해 세존을 구역 안으로 들어오지 못하게 하는 것을 들었다. 아니룻다는 곧 나가 문지기에게 말하였다.

"막지 마시오. 세존께서 지금 오셔서 여기 와보시려고 하오."

아니룻다는 곧 들어가 킴빌라에게 말하였다.

"어서들 오시오. 세존께서 지금 문밖에 계시오."

그때에 존자 세 사람은 곧 사마디에서 일어나 세존 계신 곳에 가서 머리를 대 발에 절하고 한쪽에 서서 각기 말했다.

"잘 오셨습니다, 세존이시여."

존자 아니룻다는 나아가 세존의 발우를 받고, 존자 난디는 나아가 자리를 펴고, 존자 킴빌라는 물을 가져다 세존의 발을 씻어드렸다.

그때에 세존께서는 아니룻다에게 말씀하셨다.

"너희 세 사람은 여기 있으면서 서로 화합하여 다른 생각이 없고 밥을 비는 것이 뜻대로 되는가."

아니룻다는 말씀드렸다.

"그렇습니다, 세존이시여. 밥을 비는 것 이것으로 괴롭게 여기지 않습니다. 왜냐하면, 만약 제가 첫째 선정을 사유하면 난디와 킴빌라도 첫째 선정을 사유하고, 만약 제가 둘째 · 셋째 · 넷째 선정과, 공한 곳, 앎의 곳, 있는 바 없는 곳, 생각이 있기도 하고 없기도 한 곳을 사유하면, 난디와 킴빌라 또한 첫째 선정, 둘째 · 셋째 · 넷째 선정과, 공한 곳, 앎의 곳, 있는 바 없는 곳, 생각이 있기도 하고 없기도 한 곳을 사유합니다.

이와 같이 세존이시여, 저희들은 이 법을 사유하기 때문입니다."

아니룻다 · 난디 · 킴빌라 세 수행자의 화합과 선정의 행을 찬탄하심

세존께서는 말씀하셨다.

"아주 잘한 일이다, 잘한 일이다. 아니룻다여, 너희들은 이때에 다시 높은 사람의 법[上人法]을 얻는가."

"그렇습니다, 세존이시여. 저희들은 다시 높은 사람의 법을 얻습니다.”

“어떤 것이 높은 사람의 법인가.”

아니룻다가 말했다.

“묘한 법이 있어 높은 사람의 법 위로 뛰어납니다.

저희들은 다시 사랑의 마음으로 일방에 두루 채우고 이·삼·사방, 네 모서리, 위아래에 또한 다시 이와 같습니다. 온갖 것 가운데 온갖 것에 사랑의 마음을 두루 채워 셀 수 없고 한량없어 헤아릴 수 없습니다. 그리하여 스스로 노닙니다.

다시 가엾이 여기는 마음·기뻐하는 마음·보살피는 마음을 일방에 두루 채우고 이·삼·사방, 네 모서리, 위아래에 또한 다시 이와 같이 하여 스스로 노닙니다.

이것을 세존이시여, 저희들이 다시 높은 사람의 법을 얻었다고 하는 것입니다.”

그때에 존자 난디와 킴빌라는 아니룻다에게 말하였다.

“우리들이 언제 그대에게 가서 이 뜻 묻도록 허락했소. 그런데도 지금 세존 앞에서 스스로 일컬어 말씀하시오.”

아니룻다는 말하였다.

“그대들은 일찍이 내게 와서 이 뜻 묻도록 허락하지는 않았소. 다만 여러 하늘이 내 있는 곳에 와서 이 뜻을 말하였소. 그러므로 세존 앞에서 이 뜻을 말하였을 뿐이오.

그리고 다만 나는 기나긴 밤 가운데 여러 어진 이들의 마음의 뜻을 아오. 그렇듯 여러 어진 이들은 이 사마디를 얻었기 때문에 세존 앞에서 이런 말을 말씀드린 것이오.”

'긴 목숨 대장'이 세 존자를 찬탄하니, 세존께서 인정하심

이 법을 말할 때에 '긴 목숨 대장'은 세존 계신 곳에 나아와 머리를 대 발에 절하고 한쪽에 앉아 세존께 말씀드렸다.

"오늘 세존께서는 이 사람들에게 법을 잘 설하셨습니다."

이때 세존께서는 이 인연으로 긴 목숨 대장에게 갖추어 말씀해주셨다.

그때에 대장은 세존께 말씀드렸다.

"이 브릿지 국은 시원스럽게 큰 이익을 얻었습니다. 그것은 이 아니룻다·난디·킴빌라의 세 좋은 종족의 사람들이 스스로 노닐며 교화하기 때문입니다."

세존께서는 말씀하셨다.

"그렇다, 대장이여. 네 말과 같다. 브릿지 국은 좋은 이익을 얻었다. 브릿지 국은 놓아두고 큰 마가다 국도 시원스럽게 좋은 이익을 얻었다. 그것은 이 세 좋은 종족의 수행자들이 있기 때문이다.

만약 큰 마가다 국의 사람들로서 이 세 수행자를 생각한다면 곧 지나간 밤에 안온을 얻을 것이다.

대장이여, 알아야 한다. 만약 마을이나 도시의 성안에 이 세 뛰어난 수행자가 있으면 그 성안의 사람들은 기나긴 밤에 안온을 얻을 것이다.

이 세 뛰어난 수행자가 난 집도 큰 이익을 얻을 것이요, 나아가서는 이 높은 수행자들을 낳은 그 부모나 다섯 친척들로서도 이 세 사람을 생각하면 큰 이익을 얻을 것이다.

다시 하늘·용·귀신으로서도 이 세 뛰어난 수행자를 생각하면 큰 이익을 얻을 것이다.

만약 어떤 사람이 아라한을 찬탄하면 그는 또 이 세 사람도 찬탄할 것이요, 만약 어떤 사람이 탐냄이 없고 성냄과 어리석음이 없는 사람을 찬탄하면 그는 또 이 세 사람도 찬탄할 것이며, 만약 어떤 사람이 이 복밭을 찬탄하면 그는 또 이 세 사람도 찬탄할 것이다.

내가 세 아승지겁 동안 부지런히 괴롭게 행한 대로 위없는 도를 이루어, 이 세 사람으로 하여금 이 법의 뜻을 이루게 한 것이다.

그러므로 대장이여, 이 세 빼어난 수행자들에게 기뻐하는 마음을 일으키라. 이와 같이 대장이여, 반드시 이렇게 배워야 한다."

그때에 긴 목숨 대장은 세존의 말씀을 듣고 기뻐하며 받들어 행하였다.

• 증일아함 24 고당품 八 후반부

• 해설 •

서로 화합하여 아란야에 같이 생활하며 사마디를 닦는 세 존자 비구의 이야기를 보인 이 경의 대목과 앞의 카우삼비 비구 때문에 '긴 목숨 왕'의 고사를 보인 내용은 서로 이어져 하나의 경을 이룬다.

세존께서 물과 젖처럼 어울려 사마디 닦는 행을, 다투기 좋아하는 카우삼비 비구 다음에 말씀한 것은, 다툼 없는 사마디행의 높은 과덕의 세계를 보여 성냄과 욕됨, 참지 못하는 중생을 다툼 없는 사마디의 길에 이끌기 위함이다.

세 비구는 뒤쳐진 비구가 앞선 비구를 따라 배우며, 서로 먹을거리를 나누어 먹고 늘 바른 견해를 같이해 서로가 서로를 북돋우며, 각기 스스로 높은 선정을 얻어 안락하며 자비의 마음이 한량없다.

그리하여 아란야에서 사마디를 닦되 그 공덕이 이웃과 온갖 인연 맺은 이들, 함께 사는 이들에게 널리 회향되어 브릿지 국과 마가다 국의 모든 사람들도 함께 세 존자의 법의 이익에 젖고 법의 기쁨에 젖는다.

세 비구에 대한 세존의 찬탄을 따라 '긴 목숨 대장'이 세 존자를 찬탄하니, 하늘신 긴 목숨 대장은 앞의 몸[前身]인 긴 목숨 왕[長壽王]이 원수 갚지 않는 인욕행으로 성취한 뒤의 몸[後身]인가.

원수에게 잡혀 육신의 몸을 마쳤지만 원한을 품지 않는 자비의 마음이 끊어지지 않으므로 그는 법의 기쁨이 충만한 하늘의 몸, 길이 사라지지 않는 지혜의 목숨을 성취하였으리라.

이처럼 참된 인욕과 화합은 억지로 짓는 행이 아니라 연기의 실상대로 사람의 삶 속에서 현전하는 것이니, 세간법의 실상 온전히 깨달아 중생 잘 이끄시는 이의 가르침에 믿음을 내는 자 그는 이미 파라미타의 첫걸음을 걷는 자이다.

영가선사의 「증도가」는 노래로 깨우친다.

　　취할 수 없고 버릴 수도 없음이여
　　얻을 것 없는 가운데 이렇게 얻네.

　　取不得　捨不得　不可得中只麼得

　　사이 없는 지옥의 과보 부르지 않으려면
　　여래의 바른 법바퀴 비방하지 말지니라.

　　欲得不招無間業　莫謗如來正法輪

4) 정진 파라미타

지혜와 선정의 법에서 뒤로 물러섬이 없이 앞으로 나아가는 정진의 힘은 어디에서 나오는가.

지혜와 선정 자체에서 나오는 것이니, 지혜로 번뇌가 본래 공함을 알면 지금 타오르는 번뇌의 불꽃 속에서 번뇌의 힘에 꺾이지 않고 늘 고요함에 머물 수 있고, 번뇌가 공하되 공함도 공한 줄 알면 번뇌가 공함 가운데서 넘쳐나는 실천의 활력이 다시 지혜로 드러나 더욱 물러섬이 없이 앞으로 나아가게 되는 것이다.

곧 모든 법이 끊어짐도 아니고 항상함도 아닌 실상을 알 때 '정진의 실상'[精進實相]을 알아 늘 파라미타의 행을 일으킬 수 있으니, 『법계차제초문』은 다음과 같이 말한다.

넷째 비리야파라미타(vīrya-pāramitā)이니, '비리야'(vīrya)는 여기 말로 '정진'(精進)이다. 착한 법 부지런히 행하기를 좋아하여 스스로 놓아 지내지 않는 것을 '정진'이라 한다.

정진은 두 가지가 있으니 첫째는 몸으로 정진함이고, 둘째는 마음으로 정진함이다.

만약 몸으로 부지런히 착한 법을 닦아서, 도량의 길을 걷거나[行道] 절하고 외우며[禮誦] 강설하고[講說] 권하고 도와[勸助]

교화를 열면[開化] 이것이 '몸으로 정진함'이다.

만약 마음으로 부지런히 착한 일을 행하여 마음과 마음이 서로 이으면 이것이 '마음으로 정진함'이다.

또 보시·지계의 착한 법을 부지런히 닦으면 몸으로 정진함이고, 인욕·선정·지혜를 부지런히 잘 닦으면 마음으로 정진함이다.

이와 같이 갖가지로 분별하면 몸과 마음의 정진의 모습은 같지 않으나 지금 자세히 밝히지 않는다.

만약 보디사트바가 바탕이 곧고 깨끗한 마음으로 이 두 가지 정진을 닦으면 '비리야'라 한다.

'파라미타'는 이름을 옮기면 앞과 같다. 만약 보디사트바가 정진하는 데에 다섯 마음을 갖추어 닦을 수 있으면 이때 비리야를 파라미타라 한다. 무엇이 다섯인가.

첫째는 보디사트바가 정진의 실상을 아는 것이니, 몸과 마음은 비록 얻을 수 없으나 부지런히 온갖 선법을 닦을 수 있음이다. 나머지 자비의 마음을 일으킴, 원을 냄, 회향, 방편을 갖춤, 이 네 가지 마음은 다나(dāna, 布施) 가운데서 분별함과 같다.

보디사트바가 만약 정진하는 가운데 이 다섯 마음을 갖추어 부지런히 닦는 착한 법을 따라, 원인의 행[因行] 가운데 과덕을 말하면[因中說果] 다 파라미타의 세 뜻[三義]을 갖추게 된다.

이런 까닭에 보디사트바가 정진함을 비리야파라미타를 행함이라 한다. 만약 위없는 보디의 깨달음의 과덕에 이르르면 바야흐로 이 비리야파라미타를 갖추어 이루게 된다.

위 풀이 가운데 몸으로 정진함과 마음으로 정진함은 모두 정진의 실상을 알아야 늘 쉼이 없는 정진이 된다.

정진의 실상을 아는 것은 가되 감이 없고 가지 않되 가지 않음도 없으며, 끊어짐도 아니고 이어짐도 아닌 법의 실상을 아는 것이다.

비리야파라미타를 잘 행하는 자는 법의 실상이 항상함이 아니므로 지금 있는 것을 집착해 조급증을 내지 않으며, 법의 실상이 끊어짐이 아니므로 절망감에 빠져 뒤로 물러서지 않는다.

또 정진의 실상을 아는 이는 온갖 법이 있되 공함을 알므로, 온갖 행을 짓되 지음 없이 늘 사마디에 머물며, 온갖 법이 공하되 거짓 있음임을 알므로 지음 없이 지어 게으름을 내거나 뒤로 물러서지 않는다.

정진이 파라미타의 이름을 얻기 위해서는 이와 같이 정진의 실상을 알아 짓되 지음 없이 바른 행을 지어가야 그 정진이 비리야파라미타가 되는 것이다.

그리고 정진이 정진 파라미타의 행이 될 때만 그 행은 진리의 땅[理地]에서 일어난 정진이므로 원인의 행 가운데 해탈의 덕을 말할 수 있게 된다.

여래의 과덕은 온전히 실상인 원인의 행이 과덕으로 발현된 행이므로 정진 파라미타의 참된 완성자는 바로 여래 세존인 것이다.

『마하지관』은 다음과 같이 말한다.

만약 위와 같이 닦아도 들어가지 못하였다면 반드시 네 가지 실천법(네 자재한 선정·다섯 가지 진리의 뿌리·일곱 깨달음 법·여덟 가지 바른 길)에 각기 여덟 정진[八精進]이 있음을 사유해야 하니, 이 법들은 비리야에 거두어진다.

『대론』은 말한다.

"앞의 보시·지계·인욕의 세 가지 파라미타는 쉽게 이루니 반드시 정진할 것이 없지만, 나중의 선정·지혜는 이루기 어려우니 반드시 정진해야 한다. 정진하므로 삼보디(saṃbodhi)를 얻는다."

아난다가 일곱 갈래 깨달음 법에서 정진의 깨달음 법을 설하자 붇다께서 곧 자리에서 일어나시니, 정진이란 마하자나카[mahājanaka, 大施]가 바다 용왕이 훔친 구슬을 찾기 위해 바닷물을 퍼낸 것[大施杼海]과 같이 되어야 서로 맞을 것이다.

그런데도 지금 방일하여 기대 눕고, 놓아 늘어져서 본마음을 잃어버리고도 다시 나아가는 힘이 없다면, 비록 도량에 있어도 여러 나쁜 느낌에 뒤섞이니 이를 더러움이라 한다.

풀어져 지낸 날이 날과 같지 않으면 이를 물러섬이라 한다. 물러서면 나아가지 못하고 더러워지면 순일하지 않으니 어찌 진리에 계합할 수 있겠는가.

앞세상에 게을러서 죄의 장애가 마음을 덮으면 마치 콧구멍에 갈고리가 없어서 미치고 취한 짐승이 날뛰는 것과 같다.

초저녁부터 새벽까지 자기를 이기어 때를 다투어 힘쓰지 않으면, 이는 좋은 약초[薩]가 다시 옮김이 느려져서 날과 달을 넘기게 되는 것이다. 그러니 반드시 서원을 일으켜 뼈를 깎고 마음에 새겨 몸과 목숨을 다해 도에 나아가 죽음을 옮겨 앞에 두어야 한다.

한량없는 겁으로 오면서 함부로 애착하고 보살펴 아낀 것은 이제 사마디를 구하면서 반드시 버려야 한다.

밤을 낮에 이어 허물과 걱정거리를 꾸짖으며, 행하는 법에 게으름 없이 그 몸을 바르고 곧게 하여 다시 어렵다는 마음이나 힘들다는 마음을 없애며, 설사 병이 들어도 그것으로 걱정거리 삼지 않아야 한다.

한 생에 이겨내지 못하면 겁을 지내도 쉬지 못하는 것이다.

스스로 정진하고 남을 교화하여 법을 찬탄하고 법 찬탄하는 이를 찬탄하며, 시방의 붇다를 불러 증명을 삼고 건져줌을 삼아 붇다의 정진의 빛을 느껴 얻으면, 진리의 살핌[理觀]과 여덟 가지 정진[八進]이 서로 응하게 된다.

만약 인연으로 남[緣起生]을 보이는 삼장교의 정진과 서로 응하면 곧 늘 '내고 나는 정진'[生生精進]을 이루게 된다.

나되 남이 없음[生而無生]을 보이는 통교의 정진과 서로 응하면 곧 '나되 남이 없는 정진'을 이루게 된다.

남이 없되 남[無生而生]을 보이는 별교의 정진과 서로 응하면 곧 '남이 없되 나는 정진'을 이루게 된다.

나되 남이 없음과 남이 없되 남이 모두 없는 원교의 정진과 서로 응하면 곧 '남도 아니고 남이 없음도 아닌 굳센 정진'[不生不生牢强精進]을 이루어 '니르바나의 문'을 열어 불성을 보게 된다.

이것을 사법의 기름[事油]이 살핌의 밝음[觀明]을 도와 늘린다고 한다. 정진에는 이처럼 통하는 바탕과 나누어진 바탕이 있다.

『마하지관』의 풀이처럼 정진이 곧 해탈의 문을 열고 니르바나의 문을 열게 되는 것은 삶의 실상 그대로의 정진 파라미타일 때 그럴 수 있는 것이다. 파라미타로서의 정진은, 진여의 모습 그대로 정진의 행 또한 항상함도 아니고 끊어짐도 아니며 남도 아니고 나지 않음도 아닌 것이다.

그러므로 정진 파라미타로 니르바나의 문을 여는 수행자는 조바심과 게으름, 들뜸과 뒤로 물러섬을 모두 떠나 본래 공적한 해탈의 땅에 서서 나감 없이 앞으로 나가 다시는 뒤로 물러섬이 없는 것이다.

영가선사의 「증도가」 또한 하되 함이 없는 니르바나의 땅에서 감이 없이 앞으로 나아가는 참사람의 길을 다음과 같이 노래한다.

늘 홀로 가고 늘 홀로 걸으니
통달한 자는 니르바나의 길에 같이 노니네.

常獨行　常獨步　達者同遊涅槃路

큰 코끼리는 토끼의 길에 노닐지 않고
큰 깨침은 작은 마디에 걸리지 않네.
대통의 보는 것으로 푸른 하늘 비방치 마라.
알지 못함에 내 지금 그대 위해 말하노라.

大象不遊於兎徑　大悟不拘於小節
莫將管見謗蒼蒼　未了吾今爲君訣

방일하지 않음 찬탄하는 것 붇다의 바른 가르침이네

이와 같이 내가 들었다.

한때 붇다께서는 슈라바스티 국 제타 숲 '외로운 이 돕는 장자의 동산'에 계셨다.

그때 프라세나짓 왕은 홀로 고요히 사유하다가 이렇게 생각하였다.

'세존의 바른 법은 현재의 법에서 모든 불타오름을 여의고, 때[時節]를 기다리지 않고, 통달하여 밝게 보고 이 법을 스스로 깨달아 증득해 안다. 그러니 그것은 좋은 벗이고 좋은 짝이요, 나쁜 벗이 아니고 나쁜 짝이 아니다.'

이렇게 생각하고는 붇다 계신 곳으로 가서 붇다의 발에 머리를 대 절하고 한쪽에 물러나 앉아서 붇다께 말씀드렸다.

"세존이시여, 저는 홀로 고요히 사유하다가 이런 생각을 하였습니다.

'세존의 바른 법은 현재의 법에서 모든 불타오름을 여의고, 때를 기다리지 않고, 통달하여 밝게 보고 이 법을 스스로 깨달아 증득해 안다. 그러니 그것은 좋은 벗이고 좋은 짝이요, 나쁜 벗이 아니고 나쁜 짝이 아니다.'"

세존의 바른 법이 해탈의 법이고
좋은 벗이라는 왕의 뜻을 인정하심

붇다께서 프라세나짓 왕에게 말씀하셨다.

"그렇소, 대왕이여. 그렇소, 대왕이여. 세존의 바른 법은 현재의 법에서 모든 불타오름을 여의고, 때를 기다리지 않고, 통달하여 밝게 보고 이 법을 스스로 깨달아 증득해 아는 것이오.

그러니 이것은 좋은 벗이고 좋은 짝이요, 나쁜 벗이 아니고 나쁜 짝이 아니오.

왜냐하면 나는 좋은 벗이 되어 중생에게 태어나는 법이 있으면 태어남에서 해탈하게 해주고, 중생에게 늙음 · 병듦 · 죽음 · 근심 · 슬픔 · 번민 · 괴로움이 있으면 그 모든 것에서 다 해탈하게 해주기 때문이오."

선지식으로 인해 범행이 나므로 선지식이 곧 범행임을 보이심

"대왕이여, 나는 한때 라자그리하 성 어느 산골에 있는 정사에 있었소. 그때 아난다 비구가 홀로 고요히 사유하다가 이런 생각을 하였소.

'범행(梵行)의 절반은 좋은 벗 · 좋은 짝 때문이고, 나쁜 벗 · 나쁜 짝 때문이 아니다.'

그는 이렇게 생각하고는 내가 있는 곳으로 와서 내 발에 머리를 대 절하고 한쪽에 물러나 앉아서 나에게 말했소.

'세존이시여, 저는 홀로 고요히 사유하다가 이렇게 생각했습니다. 〈범행의 절반은 좋은 벗 · 좋은 짝 때문이고, 나쁜 벗 · 나쁜 짝 때문이 아니다.〉'

나는 그때 이렇게 말해주었소.

'아난다여, 이런 말을 하지 말라.

〈범행의 절반은 좋은 벗·좋은 짝 때문이고, 나쁜 벗·나쁜 짝 때문이 아니다.〉

왜 선지식이 범행의 절반이 아닌가. 온전히 한결같아 원만하고 깨끗한 범행의 희고 맑음은 곧 좋은 벗·좋은 짝을 말한 것이지, 나쁜 벗·나쁜 짝이 아니기 때문이다.

왜 그런가. 내가 늘 모든 중생의 좋은 벗이 되는 것은 저 중생들에게는 태어남이 있기 때문이다.

알아야 한다. 세존의 바른 법은 현재의 법에서 그들로 하여금 태어남을 벗어나게 해주고, 늙음·병듦·죽음·근심·슬픔·번민·괴로움이 있으면, 그 모든 타오름을 여의게 하여 때를 기다리지 않고 현재에 그 괴로움을 벗어나게 해주어서 바로 통달하고 스스로 깨달아 증득해 알게 한다.'

그러므로 이 범행은 온전히 좋은 벗·좋은 짝 때문이고, 나쁜 벗·나쁜 짝 때문이 아닌 것이다."

방일함이 없이 선정 닦도록 당부하심

그때 세존께서 곧 게송으로 말씀하셨다.

　방일하지 않음을 찬탄하는 것
　이는 붓다의 바른 가르침이네.
　선정을 닦아 방일하지 않으면
　모든 샘이 다함을 증득하리라.

붇다께서 이 경을 말씀하시자, 프라세나짓 왕은 붇다의 말씀을 듣고 기뻐하고 따라 기뻐하면서 절하고 떠나갔다.

• 잡아함 1238 불방일경(不放逸經) ①

• 해설 •

방일하지 않는 정진행을 당부하기 전에 붇다는 번뇌의 불이 타는 세간 속에서 누가 좋은 벗 좋은 스승인가를 가르치신다.

연기법의 진실을 깨달아 중생의 미혹의 꿈을 깨뜨리고 번뇌와 탐욕의 불을 꺼주는 분이 참된 스승이고 좋은 벗이니, 바른 법과 바른 법의 가르침이 선지식에게 선지식의 이름을 주기 때문이다.

프라세나짓 왕이 현재의 법에 해탈의 길을 보이고 번뇌의 불의 타오름을 꺼주는 여래의 바른 법이 이 세간 고통의 가시밭길 가운데 좋은 스승 좋은 벗 됨을 말하니, 세존께서 크게 '그렇다'고 인정하신다.

바른 법을 깨친 스승의 지혜와 가르침으로 해탈이 성취되는 곳에 스승과 제자의 바르게 가르침과 배움, 제자됨과 스승됨의 뜻이 있다. 그것은 해탈의 법이 아니라면 스승은 바른 스승이 되지 못하고 제자는 스승의 가르침 따라 해탈의 길 가는 제자가 되지 못하기 때문이다.

여래의 법신인 지혜와 지혜인 해탈의 가르침만이 범행의 근본이고 해탈의 근본이므로 여래가 좋은 벗이고 좋은 짝인 것이다.

제자의 범행은 스승의 가르침이 아니지만, 바른 법 깨친 스승의 가르침이 아니면 범행이 날 수 없으므로 범행의 절반이 선지식 때문이라고 말하는 것은 선지식의 참된 뜻을 모르는 자이다.

그러므로 세존은 아난다가 '범행의 절반이 선지식이다'라고 말한 것을 꾸짖으시고, 해탈에 이끄는 깨끗한 범행은 온전히 선지식의 법이 그 범행의 뿌리라고 가르치신다.

크신 스승의 가르침 따라 해탈의 길 나아가려는 제자가 이미 해탈의 땅에 서서 해탈에 이끄는 선지식의 가르침을 들었다면 어떻게 머뭇거려 의심하거나 함부로 놓아 지내 물러설 것인가.

정진의 소를 더욱 힘차게 끌어 방일함이 없이 실천의 수레를 몰아 해탈의 저 언덕으로 물러섬이 없이 나아가면, 제자 또한 끝내 샘이 다한 니르바나의 성에 들어가리라.

선지식의 바른 가르침 따라 실상에 돌아가는 곳에 참된 정진이 있으니, 겉치레의 정진을 자랑하면 깨달음의 문에서 더욱 멀어지리라.

영가선사의 「증도가」는 이렇게 말한다.

높은 수행자는 한 번 깨쳐 온갖 것 알고
가운데와 낮은 이들은 많이 들어도 믿지 않네.
다만 마음속 때 낀 옷 벗어버릴 뿐인데
뉘라서 밖을 향해 정진을 자랑할 건가.

上士一決一切了　中下多聞多不信
但自懷中解垢衣　誰能向外誇精進

비구여 일어나라, 무엇 때문에 잠에 빠져 있는가

이와 같이 내가 들었다.

한때 붇다께서 슈라바스티 국 제타 숲 '외로운 이 돕는 장자의 동산'에 계셨다.

그때 어떤 비구는 코살라 국 사람 사이에 있으면서 한 숲속에 머물렀는데, 낮 사마디에 들었다가 몸이 아주 피로해져 밤이면 잠이 들곤 하였다.

그때 그 숲속에 살고 있던 하늘신이 이렇게 생각하였다.

'이것은 비구의 법이 아니다. 텅 빈 숲 가운데서 낮 사마디에 들었다가 밤에는 잠에 빠지는가. 내가 지금 가서 깨우쳐주어야겠다.'

하늘신이 밤에 방일하여 잠이 든 비구를 게송으로 깨우침

하늘신은 비구 앞으로 가서 게송으로 말하였다.

비구여, 그대 어서 일어나라.
무엇 때문에 잠에만 빠져 있는가.
잠만 자면 무슨 이익이 있겠는가.
병들어 아플 때는 왜 자지 못하는가.

날카로운 가시가 몸 찌를 때는

어떻게 그렇게 잘 수 있겠는가.
그대는 집 아닌 데로 집을 나와
본래 하고자 했던 뜻을 버렸다.

본래 하고자 했던 도 배움을
밤낮으로 늘려 나가길 구해야 한다.
깊은 잠에 떨어져 그 마음이
자유롭지 못하도록 하지 말아라.

덧없어 항상하지 않는 탐욕이
어리석은 사람들 미혹케 하는데
다른 사람들 탐욕에 얽혀 있지만
그대는 이미 세간 탐욕 벗어나
바른 믿음으로 집을 나왔는데
어찌하여 잠에만 빠져 있는가.

이미 세간 탐욕을 조복하게 되면
그 마음이 해탈을 얻게 되고
빼어나고 묘한 지혜 갖추게 되는데
집을 나와 왜 잠에만 빠져 있는가.

부지런히 정진해 사마디 행하고
굳세고 단단한 힘 늘 닦아서
오롯이 파리니르바나 구해야지

어찌하여 잠에만 빠져 있는가.

지혜의 밝음 일으켜 무명 끊으면
모든 존재의 흐름을 없애 다하여
저 맨 뒤의 몸을 다룰 수 있는데
어찌하여 잠에만 빠져 있는가.

그때 그 하늘신이 이 게송을 말하자, 그 비구는 그 말한 것을 듣고
바른 사유에 오롯이 정진하여 아라한을 얻었다.

• 잡아함 1332 수면경(睡眠經)

• **해설** •

이 경은 하늘신이 오직 잠에만 빠져 있는 비구를 경책하여 낮과 밤에 한
결같은 정진으로 이끌어 아라한을 이루게 한 내용을 담고 있다.

잠 또한 인연으로 일어난다. 몸의 피로가 쌓여 여섯 아는 뿌리의 문을 닫
아 보지 못하고 알지 못함이 잠이다. 낮에 깨어 있을 때 여섯 아는 뿌리가
여섯 경계를 향해 치달려 쉬지 못하다 밤에 잠들어 캄캄하게 모르면 그는
앎과 모름의 악순환에서 길이 벗어나지 못하니, 그의 앎은 바른 지혜가 아
니고 그의 알지 못함은 참된 사마타의 휴식이 되지 못한다.

캄캄한 어두움의 굴속에 빠져 잠자는 비구에게 '병들어 아플 때는 왜 자
지 못하고, 가시가 몸 찌를 때 왜 자지 못하는가'하고 꾸짖는 하늘신의 말이
곧 그대의 잠은 사마타의 참된 휴식이 아니라는 깨우침의 법문인 것이다.

보고 듣고 알 때 실로 아는 자와 알려지는 곳과 앎이 모두 공한 줄 알아
앎에 앎 없이 아는 자가, 여섯 아는 뿌리가 휴식하여 보지 않고 듣지 않고
알지 않을 때에, 앎 없되 앎 없음도 없는 지혜의 밝음이 함께하여 휴식 속에

서 편히 쉴 수 있는 자이다.

　이와 같이 알고 이와 같이 쉴 때 그는 낮과 밤에 쉬지 않고 정진하는 자이며 늘 정진하되 사마디를 떠나지 않는 자이니, 그가 오매일여(寤寐一如)의 수행자이며, 비리야파라미타의 행으로 니르바나의 문을 여는 자이다.

　견해의 바다를 건너고 항상함과 끊어짐의 두 갓길 벗어난 자가 중도의 평탄한 길 가운데 쉬임없이 잘 가는 자이고, 니르바나의 공덕을 떠나지 않는 자이니, 영가선사는 말한다.

　　한 지위가 온갖 지위 갖추었으니
　　물질과 마음 아니고 업 지음이 아니네.
　　손가락 튕길 때 팔만의 문 두렷이 이루니
　　찰나에 세 아승지겁을 없애버리네.

　　一地具足一切地　非色非心非行業
　　彈指圓成八萬門　剎那滅卻三祇劫

　　원돈의 가르침은 사람의 뜻 없으니
　　의심 있어 못 풀면 곧장 달겨 풀으라.
　　산승이 너니 내니 하는 뜻 보임이 아니오.
　　닦아 행하다가 잘못되어 끊어짐과 항상함의
　　구덩이에 빠질까 걱정해서 그런다네.

　　圓頓敎　沒人情　有疑不決直須爭
　　不是山僧逞人我　修行恐落斷常坑

5) 선정 파라미타

• 이끄는 글 •

앎에 앎 없음을 사마타의 고요함이라 하고, 앎 없되 앎 없음도 없음을 비파사나의 밝음이라 하며, 사마타와 비파사나의 하나됨[止觀俱行, upekṣā]을 디야나(dhyāna, 禪定)라 한다.

디야나가 없으면 프라즈냐(prajñā)가 없고 프라즈냐가 없으면 온갖 파라미타가 나지 못하므로 디야나가 파라미타의 핵심실천이다.

선정에는 연기의 실상 그대로의 지혜인 선정이 있고, 중생이 일으킨 모습에 대한 집착과 공에 대한 집착을 따라 방편으로 세워진 선정의 이름이 있다.

천태선사의『법계차제초문』은 선정을 있음에 가려 있는 범부가 행해야 할 '세간선'(世間禪)과 세간 벗어난 이가 닦는 '출세간선'(出世間禪)으로 나누고, 다시 출세간선 가운데서도 대승에서 말하고 있는 '세간 벗어난 높고 높은 선'[出世間上上禪]을 말한다.

『법계차제초문』은 이렇게 보인다.

여섯 파라미타행에서 다섯째는 디야나파라미타이니, 디야나는 여기 말로 '사유하여 닦음'[思惟修]이다. 온갖 것을 마음에 거두어 생각을 묶어 여러 사마디 닦음을 '사유하여 닦음'이라 한다.

디야나에는 두 가지가 있으니, 첫째는 세간선이요, 둘째는 세간 벗어난 선이다. 세간선은 근본의 네 선정(색계의 네 선정)과 네 가지 한량없는 마음[慈悲喜捨], 네 가지 무색계의 선정(공한 곳·앎의 곳·있는 바 없는 곳·생각 있음도 아니고 없음도 아닌 곳의 선정)이니, 곧 이것은 범부가 행하는 선정이다.

세간 벗어난 선은 다시 두 가지가 있으니, 세간 벗어난 선[出世間禪]과 세간 벗어난 높고 높은 선[出世間上上禪]이다.

세간 벗어난 선은 여섯 묘한 문[六妙門]·열여섯 아주 빼어남[十六特勝]·통해 밝히는 선정[通明]·아홉 생각[九想]·여덟 생각[八念]·열 생각[十想]·여덟 버리고 나아감[八背捨]·여덟 빼어난 곳[八勝處]·열 가지 온갖 곳 단련하는 선정[十一切處練禪]·열네 가지 변화[十四變化願智頂禪]·다툼 없는 사마디[無諍三昧]·세 가지 사마디[三三昧]·사자처럼 빨리 떨치는 사마디[獅子奮迅超越三昧] 나아가 세 가지 밝음 여섯 신통[三明六通]과 같은 선정이 모두 세간 벗어난 선이다. 또한 '이승이 함께 하는 선정'[二乘共禪]이라고도 한다.

다음 세간 벗어난 높고 높은 선이란, 자성선(自性禪) 등 아홉 가지 큰 선정[九種大禪]과 수랑가마(śūraṃgama, 首楞嚴) 등 백팔 사마디, 모든 붇다의 움직임 없는 사마디[諸佛不動] 등 백이십 사마디를 말한다.

모든 세간 벗어난 높고 높은 선은 '함께하지 않는 선'[不共禪]이라도 하니, 범부나 이승과는 함께하지 않는다.

만약 보디사트바가 바탕이 곧고 깨끗한 마음으로 이와 같은 선정을 닦으면 이를 디야나[禪]라 한다.

파라미타는 이름을 옮기면 앞과 같다. 만약 보디사트바가 여러 선정 가운데 다섯 마음을 갖추어 닦을 수 있으면 이때 선정을 파라미타라 이름한다. 무엇이 다섯인가.

첫째는 디야나의 실상[禪實相]을 아는 것이니, 어지럽지도 않고 어둡지도 않아서 얻을 수 없지만 여러 선정을 두루 닦을 수 있음이다.

나머지 자비의 마음을 일으킴[起慈悲心]·원을 냄[發願]·회향(廻向)·방편을 갖춤[具方便], 이 네 가지 마음은 다나(dāna, 布施) 가운데 분별한 것과 같다.

만약 보디사트바가 이와 같이 얻는 바 선정 가운데서 이 다섯 가지 마음을 갖춰 닦아 선정에 들어가는 바를 따라 원인의 행[因行] 가운데서 과덕을 말하게 되면 다 파라미타의 세 뜻[三義]을 갖추게 된다.

이런 까닭에 보디사트바가 닦는바 선정을 다 디야나파라미타를 행함이라 한다. 만약에 위없는 보디의 깨달음의 과덕에 이르면 바야흐로 디야나파라미타를 갖추어 이루게 되는 것이다.

중생의 병통에 따라 비록 위와 같이 '세간선'과 '세간 벗어난 선'의 차별을 말하고 있지만, 범부가 닦는 세간선도 기존 사문들의 세간선과 붇다가 다시 세간 범부의 집착을 깨기 위해 세운 세간선의 뜻이 다르다.

붇다가 보인 세간선 가운데 이미 색계의 네 선정[色界四禪]에서 괴로움과 즐거움을 떠난 생각의 청정함과 평등[念淸淨捨]을 말하고 있다. 다시 색계 선정 위에 설정된 무색계의 네 선정도 선정의 맛과 선정의 모습을 버리고 나가는 뜻으로 풀이해야 한다.

곧 무색계의 네 선정은 모습 떠나 공함에 나아가되 공함과 앎의 집착을 떠나고 생각 있음과 생각 없음의 두 치우침을 떠나 마침내 느낌과 모습 취함에서 느낌과 모습 취함 떠나는 선정[滅受想定]에 나아가도록 하고 있다. 그러므로 붇다의 세간의 여덟 선정이 근본선(根本禪)이 되는 것이다.

중생의 모습과 공함에 대한 집착을 따라 세간선의 이름을 세웠지만, 선정이 대치하는바 집착이 본래 공한 것이다. 그러므로 중생의 마음이 본래 고요하되 비치는[寂而照] 디야나파라미타의 실상[禪實相]을 알고 닦음 없이 닦아야 갖가지 선정을 닦는 디야나파라미타의 원인의 행 가운데서 니르바나의 과덕을 말할 수 있게 된다.

『마하지관』은 다시 말한다.

만약 위와 같이 닦아도 깨닫지 못하면 반드시 스스로 진리의 살핌인 실천법[理觀道品]에 각기 여덟 선정[八定]이 있음을 사유해야 하니, 이 선정들은 디야나파라미타(dhyāna-pāramitā)에 거두어진다.

다만 이렇게 아는 마음만 있고 실로 증득하지 못했으면, 비록 근본선이라 말해도 선정의 경계가 있는 사법의 선정[事定]이 이루어지지 않은 것이고, 나아가 비록 지음 없는 선정[無作定]이라고 말해도 수랑가마사마디(śūraṃgama-samādhi, 健勝三昧)가 이루어지지 못한 것이다.

만약 선정이 없으면 맨땅에서도 뒤집혀 떨어지니, 과거·현재 두 세상에서 흩어져 움직여서 사마디가 열리지 않게 된다.

이런 뜻 때문에 한 마음으로 사마디의 과덕에 분명히 해 초저녁부터 새벽까지[初中後夜] 몸을 단정히 하고 마음을 고요히 해서 피로하고 괴롭다는 삿된 생각이 일어나면 빨리 없애야 한다. 스스로 선정을 행하고 남을 교화해 법을 찬탄하고 찬탄하는 이를 찬탄해, 큰 다짐을 움직이지 않게 하고 목숨 다함으로 기한을 삼고 나아가 뒷세상에까지 증득하지 못하면 그치지 말아야 한다.

시방 붇다의 이름을 불러 밝음을 삼고 건져줌을 삼아 붇다의 선정의 빛을 느껴 얻으면 흩어져 움직이는 장애가 깨뜨려져 사법의 선정[事禪]이 열고 네 가지 살핌[四觀]과 서로 응하게 된다.

『대론』은 디야나파라미타를 풀이하면서 먼저 여러 선정의 법[諸禪法]을 열고 다음 얻을 것이 없음[無所得]을 밝혀서 파라미타의 참모습[波羅蜜相]을 드러낸다.

그 다음 아홉 생각[九想] 여덟 생각[八念] 등 선정의 모습을 널리 풀이하니, 다 디야나[禪] 가운데서 열어낸 것이다.

여러 선정의 법이 매우 많지만 지금은 다만 다섯 문[五門]을 취해 돕는 도[助道]를 삼는다.

다섯 문은 다음과 같다.

첫째, 숨을 세어 살핌[數息觀]이다.

둘째, 깨끗하지 않다고 살핌[不淨觀]이다.

셋째, 자비의 마음으로 살핌[慈悲觀]이다.

넷째, 인연임을 살핌[因緣觀]이다.

다섯째, 붇다의 모습 생각해 살핌[念佛觀]이다.

다섯 문의 첫째는 숨을 세어 살핌이다.

만약 선정의 사유[禪思]일 때 마음에 느낌과 살핌이 많아 두루 세 가지 독[三毒]을 생각하면 반드시 숨 셈[數息]을 써서 다스려야 한다. 숨 셈이 만약 이루어지지 않으면 숨에 마음이 떠났음을 알고, 떠났으면 다시 숨을 따라가 처음부터 다시 세어 흩어져 따르는 마음[散緣心]을 막아야 하니, 이것이 좋은 다스림이다.

마음이 머물므로 욕계의 선정[欲界定]을 일으키고 나아가 일곱 가지 의지함이 있는 선정[七依定, 色界四禪, 無色界 空識無所有의 三禪]에 다 들어갈 수 있다.

만약 프라즈냐의 방편을 얻지 못하면 범부의 법을 이루지만 방편을 얻으면 마하야나를 이룬다.

그러므로 청관음(請觀音)에 말한다.

"만약 숨을 세어 마음이 안정되면 털구멍에서 붇다를 본다. 그리하여 수랑가마사마디를 얻어 뒤로 물러서 뒤바뀌지 않는 지위를 얻는다."

이것이 숨 세는 선정이니 해탈의 문을 열어 곧 삼장교의 여덟 선정[八定]과 서로 응하고 나아가 지음 없는 여덟 선정[無作八定]과 서로 응한다. 이것이 사법의 선정의 기름이 도의 밝음[道明]을 도와 늘리는 것이다.

둘째는 깨끗하지 않다고 살핌이다.

만약 이성의 빛깔[男女色]을 생각해 깊이 빠져 마음에 두고 미혹해 집착함을 떠나지 못하면 반드시 깨끗하지 않다는 살핌을 써서 다스려야 한다.

사랑하는 사람이 처음 죽는 모습을 살펴보자. 말을 함께 맞추어 나누다 갑자기 그렇게 떠나면 몸이 차가워지고 빛깔이 변해 발마다 고름이 흘러나오고 깨끗하지 못한 냄새나는 곳에 온갖 더러운 것이 가득하게 된다.

무덤 사이에 버리면 썩은 나무와 같으니 옛날 사랑해 소중히 하던 것은 지금 어디서 볼 것인가.

이것은 싫어할 것이라 나를 근심스럽게 하고 괴롭게 하는 것이다. 이미 탐욕의 허물[欲過]을 알면 음욕의 마음이 곧 쉰다.

다른 여덟 가지 깨끗하지 않다는 생각[八想] 또한 음욕을 다스린다.

『대론』은 말한다.

"음욕이 많은 사람은 아홉 생각[九想]을 살피게 한다.

생각함에 자재하지 못하면[於緣不自在] 버리고 나아감[背捨]을 살피게 한다.

생각함이 넓지 못하면[緣不廣普] 빼어난 곳[勝處]을 살피게 한다.

굴려 변화하지 못하면 '열 가지 온갖 곳'[十一切處]을 살펴야 한다.

만약 두려움이 있으면 여덟 선정[八定]을 닦도록 한다."

이 선정법은 다 깨끗하지 않다는 살핌[不淨]으로 첫 문을 삼아 음욕의 문을 다스린다.

해탈의 문을 열면 나고 사라짐이 있는 선정[生滅定]·남이 없는 선정[無生定]·남이 없이 나는 한량없는 선정[無量定]·지음 없는 선정[無作定], 이 네 가지 여덟 선정[四種八定]과 서로 응해 도와 주는 선정의 기름이 도의 밝음을 늘리는 것이다.

셋째는 자비의 살핌이다.

만약 성냄을 붙잡아 생각하면[攀緣瞋恚] 반드시 사랑의 마음

[慈心]을 써서 다스려야 한다. 높은 인욕의 파라미타는 모두 통해 다스림이지만 지금은 따로 사랑의 한량없는 마음[慈無量心]을 잡아 보인 것이다. 다른 세 마음[三心, 悲喜捨]이나 때로 즐겁게 하고자 함[樂欲] 등을 쓰기도 한다.

슬피 여김의 한량없는 마음으로 마주해 다스리는 것은 중생의 괴로움을 생각해 깊이 슬피 여김[悲]을 일으켜 그 괴로움을 빼내주는 것이다. 이 마음을 생각해 선정에 들면 슬피 여김과 서로 응한다.

사랑[慈]이란 중생이 즐거움 얻는 것을 생각함이니, 이 마음을 생각해 들어가면 사랑의 선정[慈定]과 서로 응하게 된다.

기쁨의 마음[喜心]은 중생이 즐거움 얻는 것을 생각해 큰 기쁨을 내는 것이니, 이 마음을 생각해 들어가면 기쁨의 선정[喜定]과 서로 응한다.

버림의 마음[捨心]은 사랑하고 미워하는 생각을 버리고 평등한 살핌에 머무는 것이니, 이 마음을 생각해 들어가면 버림의 선정[捨定]과 서로 응하게 된다.

이 네 선정을 얻으면 모든 중생에 대해 성냄이 따라나올 수 없게 된다. 아래에 다시 널리 말하겠다.

넷째는 인연임을 살핌이다.

만약 삿된 뒤바뀜[邪倒]을 붙잡아 생각하면 반드시 인연의 살핌을 써서 다스려야 한다.

아비다르마(abhidharma)는 열여덟 법의 영역을 방편으로 해서 [界方便] 존재[我]를 깨뜨린다.

지금 인연 살핌으로 나[我]를 깨뜨림은 삼세의 끊어짐[斷]과 항상함[常]을 깨뜨리고 과거·현재 두 세상[二世]의 나를 깨뜨린다.

한 생각으로 자기성품을 깨뜨려서 이 선정이 이루어지면 곧 진리의 살핌과 응해 니르바나의 문을 도와 열게 된다.

다섯째는 붇다의 모습 생각해 살핌이다.

만약 잠이 도를 장애해 죄가 일어나면 곧 붇다의 모습 생각하는 살핌을 써서 다스려야 한다. 응신 붇다의 모습 없는 모습[應佛無相之相]을 생각해 모습 생각함이 분명하면 도를 장애하는 죄 깨뜨리고 시방 붇다를 보아 진리의 살핌과 서로 응해[與理相應] 니르바나의 문을 열게 된다.

천태선사는 디야나파라미타를 말하면서 대치하는 다섯 문[五門]을 통해 대치함 속에서 지혜의 방편이 있으면 곧 대치의 살핌 가운데 실상의 살핌이 함께하여 니르바나의 문에 들어서게 된다고 말한다.

색계·무색계의 근본 여덟 선정도 마찬가지다. 여덟 선정은 있음에 가린 범부를 대치하는 선정이므로 범부선이라 하지만, 이 가운데서 머물 모습과 공함이 없음을 바로 보고, 대치하는 선정의 경계에도 얻을 것이 없음을 바로 볼 수 있다면 범부선 가운데서 마하야나를 이룰 수 있다.

곧 선정의 맛[禪味]을 탐착하면 보디사트바의 묶임[菩薩縛]이 되지만, 선정에서 선정의 경계까지 공한 줄 알아 선정의 경계에 머물지 않으면, 머묾 없는 선정이 곧 프라즈냐파라미타(prajñā-pāramitā, 般若波羅密)의 바탕이 되기 때문이다.

비구여, 어찌 선정 속 느낌[覺]과 살핌[觀]에 빠져
바른 선정 닦지 못하는가

이와 같이 내가 들었다.

한때 붇다께서는 슈라바스티 국 제타 숲 '외로운 이 돕는 장자의 동산'에 계셨다.

그때 어떤 비구가 코살라 국 사람 사이에 있으면서 한 숲 가운데 머물며 낮 사마디에 들었다가, 바르지 못한 사유를 일으켰다.

그때 그 숲속에 머물고 있던 하늘신이 이렇게 생각하였다.

'이것은 비구의 법이 아니다. 낮 사마디에 들었다가 바르지 못한 사유를 일으키고 있다.'

하늘신이 바른 선정 닦도록 깨우쳐줌

'내가 지금 가서 잘 깨우쳐주어야겠다.'

그때 그 하늘신이 곧 게송을 말하였다.

> 어찌하여 바르지 않은 사유로
> 느낌과 살핌으로 자고 먹는 것인가.
> 반드시 바르지 않은 생각 버리어
> 오롯이 바른 선정 닦아야 한다.

> 붇다와 다르마와 상가를 높이 받들고

스스로 깨끗한 계율 지니어
늘 따라 기뻐하는 마음을 내고
기쁘고 즐겁게 더욱 정진해가라.
마음이 즐겁고 즐거워 기뻐하므로
괴로움의 끝을 빨리 마쳐 다하리.

그때 그 하늘신이 게송을 말해 권해 깨우치자, 그 비구는 사유에
오롯이 정진하여 모든 번뇌를 다하고 아라한을 얻었다.

• 잡아함 1334 부정경(不正經)

• 해설 •

선정의 사유 속에 느낌과 살핌이 많다는 것은 생각이 흩어져 움직임[散
動]이니, 그 움직임이 그치지 않으면 바른 선정의 사유가 되지 못한다.

경계에 대한 느낌과 살핌이 사라져 고요한 곳에서 지혜의 밝음이 현전
할 때 경계를 받아들이되 받을 경계가 없는[受而無受] '바르게 받음'[正受,
samādhi]이 있고, 경계를 알되 앎이 없는[知而無知] 바른 선정[dhyāna]이
있게 되는 것이다.

생각이 흩어지면 다시 붇다와 다르마와 상가에 깊이 귀의하고, 깨끗한
계로 여섯 아는 뿌리를 잘 보살펴 지니며, 자비의 마음 · 늘 기뻐하는 마음 ·
평정한 마음으로 그 마음을 다스려 가면 흩어져 움직임이 다하고 괴로움이
다하리라 하늘신이 깨우쳐준다. 그러니 그 하늘신이 어찌 하늘신일 것인가.

그가 선지식인 하늘신이고 이미 바른 사마디에 들어 하늘의 몸에도 집착
없는 크나큰 장부[大丈夫, mahāsattva]이리라.

어찌 빈 들에서 들리는 소리에 그 마음 흔들리는가

이와 같이 내가 들었다.

한때 붓다께서는 슈라바스티 국 제타 숲 '외로운 이 돕는 장자의 동산'에 계셨다.

그때 어떤 비구가 코살라 국 사람 사이에 있으면서 한 숲 가운데 머물며 낮 사마디에 들었다.

그때 그 비구는 한낮에 즐겁지 않은 마음이 생겨 게송을 말하였다.

오늘 지금 한낮의 때라
뭇 새들도 고요히 잠잠한데
빈 들에 갑자기 소리가 있어
내 마음을 놀라 두렵게 하네.

그때 그 숲속에 살고 있던 하늘신이 게송을 말하였다.

오늘 지금 한낮의 때라
뭇 새들도 고요히 잠잠한데
빈 들에 갑자기 소리 있으니
그대의 마음은 즐겁지 않네.
그러나 즐겁지 않음 반드시 버려

사마디 닦기 오롯이 즐거워하라.

그때 그 하늘신이 게송을 말해 이렇게 그 비구를 깨우치자, 그 비구는 사유에 오롯이 정진하여 번뇌를 다하고 아라한을 이루었다.

• 잡아함 1335 차일중경(此日中經)

• 해설 •

갑자기 시끄러운 소리의 경계에 왜 그 마음이 고요한 사마디가 되지 못하는가.

저 소리가 인연으로 난 소리라 공하여 주인이 없는 줄 모르므로 듣는 소리에 그 마음이 묶여 놀란 것이니, 듣는바 소리가 소리 아닌 줄 알면 소리 듣는 마음에 마음이 사라진다.

마음에 머물 마음 없되 마음 없음도 없으면, 늘 기쁜 마음·지혜의 마음·자비의 마음이 끊어지지 않으니, 하늘신의 깨우치는 뜻이 여기에 있다. 그러므로 사문의 행은 겉으로 밥 빌고 누더기 입고 좌선하는 모습 짓는 데 있는 것이 아니라, 스스로 실상을 통달하여 사마디의 고요함과 지혜의 밝음이 늘 함께하는 데 있으니, 경은 이렇게 다시 가르친다.

온갖 모든 법 가운데는
인연이라 공해 주인 없도다.
마음 쉬어 본원을 통달한다면
그를 사문이라 이름하도다.

一切諸法中　因緣空無主
息心達本源　故號爲沙門

일어나라 비구여, 잠 속에 빠지지 말고
늘 선정 닦으라

이와 같이 내가 들었다.

한때 붇다께서는 슈라바스티 국 제타 숲 '외로운 이 돕는 장자의 동산'에 계셨다.

그때 어떤 비구 코살라 국 사람 사이에 있으면서 한 숲 가운데 머물고 있었다. 그는 몸이 아주 피곤하여 밤에 깊은 잠에 빠져 있었다.

하늘신이 잠에 빠진 비구에게 선정 닦도록 깨우쳐줌

그때 하늘신이 있어 그 숲 가운데 머물고 있었는데, 하늘신이 그를 깨우쳐주려고 게송을 말하였다.

일어나야 한다. 일어나라 비구여.
어찌하여 깊은 잠에 빠져 있는가?
잠에 빠져 무슨 뜻이 있겠는가.
선정 닦고 깊은 잠에 빠지지 마라.

그때 그 비구가 게송으로 대답했다.

그렇지 않고 싶지만 어찌하리.
게으르고 닦는 방편은 적으며

삶의 인연 다해 네 팔다리 야위어
밤이면 깊은 잠에 빠지게 되네.

그때 그 하늘신이 다시 게송을 말하였다.

그대 반드시 마음을 잡아 지키어
소리를 크게 하여 외치지 마라.
그대는 이미 한가함을 닦았으니
그것을 물리어 없애지 마라.

그 비구가 게송으로 대답했다.

나는 반드시 그대 말을 따라서
부지런히 정진해 방편 닦아서
저 깊은 흐름과 잠이 내 마음을
자주자주 덮지 못하게 하리라.

그때 그 하늘신은 이와 같이 그 비구를 깨우쳐주었다.
이때 그 비구는 방편에 오롯이 정진하여 모든 번뇌를 끊고 아라한
을 얻었다.

**아라한 이룬 비구가 선정으로 얻은 세 가지 밝음을
하늘신에게 말하여 서로 찬탄함**
그때 그 하늘신이 다시 게송을 말하였다.

그대 어찌 스스로 일어나게 되어
오롯이 방편에 부지런히 정진해
뭇 마라의 군사들이 그대 싫어해
잠들게 하지 못하도록 했는가.

그 비구가 게송으로 대답했다.

오늘부터 반드시 이레 밤 동안
늘 앉아서 바르게 사유한다면
그 몸에 기쁨과 즐거움이 생겨
한 곳도 차지 않음이 없게 되리.

초저녁에 오랜 목숨의 일 살피어
한 밤에 하늘눈이 깨끗해지고
새벽에는 무명을 없애 다하여
중생의 괴로움과 즐거움 보며
위 가운데 아래 여러 무리 모습과
좋은 빛깔과 나쁜 빛깔을 보고
무슨 업의 인연으로 이 갚음 받는지
그 모든 것 환히 밝게 알게 되리라.

만약 어떤 사람이 지은 것에서
지은 것을 도로 스스로 보게 되면
착한 자는 그 착한 일을 보게 되고

악한 자는 스스로 악한 일 보리.

그때 그 하늘신은 다시 게송을 말하였다.

　나는 앞서의 비구 열네 사람들
　그 모든 이들을 알고 있으니
　그들은 모두 스로타판나로서
　다 선정 사마디 얻은 이들이었네.
　이 숲 가운데 와서 머물러 살며
　반드시 아라한의 과덕 얻게 되리.

　그대 홀로 게을러서 반듯이 누워
　깊은 잠에 빠져 있는 것을 보고서
　범부에 머무르지 않게 하려고
　방편으로 그대 깨우쳐준 것이네.

그때 그 비구가 다시 게송을 말하였다.

　좋은 말이오, 그대 하늘신이여.
　바른 뜻으로 나를 편히 위로하고
　지성으로 열어 깨우침을 보여서
　내가 모든 흐름 다하도록 하였네.

그때 그 하늘신이 다시 게송을 말하였다.

비구는 반드시 이와 같아야 하니
믿음으로 집 아닌 데로 집을 나와
어리석음 안고 집을 나왔으나
견해가 깨끗해짐 얻게 되었네.

나는 지금 바른 법을 거두어 받아
반드시 목숨 다하도록 살피리니
만약 그대 병들어 아플 때에는
내가 반드시 좋은 약을 주리라.

그때 그 하늘신은 이 게송을 설한 뒤에 이내 사라지더니 나타나지
않았다.

• 잡아함 1346 수면경(睡眠經)

• 해설 •

낮에는 온갖 번뇌로 그 뜻이 어지럽게 흩어지고 밤에는 깊은 잠에 빠져
있으면, 번뇌의 흐름과 캄캄한 잠의 덮음[睡眠蓋]이 그 사람의 밝은 지혜를
덮어 무명의 깊은 잠에서 길이 깨어나지 못하게 할 것이다.

몸과 아는바 세계가 곧 공한 줄 보면 아는 마음에 앎이 끊어져 고요하고,
앎이 끊어져 고요하되 그 고요함에도 머물지 않으면 시끄러움 속에서 시끄
러움이 없고 고요함 속에서 고요함도 보지 않는다.

움직임과 고요함 두 모습이 또렷이 나지 않으면[動靜二相了然不生] 낮
에는 늘 알되 고요하며 밤에는 잠의 덮음을 깨뜨려 고요하되 밝은 모습이
현전할 것이다. 그리하여 낮에는 반야지혜로 앎이 없이 알고 밤에는 온갖
모습이 있되 공한 니르바나의 평상에서 쉼이 없이 쉬면, 밤과 낮이 늘 선정

의 한 모습이 되고, 움직이고 고요함이 늘 반야의 한 모습이 될 것이다.

이와 같이 지혜인 사마디와 사마디인 지혜를 성취한 사람은 일하고 쉬며 말하고 잠잠함이 늘 나가(Nāga)의 크나큰 선정[那伽大定]을 떠나지 않을 것이니, 그가 누구인가. 위없는 스승 붇다가 그분이고, 붇다의 길 따라 밟아 가는 보디사트바가 그 사람이고, 세간의 복밭 아라한이 그 사람일 것이다.

영가선사는 낮과 밤 가고 옴에 늘 나가의 선정에 머물러 온갖 관계의 그물과 견해의 바다 건넌 참사람의 모습을, 다음과 같이 노래한다.

가는 것도 선정이고 앉는 것도 선정이니
말하고 잠잠하고 움직이고 고요함에
삶의 바탕 언제나 편안하네.

行亦禪　坐亦禪　語默動靜體安然

사대를 놓아버리고 붙잡지 말며
고요한 성품 가운데 뜻따라 먹고 마시라.
온갖 행이 덧없어서 온갖 것이 공하니
이것이 곧 여래의 크고 두렷한 깨달음이네.

放四大　莫把捉　寂滅性中隨飮啄
諸行無常一切空　卽是如來大圓覺

6) 지혜 파라미타

• 이끄는 글 •

사마타(śamatha)일 때 비파사나(vipaśyanā)가 드러나고 비파사나
일 때 사마타의 고요함이 함께하니, 사마타인 비파사나를 프라즈냐
(prajñā, 智慧)라 한다. 비파사나인 사마타일 때 아는 마음과 경계가
다 고요하고[境智俱寂], 사마타인 비파사나일 때 알되 앎이 없이 아
는 지혜가 현전하고, 지혜인 법계의 실상이 현전한다[境智俱現].

'지혜의 실상'[智實相]에서 보면 경계와 아는 지혜가 모두 공한
곳에서, 경계 아닌 경계와 지혜 아닌 지혜가 현전하는 것이 반야의
지혜이니, 온갖 지혜의 분별을 세울 수 없다.

그러나 병통을 없애가는 방편과 닦아감의 지위에서 보면 사제법
을 듣고서 깨친 성문의 지혜[聲聞智], 연기법을 사유해 깨친 프라테
카붇다의 지혜[緣覺智], 위없는 붇다의 지혜[佛智]가 분별된다.

『법계차제초문』은 말한다.

> 여섯째 프라즈냐파라미타(prajñā-pāramitā)이니, '프라즈냐'[般
> 若]는 여기 말로 '지혜'이다. 온갖 모든 법에 얻을 바 없음을 밝게
> 비추어 온갖 것을 통달하여 걸림이 없음을 '지혜'라 한다.
>
> 지혜에는 세 가지가 있으니, 첫째는 성문의 지혜요 둘째는 프라
> 테카붇다의 지혜요 셋째는 붇다의 지혜이다.

첫째 성문의 지혜를 구함에도 세 가지가 있으니, 배워감[學]·배움 없음[無學]·배움도 아니고 배움 없음도 아님[非學非無學]이다. 배워감의 지혜란, 마른 지혜의 지위[乾慧地]·깨끗하지 않다는 살핌[不淨觀]·아나파나의 살핌[ānāpāna smṛti, 呼吸觀]·욕계의 묶임 속 네 곳 살핌[欲界繫四念處]·따뜻한 법[暖法]·꼭대기의 법[頂法]·참음의 법[忍法]·세간에 으뜸가는 법[世第一法] 등이다.

배움 없는 지혜는 괴로움의 법을 알아 참는 지혜[苦法忍慧] 나아가 아라한, 아홉째 사이 없음 가운데[第九無間中] 금강 사마디의 지혜[金剛三昧慧]이다.

배움도 아니고 배움 없음도 아님은 아라한의 아홉째 해탈의 지혜 이 뒤를 말한다. 온갖 배움 없음인 다함의 지혜[盡智]·남이 없음의 지혜[無生智]와 같은 것 등이 성문의 지혜이다.

프라테카붇다의 길[緣覺道] 그 지혜를 구하는 것 또한 이와 같다. 다만 샘이 없는 착한 뿌리가 온전히 무르익어 비록 붇다 계시지 않은 때에 태어나더라도, 남으로부터 듣지 않고 저절로 깨달아 선정을 얻어 삼계의 번뇌가 다한다. 그리하여 세 가지 밝음·여섯 신통 등의 공덕은 성문보다 조금 더 뛰어나니, 이것이 프라테카붇다의 지혜이다.

또 이 십이인연(十二因緣)으로 살피어 지혜가 깊고 날카로워 번뇌의 익힌 기운을 없앨 수 있으므로 성문보다 뛰어나다. 성문은 사제(四諦)의 살피는 문을 따라 번뇌를 끊으니 이 점이 다르다.

붇다의 길[佛道] 그 지혜를 구함은 보디사트바가 처음 마음 냄으로부터 여섯 파라미타를 행하여 마라 군대 무리와 여러 번뇌를 물리치고 일체지를 얻어 붇다의 도를 이루고 나아가 남음 없는 니르바나에 드는 것이다.

그리하여 '본원의 힘'[本願力]을 따라, 이 가운데 있는 지혜의 모습 모음[總相]과 모습 가름[別相] 그 온갖 것을 다 아니, 이것이 바로 붇다의 지혜이다. 보디사트바가 곧고 깨끗한 마음으로써 이 세 가지 지혜를 닦으므로 프라즈냐라 한다.

파라미타는 이름을 옮기면 앞과 같다. 만약 보디사트바가 닦는 바 지혜를 좇아 다섯 마음[五種心]을 갖출 수 있으면 이때 프라즈냐는 파라미타가 되는 것이다.

무엇이 다섯인가. 첫째는 지혜의 실상[智實相]을 사무쳐 아는 것이니, 실상은 경계도 아니고 지혜도 아니어서[非境非智] 마음에 얻는 바가 없지만, 삼승의 지혜와 온갖 세간의 지견을 두루 배울 수 있다. 나머지 자비의 마음을 일으킴, 원을 냄, 회향, 방편을 갖춤, 이 네 가지 마음은 다나(dāna, 布施) 가운데서 분별한 것과 같다.

보디사트바가 이와 같이 닦는바 지혜 가운데서 이 다섯 마음을 갖출 수 있어 얻는바 지혜를 따라 원인의 행[因行] 가운데서 과덕(果德)을 말하면 다 파라미타의 세 뜻을 갖추게 된다.

이 때문에 보디사트바가 닦는바 지혜를 다 프라즈냐파라미타를 행함이라 한다. 만약 위없는 보디의 깨달음의 과덕에 이르르면 바야흐로 이 프라즈냐파라미타를 갖추어 이루는 것이다.

아는 마음은 경계인 마음인데 경계가 공한 줄 깨달을 때 아는 지혜가 앎 없는 앎이 되어 지혜에도 얻을 것이 없고 경계에도 취할 것이 없게 된다. 이처럼 지혜도 없고[無智] 얻음도 없을 때[無得], 비로소 지혜는 얻음 없이 니르바나의 덕을 갖춰 얻는 프라즈냐파라미타가 된다.

대치의 살핌[對治觀]인 비파사나에서도 살피는 바의 병통이 다하고 살핌의 약이 다하면 비파사나가 사마타인 비파사나가 되는 것이다. 실상을 바로 보는 살핌[實相觀]에서도 살펴야 할 바에 실로 알 것이 없는 줄 깨달으면 비파사나의 살핌이 사마타인 살핌이 되고 파라미타인 지혜가 된다.

『마하지관』은 다시 말한다.

만약 위와 같이 닦아도 들어가지 못하면 그것의 방편이 맞지 않았을 것이다. 그러면 반드시 스스로 진리의 살핌[理觀] 가운데 네 곳 살핌[四念處]·지혜의 뿌리[慧根]·지혜의 힘[慧力]·법 가림과 기쁨의 깨달음 법[擇喜覺分]·바른 견해[正見]·바른 사유[正思惟]가 갖추어져 있음을 사유해야 한다. 이와 같은 열 가지 법[如是十法]은 프라즈냐파라미타에 거두어지는 것[智度所攝]이니, 이것이 진리의 살핌이다.

이런 이해가 밝지 못하다면 과거·현재 두 세상의 어리석어 미혹하고 치우침이 정신을 어둡게 덮기 때문인 것이다.

그러므로 사마디가 나타나지 않게 한 것이니 반드시 고쳐 바꾸어 큰 서원을 일으켜서 사법의 살핌[事觀]을 밝게 하여, '몸이 깨끗하고 느낌이 즐겁고 마음이 항상하고 법이 내가 있다'는 네 가지 뒤바뀜[四顛倒]을 깨뜨려야 한다.

(중략)

만약 네 곳[四處]에 네 가지 살핌[四觀]을 닦으면 네 가지 뒤바뀜을 깨뜨려 도의 마음[道心]이 솟구쳐 일어날 것이다.

그러나 그와 같이 살피는 것은 큰 두려움을 내 원수에게 쫓김 같고, 원수의 나라를 배반하는 것 같으며, 험한 길 가는 것과 같아서 생각생각 두루 두려워 벗어날 길을 구하기만 한다.

마치 노루가 사냥꾼이 에워싼 소리만 들어도 놀라서 달아나는 듯하니, 비록 물의 풀이라도 만난들 어느 틈에 마시고 씹을 것인가.

뜻은 오직 어려움을 벗어난 데만 있으니 성문(聲聞)이 이와 같다.

만약 사슴이 에워쌈을 뚫고 조금 어려움을 벗어나면 내달리다 또 돌아보며 슬피 울고 목메어 외치며 본래 함께했던 무리를 아프게 그리워한다.

그러니 비록 머뭇거리며 쫓은들 다시 무슨 이익이 있겠는가. 기운을 갈라 소리를 삼키고 슬픔을 안고 앞으로 나아가니 프라테카붇다[緣覺]가 이와 같다.

프라테카붇다의 살핌에서는 스스로 나고 죽음을 벗어나, 중생을 슬피 여겨 생각하여 비록 슬퍼하고 아프게 여기어도 건져 빼낼 수 없다.

만약 큰 코끼리왕이라면 비록 사냥꾼이 에워쌈을 들어도, 차마 홀로 가지 않고 스스로 힘이 큰 것을 알고서는 칼과 화살을 견디어 막아 그 새끼들을 지켜 보살펴서 무리를 안온케 하고 다쳐 해입지 않도록 하니 보디사트바가 이와 같다.

덧없음[無常]과 나 없음[無我]의 여러 살핌이 밝아질 때 나고 죽음에 대해 무섭고 두려워하는 간절한 마음이 물과 불을 밟는 듯하지만, 또 자비를 일으킴이 어미가 새끼를 생각하는 것과 같다.

보디사트바는 이렇게 생각할 것이다.

'중생이 어두워서 괴로움의 불을 알지 못하는데 내가 지금 어떻게 그 중생을 버리고 홀로 갈 것인가. 나고 죽음을 편히 견디어[安耐生死] 지혜의 방편으로 교화해 무르익도록 해 건널 인연을 얻게 하리라.'

스스로의 공덕의 법신과 지혜의 목숨이 더욱 늘어나 자라 인연의 기틀이 무르익으면 곧 도량에 앉아 붇다를 이룰 것이다.

그렇게 되면 중생과 같이 삼계를 벗어나 저 큰 코끼리가 스스로와 남을 함께 편안히 함과 같다.

만약 작은 코끼리 새끼라면 비록 칼과 화살을 막는다 해도 반드시 맞는 것이 있게 되어 스스로와 남에 이익이 없다.

'첫 마음의 보디사트바'는 나고 죽음에 들어가려고 하나, 나고 죽음이 닿게 되면 착한 뿌리를 잃고 물리며 법의 몸을 깨뜨린다. 비록 그렇지만 큰 자비의 마음을 내는 공덕은 찬탄해야 한다.

그러므로 보디사트바는 비록 나고 죽음을 두려워하나 늘 착함의 바탕을 구해 중생을 짊어지는 것이 이승(二乘)과는 같지 않다.

비록 나고 죽음에 머물러도 다섯 욕망을 탐착하지 않고 다만 겸하여 건지려 하니 범부와 같지 않다.

경은 말한다.

"조복함에도 머물지 않고[不住調伏] 조복하지 않음에도 머물지 않는다[不住不調伏]. 비록 나 없음을 알아도 사람들을 가르쳐 들어가게 하는 것에 게으르지 않으며, 비록 니르바나를 알지만 길이 니르바나에 들지 않으며, 비록 깨끗하지 않음을 알지만 싫어해 떠남을 말하지 않는다."

위 경의 말씀이 바로 이 뜻이다.

여섯 파라미타의 공덕의 착한 바탕을 많이 닦는 것은 마치 양의 몸이 살찐 것과 같다.

부지런히 덧없음을 닦아 모든 악업 무너뜨려도 늘 늑대의 두려움을 받는 것은 마치 양에 기름기 없는 것과 같다.

이것을 '사법의 프라즈냐를 닦는 모습'[修事般若相]이라 하니, 스스로 행하고 남을 교화해 법을 찬탄하고, 찬탄하는 이를 찬탄하여 시방 붇다를 불러서 증명을 삼고 건져줌을 삼으면, 모든 붇다들이 위신의 힘을 더해 장애를 떠나 해탈할 것이다.

그러면 네 가지 열 지혜[四種十慧]와 서로 응하게 되니, 이것이 사법의 지혜의 기름[事油]이 도의 밝음[道明]을 늘려주는 것이라 한다.

천태선사에 의하면 대치의 살핌을 통해 집착의 병을 깨뜨리고서 대치의 살핌을 다시 취하게 되면 나고 죽음의 두려움과 놀라움을 벗어날 수 없다. 이것은 살찐 양이 몸에 기름기가 없어도 늘 늑대의 두려움을 이길 힘이 없는 것과 같다.

그러나 집착의 병과 살핌의 약이 함께 사라지면 그 비파사나가 사마타인 비파사나가 되어 지혜의 파라미타가 되고 사법의 지혜 가운데 진리의 살핌이 함께하여 원인 가운데서 해탈의 과덕을 말할 수 있게 된다.

원인과 결과가 서로 통한 보디사트바의 지혜는 번뇌 조복함에도 머물지 않고 번뇌 조복하지 않음에도 머물지 않는다. 곧 보디사트바는 진리의 살핌으로 번뇌가 공해 조복할 것이 없음을 알지만, 조복하지 않음에도 머물지 않는다.

그러므로 사법의 살핌과 온갖 대치의 살핌을 버리지 않고 번뇌를 돌이켜 프라즈냐에 돌아가니, 보디사트바의 프라즈냐는 닦음이 없되 닦지 않음도 없어서[無修而無不修] 사법의 기름이 늘 도의 밝음을 늘려주는 것이다.

서른일곱 실천법의 이름이 많아도 그 닦음에 닦음 없는 닦음인 줄 알고, 저 여섯 파라미타의 이름이 여섯 가지 열 가지로 분별되지만 낱낱 행이 진여법계의 행인 줄 알면, 서른일곱 실천법의 행과 온갖 파라미타가 다 마하야나가 되고 가장 높은 지혜와 선정이 되는 것이다.

『마하지관』은 온갖 법에 있음[有, 緣起]과 없음[無, 空], 있음도 아니고 없음도 아님[非有無, 中]의 뜻이 있으니, 서른일곱 실천법도 실로 닦는 모습을 떠나 닦으면 상승(上乘)의 행이 되고, 높은 수행도 닦는 모습이 있으면 마하야나가 될 수 없음을 다음과 같이 말한다.

위에서 보인 바와 같이 서른일곱 실천법과 여섯 파라미타가 닦음 없는 닦음인 줄 알면, 곧 실천법[道品]에 나아가 여섯 파라미타를 닦음이라 여섯 파라미타와 실천법이 서로 같다.

다나가 곧 파라미타면 네 곳 살핌도 마하야나라 다나파라미타와 실천법이 둘이 없고 다름이 없으니 닦음에 실로 얻을 것이 없기 때문이다.

모든 법을 모두 살펴서 실천행에 이익 없으면 서로 깨뜨림이 있는 것이고, 실천행에 이익 있으면 서로 같이 닦음이 있는 것이다.

진리를 잡아보면 서로 같음[相卽]이 있는 것이나, 만약 사제 십이 인연의 있음과 없음, 있음도 아니고 없음도 아님으로 온갖 법에 널리 거쳐 보면 다 이 세 가지[三番, 有·無·非有無]가 있는 것이다.

만약 이 뜻을 얻으면 자재하게 말할 수 있는 것이다.

다섯 힘 다섯 뿌리 등 실천법을 통해서 법의 진실을 보면 차제적인 실천법이 마하야나의 길이 됨을, 영가선사의 「증도가」는 이렇게 노래한다.

다섯 눈 깨끗이 하고 다섯 힘을 얻음은
깨달아야 알 수 있어 헤아릴 수 없어라.
거울 속 모습 봄은 보는 것 어렵지 않으나
물 가운데 달 잡으려면 어찌 잡겠는가.

淨五眼 得五力 唯證乃知難可測
鏡裏看形見不難 水中捉月爭拈得

동안선사(同安禪師) 또한 이렇게 노래한다.

만법이 다할 때에 전체가 드러나니
세 수레 곳을 나눔 거짓 이름을 둠이네.
장부에게 스스로 하늘 뚫을 뜻 있으니
여래께서 가는 곳도 향해 걷지 말아라.

萬法泯時全體現 三乘分處假安名
丈夫自有衝天志 莫向如來行處行

비구여, 지혜로운 사람은
나와 내 것의 집착 멀리 떠나니

이와 같이 내가 들었다.

한때 붓다께서는 슈라바스티 국 제타 숲 '외로운 이 돕는 장자의 동산'에 계셨다.

그때 어떤 비구가 코살라 국에 있으면서 어떤 숲 가운데 머물며 낮 사마디에 들었다가, 마음에 좋지 못한 느낌을 일으켜 나쁜 탐욕에 의지하였다.

그때 그 숲속에 살고 있던 하늘신이 이렇게 생각하였다.

'이것은 비구의 법이 아니다.

숲 가운데 머물면서 낮 사마디에 들었다가 마음에 좋지 못한 느낌을 일으켜 나쁜 탐욕에 의지하고 있다. 내가 지금 가서 열어 깨우쳐 주겠다.'

선정 닦다 나쁜 생각 일으킨 비구를 하늘신이 깨우침

그때 그 하늘신이 곧 게송을 말하였다.

그 마음이 멀리 여의고자 하여
비어 한가한 숲에 머물면서도
마음놓아 바깥 경계를 따라서
어리석은 생각이 흘러 치닫네.

세간 즐기는 마음을 조복하면
늘 즐거워 마음이 해탈하나니
참으로 즐거운 해탈의 마음이 아닌
탐욕의 즐거움을 반드시 버려
안락하게 머묾을 굳게 받으라.

바른 생각 아닌 그릇됨을 사유해
나와 내 것에 집착하지 말아라.
티끌이 머리를 물들임과 같아서
이 집착은 아주 버리기 어려우니
즐거움에 물들어 집착하여서
욕심에 흐려 어지럽게 말며
사카씨의 달리는 코끼리처럼
티끌의 더러움 빨리 떨쳐버리라.

비구는 스스로의 몸 가운데서
바른 생각으로 티끌의 때 없애라.
티끌이란 탐욕을 말한 것이라
세간의 티끌 먼지 말함 아니니
슬기롭고 밝은 지혜 있는 사람은
그 여러 티끌들을 반드시 깨쳐
여래의 바른 법과 율에 의해서
바른 마음 지니어 방일치 마라.

티끌이란 성냄을 말한 것이라
세간의 티끌 먼지 말함 아니니
슬기롭고 밝은 지혜 있는 사람은
그 여러 티끌들을 반드시 깨쳐
여래의 바른 법과 율에 의해서
바른 마음 지니어 방일치 마라.

티끌이란 어리석음을 말한 것이라
세간의 티끌 먼지 말함 아니니
슬기롭고 밝은 지혜 있는 사람은
그 여러 티끌들을 반드시 깨쳐
여래의 바른 법과 율에 의해서
바른 마음 지니어 방일치 마라.

그때 그 하늘신이 이 게송을 말하고 나자, 그 비구는 그 말을 듣고 사유에 오롯이 정진하여 모든 번뇌의 마음을 끊고 아라한을 얻었다.

• 잡아함 1333 원리경(遠離經)

• 해설 •

경계는 마음인 경계이고 마음은 경계인 마음이니, 바깥 경계에 실로 알 것이 있고 볼 것이 있다고 집착하면 중생의 마음은 경계에 물든 마음이 된다.

마음이 경계에 물들면 바로 탐냄·성냄·어리석음의 때를 일으키게 되니, 아는바 경계가 공한 줄 알면 아는 마음이 앎 없는 마음이 되어 탐냄·성냄·어리석음의 때 벗어난다.

지혜로 나와 내 것이 공한 줄 알아 나와 내 것의 실로 있음에 머물지 않으면, 그 마음이 모습에 머묾 없되 모습 없음에도 머물지 않아 '넓고 큰 마음'[廣大心]이 되고 '널리 베푸는 마음'[布施心]이 된다. 그러므로 지혜의 파라미타가 눈[眼]이 되어 다섯 파라미타를 이끌어서[般若導五波羅密] 닦아 행하는 이를 해탈의 저 언덕에 이르게 하는 것이다.

경계에 취할 모습이 없음을 깨달아 나와 내 것 사라지면 지혜가 안과 밖에 환히 밝아 만 가지 파라미타를 이끄는 것이니, 영가선사의 「증도가」는 말한다.

마음거울 밝아서 그 비춤 걸림 없음이여.
툭 트이고 환히 사무쳐 티끌세계 두루하네.
만 가지 모습 온갖 것들 그림자로 나타나니
한 알의 둥근 빛은 안과 밖이 아니로다.

心鏡明　鑒無礙　廓然瑩徹周沙界
萬象森羅影現中　一顆圓光非內外

값할 수 없는 보배 그 씀이 다함없음이여
중생 이롭게 하고 기틀 응함 끝내 아낌없네.
세 몸과 네 지혜 바탕 가운데 두렷하고
여덟 해탈 여섯 신통 마음 땅 도장이네.

無價珍　用無盡　利物應機終不吝
三身四智體中圓　八解六通心地印

쉼에만 치우치지 말고 평등하고
바르게 깨달아야 하나니

이와 같이 내가 들었다.

한때 붙다께서는 슈라바스티 국 제타 숲 '외로운 이 돕는 장자의 동산'에 계셨다.

그때 어떤 비구가 코살라 국 사람 사이에 있으면서 한 숲 가운데 머물며, 오직 계 지니기만 좋아하고 공덕을 늘리고 키워 위로 오르지는 못했다.

때에 그 숲속에 살던 하늘신은 이렇게 생각하였다.

'이것은 비구의 법이 아니다.

숲 가운데 살면서 다만 계율 지니기만 좋아하고 공덕을 늘리고 키워 위로 오르지는 못한다.

지금 내가 방편을 지어 그를 깨우쳐주어야겠다.'

계율 지니며 쉼에만 집착하는 비구를 하늘신이 깨우쳐줌

곧 게송을 말하였다.

한결같이 계율만을 받아 지니고
많이 들음만을 닦아 익히지 말라.
홀로 고요히 선정 사마디 익혀
한가히 머물며 멀리 떠남 닦으라.

비구가 치우쳐 쉼에만 의지하면
흐름 다함을 끝내 얻지 못하리.
평등하고 바른 깨달음의 즐거움
범부의 무리들을 멀리 떠나서
범부 무리 기쁨과는 아주 다르네.

때에 비구는 하늘신의 권함을 받은 뒤에, 사유에 오롯이 정진하여
모든 번뇌를 끊고 아라한을 얻었다.

• 잡아함 1341 비비구법경(非比丘法經)

• 해설 •

온갖 존재는 있되 공하고 공하되 있음 아닌 있음으로 있다. 그러므로 온
갖 존재가 공함만을 집착해 오직 쉬어 그침만을 닦고 고요함에만 머물면,
다시 티끌 수 모래알 같은 존재의 변화가 다시 모두 마음의 장애가 된다.

사마타의 고요함이 비파사나인 고요함이 되어야 공에 머묾 없이 온갖
존재의 변화를 살펴 방편으로 인연 따르되 늘 고요함[方便隨緣止]이 될 수
있다.

공을 공으로 집착함이 다시 존재의 변화를 실체화하는 허물이 되는 것이
니, 있음에서 있음을 벗어나고 없음에서 없음을 벗어나는 자가 바로 '쉼과
살핌을 함께해'[止觀俱行] 참된 지혜의 파라미타를 이룰 수 있는 것이다.

『화엄경』(「보살문명품」菩薩問明品) 또한 위 경의 가르침과 같이 많이 듣
기만 하고 선정과 지혜에 나아가지 못하는 이들을 다음과 같이 경책한다.

어떤 사람이 약방문을 잘 알아도
스스로의 병을 건질 수 없음과 같이
여래의 법 힘써 닦아 행하지 않고

많이 듣기만 하는 이 또한 그러네.

如人善方藥　自疾不能救

於法不修行　多聞亦如是

어떤 사람이 남의 보배를 세어도

스스로는 반 푼의 돈도 없는 것같이

여래의 법 힘써 닦아 행하지 않고

많이 듣기만 하는 이 또한 그러네.

如人數他寶　自無半錢分

於法不修行　多聞亦如是

　또 「보살문명품」은 중생의 지혜 없는 선정과 선정 없는 지혜의 병 따라, 세간의 큰 인도자께서 그 병을 고치기 위해 때로 그치어 쉼[śamatha]을 보여주고 때로 지혜의 살핌[vipaśyanā] 보여주는 것을 다음과 같이 말한다.

지혜와 행 모두 갖추신 이는

뜻이 어지러우면 선정 찬탄하고

어리석으면 지혜를 찬탄하며

어질지 못하면 큰 사랑을 찬탄하고

성내어 해치면 가엾이 여김 찬탄하네.

亂意讚禪定　愚癡讚智慧

不仁讚慈愍　怒害讚大悲

학담 鶴潭

1970년 도문화상(道文和尙)을 은사로 출가하여
동헌선사(東軒禪師)의 문하에서 선(禪) 수업을 거친 뒤
상원사·해인사·봉암사·백련사 등 제방선원에서 정진했다.
스님은 선이 언어적 실천, 사회적 실천으로 발현되는
창조적 선풍을 각운동(覺運動)의 이름으로 제창하며,
용성진종선사 유업 계승의 일환으로 서울 종로에
대승사 도량을 개설하고 역경불사를 진행하여
『사십이장경강의』『돈오입도요문론』『원각경관심석』
『육조법보단경』『법화삼매의 길』등 많은 불전 해석서를 발간했다.
이밖에도 한길사에서 출간한『물러섬과 나아감』을 비롯하여,
『소외와 해탈의 연기법』『선으로 본 붇다의 생애』등
많은 저서가 있다.
시대의 흐름에 맞는 새로운 선원과 수행처 개설을 위해
도량을 양평 유명산(有明山)으로 이전하고
화순 혜심원 진각선원(眞覺禪院), 오성산 낭오선원(朗晤禪院)
도량불사를 진행 중이다.

아함경 7

연기법의 세계관과 실천관

지은이 · 학담
펴낸이 · 김언호
펴낸곳 · (주)도서출판 한길사

등록 · 1976년 12월 24일 제74호
주소 · 413-120 경기도 파주시 광인사길 37
　　　www.hangilsa.co.kr
　　　http://hangilsa.tistory.com
　　　E-mail: hangilsa@hangilsa.co.kr
전화 · 031-955-2000~3　　팩스 · 031-955-2005

부사장 · 박관순 | 총괄이사 · 김서영 | 관리이사 · 곽명호
영업이사 · 이경호 | 경영담당이사 · 김관영 | 기획위원 · 류재화
책임편집 · 서상미 이지은 박희진 박호진
기획편집 · 백은숙 안민재 김지희 김지연 김광연 이주영
전산 · 노승우 | 마케팅 · 윤민영
관리 · 이중환 문주상 김선희 원선아

CTP출력 및 인쇄 · 예림인쇄 | 제본 · 경일제책

제1판 제1쇄 2014년 7월 30일

값 40,000원
ISBN 978-89-356-6287-6 94220
ISBN 978-89-356-6294-4 (세트)